KB125492

비커밍

BECOMING
비커밍 ───

미셸 오바마 지음 | 김명남 옮김

웅진 지식하우스

지금의 내가 되도록 도와준 모두에게

나를 길러준 사람들―아버지, 어머니, 오빠,
그리고 내 수많은 친척들에게,
언제나 나를 북돋아주는 강인한 여자 친구들에게,
언제나 나를 자랑스럽게 만들어주는 충실하고 열심인 직원들에게.

―――――――――――――

내 인생의 사랑들에게

말리아와 사샤, 가장 소중한 보물이자
내 존재 이유인 두 아이에게,
마지막으로, 늘 내게 흥미진진한 여정을 약속했던 버락에게.

일러두기

- 본문의 각주는 편집자 주이다.
- 단행본은『　』, 신문과 잡지는《　》, 공연과 영화, TV 프로그램, 앨범 제목은〈　〉, 노래와 예술
  작품 제목은 '　'로 표기했다.

BECOMING _____

프롤로그

2017년 3월

어릴 때 내 꿈은 소박했다. 개를 키우고 싶었다. 계단 있는 집을 갖고 싶었다. 그래서 우리 가족만 두 층을 다 쓰고 싶었다. 왜인지는 몰라도 또 우리 아버지의 자랑이자 기쁨이었던 문 두 짝짜리 뷰익 대신 문 네 짝짜리 스테이션왜건을 갖고 싶었다. 나는 사람들에게 크면 소아과 의사가 될 거라고 말하곤 했다. 왜? 아이들과 노는 걸 좋아하기도 했고, 어른들이 그 대답을 좋아한다는 사실을 일찌감치 알아차렸기 때문이다. "의사가 되고 싶다고? 정말 좋은 생각이구나!" 그 시절에 나는 머리카락을 양갈래로 쫑쫑 땋았고, 오빠를 손에 쥐고 흔들었고, 무슨 수를 써서라도 학교에서 A를 받아냈다. 야망이 있는 아이였지만, 정확히 무엇을 이루고 싶은지는 아직 몰랐다. 이제 와서 돌아보면, 어른이 아이에게 뭘 물을 때 "크면 뭐가 되고 싶니?"만큼 쓸데없는 질문이 없는 것 같다. 이 질문은 성장을 유한한 과정으로 여긴다. 우리가 인생의 어느 시점에 무언가가 되면 그것으로 끝인 것처럼 여긴다.

지금까지 살아오면서 나는 변호사였고, 병원 부사장이었고, 젊은이들이 의미 있는 경력을 쌓도록 돕는 비영리단체의 책임자였다. 주로 백인들이 다니는 명문대에서 공부하는 노동 계층 출신 흑인 학생이었다. 온 갓 모임에서 유일한 여성이었고 유일한 흑인이었다. 갓 결혼한 신부였고, 스트레스에 시달리는 초보 엄마였고, 아버지를 잃고 가슴이 찢어진 딸이었다. 그리고 얼마 전까지 나는 미합중국의 퍼스트레이디였다. 퍼스트레이디는 공식적인 직업이 아니지만, 그 이름으로 불림으로써 나는 미처 상상하지 못했던 강력한 발판을 얻었다. 그 일은 나를 떨쳐나서도록 하는가 하면 겸허해지도록 했고, 들뜨게 하는가 하면 움츠러들게 했으며, 가끔은 그 모두를 동시에 겪도록 했다. 나는 지난 몇 년 동안 겪었던 그 일들을 이제야 천천히 반추해보고 있다. 남편이 처음 대통령 선거에 출마할 뜻을 밝혔던 2006년에 시작되어, 올해 초 추운 겨울날 아침에 멜라니아 트럼프와 함께 리무진을 타고 그녀 남편의 취임식으로 향했던 순간까지. 정말 대단한 여정이었다.

퍼스트레이디가 되면, 미국의 양극단을 직접 목격하게 된다. 나는 개인 후원자들이 여는 모금 행사에 참석해 가정집이라기보다는 미술관에 가까운 집, 진짜 보석으로 만들어진 욕조가 있는 집을 보았다. 허리케인 카트리나로 전 재산을 잃었지만 냉장고와 가스레인지가 작동한다는 사실만으로도 기뻐서 눈물짓는 사람들의 집을 보았다. 천박한 위선자로 느껴지는 사람들을 만났고, 군인의 배우자들과 교사들처럼 놀라우리만큼 깊이 있고 강인한 정신을 가진 사람들도 만났다. 아이들도 만났다. 많은 아이들, 전 세계 아이들을 만났다. 아이들은 나를 웃게 했고, 희망을 채워주었고, 함께 텃밭의 흙을 헤집기 시작하자마자 고맙게도 내 직함 따위는 깡그리 잊어주었다.

나는 마지못해 공인으로 살기 시작한 뒤로 세계에서 가장 유력한 여성으로 치켜세워졌고, '성난 흑인 여자'라고 깎아내려졌다. 이런 말로 나를 비방한 사람들에게 특히 어느 대목이 못마땅하냐고 묻고 싶은 적이 한두 번이 아니었다. '성난'인지, '흑인'인지, '여자'인지? 나는 TV에 출연하여 내 남편에게 온갖 욕을 해댔으면서도 자기 집 벽난로에 얹어둘 액자를 갖고 싶어 하는 사람들을 위해서 웃으며 기념사진을 찍어주었다. 진흙탕 같은 일부 인터넷 공간에서는 내 존재의 모든 것을 의심하는 말이 돌아다닌다고 전해 들었다. 심지어 내가 여자인지 남자인지 모르겠다는 소리까지도. 어느 현직 연방하원의원은 내 엉덩이가 너무 크다고 조롱했다. 나는 상처받았다. 화가 났다. 그러나 대체로 그 모든 일을 웃어넘기려고 애썼다.

나는 아직도 미국에 대해서, 인생에 대해서, 미래에 대해서 모르는 것이 많다. 하지만 나는 나를 안다. 아버지 프레이저 로빈슨은 열심히 일하고, 많이 웃고, 약속은 반드시 지키라고 가르치셨다. 어머니 메리언 로빈슨은 스스로 생각하고 스스로 말하는 법을 알려주셨다. 시카고 사우스사이드의 비좁은 집에서 살 때, 두 분은 내가 우리 가족의 이야기에서, 나 자신의 이야기에서, 나아가 우리 나라의 이야기에서 가치를 발견하도록 도와주셨다. 설령 그 이야기가 아름답거나 완벽하지 않을지라도. 설령 우리가 바라는 것보다 좀 더 현실적일지라도. 우리 자신의 이야기는 우리가 각자 갖고 있는 자산, 언제까지나 갖고 있을 자산이다. 우리는 저마다의 이야기를 소유한다.

나는 지난 8년 동안 백악관에서 살았다. 그곳에는 일일이 다 셀 수 없을 만큼 계단이 많고, 엘리베이터와 볼링장이 있고, 상주 플로리스트까지 있었다. 잠은 이탈리아산 리넨 침구를 씌운 침대에서 잤다. 식사는 세계 정상급 요리사들이 조리해주었고, 어느 5성급 레스토랑이나 호텔 종업원 못지않게 철저히 훈련받은 프로들이 서빙해주었다. 방문 밖에는 늘 이어폰을 꽂고 총을 차고 무표정한 얼굴을 유지하는 비밀경호국 요원들이 가급적 우리 가족의 사생활을 침해하지 않으려고 애쓰면서 지키고 서 있었다. 우리는 결국 새집의 낯선 장엄함에 어느 정도 익숙해졌고, 조용하기는 해도 한순간도 빼놓지 않고 우리 곁을 지키는 타인들의 존재에도 어느 정도 익숙해졌다.

백악관은 우리 두 딸이 복도에서 공놀이하고 남쪽 잔디 광장에서 나무를 탄 곳이었다. 버락이 밤늦게까지 트리티룸*에서 그날의 브리핑을 읽거나 연설문 초안을 작성하던 곳이었다. 우리 개 두 마리 중 서너가 가끔 러그에 실례를 하던 곳이었다. 트루먼 발코니로 나가면, 관광객들이 셀카봉을 치켜들고 포즈를 취하거나 안에서 어떤 일이 벌어지는지 궁금해하면서 철제 담장 틈으로 빼꼼히 고개를 들이민 모습을 볼 수 있었다. 안전을 위해서 모든 창문을 꽉 닫아두어야 한다는 사실에, 야단법석을 일으키지 않고서는 바깥 공기를 쐴 방법이 없다는 사실에 가끔은 숨이 막힐 것 같았다. 또 어떤 때는 뜰에 핀 흰 목련의 아름다움에, 매일 바삐 돌아가는 정부 업무의 부산함에, 경례를 붙이는 군인들의 근엄함에 순간순간 감탄했다. 정치가 진저리나게 싫은 날이 하루 이틀이 아니었지만, 이 나라와 이 나라 사람들의 아름다움에 감동하여 말문이 막히는 순간들도 있었다.

그러다가 그 모든 게 끝났다. 끝이 오는 걸 알았어도, 마지막 몇 주 동안 북받치는 작별 행사가 일정에 가득했어도, 막상 마지막 날이 닥치니 모든 것이 그저 흐릿했다. 누군가 성경에 손을 올리고 취임 선서를 낭독한다. 전임 대통령의 가구가 실려 나가고 새 대통령의 가구가 들어온다. 불과 몇 시간 만에 서랍들이 몽땅 비워지고 새로 채워진다. 그렇게 간단히, 이제 새 베개 위에 다른 머리들이 눕는다. 다른 성품과 다른 꿈이 눕는다. 그렇게 모든 것이 끝나고 세계에서 가장 유명한 주소지의 대문을 마지막으로 걸어 나오면, 당신은 여러 가지로 자신을 새롭게 만들어내

---

* 백악관 3층에 위치한 대통령의 사적 집무실.

야 하는 처지에 놓인다.

그러니까, 내 이야기는 요전 날 밤에서 시작하도록 하자. 나는 우리 가족이 얼마 전 이사해 들어온 붉은 벽돌집에 있었다. 새집은 옛집에서 3킬로미터쯤 떨어진 조용한 주택가에 있다. 우리는 아직 새집에 적응하는 중이다. 거실 가구 배치는 백악관 때와 똑같이 해두었다. 집 안 곳곳에 지난 시간이 현실이었음을 상기시키는 기념품이 있다. 온 가족이 대통령 전용 별장인 캠프데이비드에 쉬러 갔을 때 찍은 사진들, 아메리카 원주민 학생들이 손수 빚어서 선물해준 단지들, 넬슨 만델라가 사인해준 책… 이날 밤의 특이한 점은 다른 가족이 다 나가고 없다는 것이었다. 버락은 여행 중이었다. 사샤는 친구들과 놀러 나갔다. 말리아는 대학에 진학하기 전에 1년간 쉬기로 해서 지금은 뉴욕에서 일하면서 지내고 있다. 그래서 내 곁에는 개 두 마리, 그리고 지난 8년간 겪어보지 못했던 조용한 빈집뿐이었다.

배가 고팠다. 침실을 나서서, 발치를 따르는 개들을 거느리고 아래층으로 내려가서 냉장고를 열었다. 빵 두 조각을 꺼내 토스터에 집어넣었다. 찬장을 열고 접시를 꺼냈다. 이상하게 들리겠지만, 나 대신 해주겠다고 고집하는 사람 없이 손수 찬장에서 접시를 꺼내고 토스터에서 빵이 노릇노릇 구워지는 모습을 지켜보고 있자니 예전 삶으로 얼추 돌아간 것 같은 기분이었다. 아니면 새 삶이 서서히 모습을 드러내는 것인지도 모르겠다.

결국 빵을 굽는 데서 끝내지 않고 치즈 토스트를 만들었다. 빵에 두툼한 체더치즈 덩어리를 끼우고 전자레인지로 옮겨서 녹진녹진 녹였다. 접시를 들고 뒷마당으로 나갔다. 밖으로 나간다고 누구에게 미리 알릴 필요가 없었다. 그냥 나갔다. 나는 맨발이었고 반바지를 입고 있었다. 드디어 겨울의 냉기가 걷힌 것 같았다. 뒷담을 따라 놓인 화단에서 크로

커스가 솟기 시작했다. 공기에서 봄 내음이 났다. 베란다 계단에 앉아서
발밑에 깔린 돌판이 여태 머금은 한낮의 온기를 발바닥으로 느꼈다. 멀
리서 웬 개가 짖었다. 우리 개들은 순간 혼란스러워하는 표정으로 유심
히 귀 기울였다. 생각해보니 백악관에서는 이웃집 개는 고사하고 이웃
조차 없었으니, 우리 개들에게는 저 소리가 틀림없이 낯설게 들릴 것이
다. 그들에게는 이 환경이 새로웠다. 개들이 마당 가장자리까지 성큼성
큼 걸어가서 살피는 동안, 나는 최고로 좋은 의미에서 혼자임을 느끼며
어둠 속에서 토스트를 먹었다. 이곳으로부터 100미터도 안 떨어진 차고
에 설치된 특별경호본부에서 대기하고 있는 무장 경호원들 생각은 하지
않았다. 아직은 경호원을 거느리지 않고 혼자 거리를 활보할 수 없다는
사실도 떠올리지 않았다. 새 대통령 생각도 하지 않았다. 그러면 전 대
통령 생각을 했는가 하면, 솔직히 그것도 아니었다.

  대신 잠시 뒤에 안으로 들어가서 접시를 닦은 후 곧장 침대에 눕겠다
고 생각했다. 봄 공기를 만끽하기 위해 창을 좀 열어두고 자는 것도 좋
겠다고 생각했다. 그러면 기분이 얼마나 좋을까 생각했다. 이 고요함 덕
분에 처음으로 이것저것 반추해볼 여유가 생긴 것 같았다. 퍼스트레이
디였을 때는 바쁜 한 주가 끝날 즈음이면 주초에 무슨 일이 있었는지조
차 기억나지 않았다. 하지만 이제 시간이 다르게 흐르기 시작했다. 백악
관에 들어갈 때 폴리포켓 인형들, 블랭키라는 이름의 담요, 봉제 호랑이
'타이거'를 가지고 갔던 두 딸은 자신만의 계획과 목소리를 가진 10대
여성으로 자랐다. 남편은 잠시 한숨 고르면서 백악관 이후의 삶에 그 나
름대로 적응하는 중이다. 그리고 나는 여기, 이 새로운 곳에 있다. 사람
들에게 들려주고 싶은 이야기를 잔뜩 품고서.

BECOMING ME ————————————

내가 되다

1

나는 어린 시절 대부분을 노력의 소리를 들으며 자랐다. 그것은 침실 바닥을 뚫고 올라오는 형편없는, 그렇게까지 형편없지는 않더라도 아무튼 아마추어의 연주 소리였다. 아래층에서 로비 할머니의 피아노 앞에 앉은 학생들이 더듬더듬 음계를 익히면서 건반을 딩동댕 두드리는 소리였다. 우리 가족이 사는 곳은 시카고 사우스쇼어 지역이었다. 우리는 로비 할머니와 남편 테리 할아버지 소유의 아담한 벽돌 주택의 2층을 빌려 썼고, 로비 할머니 부부가 1층에서 살았다. 어머니의 고모인 로비 할머니는 어머니에게 오랫동안 인정을 베풀어주신 분이었지만 내게는 좀 무서운 존재였다. 새침하고 진지한 할머니는 동네 교회에서 성가대를 지휘했고, 집에서 동네 아이들에게 피아노를 가르쳤다. 할머니는 실용적인 구두를 신었고, 돋보기안경을 줄에 매달아 목에 걸고 다녔다. 짓궂은 미소를 짓곤 했지만 우리 어머니처럼 농담을 즐기지는 않았다. 가끔 할머니가 학생들에게 연습을 충분히 해오지 않았다고 야단치거나 부모들에게 아이를 수업에 늦게 데려다주었다고 야단치는 소리가 들려왔다.

"잘 가렴!" 로비 할머니는 화가 나면 다른 사람들이 짜증 나서 "맙소사!" 하고 외칠 때의 말투로 이렇게 외쳐서 학생을 내보냈다. 세상에 할머니의 기준을 만족시킬 수 있는 사람은 거의 없는 것 같았다.

아무튼 그 노력의 소리는 우리 가족의 일상에 깔린 배경음악이었다. 학생들은 오후에도 딩동거렸고 저녁에도 딩동거렸다. 가끔 성가대 여자들이 찬송가를 연습하러 와서 우리 집 벽에다 대고 신앙심을 우렁차게 뿜어내기도 했다. 로비 할머니의 규칙상, 아이들은 한 번에 딱 한 곡씩만 연습했다. 내 방에서 가만히 귀 기울이면, 아이들이 할머니의 인정을 받기 위해서 한 음 한 음 더듬더듬 연주하는 소리가 고스란히 다 들렸다. 그러면서 아이들은 '뜨거운 십자가 무늬 빵Hot Cross Buns'을 졸업하고 '브람스의 자장가'로 넘어갔지만, 무수히 반복해서 시도하고서야 진도를 나갈 수 있었다. 피아노 소리가 거슬리진 않았다. 그저 쉼 없이 들어야 할 뿐이었다. 피아노 소리는 2층과 1층을 잇는 계단통을 타고 올라왔다. 여름이면 활짝 열린 창으로 날아들어, 바비 인형을 가지고 놀거나 블록으로 작은 왕국을 짓고 놀던 내게 반주가 되어주었다. 유일하게 그 소리가 죽는 시간은 아버지가 시 정수장의 주간조 근무를 마치고 돌아와서 시카고 컵스 중계를 보려고 피아노 소리가 거의 묻힐 만큼 TV 볼륨을 키울 때였다.

때는 1960년대가 끝날 무렵이었고, 장소는 시카고에서도 사우스사이드 지역이었다. 컵스는 못하진 않았지만 딱히 잘하지도 않았다. 나는 리클라이너에 앉은 아버지 무릎으로 기어올라서 아버지가 컵스는 시즌 후반이 되면 확 꺾인단 말이야 하고 불평하거나 우리 집에서 진짜 가까운 콘스턴스가에서 사는 빌리 윌리엄스가 어떻게 타석 왼쪽에서 저렇게 멋진 스윙을 날리는지 설명해주는 말을 들었다. 야구장 밖에서는 미국이 한창 거대하고 불확실한 변화를 겪는 중이었다. 케네디 형제가 암살당했다. 마틴 루서 킹 목사는 멤피스의 발코니에 서 있다가 암살당했다. 그 때문에 전국에서 시위가 벌어졌다. 시카고도 예외가 아니었다. 시카고에서 열린 1968년 민주당 전당대회는 경찰이 베트남전쟁 반대 시위자들을 경찰봉과 최루탄으로 진압하려고 드는 바람에 유혈 사태로 번졌다. 우리 집에서 북쪽으로 15킬로미터쯤 떨어진 그랜트 공원에서 일어난 일이었다. 한편 백인 가정들은 더 나은 학교, 더 넓은 공간, 아마도 더 많은 백인 이웃을 약속하는 교외 지역의 유혹에 끌려서 삼삼오오 도시를 떠나고 있었다.

그러나 내게는 이 모든 일이 딴 세상 이야기였다. 나는 바비 인형과 블록을 가지고 노는 꼬마일 뿐이었다. 부모님이 있고 매일 밤 내 머리맡에서 1미터 떨어진 곳에 제 머리를 눕히고 잠드는 오빠가 있었다. 가족이 내 세상이었고, 세상의 중심이었다. 어머니는 내게 일찌감치 글 읽는 법을 알려주었고, 공립도서관에 데려다주었고, 내가 책장의 단어를 소리 내어 읽는 동안 곁에서 들어주었다. 아버지는 시 노동직 공무원들이 입는 파란 작업복 차림으로 매일 출근했지만, 밤이면 우리에게 재즈와 미술을 사랑하는 법을 알려주었다. 아버지는 어릴 때 시카고 미술원에서 어린이를 대상으로 한 수업을 들었고, 고등학생일 때는 회화와 조각을 했다. 학생 때 수영과 권투 선수로 대회에도 출전했고, 어른이 되어서는 프로 골프에서 NHL(북미아이스하키리그)까지 TV에서 중계해주는 모든 스포츠의 팬이었다. 아버지는 강한 사람들이 탁월한 성과를 거두는 모습을 구경하기를 좋아했다. 오빠 크레이그가 농구에 흥미를 보이자, 아버지는 부엌 문틀 꼭대기에 동전을 얹어서 점프하게끔 만들었다.

내게 중요한 것들은 모두 다섯 블록 반경 안에 있었다. 조부모님들과 사촌들도, 우리가 주일학교에 꼬박꼬박 다니지는 않았지만 하여간 가끔 다녔던 교회도, 어머니가 가끔 뉴포트 담배 심부름을 시켰던 주유소도, 술뿐 아니라 원더브레드 식빵과 사탕과 우유도 팔았던 주류 판매점도. 무더운 여름밤이면 오빠와 나는 근처 공원에서 소프트볼 시합을 하는 어른들의 환성을 들으며 자울자울 졸았다. 낮에는 아이들이 그 공원의 놀이터에서 정글짐을 오르거나 술래잡기를 했다.

오빠와 나는 나이 차가 만 두 살이 채 못 된다. 오빠는 아버지의 부드러운 눈매와 낙천적 성격, 어머니의 단호함을 물려받았다. 우리 남매는 사이가 늘 도타웠다. 내가 태어난 순간부터 여동생에게 한결같은, 일면 이해하기 어려운 애착을 보인 오빠 덕분이었다. 오래된 가족사진이 한 장 있다. 우리 가족이 소파에 다 함께 앉아 있는 흑백사진이다. 어머니는 나를 무릎에 앉힌 채 웃고 있고, 아버지는 오빠를 무릎에 앉힌 채 엄숙하고 자랑스러운 표정을 짓고 있다. 우리는 교회나 결혼식에 가려고 차려입은 것 같다. 생후 8개월쯤 된 나는 희고 빳빳한 원피스에 기저귀 차림인데, 오동통한 얼굴에 까불지 말라는 듯 험상궂은 표정을 짓고 있다. 카메라를 집어삼킬 듯 노려보면서 당장이라도 어머니의 손아귀에서 미끄러져 내릴 듯한 자세다. 한편 내 곁에 있는 오빠는 작은 나비넥타이와 재킷을 신사답게 차려입고 진지한 표정을 짓고 있는데, 겨우 두 살배기이지만 벌써 오빠다운 경계심과 책임감을 보여주고 있다. 오빠는 한 팔을 내 쪽으로 뻗어서 내 통통한 손목을 조심스럽게 감쥐고 있다.

그 사진을 찍었을 때, 우리는 친조부모가 사는 집 복도 맞은편에 살았다. 사우스사이드의 파크웨이 가든스라는 동네였는데, 현대적인 아파트로 이루어진 저소득층 주택단지였다. 1950년대에 건설된 그곳은 2차 세계대전 이후 흑인 노동 계층 가정들의 주택난을 해소할 요량으로 계획된 협동조합주택이었지만, 나중에는 빈곤과 갱단 폭력 때문에 시카고에서 가장 위험한 주거지 중 한 곳으로 퇴락할 것이었다. 그러나 그런 날이 오기 한참 전, 내가 아장아장 걷는 아기였을 때 부모님은—10대에 만나서 20대 중반에 결혼한 부부였다—몇 킬로미터 남쪽 더 좋은 동네에 위치한 로비 할머니네로 들어오라는 제안을 받아들였다.

유클리드가에서 우리는 그다지 크지 않은 한 지붕 아래 두 가정으로 살았다. 구조로 짐작하건대 2층은 원래 한두 명이 사는 공간으로 지어진 것 같았지만, 우리 넷은 거기서 그럭저럭 살아갔다. 하나밖에 없는 침실은 부모님이 썼고, 거실로 설계된 듯한 큰방은 오빠와 내가 썼다. 나중에 우리가 크자, 외할아버지가—외할아버지 퍼넬 실즈는 솜씨가 그다지 좋지 않지만 열정만은 넘치는 목수였다—싸구려 합판으로 가벽을 세워서 프라이버시가 반쯤 보장되는 두 공간으로 나눠주었다. 할아버지는 두 공간에 각각 아코디언식으로 여닫는 플라스틱 문도 달아주었고, 그 앞에 작은 공용 공간을 마련하여 장난감과 책을 보관하도록 했다.

1인용 침대 하나와 폭 좁은 책상 하나가 겨우 들어갈 만큼 좁았지만, 나는 내 방이 좋았다. 나는 봉제 인형들을 침대 위에 몽땅 올려두고, 매일 밤 일종의 의식처럼 인형들이 내 머리를 잘 둘러싸도록 꼼꼼하게 배치했다. 건너편에서는 오빠가 자기 침대를 가벽에 붙여서 내 침대와 평행하게 두고 내 일상의 거울상처럼 살아갔다. 벽판이 워낙 얇아서, 우리는 자려고 누워서도 대화할 수 있었다. 가끔은 벽판과 천장 사이에 뚫린 25센티미터쯤 되는 틈으로 돌돌 만 양말을 던지면서 이야기를 주고받았다.

반면 로비 할머니 집은 무슨 영묘 같았다. 가구는 때가 타지 않도록 비닐로 덮여 있어서, 내가 용감하게 앉아보려고 시도하면 맨다리에 차갑고 진득진득한 비닐이 들러붙었다. 선반에는 작은 도자기 인형들이 놓여 있었다. 아이들은 만지면 안 되는 물건이었다. 나는 귀엽게 생긴 유리 푸들 인형들에게 손을 가져가다가도—우아하게 생긴 엄마 개와 작은 새끼 세 마리였다—로비 할머니의 진노가 두려워서 얼른 손을 뗐다. 수업이 없을 때, 아래층은 쥐 죽은 듯 조용했다. TV는 한 번도 켜져 있지 않았고, 라디오도 마찬가지였다. 두 분이 대화를 나눴던 것 같지도 않다. 로비 할머니의 남편은 이름이 윌리엄 빅터 테리였지만 왜인지 우리는 성으로만 불렀다. 테리 할아버지는 하루도 빠짐없이 스리피스 정장을 차려입었고, 거의 한마디도 하지 않았다. 꼭 기품 있는 유령 같았다.

나는 위층과 아래층을 서로 다른 감수성이 지배하는 다른 세상으로 여겼다. 오빠와 나는 늘 온 집을 뛰어다니면서 공을 차거나 서로 붙잡으러 쫓아다녔다. 가구 광택제를 바닥에 뿌려서 매끄럽게 만든 뒤 양말 신은 발로 얼마나 더 멀리 더 빠르게 미끄러질 수 있나 시험했고, 그러다가 벽에 쿵 부딪혔다. 어느 해 크리스마스에 아버지가 선물로 준 두 켤레의 글러브로 부엌에서 남매간 권투 시합도 벌이곤 했는데, 아버지는 우리에게 잽을 잘 날리는 방법을 알려주었다. 밤에는 온 가족이 모여 앉아 보드게임을 했고, 재미난 이야기나 농담을 나누었고, 손잡이로 돌리는 전축에 잭슨 파이브의 음반을 얹어서 들었다. 층간 소음이 지나치다고 느껴지면, 로비 할머니는 아래층에서 계단통의 전등 스위치를 단호하게 몇 번 딸각거렸다. 그러면 위층의 우리 복도에 달린 전구도 함께 깜박거렸다. 그것은 할머니 나름대로 점잖게 우리더러 좀 조용히 하라고 신호하는 방법이었다.

로비 할머니와 테리 할아버지는 옛날 분들이었다. 두 분은 우리와는 다른 시대를 살았고, 다른 역경을 겪었다. 우리 부모님조차 겪지 않은 일들, 시끌벅적한 꼬마에 불과했던 오빠와 나는 짐작조차 해볼 수 없는 일들을 겪은 세대였다. 우리가 아래층의 부루퉁함에 약 올라 하면, 어머니는 대충이나마 이런 점을 알려주었다. 그래서 우리는 비록 정확한 사연은 모를지라도 아무튼 사연이 있다는 사실만큼은 유념하도록 배웠다. 부모님은 세상 모든 사람은 저마다 비밀스러운 역사를 갖고 있으며 그 점 하나만으로도 그들에게 관용을 보여야 한다고 말씀하셨다. 나중에

안 사실이지만, 로비 할머니는 노스웨스턴 대학을 인종차별로 고소한 적 있었다. 할머니는 1943년에 그곳 합창 음악 워크숍에 등록했다가 학교 측으로부터 학내 여자 기숙사에 방을 배정해줄 수 없다는 통고를 들었다. 학교 측은 할머니에게 대신 '유색인종'에게 어울리는 학교 밖 하숙집에서 지내라고 말했다. 한편 테리 할아버지는 과거에 시카고를 오가는 침대차에서 승객을 수발하는 승무원으로 일했다. 보수는 썩 많지 않아도 점잖은 직업이었다. 전원 흑인 남성이었던 승무원들은 깔끔한 제복 차림으로 손님의 짐을 나르고, 식사를 서빙하고, 구두를 닦았다.

테리 할아버지는 은퇴한 지 한참 되었는데도 여태 그 시절의 격식에 갇혀서 사는 것 같았다. 늘 티끌 한 점 없게 차려입었고, 아주 약간 굽실거리는 태도였고, 내가 기억하는 한 단 한 번도 어떤 식으로든 자기 의견을 내세우지 않았다. 꼭 현실을 감당하는 방편으로 자신의 일부를 포기한 것 같았다. 할아버지는 한여름 폭염에도 윙팁 구두를 신고, 멜빵을 매고, 테가 좁은 중산모를 쓰고, 와이셔츠 소매를 정성껏 접어 올린 차림으로 잔디를 깎았다. 할아버지가 스스로에게 허락하는 오락은 하루에 딱 한 대씩 담배를 피우는 것과 한 달에 딱 한 잔씩 칵테일을 마시는 것이었다. 그걸 마시고도 우리 부모님이 한 달에 두어 번 하이볼이나 슐리츠 맥주를 마실 때 그러는 것처럼 태도가 풀어지거나 하진 않았다. 나는 내심 테리 할아버지가 입을 열었으면, 무엇인지는 몰라도 품고 계신 비밀을 털어놓았으면 하는 바람을 품었다. 할아버지는 과거에 가본 여러 도시들과 부자 승객들이 기차에서 어떻게 행동하는지에 관한 새미난 이야기를 잔뜩 알 것 같았다. 그러나 할아버지는 아무 말도 해주지 않았다. 왜인지는 몰라도, 영영 입을 열지 않았다.

$$\star \qquad \star \qquad \star$$

네 살쯤 되었을 때 나는 이제 피아노를 배울 때가 되었다고 스스로 정했다. 1학년이었던 오빠는 매주 한 번씩 아래층으로 내려가서 로비 할머니의 업라이트피아노로 수업을 받은 뒤 별 탈 없이 돌아오고 있었다. 나도 준비가 된 것 같았다. 사실은 '이미' 피아노를 칠 줄 안다고 믿었다. 그동안 다른 아이들이 더듬더듬 연습하는 소리를 귀에 못이 박이도록 들어왔으니, 모종의 삼투압 현상에 따라 이미 연주법을 배웠다고 믿었다. 음악은 이미 내 머릿속에 있었다. 나는 그저 아래층으로 내려가서 깐깐한 할머니 앞에서 재능을 선보이기만 하면 될 것 같았다. 내가 별로 애쓰지 않고도 할머니의 우등생이 될 수 있다는 사실을 보여주고 싶었다.

할머니의 피아노는 집 안쪽의 작은 정사각형 방에서도 뒷마당이 내다보이는 창가에 붙어 있었다. 방 한구석에는 화분이 있었고, 다른 구석에는 학생들이 악보를 펼쳐놓는 접이식 탁자가 있었다. 수업 중에 할머니는 등받이 높은 안락의자에 허리를 꼿꼿이 세우고 앉아서 한 손가락으로 박자를 톡톡 두드리면서 학생의 실수를 하나도 놓치지 않으려고 귀를 쫑긋 세우고 들었다. 로비 할머니가 무서웠냐고? 그렇지는 않았다. 하지만 할머니에게 무서운 면이 있는 건 사실이었다. 할머니는 내가 아직 다른 곳에서는 접하지 못했던 엄한 권위의 화신이었다. 할머니는 자기 집 피아노 의자에 앉는 모든 아이에게 탁월성을 기대하는 사람이었다. 나는 할머니를 내 편으로 만들어야 하는 사람, 혹은 정복해야 하는 사람으로 여겼다. 할머니 앞에서는 어쩐지 늘 내 존재를 증명해 보여야할 것 같은 기분이었다.

첫 수업 때 내 두 다리는 의자에서 대롱거렸다. 키가 너무 작아서 발이 바닥에 닿지 않았다. 할머니는 내게 기초 악보집을 주었다. 나만의 악보집이 생긴 것이 그렇게 신날 수 없었다. 그다음에는 양손을 건반에 제대로 올려놓는 법을 알려주었다.

"자자, 주목." 할머니는 야단부터 치고 시작했다. "가온 다음을 찾아보렴."

어린아이에게는 피아노 건반이 천 개쯤 되는 듯 보인다. 짧은 양팔을 다 뻗어도 닿지 않을 만큼 검은 건반과 흰 건반이 넓게 펼쳐져 있었다. 가온 다(C)음은 그중에서 닻이 되어주는 기준점이었다. 오른손과 왼손의 영역을, 높은음자리표와 낮은음자리표의 영역을 나누는 경계선이었다. 일단 오른손 엄지를 가온 다음에 얹으면, 나머지 손가락들은 저절로 제자리를 찾아간다. 로비 할머니의 피아노 건반들은 색과 모양이 고르지 않았다. 하도 오래되다 보니 조금씩 깨져 있었고 그래서 꼭 보기 흉한 치열 같았다. 가온 다음 건반은 고맙게도 한구석이 내 새끼손톱만큼 깨져 있었고, 나는 매번 그걸 보고 위치를 잡았다.

막상 쳐보니 정말로 피아노가 좋았다. 피아노 앞에 앉으면, 내가 당연히 여기 앉아 있어야 할 것처럼 자연스럽게 느껴졌다. 친척 중에는, 특히 외가 쪽으로, 연주자와 음악 애호가가 많았다. 한 삼촌은 프로 밴드에서 연주했다. 이모들은 교회 성가대에서 노래했다. 로비 할머니는 성가대를 지휘하고 피아노를 가르치는 일 외에도 아이들을 위한 약식 뮤지컬 프로그램이라고 할 수 있는 '오페레타 워크숍'을 열었는데, 할머니가 다니는 교회 지하에서 열리던 워크숍에 오빠와 나도 토요일 오전마다 참가했다. 하지만 우리 집안의 음악적 중심은 뭐니 뭐니 해도 로비 할머니의 남동생이자 목수인 외할아버지였다. 할아버지는 태평한 성격에 배가 불룩 나왔고, 남들까지 웃게 만드는 웃음을 자주 터뜨렸고, 희끗한 턱수염을 듬성듬성 길렀다. 내가 더 어렸을 때는 할아버지가 시카고 웨스트사이드에 살았기 때문에 오빠와 나는 할아버지를 '웨스트사이드'라고 불렀다. 그러나 내가 피아노 수업을 시작한 해에 할아버지가 우리 동네로 이사 왔고, 오빠와 나는 그에 맞추어 할아버지의 별명을 '사우스사이드'로 고쳐 불렀다.

외할아버지는 외할머니와 수십 년 전에, 우리 어머니가 아직 10대였을 때 헤어졌다. 이제는 어머니의 언니인 캐럴린 이모와 어머니의 남동생인 스티브 삼촌과 함께 우리 집에서 딱 두 블록 떨어진 아담한 단층집에서 살았다. 할아버지는 그 집 구석구석 음악이 들리도록 했다. 모든 방에, 심지어 화장실에도 스피커를 두었다. 식당에는 복잡한 수납장을 설치해 주로 동네 벼룩시장을 뒤져서 마련한 전축 시스템을 보관했다. 짝이 안 맞는 턴테이블이 두 대 있었고, 금방이라도 부서질 듯 삐걱거리는 오픈릴식 테이프 플레이어도 있었다. 오래 수집한 음반들이 빼곡한 선반장도 있었다.

할아버지는 세상에서 아주 많은 것을 불신했다. 말하자면 전형적인 구시대적 음모론자였다. 할아버지는 치과 의사를 불신했다. 그래서 이가 거의 없다시피 했다. 경찰도 불신했다. 백인들도 불신할 때가 많았는데, 조지아주 노예의 손자로 태어나서 짐 크로 법Jim Crow Laws*이 있던 시절에 앨라배마에서 자랐고 1920년대에 시카고로 올라온 사람이었으니 어쩌면 당연한 일이었다. 자기 자식이 생기고부터는 아이들을 안전하게 지키려고 갖은 애를 썼다. 흑인 아이가 남의 동네에 함부로 들어갔다가는 어떤 험한 꼴을 당하는지를 진짜 이야기와 가짜 이야기를 섞어서 겁주었고, 늘 경찰을 멀리하라고 훈계했다.

음악은 할아버지의 숱한 걱정을 잠재우는 해독제요, 불안을 잊고 느긋해지는 방책이었다. 목수 일로 보수를 받는 날이면 할아버지는 가끔

• 남북전쟁에서 패배한 남부 주들에서 노예해방을 무산시키고 흑인을 계속 차별하기 위해 제정한 일련의 법으로, 남부 11개 주에서 1874년부터 1965년까지 시행되었다.

새 음반을 사는 사치를 부렸다. 수시로 온 가족을 모아서 파티를 열었는데 그때마다 우리는 목청껏 대화를 나눠야 했다. 할아버지가 전축에 걸어둔 음악이 늘 공간을 압도했기 때문이다. 우리는 인생의 주요한 행사들을 대부분 그 집에서 치렀다. 엘라 피츠제럴드를 들으면서 크리스마스 선물을 끌렀고, 존 콜트레인을 들으면서 생일 케이크 초를 불었다. 어머니에 따르면, 옛날에 할아버지는 일곱 자녀에게 재즈를 주입하고자 아침마다 아무 음반이나 귀청 떨어져라 틀어서 가족을 깨웠다고 한다.

할아버지의 음악 사랑은 전염성이 있었다. 나는 할아버지가 우리 동네에 온 뒤로 오후를 거의 그 집에서 보냈다. 선반에서 내키는 대로 음반을 꺼내 전축에 걸고는 각각의 음반이 선사하는 모험에 심취했다. 할아버지는 꼬마인 내게도 뭘 건드리지 말라는 제한을 전혀 두지 않았다. 내게 생애 첫 음반—스티비 원더의 〈토킹 북Talking Book〉—을 선물해준 사람도 할아버지였다. 나는 그걸 내가 좋아하는 음반들만 따로 모아두라고 할아버지가 한쪽에 마련해준 공간에 보관했다. 내가 배고프다고 하면, 할아버지는 밀크셰이크를 만들어주거나 닭을 한 마리 통째 튀겨주었다. 그러면서 함께 어리사 프랭클린이나 마일스 데이비스나 빌리 홀리데이를 들었다. 내게 외할아버지는 천국처럼 너그러운 사람이었다. 그리고 천국은 늘 재즈가 흐르는 곳일 것 같았다.

*　　*　　*

집에서도 음악가가 되기 위한 나름의 과정을 착실히 밟아나갔다. 나는 로비 할머니의 업라이트피아노에서 음계를 금세 터득했고—삼투압 이론은 진짜였다—악보 읽는 방법을 익히는 데 매진했다. 우리 집에는 피아노가 없었기 때문에, 다른 수업이 없는 틈에 아래층으로 내려가서 연습했다. 곧잘 어머니까지 끌고 내려가서 안락의자에 앉히고 딩동거렸다. 나는 악보집에서 한 곡 한 곡 진도를 나갔다. 학생들 가운데 썩 뛰어난 편은 아니었고 실수를 덜 하는 편도 아니었지만, 적어도 투지는 넘쳤다. 내게는 무언가를 배우는 일이 마술 같았다. 어쩐지 흥분되는 만족감이 느껴졌다. 연습 시간과 결과가 정비례한다는 사실을 깨우쳤고, 그 단순한 사실이 격려가 되었다. 로비 할머니에게서도 자극을 받았다. 내가 곡을 끝까지 실수하지 않고 잘 쳐내면, 오른손으로 멜로디를 잘 짚고 왼손으로 화음을 잘 넣으면, 꼭꼭 숨겨져 있어서 노골적으로 드러나진 않지만 분명 평소보다 좀 더 가볍고 밝은 분위기가 할머니로부터 풍겨 왔다. 슬쩍 곁눈질하면 알 수 있었다. 굳게 오므렸던 할머니의 입술이 아주 살짝 벌어졌고, 톡톡 박자를 맞추는 손가락이 아주 약간 탄력을 얻었다.

그러나 우리의 허니문은 거기까지였다. 내가 만약 호기심이 조금만 적었다면, 그리고 할머니의 교수법을 조금만 더 존중했다면, 우리 관계는 그대로 지속될 수도 있었을 것이다. 하지만 악보집은 너무 두꺼웠고 진도는 너무 느렸기 때문에, 나는 그만 성급해져서 뒤를 들춰 보았다. 한두 쪽 뒤도 아니고 훨씬 뒤를 말이다. 훨씬 더 어려운 곡들의 제목을 읽어본 뒤, 연습 시간에 혼자 멋대로 연습하기 시작했다. 그러고는 어느 날 할머니 앞에서 그중 한 곡을 자랑스레 쳐 보였는데, 놀랍게도 할머니는 "잘 **가렴!**" 하고 심술궂게 외치면서 내 성취를 부정했다. 할머니가 다른 학생들을 나무랄 때 쓰는 걸 숱하게 들었던 말로 내가 야단맞은 것이었다. 나는 그저 더 많이 더 빨리 배우려고 했을 뿐이건만, 할머니는 그것을 배신행위로 간주했다. 할머니는 내 성취에 감명받지 않았다. 눈곱만큼도.

그런다고 고분고분해질 내가 아니었다. 나는 질문에 구체적인 답을 듣고 싶어 하는 아이였다. 이치를 꼬치꼬치 따져서, 진 빠질지언정 논리적인 결론에 이르러야만 직성이 풀렸다. 늘 변호사처럼 따지고 들었고, 종종 공동 놀이 공간에서 썩 꺼지라는 동생의 명령을 받았던 오빠가 증언해주겠지만, 살짝 독재자 같은 면도 있었다. 스스로 좋은 생각을 떠올렸다고 여기면, 안 된다는 소리는 듣고 싶지 않아 했다. 그 결과 로비 할머니와 나는 둘 다 얼굴이 시뻘게져서 한 치의 양보 없이 맞섰다.

"새 곡을 배우고 싶어 한다고 해서 화를 내시는 게 말이 돼요?"

"넌 아직 준비가 덜 됐어. 피아노는 그렇게 배우는 게 아니야."

"하지만 전 준비**됐어요**. 방금 쳤잖아요."

"그렇게 치는 게 아니야."

"**왜** 아닌데요?"

나는 할머니가 처방해준 방법을 따르기를 거부했고, 할머니는 나처럼 악보집을 자유분방하게 탐구하는 것은 쓸모없는 짓이라고 확신했으니, 이후 피아노 수업은 드라마틱한 시련의 시간이 되었다. 우리는 매주 그렇게 옥신각신했다. 나는 완고했고, 할머니도 완고했다. 나는 내 견해가 있었고, 할머니도 할머니 견해가 있었다. 그렇게 입씨름하면서도 나는 계속 피아노를 쳤고, 할머니는 줄기차게 고칠 점을 지적하면서도 계속 들어주었다. 나는 연주자로서 내 실력 향상에 할머니의 도움은 거의 없다고 여겼고, 할머니는 내 실력 향상이 내 노력 덕분이라고 여기지 않았다. 그래도 수업은 계속되었다.

위층에서 부모님과 오빠는 이 상황이 우스워죽겠다는 투였다. 저녁에 내가 스파게티와 미트볼을 먹으면서 여태 분이 풀리지 않아 씩씩대며 로비 할머니와 다툰 이야기를 들려주면, 가족들은 웃음을 터뜨렸다. 오빠는 할머니와 아무 문제 없었다. 오빠는 늘 쾌활하고 규칙을 잘 따를뿐더러 피아노에 딱히 몰두하지 않는 학생이었기 때문이다. 부모님은 내 시련에 동정을 표하지 않았고, 로비 할머니의 시련에도 동정을 표하지 않았다. 대체로 부모님은 학교 공부 외의 문제에서는 오빠와 내 일에 개입하지 않았고, 우리가 어릴 때부터 자기 일은 자기가 처리하기를 기대했다. 당신들이 부모로서 할 일은 주로 집 안에서 우리 이야기를 잘 들어주고 필요할 때면 지지해주는 것이라고 여겼다. 어머니는 열여섯 살 무렵부터 로비 할머니와 함께 살다가 떨어져 살기를 반복했고 그때마다 할머니가 정해둔 영문 모를 규칙들을 고분고분 따랐기 때문에, 어쩌면 내가 할머니의 권위에 도전하는 모습을 보고 속으로 고소해했을지도 모른다. 돌아보면, 고맙게도 부모님은 내 발끈하는 성미를 있는 그대로 인정해주었던 것 같다. 부모님은 내 마음속 불꽃이 꺼지지 않기를 바랐다.

★　　★　　★

로비 할머니는 1년에 한 번 화려한 연주회를 열어서 학생들 실력을 청중에게 선보였다. 어떻게 그런 수완을 발휘했는지는 통 모르겠지만, 아무튼 할머니는 시카고 시내에 있는 루스벨트 대학의 강당을 빌렸다. 지척에 시카고 교향악단의 공연장이 있는 미시간가의 근사한 석조 건물에서 연주회를 여는 것이었다. 나는 그곳에 간다는 생각만 해도 떨렸다. 우리 집이 있는 유클리드가는 시카고 도심에서도 한가운데인 이른바 루프로부터 남쪽으로 약 15킬로미터 떨어져 있었다. 마천루들이 번쩍거리고 행인들이 늘 가득한 루프는 내게 딴 세상이었다. 우리 가족이 도심으로 가는 것은 1년에 몇 번, 시카고 미술관을 구경하거나 공연을 볼 때뿐이었다. 그때마다 우리 넷은 아버지가 모는 뷰익을 우주선 삼아서 마치 우주인들처럼 낯선 세상으로 나갔다.

　아버지는 운전할 핑계가 생기면 늘 반겼다. 청동색에 문이 두 짝인 뷰익 일렉트라 225를 자랑스러운 심정으로 '듀스(2)와 쿼터(25)'라고 부르면서 애지중지했다. 차에 늘 광을 내두었고, 어머니가 우리를 정기적으로 소아과에 데리고 가는 것처럼 꼬박꼬박 시어스 카센터로 몰고 가 타이어를 갈거나 오일을 교체했다. 우리도 듀스와 쿼터를 사랑했다. 미끈하게 빠진 몸체에 미등이 좁은 디자인이라서 세련되고 미래주의적인 느낌이었다. 내부도 집처럼 느껴질 만큼 널찍했다. 나는 천 덮인 천장에 손바닥을 붙이고 똑바로 일어서다시피 할 수 있었다. 안전띠 착용이 의무화되기 전이었기 때문에, 오빠와 나는 보통 뒷좌석에 맘껏 널브러져 있었고 부모님과 말하고 싶을 때면 앞좌석에 몸을 기댔다. 나는 드라이브하는 시간의 절반 정도는 내 얼굴이 아버지 얼굴과 나란히 오도록 앞좌석 머리받침대를 붙잡고 서 있었다. 아버지 시야를 똑같이 보고 싶어서였다.

차는 우리 가족이 또 다른 형태로 화목을 다지는 공간이었다. 대화와 여행을 동시에 할 수 있었다. 오빠와 나는 저녁 먹은 뒤 가끔 아버지를 졸라서 목적 없는 드라이브에 나섰다. 여름밤에는 사치스러운 소풍도 갔다. 동네 남서쪽에 있는 자동차극장으로 차를 몰고 가서 〈혹성 탈출〉 시리즈를 보는 것이었다. 우리는 어스름 속에 차를 대고 영화가 시작되기를 기다리면서, 어머니가 집에서 싸 온 닭튀김과 감자칩을 먹었다. 오빠와 나는 뒷좌석에 앉아 음식을 무릎에 올려두고 먹으면서 더러워진 손을 좌석이 아니라 냅킨에 닦도록 주의했다.

아버지에게 운전이 어떤 의미였는지를 온전히 이해하게 된 것은 한참 뒤였다. 어릴 때는 어렴풋하게만 감지했다. 아버지가 운전대를 잡으면 해방감을 느낀다는 것을. 엔진이 잘 돌아가게 관리하고 타이어 밸런스를 늘 완벽하게 조정해놓는 데서 기쁨을 느낀다는 사실을. 의사로부터 한쪽 다리가 이상하게 약해진 것은 앞으로 길고 아마도 고통스러운 과정을 거치며 서서히 운동성을 잃게 될 전조이며, 알 수 없는 이유로

뇌와 척수의 신경세포가 손상되는 병 때문에 언젠가 아예 못 걷게 될 가능성이 높다는 말을 들었을 때, 아버지는 겨우 30대였다. 정확한 날짜는 모르겠지만, 아버지의 인생에 다발성경화증이 등장했던 시점은 아버지의 인생에 뷰익이 등장했던 시점과 얼추 일치한다. 직접 말한 적은 없었지만, 자동차는 아버지에게 일종의 간접적인 위안이었다.

아버지도 어머니도, 그 진단을 곱씹으면서 살지는 않았다. 당시는 아직 구글 검색 한 번이면 눈이 핑핑 돌 만큼 많은 차트와 통계와 의학적 설명이 쏟아져서 환자에게 희망을 주거나 앗거나 하던 시절이 아니었다. 혹 그런 정보를 볼 수 있었더라도, 아버지는 보려 하지 않았을 것 같다. 기독교 집안에서 자랐지만, 신에게 구해달라고 기도했을 것 같지도 않다. 대체 요법도, 용하다는 도사도, 불운을 탓할 나쁜 유전자도 찾아보았을 것 같지 않다. 우리 가족에게는 나쁜 소식을 차단하고 그 일이 눈앞에 닥칠 때까지 한사코 모르는 척하려는 오랜 습관이 있다. 아버지가 얼마 동안 이상을 느껴오다가 결국 의사를 찾아갔는지는 아무도 모르지만, 내 짐작으로는 몇 년까지는 아니라도 최소한 몇 개월은 되었을 것이다. 아버지는 병원을 싫어했다. 불평에도 흥미가 없었다. 그저 닥친 일을 묵묵히 받아들이고 의연히 감당하는 타입이었다.

내가 성대한 연주회에 참석하던 날, 아버지는 벌써 왼발이 오른발을 얼른 따라잡지 못하여 약간 절룩거렸다. 아버지에 대한 기억에는 늘 다양한 수준의 장애가 함께 등장한다. 물론 당시에는 우리 가족이 아직 장애라는 표현을 쓰고 싶지 않아 했다. 내가 알았던 것은 우리 아빠가 남들 아빠보다 약간 느리다는 사실뿐이었다. 아버지는 가끔 계단 앞에 잠시 멈춰서, 어떤 동작을 해야 계단을 오를 수 있는지 골똘히 생각하는 듯 가만히 있었다. 다 함께 쇼핑몰에 가면, 나머지 가족이 활개 치고 돌아다니는 동안 아버지는 벤치에 앉아서 짐을 지키거나 낮잠을 자는 데

만족했다.

　연주회에 가려고 아버지가 모는 뷰익을 타고 시내로 나섰을 때, 나는 예쁜 원피스를 입고 인조가죽 구두를 신고 머리를 쫑쫑 땋은 모습으로 뒷좌석에 앉아서 인생 최초로 식은땀을 흘렸다. 그동안 로비 할머니 집에서 말 그대로 죽도록 연습한 뒤였는데도 공연할 생각을 하니 초조했다. 역시 말쑥한 차림을 한 오빠도 자기 곡을 연주할 예정이었다. 하지만 오빠는 뒷좌석에 늘어져서 무사태평한 표정으로 입을 벌린 채 곯아떨어져 있었다. 늘 그랬다. 나는 평생 오빠의 태평함이 부러웠다. 오빠는 어린이 농구 리그 소속으로 주말마다 경기를 뛰어서 그런지 사람들 앞에서 실력을 발휘하는 일에 이골이 난 모양이었다.

　평소에 아버지는 주차 요금을 더 내는 한이 있어도 최대한 목적지에서 가까운 곳에 차를 세웠다. 절룩이는 다리로 걸을 거리를 최소화하기 위해서였다. 그날은 문제없이 루스벨트 대학을 찾아냈고, 연주회가 열릴 강당 바로 앞에 차를 세웠다. 소리가 크게 울리는 거대한 강당에 들어서자 내가 너무 작게 느껴졌다. 바닥에서 천장까지 길쭉하게 뚫린 우아한 창문들을 통해서 그랜트 공원의 널찍한 잔디밭과 흰 물보라가 이는 미시간호가 보였다. 가지런히 줄 선 청회색 의자는 긴장한 아이들과 들뜬 부모들로 서서히 채워졌다. 앞에는 높게 돋운 무대가 있었고, 그 위에는 난생처음 보는 그랜드피아노가 두 대 있었다. 큼직한 나무 뚜껑은 검은 새의 날개처럼 위로 들려 있었다. 무도회의 미녀처럼―비록 할머니 미녀이시만―꽃무늬 드레스를 입은 로비 할머니는 학생들이 모두 악보를 잘 챙겨서 도착했는지 분주하게 확인하고 있었다. 공연을 시작할 시각이 되자, 할머니가 사람들을 조용히 시켰다.

　그날 누가 어떤 순서로 무슨 곡을 연주했는지, 전혀 기억나지 않는다. 내 차례가 오자 자리에서 일어나 최대한 침착하게 앞으로 걸어 나간 뒤 계단을 올라 반들거리는 두 그랜드피아노 중 한 대 앞에 앉았다. 나는 철저히 준비되어 있었다. 내가 비록 로비 할머니를 얄밉고 고지식한 사람으로 여기긴 했어도, 완벽함을 추구하는 할머니의 태도를 그사이 나도 내면화하고 있었다. 연주할 곡을 달달 외웠기 때문에 생각하고 말고할 것도 없이 손가락만 움직이면 되었다.

그러나 내 작은 손가락을 건반에 올리는 순간, 문제가 있음을 알아차렸다. 나는 완벽한 피아노 앞에 앉아 있었다. 피아노는 표면에 먼지 한점 없었고, 줄은 정확하게 조율되어 있었으며, 여든여덟 개 건반이 흠없는 흑백 리본처럼 펼쳐져 있었다. 문제는 내가 흠 없는 것에 익숙하지않다는 점이었다. 솔직히 그런 것을 본 적도 없었다. 내가 아는 피아노란 한구석에 제멋대로 자란 화분이 있고 창밖으로 소박한 뒷마당이 내다보이는, 천장이 높고 좁다란 로비 할머니네 음악실에서 본 피아노뿐이었다. 내가 연주해본 악기라고는 완벽과는 거리가 있는, 건반이 군데군데 누렇게 변색하고 가온 다음 건반은 편리하게도 한 귀퉁이가 깨진로비 할머니네 업라이트피아노뿐이었다. 내게 피아노란 그런 것이었다. 동네란 우리 동네 같은 곳이고 아빠란 우리 아빠 같은 사람이고 삶이란내 삶 같은 것이었듯이. 그게 내가 아는 세상이었다.

그런데 청중의 시선이 일제히 나를 향하고 있는 지금, 반들거리는 건반을 아무리 뚫어져라 들여다보아도 다 똑같아 보였다. 손을 어디 두어야 할지 알 수 없었다. 목이 조여오고 심장이 두근거리기 시작했다. 당황한 사실을 들키지 않으려고 애쓰면서, 청중 속에서 안전한 항구와도같은 어머니의 얼굴을 찾아보았다. 그러나 눈에 들어온 것은 다른 사람이었다. 맨 앞줄에 앉아 있던 그 사람은 문득 자리에서 일어나더니 살그머니 내 쪽으로 다가왔다. 로비 할머니였다. 그때까지 우리는 하도 많이싸워서, 나는 할머니를 약간 적처럼 여기고 있었다. 그러나 응보를 받기

에 이른 순간, 천사처럼 내 등 뒤에 나타나준 사람은 다름 아닌 할머니
였다. 할머니는 어쩌면 내가 세상이 고르지 않다는 사실을 처음 목격하
고 받은 충격을 이해했는지도 모른다. 아니면 그냥 진행을 서두르고 싶
었는지도 모른다. 어느 쪽이었든, 할머니는 손가락으로 가온 다음을 가
만히 짚어주며 어디서 시작할지를 알려주었다. 그러고는 보일락 말락
격려의 미소를 띤 채 자리를 비켜주었다. 내가 스스로 내 곡을 연주할
수 있도록.

2

1969년 가을, 브린 마 초등학교 병설 유치원에 입학했다. 내게는 또래에 비해 두 가지 이점이 있었다. 읽기를 미리 좀 배웠다는 점과 모두가 좋아하는 오빠가 같은 학교 2학년에 다닌다는 점이었다. 학교는 앞에 운동장이 있는 4층짜리 벽돌 건물이었고, 우리 집에서 겨우 두 블록 떨어져 있었다. 걸어가면 2분 걸렸고, 오빠처럼 뛰어가면 1분이면 너끈했다.

첫날부터 학교가 좋았다. 선생님도 좋았다. 작달막한 백인 여성인 버로스 선생님은 내 눈에는 백 살쯤 되어 보였지만 아마 50대였을 것이다. 교실에는 해가 잘 드는 큰 창이 있었고, 마음껏 갖고 놀아도 되는 인형이 있었고, 뒤편에는 마분지로 만든 장난감 집이 있었다. 친구도 사귀었는데, 주로 나처럼 학교를 좋아하는 아이들에게 끌렸다. 나는 읽기에 자신이 있었다. 집에서 어머니의 도서관 대출증으로 빌린 『딕과 제인』시리즈를 곧잘 읽어내렸기 때문에, 선생님이 유치원생이 처음 할 일은 단어 배우기라고 말했을 때 무척 신났다. 우리는 색깔 단어를 공부했다. 색을 보고 이름을 맞히는 게 아니라 '빨강', '파랑', '초록', '검정', '주황', '보라', '하양' 같은 글자를 보고 읽어내는 것이었다. 버로스 선생님은 아이들 한 명 한 명에게 퀴즈를 냈다. 큼직한 마닐라지 카드를 한 장씩 들

36

어 보이면서 그 위에 까만 글씨로 적힌 단어를 읽어보라고 시켰다. 나는 갓 사귄 친구들이 차례차례 일어나서 색깔 단어를 하나하나 읽어나가는 모습을 지켜보았다. 친구들은 다양한 수준으로 성공하거나 실패했고, 그러다가 막히면 도로 앉으라는 지시를 받았다. 내가 보기에는 철자 맞히기 게임처럼 일종의 놀이 같았다. 하지만 모종의 평가가 이뤄지고 있음도 느낄 수 있었다. '빨강' 이상 나아가지 못한 친구들이 창피하다는 듯 털썩 주저앉는 모습만 봐도 그랬다. 물론 1969년이었고 시카고 사우스사이드의 공립학교였으니 자존감이니 성공하는 사고방식이니 따위의 말을 입에 올리는 사람은 아무도 없었다. 가정에서 조기교육을 받은 아이는 학교에서 쉽게 두각을 드러냈고, '똑똑하다'거나 '영재'라는 평을 들었으며, 그 사실이 아이의 자신감을 더욱 강화해주었다. 그리고 그런 이점은 금세 누적되었다. 유치원 우리 반에서 제일 똑똑한 두 아이는 한국계 미국인 남자아이인 테디와 아프리카계 미국인 여자아이인 치아카였는데, 두 아이는 학년이 올라가서도 내내 반에서 1등을 차지했다.

나는 그 아이들을 따라잡고 싶어서 안달이 났다. 이윽고 내 차례가 되었을 때, 나는 일어나서 최선을 다했다. '빨강', '초록', '파랑'까지는 술술 읽어냈다. '보라'는 약간 시간이 걸렸고, '주황'은 꽤 어려웠다. 문제는 '하양'이었다. 나는 갑자기 얼어붙었다. 목이 싹 말랐고, 혀가 굳었고, 머리는 '하-이' 어쩌고 하는 단어를 기억해내려고 미친 듯이 돌아갔지만 왠지 소리로 만들어낼 수 없었다. 그야말로 말문이 막혔다. 금방이라도 다리 힘이 풀릴 것처럼 무릎께가 허선했다. 그러나 정말로 힘이 풀리기 전에, 버로스 선생님이 앉으라고 말했다. 그리고 그 순간, 단어가 떠올랐다. 완벽한 형태로 퍼뜩 떠올랐다. **하양. 하아양!** '하양'이었다.

그날 밤 인형들을 머리맡에 둘러싸고 누워서도 계속 '하양' 생각뿐이었다. 머릿속으로 단어를 몇 번이고 써보았다. 멍청한 자신을 타박했다. 창피한 마음이 무거운 추처럼 느껴졌다. 그 무게를 영영 떨칠 수 없을 것 같았다. 부모님은 내가 단어 카드를 전부 잘 읽어내든 말든 신경 안 쓴다는 사실을 잘 알았는데도 말이다. 나는 그저 해내고 싶었다. 혹은 해낼 능력이 없는 아이로 치부되기 싫었다. 선생님은 이제 나를 읽을 줄 모르는 아이, 더 나쁘게는 노력하지 않는 아이로 여길 게 틀림없었다. 나는 선생님이 테디와 치아카에게 준 동전만 한 금박지 별에 집착했다. 그날 두 아이는 그 별을 성취의 상징처럼, 혹은 다른 아이들과는 달리 큰 인물이 될 떡잎이라는 상징처럼 가슴에 붙이고 다녔다. 물론 그 애들은 한 번도 막히는 일 없이 모든 단어를 읽어냈다.

이튿날 등교 후, 나는 선생님에게 시험을 다시 보게 해달라고 했다.

선생님은 유치원생에게는 그 외에도 할 일이 많다며 명랑하게 거절했지만, 나는 우겼다.

이제 생각하면, 다시 한 번 색깔 카드를 읽어나가는 내 모습을 잠자코 지켜봐야 했던 친구들에게 미안할 따름이다. 이번에는 더 천천히 읽었다. 단어 하나하나를 발음하기 전에 의식적으로 숨을 골랐다. 긴장 때문에 머리가 멎는 일을 방지하기 위해서였다. 작전은 통했다. 나는 '검정', '주황', '보라'까지 순조롭게 읽어냈고, '하양'도 읽어냈다. '하양'은 글자가 채 등장하기도 전에 외치다시피 했다. 그날 버로스 선생님이 스스로를 변호하려고 용감하게 나선 흑인 여자아이를 기특하게 여겨주었다면 좋겠다. 테디와 치아카는 신경이나 썼는지 모르겠다. 아무튼 나는 냉큼 상을 요구했고, 그날 오후 집에 갈 때는 셔츠에 금박지 별을 붙이고 고개를 당당히 치켜들었다.

한편 집에 있을 때 나는 격정적인 드라마와 분란의 세상에서 살았다. 인형들을 가지고 끝없이 변주되는 드라마를 지어내는 재미에 빠져 있었기 때문이다. 출생과 불화와 배신이 있었다. 희망과 적의와 가끔은 섹스도 있었다. 하교 후 저녁 먹을 때까지 비는 시간을 때우는 방법으로 내가 제일 좋아한 것은 오빠와 내 방 앞 공용 공간에 진 치고 앉아서 바비 인형을 바닥에 늘어놓고 내게는 현실만큼 현실적으로 느껴지는 이야기를 지어내는 놀이였다. 오빠의 군인 액션 피겨들도 가끔 끼워 넣었다. 인형들 옷은 꽃무늬 비닐로 된 어린이용 여행 가방에 넣어 보관했다. 나는 바비와 군인 인형 하나하나에 개성을 부여했다. 어머니가 몇 년 전 우리에게 글자를 가르칠 때 썼던 알파벳 블록도 가져와서, 그것들에게도 각각 이름과 성격을 부여했다.

방과 후 밖에서 뛰노는 동네 아이들에게 합류하는 경우는 드물었다. 학교 친구를 집으로 데려오는 일도 없었다. 내가 깔끔깨나 떠는 아이라, 남이 내 인형으로 저지레 치는 걸 보고 싶지 않았다. 이전에 다른 아이들 집에 놀러 갔다가 머리카락이 뽑혀나간 바비 인형, 매직으로 얼굴에 낙서가 된 인형 등 호러쇼를 목격한 탓이었다. 또 내가 학교에서 배운 교훈 중 하나는 아이들 사이의 역학 관계가 복잡할 수 있다는 것이었다. 어른들 눈에는 놀이터에서 노는 아이들이 그저 귀엽게만 보여도, 그 이년에는 사실 변화무쌍한 위계와 동맹 관계가 있다. 여왕벌 같은 아이가 있고, 친구들을 괴롭히는 아이도 있고, 추종자도 있다. 나는 수줍음을 타진 않았지만, 학교 밖에서까지 그런 복잡한 관계에 휘말리고 싶은 마음이 없었다. 대신 내 작은 세상에서 무생물들에 생명을 불어넣는 존재가 되는 일에 전력을 기울였다. 오빠가 나타나서 감히 블록 하나만 치워달라고 부탁하면, 나는 비명을 질러댔다. 필요하다면 오빠를 때리는 일도 마다하지 않았다. 보통은 주먹으로 등 한복판을 가격했다. 인형들과 블록들은 내가 자신들에게 생명력을 부여해주기를 바랐고, 나는 그 바람에 충실했다. 모두에게 갖가지 시련을 끝없이 안겨주었다. 훌륭한 신이라면 다들 그런 것처럼, 내 피조물들이 시련을 통해 성장하기를 바랐다.

내 방 창밖을 내다보면, 우리 블록에서 벌어지는 현실 세계의 일을 거의 다 관찰할 수 있었다. 늦은 오후에는 길 건너편 다가구주택의 주인이자 키 큰 흑인인 톰프슨 아저씨가 재즈 클럽에서 연주하려고 캐딜락 트렁크에 큼직한 베이스 기타를 싣는 모습이 보였다. 멕시코계인 옆집 멘도사 아저씨와 아주머니가 종일 남의 집 페인트칠하는 일을 마친 뒤 픽업트럭에 사다리를 싣고 귀가하면 그 집 개들이 울타리까지 달려 나와 반갑게 짖어대는 모습도 보였다.

우리 동네는 중산층이 살았고, 인종은 다양했다. 아이들은 피부색과 관계없이 그날그날 밖에 놀러 나온 아이들끼리 두루 어울렸다. 내 친구 중에는 어머니가 백인이고 영국 말투를 쓰는 레이철도 있었고, 붉은 곱슬머리를 지닌 수지도 있었다. 멘도사 부부네 손녀도 조부모 댁에 놀러 오면 늘 나와 함께 놀았다. 아이들의 성은 칸소판트, 아부아세프, 얘커, 로빈슨 등 각양각색이었다. 그리고 우리는 어려서 잘 몰랐지만, 동네는 빠르게 변하고 있었다. 부모님이 사우스쇼어로 이사하기 15년 전인 1950년만 해도 이 동네 주민은 96퍼센트가 백인이었지만, 내가 대학으로 떠난 1981년 무렵에는 약 96퍼센트가 흑인이었다.

오빠와 나는 그 상반된 흐름의 한가운데서 자랐다. 우리 동네 인근에는 원래 유대인도 살았고, 이민자도 살았고, 백인과 흑인도 살았다. 살림이 점점 나아지는 집도 있었고 그렇지 못한 집도 있었다. 거의 다들 잔디 마당을 가꾸었고 자식들에게 주의를 기울였다. 로비 할머니에게 수

표를 써주면서 아이에게 피아노를 가르쳤다. 우리 집은 아마 동네에서 가난한 축이었을 것이다. 로비 할머니네 집 위층에 세 들어 사는 우리처럼 자기 집이 없는 가족은, 우리가 알기로, 몇 되지 않았다. 사우스쇼어는 다른 동네들이 밟은 길—잘사는 사람들은 교외로 떠나고, 동네 상점은 하나둘 문 닫고, 차츰 동네가 쇠락해지는 길—을 아직 따르지 않았지만, 이미 그 방향으로 기울었음은 누가 봐도 알 수 있었다.

우리는 변화의 영향을 받기 시작했다. 특히 학교가 그랬다. 2학년 때 우리 반은 통제 불능의 아이들과 휙휙 날아다니는 지우개로 아수라장이었다. 그런 상황은 내 경험으로도 오빠의 경험으로도 정상이 아니었다. 통제력을 행사할 줄 모르는 데다 아이들을 좋아하지도 않는 것 같은 담임선생님 탓으로 보였다. 게다가 선생님의 무능함에 딱히 신경 쓰는 사람도 없는 것 같았다. 아이들은 그 점을 핑계 삼아서 막되게 행동했고, 그럴수록 선생님은 아이들을 더 나쁘게 보는 듯했다. 선생님에게 우리는 '나쁜 애들'이 모인 반이었다. 하지만 실상은 이끄는 사람도 규율도 없는 상태로 학교 지하의 어두침침한 교실에 갇힌 어린아이들일 뿐이었다. 그곳에서 보내는 시간은 일분일초가 길고 끔찍했다. 나는 토사물 같은 초록색—1970년대 학교들의 공식 색깔—의자에 앉아 아무것도 배우지 못하고 비참해져서 점심시간만 기다렸고, 점심시간이 되면 얼른 집으로 가 샌드위치를 먹으면서 엄마에게 불평을 늘어놓았다.

어릴 때는 화가 나면 거의 어머니에게 쏟아냈다. 내가 새 선생님에 대해서 씩씩거리면, 어머니는 "저런, 그랬니?" "성발이니?" 하고 내꾸하면서 차분히 들어주었다. 내 화를 오냐오냐 받아주는 적은 없었지만, 좌절감은 진지하게 여겨주었다. 다른 어머니였다면 "넌 그냥 네 공부나 잘해" 하며 타이르고 말았을지도 모르지만, 우리 어머니는 그냥 징징거리는 것과 진짜 괴로워하는 것의 차이를 알았다. 그래서 내게는 한마디 없이 학교로 가서 몇 주 동안 물밑 로비를 펼쳤다. 그 결과 우리 2학년 반에서 나를 포함해 성적 좋은 아이 두어 명이 조용히 불려 나가 이런저런 시험을 쳤고, 약 일주일 뒤에는 지상에 있어서 환한 데다가 질서 있는 3학년 반으로 월반했다. 새 담임선생님은 늘 생글생글 웃지만 허튼짓을 용납하지 않는, 가르칠 줄 아는 선생님이었다.

월반은 물론 사소한 일이었지만, 내 인생을 바꿔놓은 사건이었다. 그 때 가르칠 줄 모르는 선생님과 함께 지하에 남은 친구들은 어떻게 되었을까 하는 생각을 나는 내내 떨치지 못했다. 그리고 이제 어른이 되어보니 알겠다. 아이들은 아무리 어려도 남들이 자신을 낮잡아 본다거나 어른들이 자신의 공부를 돕는 데 열의가 없으면 귀신처럼 알아차린다. 그래서 쌓인 분노를 막된 행동으로 표출할 수도 있다. 하지만 그것은 아이들 잘못이 아니다. 그들은 '나쁜 애들'이 아니다. 나쁜 환경을 견디려고 애쓰는 것뿐이다. 물론 당시에는 이렇게 생각하지 못했다. 그저 그곳을 탈출한 게 기쁠 따름이었다. 그리고 세월이 한참 흐른 뒤에야 안 사실이 또 하나 있다. 평소 무덤덤하고 과묵하지만 어느 집단에서든 가장 직설적인 편인 우리 어머니는 그때 2학년 선생님을 일부러 찾아갔다고 한다. 그리고 최대한 상냥한 표현을 동원하여, 당신에게는 아이들을 가르칠 자격이 없으니 차라리 슈퍼마켓 계산원 일이 어울릴 거라고 조언해주었다고 한다.

★   ★   ★

어머니는 차츰 나더러 밖에 나가서 동네 아이들과 어울리라고 권하기 시작했다. 내가 오빠처럼 사람들과 잘 어울릴 줄 알기를 바랐다. 앞에서도 말했지만, 오빠는 어려운 일도 쉬워 보이게 만드는 재주가 있었다.

그즈음엔 벌써 투지 넘치고, 민첩하고, 쑥쑥 자라는 농구 선수로 경기장에서 점점 더 주목을 받았다. 아버지는 오빠에게 최고로 어려운 상대를 찾아서 붙어보라고 부추겼고, 나중에는 오빠를 혼자 도시 건너편까지 보내 시카고에서 제일 난다 긴다 하는 아이들과 겨루도록 밀어붙였지만, 이 무렵에는 아직 동네 안에서 재능 있는 아이들과 겨루도록 내버려두었다. 오빠는 공을 들고 우리 집에서 길 건너편에 있는 로젠블룸 공원으로 갔다. 내가 종종 나가 놀았던 정글짐과 그네가 있는 공원 놀이터를 지나서 눈에 보이진 않지만 엄연히 그어져 있는 경계선을 넘어갔다. 농구장은 나무들에 가려서 보이지 않는 그 건너편에 있었다. 나는 그 건너편을 어두운 숲에서 주정뱅이, 깡패, 범죄자 들이 어정거리는 나락처럼 상상했다. 하지만 그곳을 드나들기 시작한 오빠는 그쪽에 있는 사람들이 다 그렇게 나쁘지만은 않다면서 내 편견을 바로잡아주었다.

오빠에게 농구는 어떤 낯선 세상이라도 활짝 열어주는 열쇠였다. 오빠는 어딜 가서든 즉석 시합에 끼려면 모르는 사람들에게 어떻게 접근해야 하는지를 배웠다. 경기장에서 자기보다 더 크고 날쌘 상대를 기죽일 요량으로 도발적인 말을 내뱉는 법도 배웠다. 농구는 동네의 누가 어떤 인간이고 무엇이 어떻다더라 하는 갖가지 편견을 무너뜨리는 데도 도움이 되었고, 그럼으로써―아버지가 신조로 여겨온 생각인데―사람들 대부분은 우리가 정중하게 대하기만 한다면 대체로 좋은 사람들이라는 가설을 지지해주었다. 길모퉁이 주류 판매점 앞에서 빈들거리는 수상쩍은 사내들조차 오빠를 보면 반색하며 이름을 부르고 하이파이브를 한 뒤 보내주었다.

"대체 어떻게 저런 사람들을 아는 거야?" 나는 기막혀하며 물었다.

"나는 몰라. 저 사람들이 나를 아는 거지." 오빠는 으쓱하며 대답했다.

내가 마침내 좀 성숙해져서 슬슬 바깥 탐험에 나선 것은 열 살 때였다. 지루함 때문에 내린 결정이라고 봐도 좋았다. 여름방학에 오빠와 나는 매일 버스로 미시간호까지 가서 수변 공원에서 열리는 시 주최 오락 캠프에 참가했지만, 마치고 나서 집에 돌아와도 겨우 4시였고 해가 지려면 멀었다. 인형 놀이는 점차 시시해졌고, 에어컨이 없는 집은 늦은 오후에는 참을 수 없이 더웠다. 그래서 나는 오빠를 따라 동네를 돌아다니기 시작했다. 학교에서는 만나지 못했던 아이들을 만났다. 우리 집 뒷골목 건너편에는 공용 녹지를 둘러싸고 주택 15채 정도가 서 있는 작은 주택단지, 유클리드 파크웨이가 있었다. 녹지는 아이들의 천국이었다. 차가 다니지 않는 길이라, 아이들은 몰려나와서 소프트볼을 하거나 쌍줄넘기를 뛰거나 현관 계단에 앉아서 시간을 때우거나 했다. 그런데 그곳에서 노는 또래 여자아이 무리에 끼려면 먼저 시험을 거쳐야 했다. 시험은 근처 가톨릭 학교에 다니는 디디라는 아이의 형태로 나타났다. 디디는 예쁘고 운동을 잘하는 아이였지만, 늘 뾰로통했고 걸핏하면 어이없다는 듯 눈알을 굴려서 상대를 무안하게 만들었다. 디디는 인기가 더 많은 데넌이라는 아이와 함께 종종 자기 집 현관 계단에 앉아 있었다.

데넌은 내게 친절했지만, 디디는 나를 싫어하는 것 같았다. 이유는 모른다. 내가 유클리드 파크웨이에 갈 때마다, 디디는 내가 나타나서 남들의 기분을 잡치기라도 한 것처럼 나지막이 퉁명스러운 말을 내뱉었다. 여름이 흘러가도 디디의 독설은 더 심해지기만 했고, 나는 사기가 꺾이려고 했다. 선택지가 몇 가지 있다는 건 알았다. 놀림당하는 신규 멤버의 위치에 계속 머무를 수도 있었고, 파크웨이에 나가지 않고 다시 집에서 인형 놀이를 할 수도 있었고, 아니면 디디의 존중을 얻어내도록 애쓸수도 있었다. 마지막 선택지 속에는 또 다른 선택지가 담겨 있었다. 나는 디디를 말로든 다른 형태의 아이다운 외교술로든 설득해서 내 편으로 만들 수도 있었고, 아니면 그냥 입 다물게 만들 수도 있었다.

다음번에 또 디디가 못된 말을 뱉었을 때, 나는 아버지가 가르쳐준 주먹 날리는 법을 십분 활용하여 디디에게 달려들었다. 우리 둘은 뒤엉켜 쓰러져서 주먹을 흔들고 다리를 버둥거렸다. 근처에 있던 아이들이 몽땅 달려와서 우리를 빽빽하게 둘러쌌다. 초등학생답게 피에 굶주린 아이들은 흥분해서 고함을 질러댔다. 누가 우리를 떼어놓았는지는 기억나지 않는다. 데닌이었는지, 우리 오빠였는지, 아니면 소식을 듣고 달려온 어느 부모였는지. 아무튼 사태가 끝났을 때, 우리 사이에는 암묵적인 세례식이 거행되었다. 나는 이제 그곳 아이들 무리에 공식적으로 합류한 멤버였다. 디디와 나는 다치지 않았다. 흙투성이가 되고 숨을 좀 헐떡였을 뿐이다. 이후에도 우리는 영영 친한 친구는 되지 않을 운명이었지만, 적어도 나는 디디의 존중을 얻는 데 성공했다.

★　　★　　★

아버지의 뷰익은 여전히 우리의 은신처이자 세상으로 난 창이었다. 일요일이나 여름날 저녁에 우리는 할 수 있으니까 한다는 이유 외에는 별다른 목적 없이 드라이브에 나섰다. 가끔은 흑인 의사들이 많이 거주한다는 이유로 '필힐Pill Hill'이라고 불리는 남쪽 동네로 갔다. 사우스사이드에서도 예쁘고 부유한 동네였다. 집집마다 진입로에 차가 두 대씩 있었고, 인도를 따라 잘 조성된 화단에 꽃이 피어 있었다.

아버지는 부자들을 약간 의심하는 시선으로 보았다. 뽐내는 사람을 싫어했고, 주택 소유에 대해서도 복잡한 감정을 품고 있었다. 부모님도 잠시 집을 살까 고민한 때가 있었다. 로비 할머니 집에서 멀지 않은 곳에 매물이 나와서 부동산 중개인과 함께 살펴보기도 했지만, 결국에는 사지 않기로 결정했다. 나는 대찬성이었지만, 우리 가족이 2층짜리 집에서 살게 되면 정말 굉장할 것 같았다. 그러나 아버지는 천성이 조심스러웠고 늘 득실을 따졌으며 굳은 날에 대비해 저축해둬야 한다고 생각했다. "하우스푸어가 되면 안 되잖니." 아버지는 이렇게 말하면서, 어떤 사람들은 저금을 몽땅 쏟고도 대출까지 너무 많이 받아서 집을 사는 바람에 멋진 집은 갖지만 자유는 빼앗긴다고 설명해주었다.

부모님은 대화할 때 우리를 어른처럼 대했다. 가르치려 들지는 않았지만, 우리가 묻는 질문은 아무리 유치한 것이라도 끝까지 진지하게 대답해주었고 편의상 결론을 서두르는 일은 결코 없었다. 대화는 몇 시간씩 이어지곤 했는데, 보통 오빠와 내가 무엇이든 잘 이해되지 않는 일이 있으면 부모님을 취조할 절호의 기회로 여기고 따지고 들어서였다. 우리는 "사람들은 왜 화장실에 가요?" "왜 꼭 직업이 있어야 하는데요?" 같은 질문을 던졌고 후속 질문도 쏟아냈다. 이런 소크라테스식 대화로 승리를 거둔 사건 중 하나는 원래 나 좋자고 던진 질문에서 시작했다. "아침에 왜 꼭 계란을 먹어야 해요?" 이 질문은 단백질 섭취의 중요성을 논하는 토론으로 이어졌고, 나는 그러면 왜 땅콩버터로 섭취하면 안 되느냐고 물었고, 토론이 더 이어진 뒤 결국 어머니는 계란에 대한 종래의 입장을 바꾸었다. 사실 나는 처음부터 계란이 싫었다. 그래서 이후 9년 동안, 내 손으로 얻어낸 승리의 기쁨을 음미하면서 아침으로 매일 젤리와 땅콩버터를 두껍게 바른 샌드위치를 먹었다. 계란은 한 알도 먹지 않았다.

우리가 자라면서 대화 주제는 약물과 섹스와 인생에서 해야 할 선택으로, 인종과 불평등과 정치로 넘어갔다. 부모님은 우리가 성자가 되기를 바라지 않았다. 아버지는 섹스란 즐거운 것이자 즐거워야 한다고 강조했다. 두 분은 가혹하지만 엄연한 현실을 설명할 때 어물쩍 좋은 말로 넘기지도 않았다. 한번은 이런 일이 있었다. 어느 여름, 새 자전거가 생기자 오빠는 그걸 타고 미시간호를 향해 달렸다. 포장도로가 있는 레인보비치 공원으로 가서 호수에서 불어오는 바람을 만끽할 참이었다. 그러나 얼마 가지도 못해서 어느 경찰관이 오빠를 잡아 세웠다. 경찰관은 오빠에게 자전거를 어디서 훔쳤느냐고 물었다. 흑인 소년이 정직한 방법으로 새 자전거를 얻었을 리 없다고 본 것이다. (그 자신도 흑인이었던 경찰관은 우리 어머니에게 모진 질책을 들었고, 오빠에게 사과했다.) 부모님은 그 일이 분명 불공평하지만 안타깝게도 자주 벌어지는 일이라고 설명했다. 우리는 피부색 때문에 그런 일을 겪기 쉽고, 그런 조건을 늘 감당하며 살아가야 한다고 말이다.

아버지가 우리를 태우고 종종 필힐로 드라이브 갔던 것은 약간의 희망이 담긴 일이었을 것이다. 우리가 공부를 열심히 하면 이렇게 살 수도 있다는 사실을 보여주려던 것이 아닐까 싶다. 부모님은 거의 평생을 시카고에서도 몇 제곱킬로미터에 국한된 좁은 세계에서 살았지만, 오빠와 나도 자신들처럼 살 것이라고는 생각하지 않았다. 부모님은 둘 다 결혼 전에 잠시 지역 전문대학에 다녔다. 하지만 학위까지는 바라보지도 못하고 일찌감치 학업을 중단했다. 어머니는 교사가 되려고 공부했지만, 그보다는 비서로 일하는 편이 낫겠다고 판단했다. 아버지는 그냥 학비가 떨어져서 그만두었고, 대신 군대에 갔다. 친가 가족 중에는 아버지에게 학교로 돌아가라고 말해주는 사람이 아무도 없었다. 그런 인생의 본보기가 되는 사례도 없었다. 아버지는 여러 기지를 전전하면서 2년간 복무했다. 그전에 아버지의 꿈이 대학을 졸업하고 화가가 되는 것이었다면, 아버지는 그 꿈을 접었다. 대신 돈을 벌어서 남동생이 건축학 학위를 따도록 학비를 보탰다.

그리고 이제 30대 후반이 된 아버지는 자식들을 위해서 저축하는 데 집중했다. 우리는 하우스푸어가 되지 않을 것이었다. 집을 안 살 테니까.

아버지는 현실적인 견지에서 판단했다. 자원이 한정되어 있다는 사실을 알았기 때문이고, 아마 자신에게는 시간마저 한정되어 있다는 사실도 알았을 것이다. 아버지는 이제 운전하지 않을 때면 지팡이를 썼다. 내가 초등학교를 마치기 전에 지팡이는 목발이 되었고, 금세 목발 두 쪽이 되었다. 아버지의 근육을 약화시키고 신경세포를 손상시키는 병을, 아버지는 당신이 개인적으로 처리해야 할 과제이자 묵묵히 감당해야 할 문제로 여겼다.

그래도 가족이 소박한 사치를 즐기는 일은 중단되지 않았다. 오빠와 내가 성적표를 받아 오는 날이면 부모님은 우리가 제일 좋아하는 식당인 '이탤리언 피에스타'에서 피자를 시켜주었다. 날이 더우면 통에 든 아이스크림을 사서—초콜릿, 버터 피칸, 블랙체리 맛을 각각 한 파인트씩—며칠을 두고 먹었다. 매년 에어쇼가 열리는 날이면 도시락을 싸서 미시간호 북쪽으로 차를 몰았다. 아버지가 다니는 정수장이 거기 작은 곳에 있었는데, 여느 때는 출입이 통제되었지만 1년에 몇 차례 이런 날에는 직원 가족들에게 개방되어 호수를 굽어보는 잔디밭에서 놀 수 있었다. 그곳에서 전투기 편대가 호수 위로 급강하하는 광경을 감상하는 조망은 호숫가 도로의 어느 펜트하우스에서 보는 조망에도 뒤지지 않았다.

매년 7월 초, 아버지는 직장에 일주일 휴가를 냈다. 우리는 이모와 사촌 둘과 함께 뷰익에 우르르 올라탔고, 문 두 짝짜리 차에 일곱 명이 끼어 앉아서 몇 시간을 달렸는데, 차는 고가도로로 시카고를 벗어난 뒤 미시간호를 남쪽으로 빙 둘러서 '듀크스 해피 홀리데이 리조트'가 있는 도시 화이트클라우드로 갔다. 그 리조트에는 오락실이 있었고, 유리병에 든 탄산음료를 파는 자동판매기가 있었고, 무엇보다도 대형 야외 수영장이 있었다. 우리는 작은 부엌이 딸린 방갈로를 빌려서 종일 물에 들락날락하며 놀았다.

부모님은 바비큐를 했고, 담배를 피웠고, 이모와 카드 게임을 했다. 그러다가도 아버지는 잠깐씩 수영장으로 와서 아이들과 놀았다. 아버지는 잘생긴 남자였다. 입꼬리로 갈수록 아래로 휘어서 꼭 낫처럼 보이는 콧수염을 길렀다. 두툼하고 근육이 울룩불룩한 가슴과 팔은 과거에 운동선수였던 사실을 증명했다. 수영장에서 놀던 긴 오후에 아버지는 노를 저었고, 웃음을 터뜨렸고, 우리의 자그마한 몸뚱이를 공중으로 던져 올렸다. 그때만큼은 쇠약해진 다리가 거치적거리지 않았다.

*　　*　　*

쇠락은 측정하기 어려운 현상일 수 있다. 그것을 한창 겪는 도중에는 더 그렇다. 9월에 새 학년이 시작되어 오빠와 내가 브린 마 초등학교로 돌아가면 놀이터의 백인 아이들 수가 매년 줄어 있었다. 근처 가톨릭 학교로 전학한 아이들도 있었지만, 대개는 아예 동네를 떠났다. 처음에는 백인 가정들만 떠나는 것 같았으나, 이제 여건이 되는 집은 다 떠나는 것 같았다. 작별은 예고되지 않았고 설명되지 않았다. 어느 날 문득 애커씨네 집 앞에 '매물' 간판이 박힌 걸 보거나 테디네 집 앞에 이삿짐 차가 와 있는 걸 보면 그제야 떠나는구나 할 뿐이었다.

어머니에게 가장 큰 충격은 친구였던 벨마 스튜어트 아주머니가 파크 포리스트라는 교외 주택단지에 집을 샀다고 말한 일이 있을 것이다. 스튜어트 부부는 아이가 둘 있었고 우리 집에서 한 블록 떨어진 공공주택에 살았다. 스튜어트 아주머니는 짓궂은 유머 감각에 호탕한 웃음을 갖춘 분이라 우리 어머니가 좋아했다. 두 분은 레시피를 교환하거나 하면서 친하게 지냈지만, 동네의 이런저런 소문 실어 나르기를 즐기는 다른 어머니들 무리에는 끼지 않았다. 그 집 아들 도니는 오빠와 동갑이었고 역시 운동을 잘해서 둘은 금방 친해졌다. 그 집 딸 패멀라는 10대였기 때문에 내게 관심이 없었지만, 거꾸로 나는 모든 10대에게 관심이 지대했다. 스튜어트 아저씨에 대해서는 기억이 많지 않다. 아저씨가 시내의 큰 제빵 회사에서 배달 트럭을 몰았다는 것, 아저씨 가족이 내가 아는 흑인들 가운데 피부색이 가장 옅은 사람들이었다는 것 정도만 기억난다.

그 가족이 어떻게 교외에 집을 살 수 있었는지는 알 수 없었다. 파크 포리스트는 주택 지구뿐 아니라 약 3만 명의 인구를 뒷받침할 쇼핑몰, 교회, 학교, 공원까지 통합 설계된 미국 최초의 완전한 계획 주거단지였다. 1948년에 지어진 그곳은 여러 면에서 대량생산 주택과 틀에 찍어낸 듯 획일적인 마당을 갖춘 교외 주거지의 전형이었다. 원래는 블록마다 거주가 허용되는 흑인 가정 수를 제한한 할당제가 있었지만, 스튜어트 가족이 이사한 무렵에는 폐지된 것 같았다.

이사 간 지 얼마 되지 않아, 스튜어트 가족은 아버지가 쉬는 날 다 함께 놀러 오라고 우리를 초대했다. 우리는 신났다. 그것은 새로운 종류의 외출, 말로만 듣던 교외 단지를 가볼 기회였다. 우리 넷은 뷰익을 타고 고속도로를 따라 남쪽으로 시카고를 벗어났다. 40분쯤 달린 뒤, 활기라고는 전혀 없어 보이는 쇼핑몰 근처에서 고속도로를 빠져나갔다. 곧 조용한 거리들이 오밀조밀 엮인 동네에 들어섰고, 스튜어트 아주머니가 알려준 길 안내에 따라 다 똑같아 보이는 블록들을 요리조리 꺾어서 달렸다. 파크 포리스트는 규격형 주택으로 이루어진 소도시 같았다. 집들은 모두 연회색 지붕널이 덮여 있고 마당에 갓 심은 묘목과 덤불이 있는 소박한 랜치 스타일이었다.

"대체 왜 이렇게 멀리 나와 살고 싶어 하는 거지?" 아버지가 차 밖을 내다보면서 말했다. 나도 이해하기 어려운 일이라고 동의했다. 우리 집의 내 방 창문 앞에 선 참나무 같은 우람한 나무는 눈 씻고 봐도 없었다. 파크 포리스트는 모든 것이 새것이었고, 널찍했고, 한산했다. 추레한 남자들이 노상 어슬렁거리는 길모퉁이 주류 판매점은 없었다. 경적이나 사이렌을 울리는 자동차도 없었다. 부엌 창에서 음악 소리가 흘러나오는 집도 없었다. 모든 집의 창문이 꽉 닫혀 있는 것 같았다.

오빠는 나중에 이날 방문을 즐거웠던 경험으로 기억했다. 왜냐하면 도니 스튜어트와 처음 만난 그곳 친구들과 함께 새파란 하늘 아래 탁 트인 공터에서 온종일 농구를 했기 때문이다. 우리 부모님은 스튜어트 부부와 그간의 소식을 주고받으면서 즐겁게 대화했고, 나는 패멀라 언니를 졸졸 쫓아다니면서 언니의 머리카락과 옅은 피부색과 10대 소녀의 액세서리를 넋 놓고 구경했다. 그러다가 다 함께 점심을 먹었다.

작별 인사를 하고 나선 것은 저녁이 되어서였다. 우리는 스튜어트 가족의 집을 나와서, 어스름 속을 걸어 아버지가 차를 주차해둔 길가로 걸어갔다. 오빠는 종일 뛴 터라 땀투성이에다가 금방이라도 주저앉을 듯 녹초 상태였다. 나도 피곤했고, 얼른 집에 가고 싶었다. 그 장소는 어쩐지 신경에 거슬렸다. 정확히 왜 그런지는 말할 수 없어도, 아무튼 나는 교외가 썩 마음에 들지 않았다.

나중에 어머니는 그 거리의 주민이 거의 모두 백인인 것 같더라는 관찰에 기반하여 스튜어트 가족의 새 동네에 관하여 이렇게 말했다.

"그 동네 사람들은 우리가 나타나기 전만 해도 이웃에 흑인 가족이 사는지도 몰랐던 게 아닐까 싶어."

어머니는 우리가 집들이 선물과 눈에 띄게 검은 피부를 가지고 그곳에 나타나는 바람에 스튜어트 가족의 정체를 본의 아니게 주변에 알린 셈이 아니었을까 하고 짐작했다. 스튜어트 가족이 자기 인종을 일부러 숨기지는 않았더라도 굳이 밝히지도 않았을 것이다. 그 동네의 기존 분위기가 어땠는지는 몰라도, 아무튼 스튜어트 가족은 그것을 두드러지게 해치지는 않았다. 우리가 방문할 때까지는.

그날 저녁에 우리가 차로 다가가는 모습을 누군가 창문 너머로 지켜보았을까? 상황이 어떻게 돌아가는지 관찰하려고 커튼 뒤에서 지켜보는 그림자가 있었을까? 알 수 없다. 기억나는 것은 운전석 앞에 다다라서 차 문을 본 순간 흠칫 굳은 아버지의 모습이었다. 누가 사랑하는 뷰익을 가로로 길게 긁어놓았던 것이다. 가늘고 흉한 금은 문짝에서 시작하여 차 꽁무니까지 이어졌다. 열쇠나 돌멩이로 긁은 것 같았다. 실수로 생긴 자국은 절대 아니었다.

앞에서도 말했듯이, 아버지는 무엇이든 견디는 사람이었다. 큰일이든 작은 일이든 불평하지 않았고, 차려진 음식은 뭐든 기쁘게 먹었으며, 의사로부터 사형선고나 다름없는 진단을 받고도 전과 다름없이 살아갔다. 이 일도 다를 바 없었다. 만에 하나 싸울 상대가 있었더라도, 두드려서 따질 대문이 있었더라도, 아버지는 그렇게 하지 않았을 것이다.

"참나, 이게 무슨 일이라니." 아버지는 이렇게 말하고 문을 열었다.

우리는 방금 벌어진 일에 대해서 별말 없이 시내로 돌아왔다. 어쩌면 피곤해서 분석할 힘조차 없었는지도 모른다. 아무튼 교외와의 인연은 그것으로 끝이었다. 아버지는 이튿날도 그 꼴인 차를 몰고 출근해야 했고, 속으로는 틀림없이 부글부글 끓었을 것이다. 하지만 반짝거리는 차에 난 흠은 오래가지 않았다. 아버지는 시간이 나자마자 시어스 카센터로 차를 몰고 가서 긁힌 자국을 지워버렸다.

3

그즈음, 평소 태평하기 짝이 없는 오빠 크레이그의 마음에 별안간 걱정
이 싹트기 시작했다. 정확히 언제 왜 그랬는지는 모르겠지만, 오빠는—
온 동네 사람들과 하이파이브를 하고 안부를 나누는 소년, 주변 환경에
아랑곳없이 언제든 짬이 나면 행복하게 토막잠에 빠지던 소년이—우
리에게 재앙이 다가오고 있다고 확신하고 경계하기 시작했다. 이런저
런 가능성에 집착하며 만약의 결과에 대비했는데, 우리가 보기에는 하
나같이 괴상한 상상이었다. 저녁마다 오빠는 시력을 잃을지도 모른다는
걱정 때문에 안대로 눈을 가리고 집 안을 돌아다녔다. 나머지 감각만으
로 거실과 부엌을 돌아다니는 법을 익히기 위해서였다. 청력을 잃을지
도 모른다는 걱정에 수화를 독학하기 시작했다. 신체 절단의 공포도 있
었는지 오른팔을 등 뒤로 묶고 서투른 왼손으로 밥을 먹고 숙제를 했다.
어떤 일이 닥칠지는 아무도 모르니까.

그중에서도 가장 큰 공포는 화재였다. 가장 현실적인 공포이기도 했
다. 당시 시카고에서는 주택 화재가 빈번했다. 한편으로는 건물이 황폐
해지도록 방치했다가 불이 나면 기쁘게 보험금을 챙기는 악덕 건물주들
때문이었고, 한편으로는 가정용 화재경보기가 아직 새로운 물건이었던

데다가 노동 계층 가정에서 장만하기에는 너무 비쌌던 탓이었다. 어느 이유에서든 집들이 다닥다닥 붙은 우리 동네에서 화재는 거의 삶의 기정사실이었다. 무작위로 발생하지만 끈질기게 찾아와서 집과 사람들을 앗아가는 저승사자였다. 사우스사이드 할아버지가 우리 동네로 이사 온 것도 웨스트사이드에서 살던 집이 불타서였다. 다행히 인명 피해는 없었다고 한다. (어머니에 따르면, 외할아버지는 활활 타는 집 앞에 서서 소방관들에게 자신의 소중한 재즈 음반들이 있는 쪽으로는 물을 뿌리지 말라고 소리쳤다.) 얼마 전에는 어린 나로서는 온전히 이해할 수 없었던 비극이 발생하여 우리 5학년 반 친구 하나가 죽었다. 귀여운 얼굴에 머리카락을 아프로 스타일로 부풀리고 다녔던 레스터 매컬럼. 우리 집에서 지척인 74번가의 연립주택에서 살던 남자아이였다. 그 화재로 위층 침실에 갇혀 빠져나오지 못한 레스터네 세 남매가 모두 죽었다.

처음 가본 장례식장이었다. 잭슨 파이브의 음악이 조용히 흐르는 장례식장에 동네 아이들이 모두 모여 훌쩍였다. 망연자실한 어른들은 차마 입이 떨어지지 않아서 어떤 기도도 진부한 위로의 말도 건네지 못했다. 앞쪽에 뚜껑 닫힌 관 세 개가 놓여 있었고, 그 위에 환히 웃는 아이의 사진이 담긴 액자가 하나씩 올려져 있었다. 남편과 함께 창문으로 뛰어내려서 가까스로 목숨을 건진 매컬럼 부인이 그 앞에 앉아 있었다. 만신창이가 되어 늘어진 모습은 보기만 해도 가슴 아파서, 그쪽으로는 눈길도 줄 수 없었다.

이후 며칠 동안, 새카맣게 타서 뼈대만 남은 매컬럼 씨네 집은 계속 씩씩 연기를 뿜어내고 와르르 무너지고 하면서 그곳에 살았던 어린 거주자들보다 훨씬 느리게 죽어갔다. 그러면서 나온 연기가 매캐하게 동네를 뒤덮었다.

오빠의 불안은 계속 커졌다. 우리는 학교에서 선생님들의 지시에 따라 화재 대피 훈련을 했고, 몸에 불이 붙으면 즉시 바닥에 누워서 몸을 굴려야 한다는 것도 배웠다. 그래서인지 오빠는 집에서도 안전조치를 강화해야겠다고 결심했다. 자신이 소방대장을 맡고, 나는 대원으로 임명하여 훈련 시 퇴로를 확보하는 일이나 필요한 경우 부모님에게 명령하는 일을 맡겼다. 반드시 불이 날 거라고 믿었다기보다는 대비해두어야 한다는 사실에 더 집착했다. 우리에게 대비는 중요했다. 우리 가족은 시간을 잘 지키기만 하는 게 아니었다. 모든 일에 약속 시간보다 훨씬 일찍 도착했다. 그래야만 아버지가 어려움을 덜 겪을 수 있었기 때문이다. 많이 걷지 않아도 되는 주차 공간을 확보하는 일이든 오빠의 농구 시합에서 적당한 좌석을 잡는 일이든, 조바심치며 걱정할 필요가 없게 했다. 요컨대 스스로 통제할 수 있는 요소를 최대한 통제하며 살아가는 수밖에 없다는 것이 우리 신조였다.

오빠와 나는 가능한 모든 탈출 경로를 생각해보았다. 불이 나면 창문에서 몸을 날려 집 앞 참나무에 매달리거나 이웃집 지붕으로 올라갈 수 있을지 가늠해보았다. 부엌 기름때에서 불이 붙으면, 지하 배선에서 불이 나면, 하늘에서 벼락이 떨어지면 어떻게 할지 생각해보았다. 유사시 어머니에 대해서는 별로 걱정하지 않았다. 어머니는 아담하고, 민첩하고, 만약 아드레날린이 솟구친다면 차에 깔린 아기를 구하기 위해서 차라도 번쩍 들어 올릴 것 같은 사람이었다. 우리가 드러내놓고 말하기 어려웠던 문제는 아버지의 장애였다. 아버지가 우리처럼 창문에서 쉽게 점프할 수 없으리라는 사실은 명백하시만 발로는 꺼내지 않는 사실이었다. 아버지가 달리는 모습을 마지막으로 본 것도 벌써 몇 년 전이었다.

상황이 무시무시해질 경우, 우리의 구조 작전은 학교에서 방과 후 TV로 보았던 홍보 영화에서처럼 깔끔하게 전개될 수 없을 터였다. 헤라클레스처럼 우리를 덥석 어깨에 얹어 안전한 곳으로 실어 나를 사람은 아버지가 아닐 터였다. 누군가 그렇게 해야 한다면, 그 사람은 오히려 오빠였다. 오빠는 결국 아버지보다 훨씬 크게 자랐지만, 그때는 아직 어깨가 좁고 다리도 호리호리한 소년이었으니 영웅적인 행동을 해내려면 연습이 필요했다. 가족의 화재 대피 훈련 때 오빠가 최악의 시나리오를 상상해본 것은 그 때문이었다. 오빠는 아버지에게 바닥에 누우라고 지시했다. 연기를 마셔서 기절한 사람처럼, 꼭 자루처럼 무겁게 축 늘어져서 가만히 있으라고 지시했다.

"맙소사." 아버지는 고개를 절레절레 저었다. "정말로 이걸 꼭 해야겠니?"

아버지는 무력한 존재가 되는 일에 익숙하지 않았다. 오히려 그런 존재가 되지 않기 위해서 그토록 열심히 차를 관리하고, 제때 고지서를 지불하고, 악화하는 다발성경화증 이야기는 한마디도 꺼내지 않고, 직장을 단 하루도 빠지지 않는 것이었다. 아버지는 남들에게 반석 같은 존재가 되고 싶어 했다. 몸으로는 도울 수 없어도 감정적, 지적 조언과 지지를 건네는 일을 좋아했다. 아버지가 민주당 시카고 조직의 한 선거구 지부장 일을 즐겼던 것도 그래서였다. 당시 시카고에서는 시 직원이 되려면 당 조직을 위해 충성스럽게 일해야 했고, 아버지는 안정적인 직업을 얻기 위해 그 직책을 몇 년간 맡아서 유권자들을 관리했다. 반강제로 맡게 되었지만 아버지는 그 일을 무척 좋아했다. 어머니는 그 점에 어이없어했다. 상당한 시간을 잡아먹는 일이었기 때문이다. 아버지는 주말에 종종 가까운 동네를 돌면서 선거구 유권자들을 살펴보았다. 때때로 마지못해 따라나선 나를 꽁무니에 거느리고. 우리는 차를 주차해둔 뒤, 소박한 집들이 늘어선 거리를 천천히 걸었다. 그러다가 홀몸이 된 곱사등 할머니의 집 문간에 다다르기도 했고, 미켈롭 맥주 캔을 들고 방충망 뒤에 나타난 배불뚝이 공장 노동자의 집에 다다르기도 했다. 사람들은 현관에 지팡이를 짚고 서서 싱글벙글 웃는 사람이 우리 아버지라는 걸 알면 대번에 얼굴이 환해졌다.

"아니, **프레이저**잖아!" 사람들은 말했다. "웬일이야. 어서 들어오게."

내게는 이 말이 기쁜 말이 아니었다. 그러면 우리가 집 안으로 들어가야 했으니까. 아버지가 사람들의 피드백을—솔직히 말하면 불평을—수집해서 그 선거구 담당 시의원에게 전달하고자 이런저런 이야기를 듣는 동안, 나는 퀴퀴한 소파에 찌그러져 앉아 있거나 사이다를 앞에 두고 식탁에 앉아서 귀중한 토요일 오후를 날려야 한다는 뜻이었다. 아버지는 사람들이 쓰레기 수거나 제설 작업이나 도로에 파인 구덩이에 관해서 불평하는 이야기를 귀담아들었다. 아버지의 목적은 민주당이 유권자들에게 신경 쓰고 있다는 느낌을 전달하는 것, 그래서 선거철이 되면 사람들이 민주당을 찍도록 만드는 것이었다. 나로서는 실망스럽게도, 아버지는 사람들의 말을 재촉하는 법이 없었다. 아버지에게 시간이란 타인에게 베푸는 선물이었다. 아버지는 사람들이 보여주는 손주 사진을 과연 귀엽다는 표정으로 들여다보았고, 시시한 소문이나 건강상의 괴로움을 장황하게 늘어놓는 말을 참을성 있게 들었고, 살림살이란 왜 이렇게 늘 빠듯한지 모르겠다는 이야기에 동의한다는 듯 고개를 끄덕였다. 마침내 집을 나설 때는 노부인들을 꽉 안아주면서 도움이 되도록 최선을 다하겠다고, 고칠 수 있는 문제는 고쳐보겠다고 약속했다.

아버지는 자신의 쓸모를 굳게 믿었다. 그것은 아버지의 자긍심이었다. 아버지는 실령 **가짜로 꾸민** 위기 상황이라노, 가내 화재 대피 훈련에서 수동적인 연출 도구가 되기를 바라지 않았다. 아버지는 어떤 상황에서도 짐이 될 마음이 없었다. 의식을 잃고 바닥에 쓰러진 사람이 될 마음이 없었다. 하지만 마음 한구석에서는 이 훈련이 우리에게, 특히 오빠에게 중요하다는 사실을 이해했다. 그래서 우리가 누워달라고 요청했을 때 아버지는 실없는 소리로 우리를 웃긴 뒤 먼저 무릎을 꿇고, 그다음 엉덩이를 대고, 그다음 고분고분 거실 카펫에 얼굴을 묻고 엎드렸다. 그러고는 이 상황이 우습다고 여기며 지켜보는 어머니와 '못 말리는 놈들이야' 하고 말하는 듯한 눈길을 주고받았다.

아버지는 한숨을 쉬고 눈을 감은 뒤, 오빠가 두 손을 자기 겨드랑이에 단단히 꽂아서 구조 작전을 시작하기를 기다렸다. 어머니와 나는 오빠가 적잖이 용쓰면서, 또한 상당히 거북스러운 분위기로, 77킬로그램 남짓 나가는 아버지라는 무게를 질질 끌어서 자신의 머릿속에서 활활 타오르는 가상의 화염으로부터 멀리 옮기는 모습을 지켜보았다. 오빠는 마루를 가로지르고 소파를 빙 둘러 마침내 계단참까지 아버지를 끌고 갔다.

오빠는 여기서부터는 아버지의 몸을 계단에 미끄러뜨려서 아래층으로 안전하게 내보내면 되겠다고 생각했다. 그러나 아버지는 "이만하면 됐다" 하고 부드럽게 말하면서 훈련의 그 대목은 한사코 사양했고, 오빠가 자신을 계단으로 밀기 전에 얼른 일어났다. 아무튼 작은 남자와 큰 남자는 이렇게 해서 중요한 무언가를 공유했다. 물론 막상 일이 닥쳤을 때 상황이 이렇게 쉽거나 편하리라는 법은 없었고, 우리 중 한 명이라도 살 수 있을지조차 장담할 수 없었다. 하지만 만에 하나 최악의 상황이 닥치더라도, 우리에게는 최소한 계획이 있었다.

*   *   *

나는 차츰 더 외향적이고 사교적인 아이가 되어서, 더 넓고 복잡한 세상으로 진출하기 시작했다. 타고나기를 혼돈과 즉흥성을 싫어하는 성격도 어느 정도 누그러졌다. 아버지를 따라 유권자들 집을 방문하며 보낸 많은 시간과 우리 가족이 나들이를 즐겼던 그 모든 주말이—수많은 이모와 고모와 삼촌과 사촌 중 누군가의 집에 놀러 가 뒷마당에서 피어오르는 바비큐 연기 속에 앉아 있거나 그 동네 아이들과 어울려 뛰어다녀야 했다—나를 변화시켰다.

어머니는 일곱 남매였고, 아버지는 다섯 남매의 첫째였다. 외가 친척들은 보통 우리 집에서 가까운 사우스사이드 외할아버지네 집에 모였다. 할아버지의 요리, 쉼 없이 이어지는 비드 휘스트 카드 게임, 신나게 울려대는 재즈에 이끌려서였다. 할아버지는 모두를 끌어당기는 자석이었다. 할아버지는 바깥세상에 대한 불신을 영영 거두지 못했고—주로 가족들이 안전하고 행복한지를 염려했다—그래서 우리가 모두 배불리 먹고 즐겁게 놀 수 있는 환경을 갖추는 데 사력을 기울였다. 아마 우리가 자신을 떠나지 않았으면 하는 바람도 있었을 것이다. 할아버지는 내게 강아지도 선물했다. 온순한 계피색 셰퍼드 잡종이었는데, 렉스라고 불렀다. 어머니가 우리 집에서 키울 수는 없다고 정했지만, 언제든 할아버지네 집에 놀러 가서 만날 수 있었다. 나는 바닥에 엎드려서 렉스의 부드러운 털에 얼굴을 묻은 채, 할아버지가 곁을 지나갈 때마다 렉스가 철썩 하고 꼬리 치는 소리를 들었다. 할아버지는 내게 오냐오냐하는 것처럼 개에게도 오냐오냐했다. 음식과 사랑과 인내를 아낌없이 베풀었다. 그것 역시 자신을 떠나지 말아달라는 무언의 호소였다.

친가 친척들은 사우스사이드에서도 더 넓은 영역에 퍼져 살았다. 수많은 고모할머니와 팔촌이 있었고, 혈연관계를 정확히 알기 힘든 농떨어진 인척들도 조금 있었다. 우리는 그들 모두와 어울렸다. 누군가네 집으로 놀러 갈 때면 나는 가로수 개수를 세어서 어느 집으로 가는지 짐작하곤 했다. 가난한 동네에는 가로수가 아예 없을 때가 많았다. 하지만 아버지에게는 모두가 한 가족이었다. 아버지는 깡마르고, 작고, 곱슬머리에, 꼭 새미 데이비스 주니어처럼 생겼고, 거의 늘 취해 있던 캘리오 삼촌을 볼 때마다 얼굴에 화색이 돌았다. 아버지는 댄 라이언 고속도로 근처의 노후한 아파트에서 여덟 자녀와 함께 사는 버델 고모도 좋아했다. 오빠와 내가 듣기로 그 동네의 생존 규칙은 우리 동네와는 전혀 다르다고 했다.

일요일 오후에는 보통 차로 10분 거리인 파크웨이 가든스로 가서 우리가 '댄디'와 '그랜드마'라고 불렀던 친조부모, 그리고 아버지의 동생들인 앤드루 삼촌, 칼턴 삼촌, 프랜체스카 고모와 함께 저녁을 먹었다. 세 삼촌과 고모는 아버지와 나이 차가 열 살도 넘게 나는 터라 우리에게는 오히려 형제자매 같았다. 아버지도 세 동생에게 오빠나 형이라기보다는 아버지처럼 느꼈던 것 같다. 아버지는 동생들에게 상담을 해주었고, 필요하다고 하면 가끔 현찰도 슬쩍 꽂아주었다. 영리하고 아름다운 프랜체스카 고모는 가끔 내게 자신의 긴 머리카락을 빗질시켰다. 20대 초반이었던 앤드루와 칼턴 삼촌은 나팔바지와 터틀넥 스웨터를 입은, 엄청나게 세련된 청년들이었다. 삼촌들은 또 가죽 재킷이 있었고, 여자 친구가 있었고, 맬컴 엑스니 '흑인의 힘'이니 하는 이야기를 나누었다. 오빠와 나는 집 안쪽에 있는 삼촌들 방에 몇 시간이고 죽치고 앉아서 그들의 세련됨을 흡수하려고 애썼다.

아버지와 마찬가지로 이름이 프레이저 로빈슨인 친할아버지는 단연코 덜 재미있는 사람이었다. 할아버지는 리클라이너에 앉아서 무릎에 신문을 펼쳐두고 가까운 TV에는 귀청이 떠나갈 듯 큰 소리로 저녁 뉴스를 틀어둔 채 시가를 피우는 가부장이었다. 할아버지의 행동거지는 우리 아버지와는 딴판이었다. 댄디 할아버지에게는 세상만사가 짜증스러운 것 같았다. 할아버지는 그날의 주요 뉴스에 화냈고, TV에서 보여주는 세계정세에 화냈고, 젊은 흑인 청년들에게 화냈다. 그들을 '부부스'*라고 부르면서, 하는 일 없이 동네를 어슬렁거리고 다니면서 흑인에 대한 세간의 평판을 더럽히기만 한다고 욕했다. 할아버지는 TV에 대고 호통쳤다. 할머니에게 대고 호통쳤다. 할머니는 성격이 상냥하고 말투도 온화한, 독실한 기독교 신자였다. 이름은 라본이었다(우리 부모님은 할머니 이름을 따서 내 이름을 미셸 라본 로빈슨이라고 지었다). 할머니는 낮에는 파사우스사이드에 있는 잘나가는 성경 전문 서점에서 유능한 관리자로 일했지만, 일을 마치고 할아버지와 함께 있는 동안에는 순종적인 존재로 자신을 축소시켰다. 나는 어린아이였는데도 그 사실이 혼란스러웠다. 할머니는 할아버지에게 식사를 차려주고 할아버지가 쉴 새 없이 뱉는 불평을 다 받아주면서도 자신을 변호하는 말은 일언반구 입에 올리지 않았다. 나는 할머니가 할아버지와의 관계에서는 늘 침묵과 수동성을 지킨다는 사실이 어려서부터 영 탐탁하지 않았다.

어머니는 집안에서 댄디 할아버지의 호통을 맞받아치는 사람은 나밖에 없다고 말했다. 나는 자주 그랬다. 어릴 때부터 그랬고, 이후에도 계속 그랬다. 할머니가 자신을 변호하지 않는다는 사실에 속이 터질 것 같았고, 다른 사람들도 할아버지 곁에서는 묵묵부답이라는 사실이 답답했다. 그러나 또 하나의 이유는 내가 할아버지를 통 이해할 수 없는 것 못지않게 한편으로는 사랑하기 때문이었다. 할아버지의 고집은 나도 뭔지 아는 성격, 내가 물려받은 성격이었다. 그보다는 덜 거슬리는 형태이기를 바랐지만 말이다. 그리고 비록 어렴풋이 느낄 수 있을 뿐이지만, 할아버지에게도 부드러운 면이 없지 않았다. 할아버지는 때로 발치에 앉은 내 목덜미를 부드럽게 어루만졌다. 아버지가 재밌는 이야기를 들려주거나 손주들이 어려운 단어를 잘 사용하면 슬쩍 미소를 지었다. 그러

- boo-boos. 어리석은 실수를 뜻한다.

나 그러다가도 곧 무언가에 화가 나서 다시 고함을 쳐댔다.

나는 말했다. "사람들한테 호통 좀 치지 마세요, 할아버지." 혹은 이렇게 말했다. "할머니한테 못되게 좀 굴지 마세요." 가끔은 이 말도 덧붙였다. "대체 무슨 일에 그렇게 화가 나시는 건데요?"

이 질문의 답은 복잡하기도 했고 간단하기도 했다. 본인이 대답해주는 일은 없었다. 내가 참견하면, 할아버지는 그저 어깨를 으쓱하고 신문으로 눈길을 돌릴 뿐이었다. 하지만 우리가 집에 돌아온 뒤 부모님이 설명해주었다.

댄디 할아버지는 로컨트리로 불리는 사우스캐롤라이나주 저지대 출신이었다. 조지타운이라는 습한 항구 마을에서 자랐는데, 그곳은 한때 노예 수천 명이 방대한 농장에서 쌀과 인디고를 재배하여 노예주들의 주머니를 불려준 곳이었다. 1912년생인 할아버지는 조부모 두 분이 다 노예였고, 할아버지의 아버지는 제재소 노동자였다. 할아버지는 열 명의 형제자매 중 맏이였다. 머리 회전이 빠르고 똑똑해서 '교수'라는 별명으로 불렸던 할아버지는 일찍부터 대학에 진학할 꿈을 품었지만, 흑인에 가난한 집안 출신이었을 뿐 아니라 공교롭게도 대공황기에 성인이 되었다. 할아버지는 고등학교를 마친 뒤 제재소에서 일했고, 그러면서 조지타운에 계속 머무른다면 기회가 영영 넓어질 수 없다는 걸 깨달았다. 결국 제재소마저 문 닫자, 할아버지는 같은 세대의 많은 흑인이 그랬던 것처럼 시카고로 올라왔다. 오늘날 흑인 대이동Great Migration이라고 불리는 흐름에 합류한 것이었다. 50여 년에 걸친 대이동 기간에, 남부에 살던 흑인 600만 명이 인종차별에서 벗어나고 공장에서 일자리를 구하려는 일념으로 북부의 대도시들로 옮겨 왔다.

만약 이것이 아메리칸드림 이야기라면, 1930년대 초에 시카고에 도착한 할아버지는 좋은 직장을 구하고 대학에 진학할 길도 발견했을 것이다. 하지만 현실은 딴판이었다. 일자리는 구하기 어려웠다. 시카고의 몇몇 대형 공장 관리자들이 흑인보다는 유럽계 이민자들을 선호했던 것이 한 이유였다. 할아버지는 닥치는 대로 일했다. 볼링장에서 핀을 세웠고, 잡역부로 부업을 했다. 그러면서 차츰 꿈을 줄였다. 대학에 가겠다는 생각은 포기했고, 대신 전기 기사가 되겠다고 마음먹었다. 그러나 그 꿈 또한 금세 좌절되었다. 당시 시카고의 대형 작업장에서 일하는 전기 기사가 되려면 반드시 노동조합 가입증이 있어야 했다(철강 노동자, 목수, 배관공 등도 마찬가지였다). 그런데 흑인은 조합에 가입할 수 있는 가능성이 없다시피 했다.

이런 특수한 형태의 차별 때문에, 우리 집안 남자들을 비롯하여 여러 세대 흑인들의 인생 경로가 바뀌었다. 그들은 수입, 기회, 결국에는 꿈마저 제약당했다. 외할아버지는 같은 목수라도 좀 더 안정적인 벌이와 장기 고용을 제공하는 큰 건설 회사들과 일할 수 없었는데, 노동조합에 가입할 수 없었기 때문이다. 로비 할머니의 남편 테리 할아버지도 원래 배관공이었지만 같은 이유에서 그만두고 열차 승무원이 되었다. 피트 외삼촌은 택시 운전사 조합에 가입할 수 없었기 때문에 그 대신 무면허 차량으로 웨스트사이드에서도 유독 위험해 여느 택시들은 꺼리는 동네에서 사람들을 실어 날랐다. 이들은 모두 지적이고 신체 건강한 남자들이었지만, 안정적인 고소득 일자리에 접근할 수 없었다. 그래서 집을 살수도, 자식을 대학에 보낼 수도, 노후 자금을 모을 수도 없었다. 그렇게 배척당하고, 자기 능력에 한참 못 미치는 직업에 매이고, 일터에서 백인들이 자신을 쉽게 앞지르는 모습을 보고, 언젠가 자신의 상사가 될지도 모르는 신입들을 가르치는 일은 분명 고통스러웠을 것이다. 그 고통 때문에 그들의 마음속에는 조금이라도 적대감과 불신이 생겨나지 않을 수 없었다. 남들이 자신을 어떤 사람으로 볼지 알 수 없는 세상이었으니까.

댄디 할아버지의 삶은 결국 그렇게 나쁘지만은 않았다. 할아버지는 사우스사이드의 한 교회에서 할머니를 만났다. 그리고 대공황기에 미숙련 노동자들을 공공 건설 사업에 고용하여 구제했던 연방정부의 공공사업진흥국을 통해서 일자리를 얻었다. 나중에는 우체부가 되었고, 30년 일한 뒤 은퇴했다. 우체부 연금 덕분에 이제 리클라이너에 편히 앉아서 TV에 나오는 흑인 청년들에게 호통을 쳐댈 여유도 확보했다.

할아버지는 또 자신만큼 똑똑하고 강직한 다섯 자녀를 두었다. 둘째인 노메니 삼촌은 나중에 하버드 경영대학원에서 학위를 받았다. 앤드루 삼촌과 칼턴 삼촌은 열차 차장과 엔지니어가 되었다. 프랜체스카 고모는 광고 제작 감독으로 일하다가 초등학교 선생님이 되었다. 그런데도 할아버지는 자녀들의 성취를 자신의 성취나 다름없는 것으로 여겨서 위안하지 못했다. 우리가 일요일마다 파크웨이 가든스에 저녁을 먹으러 가서 목격했듯이, 할아버지는 언제까지나 자신의 산산조각 난 꿈들이 남긴 씁쓸한 잔해를 그러안고 살았다.

* * *

내가 할아버지에게 던진 질문은 어렵고 대답할 수 없는 것이었다. 그런데 세상에는 그런 질문이 그 밖에도 많다는 걸 나는 곧 깨달았다. 나도 점차 그런 어려운 질문들을 받게 되었기 때문이다. 그중 하나를 내게 던진 사람은 이름이 기억나지 않는 여자아이였다. 우리 집에서 훨씬 서쪽에 있는 어느 고모할머니 댁에 갔다가 마당에서 함께 논 아이였는데, 부모님이 그곳을 찾을 때마다 그 집에 모이던 여러 친지 중 한 명을 따라온 먼 친척 아이였다. 어른들이 부엌에서 커피를 마시며 담소하는 동안, 밖에서는 나와 오빠가 그 어른들이 데려온 아이들과 비슷한 장면을 연출했다. 가끔은 억지로 우정을 강요당한 처지 같아서 어색했지만, 대체로는 잘 어울렸다. 오빠는 거의 매번 농구 시합을 하러 사라졌다. 나는 아이들과 줄넘기를 하거나, 아이들이 펼쳐놓는 이야기판에 끼려고 애썼다.

열 살쯤 되었던 여름날, 나는 또래 여자아이들과 현관 계단에 앉아서 수다를 떨고 있었다. 우리는 모두 땋은 머리에 반바지 차림이었고 그냥 시간을 때우는 중이었다. 무슨 이야기를 했느냐고? 학교 이야기, 오빠들 이야기, 땅바닥의 개미집 이야기까지 뭐든 다 했다.

그러던 중 문득, 사촌인지 육촌인지 팔촌인지 모를 여자아이가 나를 힐끔 보면서 아주 조금 사나운 말투로 물었다. "넌 왜 백인 여자애처럼 말해?"

그 질문에는 뼈가 있었다. 그것은 나를 비난하는 말이거나 적어도 내게 도전하는 말이었다. 하지만 진심에서 나온 말이기도 했다. 그리고 그 말에 담긴 일말의 진실이 우리 둘 모두를 혼란스럽게 했다. 즉, 우리는 친척이지만 서로 다른 세상을 사는 것 같았다.

"나 안 그래." 나는 그 아이가 그런 말을 꺼냈다는 사실 자체에 아연하여, 그리고 이제 딴 아이들도 나를 뚫어져라 쳐다보고 있다는 사실을 의식하여 이렇게 대꾸했다.

그 아이의 말뜻이 무엇인지는 나도 알았다. 방금 부정하기는 했어도, 솔직히 그것은 부정할 수 없는 사실이었다. 나는 **정말로** 일부 친척들과는 다르게 밀했다. 오빠도 마찬가지였다. 부모님은 우리에게 늘 정확한 문법과 발음으로 말하라고 귀가 닳도록 일렀고, 단어를 끝까지 제대로 발음하라고 주의를 주었고, 영어사전과 『브리태니커 백과사전』 전질을 사주었다. 제목이 금박 글씨로 새겨진 사전들은 우리 집 계단참 책꽂이에 상주하게 되었고, 우리가 단어나 개념이나 역사적 사실에 관해서 물어보면 부모님은 사전을 찾아보라고 했다. 댄디 할아버지도 영향을 미쳤다. 할아버지는 함께 저녁을 먹을 때마다 우리 문법을 꼼꼼하게 고쳐주거나 발음을 또박또박 하라고 혼냈다. 그분들은 우리가 현실을 넘어서기를 바랐다. 더 나아지기를 바랐다. 우리가 그럴 수 있도록 계획했고, 격려했다. 그분들은 우리가 똑똑할 뿐 아니라 자신의 똑똑함을 소유하기를 바랐고—즉, 그 사실을 자랑으로 여기기를 바랐고—그런 기대는 자연히 우리가 말하는 방식에 스며들었다.

여기에는 문제가 따랐다. 특정한 방식으로 말하는 것은—어떤 이들이 "백인처럼 말한다"라고 표현할 방식으로 말하는 것은—자칫 배신, 거만함, 심지어 흑인 문화를 부정하는 태도로 간주될 수 있었다. 오랜 시간이 흐르고 남편—그는 어떤 사람들에게는 옅어 보이지만 다른 사람들에게는 짙어 보이는 피부색을 가졌고, 하와이에서 흑인으로 태어나서 캔자스 출신의 중산층 백인들 손에서 자란 뒤 아이비리그에서 공부한 사람 같은 말투로 말한다—을 만나서 결혼한 후 비로소 나는 백인과 흑인을 불문하고 모든 미국인이 이런 혼란을 겪고 있다는 사실을 깨달았다. 그것은 상대를 자신의 인종에 포함시키고 싶어 하는 마음, 그리고 그 일이 쉽게 되지 않을 때 좌절하는 마음이다. 그 옛날 친척 아이가 무의식중에 내게 던졌던 질문을, 미국은 나중에 버락 오바마에게 똑같이 던졌다. 당신은 어떤 사람입니까? 당신의 정체성은 겉으로 드러난 모습과 같습니까? 내가 그 점에서 당신을 믿어도 되겠습니까?

그날 나는 되도록 그 아이에게 말을 걸지 않으려고 애썼다. 그 아이의 적대감에 따돌림당하는 기분이었다. 하지만 한편으로는 그 아이가 나를 우월감을 과시하려는 아이로 여기지 않고 있는 그대로의 나로 보아주기를 바랐다. 어떻게 해야 좋을지 알 수 없었다. 그동안 부엌에서 어른들이 대화하는 소리가 간간이 들렸고, 우리 부모님이 시원하게 웃는 소리가 마당까지 흘러나왔다. 오빠는 바로 옆 모퉁이에서 남자아이들과 함께 땀을 뻘뻘 흘리며 농구를 하고 있었다. 모두가 자기 자리에 있는 것 같았다. 나만 빼고. 그때 느꼈던 불편함을 돌아보면, 그 순간 내 인생의 숙제를 직감했던 것 같다. 나는 앞으로 내 출신과 내가 바라는 미래를 내 정체성과 조화시켜나가야 할 터였다. 하지만 내가 다른 누구도 아닌 나 자신의 목소리로 말할 수 있게 되기까지는 아직 갈 길이 멀었다.

4

점심시간은 매일 한 시간씩이었다. 우리 어머니는 전업주부였고 우리 집은 학교에서 정말 가까웠기 때문에, 나는 보통 여자 친구 네다섯 명과 함께 쉴 새 없이 수다를 떨면서 집으로 갔다. 집에 가서는 부엌 바닥에 퍼질러 앉아 공기놀이를 하거나 드라마 〈올 마이 칠드런〉을 보면서 어머니가 나눠 주는 샌드위치를 먹었다. 이것은 이후에도 평생 나를 지탱하는 힘이 되어줄 습관의 시작이었다. 친밀하고 활기찬 여자 친구들과의 관계를 유지하는 것, 그럼으로써 여자들의 지혜라는 안전한 항구를 확보해두는 것. 점심 모임에서 우리는 그날 학교에서 있었던 일, 선생님에 대한 불만, 말짱 쓸데없는 짓처럼 보이는 숙제에 대한 불만까지 별의별 이야기를 다 나누었다. 대체로 우리의 견해는 집단적으로 형성되었다. 우리는 모두 잭슨 파이브를 숭배했고, 오즈먼즈에 대한 감정은 어정쩡했다. 워터게이트 사건이 막 터졌지만, 그런 것은 우리가 전혀 이해할 수 없는 일이었다. 그저 워싱턴 D.C.에 있는 나이 많은 남자들이 TV에 잔뜩 나와서 마이크에 대고 떠드는 일이었고, 그 워싱턴이란 흰 건물과 백인 남자가 많은 어디 머나먼 도시에 지나지 않았다.

어머니는 우리에게 점심 차려주는 일을 기쁘게 여겼다. 우리의 세계를 들여다볼 기회였기 때문이다. 친구들과 내가 수다를 떨며 먹는 동안, 어머니는 집안일을 하거나 하면서 조용히 주변을 지켰다. 우리 이야기를 한마디도 놓치지 않고 엿듣고 있다는 사실을 구태여 숨기지도 않았다. 83제곱미터도 안 되는 공간에서 네 명이 복작복작 살던 우리 집에서는 어차피 프라이버시라는 게 없었다. 프라이버시가 문제가 되는 건 가끔뿐이었다. 가령 갑자기 여자아이들에게 흥미가 생긴 오빠가 화장실 문을 닫아두고 그 안에서 통화하기 시작했다. 꼬불꼬불한 전화선이 부엌에서 복도를 가로질러 화장실까지 팽팽하게 잡아당겨졌다.

브린 마 초등학교는 시카고에서 허름한 학교와 좋은 학교의 중간쯤되는 수준이었다. 사우스쇼어의 인구가 인종과 소득수준에 따라 차츰 분리되는 현상은 1970년대에도 지속되었다. 갈수록 학생들 중 흑인이 더 많아졌고, 가난한 집 아이가 더 많아졌다. 한동안 시카고에서는 아이들을 버스에 태워 다른 먼 학교로 통학시킴으로써 도시의 학생 구성을 전체적으로 통합시키자는 운동이 있었지만, 브린 마 학부모들은 차라리 그 돈을 학교 개선에 쓰는 편이 낫다고 주장하여 물리쳤다. 꼬마였던 나는 우리 학교 시설이 낙후된 것인지 아닌지, 백인 학생이 거의 남지 않는 것이 왜 문제인지 알 길이 없었다. 브린 마에는 유치원부터 8학년까지 있었으므로, 나는 상급생이 된 무렵에는 학교의 모든 전등 스위치를 다 알았고 모든 칠판을 알았으며 복도의 갈라진 부분을 죄다 알았다. 거의 모든 선생님을 알았고, 아이들 대부분을 알았다. 브린 마는 사실상 가정의 연장이었다.

내가 7학년에 올라갈 때, 흑인 구독자가 많은 주간지 《시카고 디펜더》에서 브린 마가 불과 몇 년 만에 시카고 최고의 공립학교 중 한 곳에서 "게토 사고방식"이 지배하는 "쇠락한 슬럼"으로 전락했다고 주장하는 신랄한 사설을 실었다. 우리 교장 선생님이었던 라비조 박사는 당장 그

잡지에 투고하여, 그 기사는 "터무니없는 거짓말인 데다가 패배감과 도피심을 일으키려고 작성된 것처럼 보일 뿐"이라고 비판하면서 브린 마의 학부모들과 아이들을 변호했다.

라비조 박사는 통통하고, 쾌활하고, 벗어진 정수리 양옆에 남은 머리카락을 아프로 스타일로 부풀린 모습으로, 거의 늘 정문 바로 옆 교장실에서 죽치고 있었다. 선생님이 투고했던 글을 보면, 그가 자신이 직면한 문제를 정확히 이해하고 있었음을 알 수 있다. 정말 그렇다. 패배감이란 실제 결과가 나타나기 한참 전부터 느껴지는 감정이고, 자기 회의와 함께 증식하는 취약함이다. 그리고 두려움이 그 취약함을 부추긴다. 때로는 의도적으로. 선생님이 말했던 '패배감'은 우리 동네 곳곳에 이미 스며 있었다. 형편이 좀처럼 나아지지 않는 부모들의 마음에도, 자신도 부모와 다를 바 없는 인생을 살게 될 거라고 생각하는 아이들의 마음에도, 잘사는 이웃들이 교외로 이사하거나 자녀를 가톨릭 학교로 전학시키는 모습을 바라보는 가족들의 마음에도. 포식자 같은 부동산 중개인들은 사우스쇼어를 돌아다니면서 집주인들의 귀에 너무 늦기 전에 팔라고, **아직 빠져나갈 기회가 있을 때 빠져나가도록** 도와드리겠다고 속삭였다. 그 말인즉 실패가 다가오고 있다는 것, 실패는 불가피하다는 것, 실패가 반쯤 도착했다는 것이었다. 폐허에 갇혀 옴짝달싹 못 하게 되든지 탈출하든지 둘 중 하나라는 뜻이었다. 그들은 사람들이 가장 두려워하는 단어인 '게토'를 불붙인 성냥개비처럼 톡 떨어뜨렸다.

어머니는 저런 소리를 믿지 않았다. 사우스쇼어에 산 지 벌써 10년이었고, 이후에도 40년 더 살 터였다. 공포를 판매하는 장사꾼들의 협박을 믿지 않았지만, 그림의 떡처럼 좋은 말만 하는 이상주의에도 면역되어 있었다. 어머니는 철두철미한 현실주의자였다. 자신이 통제할 수 있는 것을 통제하면서 살 뿐이었다.

어머니는 브린 마 학부모회에서 열심히 활동하는 멤버였다. 새 기자재를 구입하기 위한 모금 행사를 열었고, 선생님들에게 감사 식사를 대접했고, 학년에 관계없이 우등생들을 모아 지도하는 특별반 개설에 찬성했다. 특별반 사업은 교장 선생님의 작품이었다. 야간 대학에서 교육학 박사 과정을 밟을 때 학생들 나이가 아니라 능력에 따라 반을 나눠 가르치는 새로운 교수법을 배워 왔던 것이다. 똑똑한 아이들을 한데 모아서 더 빨리 배울 수 있도록 하자는 게 목표였다.

이 발상에는 논란이 따랐다. 민주적이지 않다는 비판이 쏟아졌다. 솔직히 말하자면 모든 '영재교육' 프로그램은 본질적으로 비민주적이다. 하지만 당시 전국적으로 그런 움직임이 세를 얻었고, 나도 브린 마에서 마지막 3년 동안 그 덕을 보았다. 나는 여러 학년에서 차출된 약 20명의 아이들과 함께 별도의 반으로 배정되었다. 우리에게는 별도의 교실이 있었고, 우리만의 일정에 따라 휴식 시간, 식사 시간, 음악 시간, 체육 시간을 가졌다. 또 매주 지역 전문대학으로 가서 작문 수업을 듣거나 생물 실험실에서 쥐를 해부하는 등 특별한 경험을 할 기회가 주어졌다. 교실에서는 각자 독립적으로 공부하는 편이었다. 나름대로 목표를 정하고 자신에게 잘 맞는 속도로 공부해나갔다.

전담 교사도 있었다. 처음에는 마르티네스 선생님, 그다음은 베넷 선생님이었다. 둘 다 온화하고 성품 좋고 학생들 말을 유심히 들어주는 흑인 남자 선생님이었다. 학교가 우리에게 투자하고 있다는 사실을 분명히 느낄 수 있었고, 그래서 다들 더 열심히 공부하고 자신감도 갖게 되었던 것 같다. 독립적인 공부 방식은 내 타고난 경쟁심을 더 부추겼다. 나는 신나게 진도를 나갔고, 나눗셈에서 기초 대수학으로, 한 단락 작문에서 긴 글 작성으로 나아가는 동안 늘 반에서 내가 어느 수준인지를 속으로 가늠해보았다. 내게는 그것이 꼭 게임 같았다. 물론 모든 게임이 그렇고 아이들 대부분이 그렇듯이, 내가 앞설 때 제일 행복했다.

*　　　*　　　*

나는 학교에서 있었던 일을 어머니에게 모조리 이야기했다. 어머니는 점심시간에 한바탕 이야기를 듣고 오후에도 최신 소식으로 업데이트해야 했다. 내가 하교해서 문지방을 넘자마자 책가방을 내팽개치고 간식거리를 뒤지면서 속사포처럼 말을 쏟아냈기 때문이다. 이제 생각하니, 오빠와 내가 학교에 있는 동안 어머니가 정확히 무엇을 하며 시간을 보냈는지 잘 모르겠다. 대개의 아이처럼 나도 나밖에 모르는 아이여서, 어머니에게 물을 생각을 해보지 않았다. 어머니가 다른 직업 없이 전업주부로 일하는 것에 대해 어떤 생각을 가졌었는지도 모르겠다. 나는 그저 집에 오면 늘 냉장고에 먹을 것이 있다는 것, 내가 먹을 것은 물론이고 친구들이 먹을 것도 있다는 것, 우리 반 현장학습에 어머니가 거의 늘 보호자로 자원한다는 것, 그래서 진한 립스틱과 예쁜 원피스 차림으로 우리와 함께 버스를 타고 지역 전문대학이나 동물원으로 가준다는 것만 알았다.

우리 집은 살림이 빠듯했지만, 그래서 뭘 못 한다는 소리는 자주 나오지 않았다. 어머니는 어떻게든 보충할 방법을 찾아냈다. 어머니는 손톱을 직접 다듬었고, 머리를 직접 물들였고(한번은 실수로 초록색 머리가 되어버렸다), 새 옷은 아버지가 생일 선물로 사준다고 할 때만 샀다. 풍족한 적은 없었지만, 어머니는 손재주가 좋았다. 우리가 어릴 때는 낡은 양말을 정확히 '머펫츠' 캐릭터처럼 생긴 인형으로 마술처럼 변신시켰다. 코바늘로 도일리를 떠서 탁자에 깔았다. 우리 옷도 손수 지어주었지만, 내가 중학생이 되어 앞주머니에 글로리아 밴더빌트의 백조 자수가 놓인 브랜드 청바지를 갖는 게 세상에서 제일 중요한 일이 된 뒤로는 더 이상 지어주지 않아도 된다고 통보했다.

어머니는 어쩌다 한 번씩 거실 장식을 바꿨다. 소파 덮개를 바꾸고, 벽에 걸린 사진이나 그림을 교체했다. 날이 푸근해지면, 봄맞이 연례 대청소에 나섰다. 진공청소기로 가구를 훑고, 커튼을 빨고, 이중창을 모두 떼어내 윈덱스 세정제로 유리를 닦고 창틀도 닦은 뒤 방충망으로 교체해서 좁고 갑갑한 집 안에 봄 공기를 들였다. 그다음에는 아래층으로 내려가서 똑같이 청소하곤 했다. 로비 할머니 부부가 점점 나이 들고 거동이 불편해짐에 따라 더 자주 그랬다. 덕분에 지금도 나는 파인솔 세제 향을 맡으면 자동으로 기분이 좋아진다.

크리스마스는 어머니가 창의성을 최고로 발휘하는 시기였다. 어느 해에는 붉은 벽돌 무늬가 인쇄된 골판지를 가져다가 네모난 금속 라디에이터를 덮고 스테이플러로 아귀를 야무지게 여며서, 굴뚝과 선반장에 화로까지 갖춰진 가짜 벽난로를 만들었다. 그러고는 우리 집 상주 예술가인 아버지를 동원하여 얇은 반투명 종이에 오렌지색 불꽃을 그리게 하고 종이 뒤편에 전구를 켜서, 진짜라고 해도 반쯤 믿을 것 같은 난롯불을 만들었다. 새해 전야에는 훈제 굴 통조림, 여러 종류의 치즈와 살라미가 든 특별 오르되브르* 바구니를 구입하는 것이 전통이었다. 프랜체스카 고모를 초대하여 함께 보드게임을 했다. 저녁으로는 피자를 시켜 먹었고, 우아한 간식을 차례차례 먹어나갔다. 어머니는 작은 소시지빵, 새우튀김, 특제 치즈를 발라 구운 리츠 크래커 등이 담긴 생반을 모두에게 돌렸다. 자정이 가까워지면 각자 작은 샴페인 잔을 손에 들었다.

돌아보면, 어머니가 부모로서 지킨 마음가짐은 아주 훌륭하고 나로

---

* 서양 요리에서 식전에 먹거나 안주로 먹는 간단한 음식.

서는 따라 할 수도 없는 것이었다. 그것은 어느 순간에도 동요하지 않는 선불교적 중용에 가까웠다. 친구들의 어머니 중에는 아이의 감정 기복을 자기 감정처럼 고스란히 받아안는 분도 있었고, 자기 문제를 처리하는 데 급급하여 아이의 삶에는 존재감을 거의 미치지 못하는 분도 있었다. 우리 어머니는 그저 한결같았다. 쉽게 판단하지 않았고, 쉽게 참견하지 않았다. 대신 우리 기분을 면밀히 살폈고, 무엇이 되었든 그날 우리가 겪은 시련이나 성공을 자애롭게 지켜보는 증인이 되어주었다. 상황이 나쁠 때라도 동정은 아주 약간만 표시했다. 우리가 뭔가 잘 해내면 딱 적당한 정도로 칭찬하여 자신도 기쁘다는 사실을 알렸지만, 그 이상 지나치게 칭찬하여 우리가 어머니의 칭찬을 바라고 무언가를 하게 되는 상황은 만들지 않았다.

드물게 조언할 때는 냉정하고 실용적인 조언을 주는 편이었다. "선생님을 **좋아할** 필요는 없단다." 어느 날 내가 씩씩거리며 불평을 늘어놓자 어머니는 말했다. "하지만 선생님 머릿속에는 네가 배워야 할 수학 지식이 담겨 있어. 그 점에만 집중하고 나머지는 무시하렴."

어머니는 오빠와 나를 한결같이 사랑했지만, 우리를 손아귀에 쥐고 흔들지는 않았다. 어머니의 목표는 우리를 바깥세상으로 내보내는 것이었다. 늘 "난 아기가 아니라 어른을 키우는 거야"라고 말했다. 부모님은 규칙 대신 지침을 주었다. 그래서 오빠와 나는 10대 때도 통금이 없었다. 대신 부모님은 "몇 시에 귀가하는 게 좋을 것 같니?" 하고 물었고, 우리가 스스로 내린 결정을 지킬 것이라고 믿었다.

요전 날 오빠가 이런 일화를 들려주었다. 오빠가 8학년 때 좋아하는 여자아이가 있었는데, 어느 날 그 아이가 오빠더러 집에 놀러 오라고 초대했다. 부모님은 집에 안 계실 테고 둘만 있게 될 것이라는 점을 분명히 암시하면서 말이다.

오빠는 갈까 말까 고민하면서 속으로 끙끙 앓았다. 기회를 생각하면 흥분되었지만, 그것은 부모님이 용납하지 않을 엉큼하고 불명예스러운 일이라는 사실도 알았다. 오빠는 일단 어머니에게 절반의 진실만을 밝혔다. 여자아이에 관해 이야기하고, 공원에서 만나기로 약속했다고 말했다.

그러나 실행에 옮기기도 전에 죄책감에 시달린 나머지, 결국 단둘이 집에 있게 된다는 계획을 어머니에게 털어놓았다. 그러면서 어머니가 버럭 화내며 가지 말라고 하시겠지 하고 예상했다. 어쩌면 그래주기를 은근히 바랐는지도 모른다.

어머니는 그러지 않았다. 그럴 사람이 아니었다. 그건 어머니 방식이 아니었다.

어머니는 차분히 들어주었지만, 오빠가 내려야 할 결정을 대신 내려주지는 않았다. 태연하게 어깨를 으쓱하고는 오빠를 고민의 구렁텅이로 돌려보냈다. "네가 잘 생각해서 결정하렴." 어머니는 이렇게 말한 뒤 설거지하던 접시들 아니면 개고 있던 빨래 더미로 눈길을 돌렸다고 한다.

그때도 어머니는 오빠를 세상으로 살짝 밀어낸 것이었다. 어머니는 오빠가 올바른 선택을 하리라는 사실을 알았을 것이다. 돌아보면, 어머니의 모든 행동과 말에는 자신이 우리를 어른으로 키웠다는 확신이 조용하고 든든하게 자리 잡고 있었다. 자신의 결정은 자신이 내릴 일이었다. 오빠와 내 인생은 오빠와 내 것이지 어머니의 것이 아니었다. 이후에도 늘 그럴 터였다.

*　　　*　　　*

열네 살 무렵, 나는 스스로 반쯤 어른이 되었다고 믿었다. 어쩌면 3분의

2쯤 어른이 되었다고 믿었다. 이미 초경을 치렀다. 그 사실을 즉각 온 가족에게 보고했고, 모두로부터 열렬한 축하를 받았다. 우리 집은 그런 집이었다. 나는 또 청소년용 브래지어를 졸업하고, 얼추 성인 여성의 것처럼 보이는 브래지어로 바꾸었다. 짜릿했다. 점심을 집에 와서 먹는 대신, 친구들과 함께 베넷 선생님 방에서 먹었다. 토요일에는 외할아버지 집에 가서 재즈 음반을 듣고 렉스와 노는 대신, 자전거로 그 집을 쌩 지나쳐서 동쪽으로 더 가면 나오는 오글즈비가의 고어 자매네로 향했다.

고어 자매는 내 절친한 친구이자 약간 우상 같은 존재였다. 다이앤은 나와 같은 학년이었고, 팸은 한 학년 아래였다. 둘 다 예쁘고―다이앤은 피부색이 옅었고 팸은 좀 더 검었다―타고난 듯한 차분한 우아함을 갖추고 있었다. 몇 살 아래인 여동생 지나마저도 내가 고어 집안의 특징이라고 생각했던 여성성을 짙게 풍겼다. 그 집에는 남자가 적었다. 아버지는 같이 살지 않았고, 대화에도 거의 등장하지 않았다. 연배가 훨씬 높은 오빠가 하나 있었지만 주변적인 존재였다. 고어 부인은 명랑하고, 매력적이고, 전업으로 일하는 직장 여성이었다. 아주머니의 화장대에는 향수병, 페이스 파우더 콤팩트, 작은 병에 담긴 크림 따위가 가득해서 소박하고 실용적인 어머니의 화장대에 익숙했던 내게는 보석처럼 진귀해 보였다. 나는 그 집에서 노는 게 정말 좋았다. 팸과 다이앤과 나는 어떤 남자애가 좋은가 하는 이야기를 끝도 없이 나누었다. 립글로스를 칠했고, 서로의 옷을 바꿔 입어보았고, 그러다 문득 어떤 바지를 입으면 엉덩이 곡선이 더 살아난다는 사실을 알아차렸다. 그 시절에 나는 몽상에 열을 올렸다. 방에서 혼자 음악을 들으면서 귀여운 남자아이와 함께 춤추는 모습을 그려보았고, 창을 내다보면서 홀딱 반할 만한 남자애가 자전거를 타고 나타나기를 꿈꾸었다. 그 시절을 함께 보낼 수 있는 자매들을 찾아낸 것은 행운이었다.

고어네 집에 남자는 출입 금지였다. 하지만 남자애들이 파리처럼 주변을 맴돌았다. 남자애들은 자전거를 타고 그 집 앞 인도를 왔다 갔다하거나, 다이앤이나 팸이 나와서 몇 마디라도 주고받을 수 있기를 기대하면서 그 집 현관 계단에 앉아 있었다. 나는 그런 기대감의 의미를 아직 정확히는 몰랐지만, 그래도 그런 분위기를 접하는 것은 재미있었다. 눈길 돌리는 곳마다 아이들의 몸이 변했다. 학교의 남자아이들은 갑자기 덩치가 어른만 해졌고, 행동거지가 좀 어색해졌으며, 혈기가 불끈거렸고, 목소리가 굵어졌다. 몇몇 여자아이들은 열여덟 살처럼 보였다. 짧은 반바지와 홀터 톱을 입었고, 마치 자신은 비밀을 안다는 듯, 자신은 이제 다른 차원에 속한다는 듯, 쿨하고 자신만만한 표정을 지었다. 반면 나머지 우리는 여전히 불안했고, 약간 어리벙벙했다. 쑥쑥 자라는 망아지 같은 다리와 아무리 립글로스를 발라도 숨겨지지 않는 미숙함을 드러낸 채, 우리도 얼른 어른들의 세계로 불려 가기를 기다렸다.

많은 여자아이들처럼, 나도 내 몸이 골칫거리가 될 수 있다는 사실을 일찌감치 깨달았다. 실제로 성인 여자다운 외모를 갖게 되기 한참 전부터 그랬다. 이제 나는 부모님에게 덜 매인 채 좀 더 독립적으로 동네를 돌아다녔다. 초저녁에 혼자 버스를 타고 시내(79번가)로 가서 메이페어 아카데미에서 재즈댄스와 체조를 배웠다. 가끔 어머니 심부름도 다녔다. 새로운 자유에는 새로운 취약함이 따랐다. 길모퉁이에 몰려선 남자들 앞을 지날 때 시선을 정면에 고정했고, 내 가슴과 다리를 훑는 그들의 시선을 알아차리지 못하는 척했다. 낯선 사람이 내뱉는 싱희롱을 무시하는 법을 익혔다. 동네에서 어느 블록이 특히 위험한지 배웠다. 밤에는 절대 혼자 나다니지 말아야 한다는 것을 이해했다.

부모님은 쑥쑥 자라는 10대를 둘이나 키우고 있다는 사실에 승복하여 집에 한 가지 변화를 주었다. 부엌에 딸린 뒷베란다를 개조하여 고등학교 2학년이 된 오빠의 방으로 만들어주었다. 오래전에 외할아버지가 세워준 얇박한 판자벽은 허물었다. 나는 부모님이 쓰던 방으로 옮겼고, 부모님은 오빠와 내가 쓰던 방으로 옮겼다. 오빠와 나는 처음으로 진짜 자기만의 공간을 갖게 되었다. 내 방은 푸른색과 흰색 꽃무늬 침구, 빳빳한 네이비블루색 러그, 공주풍 흰 침대와 그에 어울리는 서랍장과 전등을 갖추고 있어서 꿈만 같았다. 내가 시어스 백화점 카탈로그에서 마음에 들어 했던 침실 사진들의 장식을 거의 그대로 모방한 것이었다. 오빠와 나는 각자 연장 전화선과 전화기도 생겼다. 내 전화기는 방에 어울리는 하늘색, 오빠는 남자다운 까만색이었다. 이제 우리는 사적인 통화를 반쯤 사적으로 처리할 수 있었다.

내가 첫 키스를 하게 된 것도 전화기 덕분이었다. 상대는 로넬이라는 남자아이였다. 로넬은 다른 학교에 다녔고 사는 곳이 가깝지도 않았지만, 우리 반 친구 치아카와 함께 시카고 어린이 합창단이었고, 치아카가 다리를 놓아준 덕에 어찌어찌하다 보니 우리 둘은 서로 좋아한다고 여기게 되었다. 로넬과의 통화는 약간 어색했지만 괜찮았다. 누가 나를 좋아해주는 게 좋았다. 벨이 울릴 때마다 기대감이 솟았다. **혹시 로넬일까?** 어느 날 오후 우리 집 앞에서 만나 키스를 하자는 제안을 둘 중 누가 먼저 꺼냈는지는 모르겠다. 아무튼 그 제안에 모호함은 없었다. 완곡한 표현도 아니었다. '그냥 얼굴이나 보자'라거나 '산책이나 하자' 하고 만나는 게 아니었다. 우리는 키스를 시도해볼 터였다. 둘 다 그 제안에 대찬성이었다.

그래서 나는 우리 집 곁문 옆에 놓인 석조 벤치에 앉아서, 그러니까 우리 집 남향 창으로 훤히 내다보이고 로비 할머니가 가꾸는 화단으로 둘러싸인 곳에서 로넬과 따스하고 축축한 키스를 나누게 되었다. 땅이 흔들린다거나 하는 일은 없었다. 딱히 멋진 감상이 떠오르는 것도 아니었다. 하지만 재미있었다. 나는 남자애들과 어울리는 게 재미있다는 사실을 서서히 깨닫는 중이었고, 그러자 여기저기 경기장을 쫓아다니면서 오빠의 시합을 구경하는 일이 더는 동생의 의무처럼 느껴지지 않았다. 농구 경기란 남자애들을 잔뜩 구경할 기회가 아니겠는가? 경기장에 갈 때는 몸에 꼭 붙는 청바지를 입었고, 팔찌도 몇 개 더 찼고, 관람석에서 돋보이려고 고어 자매 중 한 명을 대동하기도 했다. 그러고는 눈앞에서 펼쳐지는 땀투성이 광경을 흠뻑 즐겼다. 남자애들의 몸이 점프하고 돌진하는 모습을, 근육이 물결치고 포효가 터지는 모습을, 신비로운 남성성의 맥박이 노골적으로 뛰는 모습을. 어느 날 저녁, 2군팀 남자애 하나가 코트를 떠나면서 내게 미소를 날렸고 나도 미소로 맞받았다. 이제야말로 내 미래가 서서히 펼쳐지는 것 같은 기분이었다.

차츰 부모님과는 거리가 생겼다. 머릿속에 떠오른 생각을 숨김없이 내뱉는 일이 줄었다. 농구를 보고 돌아오는 길에도 뷰익 뒷좌석에서 묵묵히 입 다물고 있었다. 감정이 너무 강렬해서, 혹은 너무 혼란스러워서 입 밖에 꺼낼 수 없었다. 이제 나는 외롭고도 짜릿한 10대라는 존재, 주변 어른들은 이런 시절을 겪어보지 못한 게 분명하다고 믿는 10대가 된 것이었다.

가끔 밤에 화장실에서 이를 닦고 나오면 온 집이 캄캄했다. 거실과 부엌의 불은 꺼진 채, 다들 자기 방에 들어가 있었다. 방문 밑으로 새어 나오는 빛을 보면 오빠는 숙제를 하는 모양이었다. 부모님 방에서는 깜박기리는 TV 불빛이 흘러나왔고, 두 분이 나지막이 대화하거나 웃는 소리가 들려왔다. 어머니가 전업주부로서 어떤 심정이었을까 하는 궁금증을 한 번도 품지 않았던 것처럼, 나는 결혼이란 무엇일까 하는 궁금증도 품지 않았다. 내게 부모님의 결합은 당연한 것이었다. 우리 네 가족의 삶은 그 단순하고 견고한 사실 위에 구축되어 있었다.

훨씬 나중에 어머니가 이런 이야기를 들려주었다. 매년 시카고에 봄이 찾아와 공기가 포근해지면, 어머니는 아버지를 떠나면 어떨까 하는 생각을 떠올렸다고 한다. 진지한 생각이었는지 아니었는지는 모른다. 어머니가 그 생각을 한 시간쯤 했는지, 하루쯤 했는지, 봄 내내 했는지도 알지 못한다. 아무튼 어머니에게 그것은 일종의 적극적 환상이었다. 건전한 환상, 심지어 떠올리면 힘이 나는 환상, 일종의 의식이었다.

이제는 나도 이해한다. 아무리 행복한 결혼이라도 때로 성가시다는 사실을. 결혼은 계약이고, 그 계약은 거듭 갱신되는 것이 좋다. 조용히 둘만 사적으로라도, 심지어 일방적으로 혼자서라도. 어머니가 자신의 불안과 불만을 아버지에게 직설적으로 알렸을 것 같지는 않다. 그 시절에 어머니가 꿈꾸었던 다른 삶이 어떤 모습이었든, 그 삶에 아버지를 끼워 넣었을 것 같지도 않다. 어머니는 자신이 열대의 섬에 가 있는 모습을 그렸을까? 다른 남자와 있는 모습, 다른 집에서 사는 모습, 아이들 대신 멋진 사무실을 택한 모습을 그렸을까? 나는 모른다. 이제 여든이 넘은 어머니에게 직접 물어보면 알 수 있겠지만, 그게 중요한 건 아니다.

시카고에서 겨울을 나본 적 없는 독자를 위하여, 그것이 어떤 일인지 묘사해보겠다. 마치 꽉 닫힌 뚜껑처럼 도시를 덮어 누른 청회색 하늘 아래서 살아야 하는 날이 연속 100일이 될 수도 있다. 살을 엘 듯 차가운 바람이 호수에서 불어온다. 눈은 수십 가지 방식으로 내린다. 한밤중에 묵직하게 쏟아져 쌓이기도 하고, 낮에 수평으로 날리면서 몰아치기도 하고, 기운 빠지게 질척한 진눈깨비가 내리기도 하고, 동화 속 세상이 된 듯 솜털처럼 눈안개가 피어오르기도 한다. 얼음도 있다. 아주 많다. 보도와 자동차 앞 유리창에 살얼음이 낀다. 그러면 그걸 긁어내야 한다. 이른 아침마다 이웃들이 출근하려고 앞 유리창 얼음을 긁는 소리가—써걱 써걱 써걱—들린다. 방한복을 겹겹이 껴입어서 누군지 알아볼 수도 없는 사람들은 바람을 피하려고 고개를 숙이고 다닌다. 제설차가 굉음을 내며 거리를 지나가면, 하얬던 눈이 거무스름해진 채 길가에 쌓인다. 결국에는 깨끗한 것이 아무것도 남지 않는다.

그러나 이윽고 무언가 달라진다. 서서히 변화가 벌어진다. 첫 징조는 미묘하다. 공기가 약간 촉촉해지고, 하늘이 약간 높아진다. 겨울이 끝났을지도 모른다는 가능성이 머리가 아닌 가슴으로 느껴진다. 처음에 당신은 그 가능성을 믿지 않지만, 결국에는 믿게 된다. 왜냐하면 이제 해가 나고, 나무에 작은 혹처럼 새순이 돋고, 이웃들이 두꺼운 코트를 벗어 던지기 때문이다. 집의 창문을 모조리 떼어내어 유리와 창틀을 닦아야겠다고 결심한 날 아침, 머릿속에도 새로운 환기의 바람이 불어 들지 모른다. 그래서 당신은 생각해본다. 궁금해한다. 혹시 당신이 이 남자의 아내로 이 집에서 이 아이들과 사는 바람에 놓친 다른 가능성들이 있는 건 아닐까 하고.

어쩌면 당신은 온종일 다른 삶을 생각해볼지도 모른다. 그러다가 이윽고 모든 창문을 도로 창틀에 끼우고, 양동이에 든 파인솔 세제를 싱크대에 비운다. 어쩌면 이제 당신의 마음에 확신이 돌아왔는지도 모른다. 왜냐하면 이제 정말로 봄이 왔으니까. 그리고 당신은 또 한 번 여기 남기로 선택했으니까.

5

어머니는 내가 고등학교에 들어갈 무렵 다시 직장을 잡았다. 우리 집과 동네를 나서서, 고층 건물이 빼곡하고 사람들이 붐비는 시내로 돌진하여, 어느 은행에서 비서로 근무했다. 어머니는 출근용 복장을 장만했고, 매일 아침 제프리대로에서 북쪽으로 가는 버스를 타거나 마침 아버지와 출근 시간이 맞으면 뷰익을 같이 타고 출근했다. 일은 어머니에게 일상의 반가운 변화였고, 가족에게는 경제적으로 어느 정도 필수적 조치였다. 부모님은 오빠의 가톨릭 학교 학비를 대고 있었다. 오빠는 대학 진학을 생각하기 시작했고, 나도 곧 뒤따를 터였다.

오빠는 이제 완전히 다 컸다. 두 다리에 신비로운 용수철이 달린 우아한 거인이 되어서는 벌써 시카고 최고의 농구 선수 중 하나로 꼽혔다. 집에서 오빠는 엄청나게 먹었다. 우유를 몇 리터씩 마셨고, 큰 피자 한 판을 앉은자리에서 해치웠고, 저녁 먹은 뒤 자기 전에도 간식을 먹었다. 오빠는 늘 그랬듯이 느긋함과 집중력을 둘 다 발휘했다. 친구가 많고 성적도 좋고 운동선수로서도 주목받았다. 여름 동안 어느 아마추어 리그 팀 소속으로 중서부를 순회하며 경기한 적이 있는데, 그 팀에는 장차 NBA 명예의 전당에 헌액될 미래의 슈퍼스타 아이제이아 토머스도 있었다. 오빠가 고등학교에 갈 때가 되었을 때, 선발 선수 명단을 메워야 하는 시카고의 여러 공립학교 일류팀 코치들이 접근해왔다. 그런 팀들은 시끌벅적한 관중뿐 아니라 대학 스카우터들도 끌어모았지만, 부모님은 오빠가 고등학교 스타 선수라는 짧은 영광을 좇느라 지적 발전을 희생해서는 안 된다는 입장이 완강했다.

농구팀이 가톨릭 리그에서 선전하고 있고 공부에도 엄격한 마운트 카멜 고등학교는 최선의 선택 같았다. 부모님이 수천 달러의 학비를 댈 가치가 있었다. 그곳 교사들은 갈색 수도복을 입고 '신부님'으로 불리는 사제들이었다. 학생의 약 80퍼센트가 백인이었고, 개중에는 노동 계층 백인들이 사는 먼 동네에서 일부러 이곳까지 다니는 아일랜드계 가톨릭 집안 아이들도 많았다. 2학년을 마칠 무렵, 오빠에게는 벌써 대학 1부 리그 팀들의 구애가 쏟아졌다. 두어 곳은 전액 장학금도 줄 것 같았다. 하지만 부모님은 오빠가 모든 가능성을 다 열어두고 최고로 좋은 대학을 노려야 한다고 고집했고, 학비 걱정은 자신들 몫이라고 했다.

다행히 내 학교생활에는 버스비 외에는 한 푼도 들지 않았다. 나는 운 좋게도 시카고 최초의 매그닛 고등학교*인 휘트니 M. 영 고등학교 입학 시험에 합격했다. 당시에는 허름한 지역이었던 루프 바로 서쪽에 자리한 이 학교는 설립 몇 년 만에 시카고 최고의 공립학교로 부상했다. 어느 인권운동가의 이름을 딴 휘트니 영 고등학교는 강제 버스 통학 정책**의 긍정적 대안으로서 1975년 문을 열었다. 학교는 도시의 노스사이드와 사우스사이드를 나누는 경계선에 들어섰고, 진취적인 교사진과 최신

---

* 매그닛 고등학교(magnet high school)는 인종이나 통학 구역에 관계없이 다닐 수 있고, 일부 교과목에 대해 특수반이나 독자적 교육과정을 운영한다. 우리나라의 특목고와 유사하다.
** 강제 버스 통학 정책(busing)은 학내 인종 간 균형을 맞추기 위해 학생을 거주지 밖 학교로 강제 배정하는 제도이다.

식 설비를 갖추었다. 말하자면 일종의 기회균등의 낙원으로 설계되었는데, 도시 전체에서 피부색을 따지지 않고 우등생을 모은다는 계획이었다. 시카고교육위원회가 규정한 입학생 비율은 전교생 중 흑인이 40퍼센트, 백인이 40퍼센트, 히스패닉을 비롯한 나머지 인종이 20퍼센트여야 했다. 하지만 실제 등록 현실은 약간 달랐다. 내가 입학했을 때는 전교생의 약 80퍼센트가 비백인이었다.

고등학생이 되는 첫날, 학교까지 가는 것만으로도 내게는 새로운 모험의 시작이었다. 두근거리는 가슴을 안고 90분 동안 버스를 타고 가야 했고, 시내에서 한 번 갈아타기까지 했다. 그날 아침, 나는 5시에 침대에서 몸을 일으켰다. 머리부터 발끝까지 새 옷을 입고, 멋진 귀고리를 했다. 여정의 종착지에서 만날 사람들이 내 모습을 어떻게 볼까 불안했다. 점심은 어떤 곳에서 먹게 될지 궁금해하면서 아침을 먹었다. 하루가 끝난 뒤에도 내가 여전히 나일까 생각하면서 부모님께 인사하고 나섰다. 고등학교는 나를 바꿀 것이었고, 휘트니 영은 진정한 개척지였다.

학교 건물은 근사하고 현대적이었다. 지금껏 본 어느 학교와도 달랐다. 직육면체 건물 세 동으로 이뤄졌는데, 그중 두 동은 잭슨대로 위를 가로지르는 근사한 유리 스카이웨이로 이어져 있었다. 교실은 탁 트여 있고 사려 깊게 설계되어 있었다. 건물 한 동은 통째로 예술 활동에 할애되었다. 합창단이 노래하는 방과 밴드가 연주하는 방이 따로 있었고 사진이나 도예 활동용 기자재가 갖춰진 방들도 있었다. 공간 전체가 배움의 신전이었다. 학생들은 등교 첫날부터 목적의식이 뚜렷한 얼굴로 정문을 통해 쏟아져 들어왔다.

전교생 수는 약 1900명이었다. 내 눈에는 다들 나보다 더 성숙하고 자신만만해 보였다. 시카고 전체에서 치러진 표준화된 시험에서 선다형 문제를 착착 해치우고 합격한 학생들이었으니, 다들 뇌세포를 풀가동할 줄 알 것 같았다. 주위를 둘러보노라니 내가 초라하게 느껴졌다. 나는 브린 마에서는 나이가 제일 많았지만 여기에서는 제일 어렸다. 버스에서 내리면서 본 여학생 중에는 책가방 외에 진짜 핸드백을 따로 든 아이도 많았다.

내가 고등학교에서 품었던 걱정들을 분류한다면, 대부분이 아마 이런 제목의 파일로 묶일 것이다. **나는 이대로 충분할까?** 이 질문은 첫 달 내내 나를 괴롭혔다. 학교생활에 서서히 적응해나갔고, 새벽같이 일어나는 일이나 건물을 오가며 수업을 듣는 일에도 익숙해졌는데 말이다. 휘트니 영은 다섯 개의 '하우스'로 나뉘어 있었고, 각 하우스는 소속 학생들에게 활동 근거지처럼 기능했다. 학교가 크다 보니 학생들이 정 붙일 구석을 마련해주려는 조치였다. 나는 골드 하우스 소속이었다. 골드 하우스 주임은 스미스 교감 선생님이었는데, 우연히도 유클리드가의 우리 집에서 불과 몇 집 건너에 사는 분이었다. 나는 그동안 스미스 선생님 댁에서 온갖 잡다한 아르바이트를 해왔다. 그 집 아이들을 봐주거나 피아노를 가르쳐주었고, 천방지축인 그 집 강아지를 훈련해보겠다고 가망 없는 시도를 하기도 했다. 학교에서 보는 선생님 얼굴은 작은 위안이자 휘트니 영과 우리 동네를 잇는 다리였다. 하지만 그것만으로는 불안이 크게 달래지지 않았다.

나 말고도 동네에서 휘트니 영에 진학한 아이가 몇 명 더 있었다. 이웃이자 친구인 테리 존슨, 유치원 때부터 알면서 선의의 경쟁을 펼쳐온 친구 치아카, 그리고 남자아이 한두 명이 더 있었다. 몇몇은 등하굣길에 함께 버스를 탔지만, 학교에 도착하면 각자의 하우스로 흩어져서 대체로 혼자 다녔다. 게다가 나는 평생 처음으로 오빠의 묵시적 보호가 없는 학교생활을 하게 되었다. 오빠는 웃는 얼굴로 어슬렁어슬렁 다니면서 편리하게도 내가 가야 할 길을 앞장서서 닦아주는 존재였다. 브린 마에서 오빠는 상냥함으로 선생님들의 마음을 녹였고, 놀이터 친구들 사이에서는 쿨한 녀석이라는 평판을 얻었다. 나는 그런 오빠가 밝혀둔 양지로 쏙 들어서기만 하면 되었다. 거의 어디서든 나는 늘 크레이그 로빈슨의 여동생으로 통했다.

하지만 이제는 크레이그 없는 그냥 미셸 로빈슨이었다. 휘트니 영에서는 스스로 발판을 닦아야 했다. 초반 전략은 묵묵히 친구들을 관찰하는 것이었다. 이 아이들은 어떤 아이들이지? 내가 아는 사실은 그들이 똑똑하다는 것뿐. 대놓고 똑똑했다. 선발될 만큼 똑똑했다. 사실상 시카고에서 가장 똑똑한 아이들이었다. 하지만 나도 그렇지 않나? 나도 테리도 치아카도, 그들만큼 똑똑하니까 여기 온 것 아닌가?

나는 정말로 그 답을 몰랐다. 우리도 그들만큼 똑똑한지 아닌지, 정말이지 판단할 수 없었다.

내가 아는 것은 우리가 주로 흑인들이 거주하는 보통 수준의 동네에서, 주로 흑인들이 다니는 보통 수준의 학교에서 우등생이었다는 사실뿐이었다. 하지만 그걸로 부족하면 어쩌지? 여기까지 진학하는 법석을 떨고 보니 우리가 그저 최악 중에서는 최고였을 뿐이라고 밝혀지면 어쩌지?

의심은 오리엔테이션 중에도, 첫 생물 수업과 영어 수업 중에도, 구내식당에서 새 친구들과 대화를 나누며 더듬더듬 서로를 알아가는 중에도 내내 마음에 있었다. **충분하지 않아. 충분하지 않아.** 이것은 내 출신에 대한 의심이었고, 그때까지 나 자신으로 여겼던 정체성에 대한 의심이었다. 의심은 끝없이 분열하며 증식하는 암세포였다. 어떻게든 증식을 저지할 방법을 찾아야 했다.

★   ★   ★

알고 보니 시카고는 내가 생각했던 것보다 훨씬 큰 도시였다. 매일 세 시간씩 버스로 통학하면서 그 사실을 깨우쳤다. 나는 75번가에서 버스를 탔다. 버스는 미로 같은 길을 누비면서 정류장을 하나하나 거쳐 갔다. 사람이 너무 많았기 때문에 종종 서서 가야 했다.

차창 밖으로 내가 아는 사우스사이드의 모든 풍경이 느리고 길게 흘러갔다. 잿빛 여명에 감싸인 채 아직 셔터를 올리지 않은 길모퉁이 가게와 바비큐 식당, 텅 빈 농구장과 시멘트 깔린 놀이터…. 버스는 제프리 대로에서 북쪽으로 꺾었다가 67번가에서 서쪽으로 꺾었다가 다시 북쪽으로 꺾는 식으로 두 블록마다 방향을 틀면서 사람들을 태웠다. 잭슨파크 하일랜즈를 통과했고, 거대한 철제 대문 뒤로 시카고 대학 캠퍼스가 숨어 있는 하이드파크를 통과했다. 영원처럼 느껴지는 시간이 흐르고 마침내 도시고속도로인 레이크 쇼어 드라이브에 진입할 수 있었다. 그다음에는 미시간호를 따라 북쪽으로 달렸다.

이 여행에서는 서두르려고 안달복달해봐야 소용없었다. 일단 올라탄 뒤에는 참는 수밖에 없었다. 나는 매일 아침 출근 인파가 가장 붐비는 시각에 시내 미시간가에서 내려 밴뷰런가를 서쪽으로 달리는 버스로 갈아탔다. 여기는 그나마 경치가 좀 더 흥미로웠다. 커다란 금색 문이 있는 은행 건물들, 출입구에 사환이 서 있는 화려한 호텔들을 지나쳤기 때문이다. 말쑥하게 입은―정장을 차려입고 하이힐을 신은―사람들이 커피를 들고 세상에서 제일 중요한 일을 하는 사람들마냥 부산히 출근하는 모습이 보였다. 그런 사람들을 '전문직 종사자'라고 부른다는 것은 아직 몰랐다. 밴뷰런가에 늘어선 성채 같은 고층 건물에서 일하는 사람이 되려면 어떤 학위를 따야 하는지도 몰랐다. 어쨌든 그들의 결연한 태도가 보기 좋았다.

　학교에서는 조용히 데이터를 수집하면서, 10대 지식인들 속에서 내 위치가 어느 정도 되는지 가늠해보았다. 그때까지 내가 만나본 딴 동네 아이라고는 친척 아이들, 그리고 몇 해 동안 레인보비치의 여름 캠프에서 만난 아이들이 전부였다. 캠프에 온 아이들도 다 사우스사이드 여기저기에서 왔고, 부잣집 아이는 없었다. 그래서 나는 휘트니 영에 오고서야 노스사이드에 사는 백인 아이를 처음 만났다. 내게 노스사이드는 달의 뒷면 같은 곳, 한 번도 생각해본 적 없고 가볼 이유도 없는 곳이었다. 더 흥미로운 발견도 있었는데, 아프리카계 미국인 엘리트 계층이라는 존재가 있다는 걸 처음 알았다. 새로 사귄 친구들은 대부분 흑인이었지만, 그 아이들이 모두 나처럼 자란 건 아니었다. 부모가 변호사나 의사인 아이들이 많았고, 어떤 아이들은 '잭 앤드 질'이라는 흑인 학생 사교 모임에 소속되어서 전부터 아는 사이인 것 같았다. 그들은 휴가로 스키를 타러 가고, 여권이 필요한 여행을 해본 아이들이었다. 여름방학 인턴이니 유서 깊은 흑인 대학이니 하는, 나는 잘 모르는 이야기를 주고받았다. 같은 반 흑인 친구 하나는 모두에게 친절한 공붓벌레 소년이었는데, 부모님이 대형 화장품 판매 체인을 갖고 있고 시내에서도 가장 호화로운 고층 아파트에서 산다고 했다.

　이것이 내 신세계였다. 휘트니 영 학생들이 모두 부자였다거나 지나치게 세련된 아이들이었다는 뜻은 아니다. 사실은 그렇지 않았다. 나와 비슷한 동네 출신도 많았고, 나보다 훨씬 더 환경이 열악한 아이들도 많았다. 하지만 휘트니 영에서의 첫 몇 달 동안, 나는 이전에는 보지 못했던 무언가를 엿보았다. 바로 특권과 연줄의 세계였다. 그것은 반쯤 숨겨진 채 공중에 걸려 있는 사다리와 동아줄의 연결망 같았다. 우리 중 일부를 하늘로 올려주겠지만, 전부를 올려주지는 않는 듯했다.

★   ★   ★

고등학교에서 처음 받은 성적은 썩 괜찮았다. 두 번째도 그랬다. 나는
1학년과 2학년을 거치면서, 브린 마에서처럼 자신감을 쌓아갔다. 작은
성취를 하나 더 이룰 때마다, 실수를 용케 하나 더 피할 때마다 마음속
의심이 서서히 걷혔다. 선생님들은 대부분 좋았다. 나는 수업 중에 거침
없이 손을 들었다. 휘트니 영에서는 똑똑해도 괜찮았다. 모두가 대학에
진학한다는 가정이 깔려 있었기 때문에, 누군가로부터 백인 여자애처럼
말한다는 소리를 들을까 봐 두려워 지성을 감출 필요가 없었다.

  글쓰기에 관련된 과목은 다 좋았고, 수학은 좀 애먹었다. 프랑스어는
그럭저럭 잘했다. 늘 나보다 한두 단계 앞선 친구들이 있었고, 그 아이
들은 별달리 애쓰지 않고도 잘 해내는 것 같았지만, 그렇다고 해서 낙심
하지는 않았다. 그 아이들보다 몇 시간 더 공부한다면 차이를 좁힐 수
있다는 사실을 깨달았다. 나는 늘 A만 받는 학생은 아니었지만 늘 노력
했고, 어떤 학기에는 정말 바짝 다가갔다.

  한편 오빠는 프린스턴 대학에 진학하여 유클리드가의 뒷베란다 방을
비웠고, 가족의 일상에 198센티미터와 90킬로그램만큼의 빈자리를 남
겼다. 냉장고에 채워진 고기와 우유의 양이 확 줄었고, 오빠에게 전화하
는 여자아이들 때문에 늘 통화 중인 일도 없어졌다. 오빠는 장학금과 유
명 농구 선수 수준의 대접을 약속하는 큰 대학들의 스카우트 제의를 받
았지만, 부모님의 권유에 따라 프린스턴을 택했다. 논은 더 들겠지만 가
능성도 더 많을 것 같아서였다. 2학년 때 오빠가 프린스턴 농구팀 선발
이 되자, 아버지는 가슴이 터질 듯 자랑스러워했다. 아버지는 걸음이 불
안정하고 지팡이를 두 개 써야 했는데도 여전히 장거리 운전을 즐겼다.
오래된 뷰익을 새 뷰익으로 바꾸었는데, 이번에도 225 모델이었고 이번

에는 광택이 도는 적갈색이었다. 아버지는 정수장 일에서 짬을 낼 수 있으면 인디애나, 오하이오, 펜실베이니아, 뉴저지를 통과하는 길을 열두 시간 운전하여 오빠의 경기를 보러 갔다.

나는 통학 시간이 길었기 때문에 자연히 부모님을 덜 보게 되었다. 아마 그때가 부모님에게는 외로운 시기였을 것이다. 적어도 조정이 필요한 시기였을 것이다. 나는 집에 있는 시간보다 없는 시간이 더 많았다. 한 시간 반씩 서서 버스를 타는 데 지친 나머지, 테리 존슨과 나는 꾀를 냈다. 집에서 15분 더 일찍 나와서 반대 방향으로 가는 버스를 타는 것이었다. 남쪽으로 몇 정거장 내려가서 덜 붐비는 동네에 내린 뒤, 길을 건너서 원래 타야 하는 북행 버스를 탔다. 그러면 집 앞 75번가 정거장에서 타는 것보다 늘 한산했다. 우리는 스스로의 기지가 자못 만족스러워서 의기양양 좌석에 앉은 뒤, 내내 수다를 떨거나 공부하면서 갔다.

저녁에는 6~7시쯤 지친 몸을 끌고 귀가했다. 얼른 저녁을 먹고, 부모님에게 그날 있었던 일을 잠시 이야기했다. 하지만 설거지까지 끝나면 바로 숙제하러 들어갔다. 종종 프라이버시와 고요를 찾아, 책을 안고 아래층 계단통 옆에 있는 백과사전 선반 밑에 처박히곤 했다.

부모님은 대학 학비에 대한 스트레스를 한 번도 입에 올리지 않았다. 그래도 그런 스트레스가 있다는 것쯤은 나도 알았다. 그래서 프랑스어 선생님이 방학에 여건이 되는 학생들을 모아서 파리 여행을 갈 예정이니 신청하라고 했을 때, 부모님에게 알릴 생각조차 하지 않았다. 그것이 (이제 내 친구가 된 아이들도 많았던) 잭 앤드 질 무리와 나의 차이였다. 내게는 사랑과 질서가 다스리는 집이 있었고, 학교에 갈 차비가 있었고, 밤에 돌아가면 나를 기다리는 따뜻한 음식이 있었다. 그 외에는 부모님에게 무엇 하나도 더 요구하지 않을 생각이었다.

어느 날 저녁, 부모님이 어리둥절한 얼굴로 나를 불러 앉혔다. 어머니가 테리의 어머니에게서 파리 여행 이야기를 전해 들었다고 했다.

"왜 말 안 했니?" 어머니가 물었다.

"돈이 너무 많이 들잖아요."

"그건 네가 결정할 일이 아니란다, 미셰." 아버지는 거의 자존심 상한 것 같은 얼굴로 다정하게 말했다. "그리고 애초에 알려주지도 않으면 우리가 어떻게 결정하겠니?"

나는 뭐라고 대답해야 할지 알 수 없어서 멍하니 두 분을 보았다. 어머니가 다정한 눈길로 나를 흘겨보았다. 아버지는 작업복을 벗고 깨끗한 셔츠로 갈아입고 있었다. 두 분은 40대 초반이었고, 20년 가까이 결혼 생활을 해온 터였다. 그동안 유럽 여행은 한 번도 가보지 못했다. 두 분은 해변에 놀러 가거나 외식을 하는 일도 없었다. 집도 사지 않았다. 나와 오빠에게 투자했다. 모든 돈이 우리에게 들어갔다.

몇 달 뒤, 나는 선생님과 친구들 10여 명과 함께 파리행 비행기에 올랐다. 우리는 호스텔에 묵으면서 루브르 박물관과 에펠탑을 구경할 예정이었다. 노점에서 치즈 크레페를 사 먹고 센강을 거닐 것이었다. 시카고 고등학생이 하는 프랑스어 같기는 하겠지만, 좌우간 프랑스어로 말할 것이었다. 그날 비행기가 게이트를 벗어날 때, 나는 창밖으로 공항 건물을 돌아보았다. 까만 유리 너머 어딘가에 코트를 입은 어머니가 서서 내게 손 흔들고 있다는 걸 알았다. 제트엔진이 점화하는 소리가 충격적일 만큼 컸던 게 기억난다. 비행기는 덜컹덜컹 활주로를 달리기 시작했고, 서서히 머리를 위로 기울여 이륙했다. 가속이 붙는 게 몸으로 느껴졌고, 등이 좌석 등받이에 바싹 붙었다. 땅에 있는 것도 아니고 하늘에 뜬 것도 아닌 이상한 순간은 곧 지나갔다. 마침내 나는 비상했다.

세상의 모든 고등학생처럼, 나와 친구들은 빈둥빈둥 돌아다니기를 좋아
했다. 우리는 공공장소를 시끌벅적하게 돌아다녔다. 수업이 일찍 끝나
거나 숙제가 적은 날은 학교에서 몰려나와 시내의 8층짜리 쇼핑몰인 워
터타워 플레이스로 갔다. 에스컬레이터를 타고 오르내리면서 조금 비싼
가렛 팝콘에 돈을 썼고, 음식을 많이 시키지도 않으면서 맥도날드 테이
블을 오래 차지하고 앉아 있었다. 마셜필즈 백화점에서 디자이너 청바
지와 핸드백을 구경하기도 했는데, 뭔가 탐탁지 않게 여긴 보안 직원이
우리 뒤를 쫓곤 했다. 가끔 영화도 보러 갔다.

　우리는 행복했다. 자유가 있어 행복했고, 친구가 있어 행복했고, 공부
생각을 하지 않아도 되는 날이면 도시가 유독 화려해 보여서 행복했다.
우리는 도시를 누비는 법을 배우는 도시 아이들이었다.

　나는 샌티타 잭슨이라는 반 친구와 많이 어울렸다. 아침에 내가 타는
곳에서 몇 정거장 더 간 제프리대로에서 버스를 타는 샌티타는 고등학
교 시절 내 가장 절친한 친구가 되었다. 샌티타는 검은 눈이 아름다웠
고, 볼이 통통했고, 열여섯 살인데도 현명한 성인 여성 같은 태도를 지
녔다. AP Advanced Placement(대학과목선이수제) 수업을 모조리 신청해서 듣
는 데다가 늘 1등을 하는 아이였다. 다들 청바지를 입는데 치마를 입는
아이였다. 또 노래하는 목소리가 어찌나 낭랑하고 힘찬지, 훗날 로버타
플랙의 순회공연에서 백업 가수로 활동했다. 샌티타는 또 생각이 깊었
다. 나는 그 점이 제일 좋았다. 샌티타도 나처럼 딴 친구들과 있을 때는
까불까불 얼빠지게 굴었지만, 둘만 있을 때는 진지하고 사색적인 아이
가 되었다. 소녀 철학자였던 우리 둘은 인생의 크고 작은 문제를 토론했
다. 샌티타네 집은 사우스쇼어에서도 부자 동네인 잭슨파크 하일랜즈에

있는 튜더 양식의 흰 건물이었다. 우리는 그 집 2층에 있는 샌티타의 방에 퍼질러 앉아서 짜증 나는 일을 이야기하고, 우리 인생이 어떻게 흘러갈지 이야기하고, 세상에 대해서 이해가 되거나 되지 않는 것을 이야기하며 몇 시간씩 보냈다. 샌티타는 잘 들어주고 통찰 있게 대꾸해주는 친구였다. 나도 그러려고 노력했다.

샌티타의 아버지는 유명했다. 그 사실은 샌티타의 삶에서 처음부터 주어진 것, 벗어날 수 없는 현실이었다. 샌티타는 화끈한 설교로 유명한 침례교 목사이자 정치 지도자로 세를 얻어가던 제시 잭슨 목사의 다섯 자녀 중 맏이였다. 잭슨 목사는 마틴 루서 킹 목사와 함께 일했고, 1970년대 초에는 흑인 취약 계층의 권리를 옹호하는 정치 조직 '오퍼레이션 푸시Operation PUSH'를 창설하여 일약 전국적으로 이름을 날렸다. 우리가 고등학교에 다닐 때는 이미 유명 인사였다. 그는 카리스마가 있었고, 연줄이 두둑했고, 쉴 새 없이 분주하게 움직였다. 전국을 다니면서 흑인 청중에게 자신감을 좀먹는 '게토' 사고방식을 떨쳐버리라고 역설했고, 오래 갖지 못했던 정치적 힘을 거머쥐는 일에 나서라고 호소했고, 우레처럼 호통치는 연설로 사람들을 사로잡았다. 그는 흑인들도 스스로 역량을 강화할 수 있다는 메시지를 끊임없이 주입했다. "약물과 함께 추락! 희망과 함께 상승!" 이렇게 소리쳤다. 학생들에게 매일 밤 두 시간씩 TV를 끄고 숙제하는 시간을 갖겠다고 약속하게끔 했다. 부모들에게 자녀의 학업을 챙기겠다고 약속하게끔 했다. 그는 많은 흑인 공동체에 스며든 패배감을 물리치려고 애쓰면서, 청중에게 사기 진작을 그만두고 자신의 운명을 스스로 책임지라고 촉구했다. "세상에 너무 가난해서 하루에 두 시간씩 TV를 끄는 일도 못 하는 사람은 한 명도, 단 한 명도 없습니다!" 그는 이렇게 외쳤다.

샌티타네 집에서 얼쩡거리면, 흥미진진한 일들을 겪을 수 있었다. 집은 널찍했지만, 아이가 다섯인 데다 샌티타의 어머니가 수집하는 육중한 빅토리아시대풍 가구와 앤티크 유리그릇이 가득해서 좀 어지러웠다. 샌티타의 어머니인 재클린 잭슨 부인을 나는 '잭슨 여사님'이라고 불렀다. 부인은 통이 크고 웃음도 화통한 분이었다. 화려한 색깔에 풍성하게 너풀거리는 옷을 입었고, 대형 식탁에서 모두에게 식사를 차려주었는데, 그 집에 들른 사람이라면 누구든 잡아다 앉혔다. 부인의 표현을 빌리자면 그들은 주로 '운동'에 관여하는 사람들이었다. 사업가, 정치인, 시인이 있었고 가수나 운동선수 같은 유명인도 있었다.

잭슨 목사가 집에 있는 날은 전혀 다른 에너지가 온 집에 고동쳤다. 정해진 일과는 뒷전으로 밀려났고, 저녁 식사 자리의 대화는 밤새 이어졌다. 조언자들이 들락날락했다. 늘 뭔가 계획이 세워졌다. 우리 집의 일상은 언제나 질서 있고 예측 가능한 속도로 흘렀고, 부모님의 관심사는 가족의 행복과 자식의 성공을 넘어서는 경우가 드물었던 데 비해, 잭슨가 사람들은 그보다 더 원대하고 더 어지럽고 더 큰 영향력을 미치는 일에 휘말려서 살아가는 것 같았다. 그 집 사람들은 바깥세상과 관계 맺었고, 더 큰 공동체를 이루었고, 더 중요한 임무를 추구했다. 샌티타와 형제자매들은 어려서부터 정치 활동에 참여했다. 무엇을 어떻게 보이콧해야 하는지 훤히 알았다. 아버지의 대의를 지지하면서 행진했고, 아버지의 출장을 따라가서 이스라엘과 쿠바와 뉴욕과 애틀랜타 등지를 방문했다. 수많은 군중을 앞에 두고 무대에 섰다. 유명한 아버지, 특히 흑인인 데다가 유명한 아버지를 두는 데 따르는 불안과 소음을 감당하는 법을 익혔다. 잭슨 목사에게는 경호원이 있었다. 그 건장하고 과묵한 남자들은 늘 잭슨 목사와 함께 다녔다. 당시에 나는 그가 생명의 위협을 더러 겪었다는 사실을 어렴풋이만 알았다.

샌티타는 아버지를 경애했고 아버지의 일을 자랑스러워했지만, 동시에 자신만의 인생을 만들어나가려고 애썼다. 흑인 청년들의 역량 강화에는 우리 둘도 대찬성이었지만, 케이스위스 운동화 세일이 끝나기 전에 워터타워 플레이스에 가는 것이 우리에게는 다소 절박하기까지 한 일이었다. 우리는 종종 차를 얻어 타거나 빌려야 했다. 우리 집은 차가 한 대에 부모님 둘 다 직장에 다녔기 때문에, 잭슨가에서 빌릴 가능성이 더 높았다. 잭슨 부인은 차체에 나무판을 덧댄 스테이션왜건도 있고 작은 스포츠카도 있었다. 가끔은 그 집을 드나드는 참모나 손님의 차도 얻어 탔다. 그 대신 희생한 것은 통제력이었다. 정치인의 삶은 일정과 계획이 예상대로 지켜지는 경우가 거의 없는 듯하다는 것, 의도치 않았지만 이것이 내가 그 집에서 일찌감치 배운 교훈이었다. 정신없는 소용돌이의 가장자리에 서 있는 내게도 회전력이 느껴졌다. 샌티타와 나는 종종 잭슨 목사와 관련된 지연 때문에—회의가 길어진다거나, 비행기가 공항에서 착륙하지 못하고 맴돌고 있다거나—오도 가도 못하고 발이 묶이거나 다른 장소를 여러 군데 들러서 돌아가야 했다. 학교에서 집으로 가려고 혹은 쇼핑몰로 가려고 차를 얻어 탔지만, 그 대신 웨스트사이드에서 열리는 정치 집회에 떨어지거나 하이드파크에 있는 오퍼레이션 푸시 본부에 몇 시간 처박혀 있거나 했다.

역시 그런 식으로, 어느 날 우리는 잭슨 목사의 지지자들과 함께 버드 빌리켄 데이 퍼레이드에서 행진하게 되었다. 옛날 어느 신문 칼럼에 등장했던 가상 인물의 이름을 딴 그 퍼레이드는 사우스사이드의 가장 성대한 전통 중 하나다. 매년 8월 축제일마다, 예전에 '블랙 벨트'라고 불렸지만 나중에 브론즈빌로 개명한 흑인 거주지 중심부를 통과하는 마틴 루서 킹 드라이브로 화려한 악대와 장식 차량이 3킬로미터 가까이 행진한다. 1929년부터 열린 퍼레이드는 아프리카계 미국인들의 자긍심을 드러내는 행사였다. 지역사회 지도자나 정치인이라면 모두 참가하여 행진하는 것이 거의 의무였고, 지금도 그렇다.

당시 나는 몰랐지만, 샌티타의 아버지를 둘러싼 소용돌이는 그때부터 점점 더 빨리 회전하기 시작했다. 몇 년 후 제시 잭슨 목사는 미국 대통령 선거에 공식 출마했다. 그러니까 아마 우리가 고등학교에 다니던 당시에는 이미 출마를 적극 고려하고 있었을 것이다. 자금을 모아야 했고, 연줄을 다져야 했다. 이제 내가 잘 알지만, 대선 출마는 모든 관계자가 사력을 다해 헌신해야 하는 일이다. 선거운동이 잘되려면 사전에 무대를 마련하고 터를 닦는 작업이 필요한데, 그 일에 몇 년이 걸릴 수도 있다. 잭슨 목사는 1984년 대선에 출마하여, 1972년 출마했다가 낙선한 하원의원 셜리 치점에 이어 흑인으로서는 두 번째로 전국 무대에서 진지하게 대통령 선거운동을 펼친 사람이 될 터였다. 따라서 퍼레이드 무렵에는 아마 그 계획의 일부라도 머릿속에 들어 있었을 것이다.

그러나 당시 나로서는 이글거리는 햇살 아래 열린 퍼레이드에 참가해 풍선과 확성기, 트롬본과 환호하는 인파 속에서 이리저리 떼밀리는 게 썩 즐겁지 않을 뿐이었다. 팡파르는 재미있었고 심지어 중독적이었지만, 그 경험에는, 나아가 일반적으로 정치라는 것에는 어쩐지 꺼림칙한 데가 있었다. 우선 나는 매사 단정하고 사전에 계획되는 걸 좋아하는 사람인데, 정치적 삶에는 딱히 단정한 구석이 없는 것 같았다. 퍼레이드는 우리 계획에 없었다. 기억하기로 샌티타와 나는 애초에 참가할 생각이 없었다. 우리는 막판에 동원되었다. 샌티타의 어머니나 아버지가, 아니면 운동에 관여한 다른 누군가가 그날 계획한 일을 하러 나서려는 우리를 잡아 앉혔을 것이다. 나는 샌티타를 무척 사랑했고, 대체로 어른들이 하라는 대로 하는 예의 바른 아이였기 때문에, 뜨겁고 어지럽고 시끄러운 버드 빌리켄 데이 퍼레이드 속으로 뛰어들었다.

저녁에 집에 갔더니 어머니가 나를 보고 깔깔 웃었다.

"너 TV에서 봤어."

어머니는 뉴스를 보다가 내가 샌티타 옆에서 손 흔들고 미소 지으며 행진하는 모습을 발견했다고 했다. 어머니가 깔깔 웃었던 것은 내가 썩 내키지 않는 일에 휘말려 내심 불편해한다는 사실을 눈치챘기 때문이었을 것이다.

*　　　*　　　*

대학을 알아볼 때가 되었을 때, 샌티타와 나는 둘 다 동부의 대학에 관심이 있었다. 샌티타는 하버드를 살펴보러 갔지만, 그곳 입학 담당관이 잭슨 목사의 정치 활동을 가지고 샌티타를 못되게 지분거리는 바람에 낙담하여 돌아왔다. 샌티타는 자기 자신으로만 평가받기를 원했는데 말이다. 나는 어느 주말에 프린스턴으로 가서 오빠를 만났다. 오빠는 그곳에서 농구를 하고, 수업을 듣고, 소수자 학생을 위한 학내 센터에서 사람들과 어울리면서 생산적인 리듬을 구축한 것 같았다. 캠퍼스는 넓고 예뻤고―진짜 아이비(담쟁이)가 있는 아이비리그 학교였다―오빠 친구들은 모두 착해 보였다. 나는 진학 문제를 깊이 고민하지는 않았다. 어차피 가까운 친척 중에는 대학 생활을 경험한 사람이 없었기 때문에 의논하거나 물어보거나 할 수 없었다. 늘 그랬듯이, 그저 오빠가 좋아하는 것이라면 나도 좋아할 테고 오빠가 해내는 것이라면 나도 해낼 수 있다고 여겼다. 그래서 프린스턴을 1차 지망으로 정했다.

그리고 졸업 학년이 된 직후, 학교에서 정해준 진학 상담사와 첫 의무 면담을 하러 갔다.

상담사에 대해서는 별로 할 말이 없다. 내가 그 만남의 기억을 의도적으로, 거의 즉시 지워버렸기 때문이다. 그녀의 나이도 인종도 기억나지 않는다. 나는 우리 학년에서 상위 10퍼센트에 드는 성적으로 졸업하게 되었고, 졸업반의 회계 담당자로 선출되었고, 전국우등생협회National Honor Society에 들었으며, 초조한 마음으로 처음 이 학교에 왔을 때 품었던 의심을 이겨냈다는 이 모든 사실에 스스로 대견해하며 상담실에 들어섰다. 그때 그녀가 나를 어떤 눈으로 보았는지도 기억나지 않는다. 내가 오빠를 뒤이어 프린스턴에 가고 싶다고 말했을 때, 그 직전이나 직후에 그녀가 내 성적 증명서를 들여다보았는지 아닌지도 기억나지 않는다.

그 짧은 면담 동안 상담사가 내게 긍정적이고 유익한 말을 해주었을 가능성도 있지만, 그랬더라도 나는 기억나지 않는다. 왜냐하면, 옳든 그르든, 나는 그녀가 내뱉은 이 한마디에만 못 박혔기 때문이다.

"네가 프린스턴에 갈 재목인지 잘 모르겠구나." 그녀는 형식적이고 가르치려는 듯한 미소를 지으며 이렇게 말했다.

그 판단은 오만하기도 했거니와 성급했다. 아마 내 성적 등급과 시험 점수를 흘끗 보고 계산한 결과였을 것이다. 아마 그녀는 다른 졸업반 학생들에게도 그처럼 숙련된 효율성을 발휘하여 온종일 아이들에게 너는 여기 갈 수 있고 너는 못 간다고 말했을 것이다. 분명 스스로는 자신이 현실적인 것뿐이라고 여겼을 것이다. 나중에 나와의 면담을 곱씹어보기라도 했을지 의문이다.

그러나 앞에서 말했듯이, 패배감은 실제 결과가 나타나기 한참 전에 엄습한다. 상담사는 바로 그런 기분을 심어주려는 것 같았다. 내가 시도도 해보기 전에, 보나 마나 실패할 것이라고 말하는 것 같았다. 그녀는 내게 눈을 낮추라고 말했지만, 그것은 부모님이 평생 내게 당부해온 말과는 정반대의 말이었다.

만약 내가 그녀의 말을 믿었다면, 그 한마디로 내 자신감은 도로 거꾸러졌을 것이다. **나는 부족해, 부족해** 하는 자책이 다시 귓전에 울리기 시작했을 것이다.

하지만 3년 동안 휘트니 영에서 야심만만한 아이들과 어깨를 나란히 한 덕분에, 나는 내가 그 이상이라는 걸 알았다. 한 사람의 의견이 나에 대한 나 자신의 평가를 무너뜨리도록 놓아두진 않을 터였다. 그 대신 나는 목표는 놓아두고 방법을 바꾸었다. 프린스턴에 지원하고 다른 학교들에도 많이 지원하겠지만, 학내 상담사의 도움은 받지 않기로 결심했다. 대신 실제로 나를 아는 사람에게 도움을 청했다. 교감 선생님이자 이웃인 스미스 선생님은 학생으로서 내 강점을 지켜보았을 뿐 아니라 내게 자기 아이들을 맡길 만큼 나를 믿었다. 선생님은 추천서를 써주겠다고 했다.

지금까지 살면서, 나는 운 좋게도 온갖 부류의 비범한 사람들과 성공한 사람들을 만나보았다. 국가 원수, 발명가, 음악가, 우주인, 운동선수, 교수, 기업가, 화가와 작가, 선구적인 의사와 연구자…. 그중 (비록 충분한 수는 아니었지만) 일부는 여성이었다. 그중 (역시 충분한 수는 아니었지만) 일부는 흑인이나 다른 유색인종이었다. 어떤 사람은 찢어지게 가난한 집에서 태어나거나, 우리 같은 보통 사람의 눈에는 불공평하리만치 역경으로 점철된 것 같은 삶을 살았지만, 그럼에도 불구하고 세상의 특권이란 특권은 다 타고난 사람처럼 살아냈다. 내가 그들로부터 배운 교훈은, 그들에게도 의심하는 사람이 있었다는 것이다. 심지어 어떤 사람은 성공한 후에도 대형 경기장을 메울 수 있을 만큼 수많은 비판자와 회의론자가 따라붙는다. 그들은 그가 사소한 실책을 서지를 때마다 "내 그럴 줄 알았지!" 하고 외친다. 그런 소음은 영원히 사라지지 않는다. 하지만 성공한 사람들은 그 소음을 견디는 법을, 대신 자신을 믿어주는 사람들에게 의지하며 목표를 꿋꿋이 밀고 나가는 법을 터득했다.

휘트니 영 진학 상담사의 방을 나서던 날, 나는 분해서 어쩔 줄 몰랐다. 무엇보다 자존심이 상했다. 그 순간 떠오른 생각은 하나뿐이었다. **두고 보라지.**

나는 금세 진정했고, 즉시 일에 착수했다. 대학 가기가 쉬울 거라고 생각한 적은 한 번도 없었지만, 이제 나 자신의 이야기에 좀 더 집중하고 신념을 품어야 한다는 것을 깨달았다. 나는 대학 지원 에세이를 작성하면서, 있는 그대로의 나를 보여주려고 노력했다. 내가 엄청나게 지적인 척하지 않았다. 프린스턴의 담쟁이 벽 안으로 들어가자마자 완벽한 대학생이 될 수 있다고 자신하지도 않았다. 그 대신 우리 가족은 대학에 관한 경험이 부족하다고, 아버지가 병을 앓고 있다는 이야기를 적었다. 그리고 내가 도전한다는 사실, 이것 하나만큼은 내가 소유한 진실이었다. 내 환경을 감안하자면, 도전은 내가 할 수 있는 최선이었다.

나는 결국 다짐했던 대로 상담사에게 본때를 보여주었던 것 같다. 예닐곱 달 뒤, 프린스턴 입학 허가서가 우리 집 우편함에 도착했다. 그날 밤 부모님과 나는 이탤리언 피에스타에서 배달시킨 피자로 축하했다. 나는 오빠에게 전화해서 목청껏 희소식을 전했고, 이튿날은 스미스 선생님에게 가서 합격을 알리고 도와주셔서 고맙다고 인사했다. 그러나 상담사에게 들르지는 않았다. 가서 당신이 틀렸다고, 나는 프린스턴 재목이었다고 말해주지는 않았다. 그래봐야 누구에게도 소용없는 짓이었을 것이다. 그리고 애초에 그녀에게 증명해 보일 필요가 없었다. 나는 나 자신에게 증명해 보인 셈이었다.

6

1981년 여름, 아버지가 일리노이에서 뉴저지까지 평평하게 뻗은 고속도로를 달려서 프린스턴으로 데려다주었다. 하지만 부녀만의 평범한 여행은 아니었다. 내 남자 친구 데이비드도 함께였다. 나는 3주간의 특별 오리엔테이션에 초청받았는데, 신입생 일부에게 대학에 적응할 시간을 추가로 주어 '준비 격차'를 줄이고자 계획된 프로그램이었다. 참가자를 어떻게 선별했는지는 정확히 모르겠지만—대학이 입학 지원서의 어느 부분 때문에 우리가 강의 요강 읽는 법이나 건물 간 오가는 길을 미리 알아두면 도움이 될 거라고 여겼는지 알 수 없었다—오빠도 2년 전에 참가했고 내게도 좋은 기회일 것 같았다. 나는 짐을 싸고, 어머니에게 작별 인사를 한 뒤—둘 다 눈물짓거나 감상에 젖거나 하지는 않았다—차에 탔다.

시카고를 떠나고 싶은 마음이 더욱 굴뚝같아진 깃은 이선 두 날 동안 시내의 작은 제본소 조립라인에 앉아 대형 글루건 같은 기구를 조작하는 일을 한 탓이었다. 주 5일 하루 8시간 동안 지루하고 반복적인 일을 하다 보니 새삼 대학 진학은 잘한 선택이라는 생각이 들었다. 데이비드와 내가 그 일을 구한 것은 그곳에서 일하는 데이비드의 어머니 덕분이었다. 우리는 여름 내내 나란히 앉아서 일했다. 그래서 그나마 견딜 만했다. 데이비드는 똑똑하고, 다정하고, 키 크고, 잘생기고, 나보다 두 살 많았다. 몇 년 전 유클리드 파크웨이에 사는 친척을 만나러 왔다가 로젠블룸 공원의 농구 시합에 낀 걸 계기로 오빠랑 친구가 되었다가, 나와 사귀게 되었다. 그는 학기 중에는 다른 주에 있는 대학에 다녔기 때문에, 나로서는 공부에 방해가 될 일이 없어서 한편으로는 편했다. 하지만 명절이나 여름방학에는 그가 시카고 남서부의 어머니 집으로 돌아왔고, 거의 매일 차를 끌고 와서 나를 만났다.

데이비드는 성품이 서글서글했고, 내가 사귀었던 어떤 남자 친구보다도 어른스러웠다. 데이비드는 우리 집 소파에 아버지와 나란히 앉아서 야구 중계를 봤다. 오빠와 농담을 주고받았고, 어머니와는 예의 바르게 대화했다. 우리는 레드랍스터 식당에서 딴에는 고급스러운 저녁을 먹고 영화를 보면서 진짜 데이트를 했다. 가끔 그의 차에서 시시덕거리면서 대마초를 피웠다. 제본소에서 일할 때는 머리를 텅 비운 채 글루건을 조작하면서 할 말이 떨어질 때까지 수다를 떨었다. 둘 다 학비에 보태려고 일하는 것뿐이었다. 어차피 나는 곧 시카고를 떠날 예정이었고, 제본소로 돌아올 마음일랑 전혀 없었다. 어떤 면에서는 이미 반쯤 떠나 있었다. 내 마음은 벌써 프린스턴 쪽으로 날아가고 있었다.

그래서 8월 초의 그날 저녁, 아버지-딸-남자 친구 삼인조가 이윽고 1번 주간고속도로를 벗어나서 캠퍼스로 이어지는 널찍한 가로수 길로 접어들었을 때, 나는 어서 빨리 새 생활을 시작하고 싶어 안달이었다. 어서 빨리 두 개의 여행 가방을 여름 학기 기숙사로 옮기고 싶었고, 오리엔테이션에 오는 다른 친구들과 악수하고 싶었다(주로 소수 인종과 저소득층 출신 학생들이었고, 운동선수도 몇 명 있었다). 어서 빨리 식당 음식을 맛보고 싶었고, 캠퍼스 지리를 외우고 싶었고, 학교가 알려주는 강의 요강을 정복하고 싶었다. 나는 프린스턴에 있었다. 드디어 그곳에 발을 들였다. 열일곱 살이었고, 내 인생은 이제 막 시작되었다.

문제는 하나, 데이비드였다. 데이비드는 차가 펜실베이니아를 넘어 뉴저지로 들어서는 순간부터 구슬픈 표정이었다. 트렁크에서 낑낑 짐을 꺼내면서 보니, 벌써 외로워하는 것 같았다. 우리는 1년 넘게 만났다. 서로 사랑한다고 고백했다. 하지만 그 사랑은 유클리드가와 레드랍스터와 로젠블룸 공원 농구장에서의 사랑이었다. 내가 막 떠나온 환경에서의 사랑이었다. 아버지가 남들보다 많은 시간을 들여 운전석에서 내리고 지팡이를 짚는 동안, 데이비드와 나는 어둠 속에 말없이 서 있었다. 돌로 쌓은 요새 같은 기숙사 앞으로 빈틈없이 펼쳐진 푸른 잔디밭만 하염없이 바라보았다. 그제야 우리가 가장 중요한 문제를 의논하지 않았다는 생각이 들었던 것 같다. 이것이 일시적인 작별인지 영원한 이별인지에 대해 둘의 견해가 다를지도 몰랐다. 우리는 서로 만나러 가고 그럴까? 연애편지를 쓸까? 장거리 연애는 얼마나 힘들까?

데이비드가 내 손을 꼭 잡았다. 머리가 복잡했다. 내가 무엇을 원하는지는 알았지만, 그 사실을 어떻게 말해야 좋을지는 몰랐다. 나는 언제고 단숨에 나를 사로잡는 남자를 만나, 최고로 멋진 사랑 이야기들에 빠짐없이 나오는 해일 같은 격정에 휩쓸리기를 바랐다. 우리 부모님은 10대 때 사랑에 빠졌다. 심지어 어머니의 고등학교 졸업 무도회 파트너가 아버지였다. 그래서 10대의 사랑도 때로 진실되고 영속적일 수 있다는 건 익히 알았다. 나는 어느 날 눈앞에 나타나서 내 선부가 될 남자가 어딘가 존재한다고 믿고 싶었다. 그는 분명 섹시하고 믿음직한 데다가 몹시 친밀하고 깊게 다가와서 내가 삶의 우선순위를 기꺼이 조정하고 싶게 만들 것이다.

다만 지금 내 앞에 선 남자가 그 남자가 아닐 뿐이었다.

끝내 아버지가 침묵을 깨고, 이제 그만 짐을 기숙사로 옮기는 게 좋겠다고 말했다. 아버지와 데이비드는 시내에 잡아둔 호텔 방에서 묵고 이튿날 시카고로 돌아갈 예정이었다.

주차장에서, 나는 아버지를 꼭 안았다. 청년 시절 권투와 수영으로 다져진 아버지의 팔은 지팡이를 짚고 다니느라 더 강해져 있었다.

"잘 지내라, 미셰." 아버지는 포옹을 풀며 말했다. 얼굴에는 자랑스러움 외에 다른 어떤 감정도 없었다.

아버지는 곧장 차에 타서, 친절하게도 데이비드와 내게 둘만의 시간을 주었다.

우리는 둘 다 멋쩍게 시간만 끌면서 서 있었다. 그러다 데이비드가 내게 몸을 숙여 키스했고, 내 마음은 그에 대한 애정으로 휘청였다. 그와의 키스만큼은 늘 그렇게 좋았다.

나를 진심으로 아끼는 착한 시카고 남자아이를 껴안고 있으면서도, 바로 뒤편에 주차장을 빠져나가는 길이 있고 가로등이 켜진 그 길을 따라 조금만 올라가면 대학 건물 안뜰이 나올 테고, 몇 분 뒤면 바로 그곳이 나의 새로운 환경이자 새로운 세상이 되리라는 걸 나는 알았다. 난생처음 집을, 내가 알던 유일한 삶을 떠나온 것이 조금은 불안하기도 했다. 그러나 마음 한구석에서는 미련을 남기지 말고 깨끗하게 헤어지는 편이 낫다는 걸 알았다. 이튿날, 데이비드가 기숙사로 전화해서 떠나기 전에 간단히 식사하거나 마지막으로 함께 산책하지 않겠느냐고 물었다. 나는 벌써 할 일이 많아서 아무래도 어렵겠다고 웅얼거렸다. 전날 밤 작별이 우리의 마지막이었다. 그때 그렇게 확실히 말했어야 했지만, 서로 가슴 아플 터라 비겁하게 굴고 말았다. 그냥 그렇게 그를 떠나보냈다.

*　　*　　*

알고 보니 나는 삶에 대해서, 적어도 1980년대 초 프린스턴에서의 삶에 대해서 배워야 할 것이 아주 많았다. 우선은 3주를 신나게 보냈다. 오리엔테이션을 함께한 다른 학생들은 대하기 어렵거나 낯설게 느껴지지 않았다. 가을이 되자 공식적인 새 학기가 시작되었다. 이제 전교생이 돌아올 시간이었다. 나는 새로 배정받은 파인홀의 3인실로 짐을 옮긴 뒤, 주로 백인인 수천 명의 학생이 캠퍼스로 쏟아져 들어오는 모습을 3층 창에서 구경했다. 학생들은 전축, 침구, 옷이 주르르 걸린 옷걸이를 끌고 들어왔다. 리무진을 타고 오는 아이들도 있었는데, 한 여자아이는 리무진을 두 대나―그것도 확장형으로―끌고 와 짐을 부렸다.

프린스턴은 극도로 백인적이고 대단히 남성적이었다. 그것은 부정할 수 없는 사실이었다. 남학생 수가 여학생의 두 배가 넘었다. 나와 동기인 신입생 중 흑인은 9퍼센트가 못 되었다. 오리엔테이션 때는 우리가 그 공간의 주인이라는 느낌을 조금 품었지만, 이제는 쌀밥에 뿌려진 까만 양귀비 씨처럼 눈에 띄는 특이한 존재가 된 것 같았다. 휘트니 영에서 다양성을 어느 정도 경험하기는 했어도 이처럼 백인이 압도적인 사회에 소속되기는 처음이었다. 이전에는 피부색 때문에 사람들 틈에서나 교실에서 튀어 보이는 경험을 한 적이 없었다. 마치 나를 위해 조성된 것이 아닌 서식지, 낯선 유리 화분에 뚝 떨어진 것처럼 껄끄럽고 불편했다. 최소한 처음에는 그랬다.

그러나 세상만사가 그렇듯이, 결국에는 적응하게 된다. 어떤 적응은 쉬웠고, 오히려 안도감이 들 정도였다. 일례로 프린스턴에서는 아무도 범죄를 걱정하지 않았다. 학생들은 방문을 잠그지 않았다. 자전거에 자물쇠를 채우지 않은 채 건물 밖에 아무렇게나 세웠다. 금귀고리를 잘 챙

105

기지 않고 기숙사 공용 세면대에 놔두곤 했다. 학생들은 세상에 대해 무한한 신뢰를 품고 있는 것 같았고, 그 속에서 자신이 전진하리라고 철석같이 믿는 것 같았다. 내게는 그것이 익숙해져야 하는 일이었다. 휘트니영에 다닐 때는 통학 버스에서 소지품을 도둑맞지 않으려고 남몰래 경계했다. 저녁에 집에 걸어갈 때는 만일을 대비해 집 열쇠의 뾰족한 부분이 밖을 향하도록 손가락 사이에 끼워 쥐고 다녔다.

프린스턴에서 잘 챙겨야 하는 것은 성적뿐인 듯했다. 그 밖에는 모든 것이 학생들 편의에 맞추어 설계되어 있었다. 식당은 아침으로 다섯 가지 메뉴를 제공했다. 가지를 넓게 펼친 참나무 밑에 앉아 쉴 수 있었고, 탁 트인 잔디밭에서 프리스비를 날리며 스트레스를 풀 수 있었다. 중앙 도서관은 유럽의 대성당 같았다. 천장이 높고 반들반들한 나무 책상이 있는 그곳에서 교과서를 늘어놓고 조용히 공부했다. 학교는 우리를 보호했고, 감쌌고, 편의를 봐주었다. 평생 이런 환경만 겪어온 아이들도 많다는 사실을 나는 차츰 알게 되었다.

이 과정에는 낯선 어휘가 등장했고, 나는 그 언어도 익혀야 했다. 프리셉트*란 뭘까? 읽기 기간**이 뭘까? 학교에서 챙겨 오라고 한 물건 중에 '엑스트라 롱' 매트리스 커버라는 게 있었는데, 나는 그게 뭔지 몰랐고 알려준 사람도 없었다. 결국 너무 짧은 매트리스 커버를 가져오는 바람에 1학년 내내 발치가 훤히 드러난 매트리스 위에서 자야 했다. 특히 독특한 어휘를 익혀야 했던 분야는 스포츠였다. 나는 미식축구와 농구와 야구의 기반 위에서 자랐지만, 동부 사립학교 출신 아이들은 그 이

● 프리셉트(precept system)는 오랜 전통을 지닌 프린스턴 대학 고유의 프로그램으로, 학생들이 자발적으로 소규모 팀을 구성해 정규 수업 시간 외에 교수와 함께 토론 및 심화 학습을 진행한다.
●● 학기 말에 정규 수업 기간과 기말시험 기간 사이에 약 열흘간 읽기 기간(reading period)이 주어지는데, 주로 기말 과제나 프로젝트 결과물을 준비하는 기간이다.

상을 했다. 그들은 라크로스*를 했다. 필드하키를 했다. 스쿼시도 했다. 사우스사이드 출신에게는 약간 얼떨떨하게 느껴질 수 있었다. "너 단체 젓기 하니?"**가 대체 무슨 뜻이란 말인가?

내 이점은 딱 하나였다. 유치원에 갈 때부터 있었던 그것은 바로 크레이그 로빈슨의 여동생이라는 점이었다. 오빠는 이제 3학년이었고, 대학 농구팀 주전이었다. 그리고 늘 그렇듯이 팬을 몰고 다녔다. 캠퍼스 보안 직원들조차 오빠를 이름으로 부르며 인사했다. 오빠에게는 이미 이곳에서의 삶이 있었고, 나는 그 속에 살짝 끼어들었다. 오빠의 팀 동료들과 친구들을 알게 되었다. 한번은 어느 농구팀 후원자의 집으로 오빠와 함께 저녁 식사 초대를 받았다. 잘 꾸민 그 집의 식탁에 앉았을 때, 나는 처음 보는 식재료에 당황했다. 프린스턴에서 처음 접한 다른 많은 것들처럼, 고상함이란 무엇인지 보여주는 것 같았다. 흰 도자기 접시 위에 놓인 것은 뾰족뾰족한 초록 아티초크였다.

오빠는 1년 동안 알짜배기 조건으로 방을 얻어 살고 있었다. 제3세계센터Third World Center 건물의 관리자 노릇을 하는 대신에 위층 방 하나를 공짜로 빌린 것이었다. 제3세계센터는 이름은 좀 별로이지만 유색인종 학생들을 지원하려는 좋은 의도로 설립된 학내 기관으로(이로부터 꼭 20년이 지난 후에야 프린스턴 최초 흑인 학생처장의 이름을 따서 '칼 A. 필즈 평등 및 문화적 이해 증진 센터'로 개명했다), 프로스펙트가 한쪽 모퉁이의 벽돌 건물에 입주해 있었다. 프로스펙트가는 프린스턴에서 학생 사교 모임을 대신하는 '이팅 클럽eating club'들이 사용하는 당당한 대저택 느낌의 튜더시대풍 석조 건물들이 주로 늘어서 있는 거리였다.

제3세계센터는—우리는 보통 TWC라고 불렀다—금세 내 활동 본부

---

* 그물이 달린 스틱으로 하는, 하키와 비슷한 구기 스포츠.

** 조정(rowing)을 말한다.

가 되었다. 그곳에서는 파티가 자주 열렸고, 협동조합식으로 운영되는 식당도 있었다. 숙제를 도와주는 자원봉사자들이 있었고, 그냥 시간을 때우면서 놀 공간이 있었다. 여름 오리엔테이션 때 금방 친구가 된 학생 몇몇도 심심하면 센터에 들렀다. 수잰 알렐도 그중 한 명이었다. 수잰은 키가 크고, 날씬하고, 눈썹이 짙고, 탐스럽고 까만 곱슬머리를 허리까지 늘어뜨린 아이였다. 나이지리아에서 태어나서 자메이카 킹스턴에서 자라다가 10대 때 가족과 함께 메릴랜드로 돌아왔다. 그래서인지 어느 하나의 문화적 정체성에 고착되지 않은 듯했다. 모두가 수잰에게 끌렸다. 그러지 않기가 어려웠다. 수잰은 환한 미소를 지었고, 약한 자메이카 억양은 피곤하거나 술에 취하면 더 뚜렷해졌다. 수잰의 행동거지에는 내가 카리브해 고유의 것으로 여긴 산뜻한 경쾌함이 있었고, 그 때문에 프린스턴의 학구적인 아이들 속에서 눈에 띄었다. 수잰은 아는 사람 하나 없는 파티에 뛰어들기를 두려워하지 않았다. 의대 준비 과정pre-med을 공부했지만, 단지 재미있다는 이유로 도예 수업과 댄스 수업을 들었다.

우리가 2학년이 되었을 때, 수잰은 또 다른 모험에 몸을 던졌다. '캡 앤드 가운'이라는 이팅 클럽에서 '비커bicker'하기로 결심한 것이었다. 프린스턴에서 '비커'는 클럽들이 새 멤버를 받아들일지 말지 결정하는 사교적 심사 과정을 뜻한다. 나는 수잰이 클럽의 연회나 파티에 다녀와서 들려주는 이야기를 좋아했지만, 직접 가입할 마음은 없었다. 나는 TWC를 통해서 사귄 흑인 및 라틴계 학생 공동체에서 즐거웠고, 프린스턴의 전반적인 사교 활동에서는 주변부에 머무르는 데 만족했다. 우리 무리는 작지만 끈끈했다. 자주 파티를 열었고, 밤늦게까지 춤췄다. 10여 명 남짓이 한 테이블에 둘러앉아서 느긋하게 웃고 떠들면서 밥을 먹었다. 그러다 보니 저녁 식사는 몇 시간씩 늘어지기 일쑤였다. 외할아버지네 집에서 온 가족이 둘러앉아 오래오래 식사하던 때의 분위기와 비슷했다.

학교 측은 유색인종 학생들이 끼리끼리 어울리는 걸 좋아하지 않았을 것이다. 여러 인종의 학생이 조화롭게 뒤섞여서, 전반적으로 모든 학생의 경험이 더 깊어지기를 바랐을 것이다. 훌륭한 목표다. 학교 측이 추구하는 이상은, 대학 홍보 책자에 실린 사진처럼, 다양한 출신의 학생들이 활짝 웃으며 함께 공부하고 어울리는 모습이라는 걸 나도 이해한다. 하지만 현재까지도 캠퍼스에 백인 학생이 더 많은 상황에서는 동화의 부담이 주로 소수 인종 학생들에게 전가된다. 그리고 내 경험상 그 부담은 만만치 않다.

프린스턴에서 나는 흑인 친구들이 필요했다. 우리는 안도감과 지지를 나누었다. 우리는 자신이 얼마나 불리한 처지인지도 모르는 상태로 대학에 왔다. 와서야 비로소 다른 친구들은 SAT(대학입학자격시험) 과외를 받았거나, 고등학교에서 이미 대학 수준의 수업을 들었거나, 기숙학교에 다녔기 때문에 집을 떠나서 사는 어려움을 처음 겪는 게 아니라는 사실을 알았다. 그것은 첫 연주회에서 무대에 올랐는데 그제야 내가 건반이 깨진 악기 외에는 연주해본 적 없다는 사실을 깨달은 것과 비슷했다. 세상이 바뀌었지만, 사람들은 당신에게 알아서 적응하고 극복하라고 요구한다. 남들과 똑같이 잘 연주해내라고 요구한다.

물론 못 해낼 일은 아니다. 소수 인종 학생들과 저소득층 학생들은 늘 이런 과제를 극복하며 살아간다. 하지만 그러려면 에너지가 든다. 강의실에서 유일한 흑인이 되는 일에는, 연극 오디션에 나서거나 교내 팀에 가입하는 몇 안 되는 비백인 학생이 되는 일에는 에너지가 든다. 그런 환경에서 입을 열고 존재감을 발휘하는 일에는 노력이 들고 별도의 자신감이 필요하다. 나와 친구들이 저녁마다 식사 자리에 모여 약간의 안도감을 느낀 것은 그 때문이었다. 우리가 가급적 많은 시간을 함께 보내며 웃었던 것도 그래서였다.

파인홀 기숙사의 두 룸메이트도 완벽하게 좋은 백인 친구들이었지만, 나는 기숙사에 그다지 오래 붙어 있지 않았기 때문에 진정한 우정이랄 만한 것을 싹틔우지 못했다. 솔직히 말하자면, 백인 친구가 많지 않았다. 거기에는 내 탓도 있었다. 나는 조심스러웠다. 내가 아는 세상을 고수했다. 말로 잘 표현하기 어렵지만, 가끔 주변 분위기에서 너는 이곳에 어울리지 않는 존재라는 메시지가 조용하지만 잔인하게 풍길 때가 있다. 그 미묘한 분위기는 우리에게 모험하지 말라고, 비슷한 사람들을 찾아서 그 속에서만 어울리라고 일러준다.

오랜 시간이 흐른 뒤, 그때 내 룸메이트 중 한 명이었던 캐시가 뉴스에 출연하여 당시 겪었던 당혹스러운 일화를 들려주었다. 나는 몰랐던 일이었다. 뉴올리언스에서 교사로 일하던 캐시의 어머니가 딸에게 흑인 룸메이트가 배정된 데 경악하여 학교 측에 우리를 떼어놓으라고 요구했다는 것이다. 그 어머니도 인터뷰에 응하여, 자신의 행동을 인정하고 그 배경도 들려주었다. 그녀는 자신이 '깜둥이'라는 단어를 대수롭지 않게 사용하던 집안에서 자랐고 동네에서 흑인들을 쫓아낸 일을 자랑스럽게 떠벌리던 보안관 할아버지를 둔 사람이었던 터라, 자기 딸 곁에 내가 있는 걸 보고 "섬뜩했다"라고 말했다.

당시에는 신학기 도중 캐시가 갑자기 3인실을 나가서 1인실로 옮겼다는 것밖에 몰랐다. 이유를 알지 못했던 것이 다행이다.

★　　★　　★

내가 프린스턴에서 받은 장학금에는 근로 장학생으로 일한다는 조건이 딸려 있었다. 나는 좋은 일을 얻었다. TWC 센터장의 비서 일이었다. 수업이 비는 짬짬이 일주일에 약 10시간씩 전업 비서인 로레타 옆에 앉아 타이핑을 하고, 전화를 받고, 수강 취소나 식사조합 가입에 관해 물으러 온 학생들을 안내했다. 건물 전면 모서리에 자리한 사무실은 해가 잘 들고 잡다한 가구로 채워져 있어서 사무실이라기보다는 집처럼 아늑했다. 나는 그곳에 있는 것이 좋았다. 할 일이 있는 것이 좋았다. 사소하지만 조직적인 업무를 끝낼 때 느껴지는 만족감이 좋았다. 무엇보다도 상사인 처니 브래슈얼이 좋았다.

처니는 똑똑하고 아름다운 흑인 여성으로, 서른 살이 될까 말까 했다. 분주하고 활기찬 뉴요커인 그녀는 나팔바지에 통굽 샌들 차림으로 다녔고, 늘 네다섯 가지 생각을 동시에 하는 듯했다. 프린스턴의 유색인종 학생들에게 처니는 궁극의 멘토였고, 무척 세련된 데다가 늘 노골적으로 우리를 옹호해준 우두머리였으며, 그 점에서 모두에게 감사받았다. 센터에서도 소수 인종 포용 정책을 더 많이 만들도록 학교 측에 로비하고, 학생 각각의 처지를 변호하고, 모두의 처지를 개선할 방안을 짜내는 등 여러 일을 동시에 진행했다. 처니는 종종 지각했는데, 그런 날은 손에 서류 뭉치를 움켜쥐고 입에는 불붙인 담배를 물고 어깨에 핸드백을 멘 채 전속력으로 문을 박차고 들어오면서 로레타와 내게 지시 사항을 외쳐댔다. 처니 곁에 있는 것은 현기증 나는 경험이었다. 자기 직업에 만족하는 독립적인 여성을 그렇게 가까이에서 보기는 처음이었다. 어쩌면 우연이 아닐 수도 있겠는데, 처니는 또 조녀선이라는 귀엽고 조숙한 남자아이를 혼자 키우는 엄마였다. 나는 가끔 조녀선을 봐주기도 했다.

나는 누가 봐도 인생 경험이 부족한 학생이었는데도, 처니는 내게서 어떤 가능성을 본 것 같았다. 그녀는 나를 어른으로 대우했다. 늘 내 의견을 물었고, 내가 학생들이 가져온 갖가지 걱정이나 행정 문제를 전할 때면 진지하게 들었다. 그녀는 내 안의 대담함을 일깨우려고 작정한 듯했다. 그녀는 자주 "너 혹시 …해봤니?" 하고 물었다. 너 혹시 제임스 콘 작품 읽어봤니? 너 혹시 프린스턴의 남아공 투자 정책을 의심해봤니? 학교가 소수 인종 학생을 유치하기 위해서 할 수 있는 일이 좀 더 있다고 생각해봤니? 내 대답은 대부분 "아니요"였지만, 그녀의 이야기를 들으면 즉각 흥미가 생겼다.

하루는 그녀가 물었다. "너 혹시 뉴욕에 가봤니?"

이번에도 "아니요"였다. 하지만 처니가 곧 조치를 취했다. 어느 토요일 오전, 처니는 나와 조너선과 TWC에서 일하던 다른 친구 하나를 차에 태운 뒤, 내내 수다를 떨고 줄담배를 피우면서 맨해튼을 향해 전속력으로 운전했다. 프린스턴 주변에 즐비한 말 농장들의 흰 울타리가 차츰 사라지고 대신 꽉 막힌 고속도로가 나왔을 때, 그러다 마침내 첨탑처럼 솟은 뉴욕의 스카이라인이 나타났을 때, 처니가 긴장이 스르르 풀어지면서 생기가 도는 것을 옆에 앉은 나까지 느낄 수 있었다. 시카고가 내 집인 것처럼, 뉴욕은 처니의 집이었다. 우리가 어떤 장소에 얼마나 애착을 느끼는지는 그곳을 떠나봐야 알 수 있다. 낯선 바다에서 정처 없이 떠다니는 코르크가 된 기분을 느낄 때 비로소 알 수 있다.

우리는 눈 깜박할 사이에 바글거리는 뉴욕 중심부에 들어와 있었다. 노란 택시들이 우리를 쌩 지나쳐 갔다. 처니는 빨간불에 걸릴 것 같은 아슬아슬한 순간에서야 브레이크를 밟았고, 그때마다 주변 차들이 빵빵 거렸다. 그날 우리가 정확히 뭘 했는지는 기억나지 않는다. 피자를 먹었던 것은 기억난다. 록펠러센터를 보았고, 센트럴 공원을 통과해서 달렸고, 희망의 횃불을 치켜든 자유의 여신상을 멀리서 보았다. 하지만 주로 실용적인 목적의 여행이었다. 처니는 뉴욕에서 이런저런 잡무를 처리하면서 영혼을 재충전하는 것 같았다. 어딘가에 들러서 물건을 전달하고, 어딘가에 들러서 물건을 받아 왔다. 복잡한 교차로에 차를 이중 주차로 대놓고는 얼른 건물에 들어갔다 나왔다. 그래서 다른 운전자들이 성난 경적을 울렸고, 차에 남은 우리는 안절부절못하면서 속수무책으로 앉아 있었다. 뉴욕은 나를 압도했다. 뉴욕은 빠르고 시끄러웠다. 뉴욕 사람들은 시카고 사람들보다 참을성이 없었다. 그러나 처니는 무단 횡단하는 행인들에도, 길가에서 피어나는 지린내와 쓰레기 냄새에도 눈 하나 깜박하지 않았다. 오히려 생기가 넘쳐 보였다.

처니는 또 한 번 이중 주차를 하려다 말고, 뒤에 밀린 차들을 백미러로 보더니 갑자기 생각을 바꿨다. 조수석에 앉은 나더러 대신 핸들을 잡으라고 몸짓으로 지시했다.

"면허증 있지?" 그녀가 물었다. 내가 고개를 끄덕이자, 이렇게 말했다. "잘됐네. 핸들을 잡아. 이 블록을 한 바퀴만 천천히 돌아. 아니면 두 바퀴. 그리고 다시 여기로 와. 5분 안에 다녀올게."

나는 미친 사람 보듯이 그녀를 보았다. 내가 보기에는 **정말** 미친 사람이었다. 맨해튼에서 내가 운전할 수 있을 거라고 생각하다니. 나는 아직 10대였고, 혼잡한 이 도시에 초행이었고, 처니의 차뿐 아니라 어린 아들까지 책임진 채 늦은 오후 복잡한 도로에서 시간을 때우며 빙빙 돌기에는 경험도 능력도 부족했다. 하지만 그 머뭇거림은 내가 영원히 뉴요커들의 특징으로 여길 성격, 즉 소심함을 본능적으로 또한 즉각적으로 밀어내는 특성을 자극할 뿐이었다. 처니는 차에서 내렸다. 나는 차를 모는 수밖에 다른 도리가 없었다. **그냥 한번 해봐. 그리고 즐겨봐.** 이것이 그녀가 말하려는 메시지였다.

✳   ✳   ✳

나는 늘 배웠다. 물론 학업 면에서도 배웠다. 수업을 들었고, 주로 TWC

의 조용한 방이나 도서관 열람실에서 공부했다. 효율적으로 글 쓰는 법, 비판적으로 사고하는 법을 배웠다. 1학년 때 무심코 3학년 수준의 신학 수업을 신청하는 바람에 학기 내내 허우적거리다가 기말 보고서에 모든 힘을 쏟아부어서 가까스로 성적을 구조한 적이 있었다. 썩 좋지는 않았지만, 결국에는 힘이 된 경험이었다. 내가 어떤 곤경에 처해도 빠져나올 수 있다는 걸 증명했기 때문이다. 내가 공립학교 출신으로서 갖고 있는 부족함이 무엇이든, 남들보다 시간을 더 들이고 필요할 때 도움을 구하고 내 페이스를 지키고 미루지 않는다면 얼마든지 보충할 수 있을 것 같았다.

물론 대부분이 백인인 학교에서 흑인 학생으로 지내면서 소수자우대 정책Affirmative Action의 그림자를 느끼지 않을 수는 없었다. 일부 학생들, 심지어 몇몇 교수들에게서 멋대로 재단하는 눈빛을 읽을 수 있었다. 마치 '네가 **어떻게** 입학했는지 난 알지'라고 말하는 듯했다. 물론 어떤 경우는 내 오해일 수 있겠지만, 그래도 사기가 꺾였다. 그런 순간은 내 마음에 의심의 씨앗을 심었다. 나는 그저 사회적 실험의 대상으로서 여기 있는 걸까?

하지만 차츰 꽤 여러 형태의 정원 할당 제도가 있다는 사실을 알게 되었다. 소수 인종이 제일 두드러진 경우이긴 하나, 그 밖에도 시험 성적이나 학업 성취가 일반적인 기준에 못 미치는 아이들에게 입학 기회를 주는 특수 전형들이 있었다. 이 학교가 철저히 실력 위주로만 학생을 뽑는다고는 결코 말할 수 없었다. 가령 운동선수들이 있었다. 아버지나 할아버지가 프린스턴 타이거즈 선수였던 아이들, 기숙사나 도서관 건축 자금을 기부한 가문의 아이들처럼 집안 덕을 보는 학생들도 있었다. 나는 또한 부자라고 늘 실패를 피할 수 있는 건 아니라는 사실을 깨달았다. 주변에서 학업을 끝까지 해내지 못하는 학생들을 더러 보았는데, 거기에는 백인과 흑인의 구별이 없었고 특권층과 비특권층의 구별도 없었다. 누군가는 주말과 주중을 가리지 않는 맥주 파티의 유혹을 이기지 못했고, 누군가는 높은 학업 목표의 압박을 견디지 못했고, 누군가는 그냥 게을렀다. 또 누군가는 적성이 통 맞지 않는다는 걸 깨닫고 도망쳤다. 그 속에서 내가 할 일은 흔들리지 않는 것, 최대한 좋은 성적을 받는 것, 무사히 졸업하는 것이라고 생각했다.

2학년이 되어 수잰과 함께 기숙사 2인실을 쓰기 시작했을 무렵에는 학교생활을 더 잘 관리할 줄 알게 되었다. 만원 강의실에서 몇 안 되는 유색인종 학생이 되는 데도 익숙해졌다. 수업에서 남학생들이 토론을 장악하더라도—자주 있는 일이었다—위축되지 않으려고 애썼다. 남학생들 말을 유심히 들어보니, 그들이 여학생들보다 더 똑똑한 건 아니었다. 남학생들은 그저 좀 더 자신만만했다. 그들은 남성이 우월하다는 케케묵은 생각을 등에 업은 채 지냈고, 그게 사실이 아니라는 소리를 살면서 한 번도 들어보지 못했다.

몇몇 친구들은 우리의 이런 타자성을 나보다 더 예민하게 느꼈다. 흑인인 데릭은 자신이 길을 걸어가면 앞에 있던 백인 학생들이 길을 비켜주지 않았다고 회상했다. 한 여자아이는 어느 날 기숙사 방에 친구 여섯 명이 몰려와서 생일 축하를 해주고 간 뒤 학생처장실에 불려 갔다. 그녀의 백인 룸메이트가 "건장한 흑인 남자들이" 방에 들어온 걸 불편하게 느꼈다는 모양이었다. 프린스턴에는 소수 인종 학생이 너무 적었기 때문에, 우리는 이딜 가나 눈에 띄었다. 나는 그 상황을 내가 남늘의 예상을 뛰어넘을 만큼 잘 해내야 한다는 뜻으로 받아들였다. 나보다 더 많은 특권을 누리는 아이들과 견주어도 대등하도록, 심지어 그들을 넘어서도록 갖은 애를 다 써야 한다고. 휘트니 영에서 그랬듯이, 프린스턴에서도 내가 학업에 전념했던 데는 **두고 보라지** 하는 오기가 조금이나마 영향을 미쳤다. 고등학교에서 내가 우리 동네를 대변한다고 느꼈다면, 프린스턴에서는 내 인종을 대변한다고 느꼈다. 수업 중에 영리하게 발언하거나 시험을 본때 있게 잘 치러내면, 이로써 내가 속한 더 큰 집단도 점수를 얻는 것이기를 바랐다.

함께 살아보니, 수잰은 나와 달리 전전긍긍하는 편이 아니었다. 생활 태도가 실용적이지 않고 늘 샛길로 빠진다는 점 때문에 나는 그녀를 '스크루지Screwzy'라고 불렀다. 수잰은 대부분의 결정을—누구랑 데이트 할까, 어떤 수업을 들을까—재미를 기준으로 내렸다. 그랬다가도 재미가 없어지면 얼른 방향을 바꾸었다. 나는 흑인학생회Organization for Black Unity에 가입하고 주로 TWC에서 놀았지만, 수잰은 육상 경주를 했고 경량 미식축구팀 매니저로 일했다. 운동하는 귀여운 남자애들과 가깝게 지내는 게 좋아서였다. 수잰은 이팅 클럽에서 부자 백인 친구들도 사귀었다. 그중에는 유명한 10대 영화배우도 있었고, 공주라는 소문이 파다한 유럽 출신 여학생도 있었다. 수잰은 부모님에게서 의학 공부를 계속하라는 압박을 좀 받았지만 결국 그만두었는데, 그것도 그 공부가 다른 재미를 망친다는 이유에서였다. 학사 경고도 한 번 받았지만 그마저도 별로 개의치 않는 것 같았다. 내가 셜리라면 그녀는 래번이었고, 내가 버트라면 그녀는 어니였다.* 우리가 함께 쓰는 방은 이데올로기적 전쟁 터였다. 수잰이 다스리는 절반은 내던진 옷가지와 흩어놓은 자료로 폐허를 방불케 했지만, 나는 내 침대에 올라앉아서 주변에 깔끔한 질서를 구축했다.

"정말 그럴 거야?" 나는 수잰이 달리기 연습을 마치고 돌아와서 땀에 젖은 체육복을 바닥에 벗어두고 샤워실로 향하는 모습을 보며 물었다.

● 미국의 코미디 드라마 〈래번 앤드 셜리〉와 어린이 프로그램 〈세서미 스트리트〉의 등장 인물들이다.

그 옷은 깨끗한 옷들과 마치지 않은 숙제들과 함께 일주일쯤 바닥에 내
버려져 있을 터였다.

"뭘 말이야?" 수잰은 건강한 미소를 발산하면서 되물었다.

가끔 수잰의 무질서를 차단하지 않으면 내가 정신을 놓겠다 싶은 때
도 있었다. 수잰에게 소리 지르고 싶은 때도 있었지만, 실제 그런 적은
없었다. 수잰은 수잰이었다. 변하지 않을 터였다. 너무 심하다 싶으면,
잠자코 바닥에 흩어진 물건들을 주워서 수잰의 침대에 쌓아두었다.

이제 생각해보니, 그때 수잰은 내게 좋은 방향으로 자극을 주었다. 수
잰 덕분에 나는 세상 사람들이 모두 나처럼 파일에 일일이 라벨을 붙이
고 알파벳순으로 정돈하지는 않는다는 사실, 심지어 파일 따위를 아예
안 쓰는 사람도 있다는 사실을 알았다. 오랜 뒤에 나는 수잰처럼 물건을
바닥에 아무렇게나 쌓아두는 남자, 옷을 개키지 않는 데 대해 가책을 전
혀, 정말이지 눈곱만큼도 느끼지 않는 남자와 사랑에 빠질 터였다. 내가
그래도 그와 함께 살 수 있었던 것은 다 수잰 덕분이었다. 지금도 나는
그 남자와 함께 살고 있다. 세상에는 다른 삶의 방식도 있다는 것이야말
로 매사를 통제하려 드는 나 같은 사람이 대학이라는 압축된 별세계에
서 배울 수 있었던 가장 큰 교훈 아닐까.

★   ★   ★

"너 혹시 꼬마들 데리고 조그맣게 방과 후 프로그램 운영할 생각 있니?"
어느 날 처니가 물었다.

아마 안쓰러운 마음에서 제안한 것 같았다. 나는 이제 초등학생이 된
조녀선을 너무나 아껴서, 오후에는 종종 그 아이를 조수처럼 매달고 교
정을 누비거나 TWC에서 조율이 엉망인 피아노로 이중주를 연주하거나

축 늘어진 소파에서 함께 책을 읽거나 했다. 처니는 내가 조너선을 봐주는 시간에 대해서 보수를 주기는 했지만, 그걸로는 부족하다고 생각한 모양이었다.

"진지하게 하는 말이야." 그녀가 말했다. "방과 후에 아이 맡길 곳을 찾는 교직원을 내가 많이 알거든. 여기 센터에서 운영하면 되잖아. 한번 시도나 해봐."

처니가 입소문을 내준 덕분에, 나는 곧 서너 명의 시끌시끌한 아이들을 돌보게 되었다. 흑인 교직원이나 교수의 자녀들이었다. 프린스턴에서는 흑인 교직원과 교수도 흑인 학생 못지않게 소수라서, 그들 역시 TWC를 중심으로 생활하는 경향이 있었다. 나는 일주일에 며칠씩, 학교가 파한 아이들을 데리고 몸에 좋은 간식을 먹이거나 잔디밭에서 함께 뛰놀았다. 숙제가 있으면 그것도 함께 했다.

그 시간은 늘 쏜살같이 흘렀다. 아이들과 함께 있으면, 고맙게도 복잡한 생각이 사라지고 학업 스트레스가 날아갔다. 나는 머리를 비우고 그저 그 순간을 즐겼다. 어릴 때 나는 온종일 인형들로 '엄마' 놀이를 했다. 인형들에게 옷을 입혔고, 밥을 먹였고, 머리를 빗질해주었고, 플라스틱 무릎에 반창고를 붙여주었다. 그 일을 이제 현실로 하는 셈이었는데, 상상했던 것보다 훨씬 어수선하기는 해도 상상했던 것만큼 즐거웠다. 아이들과 몇 시간 놀다가 기숙사로 돌아오면 진은 빠져도 행복했다.

일주일에 한 번쯤, 조용한 짬이 나면 부모님에게 전화를 걸었다. 아버지가 주간 근무인 날은, 늦은 오후에 전화를 걸면 귀가한 후 리클라이너에 다리를 뻗고 앉아 TV를 보면서 어머니가 퇴근하기를 기다리는—아마 그러실 거라고 내가 상상한—아버지가 받았다. 저녁에 걸면 보통 어머니가 받았다. 먼 변경에서 꼬박꼬박 소식을 보내오는 개척자처럼, 내대학 생활을 시시콜콜 알려드렸다. 보고 듣고 겪은 일을 모조리 말했다.

프랑스어 교수가 싫다는 이야기, 방과 후 프로그램에서 돌보는 꼬마들이 어떤 재롱을 피웠는가 하는 이야기, 수잰과 내가 둘 다 매혹적인 초록 눈동자를 가진 어느 흑인 공대생에게 홀딱 반했는데 그는 집요하게 자기 뒤를 쫓는데도 우리의 존재 자체를 모르는 것 같다는 이야기까지.

아버지는 킬킬거리면서 말했다. "정말이냐?" 그리고 또 말했다. "어떻게 그런다니?" 그리고 또 말했다. "어쩌면 그 녀석은 너희 둘 중 어느 쪽도 얻을 자격이 못 되는 모양이구나."

내가 말을 마치면, 아버지가 집안 소식을 전해주었다. 할아버지와 할머니는 이제 할아버지의 고향인 사우스캐롤라이나주 조지타운으로 이사해서 살고 계셨는데, 할머니가 좀 외로워한다고 했다. 어머니는 퇴근해서도 로비 할머니를 보살피느라 일을 좀 한다고 했다. 이제 70대인 로비 할머니는 남편을 앞세웠고, 여러 건강 문제로 고생하고 있었다. 아버지는 자신의 건강 문제는 절대로 언급하지 않았다. 그래도 모르지는 않았다. 한번은 오빠가 토요일에 홈경기를 하게 되어서 부모님이 프린스턴까지 차를 몰고 와서 관람했다. 그때 나는 부모님의 변화를, 두 분이 전화로는 절대 말하지 않던 현실을 처음 목격했다. 아버지는 재드윈 경기장 앞 널찍한 주차장에 차를 세운 뒤, 마뜩잖은 듯 휠체어에 앉았다. 실내에서는 어머니가 휠체어를 밀었다.

나는 아버지에게 벌어지는 일을 거의 외면하고 싶은 심정이었다. 감당할 수가 없었다. 학교 도서관에서 다발성경화증에 관해 조사하고 학술지 기사들을 복사해서 집으로 보낸 적은 있었다. 전문가를 찾아가거나 최소한 물리치료라도 받으라고 졸랐지만, 부모님은―특히 아버지는―그런 이야기를 듣고 싶어 하지 않았다. 내가 대학에 다니는 동안 집으로 전화했을 때 아버지가 말하고 싶어 하지 않은 유일한 주제는 자신의 건강이었다.

건강은 좀 어떠시냐고 물으면, 아버지는 늘 "괜찮다"라고 대답했다. 그걸로 끝이었다.

나는 아버지의 목소리를 위안 삼았다. 그 목소리에 고통이나 자기 연민의 기색은 털끝만큼도 없었다. 온후한 성품과 다정함, 약간의 재즈 같은 분위기가 느껴질 뿐이었다. 나는 그 목소리를 산소처럼 마셨다. 그 목소리가 나를 지탱해주었고, 그 목소리면 나는 충분했다. 아버지는 끊기 전에 매번 뭐 필요한 것 없냐고—가령 돈 필요하지 않냐고—물었다. 나는 늘 아무것도 필요 없다고 대답했다.

7

집은 차츰 멀게 느껴졌다. 거의 상상 속 장소 같았다. 그래도 고등학교
친구 몇몇과 연락을 유지했는데, 특히 워싱턴 D.C.의 하워드 대학에 진
학한 샌티타와는 종종 연락했다. 한번은 주말에 내가 그곳으로 놀러 가
서 예전처럼 함께 웃고 깊은 대화도 나누었다. 하워드 캠퍼스는 도심
에 있었고—샌티타의 기숙사 앞에서 큰 쥐가 쓱 지나가는 걸 보고 나
는 "야, 너 아직 옛 동네에 살고 있구나!" 하고 샌티타를 놀렸다—프린
스턴 학생 수의 두 배인 그곳 학생들은 거의 전부 흑인이었다. 샌티타가
인종 때문에 고립감을 느끼지 않는다는 점은—소수 중에서도 극소수로
살아가느라 매일 진 빠지는 경험을 하지 않아도 된다는 점은—부러웠
지만, 그래도 프린스턴의 에메랄드빛 잔디밭과 석조 아치 통로로 돌아
오니 기분이 좋았다. 이곳에는 비록 나와 비슷한 배경을 가진 사람은 거
의 없었지만.

나는 사회학을 전공했고, 성적을 잘 받았다. 그리고 똑똑하고 즉흥적
이고 놀기 좋아하는 미식축구 선수와 사귀기 시작했다. 수잰과 나는 워
싱턴 D.C. 출신으로 마르고 말이 빠른 친구 앤절라 케네디와 함께 셋이
서 방을 쓰기 시작했다. 눈치 빠르고 익살맞은 괴짜 앤절라는 온갖 기지

를 발휘해 우리를 웃겼다. 앤절라는 도시 출신 흑인 여학생이면서도 꼭 전형적인 사립학교 학생처럼 콤비네이션 옥스퍼드 구두에 분홍 스웨터를 입고 다녔는데, 신기하게도 그럭저럭 어울렸다.

나는 한 세계를 떠나와서 전혀 다른 세계에서 살고 있었다. 이곳은 사람들이 LSAT(법학대학원입학시험) 점수와 스쿼시 경기 결과에 안달복달하는 세계였다. 두 세계 사이의 긴장이 완전히 사라지진 않았다. 학교에서 누가 내게 어디 출신이냐고 물으면, 나는 "시카고"라고 대답했다. 그다음에는 시카고에서도 에번스턴이나 위넷카 같은 북쪽의 부유한 교외 지역 출신이 아님을 알리기 위해서, 시카고에 그런 동네만 있는 건 아님을 알리기 위해서, 약간의 자부심 혹은 반항심이 깃든 목소리로 이렇게 덧붙였다. "사우스사이드요." 이 말을 듣는 상대의 머릿속에 어떤 이미지가 하나라도 떠오른다면, 그것은 분명 전형적인 흑인 빈민가 풍경일 터였다. 사우스사이드가 뉴스에 나올 때는 공공주택단지를 장악한 갱단의 싸움과 폭력 때문인 경우가 많았으니까. 하지만 나는, 반쯤 무의식적일지언정, 그렇지 않은 사우스사이드도 있음을 보여주려고 애썼다. 나는 누구 못지않게 어엿한 프린스턴 학생이었다. 그리고 시카고 사우스사이드 출신이었다. 이 사실을 소리 내어 말해야 한다고 느꼈다.

나의 사우스사이드는 TV에 나오는 모습과는 달랐다. 그곳은 내 집이었다. 내게 집이란 유클리드가에 있는 우리 집, 천장이 낮고 카펫이 바래가고 아버지가 리클라이너에 파묻혀서 긴장을 푸는 곳이었다. 로비 할머니가 가꾸는 꽃이 피어 있고, 영겁처럼 느껴지는 과거에 로넬이라는 아이와 첫 키스를 했던 석조 벤치가 놓인 작은 마당도 있었다. 집은 가느다란 실을 통해 현재의 나와 이어진, 내 과거였다.

프린스턴에도 친척이 한 명 있었다. 친할아버지의 여동생으로, 우리는 시스 할머니라고 불렀다. 소박하고 밝은 시스 할머니는 도시 외곽의 소박하고 밝은 집에서 살았다. 애초에 왜 프린스턴으로 왔는지는 모르겠지만 이곳에 산 지 오래되었고, 가정부 일을 했으며, 조지타운의 말투를—로컨트리의 느린 말투와 걸러어*억양의 중간쯤 되는—간직하고 있었다. 할아버지처럼 시스 할머니도 조지타운에서 자랐다. 어릴 때 부모님과 함께 여름에 두어 차례 그곳을 방문한 적이 있었다. 기억에 남은 것은 그곳의 무더위, 참나무를 두껍게 뒤덮고 초록 휘장처럼 늘어진 수염틸란드시아, 늪에 우뚝 솟은 사이프러스 나무들, 질척한 개울에서 낚시하던 나이 지긋한 남자들이다. 조지타운에는 벌레도 많았다. 무섭도록 많았다. 작은 헬리콥터 같은 벌레들이 저녁 하늘을 윙윙 날았다.

그곳에 갈 때면 우리는 할아버지의 동생인 토머스 할아버지네 집에서 묵었다. 토머스 할아버지는 상냥한 교장 선생님으로, 나를 학교로 데려가서 자기 책상에 앉아보게 해주었다. 또 아내인 도트 할머니는 매일 베이컨, 비스킷, 노란 옥수수죽으로 풍성하게 차려주는 아침을 거부한 내게 너그럽게도 땅콩버터를 한 통 사주던 분이었다. 나는 남부가 좋으면서도 싫었다. 내가 아는 세상과는 너무 달랐기 때문이다. 마을 밖 도로를 달리다 보면 간간이 옛 노예 농장의 입구를 지나쳤는데, 그곳에서는 그것이 너무나 당연한 삶의 일부라서 아무도 구태여 우리에게 설명해줄 생각을 하지 않았다. 우리는 한 줄기 흙길을 달려서 숲속 깊이 들어간 뒤, 먼 친척의 소유라는 쓰러져가는 오두막에서 사슴고기를 먹었다. 친척 하나가 오빠를 밖으로 데려가서 총 쏘는 법을 알려주었다. 밤에 토머스 할아버지네 집으로 돌아왔을 때, 오빠와 나는 둘 다 쉬이 잠을 이루지 못했다. 사방이 너무 조용해서였다. 가끔 나무에서 맴맴 우는 매미들이 침묵을 깰 뿐이었다.

---

* 걸러어(Gullah)는 사우스캐롤라이나 해안가에 거주한 흑인들의 언어로, 영어와 서아프리카 언어가 혼합된 형태다.

그 벌레 소리와 뒤틀린 참나무 가지는 북부로 돌아온 뒤에도 오래 가슴속에 남아서, 마치 또 하나의 심장처럼 두근거렸다. 나는 어린 꼬마였는데도 남부가 내 존재의 일부라는 사실을 본능적으로 이해했다. 아버지가 그곳 친척들을 만나려고 일부러 방문할 만큼 의미 깊은 유산이라는 사실을 이해했다. 그곳의 존재감은 청년 시절에 자의로 조지타운을 떠났던 할아버지가 말년에 귀향하고 싶어 할 만큼 강력했다. 그렇다고 할아버지가 흰 울타리와 아담한 정원이 있는 강가의 오두막으로 돌아간 것은 아니었고, (나중에 오빠와 내가 찾아가서 목격한바) 사람이 바글거리는 쇼핑가 근처 규격형 주택에서 사셨다.

　남부는 낙원이 아니었다. 하지만 우리에게는 중요한 곳이었다. 우리는 과거에서 멀어지고 싶으면서도 끌렸고, 한층 뿌리 깊고 추악한 역사에서 비롯한 깊은 친밀감을 느꼈다. 내가 시카고에서 알았던 친구들—브린 마와 휘트니 영의 친구들—도 서로 비슷한 경우가 많았지만, 이런 이야기를 드러내놓고 나누진 않았다. 친구들은 그냥 여름에 '남부에' 다녀왔다고 말했다. 여름 내내 조지아에서, 혹은 루이지애나에서, 혹은 미시시피에서 머물면서 친척 아이들과 뛰놀았다고 했다. 사우스캐롤라이나에서 올라온 우리 친할아버지나 앨라배마에서 올라온 우리 외할아버지의 어머니처럼, 그 아이들에게도 아마 흑인 대이동 시기에 북쪽으로 올라온 조부모나 친척이 있었을 것이다. 그리고 그 배경에는 사실일 확률이 아주 높은 또 다른 가능성이 깔려 있었다. 즉, 그 아이들도 나처럼 노예의 후손일 가능성이 높았다.

　내 프린스턴 친구들도 마찬가지였다. 하지만 미국의 흑인에도 여러 부류가 있다는 사실을 나는 프린스턴에서 깨달았다. 동부 해안 도시에서 온 친구들 중에는 뿌리가 푸에르토리코, 쿠바, 도미니카인 아이들이 있었다. 처니의 친척들은 아이티 출신이었다. 내 좋은 친구 데이비드 메이너드는 바하마 출신의 부잣집에서 태어났다. 나이지리아에서 태어났지만 사랑하는 이모들을 자메이카에 두고 온 수잰도 있었다. 우리는 모두 달랐고, 우리의 핏줄은 반쯤 숨겨지거나 잊혀 있었다. 혈통 이야기는 거의 오가지 않았다. 왜 하겠는가? 우리는 젊었고, 앞으로 무엇이 우리를 기다리는지 모를지라도 미래에만 집중했다.

1년에 한두 번, 시스 할머니가 오빠와 나를 집으로 초대하여 저녁을 차려주었다. 할머니는 육즙이 흐르는 갈비와 찐 야채를 산더미처럼 접시에 쌓아주었고, 네모반듯하게 자른 옥수수빵을 바구니에 잔뜩 담아 건네주었다. 우리는 그 빵에 버터까지 듬뿍 발라 먹었다. 할머니는 또 다디단 차를 연거푸 따라주면서 한 접시 더 먹고 또 먹으라고 강권했다. 특별히 깊은 대화를 나누진 않았다. 한 시간 남짓 예의 바르게 두서없는 잡담을 나누면서 뜨끈하고 푸짐한 사우스캐롤라이나 음식을 양껏 먹었다. 학교 식당 음식에 지친 우리는 그저 감사할 따름이었다. 내 눈에 시스 할머니는 그저 온화하고 친절한 노인이었다. 하지만 너무 어려서 제대로 인식하지 못했을 뿐, 그때 우리는 선물을 받은 셈이었다. 시스 할머니는 우리에게 과거를 채워주셨다. 우리의 과거, 할머니의 과거, 우리 아버지와 할아버지의 과거를. 구태여 말을 덧붙일 필요도 없었다. 우리는 그저 먹었고, 설거지를 도왔고, 그러고는 부른 배를 안고서 좀 걸을 수 있어 다행이라 여기면서 학교로 돌아왔다.

＊　　　＊　　　＊

여기 그 시절의 추억이 하나 있다. 추억이 으레 그렇듯이 불완전하고 주관적일 수 있지만, 강가에서 주운 조약돌처럼 마음속 호주머니에 소중히 모아둔 기억이다. 그때 나는 대학 2학년이었고, 미식축구 선수였던 남자 친구 케빈과 함께였다.

오하이오 출신의 케빈은 키 크고, 상냥하고, 강하다. 거의 불가능에 가까운 조합이다. 타이거스의 수비수로 뛰는데, 발이 빠르고 태클하는 데 거침이 없다. 그리고 의대 준비 과정을 공부한다. 나보다 두 살 위라 오빠와 같은 학년이고, 곧 졸업할 예정이다. 웃으면 살짝 벌어진 앞니가 귀엽게 드러나고, 나를 각별히 아껴준다. 우리는 둘 다 바쁘고 겹치는 친구도 없지만 함께 있는 걸 좋아한다. 함께 피자를 먹고, 주말이면 브런치를 먹으러 간다. 케빈은 매 끼니를 즐긴다. 미식축구 선수에 걸맞은 체중을 유지해야 하는 것도 있지만 그보다 도무지 가만있지를 못하는 성격이 한몫한다. 케빈은 부산하다. 늘 부산하다. 그리고 즉흥적인데, 나는 그게 귀여워 보인다.

"드라이브 가자." 어느 날 케빈이 말한다. 전화로 말한 건지 함께 있다가 문득 떠올린 생각인지는 모르겠다. 아무튼 우리는 케빈의 차를— 빨간 소형차다—타고, 대학 부지이지만 아직 개발되지 않은 먼 공터로 가서, 숨겨져 있다시피 한 흙길로 꺾어 들어간다. 뉴저지에 봄이 왔다. 날은 따스하고 맑고, 하늘은 청명하다.

우리가 대화를 나누었나? 손을 잡았나? 기억나지 않지만, 아무튼 편하고 가벼운 기분이다. 잠시 뒤 케빈이 브레이크를 끽 밟아 차를 세운다. 차는 탁 트인 벌판가에 섰다. 막 겨울을 난 풀들은 아직 키가 작고 밀짚처럼 누렇지만, 그 속에는 일찍 핀 야생화들이 한가득 흩어져 있다. 케빈이 차에서 내린다.

"어서 내려." 케빈이 내게 따라오라고 손짓한다.

"뭐 할 건데?"

그가 당연한 걸 묻는다는 눈으로 나를 본다. "벌판을 달려야지."

그래서 우리는 그렇게 한다. 벌판을 달린다. 한쪽 끝에서 반대쪽 끝까지, 어린아이처럼 팔을 흔들면서, 명랑한 함성으로 침묵을 깨면서, 달린다. 메마른 풀을 헤치고 꽃을 뛰어넘으면서 달린다. 처음에는 당연하지 않았을지라도 이제는 당연하게 느껴진다. **우리는 벌판을 달려야 해! 당연히 그래야지!**

차로 돌아와서 털썩 앉았을 때, 둘 다 숨을 헐떡이고 약간 어지럽다. 방금 저지른 바보짓에 취해 있다.

그게 끝이다. 짧은 순간이었고, 따지고 보면 시시한 순간이었다. 그러나 그 순간은 그 바보스러움 때문에 여태 마음에 남았다. 내가 매일같이 추구하던 진지한 목표로부터 잠시나마 벗어날 수 있었기 때문이다. 나는 TWC에서 사람들과 함께 식사하고 파티가 열리면 무대 중앙에서 춤추기를 마다하지 않는 사교적인 학생이었지만, 무대 뒤에서는 목표에만 집중하여 살았다. 태평한 대학생의 태도를 보였지만, 사실은 한눈파는 일 없이 성취에 집중하고 할 일 목록을 하나씩 처리하는 데 열중하면서, 마치 정체를 숨긴 CEO처럼 살았다. 할 일 목록이 늘 머릿속에 있었고 어딜 가나 나를 따라다녔다. 늘 목표를 산정했고, 결과를 분석했고, 점수를 계산했다. 뛰어넘어야 할 과제가 있다면 뛰어넘었다. 시험장 하나를 통과하면 다음 시험장이 펼쳐졌다. 늘 **내가 충분히 잘하고 있을까?** 의심하고 스스로에게 그 답을 보여주려고 애쓰는 여자아이의 삶이었다.

반면 케빈은 한눈파는 아이였다. 심지어 한눈팔기를 즐겼다. 내가 2학년을 마칠 때, 케빈도 우리 오빠도 프린스턴을 졸업했다. 오빠는 영국 맨체스터로 가서 프로 농구 신수로 뛰게 되었다. 나는 케빈이 의대에 진학할 거라고 예상했지만, 그는 방향을 틀었다. 학업을 미루고, 그 대신 늘 흥미가 있었던 스포츠팀 마스코트 일에 도전하기로 했다.

그렇다, 마스코트. 케빈은 프로 미식축구팀인 클리블랜드 브라운스에 입단 심사를 받기로 결심했는데, 선수로서가 아니라 땡그란 눈에 입을 헤벌쭉 벌린 촘프스라는 털북숭이 동물 역할로서였다. 그게 그가 원하는 일이었다. 그의 꿈이요, 한번 달려보고 싶은 또 다른 벌판이었다. 왜냐니, 안 될 거 없잖아? 그해 여름에 케빈은 클리블랜드 외곽의 부모님 집에서 시카고까지 올라온 적도 있었다. 겉으로는 나를 만난다는 핑계였지만, 도착하자마자 밝힌 진짜 목적은 다가올 오디션에 입을 털북숭이 동물 옷을 사기에 시카고만큼 좋은 곳이 없어서였다. 우리는 오후 내내 여러 가게를 돌면서, 입고 재주넘기를 해도 될 만큼 품이 넉넉한지 따져보면서, 알맞은 의상을 찾아 헤맸다. 그날 케빈이 적당한 옷을 발견했는지, 기어코 마스코트 일을 얻었는지는 기억나지 않는다. 다만 그가 결국에는 의사가 되었고, 그것도 아주 훌륭한 의사가 된 것 같고, 역시 프린스턴 동창인 다른 사람과 결혼했다는 사실은 기억한다.

그때 나는 그 일로 케빈의 됨됨이를 판단했다. 공정하지 않은 판단이었다. 하지만 그 시절의 나는 왜 사람이 비싼 돈을 들여 프린스턴에서 공부해놓고는 그 학위를 세상에서 유리한 발판을 얻는 일에 써먹지 않는지 이해할 수 없었다. 학위는 그러려고 따는 게 아닌가? 의대에 갈 수 있는 사람이 대체 왜 재주넘는 강아지가 되려고 하지?

애석하지만 그게 나였다. 나는 해야 할 일을 빠짐없이 처리해나가는 사람이었고―한눈 따위 팔지 않고 노력-결과, 노력-결과의 박자에 딱딱 맞춰 행진하며―정해진 길을 충성스럽게 따르는 사람이었다. 우리 집안에서는 (오빠를 제외하고) 그 길을 가본 사람이 아무도 없었기 때문에라도 그랬다. 나는 장래 계획 면에서 상상력이 풍부하지 못했다. 이 말은 곧 내가 진작 법학대학원 진학을 염두에 두었다는 뜻이다.

내가 유클리드가의 삶에서 배운―배우지 않을 수 없었던―교훈은 시간과 돈 모두에 대해 냉철하고 현실적이어야 한다는 것이었다. 그나마 내가 감행한 가장 큰 딴짓은, 2학년을 마친 여름방학에 뉴욕주 허드

슨밸리에서 열린 어린이 캠프에서 사실상 무료로 일한 것이었다. 처음 숲속 생활을 해보는 도시 아이들을 돌보는 일은 재미있었지만, 거의 빈 털터리가 되는 바람에 부득이 부모님에게 경제적으로 더 많이 의존해야 했다. 두 분은 한마디도 불평하지 않았으나, 나는 두고두고 죄송했다.

그 여름에는 사랑하는 사람들이 죽기 시작했다. 어머니의 고모이자 내 엄격한 피아노 선생님이었던 로비 할머니가 6월에 돌아가셨다. 할머니는 집을 부모님에게 남겼고, 덕분에 부모님은 평생 처음 집을 갖게 되었다. 한 달 뒤에는 말기 폐암으로 투병하던 외할아버지가 돌아가셨다. 외할아버지는 평생 의사를 불신한 탓에 조기 치료의 기회를 놓쳤다. 장례식 후, 좁고 아늑한 할아버지 집에서 수많은 외가 친척과 몇몇 친구와 이웃이 모였다. 그 속에 있자니 과거가 나를 따스하게 잡아당기는 것 같았고 내가 더는 여기 머물지 않는다는 사실이 슬프게 느껴졌다. 또 한편으로는 젊은이들만의 대학 생활에 익숙해져서인지 그 분위기가 약간 서먹하기도 했다. 거기에는 내가 평소 학교에서 느끼지 못했던 더 깊은 무언가가 있었는데, 바로 세대가 서서히 바뀌는 현실이었다. 꼬마였던 사촌들은 어른이 되었다. 어른들은 노인이 되었다. 새로 태어난 아기들이 있었고, 새로 맞이한 배우자들이 있었다. 우리는 식당 선반에 있는 전축으로 재즈 음반을 쾅쾅 틀어두고서, 각자 가져온 음식―구운 햄, 젤리 푸딩, 냄비 요리―을 사랑하는 사람들과 나눠 먹었다. 그러나 집주인인 할아버지는 없었다. 슬펐지만, 시간은 모두를 미래로 내몰았다.

*   *   *

매년 봄이면 기업의 채용 담당자들이 프린스턴으로 와서 졸업생을 노린다. 평소 추레한 청바지에 셔츠 자락을 밖으로 내놓고 다니던 친구가 줄

무늬 정장 차림으로 캠퍼스를 지나가면, 저 친구가 맨해튼 고층 빌딩에서 일하게 되었군 하고 알아챈다. 직업 선택은 신속하게 진행된다. 미래의 금융인, 변호사, 의사, 중역 들이 대학원이든《포천》500위 대기업의 안락한 연수 프로그램이든, 다음번 발사대로 서둘러 옮겨 간다. 물론 마음이 이끄는 대로 교육이나 예술, 비영리 분야에 진출하기로 하거나 평화봉사단에 지원하거나 군에 입대한 친구들도 있었겠지만, 내 친구 중에서는 거의 없었다. 나는 나대로 튼튼하고, 현실적이고, 더 높은 곳을 향한 사다리를 오르느라 바빴다.

만약 그때 잠시 숨을 고르고 생각해보았다면 어땠을까. 내가 사실 학업에—고된 수업과 숙제와 시험의 반복에—지쳤고, 따라서 다른 일을 해보면 더 나을지도 모른다고 깨달았을까. 나는 그러는 대신 LSAT를 쳤고, 졸업논문을 썼고, 사다리의 다음 칸으로 착실히 발을 올려서, 미국 최고의 법학대학원들에 지원했다. 나는 스스로를 똑똑하고, 분석적이고, 야심 많은 사람으로 여겼다. 나는 부모님과 저녁 식사 자리에서 화끈한 토론을 벌이면서 자랐다. 어떤 문제든 핵심까지 파고들 줄 알았고, 논쟁에서 중간에 나가떨어지는 법이 없음을 자랑으로 여겼다. 이런 게 바로 변호사가 갖춰야 할 덕목 아닌가? 나는 그럴 거라고 여겼다.

뒤늦게 인정하건대, 내 결정은 저 논리뿐 아니라 남들에게 인정받고 싶다는 반사적인 희망에서 내려진 것이기도 했다. 어릴 때 나는 선생님에게, 이웃 어른에게, 로비 할머니의 성가대 친구분에게 커서 소아과 의사가 되겠다고 말한 뒤 상대가 드러내는 호의적인 반응을 즐겼다. "어머나, 참 인상적인 아이로구나!" 어른들의 표정은 이렇게 말하는 듯했고, 나는 그게 기뻤다. 시간이 한참 흐른 뒤에도 크게 달라지지 않았다. 교수나 친척이나 어쩌다 만난 사람들이 진로를 물었을 때 내가 법학대학원에 진학할 예정이라고 대답하면, 반응은 압도적이었다. 결국 하버드 법대로 결정되었고, 나는 법대에 합격한 것만으로도 칭찬받았다. 사실 대기자 목록에 들어 있다가 간신히 붙었지만. 아무튼 나는 합격했고, 사람들은 내가 벌써 세상에 족적을 남기기라도 한 것처럼 봐주었다.

남들 평가에 지나치게 신경 쓰는 사람이 겪기 쉬운 문제가 바로 이것이다. 그 때문에 정해진 길로—"참 인상적인 아이로구나!"—들어서고 그 길에 오래 매인다는 것. 당신은 차마 다른 길을 택하지 못한다. 심지어 다른 길을 고려조차 해보지 않는다. 그랬다가 자칫 남들의 칭찬을 잃으면 너무 쓰라릴 테니까. 그 결과 당신은 매사추세츠에서 3년을 살면서 헌법을 공부하고, 독점금지법이나 수직적 거래 제한 합의의 상대적 장점을 토론한다. 물론 이런 문제에 진심으로 흥미를 느끼는 사람도 있겠지만, 당신은 아니다. 3년 동안 당신은 평생 사랑하고 존경할 친구들을 사귄다. 그들은 냉철하고 복잡한 법의 세계를 진정 소명으로 느끼는 듯하다. 하지만 아무래도 당신의 소명은 그게 아닌 것 같다. 그래도 당신은 늘 그래왔듯이 노력-결과의 박자에 맞춰서 살고, 그러다 보니 결국에는 자신이 모든 질문에 대한 답을 다 안다고 생각하는 지경에 이른다. 가장 중요한 질문, **내가 충분히 잘하고 있을까?**에 대해서도. **그럼, 잘하고 있다마다.**

다음은 어떻게 될까? 현실적인 보상이 돌아온다. 당신은 드디어 사다리의 가장 높은 발판에 도달한다. '시들리 앤드 오스틴'이라는 일류 법률 회사의 시카고 지점에서 두둑한 급여를 받고 일하게 된 것이다. 당신은 출발했던 곳으로, 태어났던 도시로 돌아왔다. 이제 널찍한 상상과 조각상이 있는 근사한 고층 건물의 47층에서 일한다는 점이 다를 뿐. 당신이 사우스사이드의 고등학생일 때 버스로 자주 지나치던 곳이다. 그 시절에 당신은 거인처럼 당당하게 출근하는 사람들 무리를 차창을 통해 말없이 내다보았는데, 이제 자신이 그들 중 한 명이 되었다. 당신은 버스에서 내려서 광장을 가로지른 뒤, 너무나 조용하고 매끄럽게 움직이는 엘리베이터를 타고 사무실로 올라간다. 당신은 무리에 합류했다. 스물다섯 살 나이에 당신에게는 비서가 있다. 벌써 부모님보다 더 많이 번다. 동료들은 모두 점잖고 교양 있는 사람들이고, 대개 백인이다. 당신은 아르마니 정장을 입고, 와인 멤버십 서비스에 가입한다. 법대 학비로 빌렸던 학자금을 매달 상환하고, 퇴근 후에는 에어로빅을 한다. 사브 자동차도 산다. 그냥 살 수 있으니까 산다.

이 현실에 어느 한구석 의문을 품을 일이 있을까? 없는 것 같다. 당신은 이제 변호사다. 당신에게 주어졌던 모든 것—부모님의 사랑, 선생님들의 믿음, 외할아버지와 로비 할머니가 가르쳐준 음악, 시스 할머니가 차려준 저녁, 친할아버지가 강조했던 단어 공부—을 활용해서 이 결과로 바꿔냈다. 당신은 높은 산을 올랐다. 그리고 당신이 변호사로서 할 일 중 하나는, 대기업들의 추상적인 지식재산권 문제를 점검하는 일을 제외하고도, 회사 후배가 될지도 모르는 젊은 예비 변호사들을 돕는 일이다. 선배 변호사가 당신에게 여름 동안 와 있을 인턴의 멘토 역할을 해주겠느냐고 묻는다. 대답은 쉽다. 당연히 해야죠. 당신은 아직 그 간단한 수락이 인생을 어떻게 바꿔놓을지 알지 못한다. 인턴 배정을 확인하는 메모를 전달받은 순간 당신 인생에 깊이 파묻힌 단층선이 흔들리기 시작했으며, 무언가가 벌써 당신의 손아귀를 빠져나가기 시작했다는 사실을 모른다. 당신의 이름 옆에는 다른 이름이 적혀 있다. 그 또한 자신의 사다리를 오르느라 여념이 없는, 잘나가는 법대생이다. 당신처럼 그도 흑인이고, 당신처럼 그도 하버드 출신이다. 당신이 아는 건 그게 전부다. 그 외에는 이름뿐인데, 그것도 희한한 이름이다.

8

버락 오바마는 첫날 늦었다. 나는 47층 사무실에 앉아서 그를 기다리기도 하고 기다리지 않기도 했다. 1년 차 변호사가 대개 그렇듯이, 나는 바빴다. 회사에 늦도록 붙어 있었고, 가끔은 점심도 저녁도 책상에서 먹으면서 끝없이 밀려드는 서류와 씨름했다. 모두 정확하고 점잔 뺀 '변호사어'로 작성된 문서들이었다. 나는 메모를 읽었고, 메모를 썼고, 남이 쓴 메모를 손질했다. 사실상 세 개 언어를 하는 셈이라고 여겼다. 나는 사우스사이드의 느긋한 말투를 알았고, 아이비리그의 고상한 말투를 알았고, 거기에 더해 이제 변호사어를 할 줄 알았다. 나는 회사의 마케팅 및 지식재산권 부서 소속이었는데, 다른 부서들보다 자유분방하고 창의적인 부서로 여겨지는 곳이었다. 가끔 광고를 다루었기 때문에 그랬던 것 같다. 내 일 중 하나는 고객사들의 TV 및 라디오 광고 대본을 검토하여 연방통신위원회 규정에 어긋나는 내용이 있나 살펴보는 것이었다. 나중에 보라색 공룡 바니의 법적 이해관계를 살피는 영광도 누렸다(그렇다. 법률 회사에서 자유분방하다고 해봐야 이 정도다).

문제는 주니어 어소시에이트 변호사*에게는 고객과 실제로 얼굴을 맞댈 기회가 별로 없었다는 것이다. 나는 로빈슨 집안 출신이었다. 시골

벅적한 대가족에서 자란 데다가 타고나길 사람을 좋아하는 아버지의 피를 물려받았다. 어떤 형태로든 사람과 접촉하고 싶었다. 고독한 기분을 달래려고 비서 로레인과 농담을 많이 나누었다. 엄청나게 야무지고 성품 좋은 흑인 여성인 로레인은 나보다 몇 년 먼저 입사한 선배로, 내 방 바로 앞에 앉아서 전화를 받아주었다. 나는 선배 파트너 변호사 중 몇몇과 업무적으로 친근한 관계를 유지했고, 동료 어소시에이트 변호사들과 잡담할 기회를 놓치지 않았지만, 대체로 다들 일더미에 파묻혀 있다 보니 남의 소중한 근무시간을 1분이라도 허비하지 않으려고 주의했다. 그래서 대개는 내 서류와 함께 내 책상에 혼자 앉아 있을 수밖에 없었다.

일주일에 70시간을 반드시 어딘가 앉아서 보내야 한다면, 내 사무실은 나쁘지 않은 선택이었다. 가죽 의자가 있었고, 반들반들한 호두나무 책상이 있었고, 시카고 남동부가 내다보이는 큰 창이 있었다. 잡다하게 뒤섞인 상업 지구와 그 너머로 흰 파도가 이는 미시간호가 보였는데, 여름이면 호수에 밝은색 요트들이 점점이 흩어져 있었다. 각도를 잘 잡아서 유심히 보면 호안선을 가려낼 수 있었고, 그 너머로 낮은 지붕들과 나무들이 듬성듬성 섞인 사우스사이드가 좁은 띠처럼 어렵사리 눈에 들어왔다. 내 자리에서 본 동네는 거의 장난감 세상처럼 잔잔했지만, 현실은 많은 면에서 딴판이었다. 사우스사이드의 일부 지역은 사업체들이 계속 문 닫고 주민들이 이사 나가면서 점점 황량해졌다. 한때 안정성을 제공했던 제철소는 일자리 수천 개를 감축하고 있었다. 디트로이트나 뉴욕 같은 도시에서 흑인 공동체를 초토화한 마약중독이 시카고에는 이제 막 상륙한 참이었지만, 그 영향은 벌써 적잖이 파괴적이었다. 갱들은

- 법률 회사 변호사는 크게 파트너 변호사와 어소시에이트 변호사로 나뉘는데, 파트너는 회사 지분을 가진 변호사이고 어소시에이트는 고용된 변호사이다. 파트너와 어소시에이트는 다시 시니어(선임)와 주니어(신참)로 나뉜다.

시장점유율을 놓고 다투었고 소년들을 길거리 판매책으로 모집했는데, 소년들에게는 위험하기는 해도 학교에 가는 것보다는 훨씬 짭짤한 일이었다. 도시의 살인율이 높아지기 시작했다. 앞으로 더 많은 문제가 생길 것이라는 예고였다.

돈을 많이 벌었지만, 주거비는 아낄 수 있을 때 아끼기로 했다. 법대를 마친 뒤로 나는 사우스쇼어로 돌아와서 살고 있었다. 우리 동네는 아직 갱단과 마약의 영향을 덜 받는 편이었다. 부모님은 로비 할머니 부부가 쓰던 1층으로 옮겨서 살고 있었고, 두 분의 제안을 받아들여서 내가 2층을 썼다. 나는 꼬마 때 지내던 공간에 까슬까슬한 흰 소파를 새로 들였고, 바틱* 프린트를 액자에 끼워 벽에 걸었다. 부모님께는 내가 쓰는 각종 요금을 댈 만한 금액으로 수표를 써 드렸다. 집세라기에는 턱없이 부족했지만, 부모님은 늘 그거면 충분하다고 말했다. 2층에 별도의 출입구가 있는데도 나는 보통 1층 부엌을 거쳐서 출퇴근했다. 1층 뒷문이 차고와 이어져 있기도 했고, 내가 여전히 또 언제까지나 로빈슨 가족이라는 표현이기도 했다. 늘 꿈꿔왔던 대로, 나는 이제 정장을 입고 사브를 몰고 전문직에 종사하는 젊고 독립적인 여성이었지만, 여전히 혼자 있는 것을 썩 좋아하지 않았다. 나는 매일 부모님께 들르는 것으로 사기를 충전했다. 그날 아침도 부모님과 포옹하며 인사를 나눈 뒤 뒷문으로 부리나케 나와서 폭우를 뚫고 출근한 참이었다. 덧붙이자면, '정시에' 출근했다.

나는 시계를 보았다.

"그 친구 아직이에요?" 로레인에게 소리쳐서 물었다.

로레인의 한숨 소리가 내게까지 들렸다. "그러게 말이에요. 늦네요."

---

* 인도네시아를 대표하는 밀랍 염색 방식이자 특유의 화려한 민예풍 문양을 일컫는다.

로레인은 상황을 흥미롭게 지켜보고 있었다. 내가 지각을 미치도록 싫어하고, 심지어 오만한 짓으로 여긴다는 걸 잘 알고 있었기 때문이다.

버락 오바마는 벌써부터 사내에서 파란을 일으키고 있었다. 우선 그는 법대에서 이제 겨우 1년을 마친 상태였다. 회사는 보통 여름 인턴으로 2학년생을 고용했다. 하지만 소문에 듣자니 그는 특별하다고 했다. 하버드에서 그를 가르치는 교수 중 하나가—마침 우리 회사를 운영하는 파트너 변호사 중 한 명의 딸이었다—자신이 지금껏 만난 학생들 가운데 최고라고 말했다는 소문이 돌았다. 게다가 그가 면접을 보러 왔을 때 목격한 비서들에 따르면, 지적으로 탁월하다는 그는 외모까지 귀엽다고 했다.

나는 모든 소문에 회의적이었다. 내 경험상, 백인들은 어느 정도 지적인 흑인 남성에게 정장을 입혀두면 홀딱 반하는 경향이 있었다. 그래서 그도 과대평가되었을지 모른다고 의심했다. 여름용 직원 명부에서 증명사진을 찾아본 뒤에도—약간 괴짜 분위기를 풍기는 남자가 활짝 웃고 있었는데, 어두침침한 데다가 잘 나오지도 않았다—내 생각은 변함없었다. 신상 정보를 보니 하와이 태생이었다. 그렇다면 약간 이국적인 괴짜이기는 할 것 같았다. 그 밖에는 눈에 들어오는 점이 없었다. 유일하게 놀랐던 것은 몇 주 뒤 그에게 전화를 걸어서 내 소개를 하고 짧게 통화한 때였는데, 전화선으로 들려온 목소리에 기분 좋게 놀랐다. 사진과는 전혀 어울리지 않게, 굵직하고 약간 섹시하기까지 한 바리톤 목소리였다.

그로부터도 10분 뒤에야 그는 47층 안내 데스크에 도착했다. 나는 나가서 신입 인턴을 맞았다. 검은 정장 차림에 살짝 비에 젖은 남자가 소파에 앉아 있었다. 그가 버락 오바마였다. 우리는 악수를 했고, 그는 겸연쩍게 웃으면서 지각을 사과했다. 그는 함박웃음을 짓는 사람이었고,

내 예상보다 더 컸고 더 말랐다. 많이 먹는 사람은 아닌 게 분명했고, 정장에 익숙한 사람이 아닌 것도 분명했다. 자신에게 수재라는 평판이 따라붙었다는 사실을 알고 왔는지 모르겠지만, 알더라도 티를 내진 않았다. 나는 함께 복도를 지나 내 방으로 걸어가면서 법률 회사의 안락한 갖춤새를 소개해주었다. 워드프로세서실과 커피머신을 보여주었고, 근무시간 기록 시스템을 설명해주었다. 그는 말없이 공손하게 귀담아들었다. 20분 뒤, 여름 동안 실제로 그를 감독할 파트너 변호사에게 그를 데려다준 뒤 내 자리로 돌아왔다.

그날 점심에 버락을 데리고 회사 건물 1층에 있는 고급 레스토랑으로 갔다. 말쑥한 금융인들과 변호사들이 저녁만큼 비싼 점심을 먹으면서 회의를 겸하는 식당이었다. 인턴의 멘토를 맡으면 좋은 점이 바로 이것, 회삿돈으로 비싸고 맛있는 밥을 먹을 수 있었다. 멘토로서 나는 무엇보다도 그와 친목을 도모해야 했다. 내 임무는 그가 시들리에서 즐겁게 일하도록 돕는 것, 의논할 일이 있을 때 상대가 되어주는 것, 회사에 친밀감을 느끼도록 하는 것이었다. 이것은 회사가 장래를 내다보고 미리 구애하는 것이었다. 다른 인턴들에게도 마찬가지인데, 그들이 나중에 학위를 받은 뒤 회사가 그들을 채용하고 싶을 때에 대비하여 밑밥을 깔아두는 것이었다.

버락에게는 조언이 필요 없다는 사실을 금세 알 수 있었다. 그는 나보다 세 살이 많아 곧 스물여덟 살이었고, 컬럼비아 대학에서 학부를 졸업한 뒤 법대에 곧장 진학하지 않고 몇 년 동안 이런저런 일을 했다. 나는 그가 자기 삶의 방향을 확신하는 것 같아서 내심 놀랐다. 내가 한 박자도 놓치지 않고 성공을 향해 행진하여 프린스턴에서 하버드로, 하버드에서 47층 사무실로 일직선으로 날아온 데 비해, 그는 이질적인 여러 세상을 오가면서 그때그때 되는대로 지그재그로 걸어온 것 같았다. 함께 점심을 먹으면서 그가 모든 면에서 혼성적인 존재임을 알게 되었다. 그는 케냐 출신의 흑인 아버지와 캔자스 출신의 백인 어머니 사이에서 태어났다. 아주 젊을 때 만난 두 분의 결혼은 금세 끝났다. 그는 호놀룰루에서 나고 자랐지만, 유년기에 4년 동안 인도네시아에서 연을 날리고 귀뚜라미를 잡으면서 지냈다. 고등학교 졸업 후에는 로스앤젤레스의 옥시덴털 대학에서 느긋하게 2년을 다니다가 컬럼비아 대학으로 옮겼는데, (그의 말을 믿자면) 이때부터는 1980년대 맨해튼에 떨어진 대학생이라기보다는 산속에 틀어박힌 16세기 은둔자처럼 살았다. 그는 109번가의 너저분한 아파트에서 고상한 문학과 철학 책을 탐독했고, 형편없는 시를 썼고, 일요일에는 단식을 했다.

우리는 많이 웃으면서 서로의 출신 배경, 법학을 전공한 계기 등을 이야기했다. 버락은 진지하지만 자신을 대단하게 여기지는 않는 사람이었다. 태도는 가벼웠지만 생각은 묵직했다. 신기하고 호기심 가는 조합이었다. 또 놀란 점은 그가 시카고를 잘 안다는 사실이었다.

버락은 내가 회사에서 만난 사람들 중 처음으로 파사우스사이드의 이발소, 바비큐 식당, 열성적인 흑인 교회에 가본 적 있는 사람이었다. 그는 법대에 진학하기 전 3년 동안 시카고에서 지역사회 조직가로 활동했다. 교회 간의 연대를 구축하는 어느 비영리단체에서 연봉 1만 2000달러를 받고 일했다. 그의 임무는 지역사회 공동체를 재건하고 다시 일자리를 만들어내는 것이었다. 그의 설명에 따르면, 그 일에는 좌절과 보상이 2 대 1 비율로 따랐다. 몇 주 동안 계획해서 주민 모임을 개최했는데 고작 10여 명이 나타나곤 했다. 노조는 그의 노력을 비웃었고, 주민들은 흑인과 백인을 가릴 것 없이 비판적이었다. 하지만 시간이 흐르며 조금씩 누적된 성공들이 그에게 힘이 되어준 것 같았다. 그는 풀뿌리 조직 구축에 애써본 결과, 유의미한 사회 변화에는 시민들의 활동뿐 아니라 더 강력한 정책과 정부 차원의 활동도 필요하다는 사실을 깨닫고 법대에 진학했다.

당사자보다 한발 앞서 도착했던 요란한 칭찬을 믿지 않았음에도, 어느새 나는 버락의 확신과 진지한 태도에 감탄했다. 그는 신선했고, 관습적이지 않았고, 희한하게 우아했다. 하지만 한순간도 그를 데이트 상대로는 생각해보지 않았다. 일단 나는 그의 멘토였다. 또 불과 얼마 전에 일만으로도 버거우니 연애는 하지 않겠다고 주변 사람들에게 선언한 터였다. 그리고 마지막으로, 끔찍하게도, 버락은 점심 식사 후 담뱃불을 붙였다. 만에 하나 내가 흥미가 있었더라도 당장 사그라들기에 충분한 문제였다.

우리는 여름 동안 멘토와 인턴 사이로 잘 지낼 수 있을 것 같네, 나는 이렇게만 생각했다.

★　　★　　★

다음 2주 동안, 우리에게는 일과라고 할 만한 것이 생겼다. 오후 늦게 버락이 복도를 어슬렁어슬렁 걸어와서 내 방의 손님용 의자에 털썩 앉았다. 꼭 오래 알아온 사이처럼. 가끔은 정말 그렇게 느껴졌다. 우리는 시시덕거리는 농담이 쉽게 나오는 사이였고, 사고방식이 비슷했다. 주변 사람들이 스트레스로 폭발할 때, 혹은 높은 변호사들이 잘난 체하거나 현실을 통 모르는 소리를 늘어놓을 때, 우리 둘은 공감의 눈길을 슬쩍 주고받았다. 그리고 구태여 말하지는 않았지만 명백한 사실은 그도 나처럼 흑인이라는 것이었다. 변호사가 400명이 넘는 시들리에 풀타임으로 일하는 흑인 변호사는 다섯 명인가 그랬다. 우리가 서로 끌리는 건 당연했다.

버락은 전형적인 인턴의 태도, 즉 (내가 2년 전 이 회사에서 그랬듯이) 사람들을 미친 듯이 사귀고 혹시라도 천금 같은 채용 제안을 놓칠까 조바심치며 일벌레로 보이려 애쓰는 태도와는 사뭇 멀었다. 그는 초연하게 거리를 두면서 한가롭게 어슬렁거렸는데, 그런 태도가 오히려 매력적으로 보이는 것 같았다. 사내에서 그의 평판은 갈수록 높아졌다. 그는 벌써 임원 모임에 참석하라는 요청을 받았고, 무엇이 되었든 논의 중인 주제에 의견을 내보라는 요청을 받았다. 초반에 그가 회사 관리에 관한 30쪽짜리 제안서를 써낸 적 있었다. 그 내용이 아주 철저하고 설득력 있었던지, 그는 당장 사내의 전설이 되었다. 이 청년 대체 뭐지? 모두가 흥미로워하는 것 같았다.

"한 부 가져왔어요." 어느 날 버락이 그 제안서를 책상에 올려놓고 웃으면서 내 쪽으로 밀었다.

"고마워요." 나는 파일을 받으면서 말했다. "기대할게요."

그가 간 뒤, 나는 파일을 서랍에 집어넣었다.

그는 내가 결국 그 제안서를 읽지 않았다는 사실을 알았을까? 아마 알았을 것이다. 어차피 반쯤 장난으로 준 것이었다. 우리는 전문 부서가 달라서 일의 내용이 겹치지 않았고, 씨름해야 할 문서가 안 그래도 산더미였다. 게다가 더는 감탄할 필요도 없었다. 버락과 나는 이제 전우 같은 친구였다. 우리는 일주일에 한 번씩 밖에서 점심을 먹었다. 가끔은 그보다 더 자주 먹었고, 비용은 당연히 늘 기쁜 마음으로 회사에 청구했다. 우리는 차츰 서로를 알아갔다. 그는 내가 부모님과 한집에 살고, 하버드 법대에서 가장 행복했던 추억은 법률구조국Harvard Legal Aid Bureau•에서 했던 자원봉사라는 걸 알게 되었다. 나는 그가 휴양지 독서인 양

• 하버드 법대생들이 운영하는 법률구조 지원 단체로, 지역사회를 위한 봉사 활동인 동시에 학생들에게 일종의 실무 경험 기회를 제공한다.

정치철학 책을 엄청나게 읽어치울 뿐더러 여윳돈을 몽땅 책 사는 데 쓴다는 걸 알게 되었다. 그의 아버지는 케냐에서 교통사고로 돌아가셨고, 그는 아버지를 좀 더 잘 이해하고 싶어서 케냐에 다녀왔다. 그는 또 농구를 좋아하고, 주말에는 오래오래 달리기를 하며, 하와이 오아후섬에 있는 친구들과 가족 이야기를 할 때면 눈길이 아련해졌다. 여자 친구를 많이 사귀었지만 지금은 사귀는 사람이 없었다.

마지막 사안은 내가 도와줄 수 있을 것 같았다. 내 주변에는 직업적으로 유능하고 결혼 상대로 나무랄 데 없는 흑인 여성이 수두룩했다. 나는 회사에서 살다시피 했지만, 그래도 사람들 만나기를 좋아했다. 회사 친구도 있었고, 고등학교 친구도 있었고, 일로 안 친구도 있었고, 얼마 전 결혼해서 시카고의 한 투자은행에 취직한 오빠를 통해서 사귄 친구도 있었다. 우리는 명랑한 여학생들처럼 주말에 시간이 나면 시내 술집에 모여 느긋하고 푸짐하게 식사를 하면서 근황을 나누었다. 나는 법대에 다닐 때는 데이트 상대가 두어 명 있었지만 시카고로 돌아온 뒤에는 특별히 만나는 사람이 없었다. 어차피 흥미도 없었다. 잠재적 데이트 상대를 비롯하여 주변의 모든 사람에게 일이 우선이라고 선언한 뒤였다. 다만 데이트 상대를 찾는 (여자) 친구라면 아주 많았다.

어느 날 저녁, 버락을 시내 한 술집의 해피 아워에 맞춰서 데려갔다. 할인 시간대이기도 하고, 마침 시카고의 흑인 전문직 종사자들이 한 달에 한 번 비공식적으로 모여서 어울리는 자리가 있었다. 나도 친구를 만나러 종종 가는 모임이었다. 버락은 회사에서 입는 옷 대신 흰 리넨 블레이저로 갈아입고 나타났다. 꼭 형사물 드라마 〈마이애미 바이스〉 세트장에서 뛰쳐나온 사람 같았다. 뭐, 어쩔 수 없지.

패션 감각은 문제가 있을지언정, 그가 여자들이 좋아할 만한 남자라는 사실에는 의문이 없었다. 그는 잘생겼고, 당당했고, 성공했다. 운동을 좋아했고, 재미있고, 친절했다. 무엇을 더 바라겠는가? 나는 버락에게도 여자들에게도 좋은 일을 하는 거라고 확신하면서 당당히 술집으로 들어갔다. 거의 즉시, 버락은 내가 아는 어느 여성에게 붙잡혔다. 금융계에서 일하는 아름답고 활동적인 여성이었다. 버락과 대화하는 그녀의 얼굴에 활기가 돌았다. 나는 자못 뿌듯해하며, 술을 한 잔 시켜서 다른 지인들 쪽으로 갔다.

20분쯤 뒤, 저쪽에 있는 버락이 눈에 들어왔다. 그는 아까 그 여성과 끝없는 대화에 붙들린 듯했는데, 말은 대부분 여자 쪽에서 했다. 그가 내게 구해달라는 듯한 눈길을 보냈다. 하지만 그는 어른이 아닌가. 나는 그가 알아서 자신을 구하도록 내버려두었다.

"어제 그 여자분이 나한테 뭘 물었는지 알아요?" 이튿날 그가 내 방에 나타나서 아직도 좀 믿기지 않는다는 투로 말했다. "글쎄 '승마'를 좋아하느냐고 묻더라니까요." 좋아하는 영화 이야기도 나누었지만, 그 역시 신통치 않았다고 했다.

버락은 이지적이었다. 어쩌면 너무 이지적이라서 대부분의 사람에게는 지루하게 느껴지는지도 몰랐다(이 표현은 내 친구가 실제로 버락에 대해서 했던 말이다). 그는 술집에서의 사교에 어울리는 남자가 아니었다. 어쩌면 그 사실을 일찌감치 깨달았어야 했다. 내 주변에는 사회적 상승의 희망을 품고 열심히 일하는 사람들뿐이었다. 그들은 새 차를 샀고, 처음으로 집을 샀고, 퇴근 후 마티니를 마시면서 그런 이야기를 나눴다. 반면 버락은 도시공공주택 정책에 관한 책을 읽으면서 혼자 밤을 보내는 편을 더 좋아했다. 그는 활동가로 일하며 가난한 시민들이 겪는 고초에 귀 기울이는 데 많은 시간을 보낸 사람이었다. 그런 그가 말하는 희망과 사회적 상승의 가능성이란 우리가 말하는 것과는 전혀 다르거니와 이해하기도 쉽지 않은 내용이었다.

버락은 자신이 좀 더 한량처럼, 제멋대로 살던 시절이 있었다고 했다. 인생의 첫 20년 동안 배리로 불렸다. 10대 때는 오아후섬의 싱그러운 화산 언덕에서 대마초를 피웠다. 옥시덴털 대학에서는 이미 쇠하던 1970년대의 에너지에 편승하여 지미 헨드릭스와 롤링 스톤스를 맞아들였다. 그러던 중 어느 시점부터 그는 본명을—버락 후세인 오바마—쓰기 시작했고, 자신의 복잡한 정체성을 받아들이기 시작했다. 그는 백인인 동시에 흑인이었고 아프리카인인 동시에 미국인이었다. 부유하지 않았고 소박하게 살았지만, 자신의 정신만큼은 풍요롭다는 사실을 깨달았고, 그 덕분에 자신에게 특권의 세계가 열릴 수도 있음을 깨달았다. 그가 이 모든 상황을 진지하게 여긴다는 걸 나도 느낄 수 있었다. 그는 가볍게 익살을 떨 줄도 알았지만, 그래도 늘 어떤 거시적인 의무감을 품고 있었다. 무언가를 추구했지만, 그것이 어디로 향하는지는 자신도 몰랐다. 그것이 무엇이든 술자리에서 이해시킬 만한 내용이 아니라는 것은 나도 알 수 있었다. 그래서 다음번 해피 아워 때는 그를 사무실에 두고 나 혼자 나갔다.

★　　　★　　　★

내가 어릴 때, 부모님은 담배를 피웠다. 저녁이면 부엌에 앉아서 그날 일을 이야기하면서 담배에 불을 붙였다. 저녁 먹은 것을 설거지하면서도 피웠다. 환기한다고 창문을 열어놓은 채 피우기도 했다. 두 분 다 골초는 아니었지만 습관적으로 피웠고, 끊을 생각도 없었다. 흡연이 건강에 나쁘다는 사실이 과학적으로 확인된 뒤에도 오래 끊지 않았다.

나는 그 점이 짜증스러웠다. 오빠도 마찬가지였다. 우리는 부모님이 담뱃불을 붙이면 일부러 콜록거렸고, 종종 담배 심부름에 반항했다. 아주 어렸을 때 한번은 선반에 놓인 새 뉴포트 담뱃갑을 뜯어서 그 속의 담배들을 줄기콩 분지르듯이 싱크대에서 똑똑 분질렀다. 담배 끄트머리에 일일이 핫소스를 묻혀서 도로 넣어두기도 했다. 우리는 부모님에게 폐암에 대해 설교하면서, 학교 보건 시간에 시청한 영상 속 끔찍한 장면을 중계했다. 흡연자의 폐는 숯처럼 메마르고 새카맸다. 그것은 현재 진행형의 죽음이요, 몸속에 죽음을 품고 사는 셈이었다. 반면 담배 연기에 오염되지 않은 건강한 폐는 발그레한 분홍색이었다. 이토록 명백한 대비가 또 어딨나 싶어서, 우리는 더 이해가 되지 않았다. 금연은 좋고, 흡연은 나쁘다. 금연은 건강이고, 흡연은 질병이다. 자신의 미래는 스스로 만드는 것이다. 부모님이 우리에게 가르쳐온 바가 바로 그런 것이었는데도, 부모님은 그로부터 한참 뒤에야 담배를 끊었다.

버락도 우리 부모님처럼 담배를 피웠다. 식후에, 길을 걸을 때, 아니면 초조해서 손을 가만히 두기 어려울 때 피웠다. 1989년에는 흡연자가 지금보다 훨씬 많았고, 모두의 일상에 담배가 더 깊이 스며 있었다. 간접흡연의 폐해가 밝혀진 지 얼마 되지 않았다. 사람들은 식당에서, 사무실에서, 공항에서 피웠다. 그래도 나는 금연 홍보 영상을 본 몸이었다. 내게는 그리고 내가 아는 모든 분별 있는 사람들에게는, 흡연이란 순전히 자기 파괴였다.

버락은 내가 담배를 싫어하는 걸 잘 알았다. 우리의 우정은 거리낌 없는 솔직함 위에 구축되었고, 둘 다 그런 솔직함을 즐겼다.

"당신처럼 똑똑한 사람이 왜 그렇게 멍청한 짓을 해요?" 우리가 만난 첫날, 나는 그가 점심 식사 후 담배로 입가심하는 걸 보고 불쑥 물었다. 진심에서 나온 질문이었다.

버락은 그냥 으쓱하고 말았던 것 같다. 그는 내 지적이 옳다고 인정했다. 더 싸우거나 따지지 않았다. 흡연은 버락의 논리력이 발휘되지 않는 유일한 분야 같았다.

내가 인정하든 말든, 우리 둘 사이의 분위기는 조금씩 달라졌다. 서로 바빠서 얼굴을 못 본 날은 나도 모르게 그가 지금 무엇을 하고 있을까 궁금해했다. 그가 내 방 문간에 나타나지 않는다고 해서 서운해하면 안 된다고 자신에게 타일렀고, 그가 나타났다고 해서 너무 기뻐해도 안 된다고 타일렀다. 나는 분명 이 남자에게 감정이 있었지만, 그 감정은 아직 내 일상과 일을 반듯하게 유지하고 미래에만 집중하며 어떤 드라마에도 얽혀들지 않겠다는 다짐 아래에 묻혀 있었다. 나는 업무적으로 좋은 평가를 받았다. 이 회사에서 지분을 소유한 파트너 변호사가 되겠다는 목표로 일했다. 잘하면 서른두 살 이전에 그럴 수 있을지도 몰랐다. 내가 원하는 것은 그것뿐이었다. 혹은 그것뿐이라고 자신을 설득했다.

나는 그렇게 둘 사이의 감정을 무시하려 했지만, 그는 아니었다.

"우리 데이트해야 할 것 같아요." 어느 날 식사 후 버락이 말했다.

"뭐라고요? 우리 둘이?" 나는 그가 그 가능성을 고려한 것 자체가 놀랍다는 듯 짐짓 충격받은 척했다. "말했잖아요. 난 데이트 안 해요. 그리고 나는 당신 멘토예요."

그는 짓궂게 웃었다. "그게 무슨 의미가 있다고. 당신은 내 상사가 아니에요." 그가 말했다. "그리고 당신은 아주 귀여워요."

버락이 웃으면, 얼굴 전체로 미소가 펼쳐지는 듯했다. 그는 달변에다가 논리적이었으니, 치명적인 조합이었다. 그는 이후 한 번 이상 우리가 데이트해야 하는 이유를 논리적으로 제시했다. 우리는 잘 맞는다. 서로를 웃게 만든다. 둘 다 지금 사귀는 사람이 없고, 게다가 서로가 아닌 다른 사람을 만나면 거의 즉각 지루해진다고 털어놓았다. 그는 우리가 사귀더라도 회사 사람들은 신경도 안 쓸 것이고, 오히려 잘된 일로 여길지도 모른다고 말했다. 임원들은 자신이 나중에 돌아와서 일해주기를 바라는 것 같은데, 만약 우리가 사귀면 그럴 확률이 더 높아진다고 보지 않겠느냐고 말이다.

"내가 미끼라는 거예요?" 나는 웃으며 말했다. "자신을 너무 대단하게 여기는군요."

여름 동안 회사는 어소시에이트 변호사들을 위한 행사와 야유회를 조직하여 신청서를 돌렸다. 그런 행사 중에 회사에서 멀지 않은 극장에서 주중 저녁에 〈레미제라블〉을 볼 기회가 있었다. 나는 두 사람 이름으로 신청했다. 인턴과 멘토가 흔히 하는 일이었다. 우리는 회사에서 마련한 자리에 함께 참석하는 것이고, 나는 그가 이 회사에서 즐겁고 긍정적인 시간을 보내도록 만들어주는 역할을 맡았다. 그게 다였다.

우리는 극장에 나란히 앉았다. 둘 다 업무로 녹초가 된 상태였다. 커튼이 올라갔고, 노래가 시작되었다. 을씨년스럽고 우울한 파리가 무대에 펼쳐졌다. 그날 내 컨디션 탓인지 〈레미제라블〉 때문인지는 모르겠지만, 이후 한 시간 동안 프랑스인들이 겪는 고난에 내가 무력하게 두들겨 맞는 기분이었다. 불만과 쇠사슬, 가난과 강간, 부정과 억압. 전 세계 수백만 명이 사랑한 뮤지컬이라지만, 멜로디가 반복될 때마다 나는 형언할 수 없는 괴로움에 어쩔 줄 모르고 좌석에서 몸만 꼬았다.

막간이 되어 불이 켜졌다. 버락의 안색을 살폈다. 그는 오른팔을 팔걸이에 얹고 검지로 이마를 짚은 채 고개를 숙이고 있었다. 표정이 보이지 않았다.

"어땠어요?" 내가 물었다.

그가 곁눈질로 나를 보았다. "끔찍했어요. 안 그래요?"

나는 그도 마찬가지로 느꼈다는 데 안도하여 웃었다.

버락이 일어나면서 말했다. "나갈래요? 그냥 가버리죠."

여느 때라면 중간에 나가지 않았을 것이다. 나는 그런 타입이 아니었다. 다른 변호사들의 시선을 신경 썼다. 그들이 우리 자리가 빈 걸 알면 뭐라고 생각할까. 대체로 나는 일단 시작한 것은 끝내야 한다는 데 집착했다. 그것이 아름다운 수요일 저녁에 괴로운 브로드웨이 뮤지컬을 보는 일일지라도, 아무리 사소한 일일지라도. 안타깝지만 그게 나았다. 남들에게 보이는 모습에 신경 쓰느라 괴로움을 견디는 사람. 하지만 이 순간, 나는 그렇지 않은 사람과 함께 있는 것 같았다.

우리는 회사 사람들을 피해서―다른 변호사들과 인턴들이 로비에서 신나게 감상을 나누고 있었다―극장을 빠져나와, 포근한 저녁 공기 속으로 나섰다. 보랏빛 하늘에서 마지막 햇빛이 스러지고 있었다. 나는 한숨을 쉬었다. 내 안도감이 너무 역력했던지, 버락이 웃었다.

"이제 뭘 할까요?" 내가 물었다.

"술 한잔하면 어때요?"

우리는 근처 술집으로 갔다. 늘 그러는 대로 내가 한발 앞서 걸었고 그가 한발 뒤처져 걸었다. 버락은 걸음이 느렸다. 흐느적거리는 듯한 하와이식 걸음걸이였고, 결코 서두르지 않았다. 서두르라는 말을 들어도, 아니 그런 말을 들을 때일수록 더 그랬다. 반면 나는 여유가 있을 때도 빠르고 씩씩하게 걸었고 오히려 속도를 늦추는 게 더 어려웠다. 그러나 그날 밤 나는 스스로에게 조금만, 아주 조금만 속도를 늦추자고 타일렀다. 그의 목소리가 들릴 정도로만. 내가 그의 말을 한마디도 놓치지 않고 다 듣고 싶어 한다는 사실을 깨달았기 때문이다.

그때까지 나는 내 존재를 세심하게 구축해왔다. 반듯하고 빈틈없는 종이접기 작품을 만들듯이, 혹 풀어지거나 어지러운 부분이 있으면 기어코 쑤셔 넣고 단정하게 접었다. 나는 그 작품에 공을 들였고, 그 생김새를 자랑스럽게 여겼다. 하지만 그 작품은 연약했다. 한구석이라도 아귀가 맞지 않으면, 나도 모르게 안절부절못했다. 풀어진 실밥이 하나라도 늘어진다면, 내가 사실은 이토록 애써서 손에 넣은 변호사의 길뿐 아니라 스스로 원한다고 말해온 모든 것에 대한 확신이 없다는 것을 들킬 수도 있었다. 돌아보면, 내가 버락을 경계하면서 쉽게 받아들이지 못했던 것도 그 때문이었던 것 같다. 그는 내 모든 것을 헝클어뜨릴지도 모르는 바람이었다.

하루인가 이틀 뒤, 버락이 내게 바비큐 파티 장소까지 태워다줄 수 있느냐고 물었다. 도시 북쪽 호숫가의 부자 동네에 있는 어느 시니어 변호사 집에서 주말에 인턴들을 초대한 파티가 열렸다. 그날은 화창했다. 잘 다듬어진 잔디밭 너머에서 호숫물이 반짝거렸다. 케이터링 업체가 차려놓은 음식이 있었고, 음악이 크게 틀어져 있었다. 사람들은 취향 좋고 근사한 집이라며 칭찬했다. 풍요와 안락의 초상과도 같은 그 풍경은 우리에게 전심전력으로 일에 헌신하면 이런 보상이 따른다는 사실을 거의 노골적으로 상기시켰다. 내가 알기로 버락은 인생을 어떻게 살아야 하나, 어떤 경력을 택해야 하나 하는 문제를 고민하고 있었다. 그는 부유함을 썩 편하게 느끼지 못했다. 나처럼 그도 부유하게 살아본 적이 없었고, 그러기를 갈망하지도 않았다. 그는 부자가 되기보다는 세상에 영향력을 미치는 사람이 되고 싶다는 생각이 더 강했고, 그 방법을 아직 궁리하는 중이었다.

우리는 커플이 아니지만 그래도 거의 함께 파티장을 누볐다. 여기저기 모여 선 동료들과 인사하고, 맥주와 레모네이드를 마시고, 일회용 접시에 담긴 햄버거와 감자 샐러드를 먹었다. 우리는 잠시 갈라졌다가도 곧 다시 만났다. 그러는 것이 자연스럽게 느껴졌다. 그는 내게 은밀히 추파를 던졌고, 나도 똑같이 맞받았다. 그때 몇몇 남자들이 농구를 하기 시작했다. 버락도 플립플롭을 신은 발로 느릿느릿 경기장으로 갔다. 그는 회사 사람들 모두와 사이가 좋았다. 비서들에게도 친근하게 이름으로 불렸고, 나이 지긋하고 고루한 선배 변호사들부터 지금 농구를 하는 야심 찬 청년 변호사들까지 모두와 잘 어울렸다. **좋은 사람이야.** 나는 그가 다른 변호사에게 공을 패스하는 모습을 보면서 생각했다.

고등학교와 대학 농구팀 경기를 셀 수 없이 본 터라, 좋은 선수를 금세 알아볼 줄 알았다. 버락은 내 기준을 쉽게 통과했다. 그는 강하면서도 우아하게 움직였다. 호리호리한 몸이 재빨랐고, 내가 눈치채지 못했던 힘까지 엿보였다. 그는 하와이풍 신발을 신고도 빠르고 우아했다. 나는 누군가의 완벽한 아내가 건네는 말을 듣는 척하면서 서 있었지만, 눈은 버락에게서 떼지 못했다. 그때 처음으로 그에게 반했다. 모든 것이 뒤섞인 이 이상한 남자에게 빠져버렸다.

초저녁이 되어 차를 몰고 돌아올 때, 나는 마음이 아렸다. 내 마음에 새로운 열망의 씨앗이 심어진 것 같았다. 7월이었고, 버락은 8월에 떠날 예정이었다. 대학으로, 그곳에서 그를 기다리는 생활로 돌아갈 예정이었다. 겉으로는 변한 게 없었지만―여느 때처럼 우리는 파티에서 누가 뭐라고 말했느니 어쨌느니 하면서 가볍게 떠들었다―등줄기 아래로부터 서서히 열기가 번졌다. 나는 좁은 차 안에서 그의 몸을 예민하게 인식했다. 콘솔에 얹힌 그의 팔, 내 손이 닿을 만큼 가까이 있는 그의 무릎. 보행자 도로에서 조깅을 하거나 자전거를 타는 사람들을 지나쳐서 레이크 쇼어 드라이브를 내려올 때, 나는 속으로 따져보았다. 심각하지 않게 할 수는 없을까? 이 관계가 일에 얼마나 타격이 될까? 무엇이 올바른 처신일까? 누가 알아차릴까? 남들이 알아차리는 게 정말로 문제일까? 확신은 전혀 없었지만, 이제 확신을 기다리던 시간은 끝났다는 생각이 들었다.

버락은 하이드파크에서 친구의 셋집을 여름 동안 빌려서 지내고 있었다. 그 동네에 다다랐을 때, 우리 둘 사이의 긴장감은 눈에 보일 듯 짙었다. 뭔가 불가피한 일, 혹은 예정된 일이 벌어지고야 말 것 같은 분위기였다. 아니면 내 상상일 뿐일까? 어쩌면 내가 그동안 너무 많이 퇴짜를 놓았는지도 모른다. 그는 벌써 포기했고, 나를 든든한 친구, 에어컨이 나오는 차를 갖고 있고 자신이 필요할 때 태워주는 친구로만 여기는지도 모른다.

그의 집 앞에 차를 세웠다. 여전히 머릿속은 미친 듯이 돌아가고 있었다. 우리는 서로 상대가 작별 인사를 꺼내기를 기다리면서 잠시 어색하게 침묵했다. 그러다 버락이 고개를 갸웃하면서 물었다.

"아이스크림 먹을래요?"

그 순간, 게임이 시작되었다는 걸 알았다. 그것은 내 인생에서 몇 안 되는, 고민을 관두고 그냥 즐기기로 결심한 순간이었다. 내가 사랑하는 도시의 따스한 여름날 저녁이었다. 살갗에 와 닿는 공기가 부드러웠다. 버락의 집 근처에 배스킨라빈스가 있었다. 우리는 아이스크림콘을 하나씩 사서 나온 뒤, 길가에 잠시 앉을 만한 곳을 발견했다. 종일 바깥에서 보낸 터라 기분 좋게 나른한 몸으로, 무릎을 세우고 바싹 붙어 앉아서, 아이스크림이 녹기 전에 얼른 해치우려고 말없이 먹었다. 버락은 내 표정에서 읽었는지도 모른다. 아니면 내 자세에서 느꼈는지도 모른다. 내가 이제 느슨하게 펼쳐지기 시작했다는 걸.

그가 살짝 미소 띤 얼굴로 나를 빤히 보았다.

"키스해도 되나요?" 그가 물었다.

나는 그에게 몸을 기울였다. 그러자 모든 것이 확실해졌다.

BECOMING US ━━━━━━━━━━━━━━━━

우리가 되다

9

버락에 대한 감정을 스스로에게 허락하자마자, 온갖 감정이 밀려들었다. 욕망, 고마움, 충족감, 경이로움이 나를 쓰러뜨렸다. 첫 키스 후 내 인생과 일, 그리고 버락에 대해서 품었던 걱정은 사라졌다. 대신 그를 더 잘 알고 싶은 욕망, 그의 모든 걸 최대한 빨리 알고 겪고 싶다는 욕망이 몰려왔다.

한 달 뒤 그가 하버드로 돌아갈 예정이었으므로 우리는 시간을 허투루 쓰지 않았다. 부모님과 한 지붕을 쓰는 집에 남자 친구를 재울 마음의 준비는 아직 되지 않았기에, 나는 버락의 집에서 밤을 보내기 시작했다. 버락은 시끄러운 53번가에 있는 건물 2층에서 지내고 있었다. 엘리베이터는 없었고, 1층은 상가였고, 집은 좁았다. 그 집의 원래 거주자인 시카고 대학 법대생은 훌륭한 학생이라면 다들 그러듯이 벼룩시장에서 구한 짝짝이 가구로 집을 채워놓았다. 작은 시탁 하나, 흔들거리는 의자 두 개, 퀸 사이즈 매트리스가 덩그러니 놓여 있었다. 바닥은 곳곳에 책과 신문이 쌓여 있어 빈 공간이 드물었다. 버락은 정장 재킷을 부엌 의자 등받이에 걸었고, 냉장고는 거의 비워두었다. 사실 아늑한 공간은 아니었지만, 우리 관계는 빠르게 발전하고 있었고 그 연애의 렌즈를 통해

세상을 보고 있던 내게는 충분히 아늑하게 느껴졌다.

버락은 내 호기심을 자극했다. 그는 내가 이전에 사귄 어느 남자와도 달랐다. 가장 큰 차이라면, 그에게는 불안정한 면이 없는 것 같았다. 그는 애정을 공공연히 표현했다. 내게 아름답다고 말해주고, 으쓱한 기분이 들게 해주었다. 그는 특이하다 못해 거의 비현실적인 존재 같다는 점에서 유니콘처럼 느껴졌다. 물질적인 문제에 관한 이야기는 한 번도 꺼내지 않았다. 집이나 차, 심지어 새 신발을 사는 일조차 관심 밖이었다. 돈은 주로 책을 사는 데 썼다. 책은 그에게 성스러운 물건, 정신의 총탄을 보충해주는 물건이었다. 그는 내가 잠든 뒤에도 한참 더 책을 읽었다. 역사책, 전기, 토니 모리슨의 소설을 읽었다. 매일 여러 일간지를 샅샅이 읽었다. 최신 서평과 프로야구 아메리칸 리그 순위표, 사우스사이드 시의회 동향을 주시했다. 그는 폴란드의 선거에 관해서도, 로저 이버트가 최근 혹평한 영화와 그 이유에 관해서도 똑같이 열변을 토했다.

집에 에어컨이 없었기 때문에 무더운 공기를 식히려면 밤에 창을 열어두고 자는 수밖에 없었다. 그러면 좀 나았지만 시끄러웠다. 당시 53번가는 야밤에 놀러 나온 사람들이 모이는 곳이었고, 도로에는 소음기를 떼고 차대를 낮춘 차들이 쌩쌩 지나다녔다. 거의 한 시간에 한 번씩 창밖에서 경찰차 사이렌이 울리거나 누군가가 고래고래 상스러운 소리를 내뱉는 듯했다. 그러면 나는 자다가도 놀라서 깼지만, 버락은 잘만 잤다. 그때부터 그가 나보다 세상의 어수선함을 잘 받아들이며 매사에 큰 스트레스를 받지 않는다는 사실을 알아차렸다. 하루는 자다가 깨어보니 그가 천장을 가만히 응시하고 있었다. 거리에서 새어든 불빛이 그의 옆얼굴을 비추었다. 고민이라도 있는 사람처럼 약간 심란한 표정이었다. 우리 관계 때문일까? 돌아가신 아버지 때문일까?

"무슨 생각 해요?" 나는 속삭였다.

그가 고개를 돌려 나를 보면서 멋쩍은 듯 웃었다. "아, 소득 불평등에 관해서 생각하던 중이었어요."

버락의 머릿속은 그런 식이었다. 그는 크고 추상적인 문제에 쉽게 빠져들었는데, 황당하게도 어쩌면 자신이 그 문제를 해결할 수 있을지도 모른다고 생각하는 것이었다. 나는 솔직히 그런 사람을 처음 보았다. 내가 그동안 어울렸던 사람들은 다들 선하고 나름대로 중요한 문제를 고민했지만, 그래도 대체로는 자신의 경력을 일구고 가족을 부양하는 일에 집중했다. 버락은 달랐다. 버락도 물론 일상적인 일들에 관심을 쏟았지만, 그러면서도 특히 밤에는 훨씬 더 넓은 차원에서 생각을 자유롭게 풀어놓는 듯했다.

물론, 이 시기에도 우리는 하루의 대부분을 안락하고 조용한 시들리의 사무실에서 보냈다. 나는 아침마다 몽롱함을 떨치고 주니어 어소시에이트 변호사라는 존재로 돌아가서, 성실히 책상에 쌓인 서류를 들여다보고 만난 적 없는 고객사의 요구를 해결했다. 버락도 복도 끝 공동 사무실에서 자기 몫의 서류를 들여다보았다. 그는 갈수록 회사 임원들의 편애를 받았다.

나는 사내 연애가 괜찮은지 여전히 걱정스러웠기 때문에 막 시작된 우리 관계를 동료들에게 비밀로 했지만, 숨겨질 리가 없었다. 비서 로레인은 버락이 내 방에 나타날 때마다 다 안다는 듯 은근히 웃었다. 사실 첫 키스 후 처음 함께 외출한 날부터 들켰다. 미술관을 관람한 뒤 스파이크 리 감독의 영화 〈똑바로 살아라〉를 보려고 워터타워 플레이스에 갔다가 회사에서도 직책이 높은 변호사인 뉴트 미노와 아내 조지핀 부부를 팝콘 계산 줄에서 마주쳤던 것이다. 그들은 우리 모습이 좋아 보인다는 듯한 태도로 다정하게 인사했고, 왜 둘이 있느냐는 둥의 질문은 던지지 않았다. 그래도 들킨 건 들킨 거였다.

이 시기에는 회사 일이 거추장스럽고, 버락과 다시 만나기 전에 해치워야 할 의무 같기만 했다. 회사 밖에서, 버락과 나는 끊임없이 대화했다. 반바지와 티셔츠 차림으로 하이드파크 주변을 느긋하게 걸으면서, 혹은 기분에는 금방인 것 같았지만 실제로는 몇 시간이나 늘어진 식사를 하면서 이야기를 나누었다. 우리는 스티비 원더의 모든 음반을 두고 하나하나 가치를 논했고, 그다음에는 마빈 게이로 넘어갔다. 나는 버락에게 홀딱 반했다. 그의 느릿한 목소리가 좋았고, 내가 재미난 이야기를 할 때 부드러워지는 그의 눈동자가 좋았다. 시간에 얽매이지 않고 늘 한가롭게 다니는 그의 습관마저도 좋게 느껴졌다.

우리는 매일 사소한 발견을 했다. 나는 내셔널 리그의 시카고 컵스 팬이었지만, 그는 아메리칸 리그의 시카고 화이트삭스 팬이었다. 나는 마카로니 앤드 치즈를 좋아했지만, 그는 진저리나게 싫어했다. 그는 어둡고 드라마틱한 영화를 좋아했지만, 나는 로맨틱 코미디 광팬이었다. 그는 달필을 자랑하는 왼손잡이였지만, 나는 악필을 쓰는 오른손잡이였다. 그가 학교로 돌아가기 전 한 달 동안, 우리는 서로의 추억과 불쑥 떠오른 생각을 남김없이 공유했다. 어릴 때 저질렀던 웃긴 짓, 10대 시절 저질렀던 실수, 지금 우리를 이어준 셈인 과거의 실패한 연애 등을 모조리 이야기했다. 버락은 특히 내 성장 과정에 흥미를 보였다. 한 해 두 해, 10년 20년이 똑같이 흘러가는 것 같았던 유클리드가에서의 생활에, 나와 오빠와 어머니와 아버지가 모서리를 맡아 견고한 사각형을 구축했던 생활에 귀 기울였다. 버락은 지역사회 조직가였을 때 교회에서 많은 시간을 보내면서 제도화된 종교를 존중하게 되었지만, 여전히 덜 전통적인 세계관을 고수했다. 그는 결혼이 불필요할뿐더러 과장 선전된 관습인 것 같다는 생각을 일찌감치 밝혔다.

나는 그해 여름에 버락을 가족에게 소개한 기억이 없지만, 오빠는 우리가 한 번 만난 적이 있었다고 한다. 어느 날 저녁, 버락과 내가 집으로 걸어오는 모습을 오빠가 먼저 알아보았다. 집에 잠시 들른 오빠는 부모님과 현관 계단에 앉아 있었다. 오빠의 회상에 따르면, 버락은 친근하고 자신감 있는 태도로 몇 분쯤 우리 가족과 인사를 나눈 뒤 나와 함께 무언가를 가지러 2층으로 올라갔다.

아버지는 한눈에도 버락이 마음에 들었지만, 나와 잘될 가능성은 낮다고 보았다. 아버지는 내가 고등학교 시절 남자 친구였던 데이비드를 프린스턴 문 앞에서 차버리는 모습을 목격했고, 대학 시절 남자 친구였던 미식축구 선수 케빈이 털북숭이 마스코트로 나타나자 차버린 것도 알고 있었다. 부모님은 연애에 집착하지 않는 편이 좋다고 여겼고, 딸을 독립적인 여성으로 키웠다. 내 기본적인 태도도 그랬다. 부모님에게 일이 제일 중요하고 너무 바쁘기 때문에 남자를 사귈 틈이 없다고 누누이 말해둔 터였다.

오빠에 따르면, 아버지는 나와 버락이 떠나는 모습을 보면서 웃으며 고개를 저었다.

"착한 친구 같은데 오래가지 못할 테니 안됐어."

*   *   *

우리 가족이 사각형이었다면, 버락의 가족은 꼭짓점이 여러 대륙에 흩어져 있는 좀 더 복잡한 도형이었다. 나를 만나기 전 몇 년 동안, 버락은 그런 자신의 가계를 이해하려고 노력을 기울였다. 그의 어머니 앤 던엄은 하와이에서 대학을 다니던 1960년에 열일곱 살 나이로 케냐에서 온 유학생 버락 오바마를 만나 사랑에 빠졌다. 둘의 결혼은 짧고 혼란스러웠다. 알고 보니 새신랑에게는 나이로비에 두고 온 아내가 있었다. 앤은 이혼 후 롤로 소에토로라는 자바 출신 지질학도와 재혼하여 당시 여섯 살이던 어린 버락 오바마('나의' 버락 오바마)를 데리고 자카르타로 갔다.

버락은 인도네시아에서 행복했고 의붓아버지와도 잘 지냈다고 한다. 하지만 아들이 교육을 제대로 받지 못한다고 걱정한 어머니는 1971년에 버락을 하와이 오아후섬에 있는 자신의 부모에게 돌려보내 사립학교에 다니게 했다. 자유로운 분이었던 그의 어머니는 이후 하와이와 인도네시아를 오가며 살았다. 한편 아버지는—세평에 따르면 상당히 훌륭한 두뇌와 더불어 상당히 심각한 술 문제를 가진 분이었다—버락이 열 살 때 하와이에서 꽤 길게 머물며 버락을 만났던 것 외에는 아들의 인생에서 대체로 부재했고 간섭도 하지 않았다.

그래도 버락은 사랑을 듬뿍 받으면서 자랐다. 외조부모는 버락과 이부동생 마야를 둘 다 아꼈다. 어머니는 계속 자카르타에서 살았지만 멀리서나마 따스한 지지를 아끼지 않았다. 버락은 나이로비의 이복 누나 아우마에 관해 말할 때도 애정 어린 태도였다. 그는 나보다 훨씬 불안정한 환경에서 자랐지만, 그 사실을 한탄하지 않았다. 그의 이야기는 그의 것이었다. 그는 그런 가족사 덕분에 자립적이고 낙천적인 사람으로 자랐다. 그렇듯 특이한 환경에서도 의젓하게 자랐다는 사실은 버락이 그보다 더한 상황에 놓인다 해도 잘 감당해낼 거라는 확신만 강화해준 듯했다.

어느 무더운 저녁, 버락이 참석하는 모임에 나도 따라갔다. 그가 지역 사회 조직가로 일할 때 동료였던 친구가 파사우스사이드의 로즐랜드라는 흑인 교구에서 주민 세미나를 한 번 진행해달라고 청했던 것이다. 로즐랜드는 1980년대 중순에 제철소가 문 닫으면서 차츰 망가진 동네였다. 버락에게는 과거의 일과 동네로 하룻밤 돌아가볼 반가운 기회였다. 나는 버락을 따라 직장에서의 정장 차림 그대로 교회에 들어설 때에야,

지역사회 조직가가 정확히 무슨 일을 하는 사람인지 잘 모른다는 걸 퍼뜩 깨달았다. 우리는 천장이 낮고 형광등을 켠 지하실로 내려갔다. 낮에는 탁아소로 쓰는 듯한 그 공간에 접이식 의자들이 놓여 있었고, 주로 여성인 교구민 15명쯤이 앉아서 부채질하고 있었다. 나는 뒤쪽에 앉았고, 버락은 앞으로 걸어가서 사람들에게 인사했다.

그 사람들에게 버락은 그냥 젊은 변호사처럼 보였을 것이다. 사람들이 속으로 재보는 걸 느낄 수 있었다. 그가 중뿔나게 제 의견을 피력하러 온 외부인인지, 아니면 들을 만한 말을 해줄 사람인지를 말이다. 나는 그런 분위기가 익숙했다. 그곳은 오래전 로비 할머니가 매주 오페레타 워크숍을 진행했던—나도 어릴 때는 매주 참석했다—아프리카 감리교회와 다름없었다. 이 사람들은 로비 할머니의 성가대에서 노래했던 여자들, 또는 외할아버지가 돌아가셨을 때 냄비 요리를 만들어 왔던 이웃 아주머니들과 다르지 않았다. 선하고 공동체 의식이 있는 여자들이었다. 홀몸으로 아이를 키우는 엄마 혹은 할머니도 많았다. 아무도 나서지 않을 때 돕겠다고 자처하고 나설 사람들이었다.

버락은 재킷을 벗어서 의자 등받이에 걸고, 시간을 확인하기 위해서 손목시계를 끌러 앞에 놓인 탁자에 두었다. 자기소개를 한 뒤, 한 시간쯤 이어질 대화를 원활히 개시하기 위해서 먼저 사람들에게 각자의 사연과 동네에 관해서 걱정스러운 점을 말해달라고 요청했다. 그런 다음 자신의 이야기를 공동체 조직의 몇 가지 원칙과 결부하여 들려주었다. 그는 사람들에게 우리 각자의 사연이 우리를 이어줄 수 있고, 그렇게 해서 우리가 공동체로 연결되면 동네에 대한 불만을 생산적인 결과로 바꿔낼 수 있다고 말했다. 세상에서 버림받은 곳처럼 느껴지는 그 동네의 그 작은 교회의 그 작은 모임이라도 얼마든지 정치력을 발휘할 수 있다고 말이다. 물론 그러려면 노력해야 한다. 전략을 짜고, 이웃들의 의견을 듣고, 신뢰가 부족한 곳에서 신뢰를 구축해야 한다. 그것은 곧 난생처음 보는 사람들에게 시간을 좀 내달라고 부탁하거나, 변변찮은 수입에서 한 푼이나마 내달라고 부탁해야 한다는 뜻이다. "싫다"라는 대답을 수십 수백 가지 방식으로 듣다가 마침내 "좋다"라는 대답을 한 번 듣게 되는 일이다(가만 들어보니 지역사회 조직가의 일이란 대체로 그런 일인 것 같았다). 그는 하지만 그들이 틀림없이 영향력을 미칠 수 있다고 장담했다. 변화를 만들 수 있다. 비록 늘 매끄럽게만 진행되는 것은 아니지만 실제로 그런 일이 가능함을 그는 직접 목격했다. 가령 알트겔드 가든스라는 공공주택단지에서 바로 이런 작은 주민 모임이 새 유권자들을 투표자 명부에 등록시키고, 주민들을 규합하여 공무원과 석면 오염 문제를 의논하고, 시청을 설득하여 동네의 직업훈련센터에 보조금을 대도록 만드는 데 성공했다.

내 옆에 앉은 체격 좋은 여성은 무릎에 앉힌 어린 아기를 통통 튕겨주고 있었다. 그녀는 버락의 말에 회의감을 숨기지 않았다. 턱을 살짝 치켜들고 아랫입술을 쑥 내민 얼굴로, '당신이 뭔데 우리한테 이래라저래라야?' 하는 표정이었다.

하지만 버락은 희박한 확률에 괘념하지 않는 것처럼 회의적인 반응에도 괘념하지 않는 사람이었다. 하기야 버락은 특이한 이름, 이상한 가계도, 규정하기 힘든 인종, 사라진 아버지, 특별한 정신으로 구성된 유니콘 같은 존재였기에, 어디를 가든 자신을 증명해 보여야 하는 데 이미 익숙했다.

버락의 제안은 쉽게 받아들여질 내용이 아니었다. 로즐랜드는 백인 주민들이 떠나고, 제철소가 망하고, 학교가 쇠락하고, 마약 거래가 성행하는 등 줄줄이 타격만 겪어온 동네였다. 버락이 들려주길, 지역사회 조직가로 일할 때 가장 어려운 장애물은 주민들의—특히 흑인들의—마음에 깊숙이 자리 잡은 피로감, 작은 실망을 무수히 겪으면서 품게 된 냉소주의라고 했다. 나는 그게 뭔지 알았다. 그것은 억울하고 쓰라린 마음, 믿음을 잃어가는 마음이었다. 나는 그런 감정을 내 이웃과 가족에게서 보았다. 그런 감정은 내 친할아버지와 외할아버지에게도 있었다. 그것은 그분들이 살면서 수없이 목표를 포기하고 억지로 타협하느라 생겨난 감정이었다. 그런 감정은 브런 마 초등학교에서 사실상 아이들을 가르치기를 포기했던 2학년 담임선생님에게도 있었다. 자기 집 잔디를 더이상 깎지 않는 이웃들, 자녀들이 방과 후에 무엇을 하고 쏘다니는지 더는 신경 쓰지 않는 이웃들에게도 있었다. 동네 공원 풀밭에 마구 버려진 쓰레기마다, 해가 채 지기 전부터 바닥을 보이는 술병마다 있었다. 자기자신을 포함하여, 사람들이 고칠 수 없는 문제라고 체념해버린 모든 것속에 있었다.

버락은 로즐랜드 주민들을 낮잡아보며 말하지 않았다. 그렇다고 해서자신의 특권을 숨기고 좀 더 '흑인처럼' 행동하여 환심을 사려고 들지도않았다. 주민들은 걱정과 좌절감을 안고 있었으며 정당한 권리마저 행사하지 못하고 무력감에 빠지려는 와중이었지만, 버락은 대담하게도 그들에게 정반대 방향을 가리켜 보였다.

나는 아프리카계 미국인이라는 내 정체성에서 그다지 긍정적이지 않은 요소들에 대해 괜히 골똘히 고민하지 않는 편이었다. 부모님은 내게늘 긍정적으로 생각하라고 가르쳤고, 사랑과 헌신으로 뒷바라지해주었다. 나는 또 샌디와 힘께 오퍼레이션 푸시의 집회에 참여하여 그녀의아버지 잭슨 목사가 흑인으로서의 긍지를 되새기라고 청중에게 호소하는 걸 들으면서 자랐다. 내 목표는 내 동네보다 더 멀리 내다보는 것, 그곳을 넘어서는 것이었다. 그리고 나는 해냈다. 아이비리그에서 두 개의학위를 땄다. 시들리 앤드 오스틴에 취직했다. 부모님과 조부모님을 자랑스럽게 만들어드렸다. 하지만 이제 버락의 말을 듣고 있으니, 그가 말하는 희망은 내 희망보다 훨씬 더 큰 것이었다. 개천에서 난 용이 되는 것은 물론 훌륭한 일이지만, 개천을 살기 좋은 곳으로 바꾸는 것은 전혀 다른 일이었다.

나는 버락이 얼마나 특별한 사람인지 새삼 느꼈다. 어느새 주변 사람들도 그에게 동의하여 끄덕거렸고, 그가 말하는 도중에 "으흠" 혹은 "맞아요!" 하고 추임새를 넣었다.

그의 목소리는 이야기가 끝을 향해 갈수록 더욱 열렬해졌다. 그는 설교자가 아니었지만, 분명 무언가를 설교하고 있었다. 그것은 비전이었다. 버락은 그 비전에 힘을 보태달라고 사람들에게 호소했다. 그가 볼 때 선택지는 포기하느냐, 아니면 변화를 이뤄내고자 노력하느냐 둘 중 하나였다. 버락은 말했다. "어느 쪽이 더 낫겠습니까? 지금 이대로의 세상에 안주하는 것입니까, 아니면 마땅히 와야 할 세상을 만들기 위해서 애써보는 것입니까?"

마땅히 와야 할 세상. 이것은 그가 처음 사회운동에 나설 때 읽었던 어느 책에서 가져온 문구였고, 내 마음에도 오래 남을 말이었다. 내가 볼 때 버락을 움직이는 동기를 가장 잘 표현한 말이기도 했다.

아기를 무릎에 앉힌 여성은 거의 폭발할 지경이었다. "맞아요!" 그녀가 마침내 확신을 얻은 듯 우렁차게 외쳤다. "아멘!"

아멘. 속으로 말했다. 이제 나도 확신했기 때문이다.

*   *   *

법대로 돌아가기 전 8월의 어느 날, 버락은 내게 사랑한다고 말했다. 둘 사이의 감정은 너무나 빠르고 자연스럽게 피어났기 때문에, 저 말이 나온 순간 자체는 그다지 특별하지 않았다. 정확히 언제, 어떤 상황이었는지도 기억나지 않는다. 그저 우리를 급습한 감정을 부드럽고 유의미한 언어로 표현한 것에 지나지 않았다. 우리는 겨우 두 달 사귄 사이였고, 이 애정은 약간 비현실적이었지만, 그래도 우리는 사랑하고 있었다.

하지만 이제 1500킬로미터쯤 떨어진 곳에서 장거리 연애를 해야 하는 처지였다. 버락은 학교를 2년 더 다녀야 했다. 졸업 후 시카고로 와서 정착하고 싶다고 했지만, 그동안 내가 어정쩡하게 기다리고만 있을 것도 아니었다. 나는 회사에서 아직 신참이었고, 경력을 다지려면 지금부터가 중요했다. 파트너 변호사가 되느냐 못 되느냐는 지금부터의 실적에 달려 있었다. 나도 법대를 다녔으니 버락이 얼마나 바쁠지 알았다. 게다가 그는 《하버드 로 리뷰》의 편집자로 선출되었다. 학생들이 매달 발간하는 그 학술지는 미국 법조계에서 중요한 정기간행물 중 하나로 꼽혔다. 따라서 편집진에 든 것은 영예였지만, 안 그래도 버거운 법대생 학업에 거의 풀타임 직업에 버금하는 업무가 추가된 셈이었다.

어떻게 해야 할까? 우리가 의지할 것은 전화였다. 1989년은 전화기가 주머니에 쏙 들어가던 시절이 아니었다. 문자메시지란 것도, 키스를 대신할 이모티콘도 없었다. 통화하려면 양쪽이 모두 시간을 내서 전화통을 붙들고 있어야 했다. 사적인 통화는 주로 퇴근 후 집에서, 녹초가 되어 얼른 자고 싶을 한밤중에야 가능했다.

떠나기 전에 버락은 자신은 편지가 더 좋다며 이렇게 말했다. "나는 전화형 인간이 아니라서." 이 말로 모든 게 해설된다는 듯이.

하지만 그래서는 아무것도 해결되지 않았다. 우리는 여름 내내 이야기를 나눈 사이였다. 내 사랑의 속도를 느려터진 우편 서비스에 맞추고 싶지는 않았다. 이것이 버락과 나의 또 다른 작은 차이였다. 버락은 글로 마음을 표현할 줄 알았다. 어머니가 인도네시아에서 드문드문 보내오는 편지를 자양분 삼아서 자란 그였다. 반면 나는 일단 만나서 이야기 해야 하는 사람이었다. 일요일 저녁 외할아버지네 집에 온 가족이 모여 식사할 때면 어찌나 시끄러운지 때로는 고함치듯이 떠드는 분위기 속에 서 자란 나였다.

우리 가족은 늘 수다를 떨었다. 아버지는 얼마 전 뷰익을 팔고 불편한 몸에 맞게 특수 개조된 밴을 샀는데, 그러고도 틈날 때마다 친척 집을 찾아가는 게 일상이었다. 친구나 이웃이나 친척이 우리 집으로 와서 아 버지의 리클라이너 옆에 앉아 이야기를 들려주거나 고민을 상담하기도 했다. 심지어 내 고등학교 때 남자 친구 데이비드도 가끔 와서 아버지에 게 뭔가를 의논했다. 아버지는 전화도 싫어하지 않았다. 나는 아버지가 사우스캐롤라이나로 이사한 할머니에게 거의 매일 전화해서 안부를 묻 는 모습을 오래 지켜봐왔다.

나는 버락에게 우리 관계가 지속하려면 그가 전화에 익숙해져야 한 다고 통보했다. "당신과 대화를 나눌 수 없다면, 내 말을 들어줄 다른 남 자를 찾을지도 몰라." 농담이었지만, 아주 농담만은 아니었다.

그래서 버락은 전화형 인간이 되었다. 가을 동안 우리는 최대한 자주 통화했다. 각자의 세계와 일과에 갇혀 살았지만, 전화선 너머로 법인세 자료를 산더미처럼 읽어야 하는 그의 처지를 위로하거나 내가 직장 생 활의 좌절감을 퇴근 후 에어로빅으로 땀 흘리며 날려버린다는 이야기에 웃으면서, 서로의 일상을 시시콜콜 공유했다. 그렇게 한 달이 흐르고 두 달이 흘러도 우리의 감정은 그대로였다. 내 인생에서 의문을 품을 문제 가 하나 줄어든 셈이었다.

한편 회사에서 나는 시카고 지부의 채용팀에 소속되어, 인턴에 지원 한 하버드 법대생들을 면접하는 일을 맡았다. 사실상 회사가 그들에게 구애하는 과정이었다. 나도 학생일 때 이 업계의 힘과 유혹을 경험한 바

있었다. 전국의 법률 회사를 모두 나열한 사전만큼 두꺼운 책자를 받았고, 그 속의 모든 회사가 하버드 출신 변호사를 고용하고 싶어 한다는 말을 들었다. 하버드 법무 박사 인장이 있다면, 어느 도시든 어느 분야든—댈러스의 초대형 소송 전문 회사든 뉴욕의 고급 부동산 회사든—원하는 곳에서 일할 수 있는 것 같았다. 만약 그중 한 회사에 관심이 가면, 캠퍼스에서 면접을 보게 해달라고 요청할 수 있었다. 면접이 잘 진행되면, 그다음에는 '현장 방문' 기회가 주어졌다. 즉, 비행기표와 5성급 호텔, 그 회사 사무실에서 진행되는 두 번째 면접, 지금 나 같은 채용 담당자와 함께하는 화려한 저녁 식사와 와인이 제공된다는 뜻이었다. 나도 하버드에 있을 때 그런 기회를 통해 샌프란시스코와 로스앤젤레스에 가보았다. 엔터테인먼트 분야를 전문으로 삼는 법률 회사들을 살펴볼 요량이었는데, 솔직히 말하면 한 번도 못 가본 캘리포니아에 가보고 싶기도 했다.

이제 그 채용 과정에서 면접관이 된 내 목표는 단순히 똑똑하고 성실한 학생을 모집하는 것에 그치지 않았다. 백인 남성이 아닌 학생을 더 많이 모집할 생각이었다. 채용팀에는 흑인 여성이 나 말고 딱 한 명 더 있었다. 머세이디스 랭이라는 시니어 어소시에이트 변호사로, 나보다 열 살쯤 위였고 좋은 친구 겸 멘토가 되어주었다. 그녀도 나처럼 아이비리그에서 학위를 두 개 땄고, 자신과 비슷한 사람이 아무도 없는 자리에 참석하는 경험을 줄곧 해왔다. 우리 둘은 그런 상황에 너무 익숙해지거나 그런 상황을 당연하게 받아들여서는 안 된다는 데 의견이 일지했다. 채용 회의에서 나는 회사가 젊은 인재를 찾을 때 그물을 더 넓게 던져야 한다고 끈질기게—어떤 사람들 눈에는 좀 뻔뻔하게도 보였을 것이다—주장했다. 회사의 관행은 일군의 엄선한 학교에서만—하버드, 스탠퍼드, 예일, 노스웨스턴, 시카고, 일리노이 대학 정도였다—모집하는 것이었다. 현재 회사에 있는 변호사들도 대부분 그런 학교에서 학위를 땄다. 그러니 이것은 한 세대의 변호사들이 자신의 복사판 같은 후배들을 고용함으로써 다양성이라고는 찾아볼 수 없는 환경을 구축하는 순환 과정이었다. 공정성을 기하고자 밝히자면, 이 문제는 (문제라고 인식되고 있든 아니든) 시들리만이 아니라 거의 모든 법률 회사가 겪는 문제였다. 당시《내셔널 로 저널》에 실린 조사에 따르면, 미국의 대형 법률 회사에 고용된 변호사 중 흑인은 어소시에이트 변호사의 경우 3퍼센트가 못 되었고 파트너 변호사의 경우 1퍼센트가 못 되었다.

이 같은 불균형을 바로잡고자 다른 주립대학들과 하워드 대학 같은 유서 깊은 흑인 대학들의 학생도 고려하자고 주장했다. 채용팀이 검토할 이력서를 산더미처럼 쌓아두고 모여 앉았을 때, 만약 어떤 학생이 성적표에 B학점이 있거나 학부를 덜 유명한 대학에서 나왔다는 이유만으로 자동으로 걸러질 경우 매번 항의했다. 나는 우리가 정말로 소수자 변호사를 늘리고 싶다면 지원자들을 좀 더 전반적으로 판단해야 한다고 주장했다. 학생들이 학계의 엘리트 코스를 얼마나 잘 올랐는가만을 볼 게 아니라 인생에서 주어진 기회들을 얼마나 잘 활용했는가도 볼 필요가 있었다. 회사의 높은 기준을 낮추자는 것이 아니었다. 후보자의 잠재력을 구식 잣대로만 평가하다 보면 회사에 기여할 수 있을 다양한 인재들을 놓치게 될 것이었다. 요컨대, 지원자들을 너무 간단히 탈락시키지 말고 더 많은 학생을 만나보자는 주장이었다.

따라서 나는 채용 업무로 매사추세츠주 케임브리지로 출장을 가는 게 좋았다. 하버드 학생들에게 주는 면접 기회에 영향력을 조금이나마 발휘할 수 있었기 때문이다. 그리고 물론 버락을 만날 핑계이기도 했다. 처음 케임브리지에 갔을 때, 버락은 바나나처럼 노랗고 앞부분이 들창코처럼 생긴 낡은 자동차로 나를 데리러 왔다. 쪼들리는 학생 살림에 중고로 구입한 차였다. 시동을 켜자 엔진이 위잉 돌기 시작하면서 차가 경련을 일으켰다. 진동은 몸이 덜덜 떨릴 만큼 격렬하고 시끄럽게 지속되었다. 나는 어처구니없다는 눈길로 버락을 보았다.

"이걸 몬다고?" 소음에 묻히지 않도록 목소리를 높여야 했다.

그는 장난스럽게 씩 웃었다. **내가 처리할 수 있어** 하고 말하는 듯한 그 미소는 늘 나를 녹였다. "1, 2분만 있으면 괜찮아져." 그가 기어를 바꾸면서 말했다. 몇 분 뒤 우리가 붐비는 도로에 들어섰을 때, 그가 말했다. "참, 아래는 보지 마."

하지만 이미 보았다. 차 바닥이 녹슬어서 지름 10센티미터쯤 되는 구멍이 뚫려 있었고 발밑으로 휙휙 달려가는 도로가 훤히 보였다.

그때도 알 수 있었다. 버락과의 삶은 결코 지루하지 않으리란 사실을. 바나나처럼 노랗고 약간 소름 끼치지만 신나는 삶일 것 같았다. 어쩌면 그가 돈을 한 푼도 못 벌지 모른다는 생각도 퍼뜩 들었다.

버락은 서머빌의 원룸 아파트에서 변변히 갖춘 것 없이 살고 있었다. 하지만 내가 출장을 오면 회사에서 잡아주는 캠퍼스 근처의 값비싼 호텔에 합류해 둘이서 매끄러운 고급 이불을 휘감고 잤다. 아침이면 버락은—혼자서는 요리해 먹는 일이 거의 없었다—호텔의 뜨끈한 조식을 배불리 먹은 뒤 수업을 들으러 갔다. 저녁에는 두툼한 가운을 걸친 아찔한 차림새로 호텔 방에 앉아서 숙제를 했다.

그해 크리스마스에 우리는 호놀룰루로 갔다. 하와이는 처음이었지만, 틀림없이 그곳을 좋아할 것 같았다. 나는 겨울이 4월까지 이어지고 사람들이 으레 차 트렁크에 눈삽을 싣고 다니는 시카고 출신이었다. 두툼한 겨울옷을 황당할 만큼 많이 갖고 있었다. 그러니 겨울을 벗어나는 것은 늘 신나는 모험 같았다. 대학 때 바하마 출신 친구 데이비드와 함께 바하마를 여행했고, 수잰과 함께 자메이카에 간 적도 있었다. 살갗에 와

닿는 따스한 공기가 좋았고, 바다에 가면 매번 느껴지는 들뜬 기분도 좋았다. 내가 섬에서 자란 사람들에게 끌리는 건 우연이 아닌 것 같기도 했다.

킹스턴에서 수잰은 나를 모래 입자가 가루처럼 고운 백사장으로 데려갔고, 우리는 비췻빛 바닷물에서 물장구를 쳤다. 수잰은 또 정신이 쏙 빠지게 시끌벅적한 시장으로 나를 데려가서는 노점상들과 격의 없이 떠들고 능수능란하게 안내했다.

"이거 먹어봐!" 수잰은 자메이카 억양이 완연한 말투로 신나게 외치면서 구운 생선, 튀긴 얌, 사탕수수 줄기, 망고 과육을 내밀었다. 수잰은 내가 모든 것을 다 맛보기를 바랐다. 그 섬의 사랑스러운 것들을 모두 알려주고 싶어서 안달이었다.

버락도 비슷했다. 그는 이제 본토에서 산 지 10년이 넘었지만, 하와이는 여전히 그에게 중요한 곳이었다. 그는 내가 하와이의 모든 것을 맛보기를 바랐다. 호놀룰루에 가로수로 심어진 야자나무, 초승달처럼 굽은 와이키키 해변, 초록 휘장처럼 도시를 둘러싼 언덕까지. 우리는 지인의 아파트를 빌려서 일주일쯤 머무는 동안 매일 바다로 나가 헤엄치거나 느긋하게 일광욕했다. 버락의 여동생 마야를 처음 만났다. 바너드 대학에 다니는 중인 열아홉 살 마야는 친절하고 똑똑했다. 또 볼이 통통했고, 갈색 눈은 커다랬고, 어깨까지 늘어진 까만 머리카락이 탱글탱글 굽슬굽슬했다. 나는 버락이 '투트와 그램프스'●라고 부르는 외할머니 매들린 더넘과 외할아버지 스탠리 더넘도 만났다. 두 분은 버락을 키웠던 집에서 여태 살고 있었다. 작은 고층 아파트였는데, 집 곳곳에 버락의 어머니가 보내온 인도네시아 직물이 장식되어 있었다.

<hr>

● 하와이에서는 보통 할머니를 투투, 할아버지를 그램프스로 부르는데, 버락 오바마는 투투를 '투트'라고 불렀다.

버락의 어머니 앤도 만났다. 앤은 통통하고 활달한 여성으로, 까맣고 꼬불꼬불한 머리카락에 버락처럼 각진 턱을 가졌다. 큼직한 은 액세서리와 밝은색 바틱 원피스, 그리고 인류학자라면 모름지기 저런 걸 신겠거니 싶은 튼튼한 샌들 차림이었다. 친근하게 나를 대했고, 내 배경과 일을 궁금해했다. 그녀가 아들을 사랑한다는 사실을—거의 존경에 가까워 보였다—한눈에 알 수 있었다. 앤은 무엇보다도 아들과 마주 앉아서 이야기 나누고 싶어 했다. 오랜 친구와 근황을 나누는 것처럼, 자신의 박사 연구에 관해서 버락과 논의하고 서로 책을 추천했다.

그 집 사람들이 버락을 아직 배리라고 부르는 것이 사랑스럽게 느껴졌다. 버락의 조부모님은 1940년대에 고향 캔자스를 떠났지만, 버락이 늘 말했던 대로 아직도 엉뚱한 장소에 떨어진 중서부인들처럼 보였다. 그램프스는 덩치 큰 곰 같았고, 실없는 농담을 즐겼다. 투트는 백발의 강인한 여성으로, 한때 지역 은행의 부사장까지 올랐었다. 할머니는 점심으로 우리에게 참치 샐러드 샌드위치를 만들어주었다. 저녁에는 리츠 크래커에 정어리를 올린 애피타이저를 내준 다음, 다들 뉴스를 보거나 스크래블 게임을 하면서 먹을 수 있도록 TV 시청용 쟁반에 저녁 식사를 담아주었다. 그들은 소박한 중산층 가족이었다. 많은 면에서 우리 가족과도 비슷했다.

어쩐지 안도감이 들었다. 나뿐 아니라 버락도 그런 듯했다. 우리는 서로 아주 다르면서도 신기하게 잘 맞았는데, 왜 그렇게 서로가 편안하고 끌렸는지 이제 안 기분이었다.

하와이에서는 버락의 진지하고 지적인 측면이 살짝 물러나고 느긋한 측면이 더 드러났다. 그는 고향에 있었고, 고향에서는 자신을 증명해 보일 필요가 없었다. 하와이에서 우리는 매사에 늦었지만, 그런 것쯤 아무런 문제도 되지 않았다. 깐깐한 내게도 문제 되지 않았다. 하루는 버락의 고등학교 친구이자 어부인 보비가 자기 배에 태워주었다. 우리는 스노클링을 하고, 정처 없는 항해도 했다. 버락이 그렇게 긴장을 푼 모습은 처음 보았다. 그도 파란 하늘 밑에서 오랜 친구와 시원한 맥주를 마실 때는 그날의 뉴스나 읽어야 할 자료나 소득 불평등을 고민하지 않았다. 햇살에 젖은 섬의 유유자적함은 우리 관계에 새로운 차원을 열어주었다. 이런 시간을 처음 함께하는 덕분이기도 했다.

내 친구들 중에는 잠재적 배우자를 겉에서부터 판단하는 사람이 많았다. 우선 외모와 경제적 전망을 따졌다. 그렇게 고른 상대가 설령 말이 안 통하거나 자신의 약한 면을 내보이기를 꺼리는 사람이더라도, 시간이나 결혼 서약이 문제를 해결해줄 거라 생각하는 것 같았다. 하지만 버락은 완전히 성숙한 인간으로서 내 인생에 들어왔다. 처음 대화를 나눌 때부터 알 수 있었다. 그는 두려움과 나약함을 드러내는 걸 부끄럽게 여기지 않았으며, 진실함을 무엇보다 소중하게 여겼다. 일터에서의 그는 겸손한 사람이었고, 더 큰 목표를 위해서라면 자신의 욕구와 바람을 흔쾌히 희생할 줄 알았다.

그리고 이제 하와이에서는 또 다른 사소한 면들에서 그의 성격을 알 수 있었다. 그가 고등학교 친구들과 여태 친하다는 것은 관계를 오래 유지할 줄 안다는 뜻이었다. 그가 강인한 어머니와 원만하게 지낸다는 것은 여성과 그 독립성을 존중한다는 뜻이었다. 그가 자신만의 목표와 목소리를 지닌 배우자를 감당할 수 있는 사람이라는 사실을 구태여 묻지 않아도 알 수 있었다. 인간관계에서는 우리가 상대에게 결코 가르칠 수 없는 점이 있기 마련이다. 아무리 사랑해도 새로 갖춰주거나 바꿀 수 없는 부분이 있다. 버락은 자신의 세계를 보여줌으로써, 그가 어떤 배우자가 될까 하는 문제에 있어서 내가 알고 싶은 모든 걸 알려주었다.

어느 날 오후, 우리는 차를 빌려서 오아후섬 북쪽 해안을 달렸다. 부드러운 모래 해변을 발견하고는, 그곳에 앉아서 집채만 한 파도를 타는 서퍼들을 구경했다. 우리는 이야기를 나누면서 오래 앉아 있었다. 파도 가 밀려왔다 밀려가고, 해가 수평선으로 기울고, 사람들이 하나둘 짐을 챙겨서 돌아갈 때까지 앉아 있었다. 하늘이 분홍색이 되었다가 보라색 이 되었다가 이윽고 캄캄해지고, 벌레가 물기 시작하고, 배가 고파질 때 까지 이야기를 나누었다. 내가 하와이에 온 것은 버락의 과거를 엿보기 위해서였지만, 우리는 이제 대양 가장자리에 앉아서 미래를 이야기하 고 있었다. 어떤 집에서 살고 싶은지, 어떤 부모가 되고 싶은지… 이런 이야기는 아직 이른 듯했고 좀 무모하게도 느껴졌지만, 한편으로는 안 도감이 들었다. 이 대화가 어쩌면 영원히 끝나지 않고, 평생 이어질지도 모른다는 생각이 들었기 때문이다.

*　　*　　*

시카고로 돌아와서 다시 버락과 떨어진 생활이 시작되었다. 나는 여전 히 술집의 해피 아워 모임에 참석했지만, 늦게까지 머물진 않았다. 버락 의 독서열 덕에 내 안에서도 새롭게 독서욕이 솟아난지라, 이제는 토요 일 밤 소파에 파묻혀 재밌는 소설을 읽는 게 더 편했다.

　그러다 지루해지면, 오래된 친구들에게 전화를 걸었다. 진지하게 만 나는 애인이 있다 해도, 나를 든든히 붙잡아주는 것은 여전히 여자 친구 들이었다. 샌티타 잭슨은 이제 로버타 플랙의 백업 가수로 전국을 순회 하며 공연하고 있었다. 우리는 짬이 나면 가끔 통화했다. 1년 전쯤 부모 님과 나란히 거실에 앉아서 TV를 통해 샌티타와 형제자매들이 1988년 민주당 전당대회 무대에 올라 자신들의 아버지를 소개하는 모습을 지켜 보았다. 가슴이 터질 듯 자랑스러웠다. 잭슨 목사는 10여 개 주의 예비선거에서 승리하며 선전했지만 결국 마이클 듀카키스에게 패배했다. 우리도 속으로는 잭슨 목사의 당선 가능성이 희박하다고 여겼지만, 그래도 그의 행보는 우리 같은 가정들에 새로운 차원의 희망과 흥분을 안겨주었다.

하버드 법대에 다닐 때 친했던 버나 윌리엄스와도 자주 통화했다. 버나는 얼마 전까지 케임브리지에서 지냈던 터라 버락을 몇 번 만난 적 있었는데, 자신도 그가 무척 마음에 든다고 말하면서도 나더러 어쩌다 그 턱없이 높았던 눈을 낮춰서 흡연자를 애인으로 삼았느냐며 놀렸다. 앤절라 케네디와도 여전히 즐겁게 통화했다. 앤절라는 뉴저지에서 교사로 일하면서 어린 아들을 키웠는데, 결혼이 서서히 해체되는 과정을 겪으면서 자신을 추스르려 애쓰고 있었다. 엉뚱하고 철이 덜 든 대학생으로 만났던 우리는 어느새 어른의 삶과 고민을 지니고 있었다. 가끔은 이 현실 자체가 배꼽 빠질 만큼 우습게 느껴졌다.

한편 수잰은 프린스턴에서 함께 방을 썼던 때처럼 여전히 자유로운 영혼이었다. 수잰은 내 삶에 휙 나타났다가 휙 사라졌고, 여전히 모든 선택을 재미를 기준으로 내리면서 살았다. 우리는 오래 감감무소식이다가도 연락이 닿으면 금세 편안한 우정을 이어가는 사이였다. 나는 여전히 수잰을 스크루지라고 불렀고, 수잰은 나를 미셰라고 불렀다. 우리 둘의 세상 역시 수잰이 이팅 클럽 파티에 다니면서 빨랫감을 침대 밑에 쑤셔박고 나는 사회학 수업 노트를 색색의 라벨로 정리하던 학창 시절처럼 여전히 판이했다. 그때도 내게 수잰은 우리 둘의 본질적이고 깊은 차이 너머로 멀리서만 행보를 지켜보는 자매 같았다. 수잰은 때로 사람을 미치게 했지만, 그러면서도 늘 매력적이었고 내게 중요한 사람이었다. 수잰은 기껏 조언을 구하고서는 태연히 무시했다. 좀 유명한 바람둥이 팝 가수와 데이트하는 거, 나쁜 생각일까? 그야 물론이지, 나쁜 생각이야. 그래도 수잰은 기어코 데이트했다. 왜냐니, **안 될 거 없잖아?** 수잰이 어느 아이비리그 경영대학원에 입학할 기회를 포기했을 때는 정말이지 최고로 분통이 터졌다. 공부를 너무 많이 해야 할 테고 따라서 재미없을 거라며, 그 대신 공부 부담이 덜한 어느 주립대학의 MBA 과정을 택했다. 나는 그 결정을 게으른 선택으로 보았다.

수잰의 선택은 때로 내 삶의 방식을 모욕하는 것처럼 느껴졌다. 안달복달하지 말고 대충 사는 편이 낫다고 말하는 것 같았기 때문이다. 그 때문에 내가 수잰을 부당하게 평가했다는 사실을 이제는 나도 알지만, 당시에는 그저 내가 옳다고만 믿었다.

버락과 데이트하기 시작했을 때, 나는 수잰에게 전화해서 내 감정을 토로했다. 수잰은 내가 행복하다는 소식에 뛸 듯이 기뻐했다. 행복이야말로 수잰이 추구하는 가치였으니까. 수잰도 내게 전할 소식이 있었다. 수잰은 연방준비은행에서 컴퓨터 전문가로 일하는 것을 그만두고 몇 주도 아니고 몇 달이 걸릴, 세계 일주에 가까운 여행을 어머니와 함께 나설 계획이라고 했다. 왜냐니, **안 될 거 없잖아?**

그때 수잰은 자기 몸속 세포들에게 이상한 일이 벌어지고 있다는 걸, 은밀한 약탈이 진행되고 있다는 사실을 무의식적으로라도 느꼈을까? 나는 영영 알 수 없었다. 다만 이런 것은 알았다. 1989년 가을에 내가 구두를 신고 앉아서 길고 지루한 회의를 견딜 때 수잰과 어머니는 캄보디아에서 얇은 원피스에 흘리지 않으려 조심조심 커리를 먹었고, 동틀 녘 장엄한 타지마할 앞에서 춤추었다는 것. 내가 은행 잔고를 계산하고 세탁소에 맡긴 옷을 찾아오고 유클리드가의 가로수가 낙엽을 떨어뜨리는 모습을 지켜볼 때, 수잰은 무더운 방콕에서 툭툭을 타고 달리면서 기쁨에 겨워—내 상상이다—웃음을 터뜨렸다는 것. 사실 나는 수잰의 여행이 정확히 어땠는지, 수잰이 정확히 어느 곳을 다녔는지 모른다. 수잰은 여행지에서 엽서를 쓰거나 연락을 하거나 하는 타입이 아니었다. 그러기에는 온몸으로 세상을 받아들이느라 너무 바빴다.

하지만 수잰이 메릴랜드로 돌아와서 내게 연락할 틈을 냈을 때, 그녀가 전한 소식은 전혀 예상 밖이었다. 내가 생각하는 수잰과는 결코 어울리지 않는 소식이라서, 무슨 소리인지 이해가 잘 안 될 지경이었다.

"나 암에 걸렸어." 수잰이 복받친 목소리로 말했다. "심각하대."

수잰은 공격적인 림프종이 몸속 장기를 망가뜨리고 있다는 진단을 막 받은 참이었다. 치료 계획을 이야기하면서 거기에 희망을 걸고 있다고 말했지만, 너무 놀란 나머지 내 귀에는 자세한 내용이 들어오지 않았다. 수잰은 끊기 전에 덧붙였다. 잔인한 운명의 장난처럼, 수잰의 어머니도 심각한 병에 걸려서 앓아누웠다고.

내가 인생은 결국 누구에게나 공평하다고 믿은 적이 있었는지 잘 모르겠다. 하지만 분명 하늘이 무너져도 살아날 길은 있다고 생각하며 살았다. 수잰의 암은 그 생각에 대한 최초의 심각한 도전이었고, 내 이상을 망가뜨리는 현실이었다. 왜냐하면, 자세한 내용은 아직 정하지 않았어도, 내게는 미래에 대한 구상이 있었기 때문이다. 해야 할 일들을 줄 세워서 착착 처리해나가는 성격답게, 대학 1학년 때부터 착실히 꾸려온 구상이었다.

내 생각에 수잰과 나는 이럴 것이었다. 우리는 서로의 결혼식에서 들러리 대표가 될 것이다. 우리 남편들은 물론 전혀 다른 타입이겠지만, 그래도 서로 아주 좋아할 것이다. 우리는 같은 시기에 아이를 가질 테고, 두 가족이 함께 자메이카로 여행 가고, 서로의 양육법을 은근히 힐난하고, 서로의 아이들에게 가장 좋고 재미난 이모가 되어줄 것이다. 나는 수잰의 아이들에게 생일 선물로 책을 사줄 것이고, 수잰은 내 아이들에게 스카이콩콩을 사줄 것이다. 우리는 함께 웃고, 비밀을 나누고, 남들의 우스꽝스러운 모습에 함께 눈알을 굴릴 것이다. 그러다 어느 날, 우리가 평생 친구로 지내온 두 할머니가 되어 있음을 깨닫고 대체 세월이 언제 이만큼 흘렀느냐며 당황할 것이다.

내게는 그것이야말로 마땅히 와야 할 세상이었다.

★　　★　　★

그해 겨울과 봄을 돌아보면서 가장 놀라운 점은 내가 그냥 내 일을 했다는 사실이다. 나는 변호사였고, 변호사들은 일을 한다. 우리는 늘 일했다. 우리는 근무시간만큼만 가치 있는 사람들이었다. 나는 스스로에게 다른 선택은 없다고, 일은 중요하다고 말했다. 그래서 매일 아침 시카고 시내로 출근해서, '원 퍼스트 내셔널 플라자'라는 기업들의 개미탑 같은 건물로 들어가서, 고개를 푹 숙이고 근무시간을 채웠다.

메릴랜드에서 수잰은 병마와 더불어 살고 있었다. 수잰은 진찰과 수술을 받는 와중에 역시 심각한 암과 싸우는 어머니를 간호해야 했다. 의사들은 어머니의 병이 수잰의 병과는 무관하다고 딱 잘라 말했다. 그것은 너무나도 기이해서 곰곰이 생각하면 오싹하기까지 한 나쁜 우연, 나쁜 운명이었다. 수잰은 다른 가족 중에서 딱히 가까운 사람이 없었다. 수잰이 좋아하는 여자 사촌 두 명이 힘 닿는 대로 수잰을 도울 뿐이었다. 앤절라가 가끔 뉴저지에서 차를 몰고 내려가서 수잰을 만났지만, 자신도 유아와 일을 저글링하는 형편이었다. 나는 밥내 시절 친구 버나에게 가능하면 나 대신 들러달라고 부탁했다. 버나는 우리가 하버드에 다닐 때 수잰을 두어 차례 만난 적 있었고, 공교롭게도 마침 실버스프링에, 더구나 수잰의 집에서 주차장 하나를 사이에 둔 건물에 살고 있었다.

실은 버나도 얼마 전 아버지를 잃고 슬픔과 씨름하던 터라, 내 부탁은 무리한 것이었다. 하지만 버나는 훌륭한 친구인 데다가 정이 많은 사람이었다. 5월 어느 날, 버나가 내 사무실로 전화해서 수잰을 만난 이야기를 자세히 들려주었다.

"내가 머리카락을 빗어줬어." 버나가 말했다.

수잰이 남에게 빗질을 맡겼다는 사실에서 사태의 위중함을 깨달아야 했건만, 그때까지도 나는 현실을 직시하지 않았다. 이 일이 현실이 아닐 거라고 부정하는 마음이 있었다. 반대 증거들만 쌓여가는데도, 수잰이 결국 건강을 회복하리라고 여겼다.

6월에 내게 전화해서 정곡을 찔러준 사람은 앤절라였다. "미셰, 올 생각이 있다면 어서 오는 게 좋겠어."

그즈음 수잰은 입원해 있었다. 너무 쇠약해서 말도 하지 못했고, 의식이 들어왔다 나갔다 했다. 더는 현실을 부정할 수 없었다. 전화를 끊자마자 비행기표를 샀다. 동쪽으로 날아가서, 택시를 타고 병원으로 가서, 엘리베이터를 타고 복도를 걸어서, 수잰의 병실로 갔다. 그리고 수잰을 보았다. 수잰은 가만히 누워 있었다. 곁에서 앤절라와 수잰의 사촌이 지켜보고 있었다. 모두 조용했다. 수잰의 어머니는 불과 며칠 전 돌아가셨다고 했다. 수잰은 의식불명 상태였다. 내가 수잰의 침대에 걸터앉을 수 있도록 앤절라가 자리를 내주었다.

나는 수잰을 말끄러미 보았다. 완벽한 하트 모양의 얼굴과 적갈색 피부를 보았다. 나이답게 여전히 매끄러운 뺨과 소녀처럼 굴곡진 입술을 보니 어쩐지 안도감이 들었다. 희한하게도 병은 수잰의 외모를 망가뜨리지 못했다. 까만 머리카락은 여전히 길고 탐스러웠다. 누군가 두 갈래로 땋아준 머리카락은 거의 허리까지 내려왔다. 한때 트랙을 달렸던 두 다리는 담요에 가려져 있었다. 수잰은 젊어 보였다. 사랑스럽고 아름다운 스물여섯 살 청춘이 그냥 낮잠을 자는 것 같았다.

나는 더 일찍 오지 않은 것을 후회했다. 시소처럼 널뛰었던 우리 우정에서 내가 여러 차례 수잰에게 잘못된 선택을 하고 있다고 비난했던 것을 후회했다. 어쩌면 수잰은 늘 옳게 해왔는지도 몰랐다. 수잰이 내 조언을 누차 무시했던 것이 갑자기 다행스럽게 느껴졌다. 수잰이 무슨 대단한 경영대학원 학위를 따겠다고 무리해서 공부하는 길을 택하지 않았던 것이, 수잰이 그저 재미로 조금 유명한 팝 가수와 어느 주말을 보냈던 것이 다행스럽게 느껴졌다. 수잰이 타지마할에서 어머니와 함께 일출을 보았던 것이 기쁘게 느껴졌다. 수잰은 나와는 다른 방식으로 삶을 살았다.

그날 나는 축 늘어진 수잰의 손을 잡고, 수잰의 호흡이 차츰 거칠어지는 걸 지켜보았다. 결국 들숨과 들숨 사이의 시간이 점점 길어졌다. 어느 순간, 간호사가 우리에게 때가 되었다는 듯이 고개를 끄덕였다. 수잰은 떠나고 있었다. 내 마음은 캄캄해졌다. 심오한 생각 같은 건 들지 않았다. 인생이나 상실에 대한 깨달음 따위도 없었다. 굳이 따지자면, 그저 미칠 것 같았다.

수잰이 스물여섯의 나이에 병으로 죽는 게 너무 불공평한 일로 느껴졌다고 하면 물론 지나치게 단순한 감상이다. 하지만 사실이었다. 그것은 냉혹하고 추악한 사실이었다. 이윽고 수잰을 놓아두고 병실을 나설 때, 내 머릿속에는 이 생각뿐이었다. '수잰은 죽었는데 나는 살아 있다니.' 병원 복도에서 환자복을 입고 돌아다니는 사람들은 모두 수잰보다 더 늙고 더 아파 보였지만, 그래도 그들은 살아 있었다. 나는 곧 만원 비행기를 타고 시카고로 돌아가서, 붐비는 고속도로를 달려서, 엘리베이터를 타고 내 사무실로 올라갈 것이다. 즐거운 얼굴로 차에 앉은 사람들, 여름 복장으로 길을 걷는 사람들, 카페에 앉아 빈둥대는 사람들, 책상에서 일하는 사람들을 볼 것이다. 그들은 수잰에게 벌어진 일을 까맣게 몰랐다. 자신이 언제라도 죽을 수 있다는 사실도 모르는 것 같았다. 세상이 이렇게 똑같이 지속된다는 사실이 얼토당토않게 느껴졌다. 모두 이렇게 살아 있다니. 그러나 나의 수잰은 없다.

10

그해 여름, 나는 일기를 쓰기 시작했다. 표지에 보라색 꽃이 그려져 있고 까만색 천으로 장정한 공책을 사서 침대 머리맡에 두었다. 출장에도 가지고 갔다. 매일 쓰진 않았고, 매주 쓰지도 않았다. 뒤엉킨 감정을 풀어낼 시간과 에너지가 있을 때만 펜을 집었다. 한 주에 여러 번 쓰다가도 한 달 이상 밀쳐두었다. 나는 천성이 내향적인 사람은 아니다. 생각을 글로 기록한다는 것 자체가 내게는 새로운 경험이었다. 이 시도는 버락에게 영향받은 바 있었을 것이다. 버락은 글쓰기가 마음을 치유하고 생각을 명료하게 만든다고 여겼고, 썼다 안 썼다 했지만 오래전부터 일기장을 갖고 있었다.

버락은 하버드에서 여름방학을 맞아 시카고로 돌아왔다. 이번에는 따로 집을 빌리지 않고 유클리드가 우리 집의 2층으로 왔다. 그것은 버락과 내가 처음으로 진정한 의미에서 함께 사는 법을 익히고, 버락이 우리 가족과 좀 더 친밀하게 지내게 된다는 뜻이었다. 버락은 출근하러 나서는 아버지와 잠시 스포츠 잡담을 나누었고, 어머니가 차에서 집 안으로 식료품 나르는 걸 도왔다. 기분 좋은 모습이었다. 한편 오빠는 오빠만이 할 수 있는 철저하고 확실한 방법으로 버락의 성품을 평가했다. 대학 선수 출신이 대부분인 자기 친구들과 격렬한 농구 시합을 벌이는 주말에 버락을 초대한 것이었다. 그리고 사실은 내가 요청한 일이었다. 내게는 오빠가 버락을 어떻게 보는지가 중요했을뿐더러 오빠는 사람을 잘 읽는 편이었다. 농구를 함께 하면서는 더더욱 그랬다. 버락은 시험을 거뜬히 통과했다. 오빠는 버락이 경기를 매끄럽게 운용할 줄 안다고 했다. 그는 적절할 때 패스할 줄 알았지만, 수비가 붙지 않을 때는 과감히 슛을 날릴 줄도 알았다. "공을 독차지하는 타입이 아니야. 하지만 배짱도 있어." 오빠는 말했다.

그해 여름에 버락은 내 직장에서 가까운 다른 법률 회사에서 인턴을 하기로 했다. 하지만 이번에는 시카고 체류 기간이 짧았다. 다음 학년에 《하버드 로 리뷰》 편집장을 맡기 때문이었다. 그것은 약 300쪽짜리 책 여덟 권을 책임지고 만들어야 한다는 뜻이었고, 따라서 그는 케임브리지로 좀 일찍 돌아가서 준비해야 했다. 《하버드 로 리뷰》를 이끌 편집장 선거는 매년 치열하여, 학생 편집자 80명의 엄격한 심사와 투표를 거쳤다. 편집장으로 뽑힌다는 것은 누구에게든 엄청난 성취였다. 더구나 버락은 그 출판물의 103년 역사상 최초의 흑인 편집장이었다. 워낙 대단한 사건이라 《뉴욕 타임스》가 코트에 목도리를 두른 차림으로 웃는 버락의 사진까지 곁들여서 기사를 낼 정도였다.

요컨대 내 남자 친구는 대단한 인재였다. 그는 얼마든지 두둑한 연봉을 약속하는 법률 회사에 취직할 수 있겠지만, 그러는 대신 학위를 따면 인권변호사로 일할 생각이었다. 그러면 학자금 상환에 걸리는 시간이 두 배가 될 텐데도. 주변 사람들은 거의 모두 그에게 여러 선배 편집장의 선례를 따라서 연방대법원 예비 판사 과정인 재판 연구원에 지원하라고 조언했고, 그러면 따놓은 당상으로 붙을 것이라고 말했지만, 그는 흥미가 없었다. 그는 시카고에서 살고 싶어 했다. 또 미국의 인종 문제에 관한 책을 쓰고 싶어 했다. 자신의 가치와 일치하는 일을 찾아보겠다고 했는데, 그것은 곧 기업체를 고객으로 받는 법률 회사에는 취직하지 않겠다는 뜻이었다. 나는 그가 그토록 확신 있게 진로를 결정해가는 모습이 놀라울 뿐이었다.

그런 확신은 물론 감탄스러웠지만, 그것과 함께 사는 일은 솔직히 만만치 않았다. 버락의 강한 목적의식과 함께 산다는 것, 그런 목적의식과 함께 잠들고 함께 아침을 먹는다는 것은 적응이 좀 필요한 일이었다. 그가 그런 신념을 과시해서가 아니었다. 그저 그것이 너무 생생하기 때문이었다. 자신이 세상을 틀림없이 변화시킬 수 있다는 그런 확신에 대면, 나는 상대적으로 목적의식이랄 것이 없는 사람처럼 느껴졌다. 버락의 목적의식은 부지불식간에 내 목적의식을 시험하는 것 같았다.

그래서 일기를 쓰기 시작했다. 나는 첫 장에 조심스러운 필치로 일기를 쓰기 시작하는 이유를 적어두었다.

첫째, 내가 원하는 삶이 무엇인지 몰라서 혼란스럽다. 나는 어떤 사람이 되고 싶은 걸까? 어떻게 세상에 기여하고 싶을까?
둘째, 버락과의 관계를 진지하게 여기게 되었고, 그래서 나 자신을 좀 더 잘 다룰 필요가 있다고 느낀다.

작은 꽃무늬 공책은 이후 20년이 넘는 세월과 여러 차례의 이사를 거치면서도 내 곁에 남았다. 백악관에서도 8년 동안 내 드레스룸 선반에 놓여 있었다. 그리고 이번에 새집으로 옮겨 이삿짐을 풀 때도 그 안에 있었다. 공책을 펼쳐 찬찬히 책장을 넘기면서 내가 젊은 변호사였을 때 어떤 사람이었는지를 되짚어보았다. 지금 다시 읽어보니, 당시 내가 스스로에게 무슨 말을 하고 싶었는지 또렷이 알 수 있었다. 그때 내게 정곡을 찔러주는 여성 멘토가 있었다면 지적해주었을 만한, 사실상 간단한 문제였다.

첫 번째 문제는 내가 변호사 일을 싫어한다는 점이었다. 나는 변호사가 적성에 맞지 않았다. 일은 썩 잘 해냈어도, 늘 공허한 기분이었다. 변호사가 되려고 얼마나 노력하고 얼마나 많은 빚을 졌는지 떠올리면, 그 사실을 인정하기는 자못 괴로웠다. 나는 뭐든지 잘 해내려는 눈먼 의욕에서, 뭐든지 완벽하게 해내고 싶은 욕심에서 경고신호를 놓치고 잘못된 길로 들어선 것이었다.

두 번째 문제는 내가 진심으로, 기꺼이 사랑하게 된 남자의 강력한 지성과 야망이 어쩌면 나를 집어삼킬지도 모른다는 점이었다. 나는 저류처럼 엄습해오는 그 물결을 이미 감지하고 있었다. 그렇다고 해서 그 물결에서 달아나진 않겠지만—그러기에는 내가 버락에게 그리고 사랑에 너무 깊이 빠져 있었다—어서 내 두 발로 단단히 버티고 설 필요가 있었다.

한마디로 나는 새 직업을 찾아야 했다. 그러나 무슨 일을 하고 싶은지에 대해서 구체적인 생각이 전혀 없었다. 난감하지만 사실이었다. 나는 그렇게 오래 공부하면서도 내가 열정을 느끼는 일이 무엇이고, 어떻게 하면 그 열정을 유의미한 직업과 연계시킬 수 있을지 한 번도 고민해보지 않았다. 어릴 때 이것저것 탐색해봤어야 했지만, 그러지 않았다. 그러고 보면 버락의 성숙미는 지역사회 조직가로 보냈던 시간에서, 대학 졸업 직후 맨해튼의 한 컨설팅 회사에서 1년간 연구원으로 일하며 허비했던 시간에서 비롯하는 것 같기도 했다. 그는 이것저것 시도했고, 다양한 사람을 만났고, 그러면서 자신의 우선순위를 알아냈다. 반면 나는 실수를 너무 두려워해서, 체면을 너무 중시해서, 돈을 벌어야 한다는 데 너무 집착해서 아무 생각 없이 곧장 변호사가 되었다.

나는 한 해 동안 버락을 얻었고 수잰을 잃었다. 그 영향으로 여태 어질어질했다. 수잰의 갑작스러운 죽음은 지금보다 더 즐겁고 의미 있게 살고 싶다는 생각을 일깨웠다. 지금처럼 현실에 안주하면서 언제까지나 살 수는 없었다. 혼란을 안긴 버락이 고마우면서도 미웠다. "내가 어떤 일에 의욕을 느끼고 어떤 일을 못 견디는지 끊임없이 묻는 듯한 남자가 곁에 없었더라도, 그래도 나는 이런 고민을 하게 되었을까?" 일기에 이렇게 적었다.

내가 무슨 일을 할 수 있을지, 무슨 기술이 있는지 생각해보았다. 교사가 될 수 있을까? 대학 행정가가 될 수 있을까? 프린스턴에서 처니와 했던 것 같은 어린이 방과 후 프로그램을 전문적으로 운영할 수 있을까? 재단이나 비영리단체에서 일하면 좋을 것 같았다. 형편이 어려운 아이들을 돕는 일에도 관심이 있었다. 의욕이 샘솟는 일을 하면서도 봉사를 하고 예술을 즐기고 아이를 가질 여유가 나면 좋을 것 같았다. 한마디로 나는 삶을 원했다. 삶을 온전히 경험하고 싶었다. 나는 교육, 10대 임신, 흑인의 자긍심 등 흥미가 가는 주제를 나열해보았다. 물론 좀 더 고상한 직업을 택하면 필연적으로 수입이 감소한다는 사실도 잘 알았다. 그래서 그다음 작성해본 목록은 현실감각을 다시금 일깨웠다. 시들리에서 받는 연봉으로 치러온 와인 멤버십 서비스, 헬스클럽 회원권 같은 사치를 포기하더라도 남는 필수 지출 목록이었다. 나는 매달 600달러씩 학자금을 상환해야 했고, 매달 407달러씩 자동차 할부금을 냈고, 그 밖에도 식비와 기름값과 보험료가 들었으며, 만약 부모님 집에서 나간다면 집세로 매달 500달러쯤 써야 할 터였다.

불가능하진 않았지만 쉽지도 않았다. 나는 엔터테인먼트 분야의 법률 회사들을 알아보았다. 그러면 일이 좀 더 흥미로울 것이고 연봉 삭감을 감수하지 않아도 될 것 같았다. 하지만 마음속에서는 서서히 확신이 자

라고 있었다. 나는 변호사 체질이 아니라는 확신이었다. 어느 날《뉴욕
타임스》에서 읽은 기사에 관해 일기에 적어두기도 했다. 미국 변호사들
이 만성피로와 스트레스와 불행감을 호소한다는 보도였다. 특히 여성
변호사들이 그랬다. 나는 이렇게 적었다.

"너무 우울하군."

★　　★　　★

그해 8월에는 워싱턴 D.C.의 호텔 회의실에서 보낸 날이 많았다. 그곳
에서 진행될 사건의 준비팀으로 파견된 것이었다. 화학 회사인 유니언
카바이드가 자회사 하나를 매각한 일로 반독점 재판을 받게 되었는데,
시들리에서 그 변론을 맡았다. 나는 워싱턴 D.C.에 3주쯤 있었지만 도
시 구경은 거의 하지 못했다. 회사 동료들과 함께 회의실에 처박혀서 본
사에서 보내온 파일 상자를 열고 그 속에 담긴 수천 쪽의 서류를 검토하
는 일에만 매진했다.

내가 우레탄 폴리에테르 폴리올 산업의 내막을 살펴보는 일에서 정
신적 안정을 느낄 만한 타입으로는 보이지 않겠지만, 놀랍게도 그때는
그랬다. 내가 이렇게 변호사 일을 해낸다는 사실, 전문성이 필요한 일을
하고 있다는 사실, 환경이 바뀌었다는 사실에 기분 전환이 되어서 마음
속 의구심을 잠시 잊었기 때문이다.

결국 사건은 법정 밖에서 합의로 타결되었다. 즉, 내 서류 검토 작업
은 대체로 쓸모없는 일이 되었다. 그런 타협은 짜증스럽기는 해도 법조
계에서 종종 있는 일이었다. 결국 열리지 않는 재판에 대비하여 일하는
경우가 드물지 않았다. 시카고로 돌아온 저녁, 마음속에 두려움이 묵직
하게 내려앉았다. 일상으로 돌아왔으니, 안개처럼 뿌연 혼란도 돌아올

터였다.

고맙게도 어머니가 오헤어 공항으로 마중나왔다. 어머니를 보는 것만으로도 위로가 되었다. 이제 50대 초반인 어머니는 시내 은행에서 풀타임 비서로 일했다. 어머니는 종종 자신의 일터를, 단순하게 묘사하자면 자기 아빠가 은행원이었기 때문에 은행원이 된 남자들이 앉아 있는 곳이라고 말했다. 어머니는 강한 분이었다. 허튼짓을 참아주지 않는 분이었다. 머리카락은 늘 짧았고, 실용적이고 수수한 옷을 입었다. 모든 면에서 유능함과 차분함이 풍겼다. 오빠와 내가 어릴 때 그랬던 것처럼, 지금도 어머니는 우리 사생활에 개입하지 않았다. 대신 늘 믿음직한 존재가 되어주는 것으로 사랑을 표현했다. 비행기 도착에 맞춰 마중을 나왔고, 운전해서 집으로 데려다주고, 배가 고프다고 하면 먹을 걸 건넸다. 한결같이 차분한 어머니의 태도는 안식처이자 피난처였다.

차가 시내로 들어설 때, 나는 땅이 꺼져라 한숨을 쉬었다.

"괜찮니?" 어머니가 물었다.

어슴푸레한 고속도로 불빛을 받은 어머니의 얼굴을 보면서, 나는 입을 열었다. "모르겠어요. 그냥…"

그 말을 시작으로, 속내를 쏟아냈다. 직장이 즐겁지 않다고, 심지어 내 직업이 즐겁지 않다고, 솔직히 말하자면 심각하게 **불행하다**고. 자꾸 마음이 들썩거리고 뭔가 큰 변화를 주고 싶지만 그러면 지금만큼 돈을 벌기는 어려울 것 같아서 걱정이라고. 정제되지 않은 감정을 털어놓고는, 또 한 번 한숨을 쉬며 말했다. "그냥, 충족감이 느껴지지 않아요."

어머니에게 저 말이 어떻게 들렸을지, 이제는 안다. 어머니는 주로 내 대학 학비에 보태겠다는 이유에서 다시 직장을 다니기 시작한 지 9년째였다. 그 전에는 내가 학교에 입고 갈 옷을 꿰매주고, 식사를 차려주고, 가족을 위해 매일 8시간씩 정수장 보일러 계량기를 들여다보는 아버지에게 빨래를 해주기 위해서 일부러 직장을 다니지 않았다. 어머니는 방금 한 시간을 운전해서 공항으로 나를 데리러 왔고, 내가 집세도 안 내고 자기 집 2층에서 살도록 허락했고, 내일 아침에는 몸이 불편한 아버지의 출근 준비를 돕고자 새벽같이 일어날 터였다. 충족감이 느껴지지 않는다는 내 고민에 "아이고, 그러니" 하고 맞장구칠 입장이 아니었다.

어머니에게 충족감이란 부자들의 허영처럼 느껴졌을 것이다. 30년을 함께 사는 동안 부모님은 충족감이라는 말을 입에 올린 적도 없으리라.

어머니는 내게 생각이 너무 많다고 비난한 적이 한 번도 없었다. 자식들에게 일장 연설을 늘어놓거나 자신의 희생을 들먹이는 분이 아니었다. 그저 내가 어떤 선택을 하든 조용히 응원해주었다. 그러나 이번에는 달랐다. 어머니는 나를 흘끔 보고, 고속도로를 나가서 우리 동네로 진입하려고 방향등을 켠 뒤, 아주 살짝 빙긋 웃으면서 말했다. "내 의견을 묻는다면, 돈부터 벌고 행복은 나중에 생각하라고 말해주고 싶구나."

★　　　★　　　★

우리는 어떤 진실은 직면하지만 어떤 진실은 외면한다. 이후 반년 동안 나는 큰 변화를 주진 않으면서도 내 역량을 키울 방도를 조용히 찾아보았다. 직장에서는 우리 부문을 담당하는 파트너 변호사를 만나서 좀 더 도전적인 과제를 달라고 청했다. 인턴 모집에서 좀 더 신선하고 다양한 인재를 찾는 일을 비롯하여, 의미 있다고 여기는 프로젝트에 집중했다. 그러면서도 신문의 구인 공고를 꾸준히 훑었고, 변호사가 아닌 사람들을 만나보려고 애썼다. 좀 더 온전한 충족감을 느끼면서 살 길을 어떤 식으로든 찾아내겠다고 결심했다.

한편 집에서는 새로운 현실에 직면하여 무력감을 느꼈다. 아버지의 발이 이유 없이 붓기 시작했다. 피부는 이상하게 얼룩덜룩하고 까매졌다. 하지만 내가 괜찮냐고 물을 때마다, 아버지는 예전부터 해온 대답을 고집스럽게 내놓을 뿐이었다.

"나는 괜찮다." 아버지는 물을 필요도 없는 질문이라는 듯, 이렇게 대꾸하고 화제를 바꾸었다.

시카고는 다시 겨울이었다. 나는 이웃들이 자동차 앞 유리창에 낀 살얼음을 긁어내는 소리에 잠을 깼다. 바람이 쌩쌩 불었고, 눈이 쌓였다. 해는 종일 핏기 없이 파리했다. 47층 사무실 창으로 툰드라 같은 회색 얼음밭이 된 미시간호와 그 위에 걸린 청회색 하늘이 보였다. 나는 모직옷을 껴입고, 날이 녹기만을 고대했다. 앞에서 말했던 것처럼 중서부의 겨울은 기다림의 시간이다. 안도감, 새소리, 눈을 뚫고 올라오는 첫 보라색 크로커스를 기다리는 시간이다. 그런 날이 올 때까지는 스스로를 격려하면서 버티는 수밖에 없다.

아버지는 쾌활함을 잃지 않았다. 가끔 오빠가 저녁을 먹으러 오면, 우리는 예전처럼 웃으면서 식탁에 둘러앉았다. 달라진 점이라면 오빠의 아내인 재니스가 합류했다. 통신 분석가로 일하는 재니스는 명랑하고 활기찬 성격으로, 여느 사람들처럼 우리 아버지를 아주 좋아했다. 오빠는 프린스턴 졸업 후 전문직 종사자로 성공한 모범 사례처럼 보였다. MBA 과정을 밟고 있었고, 콘티넨털 은행에서 부사장으로 일했고, 재니스와 함께 하이드파크에 멋진 집을 샀다. 맞춤 징징을 입고, 서녁을 먹으러 올 때는 빨간 포르쉐 944 터보를 타고 왔다. 그런데 당시에는 몰랐지만, 오빠는 그런 것들에서 행복을 느끼지 못하고 있었다. 오빠도 나처럼 내면에서 위기를 키우고 있었다. 차츰 지금 하는 일이 과연 의미 있는가, 자신이 그동안 강박적으로 추구해온 보상이 정말로 자신이 원한 보상이었는가 하는 문제를 고민했다. 하지만 우리는 아버지가 자식들의 성취를 몹시 대견하게 여긴다는 사실을 알았기 때문에 저녁 자리에서는 그런 불만을 꺼내지 않았다.

작별 인사를 할 때면 오빠는 걱정스러운 표정으로 아버지에게 건강을 물었다. 그러나 돌아오는 대답은 늘 "나는 괜찮다" 하고 명랑하게 일축하는 말뿐이었다.

우리가 그 대답을 받아들였던 것은 아마 그 말이 우리를 안정시켜주고, 안정성은 우리 가족이 원하는 바였기 때문이었을 것이다. 아버지는 오래 다발성경화증을 앓았지만 늘 괜찮게 지냈다. 우리는 이제 상태가 눈에 띄게 나빠졌는데도 저렇게 합리화하는 논리를 기꺼이 연장했다. 아버지는 괜찮아, 왜냐하면 아직 매일 출근하시니까. 아버지는 괜찮아, 왜냐하면 오늘 저녁에도 미트로프를 한 접시 더 드셨으니까. 아버지는 괜찮아, 아버지의 발을 유심히 살펴보지만 않는다면.

나는 왜 아버지를 병원에 보내지 않느냐고 따지면서 어머니와 여러 차례 언쟁을 벌인 터였다. 하지만 어머니도 나처럼 거의 포기한 상태였다. 그동안 아무리 말해봐도 단호히 물리치는 대답만 들었기 때문이다. 아버지는 의사들이란 좋은 소식을 들려주는 법이 없으니 피하는 게 상책이라고 여겼다. 말하기를 좋아했지만, 자기 문제를 말하기는 싫어했다. 자기 문제를 말하는 것은 이기적인 짓이라고 여겼다. 아버지는 자기 방식대로 해나가고 싶어 했다. 발이 불룩하게 붓자, 어머니에게 작업화를 한 치수 더 큰 것으로 사다 달라고 부탁할 뿐이었다.

교착 상태는 그해 1월과 2월에도 이어졌다. 아버지는 통증 때문에 굼떠졌고, 집 안에서 돌아다닐 때도 알루미늄 보행 보조기를 썼고, 그러고도 종종 멈춰서 숨을 돌려야 했다. 아침에 일어나 침대에서 욕실로, 욕실에서 부엌으로, 부엌에서 뒷문으로 나가 계단 세 개를 내려간 뒤, 차고로 걸어가 차를 출발시키기까지 걸리는 시간이 차츰 길어졌다. 집에서 그런 상태였음에도 아버지는 회사에서는 다 순조롭다고 말했다. 보일러에서 보일러로 이동할 때는 전동 스쿠터를 탔다. 자신이 정수장에 꼭 필요한 존재라는 사실을 자랑스러워했다. 아버지는 26년 동안 하루도 결근하지 않았다. 보일러가 과열되었을 때 신속하고 유능하게 대처하여 사고를 막는 경륜을 갖춘 사람은 자신 외에 몇 명밖에 없다고 주장했다. 얼마 전 승진 신청자 명단에 이름을 올린 것은 아버지의 낙관성을 잘 보여주는 증거였다.

어머니와 나는 아버지의 말과 우리가 눈으로 보는 현실을 조화시키려고 애썼다. 하지만 갈수록 그러기가 힘들어졌다. 아버지는 저녁에 쇠약하고 지친 모습으로 의자에 앉아서 농구나 하키 경기를 시청하는 날이 많아졌다. 발도 발이지만 목에도 뭔가 부어올랐다. 그 때문에 목소리가 가래 끓듯이 거칠어졌다.

어느 날 밤, 우리는 개입에 나섰다. 오빠는 원래 나쁜 경찰 역할을 맡으려 들지 않는 사람이었고, 어머니는 아버지의 건강 문제에 관해서는 휴전하기로 한 결심을 고수했다. 이런 대화에서 모진 말을 꺼내는 역할은 늘 내 몫이었다. 나는 아버지에게 우리를 봐서라도 도움을 받아야 한다고, 이튿날 아침에 내가 의사에게 연락하겠다고 통보했다. 아버지는 툴툴대면서도 응낙했다. 내가 예약하면 병원에 가겠다고 약속했다. 나는 아버지에게 몸이 푹 쉴 수 있도록 이튿날 아침에는 늦게까지 주무시라고 말했다.

그날 밤, 어머니와 나는 마침내 실마리를 풀었다는 생각에 안도하며 잠들었다.

*   *   *

그러나 아버지는 가족뿐 아니라 회사에도 충직한 사람이었다. 아버지에게 결근은 항복을 뜻했다. 아침에 아래층으로 내려가보니, 어머니는 출근하고 없었고 아버지는 보행 보조기를 곁에 두고 식탁에 앉아 있었다. 푸른 작업복 차림으로 작업화를 꿰고 있었다. 출근할 작정이었다.

"아빠, 오늘 쉬기로 했잖아요. 병원에 가기로…"

아버지는 으쓱하며 말했다. "안다, 얘야." 목에 자란 무언가 때문에 걸걸한 목소리였다. "하지만 지금은 괜찮단다."

아버지의 완고함은 켜켜이 쌓인 자긍심 밑에 깔린 것이었기 때문에, 거기에다 대고 화내기란 불가능했다. 아버지의 결심을 포기시킬 방법은 없었다. 부모님은 자식들에게 자신의 일은 스스로 처리하도록 가르쳤고, 그것은 곧 나도 아버지가 자신의 일을 스스로 처리하도록 놔두어야 한다는 뜻이었다. 이 순간 아버지가 신발조차 제대로 꿰지 못할지라도. 그래서 나는 아버지가 스스로 처리하도록 놔두었다. 걱정을 삼키고, 아버지의 볼에 작별 키스를 하고, 나도 출근 준비를 하려고 위층으로 올라갔다. 나중에 어머니 사무실로 전화해서 아버지가 시간을 내게 하려면 작전을 짤 필요가 있겠다고 말할 생각이었다.

뒷문이 탁 닫히는 소리가 들렸다. 몇 분 뒤 내려갔더니 부엌은 비어 있고 보행 보조기는 뒷문 옆에 있었다. 나는 충동적으로 문 쪽으로 다가가 계단과 차고로 이어진 길이 광각으로 내다보이는 유리 구멍에 눈을 가져다 댔다. 아버지의 차가 사라진 걸 확인하기 위해서였다.

하지만 차는 거기 있었다. 아버지도 거기 있었다. 모자를 쓰고 겨울 재킷을 입은 아버지가 등을 보이고 앉아 있었다. 계단을 반밖에 못 내려갔는데도 힘들어서 잠시 쉬어야 했던 것이다. 옆으로 떨어진 고개와 반쯤 엎어진 듯 무겁게 난간에 기댄 몸, 그 각도에서 아버지가 지쳤다는 걸 알 수 있었다. 심각한 위기 상황은 아니었다. 그냥 너무 지쳐서 쉬는 것이었다. 아버지는 방향을 돌려서 집 안으로 돌아오기 위해 잠시 힘을 비축하는 것 같았다.

아버지가 완벽하게 패배한 순간을 목격한 것이었다.

그런 병을 안고 20여 년을 산다는 것, 몸이 서서히 그러나 가차 없이 쇠잔해지는데도 불평 한마디 없이 버틴다는 것은 얼마나 외로운 일이었을까. 계단에 앉은 아버지를 보니 전에 없이 마음이 아팠다. 마음 같아서는 당장 뛰쳐나가서 따스한 집 안으로 모셔 오고 싶었지만, 충동을 참았다. 그것은 아버지의 자존심에 또 한 번 상처를 입히는 일일 뿐이었다. 나는 심호흡을 하고 문에서 물러났다.

아버지가 들어오면 그때 작업화를 벗겨드리고, 물을 따라드리고, 의자로 모셔드리겠다고 생각했다. 우리 둘 사이에는 이제 아버지가 군말 없이 도움을 받아야 한다는 사실에 관한 암묵적인 동의가 이루어질 것이다.

나는 위층에 앉아서 다시 한 번 문소리가 들리기를 기다렸다. 5분을 기다리고 다시 5분을 더 기다리다가 내려갔다. 뒷문 구멍에 눈을 대고 아버지가 일어섰는지 확인했다. 하지만 계단은 비어 있었다. 아버지는, 퉁퉁 붓고 말썽을 일으키는 몸에도 불구하고, 굳은 의지로 계단을 마저 내려가서 살얼음 덮인 길을 걸어 차까지 갔다. 지금쯤이면 아버지가 탄 차는 정수장까지 절반은 갔을 것이다. 아버지는 포기하지 않았다.

* * *

지난 몇 달 동안, 버락과 나는 결혼에 관한 생각을 가볍게 주고받았다.

우리는 1년 반을 사귀었고, 우리 사랑은 굳건한 것 같았다. 그는 하버드에서 마지막 학기를 보내면서《하버드 로 리뷰》일에 매여 있었다. 하지만 곧 내게 돌아와서 일리노이주 변호사 시험을 치른 뒤 일을 구할 계획이었다. 그는 우리 집으로 돌아올 예정이었다. 이번에는 영구적으로. 내가 겨울이 어서 끝나기를 고대하는 또 다른 이유였다.

우리는 그동안 결혼에 관한 각자의 견해를 추상적으로 이야기해왔는데, 가끔 나는 둘의 견해가 퍽 다르다는 점이 걱정스러웠다. 내게 결혼은 당연한 일이었다. 어릴 때 인형에게 애정을 쏟으면서 언젠가 나도 아이를 가질 거라고 예상했던 것처럼, 결혼도 언젠가 할 거라고 예상해왔다. 버락도 결혼에 반대하지는 않았다. 하지만 서두르지도 않았다. 그는 우리 사랑이면 충분하다고, 사랑만 있으면 충만하고 행복한 삶을 함께할 토대로 충분하다고 여겼다. 결혼반지야 있든 없든 상관없었다.

당연히 우리 둘은 각자의 성장 과정에서 빚어진 산물이었다. 버락이 경험한 결혼은 모두 덧없었다. 그의 어머니는 두 번 결혼하고 두 번 다 이혼했지만, 매번 자신의 삶과 일과 아이들을 온전히 간수해냈다. 한편 우리 부모님은 어려서 결혼하여 평생 함께했다. 부모님에게 모든 결정은 공동 결정이었고 모든 노력은 공동 노력이었다. 30년 동안 따로 떨어져 보낸 밤이 하루도 없다시피 했다.

버락과 나는 어떤 관계를 원했을까? 우리는 둘 다에게 맞는 현대적인 관계를 바랐다. 그에게 결혼은 사랑하는 두 사람이 삶을 나란히 살아가기로 결정하는 것, 그러나 각자의 꿈과 야망을 포기하진 않는 것이었다. 내게는 결혼이 그보다는 좀 더 전격적인 합병이었다. 두 삶이 하나로 합쳐져서 재편되는 것, 가족의 안녕이 어느 한 사람의 목표보다 우선하는 것이었다. 나도 물론 부모님과 똑같은 삶을 바라진 않았다. 평생 한집에서 살고 싶진 않았고, 평생 같은 일만 하고 싶지 않았고, 나만의 공간을 포기하고 싶지도 않았다. 그렇지만 나는 부모님처럼 한 해 두 해가, 10년 20년이 변함없는 관계를 바랐다. 나는 일기에 이렇게 썼다. "두 사람이 각자의 관심사, 야망, 꿈을 간직하는 편이 바람직하다는 건 안다. 하지만 둘을 희생하면서까지 어느 한쪽의 꿈을 추구해서는 안 된다고 믿는다."

나는 차차 서로의 감정을 헤아려가면 될 것이라고 여겼다. 버락이 시카고로 돌아오면, 날이 풀리면, 우리가 다시 주말을 함께 보내게 되면. 그때까지 그냥 기다리면 되겠지만, 기다림은 쉽지 않았다. 나는 영속적인 것을 갈망했다. 위층 거실에 있으면, 가끔 아래층에서 부모님이 웅얼웅얼 대화하는 소리가 들려왔다. 아버지가 재미난 이야기를 했는지 어머니가 웃는 소리가 들려왔다. 그러다가 자려고 TV를 끄는 소리가 들려왔다. 나는 스물일곱 살이었다. 내가 원하는 것은 완전함을 느끼는 것뿐이라고 생각되는 날이 더러 있었다. 사랑하는 것을 모조리 움켜쥐어, 철저히 내 것으로 못 박고 싶었다. 이제 나는 상실을 알았기에, 앞으로 더 많은 상실을 겪으리라는 것도 알았다.

★   ★   ★

병원 진료를 예약한 사람은 나였지만, 결국 아버지를 데려간 사람은 어머니였다. 그것도 구급차로. 아버지는 발이 풍선처럼 붓고 물러지다 못해서 디딜 때마다 바늘을 밟는 것 같다고 털어놓았다. 병원에 갈 때는 두 발로 설 수 없는 지경이었다. 그날 나는 회사에 있었지만, 아버지가 건장한 구급 대원들에게 번쩍 들려 나가면서도 그들과 농담하려고 들었다는 걸 나중에 어머니에게 들었다.

아버지는 곧장 시카고대학병원으로 실려 갔다. 이어진 며칠은 피를 뽑고, 맥박을 재고, 식사를 입에도 못 댄 채 고스란히 남기고, 회진을 도는 의사들을 만나면서 정신없이 흘러간 연옥 같은 시간이었다. 아버지의 몸은 계속 부었다. 얼굴이 빵빵해졌고, 목이 두꺼워졌고, 목소리가 약해졌다. 정식 진단은 쿠싱증후군이었는데, 다발성경화증과 연관된 문제일 수도 있고 아닐 수도 있다고 했다. 어느 쪽이든 응급조치로 막아볼 시기는 한참 넘겼다. 아버지의 내분비계는 걷잡을 수 없이 날뛰고 있었다. 사진을 찍어보니, 목에 자란 덩어리는 하도 커서 사실상 아버지의 목을 조르고 있었다.

"어쩌다 이 지경이 될 때까지 몰랐는지 모르겠네요." 아버지는 의사에게 진심으로 어리둥절하다는 듯 말했다. 지금까지 아무 증상도 느끼지 못했던 것처럼, 몇 년까지는 아니라도 몇 주 혹은 몇 달 동안 통증을 참아오지 않았던 것처럼.

어머니, 오빠, 재니스, 나는 교대로 아버지 곁을 지켰다. 의사들은 아버지에게 약물을 퍼붓고, 관을 삽입하고, 기계를 연결했다. 전문가들의 설명을 이해하려고 애썼지만, 거의 알아들을 수 없었다. 우리는 아버지의 베개를 매만져주고, 아버지가 너무 쇠약해서 말조차 할 수 없는 상태이기는 해도 듣고는 있다는 걸 알았기에 대학 농구나 바깥 날씨 같은 부질없는 이야기를 건넸다. 우리는 계획하는 가족이었지만, 지금은 아무것도 계획할 수 없었다. 아버지는 눈에 보이지 않는 바다에 잠긴 듯, 서서히 가라앉으면서 우리로부터 멀어졌다. 우리는 아버지의 의식을 도로 불러들이려고 옛 추억을 꺼냈다. 그러면 아버지의 눈이 약간 반짝거렸다. '듀스와 쿼터' 기억하세요? 그걸 타고 여름에 자동차극장에 갔던 거 기억하세요? 우리가 그 널찍한 뒷좌석에서 뒹굴었던 거 기억하세요? 아버지가 우리에게 권투 글러브 사줬던 거 기억하세요? 듀크스 해피 홀리데이 리조트의 수영장 기억하세요? 아버지가 로비 할머니네 오페레타 워크숍에 쓸 소도구를 만들어줬던 일은요? 할아버지 집에서 다 함께 저녁 먹던 일은요? 엄마가 새해 전야에 새우튀김 만들어줬던 거 기억하세요?

어느 날 저녁, 병원에 들렀더니 아버지 혼자였다. 어머니는 눈을 붙이러 집에 갔고, 간호사들은 모두 복도의 간호사 스테이션에 있었다. 병실은 조용했다. 병동 전체가 조용했다. 3월 첫 주였다. 겨울에 내린 눈이 막 녹기 시작했고, 도시는 24시간 축축했다. 아버지가 입원한 지 열흘째였다. 아버지는 이제 쉰다섯이었지만 노인처럼 보였다. 눈은 누렜고, 팔은 너무 무거워져서 움직이지 못했다. 아버지는 깨어 있었지만 말은 하지 못했다. 붓기 때문이었는지 감정에 복받쳐서였는지는 영영 알 수 없을 것이다.

나는 침대 옆 의자에 앉아서, 아버지가 씨근씨근 힘겹게 숨 쉬는 모습을 바라보았다. 아버지 손 밑에 내 손을 끼워 넣자, 아버지가 내 손을 지그시 쥐었다. 위안이 되었다. 우리는 말없이 서로 바라보았다. 할 말이 너무 많았지만, 이미 다 한 것처럼도 느껴졌다. 남은 것은 하나뿐, 끝이 다가오고 있다는 사실이었다. 아버지는 회복하지 못할 것이다. 내 남은 인생을 지켜볼 기회를 몽땅 놓칠 것이다. 나는 아버지가 주는 안정감과 위안과 매일의 즐거움을 잃을 것이다. 뺨으로 속수무책 눈물이 흘렀다.

아버지는 내 얼굴에 고정한 눈길을 떼지 않은 채, 내 손을 자신의 입술로 가져가서 손등에 입 맞추고 입 맞추고 또 입 맞추었다. **뚝, 울지 말아라** 하는 뜻이었다. 아버지는 슬픔과 절박함을 표현하고 있었지만, 동시에 그보다 더 차분하고 깊고 내게 ~~뚝뚝~~히 전달하고 싶은 메시지노 표현하고 있었다. 아버지는 그 입맞춤으로 내게 온 마음을 다해 사랑한다고 말하고 있었다. 내가 이렇게 어엿한 여성으로 자란 것이 자랑스럽다고 말하고 있었다. 진작 의사를 찾아갔어야 했다는 걸 잘 안다고 말하고 있었다. 용서해달라고 말하고 있었다. 작별 인사를 하고 있었다.

그날 밤, 아버지가 잠드는 모습을 본 뒤 병원을 나섰다. 밖은 쌀쌀하고 캄캄했다. 집으로 가니 어머니는 벌써 불을 끄고 잠들어 있었다. 집에는 이제 어머니와 나, 그리고 아직 어떤 형태일지 알 수 없는 미래뿐이었다. 왜냐하면, 해가 뜨기 전에 아버지가 우리 곁을 떠났기 때문이다. 내 아버지 프레이저 로빈슨 3세는 그날 밤 심장마비로 돌아가셨다. 우리에게 모든 것을 다 주고서.

11

누군가가 죽은 뒤 살아가는 것은 아프다. 정말 아프다. 복도를 걷다가도 아프고, 냉장고를 열다가도 아프다. 양말을 신다가도 아프고, 이를 닦다가도 아프다. 음식 맛이 느껴지지 않는다. 색깔이 느껴지지 않는다. 음악을 들으면 아프고, 추억을 떠올려도 아프다. 여느 때는 아름답다고 느꼈을 것이─노을 지는 보랏빛 하늘, 놀이터에서 뛰노는 아이들 모습이─이제 상실감을 더 짙게 한다. 애도는 이런 면에서 외로운 일이다.

아버지가 세상을 떠난 다음 날, 어머니와 나와 오빠는 사우스사이드 장례식장으로 가서 관을 고르고 장례식을 계획했다. 장례식장 사람들은 그 일을 '마무리 짓기'라고 표현했다. 우리가 각자 멍하니 자신만의 애통함에 갇혀 있었다는 사실 외에는, 그곳에서의 일이 잘 기억나지 않는다. 아무튼 우리는 아버지를 뉘어서 묻을 상자를 쇼핑한다는 가당찮은 일을 처리했고, 그 와중에 오빠와 나는 미리가 굵은 뒤로는 평생 처음이자 마지막으로 싸웠다.

발단은 이랬다. 나는 가장 화려하고 값비싼 관을 원했다. 관에 달릴 수 있는 손잡이란 손잡이는 다 달리고 쿠션이란 쿠션은 다 든 관이라야 했다. 합리적인 이유는 딱히 없었다. 달리 아무것도 할 수 있는 일이 없으니 그거라도 해야겠다는 심정이었다. 현실적이고 실용적인 사고방식을 갖도록 교육받으며 자란 나였다. 그러니 며칠 뒤 장례식에서 사람들이 건넬 착하고 다정한 말들은 내게 별다른 위안이 되지 못할 터였다. 아버지가 더 좋은 곳에서 천사들과 함께 머물 거라는 등의 생각도 위로가 되지 않았다. 그저 아버지에게는 좋은 관을 드려야 마땅하다고 여겼다.

하지만 오빠는 아버지가 평범한 관을 좋아했을 것이라고 주장했다. 아버지 성격에는 소박하고 실용적이고 과하지 않은 관이 어울리고, 그 이상은 지나친 과시가 될 거라고 말했다.

우리는 조용조용 의논하기 시작했으나 끝내 폭발했다. 친절한 직원은 우리 언쟁을 못 듣는 척해주었고, 어머니는 자신만의 흐릿한 고통에 감싸인 채 우리를 가만히 쳐다볼 뿐이었다.

오빠와 나는 사실 언쟁의 내용과는 무관한 이유로 고함을 질러댔다. 둘 다 사실 어느 쪽으로 결정되든 크게 개의치 않았다. 결국 너무 화려하지도 않고 너무 수수하지도 않은 관에 아버지를 묻기로 결정했고, 이후에는 두 번 다시 그 이야기를 꺼내지 않았다. 우리가 한심하고 부적절한 언쟁을 벌였던 것은 사랑하는 사람이 죽은 뒤에는 지상의 모든 일이 한심하고 부적절하게 느껴지기 때문이었다.

일을 마친 뒤, 다 함께 집으로 갔다. 셋 다 기진맥진하고 부루퉁한 상태로 식탁에 둘러앉았다. 비어 있는 네 번째 의자를 보니 슬픔이 다시 밀려들었다. 우리는 울기 시작했다. 아마도 꽤 오랫동안, 탈진하여 눈물이 마를 때까지 흐느꼈다. 그런 뒤, 하루 종일 입을 거의 열지 않았던 어머니가 이렇게 말했다.

"우릴 좀 보렴." 애처로움이 묻어났다.

하지만 약간의 가벼움도 느껴졌다. 어머니는 우리 가족이 우스꽝스럽도록 엉망진창이 되었다는 사실을 지적한 것이었다. 우리는 통통 부은 눈과 줄줄 흐르는 콧물에 남들이 못 알아볼 얼굴이 되어, 상처받고 이상하게 무력한 상태로 부엌에 둘러앉아 있었다. 우리가 어떤 사람들이지? 알지 않니? 아버지가 다 알려주시지 않았니? 어머니는 저 뭉툭한 세 마디 말로 우리를 각자의 외로움으로부터 끌어냈다. 어머니만이 할 수 있는 방식이었다.

어머니가 나를 보았고, 나는 오빠를 보았다. 갑자기 이 상황이 우습게 느껴졌다. 예전에는 이런 상황일 때 보통 지금 비어 있는 저 의자에서 맨 먼저 웃음이 새어 나왔다. 우리는 킬킬거리기 시작했고, 급기야 깔깔거리면서 한바탕 웃어젖혔다. 이상하게 들리겠지만, 울 때보다 기분이 훨씬 나았다. 무엇보다도 아버지가 분명히 이편을 더 좋아했을 것이다. 그래서 우리는 마음껏 웃었다.

★   ★   ★

아버지를 잃은 후, 이대로 눌러앉아 인생을 보내도 좋은지 고민만 해서는 안 되겠다는 생각이 커졌다. 아버지는 쉰다섯에 죽었다. 수잰은 스물여섯에 죽었다. 교훈은 간단했다. 인생은 짧고, 낭비할 시간은 없다. 내가 죽었을 때 사람들이 나를 그동안 쓴 소송 취지서나 그동안 변호한 기업 브랜드로 기억해주기를 바라지 않았다. 나 자신이 세상에 그보다 더 낳은 걸 줄 수 있다고 믿었다. 음식일 내었다.

아직 어디로 옮기고 싶은지 확실히 알지 못했기 때문에, 자기소개서를 무수히 써서 뿌렸다. 시카고에 있는 각종 재단, 지역사회 일을 하는 비영리단체, 대학 등 곳곳에 보냈다. 수신인은 그 조직의 법률 부서로 지정했는데, 변호사로 일하고 싶은 건 아니었지만 그쪽 사람들이라면 내 이력서를 더 유심히 봐줄 것 같아서였다. 고맙게도 많은 사람이 답해주었다. 당장은 채용 계획이 없더라도 점심을 함께하거나 만나라도 보자고 제안했다. 1991년 봄과 여름에, 나는 조언을 들을 수 있을 것 같은 사람이라면 누구든 찾아가서 만났다. 새 직장을 찾는 게 목표라기보다는 시야를 넓혀서 내가 어떤 일을 할 수 있고 남들은 이럴 때 어떻게 풀어갔는지 배우기 위해서였다. 이제 나도 경력의 다음 단계가 저절로 펼쳐질 리 없다는 것, 근사한 학위만으로 충만한 일이 굴러들어올 리 없다는 걸 알았다. 직장이 아니라 직업을 찾는 일은 동창생 명부를 훑어보는 것으로 해결될 리 없었다. 더 깊은 고민과 노력이 필요했다. 자신을 적극 내세우고 적극 배워야 할 터였다. 그래서 내 직업적 딜레마를 많은 사람에게 털어놓았고, 그들은 어떻게 했는지, 내게 소개할 만한 다른 사람을 아는지 캐물었다. 변호사 일을 하고 싶지 않은 변호사는 어떤 일을 할 수 있는지 진지하게 물었다.

어느 날 오후, 아트 서스먼이라는 친절하고 사려 깊은 분의 사무실을 방문했다. 시카고 대학에서 상주 법률 고문으로 일하는 변호사였다. 알고 보니 예전에 어머니가 그의 밑에서 타이핑을 하고 법률 부서의 파일을 관리하는 비서로 1년쯤 일한 적 있었다. 내가 고등학교 2학년 때, 어머니가 은행에 취직하기 전이었다. 아트는 내가 어머니 일터에 한 번도 찾아온 적 없을 뿐 아니라, 겨우 몇 킬로미터 떨어진 곳에서 자랐는데도 이 멋진 고딕 양식의 캠퍼스에 발 들인 적 없었다는 사실에 놀랐다.

솔직히 말하면, 나로서는 시카고 대학에 와볼 이유가 없었다. 내가 다닌 학교는 이 대학으로 현장학습을 오지 않았다. 당시 지역 주민에게 개방된 학내 문화 행사가 있었더라도, 우리 가족은 몰랐다. 우리 가족의 친구와 지인 중에는 시카고 대학 학생이나 졸업생이 한 명도 없었다. 시카고 대학은 엘리트 대학이었고, 내 주변 사람들 대부분에게 엘리트란

'우리와는 다른 것'을 뜻했다. 대학의 회색 석조 건물은 캠퍼스를 둘러싼 거리로부터 말 그대로 등을 돌리고 앉아 있었다. 아버지는 근처를 운전하다가 시카고 대학 학생들이 엘리스가를 무단 횡단하는 모습을 보면 어처구니없다는 듯 눈알을 굴리면서, 저렇게 똑똑한 사람들이 왜 길 하나 제대로 못 건너는지 모르겠다고 지탄했다.

어머니가 그곳에서 1년 동안 즐겁게 일하긴 했어도, 우리 가족은 다른 사우스사이드 주민들처럼 그 대학을 막연하고도 제한적으로만 알았다. 오빠와 나는 대학을 고를 때 시카고 대학에 응시한다는 생각은 떠올리지도 않았다. 이상한 일이지만, 시카고 대학보다는 오히려 프린스턴이 더 가깝게 느껴졌다.

아트는 내 이야기에 놀라움을 감추지 못했다. "정말 한 번도 와본 적 없다고요? 한 번도?"

"네. 한 번도요."

이 사실을 소리 내어 말하는 순간 이상한 힘이 느껴졌다. 전에는 생각조차 해보지 않았지만, 이제 와서 생각하니 내가 시카고 대학에 다녔어도 아주 좋았겠다 싶었다. 학교와 지역사회 사이에 깊은 골이 파여 있지만 않았다면? 내가 시카고 대학을 알고 학교가 나를 알기만 했어도…. 이런 생각을 하다 보니, 모종의 목적의식이 나를 자극했다. 내 배경과 현재 상태의 조합이 어쩌면 유의미할 수도 있는 관점을 내게 선사했다. 내가 사우스사이드 출신 흑인이기 때문에 오히려 아트 서스먼 같은 사람은 미처 있는지조차 알지 못하는 문제를 인식할 수 있음을 문득 깨달았던 것이다.

여러 해가 흐른 뒤, 나는 정말로 시카고 대학에 고용되어서 이와 같은 지역사회 문제를 처리할 기회를 얻을 터였다. 하지만 그때 아트가 나를 부른 것은 친절하게도 내 이력서를 딴 사람들에게 전달해주겠다고 말하기 위해서였다.

"수전 셔를 만나보는 게 좋겠어요." 이 말로써 아트는 자신도 모르는 사이에 내 인생에 운명적인 연쇄반응을 일으켰다. 나보다 열다섯 살쯤 위인 수전은 대형 법률 회사의 파트너 변호사였지만, 내가 원하는 것처럼 그 세계를 탈출했다. 다만 아직도 시카고 시정부에서 법률 일을 하고 있었다. 수전은 청회색 눈동자, 빅토리아시대 여왕을 연상시키는 흰 피부, 짓궂은 콧방귀로 마무리하곤 하는 웃음을 가졌다. 온화한 자신감과 뛰어난 능력을 갖춘 수전은 결국 내 평생 친구가 될 터였다. 마침내 우리가 만난 날, 수전은 이렇게 말했다. "이 자리에서 당장 당신을 채용하고 싶지만, 변호사를 그만두고 싶다는 말을 방금 들었으니 그건 안 되겠죠."

수전은 그 대신 또 다른 운명적 만남을 주선해주었다. 시청의 동료 중 한 명에게 내 이력서를 전달해주겠다고 했다. 그 동료도 공익적인 활동을 하고 싶어서 법률 회사를 떠난 사람이고 게다가 나처럼 사우스사이드 출신이라고 했다. 그 인물은 결국 내 인생 행로를 한 번도 아니고 여러 번 바꿀 터였다. 수전이 말했다. "당신이 만나야 할 사람은 밸러리 재럿이에요."

밸러리 재럿은 시카고 시장의 수석 보좌관보로 갓 임명된 여성으로, 시카고 흑인 사회 전반에서 발이 넓었다. 수전처럼 밸러리도 법대를 졸업한 뒤 일류 법률 회사에 취직할 만큼 똑똑했지만, 자신이 그곳을 나오고 싶어 한다는 사실을 깨달을 만큼 스스로를 잘 알았다. 밸러리가 시청으로 옮긴 데는 전 시장 해럴드 워싱턴의 영향이 컸다. 내가 멀리서 대학을 다니던 1983년에 당선된 워싱턴은 시카고 최초의 흑인 시장이었다. 그는 혈기 왕성하고 입담 좋은 정치인이었다. 부모님은 그가 대체로 소탈한 말투로 연설하면서도 간간이 셰익스피어를 인용한다는 점, 그리고 사우스사이드 지역 행사에 참석할 때면 볼이 터져라 박력 있게 닭튀김을 먹는다는 점 때문에 그를 좋아했다. 무엇보다 그는 시카고를 오래 장악해온 민주당의 고질적인 운영 방식을 싫어했다. 그는 민주당이 그동안 시의 짭짤한 도급 사업을 정치적 후원자들에게 보상으로 안겨준 점, 흑인 당원들을 당무에 널리 동원하면서도 선출직 공직에 진출시키는 데는 인색했던 점을 비판했다.

워싱턴은 시의 정치판을 개혁하고 방치된 동네를 더 잘 돌보겠다는 공약으로 선거에 나서서 간발의 차이로 이겼다. 그는 요란하고 배짱 있는 사람으로, 반대자들을 달변과 지성으로 꼼짝 못 하게 만들곤 했다. 그는 영민한 흑인 슈퍼히어로였다. 주로 구세대 백인으로 구성된 시의회와 자주 담차게 충돌했다. 사람들은 그를 살아 있는 전설로 여겼다. 특히 흑인들은 그의 리더십이 더 큰 차원에서 진보 정신을 되살린다고 보았다. 사회운동가로 일하려고 1985년에 시카고로 온 버락도 일찍이 워싱턴에게서 영향받은 바가 컸다.

밸러리도 워싱턴에게 이끌렸다. 워싱턴의 두 번째 임기가 시작된 1987년에 보좌관으로 합류한 밸러리는 당시 서른 살이었고, 어린 딸을 키우고 있었으며, 곧 이혼할 상황이었다. 따라서 안락한 법률 회사를 떠나 시청으로 옮기는 데 따르는 연봉 삭감을 흔쾌히 감당할 처지는 못 되었다. 더군다나 일을 시작한 지 몇 달 만에 비극이 터졌다. 워싱턴이 저소득층 주거에 관한 기자회견을 마치고서 30분 뒤에 책상에 앉은 채 심장마비로 급사했던 것이다. 시의회의 임명으로 어느 흑인 시의원이 워싱턴의 빈자리를 채웠지만, 그의 임기는 짧았다. 차기 시장으로 시민들이 뽑은 사람은 시카고의 악명 높은 족벌주의의 대부로 일컬어지는 전 시장 리처드 J. 데일리의 아들, 리처드 M. 데일리였다. 많은 흑인들은 이 결과를 백인들이 지배하던 구태 정치로의 복귀로 여기고 상심했다.

밸러리도 새 행정부에 의구심을 품었지만, 그래도 시청에 남았다. 법률 부서를 떠나서 아예 데일리 시장 직속으로 옮겼다. 밸러리는 시청에 남길 잘했다고 생각했는데, 최소한 예전과는 확연히 대비되는 삶을 산다는 점 때문에라도 그렇다고 했다. 그녀는 법률 회사에서 시청으로 옮겼을 때 안도감을 느꼈다. 고층 빌딩 꼭대기에서 고상하게 법률을 논하던 단정한 비현실로부터 더없이 현실적이고 활기찬 현실로 도약한 기분이었다.

시카고 시정부와 쿡 카운티 정부가 함께 쓰는 11층짜리 건물은 지붕이 평평해서 꼭 커다란 회색 화강암 덩어리처럼 생겼고, 루프 북쪽 클라크가와 라셀가 사이의 한 블록을 통째 차지하고 있다. 건물은 하늘을 찌를 듯 높은 주변 사무용 빌딩들에 비하면 땅딸막하지만, 나름대로 위엄이 있다. 전면에는 코린트 양식의 높은 기둥들이 서 있고, 소리가 왕왕 울리는 로비는 대리석으로 만들어져 있다. 카운티는 건물의 동쪽 절반을 쓰고, 시는 서쪽 절반을 쓴다. 시청 직원들뿐 아니라 시장과 시의원들도 그곳에서 일한다. 무더운 여름날 면접을 보려고 밸러리를 찾아갔을 때 시청 건물은 놀라울 만큼, 하지만 기분 좋게 북적였다.

그곳에는 결혼하려고 온 사람들이 있었고, 자동차를 등록하려고 온 사람들이 있었다. 도로에 파인 구덩이, 못된 집주인, 하수관, 그 밖에도 개선의 여지가 있다고 보는 온갖 문제에 대해서 불평을 접수하러 온 사람들이 있었다. 기자들과 로비스트들이 있었고, 더위를 식히려고 들어온 노숙인들도 있었다. 건물 앞 보도에서는 웬 활동가들이 피켓을 흔들면서 구호를 외치고 있었는데, 그들이 화난 이유가 무엇이었는지는 기억나지 않는다. 지금까지 기억나는 것은 내가 그곳의 시끄럽지만 통제된 혼돈에 깜짝 놀라면서도 매료되었다는 점이다. 시청은 시민의 것이었다. 그곳에는 내가 법률 회사에서 한 번도 느끼지 못했던 시끄럽고 껄끄러운 직접성이 있었다.

그날 밸러리는 내 면접에 20분을 할애해두었지만, 둘의 대화는 결국 한 시간 반가량 이어졌다. 흑인치고 살빛이 옅고 마른 편인 밸러리는 몸에 잘 맞는 맞춤 정장을 입었다. 부드러운 말투에 놀랍도록 침착했고, 흔들림 없는 갈색 눈동자로 나를 응시하면서 이야기했다. 그녀는 시정을 아주 잘 파악하고 있는 것 같았다. 자기 일이 좋다고 말했지만, 공무원으로 일하려면 골치 아픈 관료주의를 겪어야 한다는 사실을 숨기지 않았다. 어쩐지 나는 밸러리를 보자마자 긴장이 풀렸다. 한편 밸러리는 그날 내가 통상적인 면접 과정을 뒤집는 바람에 놀랐다고 훗날 기억했다. 물론 구직자로서 일단 나에 대한 기본적인 정보를 주긴 했지만, 그다음에는 오히려 그녀에게 일이 어떤지, 시장이 직원들의 말을 귀담아듣는지 따위를 꼬치꼬치 물었다는 것이다. 밸러리가 내 적성을 가늠하는 것처럼 나도 그 일이 내게 맞을지 가늠해보는 것 같았다고.

사실, 그때 나는 배경은 비슷하지만 경력 면에서 나보다 앞선 여성의 체험담을 들어볼 귀한 기회를 남김없이 활용하려고 했다. 밸러리는 내가 만나본 어떤 사람보다도 침착하고 대담하고 현명해 보였다. 배울 만한 사람, 가까이 지내면 좋을 사람이었다. 나는 그 사실을 한눈에 알아차렸다.

면접을 마칠 때, 밸러리는 자신과 함께 데일리 시장의 보좌로 일하자고 제안했다. 내가 준비되는 대로 오면 된다고 했다. 이 제안을 받아들이면 더 이상 법률 일을 하지 않아도 되겠지만, 연봉은 시들리에서 받던 것의 절반가량인 6만 달러로 줄 터였다. 밸러리는 시간을 좀 갖고서 내가 정말로 변화를 감당할 준비가 되었는지 생각해보라고 말했다. 비로소 도약을 고려하고, 도약을 해낼 차례였다.

그때까지 나는 시청을 그다지 높게 평가하지 않았다. 사우스사이드에서 흑인으로 자란 탓에, 정치를 별로 신뢰하지 않았다. 정치는 전통적으로 흑인을 억압하는 수단이었다. 정치는 내내 흑인을 고립시키고 배제했고, 흑인이 교육과 고용과 고소득을 누리지 못하도록 계속해서 막았다. 나의 두 할아버지는 끔찍한 짐 크로 법과 굴욕적인 주거 차별의 시대를 살았고, 그래서 기본적으로 모든 권위를 불신했다(앞에서 말했듯이 외할아버지는 치과 의사조차 자신을 박해하려 든다고 믿었다). 아버지는 인생의 대부분을 공무원으로 살면서 사실상 반강제로 동원되어 민주당 선거구 관리자로 일했는데, 승진을 꿈이라도 꾸려면 그래야 했다. 아버지는 그 일로 사람들을 만나는 것은 좋아했지만 시청의 족벌주의는 늘 못마땅해했다.

그런데 이제 내가 갑자기 시청 일을 고려하게 되었다. 나는 수입이 줄 전망에는 움찔했지만, 본능적으로 호기심이 들었다. 그동안 계획했던 미래와는 전혀 다른 방향일지도 모르는 쪽으로 나를 살짝살짝 떠미는 충동이 느껴졌다. 나는 도약할 준비가 거의 다 되었지만, 마지막으로 문제가 하나 있었다. 이 선택은 이제 나만의 일이 아니었다. 며칠 뒤 밸러리가 전화해서 생각해보았느냐고 물었을 때, 나는 아직 고민 중이었다. 그래서 이상하게 들릴 수도 있는 질문을 하나 던졌다. "혹시, 제 약혼자를 한번 만나주시겠어요?"

*   *   *

배경 설명이 필요하겠다. 시간을 되감아보자. 뜨겁던 그해 여름을 되감아, 아버지가 돌아가신 뒤 내가 안개 속에서 길을 잃은 듯했던 시점으로 돌아가보자. 버락은 시카고에서 날아와서 아버지의 장례식에 참석했고, 가능한 한 오래 내 곁을 지켜준 뒤 하버드로 돌아가서 학기를 마쳤다. 그리고 5월에 졸업했다. 바나나색 닷선을 팔고 짐을 싸서 시카고로 돌아왔다. 사우스유클리드가 7436번지로, 내 품으로 돌아왔다. 나는 그를 사랑했고, 그에게 사랑받았다. 2년 가까이 장거리 연애를 해온 우리는 드디어 단거리 연애를 하게 되었다. 주말이면 늦게까지 함께 침대에 붙어 있고, 신문을 읽고, 나가서 브런치를 먹고, 모든 생각을 나눌 수 있었다. 월요일 저녁을 함께 먹고, 화요일 저녁도, 수요일 저녁도, 목요일 저녁도 함께 먹을 수 있었다. 함께 장을 보고, 함께 TV를 보면서 빨래를 갤 수 있었다. 내가 아버지 생각에 눈물짓는 밤이면, 버락이 나를 꼭 끌어안고 이마에 입 맞춰주었다.

버락은 졸업을 홀가분하게 여겼다. 추상적인 학계를 하루빨리 벗어나서, 좀 더 의욕이 느껴지는 현실적인 일을 하고 싶어 했다. 그는 또 인종과 정체성에 관한 책을 쓴다는 계획을 뉴욕의 어느 출판사에 팔았다. 버락처럼 책을 숭배하는 사람에게 그것은 엄청나다 못해 숙연해지는 행운이었다. 그는 선금을 받았고, 약 1년 안에 원고를 써내야 했다.

늘 그랬듯이, 버락에게는 선택지가 잔뜩 있는 것 같았다. 좋은 평판 덕분에―법대 교수들의 칭찬, 《하버드 로 리뷰》 편집장으로 뽑혔을 때 《뉴욕 타임스》가 실었던 기사―기회가 밀려드는 듯했다. 시카고 대학은 그에게 무급이지만 1년 동안 작은 연구실을 제공하는 펠로십을 제안했다. 그가 그곳에서 책을 쓰다 보면 외래 교수로 법대에서 강의하는 일을 흔쾌히 받아들이지 않을까 기대한 것이었다. 시들리 앤드 오스틴도 아직 버락에게 미련을 두었기 때문에, 그가 변호사 시험을 치르는 7월까지 약 8주 동안 쓸 수 있도록 책상을 하나 내주었다. 그는 또 '데이비스, 마이너, 반힐 앤드 갤런드'라는 법률 회사에 취직할지 말지를 고민하고 있었다. 작은 공익 법률 회사인 그곳은 인권 및 공정주거법 관련 사건을 많이 취급했고, 그곳 변호사들은 해럴드 워싱턴과도 긴밀하게 협조하여 일했었다. 버락에게는 이 점이 큰 매력이었다.

자신에게 기회가 무한하다고 생각하는 사람, 혹시 기회가 바닥나면 어쩌나 걱정하는 데 시간과 에너지를 낭비하지 않는 사람에게는 본질적으로 든든한 면이 있다. 물론 버락도 그런 기회들을 얻기 위해서 그동안 성실히 노력했지만, 내가 아는 많은 사람과 달리―여기에는 나도 포함되었다―그는 자신의 성취와 발전을 남들과 비교하여 판단하지 않았다. 가끔 보면 그는 삶의 거대한 생존경쟁이나 30대 변호사가 추구할 만한 물질적 보상을 아름답게 망각한 듯했다. 창피하지 않은 차, 마당이 딸린 교외 주택, 루프에 있는 근사한 아파트 따위는 안중에 없었다. 이전에도 그런 면이 있었지만, 이제 우리가 함께 사는 데다 내가 인생에서 처음으로 방향을 틀 예정이다 보니, 새삼 더 귀하게 느껴졌다.

요컨대, 버락은 남들이 나를 믿지 않을 때도 나를 믿어주었다. 그는 사기를 높여주는 단순한 신념을 품고 있었다. 우리가 원칙을 지키면서 사는 한 매사가 그럭저럭 풀려나갈 것이라는 신념이었다. 겉으로 보기에는 잘하고 있는 듯한 직업을 접는 일에 관해서, 나는 많은 사람들과 신중한 대화를 나눠보았다. 내게 갚을 빚이 있고 아직 집을 못 샀다고 말하면, 사람들의 얼굴에는 늘 걱정하는 기색이 떠올랐다. 아버지가 가족에게 닥칠지도 모르는 미래의 위험을 피하기 위해서 일부러 늘 목표를 소박하게 잡았던 것을 떠올리지 않을 수 없었다. 어머니의 충고도 귀에 쟁쟁했다. "돈부터 벌고 행복은 나중에 생각하렴." 불안을 가중하는 요인이 하나 더 있었다. 이것은 어떤 물질적 소망보다도 더 큰 욕구였다. 나는 언젠가 아이를 갖고 싶었다. 가능하다면 빨리. 그런데 전혀 다른 분야에서 새로 일을 시작한다면, 그게 가능할까?

시카고로 돌아온 버락은 나를 달래는 해독제가 되어주었다. 그는 내 걱정을 들어주었고, 돈 문제를 들어주었고, 자신도 아이를 갖고 싶다고 말했다. 그도 우리가 둘 다 안락하고 예측 가능한 변호사 생활에 안주할 의향이 없으니 정확히 어떻게 풀어나가야 할지는 알 수 없다고 인정했지만, 이것저것 다 고려하더라도 우리는 전혀 가난하지 않으며 우리의 미래는 밝다고 말했다. 어쩌면 쉽게 계획할 수 없다는 점 때문에 더 밝을지도 모른다고 말이다.

한번 해보라고 말해주는 사람, 걱정을 지우고 행복할 것 같은 방향으로 가라고 말해주는 사람은 버락뿐이었다. 그는 내게 미지의 세계로 도약해도 괜찮다고 말해주었다. 왜냐하면—그리고 이 주장은 나의 두 할아버지를 비롯하여 거의 모든 친척에게는 충격적인 소리로 들릴 말이었다—사람이 미지의 세계로 뛰어든다고 해서 꼭 죽는다는 법은 없으니까.

걱정 마, 우리는 할 수 있어, 어떻게든 해낼 거야. 이것이 버락의 생각이었다.

★　　★　　★

이 대목에서 잠시 변호사 시험 이야기를 해야겠다. 변호사 시험은 햇병아리 변호사라면 누구나 치러야 하는 통과의례다. 내용과 방식은 주마다 약간 다르지만, 어디에서든 그것은—이틀에 걸쳐서 12시간 동안 시험을 치르고 계약법부터 담보부거래의 난해한 규칙까지 모든 것에 관한 지식을 증명해 보여야 한다—지옥 같은 경험으로 악명 높다. 지금 버락처럼, 3년 전에 나도 일리노이주 변호사 시험을 쳤다. 하버드를 졸업한 직후의 여름이었다. 나는 시험 전 두 달 동안 시들리에서 신입 변호사로 근무하면서, 여유 시간에 시험 대비 강좌를 듣고 기죽을 만큼 두꺼운 모의 문제집을 풀며 나름대로 성실히 공부했다.

그해 여름에는 오빠와 재니스가 재니스의 고향 덴버에서 결혼식을 올리기도 했다. 재니스는 내게 들러리가 되어달라고 부탁했고, 나는 여러 이유에서—그때까지 7년 동안 프린스턴과 하버드에서 한시도 쉬지 않고 공부하는 데 질렸던 것도 사소하지 않은 이유였다—그 역할에 일찌감치 뛰어들었다. 재니스가 웨딩드레스를 고르는 데 따라가서 우아우아 감탄했고, 여자 친구들과의 마지막 독신자 파티를 계획하는 것도 도왔다. 결혼식을 즐겁게 만드는 데 도움이 된다면야 어떤 일도 마다하지 않았다. 한마디로 나는 불법행위 구성요건을 공부하는 일보다 다가올 오빠의 결혼식에 푹 빠진 상태였다.

그 시절에는 시험 결과 통지가 우편물로 배달되었다. 변호사 시험과 오빠의 결혼식이 다 끝난 가을, 직장에서 집으로 전화해서 아버지에게 우편물이 왔느냐고 물었다. 왔다고 했다. 혹시 내 앞으로 온 우편물도 있느냐고 물었다. 있다고 했다. 혹시 일리노이주 변호사협회에서 왔나요? 그래, 봉투에 그렇게 적혀 있구나. 아버지에게 열어봐달라고 했다. 바스락거리는 소리가 들렸고, 뒤이어 불길한 적막이 한참 흘렀다.

나는 떨어졌다.

그때까지 나는 시험에 떨어진 적이 한 번도 없었다. 유치원에서 '하양'이라는 단어를 읽지 못했던 걸 제외한다면. 그런데 중요한 변호사 시험을 망치다니. 창피했다. 그동안 나를 가르치고 격려하고 고용한 사람들을 실망시킨 것 같았다. 나는 실수에 익숙하지 않았다. 오히려 모든 일을 필요 이상 잘 해내려는 편이었고, 중요한 순간이나 시험에 대비하는 일은 더욱더 그랬는데, 이제 와서 이 시험을 망친 것이었다. 돌아보면 그 실패는 당시 내 상태를 고스란히 반영한 결과였다. 나는 법대에 다니는 동안에도 법학에 큰 흥미가 없었고, 공부에 지쳐 있었고, 현실과 동떨어져 난해한 이론만 파고드는 학문이라는 것에 질렸다. 나는 책이 아니라 사람을 만나고 싶었다. 법대에 다닐 때도 법률구조국에서 자원봉사로 사람들이 사회보장연금을 받도록 돕거나 비상식적인 집주인과 싸우도록 도왔던 일이 가장 즐거웠다.

그래도 역시 실패는 싫었다. 회사의 많은 동료가 자기들도 단번에 합격하지 못했다고 위로해주었지만, 실패의 따끔함은 몇 달 동안 나를 떠나지 않았다. 가을에는 마음을 다잡고 공부하여 재시험을 치렀고, 수월하게 합격했다. 결국에는 자존심이 좀 상한 것 외에는 아무 차이가 없었다.

그런 기억이 있었기 때문에, 버락의 시험 준비를 더욱 흥미롭게 관찰했다. 그도 시험 대비 강좌를 들었고 문제집을 끼고 다녔다. 하지만 그다지 자주 펼쳐보지 않는 것 같았다. 한 번 떨어져본 내 생각에는 그보다는 자주 펼쳐봐야 할 것 같았지만, 그에게 잔소리하거나 나를 반면교사로 삼으라고 말하지는 않았다. 버락과 나는 전혀 다른 타입이었다. 버락은 일단 머릿속이 정보로 터져나갈 듯 채워진 가방 같았고, 그 속에서 서로 무관한 데이터를 자유자재로 뽑아낼 줄 아는 듯했다. 나는 그를 '팩트 가이'라고 불렀다. 대화가 어떻게 전개되든 늘 상황에 꼭 맞는 통계를 아는 것 같았기 때문이다. 그의 기억력은 읽은 걸 모조리 사진처럼 저장하는 정도는 아니어도 거의 비슷했다. 솔직히 나는 그가 변호사 시험을 통과하지 못할 거란 걱정은 전혀 하지 않았다. 얄밉지만 버락 자신도 그랬다.

그래서 우리는 일찍 축하하기로 했다. 시험이 끝나는 날 ─ 1991년 7월 31일이었다 ─ 고든에 예약해두었다. 고든은 우리가 좋아해서 특별한 날에 찾는 곳으로, 부드러운 아르데코 조명에 희고 빳빳한 식탁보가 깔려 있고, 메뉴에 캐비아나 아티초크 프리터 같은 요리가 있는 레스토랑이었다. 한여름이었고, 우리는 행복했다.

고든에 가면 우리는 늘 풀코스를 시켰다. 그날도 마티니와 애피타이저를 시켰다. 메인 요리에 곁들일 좋은 와인을 시켰다. 느긋하고 만족스럽게, 약간 감상적인 대화를 나누었다. 식사를 마칠 무렵, 버락이 씩 웃으면서 결혼 이야기를 꺼냈다. 팔을 뻗어 내 손을 잡고는, 나를 진심으로 사랑하지만 그래도 결혼은 왜 해야 하는지 모르겠다고 말했다. 순간적으로 피가 거꾸로 솟구쳤다. 내 안에서 버튼이 눌린 것 같았다. 경고 표지판과 비상 대피용 지도가 나붙은 핵 시설 같은 곳에 있는 버튼, 크고 빨갛고 번쩍번쩍하는 버튼 말이다. 정말? 그 이야기를 지금 꼭 꺼내야겠어?

결국 우리는 이야기했다. 이전에도 수차례 가상의 결혼 문제를 토론했지만, 둘의 입장은 크게 달라지지 않았다. 나는 전통주의자였고 버락은 아니었다. 어느 쪽도 마음을 바꾸지 않을 것 같았지만, 그래도 우리는 열정적으로 계속 토론해왔다. 변호사끼리 만났으니 어쩌겠는가. 주변에서는 재킷을 입은 남자들과 예쁜 드레스를 입은 여자들이 고급스러운 식사를 즐기고 있었으므로, 나는 최대한 차분하게 말하려고 애썼다.

"우리가 서로에게 헌신한다면, 그 헌신을 공식화하지 못할 이유가 뭐야? 그런다고 해서 당신의 자존심이 다치기라도 해?"

그것을 시작으로, 우리는 오랜 논쟁의 익숙한 굽이들을 또 한 번 차근차근 밟았다. 결혼은 중요한가? 왜 중요한가? 그에게 무슨 문제가 있나? 내게 무슨 문제가 있나? 우리가 이 문제 하나 해결하지 못하고서 어떻게 미래를 함께할 수 있을까? 우리는 다투진 않았지만 변호사 스타일로 말싸움을 벌였다. 공격을 주고받았고, 주장을 해부했고, 반대신문을 했다. 다만 둘 중에서 더 격앙된 쪽도, 말을 더 많이 한 쪽도 나였다.

그러던 중, 우리 테이블을 담당하는 웨이터가 은 뚜껑이 덮인 디저트 접시를 들고 다가왔다. 웨이터는 내 앞에 접시를 놓고 뚜껑을 열었다.

나는 분해서 씩씩거리던 터라 디저트 따위는 관심 밖이었지만, 그래도 아래를 보았더니, 초콜릿 케이크가 있어야 할 자리에 까만 벨벳 상자가 있었다. 그리고 그 속에는 다이아몬드 반지가 들어 있었다.

버락이 장난스럽게 나를 보았다. 나를 골린 것이었다. 모두 그의 작전이었다. 내가 화를 떨치고 즐거운 충격에 휩싸이기까지는 시간이 좀 걸렸다. 그가 나를 지분거린 것은 이 순간이 무의미한 결혼 논쟁을 마지막으로 펼쳐볼 기회라서였다. 우리가 함께하는 한 앞으로는 그럴 일이 두 번 다시 없을 테니까. 사건은 종료되었다. 버락이 한쪽 무릎을 꿇고, 감정에 겨워 살짝 멘 목소리로, 자신과 결혼해주겠느냐고 진지하게 물었다. 그가 사전에 어머니와 오빠에게 지지를 얻어두었다는 것은 나중에 들었다. 내가 그러겠다고 대답하자, 식당에 있던 사람들이 모두 박수를 쳤다.

나는 족히 1, 2분은 말문을 잃은 채 내 손가락에 끼워진 반지를 뚫어져라 바라보았다. 그러고는 이게 꿈인지 현실인지 확인하기 위해 버락을 쳐다보았다. 그는 웃고 있었다. 그는 기습에 성공했다. 어떻게 보면 우리 둘 다 이긴 셈이었다. 그가 장난스럽게 말했다. "뭐, 그거면 당신도 이제 입을 닫겠지."

★　　　★　　　★

나는 버락에게 "예스"라고 말했고, 밸러리 재럿에게도 "예스"라고 말했다. 그녀와 함께 시청에서 일해보겠다고 대답했다. 하지만 그 전에, 버락과 밸러리를 만나게 한다는 계획을 성사시켜 셋이 함께 저녁을 먹으면서 대화할 자리를 마련했다.

내가 굳이 그런 데는 두 가지 이유가 있었다. 우선, 나는 밸러리가 좋왔다. 그녀에게 깊은 인상을 받았고, 그 일을 하게 되든 아니든 그녀를 더 잘 알고 싶었다. 버락도 밸러리에게 깊은 인상을 받을 것 같았고, 무엇보다도 버락이 밸러리의 이야기를 들으면 좋을 것 같았다. 밸러리도 버락처럼 어릴 때 다른 나라에서 살다가—의사로 일하는 아버지를 따라 이란으로 가서 살았다—공부 때문에 미국으로 돌아왔는데, 그래서인지 버락과 세계관이 통하는 것 같았다. 그다음으로, 사실 버락은 내가 시청에서 일하는 것을 약간 염려하고 있었다. 예전에 그도 밸러리처럼 워싱턴 시장의 리더십에 감화받았지만, 현직 시장인 리처드 M. 데일리가 대변하는 기성 체제에는 훨씬 덜 호의적이었다. 지역사회 조직가로 일했을 때—심지어 워싱턴이 시장일 때도—풀뿌리 사업을 위한 지원을 쥐꼬리만큼이라도 얻어내려면 끊임없이, 때로는 소득 없이 시를 상대로 싸워야 했다. 그는 내 이직 계획을 전폭적으로 격려했지만, 내가 데일리 시장 밑에서 일하다가 환멸이나 무력감을 느낄지도 모른다고 우려했다.

밸러리는 버락의 어떤 걱정에도 답해줄 적임자였다. 그녀는 워싱턴과 일하기 위해 삶의 방향을 180도 바꾸었는데, 그러자마자 공교롭게도 워싱턴이 죽고 말았다. 워싱턴의 죽음이 남긴 공백은 먼 미래에 우리 모두에게 반면교사가 된다. 나는 훗날 모든 미국인에게 그 교훈을 설명하게 될 터였다. 우리는 한 사람의 어깨에 모든 개혁의 희망을 걸었을 뿐 그의 전망을 실행할 정치적 기구를 꾸리지 못하는 실수를 저질렀다. 시카고 시민들, 특히 진보적 유권자들과 흑인들은 워싱턴을 일종의 구세주로, 상징으로, 모든 것을 바꿔줄 사람으로 여겼다. 그는 그 부담스러운 일을 감탄스럽도록 잘 해냈으며, 버락과 밸러리 같은 이들은 그에게 영향을 받아 공동체 사업과 공직에 나섰다. 하지만 그가 죽자, 그가 지펴냈던 에너지도 대부분 꺼져버렸다.

밸러리도 시장실에 남을지 말지 약간 고민했지만, 결국에는 남기로 한 것이 잘한 선택 같다고 했다. 데일리 시장이 충분히 지원해준다고 했고, 자신이 이 도시에 쓸모 있는 사람이라고 느낀다고 했다. 애초에 자신은 굳이 따지자면 해럴드 워싱턴이라는 인물이 아니라 그가 내세운 원칙들을 따르고 싶었던 것이라고 말했다. 밸러리의 이런 생각, 영감만으로는 부족하고 열심히 일해서 그것을 뒷받침해야 한다는 생각은 내게도 버락에게도 와닿았다. 그리고 그 한 번의 식사로 우리 사이에는 확고한 관계가 구축된 느낌이었다. 밸러리 재럿은 이제 우리 삶의 일부가 될 터였다. 구체적인 말은 한마디도 없었지만, 우리 셋은 앞으로 오래도록 서로를 지지해주기로 암묵적으로 약속한 것 같았다.

✳   ✳   ✳

버락과 나는 약혼했다. 나는 새 직장을 구했다. 버락도 공익 전문 법률 회사 '데이비스, 마이너, 반힐 앤드 갤런드'에서 일하기로 결정했다. 이제 할 일은 딱 하나, 휴가를 떠나는 것이었다. 정확하게 말하자면 일종의 순례 여행이었다. 8월 말 수요일에 시카고를 떠나 기착지인 독일 프랑크푸르트 공항에서 한참 대기한 뒤, 여덟 시간을 더 날아서 새벽에 나이로비에 내린 우리는 전혀 다른 세상처럼 느껴지는 케냐의 달빛 속으로 성큼 들어섰다.

　나는 자메이카와 바하마에 가보았고 유럽에도 몇 번 가보았지만, 집에서 이렇게 멀리 온 건 처음이었다. 새벽의 첫인싱만으로도 나이로비가 낯선 세상이라는 사실이—정확하게 말하자면 나이로비에서 내가 낯선 존재라는 사실이—느껴졌다. 어떤 장소가 즉각적으로 가식 없이 자신의 존재감을 발휘하는 순간이었다. 그리고 그것은 내가 이후 더 자주 여행하면서 사랑하게 될 감각이었다. 공기부터 다르다. 뭔지 모를 냄새가 배어 있다. 땔감 타는 냄새인지, 디젤 연료 냄새인지, 아니면 나무에 핀 꽃의 향긋한 내음인지, 정확히는 알 수 없는 희미한 냄새가 공기 중을 떠돈다. 태양은 똑같이 떠오르지만, 그마저도 살짝 달라 보인다.

버락의 이복 누나 아우마가 공항에 마중 나와 있었다. 아우마는 우리 둘 모두를 따스하게 맞아주었다. 6년 전 아우마가 시카고를 방문했을 때 처음 만났다는 두 사람은 이후에도 직접 만난 적이 한 손에 꼽을 만큼 적었지만 끈끈한 유대감을 나누었다. 아우마는 버락보다 한 살 위였다. 그녀의 어머니 그레이스 케지아는 아버지 오바마가 1959년 하와이로 유학을 떠날 때 아우마를 임신한 상태였다. (둘 사이에는 당시 아장아장 걷는 아기였던 아들 아봉고도 있었다.) 아우마의 어머니는 버락의 아버지가 1960년대 중순에 케냐로 돌아온 뒤에도 그와의 사이에서 아이를 둘 더 낳았다.

아우마는 흑단처럼 까만 피부에 새하얀 이를 가졌고 영국식 억양이 강한 영어로 말했다. 나는 그녀의 함박웃음에 마음이 대번 편해졌다. 케냐에 내렸을 때는 긴 비행으로 지쳐서 대화를 잇기도 어려운 상태였지만, 아우마의 털털거리는 폭스바겐 비틀 뒷좌석에 앉아서 시내로 들어가는 동안 관찰한바, 그녀가 흔연히 떠올리는 미소는 버락의 미소를 꼭 닮았고 그녀의 둥근 머리통도 버락의 머리통을 꼭 닮아 있었다. 아우마 역시 집안의 좋은 머리를 물려받았다. 케냐에서 자랐고 지금도 종종 케냐를 방문하지만, 대학을 독일로 갔고 이후 죽 독일에서 살면서 박사 학위를 따는 중이었다. 영어, 독일어, 스와힐리어, 그리고 집안에서 쓰는 언어인 루오어에 능통했다. 케냐에는 우리처럼 잠시 들른 것이었다.

아우마는 버락과 내가 묵도록 친구의 빈 아파트를 빌려두었다. 진분홍색으로 칠한 평범한 콘크리트블록 건물에 있는 간소한 원룸 아파트였다. 첫 이틀 동안 우리는 시차 때문에 몽롱해서 여느 때의 절반 속도로 움직이는 기분이었다. 시카고와는 전혀 다른 논리로 돌아가는 나이로비가 우리에게 너무 빨라서였는지도 모른다. 나이로비의 도로와 영국식 로터리는 행인, 오토바이, 차, 마타투로 꽉꽉 막혔다. '마타투'는 어디서나 눈에 띄는 무허가 미니버스 같은 것으로, 겉에는 신을 기리는 그림 따위가 알록달록하게 그려져 있고 지붕에는 끈으로 동여맨 짐꾸러미가 높다랗게 쌓여 있었다. 그리고 늘 만원이어서 가끔은 승객들이 위험천만하게 차 밖에 매달려서 타고 가는 모습을 볼 수 있었다.

나는 아프리카에 있었다. 그곳은 어지럽고, 진 빠지고, 완전히 새로운 세상이었다. 아우마의 하늘색 폭스바겐은 몹시 헌 차라서 시동을 걸려면 종종 뒤에서 밀어줘야 했다. 나는 경솔하게도 새하얀 스니커즈를 새로 사서 신고 왔는데, 차를 밀다 보니 신발은 나이로비의 계피색 흙먼지에 물들어서 하루 만에 불그죽죽해졌다.

버락은 나이로비에 한 번 와본 적 있었기 때문에 나보다 잘 적응했다. 나는 관광객처럼 좀 어색했다. 내 피부가 검기는 해도 여기에서는 외부인임을 인식하고 있었다. 가끔 길거리에서 사람들이 우리를 빤히 쳐다보았다. 물론 이곳에 오자마자 잘 녹아들리라고 예상하진 않았지만, 그래도 내 조상의 신화적인 땅으로 여기고 자라온 만큼 뭔가 본능적인 유대감이 느껴질 거라고 순진하게 기대했었다. 아프리카가 내게 모종의 충족감을 줄 것이라고 기대했었다. 하지만 당연히 아프리카는 내게 아무것도 줄 의무가 없었다. 아프리카계 미국인으로서 아프리카에서 내가 이도 저도 아닌 어중된 존재라고 느끼는 것은 좀 묘한 기분이었다. 말로 형언하기 어려운 슬픔이 들었다. 두 대륙 중 어느 곳에도 뿌리내리지 못한 기분이었다.

며칠이 지났는데도 머리가 계속 복잡했다. 게다가 버락도 나도 감기에 걸렸다. 우리는 싸웠다. 이유는 기억나지 않는다. 우리는 케냐에 경외감을 느끼면서도 몹시 피곤했다. 피곤함이 말다툼으로 이어졌고, 말다툼이 급기야 분노로 이어졌다. 나는 일기에 이렇게 썼다. "버락에게 너무 화난다. 우리는 공통점이 하나도 없는 것 같다." 내 생각은 거기에서 뚝 끊겼고, 좌절감을 표현하려는 듯이 그 아래 여백에 상처처럼 깊은 선을 길게 좍 그어두었다.

함께한 지 얼마 되지 않은 커플이 으레 그렇듯이, 우리는 싸우는 법을 배우고 있었다. 싸움이 잦지는 않았다. 싸울 때는 대개 사소한 이유로 시작했다. 어느 한쪽 또는 둘 다 지나치게 피로하거나 스트레스를 받은 상태에서 한동안 쌓여온 짜증이 수면으로 떠오른 것이었다. 아무튼 싸우기는 싸웠다. 그리고 좋은지 나쁜지는 모르겠지만, 나는 화났을 때 소리치는 편이다. 이유가 무엇이든 폭발할 때면 몸으로 그 감정을 느낀다. 뜨거운 불덩어리 같은 것이 등줄기를 타고 솟구치다가 터지는데, 그 순간에 내가 쏟아낸 말을 나중에 기억조차 못 할 때도 있다. 반면 버락은 화가 나도 대체로 냉정하고 합리적인 태도를 지킨다. 말도 청산유수로 잘한다(따라서 나는 더 짜증 난다). 서로가 그냥 그렇게 생겨먹은 사람이라는 사실을 받아들이는 데는 시간이 걸렸다. 우리는 각자의 부모와 그 부모의 부모에게서 영향을 받았을 뿐 아니라 각자 물려받은 유전자로부터 빚어진 존재이기도 했다. 그 사실을 이해하는 데도 시간이 걸렸다. 몇 년쯤 걸렸다. 그래도 점차 짜증이나 가끔 치미는 화를 더 잘 표현하고 더 잘 참게 되었다. 요즘 우리의 싸움은 훨씬 덜 드라마틱하고 더 효율적일 때가 많다. 그리고 아무리 팽팽하게 긴장된 상황이라도 서로에 대한 애정을 분명히 바탕에 깔고 있다.

싸운 이튿날, 나이로비의 새파란 하늘 아래에서 깼을 때는 신선한 에너지가 가득 채워진 기분이었다. 시차로 몽롱하던 것이 나아졌고, 여느 때의 명랑한 우리로 돌아와 있었다. 우리는 시내 기차역에서 아우마를 만나서 창이 나무살로 만들어진 기차를 탔다. 도시 서쪽으로 빠져나가서 오바마 집안의 고향으로 향하는 기차였다. 객실은 케냐인들로 만원이었다. 살아 있는 닭들을 바구니에 담아서 함께 탄 사람이 있는가 하면 도시에서 구입한 육중한 가구를 짊어지고 탄 사람도 있었다. 그런 공간에 있으니, 시카고 태생의 꼬맹이였다가 책상물림 변호사가 된 내 인생이 어쩌다 이렇게 희한하게 급변했나 싶어서 새삼 놀라웠다. 지금 옆에 앉은 남자가 어느 날 문득 이상한 이름과 엉뚱한 미소를 가지고 사무실에 나타나서 내 인생을 이토록 멋지게 뒤집었다는 사실이 새삼 놀라웠다. 나는 창가에 꼼짝 않고 앉아서 창밖으로 지나가는 키베라의 풍경을 하염없이 바라보았다. 키베라는 아프리카에서 제일 큰 도시 빈민가였다. 낮은 골함석 지붕을 인 판잣집들, 질척한 도로, 노출된 하수구가 스쳐 갔다. 난생처음 보는, 상상조차 해보지 못한 수준의 가난이었다.

우리는 기차를 몇 시간 타야 했다. 버락은 끝내 책을 펼쳤지만, 나는 창밖 풍경에서 눈을 떼지 못했다. 나이로비 빈민가 풍경이 흘러간 뒤에는 보석처럼 푸르른 시골 풍경이 이어졌다. 기차는 덜컹덜컹 북쪽으로 향했다. 그러다 키수무라는 마을에 우리를 내려주었다. 밖은 적도의 열기로 이글거렸다. 우리는 마타투를 타고 또 한 번 덜덜거리면서 옥수수밭 사이를 달려 오바마 남매의 할머니가 사는 코겔로 마을로 들어섰다.

케냐에서도 그 동네에서 유독 진했던 붉디붉은 흙 빛깔을, 나는 언제까지나 잊지 못할 것이다. 그 빛깔은 태고의 흙처럼 선명했다. 길가에서 소리치며 우리를 반기던 아이들의 까만 피부와 머리카락에도 붉은 흙먼지가 엉겨 있었다. 버락의 친할머니가 사는 집까지 걸어가는 잠깐 동안에도 목이 마르고 땀이 줄줄 흘렀다. 할머니는 깔끔한 콘크리트 주택에서, 텃밭 채소를 기르고 소를 몇 마리 키우면서 살았다. 사람들은 그분을 세라 할머니라고 불렀다. 키가 작고, 체구가 건장하고, 눈동자가 현명해 보이고, 얼굴이 자글자글해지도록 웃는 분이었다. 영어는 못 하고 루오어만 하셨는데, 우리가 자신을 만나려고 이곳까지 찾아온 게 기쁘다고 말씀하셨다. 그분 옆에 서니까 내가 아주아주 크게 느껴졌다. 할머니는 내가 어디 출신이고 어쩌다 자기 집에 나타났는지 알아내려는 듯, 호기심 어린 눈으로 나를 유달리 오래 응시했다. 할머니가 내게 던진 첫 질문은 "부모님 중 어느 쪽이 백인이에요?"였다.

나는 웃었다. 그리고 아우마의 통역을 빌려서, 나는 뼛속까지 흑인이라고 말씀드렸다. 미국에서는 사실상 최고로 흑인다운 흑인이라고.

세라 할머니는 이 말을 재미있다고 여기는 것 같았다. 그 밖에도 매사를 재미있다고 여기는 것 같았다. 할머니는 버락에게 루오어를 못 한다고 핀잔주었다. 나는 매사를 즐거워하는 그분의 태도에 기분 좋게 놀랐다. 저녁이 되자, 할머니는 닭을 잡아서 스튜를 끓여 옥수숫가루로 만든 죽인 우갈리와 함께 내주었다. 그러는 동안 간간이 이웃들과 친척들이 들러서 오바마 남매에게 인사했고, 나와 버락의 약혼을 축하해주었다. 나는 감사한 마음으로 음식을 배불리 먹었다. 그사이 해가 졌고, 마을에 밤이 내렸다. 그곳에는 전기가 없었다. 하늘에 흩뿌려진 밝은 별들뿐이었다. 내가 그곳에 있다는 사실이 작은 기적처럼 느껴졌다. 기본적인 것만 갖춰진 침실에 버락과 함께 누워서, 바깥 옥수수밭에서 스테레오로 들려오는 귀뚜라미 노랫소리와 눈에 보이지 않는 동물들이 바스락거리는 소리에 귀 기울였다. 나를 둘러싼 그 땅과 하늘의 방대함에 경외감을 느끼면서도 아담한 집 안에서 아늑하게 보호받는 기분이 들었다. 나는 이제 새 직업이 있었고, 약혼자가 있었으며, 그를 통해서 새 가족을 얻었다. 나를 반가이 맞아주는 케냐인 할머니까지 생겼다. 나는 내 세상으로부터 정말이지 멀리 나와 있었고, 그 순간만큼은 모든 게 다 좋았다.

12

1992년 10월 화창한 토요일, 사우스사이드에 있는 트리니티 연합 그리스도 교회에 모인 300여 명의 친구들과 친척들 앞에서 버락과 나는 결혼식을 올렸다. 성대한 결혼식이었다. 성대할 수밖에 없었다. 결혼식을 시카고에서 올리는 이상, 하객 수를 줄일 방법은 없었다. 내 뿌리는 깊었다. 사촌들만 있는 게 아니라 사촌들의 사촌들도 있었고, 그 사촌들의 사촌들이 데려오는 자녀들도 있었다. 그중 한 명이라도 빠뜨릴 수 없었고, 그들이 모두 와줌으로써 결혼식이 더욱 의미 있고 재미있는 자리가 되었다.

친가의 삼촌들과 고모들이 와주었다. 외가 친척들도 총출동했다. 내 초등학교 친구들과 동네 친구들도 왔고, 프린스턴 친구들도 왔고, 휘트니 영 친구들도 왔다. 고등학교 때 교감 선생님이자 아직도 유클리드가에서 이웃으로 살고 있는 스미스 선생님의 부인이 예식을 주직하는 일을 거들어주었고, 우리 집 건너편에 사는 톰프슨 아저씨와 아주머니는 재즈 밴드 친구들과 함께 피로연장에서 연주해주었다. 내 들러리 대표를 맡은 샌티타는 목덜미가 깊이 파인 까만 드레스 차림으로 활기를 발산했다. 시들리의 옛 동료들과 시청의 새 동료들을 초대했다. 버락의 법률 회사 동료들도 왔고, 사회운동가 친구들도 왔다. 하와이에서 온 버락의 시끌벅적한 고등학교 친구들은 알록달록한 동아프리카풍 모자를 쓴 케냐의 몇 안 되는 친척들과 즐겁게 뒤섞였다. 버락의 외할아버지는 슬프게도 지난겨울 암으로 돌아가셨지만, 버락의 어머니와 외할머니는 시카고까지 와주었다. 다른 대륙 출신의 두 누이, 아우마와 마야도 버락에 대한 애정으로 뭉쳤다. 두 집안이 처음 만난 자리였다. 분위기는 아주 즐거웠다.

우리는 사랑으로 둘러싸여 있었다. 절충적이고 다문화적인 오바마 집안의 사랑과 사우스사이드에 닻을 내린 로빈슨 집안의 사랑이 이제 교회 신도석을 빼곡히 메우고 하나로 얽혀 있었다. 나는 오빠의 팔을 단단히 끼고 걸어 들어갔다. 끝까지 거의 다 가서 어머니와 눈이 마주쳤다. 어머니는 나와 함께 고른, 바닥까지 내려오는 흑백 스팽글 드레스를 입은 모습으로 당당히 맨 앞줄에 앉아 있었다. 턱을 약간 치켜들었고, 눈동자에는 자랑스러움이 가득했다. 우리는 여전히 매일 아버지를 그리워했지만, 아버지가 바라는 것이 무엇인지 잘 알았기 때문에 계속 열심히 살아나갔다.

버락은 그날 아침에 깨었을 때 감기 기운이 심했지만, 신기하게도 교회에 도착하자마자 싹 나았다. 그리고 이제 반짝거리는 눈으로 미소 지으면서, 빌린 턱시도와 광낸 새 구두를 신고서, 제단 앞에서 나를 기다리고 있었다. 그에게 결혼이란 여전히 좀 신비로운 일이었지만, 그래도 그는 약혼 후 14개월 동안 결혼 준비에 전폭적으로 참여했다. 우리는 이 날을 위해서 모든 것을 세심하게 준비했다. 버락은 처음에는 결혼식의 세부 사항에 흥미가 없다고 선언했지만, 결국에는—내 그럴 줄 알았지—꽃 장식에서부터 예식 후 한 시간쯤 뒤 사우스쇼어 문화센터 피로연장에서 손님들에게 낼 카나페까지 사랑스럽게도 모든 사안에 적극 의견을 개진했다. 우리는 축가도 함께 골랐다. 그 곡을 샌티타가 피아노 반주에 맞춰서 아름다운 목소리로 불러주었다.

축가는 스티비 원더의 '당신과 나(우리는 세상을 정복할 수 있어요)You and I(We Can Conquer the World)'였다. 나는 그 노래를 3학년인가 4학년이었던 꼬마 때, 외할아버지가 〈토킹 북〉 음반을 선물해주어서 처음 들었다. 그것은 내가 처음 가진 음반이자 몹시 소중한 음반이었다. 나는 그 음반을 할아버지 집에 두었고, 놀러갈 때마다 마음대로 틀었다. 할아버지는 내게 레코드판 다루는 법, 홈에서 먼지를 닦아내는 법, 턴테이블 바늘을 올렸다가 적절한 지점에 내려놓는 법을 알려주었다. 보통은 내가 혼자 음악을 듣도록 자리를 비켜주었다. 덕분에 나는 그 음반에서 배울 수 있는 것은 모두 스스로 배웠다. 주로 어린아이답게 모든 노래를 고래고래 따라 부르면서. "내 생각에, 우리는 세상을 정복할 수 있어요. 우리 사랑으로, 당신과 나, 당신과 나, 당신과 나…"

그때 나는 아홉 살이었다. 사랑이나 헌신에 대해서도, 세상을 정복하는 것에 대해서도 전혀 몰랐다. 그저 사랑이란 무엇일지, 언젠가 내게 그렇게 강해진 듯한 기분을 갖게 할 사람이 누구일지 어렴풋이 그려볼 뿐이었다. 그는 마이클 잭슨일까? 컵스 팀의 호세 카르데날일까? 아빠 같은 사람일까? '나'에게 '당신'이 되어줄 사람이 누구일까? 상상조차 할 수 없었다.

그런데 그가 이제 내 앞에 있었다.

트리니티 교회는 역동적이고 영적인 교회라는 평판을 듣는 곳이었다. 버락은 지역사회 조직가로 일할 때 그곳에 다니기 시작했고, 우리는 시카고의 여러 젊은 전문직 흑인 친구들의 선례를 따라 얼마 전 정식으로 그곳에 신도로 등록했다. 제러마이아 라이트 주임 목사는 사회정의 실현에 뜨거운 열정을 쏟는 사람이었다. 그가 우리 결혼식을 주재했다. 목사는 하객들을 반긴 뒤 결혼반지를 높이 들어서 모두에게 보여주었고, 이어서 주례사를 했다. 두 사람이 결합한다는 것은 어떤 의미인가, 그 결합을 버락과 나를 속속들이 알고 아끼는 사람들에게 보여준다는 것은 어떤 의미인가 하는 내용이었다.

우리가 앞으로 어떻게 펼쳐질지 전혀 모르는 백지 같은 미래를 앞에 두고서 손을 맞잡고 결혼 서약을 하는 순간, 나는 그것이 얼마나 묵직한 행동인지 그리고 그 의식이 무엇을 의미하는지 느낄 수 있었다.

미래에 무엇이 우리를 기다리든, 우리는 함께 그 속으로 나아갈 것이다. 나는 결혼식을 우아하게 치러내야 한다는 데 골몰하여 이날을 계획하는 데 온 정성을 쏟아부었지만, 서약의 순간 비로소 깨달았다. 정말로 중요하고 내가 영원히 기억할 것은 우리가 맞잡은 손이라는 사실을. 우리의 맞잡은 손은 내게 전에 없는 안정감을 주었다. 나는 이 결합을, 이 남자를 확신했다. 그 사실을 선언하는 것은 세상에서 가장 쉬운 일이었다. 버락도 똑같이 느낀다는 걸 알 수 있었다. 우리는 둘 다 울지 않았다. 목소리를 떨지도 않았다. 굳이 따지자면 현기증이 약간 느껴졌다. 이제 우리는 수백 명의 하객과 함께 피로연장으로 건너가서, 모두가 즐거워서 탈진할 때까지 먹고 마시고 춤출 터였다.

*   *   *

신혼여행은 캘리포니아 북부를 여행하면서 한가롭게 쉬는 것으로 정했다. 와인을 마시고, 많이 자고, 진흙욕을 하고, 맛있는 음식을 먹을 작정이었다. 우리는 결혼식 다음 날 샌프란시스코로 날아가서 내파밸리에서 며칠을 보낸 다음, 1번 고속도로를 타고 빅서까지 내려가서 책을 읽고 파란 바다를 감상하고 마음을 정화했다. 버락의 감기가 도진 것, 그리고 진흙욕이 진정 효과는커녕 좀 역겨웠다는 점을 제외하고는 끝내주게 좋았다.

우리는 바쁜 한 해를 보낸 뒤라서 그런 휴식이 더없이 간절했다. 버락은 원래 결혼식 전 몇 달 동안 책을 마저 다 쓰고 새로 취직한 법률 회사에서 일할 생각이었지만, 갑자기 그런 일을 대부분 중단해야 했다. 1992년 여름, '프로젝트 보트!Project VOTE!'라는 전국적 초당파 조직의 지도부가 버락에게 접촉해왔다. 그 단체는 전통적으로 소수자 집단의 투표율이 낮은 주들에서 새 유권자 등록을 장려하는 활동을 펼쳤는데, 버락에게 일리노이주에서 그 일을 맡아달라고 청했다. 시카고에 지부를 열어서, 11월 선거*에 앞서 흑인 유권자들을 새로 등록시키자는 계획이었다. 일리노이에는 자격이 되지만 유권자로 등록하지 않은 흑인 인구가 약 40만 명이 있고 그중 다수가 시카고 안팎에서 산다고 했다.

보수는 형편없었지만, 버락의 핵심적인 신념에 부합하는 일이었다. 1983년에 해럴드 워싱턴이 시카고 시장으로 당선되었을 때도 그와 비슷한 유권자 등록 운동이 크게 기여했다. 1992년 선거도 그때 못지않게 중요했다. 역시 흑인인 캐럴 모즐리 브론이 민주당의 일리노이주 연방 상원의원 후보 예비선거에 나서서 간발의 차이로 지명됨으로써 모두를 놀라게 했는데, 그녀는 이제 본선거에서 팽팽한 경쟁을 벌여야 했다. 대통령 선거에서는 빌 클린턴이 조지 H. W. 부시와 맞붙을 터였다. 소수자 집단 유권자들이 빠져 있을 계제가 아니었다.

버락이 이 일에 몸을 던졌다고 하면 한참 부족한 표현일 것이다. '프로젝트 보트!'의 목표는 일리노이에서 매주 무려 1만 명씩 새 유권자를

---

* 미국의 공직자 선거는 11월 2일과 8일 사이의 화요일에 치러지기 때문에, 보통 11월 선거로 일컫는다. 1992년에는 11월 선거에서 대통령 선거와 연방 상하원의원 선거가 한꺼번에 치러졌다.

등록시키는 것이었다. 이 일은 버락이 지역사회 조직가로 했던 일과 비슷했다. 봄여름 동안, 그와 직원들은 교회 지하 강당을 찾아다니고 집집마다 돌면서 미등록 유권자들과 이야기를 나누었다. 지역사회 지도자들을 정기적으로 만났고, 부유한 후원자들에게 기부를 요청해서 흑인 거주 지역과 공공주택단지에 배포할 소책자와 라디오 광고를 제작할 돈을 모았다. 조직의 메시지는 굳고 명료했으며, 버락이 진심으로 믿는 신념을 그대로 반영하고 있었다. 그 메시지란 투표가 곧 힘이라는 것이었다. 변화를 바란다면, 투표일에 집에 남아 있어서는 안 된다!

저녁이 되면 버락은 여태 내 눈을 피해서 피우는 담배 냄새를 풀풀 풍기며 돌아와 소파에 털썩 주저앉았다. 피곤해 보였지만, 기운이 소진된 듯 보이지는 않았다. 그는 유권자 등록 현황을 유심히 주시했다. 한여름에는 매주 평균 7000명씩 등록시키는 성과를 보였지만, 목표에는 여전히 못 미쳤다. 그는 어떻게 메시지를 전달할까, 어떻게 더 많은 자원봉사자를 설득하고 새 후원자들의 주머니를 열까 궁리했다. 그는 그런 과제를 꼭 루빅큐브를 맞추는 일처럼 여겼다. 알맞은 순서로 알맞은 블록을 돌리기만 하면 해결할 수 있다고 믿었다. 버락에 따르면, 가장 설득하기 어려운 집단은 정부에 대한 믿음이 전혀 없는 18~30세의 젊은 유권자들이었다.

한편 나는 정부 일에 푹 빠져 있었다. 밸러리와 함께 시장실에서 일한 지 1년째였다. 나는 보건사회복지 부서를 비롯하여 시의 여러 부서들을 오가는 연락책 역할을 맡았다. 활동 범위가 넓고 사람을 많이 만나는 일이라서 기운이 났고, 일도 대체로 흥미로웠다. 전에는 푹신한 카펫이 깔려 있고 호수가 내다보이는 사무실에서 조용히 문서를 작성했지만, 이제는 매일같이 시민들이 시끄럽게 드나드는 시청 건물 꼭대기 층의 창문도 없는 방에서 일했다.

정부 일은 늘 복잡한 데다가 끝이 없었다. 나는 부서장들의 회의에 참석했고, 시 행정위원들의 직원들과 협력했고, 가끔은 시장에게 직접 접수된 불만을 처리하기 위해서 시카고 곳곳으로 파견되었다. 길을 막고 쓰러진 나무를 확인하러 갔고, 교통 문제나 쓰레기 수거 문제로 화난 목사들을 만났다. 시장을 대신하여 동네 행사에 참석하는 일도 많았다. 한번은 노스사이드의 노인 야유회에서 밀치락달치락 승강이가 벌어지는 바람에 사람들을 뜯어말려야 했다. 법률 회사 변호사는 평생 가도 하지 않을 일이었고, 바로 그 때문에 흥미진진했다. 나는 시카고를 새롭게 경험하고 있었다.

나는 또 다른 귀중한 교훈도 배우고 있었다. 수전 셔와 밸러리 재럿과 함께하면서 배우는 교훈이었다. 두 사람은 엄청나게 자신만만하면서도 인간적인 여성이었다. 수전은 강철같이 굳건한 우아함으로 회의를 주재했다. 밸러리는 독선적인 남자들이 가득한 방에서도 주저 없이 제 의견을 냈고, 사람들의 의견을 자신이 지지하는 방향으로 교묘하게 끌어올 줄 알았다. 밸러리는 빠르게 나는 혜성 같았고, 누가 봐도 승승장구하고 있었다. 내 결혼식 얼마 전에 시의 도시계획과 경제개발을 도맡는 행정위원으로 승진했고, 내게 자신의 보좌로 일해달라고 제안했다. 나는 신혼여행에서 돌아오자마자 그 일을 시작할 예정이었다.

나는 수전보다는 밸러리를 더 자주 만났지만, 대학 시절 멘토였던 처니를 관찰했던 것처럼 두 사람의 행동이라면 뭐든지 유심히 관찰했다. 그들은 자신의 목소리를 알고 그것을 사용하기를 두려워하지 않는 여성이었다. 필요한 순간에는 유머러스하고 겸손할 줄도 알았지만, 그러면서도 결코 허풍쟁이들에게 동요하지 않고 자신의 시각이 중요하다는 사실을 추호도 의심하지 않았다. 또한 그들은 육아와 직장 일을 병행했다. 언젠가 나도 그러고 싶었기에, 그 부분도 유심히 관찰했다. 밸러리는 딸의 학교에서 전화가 걸려오면 중요한 회의 중이라도 서슴없이 받으러 나갔다. 수전도 아들 중 하나가 열이 났다거나 유치원 학예회에서 발표하는 날은 조퇴하고 달려 나갔다. 그러느라 가끔 업무 흐름이 엉키더라도, 그들은 아이들을 최우선으로 두는 데 대해서 남들에게 미안해하지 않았다. 내가 시들리에서 목격했던 남자 변호사들과는 달리, 직장과 가정을 엄격하게 분리해서 살지도 않았다. 어차피 밸러리와 수전에게는 엄격한 분리가 불가능했을 것이다. 세상이 아빠보다 엄마에게 더 많이 부여하는 기대를 충족시켜야 했던 데다가, 둘 다 이혼했기 때문에 그로 인한 감정적 문제와 경제적 문제도 있었다. 그들은 완벽을 추구하지 않았다. 다만 어떻게 해서든 늘 탁월함을 유지했다. 두 사람이 깊은 우정으로 서로를 돕는다는 점도 인상적이었다. 그들은 어떤 겉치레도 하지 않았다. 그저 멋지고 강력하게, 또한 내게는 교훈이 되어주는 모습으로, 자기 자신으로 살 뿐이었다.

*　　*　　*

버락과 내가 신혼여행을 마치고 북캘리포니아에서 돌아오니 좋은 소식과 나쁜 소식이 기다리고 있었다. 좋은 소식은 고무적인 변화의 물결을 가져온 듯한 11월 선거 결과였다. 빌 클린턴은 일리노이를 비롯하여 전국에서 압승함으로써 부시 대통령을 단임으로 끝맺게 했다. 캐럴 모즐리 브론도 큰 차이로 이겨, 최초의 흑인 여성 연방상원의원이 되었다. 버락이 그보다 더 기뻐한 사실은 투표율이 경이로운 수준을 기록했다는 점이었다. '프로젝트 보트!'가 직접 등록시킨 새 유권자만 해도 11만 명이었고, 그 밖에도 그들이 펼친 광범위한 투표 독려 운동이 전반적인 투표율 제고에 기여했을 터였다.

시카고에서는 지난 10년 사이 처음으로 50만 명이 넘는 흑인 유권자가 투표장을 찾아서 자신들 집단에 정치적 영향력이 있음을 증명해보였다. 그 사실은 입법가들과 장래의 정치인들에게 뚜렷한 메시지를 던졌고, 해럴드 워싱턴 사망 후 사라진 듯했던 감정을 되살렸다. 그 메시지와 그 감정이란 바로 흑인들의 표가 중요하다는 확신이었다. 누구든 흑인들의 욕구와 관심사를 무시하거나 경시하는 사람은 정치적으로 비싼 대가를 치르리라. 이 속에는 흑인 공동체 내부를 향한 부차적 메시지도 담겨 있었다. 그 메시지란 발전이 가능하다는 것, 흑인 표의 가치는 측정 가능할 만큼 중요하다는 사실이었다. 버락은 그 모든 결과에 기꺼워했다. 피곤한 일이었지만 그 활동을 좋아했다. 시카고의 복잡한 정치 지형을 배우는 기회였던 데다가 조직가로서 그의 자질이 큰 규모에서도 통한다는 사실을 증명해 보인 기회였기 때문이다. 그는 풀뿌리 운동 지도자들, 시민들, 선출직 공무원들과 힘을 합쳐서 기적적인 성과를 이뤄냈다. 여러 매체들이 '프로젝트 보트!'의 인상적인 활동에 주목했다. 잡지 《시카고》의 기자는 버락을 "키 크고 상냥한 일중독자"라고 묘사하면서 언젠가 그가 공직에 출마하지 않을까 예상했지만, 버락은 그저 으쓱하고 말았다.

나쁜 소식은 무엇인가 하면, 내가 결혼한 그 키 크고 상냥한 일중독자가 책의 원고 마감을 넘겼다는 사실이었다. 버락은 유권자 등록 활동으로 바쁜 나머지 원고를 일부만 겨우 작성해서 보냈는데, 캘리포니아에서 돌아와보니 출판사가 저작권 대리인을 통해서 계약 취소를 통보한 상황이었다. 버락은 선금으로 받았던 4만 달러를 게워내야 했다.

그가 당혹했는지 모르겠지만, 그랬더라도 내 앞에서 드러내지는 않았다. 나는 나대로 시청의 새 역할에 적응하느라 바빴다. 예전보다 노인 야유회에는 덜 참석하고 도시계획위원회 회의에는 더 많이 참석해야 하는 일이었다. 변호사 때처럼 야근이 많지는 않았지만, 그래도 종일 도시의 각종 야단법석에 시달리다가 퇴근하면 기력이 없어서 집에서까지 스트레스 받는 일을 처리할 마음은 들지 않았고 그저 와인 한 잔을 따라두고 두뇌를 끈 뒤 소파에서 TV나 보고 싶었다. 내가 버락이 '프로젝트 보트!'에 집착적으로 몰입하는 모습을 지켜보면서 깨우친 바는 그의 고민을 나까지 공유해봐야 해롭기만 하다는 것이었다. 거기에는 여러 이유가 있겠지만, 무엇보다 나는 고민 자체에 압도당하는 편이었다. 혼돈은 나를 동요시켰지만, 버락은 혼돈에서 활력을 얻었다. 그는 접시돌리기가 특기인 서커스 단원 같았다. 사태가 너무 잠잠해지면, 그것은 뭔가 더 할 게 있다는 뜻이었다. 그는 일을 줄줄이 늘어세우고는 차례차례 헌신하는 타입이었다. 시간과 에너지의 한계를 제대로 고려하지 않은 채 일을 넙죽넙죽 받아들였다. 그래서 비영리단체 두어 곳의 이사회에 합류해달라는 요청을 승낙했고, 다가오는 봄 학기에 시카고 대학에서 파트타임으로 강의해달라는 요청도 승낙했으며, 이제 법률 회사에서도 풀타임으로 일할 예정이었다.

그리고 책이 있었다. 버락의 대리인은 다른 출판사에 원고를 팔 수 있다고 장담했는데, 그러려면 버락이 어서 원고를 써내야 했다. 개강은 아직 멀었고, 이미 1년을 기다려준 법률 회사가 고맙게도 시간을 좀 더 내준 터라, 그는 자신에게 완벽해 보이는 해결책을 생각해냈다. 어딘가에 오두막을 빌려서 혼자 틀어박힌 채 일상으로부터 벗어나 집필에만 전념하겠다는 계획이었다. 그것은 궁지에 몰린 대학생이 밤을 꼬박 새워 보고서를 다 써내겠다고 다짐하는 것이나 다를 바 없는 계획이었는데, 이 경우에는 책을 다 쓰기까지 약 두 달이 걸릴 것이라는 점이 달랐다. 결혼식 후 6주쯤 지난 어느 날 저녁, 버락이 그 계획을 내게 알렸다. 그러면서 가장 결정적인 정보를 일부러 맨 마지막에 조심스레 덧붙였다. 그의 어머니가 이미 완벽한 오두막을 찾아두었고, 사실은 버락을 대신해 벌써 빌려두었다고 말이다. 오두막은 싸고 조용하고 바닷가에 있다고 했다. 그런데 사누르에 있다고 했다. 사누르는 인도네시아 발리섬의 마을이자 시카고에서 약 1만 5000킬로미터 떨어진 곳이었다.

★　　★　　★

고약한 농담처럼 들리지 않는가? 고독을 사랑하는 개인주의자가 고독을 전혀 사랑하지 않고 외향적이며 가족적인 여성과 결혼하면 어떻게 될까?

아마 결혼에서 발생하는 거의 모든 질문에 대한 최선의 답이자 가장 지속성 있는 답이 하나 있다. 당신이 어떤 사람이든, 문제가 무엇이든 마찬가지다. 그 답이란 바로, 어떻게든 적응하기 마련이라는 것. 계속 함께할 생각이라면, 달리 도리가 없다.

그래서 버락은 1993년이 되자마자 발리로 날아갔다. 그곳에서 약 5주 동안 자신의 생각하고만 단둘이 오붓하게 머물면서 『내 아버지로부터의 꿈*Dreams from My Father*』을 써냈다. 코코넛 나무가 있고 파도가 철썩거리는 해변을 매일 느긋하게 산책하면서 생각을 가다듬은 뒤, 꼼꼼한 필체로 노란 공책을 한 줄 한 줄 메웠다. 한편 나는, 시카고에 다시금 묵직한 겨울이 덮쳐서 나무와 길에 살얼음이 덮인 동안, 유클리드가의 어머니 집 2층에서 지냈다. 저녁에는 친구를 만나거나 운동을 하면서 바쁘게 지내려고 애썼다. 직장에서든 다른 곳에서든 사람들을 만나면, 아직은 이상하고 낯설게 느껴지는 '남편'이라는 말을 자주 입에 올렸다. **남편하고 나는 집을 살까 해요. 남편은 지금 책을 쓰고 있어요.** 이 낯설고 기쁜 단어는 지금 내 곁에 없는 남자를 떠올리게 했다. 버락이 몹시 그리웠지만, 신혼이라도 이렇게 잠시 떨어져 있는 편이 좋을지도 모른다는 생각으로 상황을 합리화했다.

버락은 조속히 끝내야 할 원고라는 혼돈을 처리하기 위해서 그것을 챙겨 혼자 떠났다. 내게는 이편이 오히려 잘된 일일 수 있었다. 눈앞에서 혼돈이 사라졌으니까. 내가 결혼한 사람은 통념을 벗어나서 생각하는 사람이라고, 나는 스스로에게 계속 일깨웠다. 그는 자신이 보기에 가장 합리적이고 효율적인 방식으로 문제를 처리하고 있는 것뿐이라고. 설령 그 방식이 겉으로는 그냥 해변으로 놀러 간 것처럼 보이거나 나와의 신혼여행을 마치자마자 자기 자신과의 신혼여행을 떠난 것처럼 보이더라도 말이다(외로운 순간에는 이런 생각을 도무지 떨치려야 떨칠 수 없었다).

당신과 나, 당신과 나, 당신과 나. 우리는 적응하는 법을 배우고 있었다. 그와 나라는 두 개인을 견고하고 영원한 **우리**로 엮어내는 법을 배우고 있었다. 우리는 물론 예전과 같은 사람들이고 예전과 같은 커플이지만, 이제 우리에게는 새롭게 씨름해야 할 새 이름표와 정체성이 생겼다. 그는 내 남편이었다. 나는 그의 아내였다. 우리는 교회에서 서로는 물론이고 세상에 그렇게 선언했고, 그러니 이제 서로에게 새로운 의무를 지게 된 것 같았다.

나를 포함한 많은 여성에게 '아내'는 남다른 무게가 실린 말일 수 있다. 이 단어에는 역사가 있다. 나처럼 1960~1970년대에 자란 사람에게 아내란 TV 시트콤에 나오는 백인 여성, 즉 쾌활하고 단정한 헤어스타일에 코르셋을 입은 여성을 뜻했다. 그들은 전업주부였고, 아이들 문제로 수선을 피웠고, 저녁 식사를 늘 대령해두었다. 가끔 셰리주를 마시거나 진공청소기 외판원과 시시덕거리기도 했지만, 일탈은 그쯤에서 끝나는 듯했다. 얄궂은 점은, 내가 그런 드라마를 보며 자란 우리 집에도 불평한마디 없이 저녁을 차려주는 전업주부 어머니와 퇴근 후 휴식을 취하는 말쑥한 아버지가 있었다는 사실이다. 우리 부모님의 결혼 생활은 TV 속 결혼 생활 못지않게 전통적이었다. 버락은 가끔 내 성장 과정이 시트콤 〈비버에게 맡겨줘〉의 흑인 버전 같다고 농담했다. 사우스쇼어의 로빈슨 가족이 드라마 속 메이필드의 클리버 가족만큼이나 착실하고 건강한 것 같다는 뜻이었다. 물론 우리는 클리버 가족의 가난한 버전이었고, 아버지는 클리버 씨의 정장 대신 파란 작업복을 입었다. 아무튼 버락의 저 말은 약간의 부러움을 담고 있었다. 그의 성장 과정은 전혀 달랐기 때문이다. 동시에 흑인 가정은 대체로 결손가정이고, 흑인들은 백인들처럼 안정되고 모범적인 중산층 가족으로 살지 못한다는 고정관념에 대한 반박이기도 했다.

사실 꼬마 때 나는 〈비버에게 맡겨줘〉보다는 〈메리 타일러 무어 쇼〉를 더 좋아해서, 그 드라마를 넋 놓고 보곤 했다. 주인공 메리는 직업과 세련된 옷들과 진짜 멋진 헤어스타일을 가진 여성이었다. 메리는 독립적이고 웃긴 여성이었고, TV의 다른 숙녀들과 달리 메리가 고민하는 문제들은 내게도 흥미롭게 느껴졌다. 메리는 자식이나 가사가 아닌 주제로도 대화할 줄 알았다. 상사인 루 그랜트에게 호락호락 당하고만 있지도 않았고, 남편을 찾는 데 집착하지도 않았다. 그녀는 젊으면서도 성숙한 성인이었다. 인터넷이 까마득한 미래였던 시절, 주요 방송국 세 곳이 세상을 거의 독점적으로 중계해주던 시절에는 그런 드라마가 중요했다. 나처럼 제법 영리한 데다가 커서 아내 이상의 무언가가 되고 싶다는 생각을 어렴풋이 품기 시작한 여자아이들에게는 메리 타일러 무어야말로 여신이었다.

그런데 이제 스물아홉 살이 된 나는, 어릴 때 그런 드라마를 보면서 인내심 많고 희생적인 어머니가 차려주던 밥을 먹던 그 집에서 여태 살고 있었다. 나는 교육, 건강한 자의식, 깊은 야망 등 많은 것을 갖추게 되었고, 내가 그럴 수 있었던 것은 특히 어머니 덕택이라는 사실을 잘 알았다. 어머니는 내가 유치원에 들어가기 전부터 읽기를 가르쳐주었다. 아기 고양이처럼 어머니 무릎에 앉아서 도서관에서 빌려온 『딕과 제인』 책을 들여다보는 내게 한 단어 한 단어 발음하는 법을 알려주었다. 오빠와 내게 세심한 식사를 차려주었다. 브로콜리와 방울양배추를 접시에 담아주고는 무조건 다 먹으라고 일렀다. 내 고등학교 졸업 무도회 드레스도 손수 만들어주었다. 맙소사. 요컨대 어머니는 자신의 모든 것을 우리에게 성실하게 내주었다. 가족이 곧 어머니였다. 나도 이제 철이 들었으니, 그때 어머니가 우리에게 쏟았던 시간은 자기 자신에게 쏟지 못한 시간이었다는 사실쯤은 알았다.

하지만 내가 누렸던 그 고마운 환경이 이제는 내 마음을 괴롭히는 문제가 되었다. 부모님은 내게 자신감을 품으라고, 한계는 없다고, 원하는 것은 무엇이든 해낼 수 있다고 가르쳤다. 그리고 나는 모든 것을 다 원했다. 왜냐고? 수잰이라면 이렇게 대꾸했을 텐데, **안 될 거 없잖아?** 나는 메리 타일러 무어처럼 적극적으로 세상에 뛰어드는 독립적이고 열정적인 직업인으로 살고 싶었지만, 그러면서도 안정되고 희생적이고 겉보기에는 단조로운 듯 평범한 아내 및 어머니 역할에도 끌렸다. 직장 생활과 가정생활을 둘 다 갖고 싶었지만, 어느 쪽이 다른 쪽을 찍어누르지 않는다는 보장이 있어야 했다. 정확히 어머니처럼 되고 싶으면서도 결코 어머니처럼 되고 싶지 않았다. 생각할수록 혼란스러웠다. 나는 둘 다 가질 수 있을까? 둘 다 갖게 될까? 알 수 없었다.

한편 버락은 발리에서 고립을 문학적 성과로 바꾸는 데 성공하여, 공책이 가득 든 가방을 들고 가무잡잡해진 모습으로 돌아왔다. 초고는 완성되었다. 몇 달 후 그의 대리인은 다른 출판사에 원고를 팔아서 빚을 해결해주었고, 새로 출간 일정을 잡아주었다. 내게는 버락이 돌아온 지

몇 시간 만에 우리가 신혼부부의 일상으로 순조롭게 복귀했다는 점이 더 중요했다. 그는 고독을 청산하고 내 세상으로 돌아왔다. 이제 **내 남편**인 그는 내 농담에 웃었고, 내 일과를 듣고 싶어 했고, 내게 잘 자라고 입 맞춰주었다.

우리가 함께 요리하고 일하고 웃고 계획하는 일상이 한 달 두 달 흘러갔다. 그해 봄, 우리는 자금을 융통해서 집을 샀다. 사우스유클리드가 7436번지를 나와서, 하이드파크에 있는 기차간식 구조의 예쁜 아파트로 들어갔다. 원목 마루가 깔려 있고 타일이 붙은 벽난로가 있는 새집은 우리 삶의 새로운 발사대가 될 터였다. 나는 또 벼락의 격려를 등에 업고서 다시금 직업을 바꾸는 모험을 감행했다. 시청의 밸러리와 수전에게 작별을 고하고, 예전부터 호기심을 느껴온 비영리단체 일을 맡기로 했다. 직접 리더십을 발휘하면서 성장할 기회를 얻고 싶었다. 어떻게 하면 동시에 메리 타일러 무어와 메리언 로빈슨이 될 수 있을까를 비롯하여 아직 인생에 관해서 풀지 못한 문제가 많았지만, 당장은 그런 질문들을 옆으로 밀어두었다. 어떤 고민이든 나중에 하면 될 것 같았다. 왜냐하면 우리는 이제 **우리**였고, 행복했으니까. 행복은 새 인생의 출발점으로 삼기에 충분한 상태인 것 같았다.

13

나는 새 일 때문에 조금 초조했다. 비영리단체인 '퍼블릭 앨라이스Public Allies'가 새롭게 출범시키는 시카고 지부의 조직장을 맡게 되었는데, 퍼블릭 앨라이스 자체도 신생 단체였다. 내 일은 말하자면 스타트업 내부의 스타트업이었고, 더구나 내가 이렇다 할 경험이 없는 분야였다. 퍼블릭 앨라이스는 1년 전 워싱턴 D.C.에서 설립된 단체였다. 창립자 버네사 커시와 캐트리나 브라운은 대학을 막 졸업한 젊은이들로, 좀 더 많은 청년이 공공 부문과 비영리 조직으로 진출하도록 거들려는 마음에서 단체를 만들었다. 그들을 먼저 만난 사람은 버락이었다. 어느 회의에서 두 사람을 만나서 이사진에 합류했고, 이후 그들이 시카고 지부장을 구한다고 하자 나와 다리를 놓아준 것이었다.

퍼블릭 앨라이스의 사업 모델은 역시 그즈음 생긴 지 얼마 되지 않던 '티치 포 아메리카'와 비슷했다. 재능 있는 젊은이들을 모집하여 집중 교육을 시키고 일대일 멘토를 붙여준 뒤 지역사회 단체나 공공 기관에서 10개월간 유급 수습사원으로 일할 기회를 주는 것이었다. 일차적으로는 그들이 각자의 일터에서 유의미하게 기여하기를 바랐고, 나아가 그 일을 기회로 우리가 '앨라이'들이라고 부른 참가자들이 경험과 의욕을 쌓아서 장차 비영리단체나 공공 부문에서 계속 일하고 그럼으로써 새로운 세대의 지역사회 지도자로 성장하는 것이 궁극적 목표였다.

나는 이 발상에 크게 공감했다. 프린스턴 졸업반 때 내 동기들은 좀 더 공익 의식을 발휘할 수 있는 직업이 있다는 사실을 모르거나 알아도 고려해보지 않은 채(적어도 나는 그랬다) 그저 의대나 법대 입학시험을 치르고 정장 차림으로 대기업 면접을 보았다. 퍼블릭 앨라이스는 젊은이들에게 경력에 대한 시야를 넓혀줌으로써 그런 현실을 조금이나마 바로잡고자 했다. 게다가 두 창립자가 아이비리그 졸업자를 지역사회에 파견하는 것보다는 지역사회에 이미 존재하는 재능을 발견하고 육성하는 일에 더 집중한다는 점이 특히 미음에 들었다. 앨라이는 대학 졸업장이 없어도 될 수 있었다. 고등학교 졸업장이나 고졸 학력 인증서가 있고, 나이가 열일곱 이상 서른 미만이고, 아직은 발휘할 기회가 없었더라도 잠재된 리더십을 갖추고 있으면 되었다.

퍼블릭 앨라이스는 미래의 가능성을 발굴하고, 육성하고, 실현하는 일이었다. 형편상 재능을 썩힐지도 모르는 젊은이를 찾아서 유의미한 활동의 기회를 주는 일이었다. 내게는 이 일이 운명처럼 느껴졌다. 시들리에 다닐 때 47층 사무실 창으로 사우스사이드를 하염없이 내다보곤 했던 내게 마침내 아는 바를 써먹을 기회가 온 것이었다. 나는 우리 동네 같은 곳에도 숨은 재능이 많다는 사실을 알았고, 그 재능을 발굴할 방법도 알 것 같았다.

새 일을 고민하는 동안, 어린 시절을 자주 돌아보게 되었다. 특히 브린 마 초등학교 2학년 때 연필이 마구 날아다니는 혼돈의 교실에서 보냈던 한 달 남짓의 시간을 돌아보았다. 결국 어머니가 수완을 발휘하여 나를 그곳에서 빼냈을 때는 행운에 안도하는 마음뿐이었지만, 이후 그 작은 행운이 차츰 눈덩이처럼 불어나는 걸 겪으면서 그때 관심도 의욕도 없는 선생님과 함께 교실에 남은 약 20명의 친구들을 점점 더 자주 떠올렸다. 내가 그 아이들보다 더 똑똑했던 건 결코 아니었다. 내게는 그저 지지자가 있었을 뿐이다. 나는 어른이 되고서 그 일을 더 자주 떠올렸다. 특히 내가 지금의 내가 되는 과정에 잔인한 무작위성이 개입했었다는 사실을 모르는 사람들이 나를 칭찬할 때면 더 그랬다. 그 2학년 아이들이 배움의 시간을 1년간 잃었던 것은 그 아이들 탓이 아니었다. 이제 나는 행운 못지않게 결핍 역시 처음에는 아무리 작더라도 눈덩이처럼 빠르게 불어날 수 있다는 사실을 알았다.

퍼블릭 앨라이스 창립자들은 첫해에 15명의 앨라이를 모집하여 워싱턴 D.C.의 여러 단체들에 파견했다. 또 클린턴 대통령이 설립한 아메리콥스 프로그램을 통해서 연방 지원금을 받을 첫 번째 단체들 중 하나로 뽑힌 덕분에, 시카고 지부를 열기에 충분한 자금을 모았다. 바로 그 시점에서 내가 기대감과 초조감을 안고 끼어든 것이었다. 업무 조건을 협상하면서 비영리단체의 자명한 사실 하나를 새삼스레 깨우쳤다. 보수가 적다는 점이었다. 처음 제안받았던 액수는 워낙 적어서 내 형편상 도저히 수락할 수 없을 정도였다. 시청 연봉보다 훨씬 적었는데, 그 연봉도 변호사 연봉에서 절반으로 깎인 수준이었다. 그래서 나는 일부 비영리단체들, 특히 퍼블릭 앨라이스처럼 청년들이 주도하는 신생 단체들과 그곳에서 일하는 대담하고 열정적인 활동가들에 관한 두 번째 사실을 깨우쳤다. 그들 중에는 나와 달리 그런 일을 할 형편이 되어 보이는 이가 많다는 점이었다. 그들은 학자금 대출이 없어서든, 언젠가 물려받을 유산이 있어서 미래에 대비해 저축할 필요가 없어서든, 자신의 미덕을 가능하게 해주는 은밀한 특권을 갖고 있었다.

그들에게 합류하려면, 협상을 잘해야 했다. 내가 바라는 연봉을 정확히 요구해야 했다. 그리고 그 금액은 단체가 예상했던 것보다 상당히 많았다. 하지만 그것이 내 현실이었으니, 요구하기를 망설이거나 창피하게 여겨선 안 되었다. 나는 아직도 다달이 생활비 외에도 600달러씩 학자금을 상환했고, 마찬가지로 학자금을 갚고 있는 남자와 결혼했다. 퍼블릭 앨라이스 측은 내가 학비로 얼마를 빌렸는지, 그리고 그 빚을 다달이 환산하면 얼마나 되는지 알려주자 거의 믿을 수 없다는 반응을 보였다. 하지만 그들은 넘치는 투지로 후원금 확보에 나섰고, 결국 성공하여 내가 합류할 수 있게 해주었다.

그래서 나는 팔을 걷어붙이고 나섰다. 주어진 기회를 본때 있게 활용하고 싶었다. 내가 어떤 일을 바닥에서부터 직접 쌓아 올리는 건 이번이 처음이었다. 성공하든 실패하든, 그 결과는 상사나 다른 사람이 아니라 온전히 나의 노력에 달려 있었다. 1993년 봄, 나는 사무실을 열고 소수의 직원을 고용하여 가을에 첫 앨라이들을 맞을 수 있도록 맹렬하게 일했다. 미시간가에서 싼 사무실을 구했고, 어느 컨설팅 회사가 사무실을 재단장하느라고 내버린 의자와 탁자를 기증받았다.

나는 또 버락과 내가 시카고에서 맺은 연줄을 거의 총동원하여 후원자를 찾았고, 재단을 통해서 장기적으로 지원받도록 주선해줄 수 있는 사람을 찾아보았다. 물론 앞으로 1년 동안 공공 부문에서 앨라이들을 맡아줄 사람도 구해야 했다. 밸러리 재럿은 시장실과 시 보건 부서에 일자리를 주선해주었다. 그곳에서 앨라이들은 지역사회의 어린이 예방접종 사업을 거들 예정이었다. 버락도 지역사회 조직가 인맥을 활용하여 법적 도움, 지원, 교육 기회를 연결해주었다. 시들리의 여러 변호사들도 수표를 써주는가 하면 중요한 후원자를 소개해주었다.

뭐니 뭐니 해도 가장 재미난 일은 앨라이를 찾는 일이었다. 우리는 본부의 도움을 받아서 전국의 대학들에 모집 공고를 냈지만, 가까이에서도 물색했다. 우리는 시카고 곳곳의 지역 전문대학들과 시내의 몇몇 큰 고등학교들을 찾아다녔다. 카브리니 그린 공공주택단지를 가가호호 방문했고, 지역사회 모임에 참석했고, 싱글맘을 대상으로 한 프로그램을 찾아가서 홍보했다. 만나는 이마다, 목사에게도 교수에게도 동네 맥도날드 점장에게도, 아는 청년들 가운데 가장 흥미로운 사람이 누구냐고 물었다. 누가 지도자감인가요? 누가 큰일을 할 만한 인물인가요? 우리는 그런 사람들이 지원하기를 바랐고, 그런 사람들이 망설이면 장애물이 무엇이든 잠시 잊어보라고 설득했다. 우리가 해결해줄 수 있는 일이라면, 가령 차비를 마련하는 일이든 아이 맡길 돈을 구하는 일이든 최대한 애써보겠다고 약속했다.

가을에 우리는 27명의 첫 앨라이들을 맞이했다. 그들은 시청, 사우스사이드의 지역사회 단체, 필슨 지역의 '라티노 유스'라는 대안 고등학교 등 시카고 곳곳에서 인턴으로 일하게 되었다. 앨라이들은 다채롭고 의욕적인 집단이었다. 출신 배경은 다양했지만, 다들 이상과 포부를 품고 있었다. 갱단 출신의 남성도 있었고, 시카고 남서부 출신으로 하버드에 진학한 라틴계 여성도 있었고, 로버트 테일러 홈스 저소득층 단지에서 혼자 아이를 키우면서 대학 갈 돈을 모으는 20대 초반 여성도 있었으며, 사우스사이드의 그랜드불러바드 출신으로 고등학교를 중퇴했지만 도서관 책으로 독학하다가 결국 학교로 돌아가 졸업장을 딴 스물여섯 살 남성도 있었다.

앨라이들은 금요일마다 모두 어느 한군데 사무실에 모였다. 금요일은 일주일간 있었던 일을 보고하고, 소식을 주고받고, 직무 능력 향상 워크숍을 진행하는 날이었다. 나는 그 자리가 무엇보다도 좋았다. 앨라이들이 하나둘 도착해서 한구석에 배낭을 부리고, 겨울 외투를 벗고, 동그랗게 둘러앉느라고 방이 시끌벅적해지는 것이 좋았다. 그들의 문제를 함께 고민해주는 것이 좋았다. 그것이 엑셀을 익히는 문제이든, 사무실 출근에 알맞은 복장을 하는 문제이든, 가방끈이 더 길고 더 자신만만한 사람들 틈에서 제 의견을 용감하게 밝히는 문제이든. 썩 달갑지 않은 피드백을 주어야 하는 경우도 있었다. 앨라이가 자꾸 지각하거나 의무를 소홀히 한다는 보고를 받으면, 내가 나서서 그에게 우리는 그 이상을 기대한다고 따끔하게 일렀다. 지역사회 조직의 허술한 면모나 일터의 까다로운 상사 때문에 고민하는 앨라이에게는 시야를 넓게 보라고 조언했고, 앨라이들은 상대적으로 운이 좋은 편이라는 점을 상기시켰다.

그리고 우리는 새로운 배움을 얻거나 새로운 진전을 이룰 때 함께 축하했다. 그럴 일은 아주 많았다. 모든 앨라이가 결국 비영리단체나 공공부문에 진출하지는 않았고, 모두가 어려운 환경을 극복하는 데 성공한 것도 아니었지만, 감동적이게도 실제로 많은 졸업자가 장기적으로 공익적인 일에 투신했다. 개중에는 퍼블릭 앨라이스 직원이 된 사람도 있었고, 정부 기관이나 전국적 비영리 조직을 이끌게 된 사람도 있었다. 퍼블릭 앨라이스는 창립 25년이 넘은 오늘날까지도 훌륭하게 운영되고 있다. 시카고뿐 아니라 다른 20여 개 도시에도 지부가 생겼고, 전국에서 수천 명의 졸업생을 배출했다. 그 일에 내가 작게나마 기여했으며, 오래 지속되는 무언가를 만드는 데 한몫했다는 사실은 내 직업 인생에서 가장 흐뭇한 일이다.

나는 퍼블릭 앨라이스를 마치 처음 부모가 되어서 진이 빠지면서도 자랑스러워 어쩔 줄 모르는 사람처럼 돌보았다. 매일 앞으로 할 일을 꼽아보면서 잠들었고, 새로운 하루와 한 주와 한 달에 해야 할 일들의 목록을 머릿속에 담은 채 깼다. 봄에 첫해 앨라이 27명이 졸업한 뒤, 가을에 새로 40명을 받았다. 규모는 이후 계속 늘었다. 돌아보면, 그 일은 아마도 내게 최고의 일이었다. 온 신경을 곤두세우고 일하는 기분도 좋았고, 아무리 사소한 성과라도―스페인어를 쓰는 집에서 자란 앨라이에게 알맞은 일터를 찾아주는 일이든, 낯선 동네에서 일하게 된 앨라이의 두려움을 다독여주는 일이든—처음부터 끝까지 내 손으로 이뤄야 한다는 점도 좋았다.

평생 처음으로 내가 직접적으로 유의미한 일을 한다고 느꼈다. 타인의 삶에 직접 영향을 미치면서도 내 도시와 문화에 연관된 일을 한다고 느꼈다. 버락이 지역사회 조직가로 일하거나 '프로젝트 보트!'에서 일할 때 어떤 기분이었는지도 이해하게 되었다. 그는 온 기력을 다 쏟아야 하는 힘겨운 싸움을 벌일 때—더구나 그는 그런 싸움만 좋아했고, 앞으로도 계속 그럴 터였다—그 일로 비록 심신이 지치겠지만 또한 많은 것을 얻으리라는 사실도 알았을 것이다.

*   *   *

내가 퍼블릭 앨라이스에 몰두한 동안, 버락은—최소한 그의 기준으로는—조용하고 예측 가능한 시기를 보냈다. 그는 시카고 법대에서 인종 문제와 법을 가르쳤고, 낮에는 법률 회사에서 일하면서 주로 투표권이나 고용 차별에 관련된 사건을 맡았다. 이따금 지역사회 워크숍도 주재했는데 퍼블릭 앨라이스에서도 금요일에 두어 차례 워크숍을 진행했다. 그는 공익에 기여하고 싶어 하는 지적인 30대 전문가로서 꼭 알맞은 삶을 구축한 것처럼 보였다. 더 많은 보수와 명예가 따르는 일을 더러 제안받았지만, 자신의 원칙을 좇고자 모두 딱 잘라 거절했다. 적어도 내가 아는 한은 그랬다. 그는 변호사이자 선생이자 조직가였다. 그리고 곧 책을 낸 저자도 될 터였다.

발리에서 돌아온 뒤, 버락은 1년쯤 더 초고를 다듬었다. 우리가 서재로 꾸민 작은 방에서 밤늦게까지 일했다. 발 디딜 틈 없이 사방에 책이 널린 그 공간을 나는 애정을 담아 '굴'이라고 불렀다. 나도 가끔 그곳에 들어가 바닥에 쌓인 자료 더미를 넘어 그의 앞에 놓인 보조 의자에 앉고서, 일에 빠진 그를 농담과 미소로 사로잡으려고 시도했다. 어디인지는 몰라도 그의 정신이 뛰놀고 있는 드넓은 벌판으로부터 그를 꾀어내보려고 말이다. 그는 내 훼방을 너그럽게 받아주었지만, 내가 너무 오래 뭉그적거리지 않을 때만 그랬다.

버락은 '굴'이 필요한 사람이었다. 방해받지 않고 혼자 책을 읽고 쓸 수 있는 폐쇄된 공간이 필요한 사람이었다. 그 공간은 그의 정신이라는 광활한 하늘로 곧장 이어진 문이었고, 거기서 보내는 시간이야말로 그를 움직이는 연료였다. 우리는 이 점을 존중하여, 어디에서 머물든 반드시 그곳에 굴을 만들었다. 조용한 구석이나 골방이면 충분하다. 요즘도 가족 여행으로 하와이나 마서스비니어드로 갈 때면 버락은 맨 먼저 굴로 쓸 만한 방을 찾아본다. 그 공간에서 그는 동시에 예닐곱 권의 책을 펼쳐놓고 신문을 바닥에 마구 널브러뜨린 채 넘겨 본다. 그에게 굴은 통찰이 태어나고 명료함이 찾아드는 일종의 성소다. 반면 내게는 영 정이 안 가는 무질서한 난장판이다. 어디가 되었든 굴의 한 가지 조건은 문이 달려 있어서 내가 닫을 수 있어야 한다는 것이다.

『내 아버지로부터의 꿈』은 1995년 여름에 출간되었다. 좋은 서평을 받았지만, 판매는 그냥저냥이었다. 그래도 괜찮았다. 중요한 것은 버락이 자신의 인생을 하나의 서사로 정리했다는 사실이었다. 그는 아프리카-캔자스-인도네시아-하와이-시카고 사람이라는 정체성의 여러 조각을 하나로 끼워 맞춤으로써 스스로 온전성을 확보했다. 나는 버락이 자랑스러웠다. 그는 그 서사를 통해서 유령 같은 아버지와 일종의 문학적 평화협정을 맺었다. 물론, 그 평화를 달성하는 과정은 일방적이었다. 아버지 오바마가 남긴 빈틈을 메우고 수수께끼를 푸는 일을 버락 혼자 해내야 했으니까. 하지만 그것은 버락이 늘 살아온 방식이었다. 그는 아이였을 때부터 모든 걸 제힘으로 해내려고 노력해온 사람이었다.

★　　　★　　　★

책이 출간되었으니, 버락의 생활에 여유가 생겼다. 그리고 버락은—이 또한 그의 변함없는 방식인데—그 여유를 즉시 메워야 한다고 느꼈다. 사적인 차원에서는 힘든 문제가 있었다. 그의 어머니가 난소암 진단을 받고 치료차 자카르타에서 호놀룰루로 옮긴 상황이었다. 어머니는 우리가 아는 한 훌륭한 치료를 받고 있었고, 화학요법이 효과가 있는 듯했다. 마야와 외할머니가 하와이에서 그녀를 보살폈고, 버락도 자주 연락했다. 하지만 진단이 늦었던 탓에 암이 꽤 진행된 상태라서 결과를 예측하기 어려웠다. 버락의 마음에는 이 문제가 늘 묵직하게 담겨 있었다.

한편 시카고에서는 정치판이 다시 술렁거리기 시작했다. 1995년 봄에 데일리 시장이 3선에 성공했고, 이제 모두가 1996년 선거 준비에 나섰다. 이번 선거에서 일리노이주는 새 연방상원의원을 뽑아야 했고, 클린턴 대통령은 재선에 도전할 터였다. 낯부끄럽게도 현직 연방하원의원 한 명이 성범죄 수사 대상이 되는 바람에, 민주당은 시카고 사우스사이드 대부분을 아우르는 선거구인 일리노이 제2선거구에서 새 후보자를 내야 했다. 그 자리에 출마할 의향을 사적으로 밝힌 사람은 인기 좋은 주상원의원[*] 앨리스 파머였다. 파머는 하이드파크와 사우스쇼어 지역을 대변해온 의원으로, 버락도 '프로젝트 보트!' 활동 때 알게 되었다. 그녀의 주상원의원 자리가 공석이 된다는 것은 곧 버락이 출마해볼 가능성

---

[*] 미국 의회는 상원과 하원으로 나뉜다. 주마다 주의회의 상하원의원이 있고, 다시 주를 대표하는 연방의회의 상하원의원을 따로 선출한다.

이 열린다는 뜻이었다.

버락은 흥미가 있을까? 버락은 출마할까?

그때는 몰랐지만, 이 질문은 앞으로 10년 동안 우리 삶을 지배하고서 우리가 무슨 일을 하든 늘 배경에서 북소리처럼 울릴 터였다. '버락은 출마할까? 버락이 출마할 수 있을까? 버락은 관심이 있을까? 버락은 출마해야 할까?' 하지만 그런 질문들에 늘 앞서는 질문이 하나 더 있었다. 버락 자신이 어떤 자리에 출마하든 사전에, 그리고 짐작하건대 선제적으로 던진 질문이었다. 그가 처음으로 그 질문을 던진 순간은 내게 앨리스 파머와 주상원의원 공석 소식을 전하고 자신이 변호사, 교수, 조직가, 저자에 더하여 주 입법자까지 될 수 있을지도 모르겠다는 생각을 전한 때였다. "미셸, 내가 출마하는 걸 어떻게 생각해?"

나로서는 대답이 어렵지 않았다. 나는 버락의 공직 출마를 좋은 생각으로 여기지 않았다. 구체적인 이유는 질문을 받을 때마다 조금씩 달랐지만, 내 전반적인 입장은 땅에 단단히 뿌리 내린 세쿼이아 나무처럼 굳건했다. 그래봐야 버락을 저지하는 데는 참담하게 실패했음을 여러분도 모두 잘 알겠지만.

1996년 일리노이주 상원의원 선거의 경우, 내 논리는 이랬다. 나는 정치인을 썩 탐탁하게 여기지 않았고, 따라서 남편이 정치인이 되는 게 기쁘지 않았다. 내가 주 정치에 대해서 아는 거라고는 주로 신문에서 읽은 게 다였는데, 딱히 바람직하고 생산적인 내용은 없는 듯했다. 나는 또 친구 샌티타 잭슨 덕에 정치인은 자주 집을 비워야 한다는 사실을 일찌감치 알았다. 게다가 내 눈에 국회의원들이란 전반적으로 거죽이 두껍고 굼뜨고 자기 잇속만 챙기는 거북들 같아 보였다. 반면 내가 볼 때 버락은 너무 열성적인 데다가 대담한 계획이 많은 사람이라서, 스프링필드 의사당에서 벌어지는 딱딱하고 지리멸렬한 과정을 견디지 못할 것 같았다.

나는 선한 사람이 세상에 영향력을 미치는 방법으로는 정치 외에도 다른 게 있을 거라고 믿었다. 더 솔직히 말하자면, 버락이 정치판에서 산 채로 잡아먹힐 거라고 생각했다.

그러나 그때부터도 마음 한구석에는 반대 논리가 있었다. 버락 자신이 정치판에서 뭔가 해낼 수 있다고 믿는다면, 내가 무슨 권리로 그를 막나? 내가 뭐라고, 그가 시도도 해보기 전에 싹수를 밟아버리나? 그는 내가 변호사를 그만두고 싶어 했을 때 한번 해보라고 격려해준 유일한 사람이었고, 내가 시청에서 일하는 것을 걱정하면서도 지지해주었다. 지금 그가 여러 일을 하는 이유에는 내가 퍼블릭 앨라이스로 옮긴 탓에 줄어든 수입을 보충하기 위함도 있었다. 우리가 함께한 6년 동안, 그는 한 번도 내 직관과 능력을 의심하지 않았다. 그의 반응은 늘 한결같았다. **걱정 마, 자기는 할 수 있어, 우리는 어떻게든 해낼 거야.**

그래서 나는 그의 공직 출마에 동의했다. 단 아내로서 경고를 잊지 않았다. "난 자기가 좌절할 수도 있다고 생각해. 당선되고 아무리 열심히 일해도 성과가 나지 않을 수도 있어. 그러면 자기는 미쳐버릴걸."

"그럴지도 모르지." 버락은 생각에 잠긴 표정으로 어깨를 으쓱할 뿐이었다. "하지만 어쩌면 내가 조금이라도 좋은 일을 해낼 수 있을지 몰라. 또 모르잖아?"

"그렇긴 해." 나도 으쓱할 수밖에 없었다. 그의 낙관주의를 훼방하는 것은 내 일이 아니었다. "또 모르지."

★　　★　　★

이 소식에 놀랄 사람은 아무도 없겠지만, 내 남편은 정치인이 되었다.

그는 세상을 바꾸고 싶어 하는 선한 사람이었고, 내 회의에도 불구하고 그러기에 가장 좋은 방법은 정치라고 믿었다. 그는 일단 무언가를 믿으면 굳건한 신념을 고수한다.

버락은 1996년 11월에 일리노이 주의회 상원의원으로 선출되었고, 두 달 뒤인 1997년 초에 임기를 시작했다. 놀랍게도 나는 선거 과정을 즐겼다. 버락의 이름을 투표지에 올리기 위해서 서명을 받는 일을 거들었고, 토요일마다 예전에 살던 동네를 돌아다니면서 주정부에 대한 주민들의 의견과 고쳤으면 하는 문제가 무엇인지 들었다. 아버지가 선거구 관리자로서 주말에 유권자를 찾아다닐 때 그 꽁무니를 따라다녔던 옛일이 기억났다. 하지만 그 밖에는 내가 할 일이 별로 없었고, 나는 그 정도가 딱 좋았다. 나는 선거운동을 취미처럼 여겼다. 여건이 되면 즐겁게 참여했고, 그러다가도 도로 내려놓고 내 일을 했다.

버락이 출마를 선언한 직후, 호놀룰루에서 그의 어머니가 돌아가셨다. 병세가 워낙 빠르게 악화한 터라, 버락이 임종을 지키러 갈 틈도 없었다. 버락의 마음은 찢어졌다. 앤 더넘은 그에게 문학의 풍요로움과 논리적 추론의 힘을 가르쳐준 분이었다. 그녀가 없었다면 그는 자카르타의 몬순철 폭우를 경험하거나 발리의 수중 신전을 보지 못했을 것이다. 이 대륙에서 저 대륙으로 훌쩍 점프하는 것이 쉽고 짜릿한 일임을 깨닫지도, 낯선 것을 받아들이는 법을 배우지도 못했을 수 있다. 앤 더넘은 자신의 마음을 좇아서 나아가는 용맹한 모험가였고, 버락은 그녀의 기상을 크고 작은 방식으로 물려받았다. 그녀를 잃은 고통은 우리 둘의 마음에 칼날처럼 깊게 박혔다. 내 아버지를 잃었을 때 우리 마음에 박혔던 칼날 옆에 나란히.

겨울이 오고 회기가 시작되자, 우리는 일주일에 며칠씩 떨어져서 살게 되었다. 버락은 월요일 밤마다 네 시간씩 운전해서 주의회 의사당이 있는 스프링필드로 갔고, 다른 의원들도 많이 묵는 값싼 호텔에서 묵다가 보통 목요일 밤늦게 시카고로 돌아왔다. 그는 의사당에 작은 전용 사무실이 있었고, 시카고에 파트타임 직원을 한 명 두었다. 법률 회사 일을 줄였지만, 빚 갚을 돈을 벌어야 했기에 법대 수업은 늘렸다. 스프링필드에 내려가지 않는 날로 수업을 잡고 휴회 기간에는 더 많이 가르쳤다. 그가 스프링필드에 내려가 있는 날이면 우리는 밤마다 통화해서 확인할 일을 확인하고, 그날 있었던 일을 이야기했다. 그가 시카고에 돌아와 있는 금요일은 매주 데이트하는 날로 정했다. 둘 다 일을 마친 뒤, 보통 시내에 있는 진판델이라는 레스토랑에서 만났다.

그 밤들을 떠올리면 마음이 훈훈해진다. 레스토랑은 어둑하고 따스한 조명이 밝혀져 있었다. 시간을 철저히 지키는 사람인 나는 늘 먼저 도착해서 버락을 기다렸다. 하지만 한 주의 일이 끝난 데다가 그즈음에는 이미 익숙해져서, 그가 늦어도 짜증 나지 않았다. 언젠가는 나타난다는 걸 알았으니까. 이윽고 그가 나타난다. 문을 열고 들어와서 코트를 종업원에게 건넨 뒤 식탁들 사이를 누비다가 마침내 나를 발견하고 씩 웃는다. 그럴 때면 늘 심장이 두근거렸다. 그는 내게 키스하고, 재킷을 벗어서 의자 등받이에 건 뒤, 자리에 앉았다. **내 남편**이 온 것이었다. 그런 반복적 일상이 나를 안심시켰다. 우리는 금요일마다 거의 매번 똑같은 음식을 시켰고—소고기찜, 방울양배추, 으깬 감자—음식이 나오면 조금도 남기지 않고 싹 먹어치웠다.

그 시절은 우리의 황금기였다. 결혼 생활의 균형 면에서도 더할 나위 없었다. 그는 그의 목표를 추구했고, 나는 내 목표를 추구했다. 의원이 되고 얼마 후, 버락은 일주일 사이에 무려 17개의 새 법안을 제출했다. 아마 최고 기록이었을 테고, 다른 건 몰라도 최소한 그의 열의를 보여주는 증거였다. 개중 일부는 통과되었지만, 대부분은 공화당이 장악한 주의회에서 퇴짜 맞았다. 그의 새 동료들 사이에서 '현실감각'으로 통하는 당파주의와 냉소주의에 격추당했다. 첫 몇 달 동안, 나는 예상대로 정치란 싸움이라는 사실을 확인했다. 그것도 대립과 배신을 일삼고 가끔은 은밀한 거래와 타협이 따르는, 때로는 고통스럽고 대체로 사람을 지치게 만드는 싸움이었다. 하지만 동시에 버락의 예상도 옳았음을 확인했다. 버락은 드잡이판이나 다름없는 의회에 희한하게 잘 맞는 사람이었다. 그는 소란의 와중에도 침착했고, 아웃사이더가 되는 데 익숙했고, 패배를 겪더라도 하와이풍으로 가볍게 받아넘겼다. 자신의 비전 중 일부라도 언젠가는 빛을 보리라는 희망을 집요하게 품었다. 그때부터 벌써 많은 공격에 시달렸지만, 개의치 않았다. 체질인 듯했다. 그는 두드려 맞아서 옴폭옴폭 파였어도 변함없이 반짝반짝한 낡은 구리 냄비 같았다.

나도 변화를 겪는 중이었다. 새 직장으로 옮겼기 때문이다. 손수 지부를 열고 정성껏 키운 퍼블릭 앨라이스를 떠나기로 한 것은 스스로에게도 좀 놀라운 결정이었다. 나는 3년 동안 그 일에 열성을 다했고, 복사기 용지를 채우는 것처럼 사소한 일부터 큰일까지 관리상의 모든 책임을 다 졌다. 퍼블릭 앨라이스는 순항하고 있었고 연방정부와 재단으로부터 다년간 지원을 확보했기 때문에 틀림없이 오래 살아남을 것이었다. 이제 편한 마음으로 떠날 수 있을 것 같았다. 새로운 기회는 1996년 가을 난데없이 찾아왔다. 몇 년 전 시카고 대학에서 만났던 아트 서스먼이 연락해와서, 대학이 새로 마련한 자리가 있다고 알려주었다.

시카고 대학은 지역사회와의 관계에 집중할 부학장직을 마련하고 사람을 찾고 있었다. 마침내 지역과, 특히 이웃 동네인 사우스사이드와 좀더 통합적인 관계를 구축하는 일에 나선 것이었다. 예를 들면 대학생들이 지역사회에서 자원봉사 활동을 하도록 장려하는 프로그램 등을 신설하고 추진하는 역할이었다. 퍼블릭 앨라이스처럼, 이 일은 내가 몸소 겪어온 현실과 연관되어 있었다. 몇 년 전에 아트에게도 말했지만, 시카고 대학은 내가 진학하게 될 동부의 으리으리한 대학들보다도 어쩐지 더 멀게 느껴졌다. 대학도 내게 관심이 없는 것 같았다. 대학은 우리 동네로부터 등을 보인 채 돌아앉아 있었다. 그 벽을 낮추어서 더 많은 재학생이 지역과 관계 맺도록 하고 더 많은 시민이 대학과 관계 맺도록 하는 것은 내가 의욕적으로 덤벼볼 만한 일이었다.

의욕도 의욕이지만, 전직을 결심한 데는 다른 현실적인 이유도 있었다. 대학은 아직 신생 축에 드는 비영리단체가 제공하지 못하는 안정성을 줄 수 있었다. 보수가 더 낫고, 근무시간이 더 합리적이고, 복사기에 용지를 채우거나 프린터가 고장 나면 고쳐줄 사람이 따로 있을 것이다. 나는 서른두 살이었고, 앞으로 인생에서 어떤 부담을 지고 살아갈지 고민하기 시작한 즈음이었다. 버락과 나는 진판델에서 데이트할 때면 예전부터 이런저런 방식으로 나눠온 대화를 이어가고 있었다. 우리가 세상에 영향을 미칠 수 있을까? 각자 어디에서 무엇으로 기여할 수 있을까? 시간과 에너지를 어떻게 할당하는 것이 최선일까?

내가 어떤 사람이고 앞으로 어떤 사람이 되고 싶은가 하는 오래된 질문들이 다시 의식의 전면으로 떠올랐다. 직장을 옮긴 것은 생활에 좀 더 여유를 확보하고 싶어서였지만, 한편으로는 대학의 의료보험 혜택이 다른 어느 직장보다 좋기 때문이었다. 이 조건은 나중에 요긴하게 쓰일 것이었다. 버락과 내가 금요일 밤 촛불 밝힌 진판델의 식탁에서 손을 맞잡고 앉아 있을 때, 소고기찜은 벌써 해치웠고 디저트가 나오기를 기다리는 동안에도, 이 행복에는 깊은 구김살이 하나 있었다. 우리는 임신하려고 애쓰고 있었지만, 그게 뜻대로 되지 않았다.

*　　　*　　　*

서로 깊이 사랑하고 강고한 직업윤리를 갖추었으며 무슨 일이든 작정하면 헌신적으로 해내는 두 사람이라도, 임신만큼은 의지로 해낼 수 없다. 임신은 정복해서 되는 일이 아니었다. 좀 신경질 나게도, 임신에서는 노력과 보상이 꼭 비례한다는 법이 없다. 우리에게는 이 사실이 실망스러운 것 못지않게 놀라울 지경이었다. 아무리 노력해도, 임신이 되지 않았다. 나는 한동안 단순한 접근성 문제일 것이라고 여겼다. 즉, 버락이 스프링필드를 오가며 지내기 때문이라고 말이다. 우리의 생식적 시도는 내 월간 호르몬 주기가 아니라 일리노이 주의회의 일정에 맞춰서 진행되었는데, 이 문제는 우리가 어찌해볼 수 있을 것 같았다.

이제 버락은 내 배란기에 맞추기 위해서 표결을 마치자마자 밤늦게 고속도로를 쌩 달려서 돌아왔다. 여름의 휴회 기간을 맞아서는 노상 집에 머물렀다. 그렇지만 소득이 없었다. 몇 년 동안 피임에 신경 썼던 나는 이제 정반대 일에 매달렸다. 마치 임무라도 띤 듯이 매달렸다. 한번은 임신 테스트기가 양성으로 나와서 그동안의 걱정을 싹 잊고 기쁨에 겨워 황홀해했지만, 몇 주 뒤 유산했다. 내 몸도 몸이려니와, 그동안 품었던 낙천적인 마음에 구멍이 뚫렸다. 길에서 여자들이 아이와 함께 지나가는 모습을 보면, 찡한 부러움과 함께 나는 왜 이렇게 못났을까 하는 쓰라림이 들었다. 유일한 위안은 우리 집에서 한 블록 떨어진 곳에서 살고 있던 오빠네 가족이었다. 오빠 부부에게는 이제 레슬리와 에이버리라는 예쁜 남매가 있었다. 종종 그 집에 들러서 조카들과 놀고 책을 읽어주는 것으로 마음을 달랬다.

몸소 체험하기 전에는 남들로부터 아무 이야기도 들을 수 없는 일의 목록을 작성한다면, 첫 항목은 유산으로 하겠다. 유산은 외롭고, 괴롭고,

거의 세포 수준에서 상심하게 되는 일이다. 유산을 겪은 여성은 그것을 개인적 실패로 착각하기 쉬운데, 사실은 그렇지 않다. 혹은 비극으로 착각하기 쉬운데, 그 순간에는 물론 비참하겠지만 그 또한 오해다. 아무도 말해주지 않지만, 사실 유산은 늘 벌어지는 일이다. 우리 생각보다 더 많은 여자들이 유산을 겪는다. 다만 사람들의 입에 오르내리지 않는 주제일 뿐이다. 나 역시 친구 두어 명에게 유산 사실을 털어놓고서야 알았다. 친구들은 애정과 지지를 보내주었을 뿐 아니라 자신의 유산 경험을 들려주었다. 그렇다고 내 괴로움이 사라지는 건 아니었지만, 같은 괴로움을 겪었다는 친구들 이야기 덕에 조금은 더 잘 견딜 수 있었다. 이때 비로소 유산은 생물학적 딸꾹질에 불과하다는 사실을 알게 되었다. 정확히 왜인지는 모르지만 아마도 타당한 이유에서 수정란을 몸 밖으로 내보내는 편이 좋겠기에 벌어지는 정상적인 일이었다.

한 친구가 자기 부부가 다녔던 불임 클리닉을 소개해주었다. 버락과 나는 가서 진찰을 받았고, 의사는 둘 다 별문제가 없다고 말했다. 그런데도 왜 임신이 안 되는가 하는 수수께끼는 영영 풀 수 없을 터였다. 의사는 내게 배란 촉진제인 클로미드를 두 달쯤 복용해보자고 권했다. 그것도 소용이 없으면 체외수정을 하자고 했다. 내 직장 의료보험이 비용의 대부분을 부담해준다는 사실은 엄청난 행운이었다.

꼭 거액의 판돈이 걸린 복권을 사는 것 같았다. 과학이 관여한 복권이기는 하지만. 안타깝게도 1차 처방이 마무리될 즈음 가을 회기가 시작되어서 나의 다정하고 배려심 많은 남편을 데려갔고, 나는 생식계의 효율을 극대화할 과제를 안고 혼자 남았다. 그 과제란 몇 주 동안 매일 스스로 주사를 놓는 것이었다. 우선 난소를 억제하는 약을 주입하고, 그다음에 새로운 촉진제를 맞으면 수정 가능한 난자들이 줄줄이 배란될 것이었다.

간단하지 않은 일이었고 결과가 확실하다는 보장도 없었기에 초조했다. 하지만 나는 아기를 갖고 싶었다. 그것은 내가 기억하는 한 평생 품고 있던 바람이었다. 어릴 때 나는 플라스틱 인형의 피부에 뽀뽀하다가 질리자 어머니에게 동생을, 진짜 아기를 낳아달라고 졸랐다. 낳아만 주면 돌보는 건 내가 다 하겠다고 약속했다. 어머니가 협조해주지 않자, 속옷 서랍을 뒤져서 어머니의 피임약을 찾아보았다. 그걸 없애면 바라는 결과가 나올지도 모른다고 생각했기 때문이다. 보다시피 계획은 실패했지만, 요지는 내가 늘 아이를 바랐다는 것이다. 나는 가족을 꾸리고 싶었다. 버락도 가족을 원했다. 하지만 나는 혼자서 집 욕실에 앉아 그 소망의 이름으로 내 허벅지에 주삿바늘을 꽂을 용기를 내려고 애쓰고 있었다.

어쩌면 바로 그 순간 정치에 대해서, 또한 버락이 흔들림 없이 정치에 몰두하는 데 대해서 처음으로 희미한 분노를 느꼈는지도 모르겠다. 아니면 늘 여성이 더 무거운 짐을 짊어지기 마련이라는 사실을 절감한 나머지 화가 났는지도 모른다. 어느 쪽이든, 버락은 여기 없었고 나는 혼자 책임을 떠안고 있었다. 앞으로도 버락보다 내가 더 많이 희생하게 되리라는 사실을 예감했다. 이후 몇 주 동안 그는 아무 지장 없이 평소처럼 일했지만, 나는 매일 병원에 들러서 초음파로 난자를 확인해야 했다. 그는 피를 뽑을 필요조차 없었다. 회의를 취소하고 자궁경부 검사를 받으러 갈 필요도 없었다. 남편은 내게 애정과 지원을 퍼부어주었고, 자신이 할 수 있는 일이라면 뭐든지 했다. 체외수정에 관한 자료를 샅샅이 읽고는 밤새 내게 이야기해주었다. 하지만 그가 실제로 해야 하는 의무는 병원에 가서 정자를 제공하는 것뿐이었다. 원한다면 그 뒤에 마티니를 마시러 갈 수도 있었다. 물론 이런 상황이 그의 잘못은 아니었다. 그래도 공평하지 않았고, 나처럼 평등을 주문처럼 읊고 살아온 여성에게는 혼란스러울 수 있었다. 그러나 상황을 이렇게 바꿔놓은 사람은 다름 아닌 나였다. 가족의 꿈을 이루기 위해서 내 직업상의 열정과 꿈을 잠깐 보류하기로 한 건 나였다. 그 짧은 순간, 나도 모르게 머릿속으로 저울질해보았다. 내가 정말 이걸 원할까? 그랬다. 간절히 원했다. 나는 주사기를 번쩍 들어, 내 살에 푹 찔러 넣었다.

*　　*　　*

약 8주 뒤, 모든 분노를 지워버리는 소리를 들었다. 쉭쉭 물기 어린 소리를 내는 심장박동이 초음파에 잡혔다. 따스한 동굴 같은 내 몸속에서 나오는 소리였다. 임신이었다. 꿈이 아니었다. 갑자기 내가 짊어졌던 책임과 상대적 희생이 전혀 다른 의미를 띠었다. 풍경에 갑자기 새로운 색깔이 입혀진 것처럼, 혹은 집 안 가구들이 모두 재배치된 것처럼, 모든 것이 완벽하게 제자리를 찾은 듯했다. 나는 몸속에 비밀을 담고 다녔다. 이것은 내 특권이었고, 내가 여성이기에 누리는 선물이었다. 몸속의 희망이 기분을 밝혔다.

　임신 초기에 피로로 녹초가 되어도, 일이 여전히 바빠도, 버락이 매주 스프링필드로 내려가도, 나는 계속 그런 기분이었다. 겉으로는 예전과 똑같이 살았지만, 이제 속에서도 일이 벌어지고 있었다. 작은 '여자아이'가 자라고 있었다(버락은 팩트 가이였고 나는 계획가였으니, 아기의 성별을 미리 알고 싶어 하는 건 당연했다). 눈에 보이진 않지만 아이는 분명 내 안에 있었고, 가을이 겨울로 바뀌고 겨울이 봄으로 바뀌는 동안 몸도 정신도 착실히 자랐다. 이전에 내가 느꼈던 감정, 버락이 이 힘든 과정에서 한발 떨어져 있다는 데 대한 부러움은 180도 뒤집혔다. 그는 그 과정의 바깥에 있었지만, 나는 그 과정을 몸으로 겪었다. 내가 **곧** 그 과정이었다.

이제 팔꿈치로 나를 찌르고 발꿈치로 내 방광을 차는 아기, 작지만 쑥쑥 자라는 아기는 나와 뗄 수 없는 존재였다. 나는 한순간도 혼자가 아니었고, 한순간도 외롭지 않았다. 운전해서 출근할 때도, 샐러드를 만들려고 야채를 썰 때도, 밤에 침대에 누워서 『첫 임신 출산에 관한 모든 것』을 거의 900번째 펼쳐볼 때도 아기가 나와 함께했다.

시카고의 여름은 내게 특별하다. 나는 저녁 늦게까지 하늘이 환한 것이 좋다. 미시간호에 돛단배가 붐비는 것이 좋고, 날이 차츰 따스해져서 힘들었던 겨울은 생각조차 안 나는 것이 좋다. 정치가 한동안 잠잠해지고 일상이 재미를 향해 기우는 것이 좋다.

우리가 상황을 통제할 수 있을 리 만무했지만, 어쩌다 보니 꼭 타이밍을 완벽하게 맞춘 것처럼 되었다. 1998년 7월 4일 독립기념일, 아침 일찍 진통을 느꼈다. 버락과 나는 시카고대학병원으로 출발했다. 출산 예정일에 맞추어 하와이에서 날아와 있던 마야와 내 어머니도 함께 갔다. 도시 곳곳에서 바비큐용 숯불이 이글거리고 사람들이 호숫가 잔디밭에 담요를 깔고 앉아서 호수 위로 펑펑 폭죽이 터지기를 기다리며 국기를 흔들 때까지는, 아직 몇 시간 남아 있었다. 하지만 우리는 어차피 그해의 축제를 모두 놓칠 터였다. 우리만의 불꽃에 휩싸여 있었으니까. 우리는 국가가 아니라 가족을 생각하고 있었고, 이윽고 우리의 완벽한 두 아이 중 첫 아이인 말리아 앤 오바마가 세상에 나왔다.

14

모성은 나를 움직이는 동기가 되었다. 모성이 내 모든 행동, 결정, 일상의 리듬을 지시했다. 내가 엄마 역할에 푹 빠지는 데는 조금의 시간도, 생각도 필요하지 않았다. 나는 세부를 챙기기를 좋아하는 사람인데, 아기야말로 세부적인 정보의 저장소 자체였다. 버락과 나는 말리아의 장미 꽃잎 같은 입술의 신비로움, 까맣고 꼬불꼬불한 머리카락과 아직 초점을 맞추지 못하는 눈동자, 작은 팔다리를 움찔거리는 모습을 한없이 연구했다. 말리아를 목욕시킨 뒤 포대기에 감싸서 가슴에 착 붙여 안았다. 말리아가 무얼 먹었는지, 몇 시간 잤는지, 어떤 꾸르륵 소리를 냈는지를 일일이 추적했다. 더러워진 기저귀가 말리아의 비밀을 알려주기라도 하는 것처럼 그 내용물을 분석했다.

말리아는 우리에게 맡겨진 작은 인간이었다. 나는 그 책임감에 현기증이 났고, 충실히 아기의 노예가 되었다. 아기가 숨 쉬는 모습만 보고 있어도 한 시간이 훌쩍 갔다. 집에 아기가 있으면, 시간이 원래대로 흐르지 않고 이상하게 늘어났다 줄어들었다 한다. 하루가 영원처럼 느껴지는가 하면, 6개월이 갑자기 바람처럼 사라진다. 버락과 나는 종종 우리가 부모가 되고서 어떻게 바뀌었는가를 이야기하며 웃었다. 예전에는 저녁을 먹으면서 청소년 형사처벌 제도를 요모조모 분석하고 내가 퍼블릭 앨라이스에서 배운 교훈과 버락이 수정 법안에 담고자 하는 생각을 비교했던 우리가, 이제 그보다 결코 덜하지 않은 열정으로 말리아가 고무젖꼭지에 지나치게 의존하는지 아닌지를 토론하거나 말리아를 재울 때 각자가 쓰는 방법을 비교했다. 처음 부모가 된 사람이 대개 그렇듯이, 우리는 집착적이고 약간 따분한 사람이 되었다. 그 사실이 그렇게 행복할 수가 없었다. 우리는 말리아를 아기띠에 앉혀서 금요일 밤 진판델 데이트에 데려갔고, 아기가 보채기 전에 신속히 먹고 나오려면 주문을 어떻게 간소화해야 하나 궁리했다.

말리아를 낳고 몇 달 뒤, 나는 시카고 대학에 복귀했다. 단 근무시간을 반으로 줄이기로 협의했다. 그편이 학교에도 내게도 나을 것 같았다. 그러면 커리어 우먼과 완벽한 엄마가 둘 다 될 수 있을 것 같았고, 늘 바라왔던 메리 타일러 무어와 메리언 로빈슨의 균형을 이룰 수 있을 것 같았다. 보모도 구했다. 나보다 열 살쯤 많고 애정과 전문성이 넘치는 글로리나 캐사벌은 필리핀 출신으로, 원래 간호사 교육을 받았고 자기 아이도 둘 키운 경험이 있었다. 우리가 '글로'라고 부른 글로리나는 늘 부산했고, 키가 작았고, 짧고 실용적인 헤어스타일을 유지했고, 금테 안경을 꼈고, 기저귀를 12초 만에 갈았다. 간호사답게 엄청나게 유능한 데다가 뭐든지 해내는 에너지를 지닌 글로리나는 이후 몇 년 동안 우리에게 없어서는 안 될 소중한 가족이었다. 글로리나의 가장 훌륭한 자질은 우리 아기를 흠뻑 사랑해준다는 점이었다.

내가 몰랐던 사실은—이것도 많은 사람이 너무 늦게 알게 되는 일의 목록에 넣고 싶다—파트타임이 덫이 될 수 있다는 점이었다. 예전에 풀타임으로 했던 일을 시간을 줄여서 하는 경우라면 더 그렇다. 적어도 내 경우는 그랬다. 나는 예전에 참석하던 회의를 여전히 모두 참석했고, 예전에 맡았던 책임을 거의 대부분 계속 맡았다. 진정한 차이는 연봉이 예전의 절반으로 깎였다는 것, 그리고 주 20시간 내에 모든 일을 욱여넣어야 한다는 것뿐이었다. 회의가 길어지면, 부리나케 집으로 달려와서 말리아를 들쳐 업고는 노스사이드의 어느 음악실에서 오후에 열리는 '꼼지락 벌레 수업'에 늦지 않게 데려다주려고 안달해야 했다. 말리아는 그저 기대하며 즐거워했지만, 나는 땀범벅이 되어 헐떡거렸다. 마치 온전한 정신을 유지할 수 없는 딜레마에 빠진 기분이었다. 집에서는 업무 통화를 하면서 죄책감을 느꼈고, 직장에서는 말리아에게 땅콩 알레르기가 있을지도 모른다는 생각에 정신이 팔렸다가 역시 죄책감을 느꼈다. 파트타임을 선택한 것은 더 많은 자유를 누리려는 의도였지만, 실제로는 두 일 모두 절반만 해내는 기분이 들 뿐이었고 가정과 직장을 구분하는 선이 흐릿해졌다.

내가 그렇게 발을 동동거리는 동안, 버락은 한 발짝도 헛디디지 않는 것 같았다. 말리아가 태어나고 몇 달 뒤, 그는 89퍼센트의 득표율로 4년 임기의 주상원의원 재선에 성공했다. 그는 인기 있었고, 승승장구했으며, 한 번에 접시 여러 개를 돌려야 직성이 풀리는 사람답게 더 큰 일을 궁리하기 시작했다. 보비 러시라는 민주당 4선 의원을 몰아내고 일리노이주 연방하원의원이 되면 어떨까 하는 궁리였다. 나도 버락의 연방하원의원 선거 출마를 좋아했느냐고? 아니, 좋지 않았다. 러시는 유명 인사이고 버락은 사실상 무명임을 감안할 때, 버락이 이길 가능성은 낮다고 여겼다. 하지만 버락은 이제 정치인이었고, 주 차원에서 당내에 약간의 세력도 구축했다. 그의 조언자와 지지자 중 일부는 한번 도전해보라고 권했다. 게다가 누군가 수행한 예비 여론조사에서 그가 이길 수 있을지도 모른다는 결과가 나왔다. 그리고 내가 남편에 대해서 똑똑히 아는 사실이 하나 있다. 좀 더 폭넓게 영향력을 발휘할 기회가 눈앞에 내걸렸는데 그가 낚아채지 않기를 기대해서는 안 된다는 것이다. 그는 그럴 사람이 아니다. 이때도 마찬가지였다.

★　　★　　★

말리아가 생후 18개월이 되어가던 1999년 말, 우리는 크리스마스에 하와이로 가서 이제 일흔일곱이 되었고 아직도 수십 년간 살아온 작은 아파트에서 살고 계신 버락의 외할머니 투트를 만났다. 할머니가 1년에 한 번 손자와 증손녀를 만날 기회였다. 시카고에는 겨울이 또 한 번 내리덮였다. 공기에서 온기가 사라졌고, 하늘에서 푸른빛이 자취를 감췄다. 우리는 집에서도 직장에서도 좀이 쑤시는 기분이었던지라, 와이키키 해변의 소박한 호텔을 예약해두고 떠날 날이 오기만을 고대했다. 버락의 법대 수업은 종강했고, 나는 직장에 휴가를 냈다. 그러나 이때, 정치가 끼어들었다.

일리노이주 상원은 중요한 범죄 관련 법률의 세목을 결정하는 문제로 마라톤 토론을 벌이고 있었다. 상원은 연휴를 맞아서 휴회하는 대신, 크리스마스 전에 투표를 강행하고자 특별 회기에 돌입했다. 버락은 스프링필드에서 내게 전화해서 여행을 며칠 늦춰야겠다고 말했다. 희소식은 아니었지만, 그로서는 어쩔 수 없는 일이니 이해했다. 언제가 되었든 갈 수만 있으면 좋았다. 할머니가 크리스마스를 홀로 보내게 하고 싶지는 않았거니와 버락도 나도 휴식이 필요했다. 하와이 여행은 둘 다 일에서 벗어나서 한숨 돌릴 시간이 되어줄 터였다.

버락은 연방하원의원 출마를 공식 선언한 상태였다. 그것은 곧 그가 여간해서는 활동을 중단하지 않는다는 뜻이었다. 나중에 버락이 어느 지역신문과의 인터뷰에서 밝힌 대로, 6개월 남짓 되는 연방하원의원 선거운동 기간 중 그가 집에서 가족과 종일 함께 보낸 날은 나흘도 채 안 되었다. 이것이 선거운동의 괴로운 현실이었다. 버락은 다른 의무들을 수행하면서도, 3월 당내 예비선거까지 남은 시간을 상기시키며 재깍재깍 돌아가는 타이머를 마음에 품고 살았다. 최소한 이론적으로는, 그가 일분일초를 어떻게 쓰는가 하는 점이 결과에 영향을 미칠 터였다. 뒤집어 말하면, 선거운동 실무진의 눈에는 후보자가 가족과 사적으로 보내는 일분일초가 기본적으로 그 귀한 시간의 낭비에 불과하다는 뜻이었다.

이즈음에는 나도 나름대로 연륜이 쌓여서, 선거 과정의 기복에 나까지 덩달아 일희일비하지 않도록 거리를 두었다. 버락의 출마 결정에 시름없이 동의한 뒤, '어서 해치워버리자' 하는 태도를 취했다. 만약 그가 전국 정치 무대에 진출하는 데 실패한다면, 이후에는 다른 분야로 방향을 틀지도 모른다고 생각했다. 적어도 내 기준에서 이상적인 경우라면, 그가 어느 재단의 대표이사 같은 일을 할 수도 있을 것이고, 그러면 중요한 사회문제에 영향력을 발휘하면서도 저녁은 집에 와서 먹을 수 있을 것 같았다.

우리는 12월 23일에 하와이로 날아갔다. 의회가 결국 연휴를 맞아 휴회에 들어간 뒤였다. 법안 문제의 해결책은 아직 찾지 못한 상태였다. 나는 아무튼 갈 수 있어서 안도했다. 말리아에게 와이키키 해변은 새로운 발견이었다. 아이는 해변을 종종걸음으로 돌아다니면서 파도를 발로 차고 지칠 때까지 즐거워했다. 우리는 투트의 집에서 명랑하고 무탈한 크리스마스를 보냈다. 서로 준비한 선물을 끌러보고, 할머니가 접이식 탁자에서 5000조각짜리 지그소 퍼즐을 맞추고 있다는 사실에 감탄했다. 늘 그렇듯이 오아후섬의 나른한 초록색 바다와 쾌활한 사람들은 우리를 일상의 고민에서 벗어나게 해주었다. 우리는 행복했고, 따스한 공기와 주변의 모든 것을 즐거워하는 딸에게 집중했다. 한편 뉴스는 세상이 새 천 년으로 다가서고 있다는 사실을 시시각각 상기시켰다. 우리는 1999년의 마지막 나날을 보내기에 더 이상 좋을 수 없는 장소에 있었다.

상황이 바뀐 것은 버락이 일리노이에서 걸려온 전화를 받은 순간이었다. 상원이 범죄 법안을 마무리하기 위해서 갑작스럽게 회기에 돌입한다는 소식이었다. 버락이 투표하려면 48시간 안에 스프링필드로 돌아가야 했다. 또 다른 시계가 재깍거리기 시작했다. 나는 버락이 당장 행동에 나서서 비행기를 이튿날 떠나는 편으로 바꾸는 모습을 우울하게 지켜보았다. 우리는 휴가를 도중에 끊고 돌아가야 했다. 다른 방법이 없었다. 말리아를 데리고 나만 남을 수도 있었지만, 그래봐야 무슨 재미겠는가? 떠나자니 기쁘진 않았지만, 정치란 원래 이러려니 하고 이해했다. 중요한 투표였고—버락이 열렬히 지지해온 새 총기 규제 조치가 포함된 법안이었다—의견이 팽팽하게 갈린 터라 의원이 한 명만 빠져도 통과되지 못할 수 있었다. 우리는 집으로 돌아가기로 했다.

그런데 또 한 번 예기치 못한 일이 발생했다. 말리아가 밤사이에 불덩이가 되었다. 종일 신나게 파도를 차며 잘 놀았는데, 하룻밤도 지나지 않아 열이 펄펄 끓고 축 늘어졌다. 아이는 눈동자가 흐리멍덩해졌고 아파서 칭얼거렸지만, 정확히 어디가 아픈지 말해주기에는 너무 어렸다. 타이레놀을 먹였지만 별 소용이 없었다. 자꾸 한쪽 귀를 잡아당기는 걸 보면 감염이 아닌가 싶었다. 버락과 나는 이 상황의 의미를 한 박자 늦게서야 깨달았다. 우리는 침대에 앉아 말리아가 얕고 불편한 잠에 빠져드는 모습을 지켜보았다. 비행기를 타려면 몇 시간 뒤에 나서야 했다. 버락의 얼굴이 수심으로 어두워졌다. 그는 상반되는 두 의무의 교차점에서 오도 가도 못하고 있었다. 우리가 내릴 결정은 당장의 순간만이 아니라 먼 미래까지 영향을 미칠 것이었다.

나는 말했다. "아이는 비행기 못 타. 확실해."

"나도 알아."

"비행기 예약을 다시 바꿔야 해."

"나도 알아."

우리가 입에 올리지 않은 사실은, 그가 그냥 가버릴 수도 있다는 것이었다. 지금 나가서 택시를 잡아타고 공항으로 가면, 투표에 늦지 않게 스프링필드에 갈 수 있었다. 아픈 딸과 안절부절못하는 아내를 태평양 너머에 남겨두고서 동료들에게 합류할 수 있었다. 그것도 가능한 선택지였다. 하지만 그 선택지를 내가 먼저 제안함으로써 희생을 자처할 마음일랑 없었다. 그 순간 나는 강하지 않았다. 말리아가 어떻게 될지 모르는 불확실한 상황에 빠져서 허우적거렸다. 열이 더 심해지면 어쩌지? 응급실에 가야 하면 어쩌지? 한편 바깥세상에서는 우리보다 더 편집증적인 사람들이 방사성 낙진 대피소로 숨는다, 현금과 물을 쟁인다 하면서 난리 법석이었다. Y2K에 관한 최악의 예측이 현실이 될 경우, 즉 전 세계 컴퓨터들이 새 천 년을 인식하지 못하고 버그가 발생해 전력망과 통신망이 마비될 때를 대비한다는 거였다. 아마 그런 일은 벌어지지 않겠지만, 혹시 모르는 법이니까. 버락은 정말 혼자 떠날 생각일까?

아니었다. 그는 떠나지 않았다. 그는 그럴 사람이 아니었다.

그날 버락이 보좌관과 통화하면서 표결에 빠지게 되었다고 말하는 것을 나는 구태여 엿듣지 않았다. 신경 쓰지 않았다. 아이에게만 신경 썼다. 버락도 전화를 끊자마자 나처럼 했다. 아이는 우리가 책임져야 하는 약한 존재였다. 어떤 상황에서든 우리의 제일가는 우선순위는 아이였다.

2000년은 결국 무탈하게 당도했다. 말리아는 예상대로 고약한 중이염이었고, 이틀을 푹 쉬고 항생제를 복용한 뒤 평소처럼 기운찬 아기로 돌아왔다. 삶은 계속될 터였다. 늘 그렇듯이. 호놀룰루가 여느 때처럼 완벽한 날씨와 새파란 하늘을 자랑하는 날, 우리는 시카고행 비행기에 올랐다. 추운 겨울 세상으로, 그리고 버락에게는 정치적 고난이 될 상황 속으로.

★　　　★　　　★

범죄 법안은 통과되지 못했다. 꼭 다섯 표가 모자랐다. 내 입장에서는 산수를 해볼 것도 없었다. 버락이 하와이에서 제때 돌아와 투표했더라도, 결과는 거의 틀림없이 바뀌지 않았을 것이다. 그래도 그는 부재의 대가를 치렀다. 연방하원의원 예비선거의 경쟁자들은 이 기회를 놓치지 않고 버락을 공격했다. 그가 여행이나 다니고—그것도 하와이로—총기 규제처럼 중요한 사안에 투표하러 돌아올 마음도 내지 않는 팔자 좋은 의원인 것처럼 묘사했다.

현직 의원 보비 러시가 불과 몇 달 전에 시카고에서 가족 중 한 명을 비극적인 총기 사고로 잃었다는 점도 버락을 더한층 나빠 보이게 만들었다. 버락이 하와이 출신이라는 사실, 홀몸인 할머니를 뵈러 갔다는 사실, 딸이 아팠다는 사실을 떠올리는 사람은 아무도 없는 듯했다. 투표만이 중요했다. 언론은 몇 주 동안 입방아를 찧었다. 《시카고 트리뷴》 사설은 표결에 참석하지 않은 의원들을 "배짱 없는 겁쟁이들"이라고 비난했다. 버락의 또 다른 경쟁자이자 동료 주상원의원인 딘 트로터도 지격에 나서서, 기자에게 "일을 빼먹는 핑계로 아이를 들먹이는 것 또한 형편없는 인간성을 보여준다"라고 말했다.

나는 이런 일에 익숙하지 않았다. 적이 있는 것도, 가정생활이 뉴스에 낱낱이 까발려지는 것도 낯설었다. 남편의 인간성이 저렇게 비난당하는 일은 처음이었다. 그가 타당한 결정 때문에, 적어도 내 입장에서는 올바른 결정 때문에 대가를 치른다고 생각하면 가슴 아팠다. 버락은 지역 주간신문에 쓴 칼럼에서 나와 말리아와 함께 하와이에 남은 결정을 차분히 변호했다. 그는 이렇게 적었다. "많은 정치인이 가족의 중요성을 말합니다. 여러분의 주상원의원이 최대한 그 가치를 지키면서 살려고 애쓰는 것을 이해해주시기 바랍니다."

버락이 주상원에서 3년간 해온 일이 아이의 변덕스러운 귀앓이 때문에 모두 물거품이 된 것 같았다. 그는 주의 정치자금법을 일제 점검하자고 주장하여 선출직 공직자들이 더 엄격한 윤리규정을 따르도록 만들었다. 가난한 노동자 계층이 세금 감면과 혜택을 받을 수 있도록 노력했다. 노인들을 위해서 처방약 가격을 낮추는 데 나섰다. 공화당과 민주당을 가릴 것 없이 두루 동료 의원들의 신뢰를 얻었다. 그런 실제적인 성과가 이제는 아무짝에도 소용없어 보였다. 예비선거은 꼬리를 무는 흑색선전으로 전락했다.

선거운동 초반부터, 버락의 경쟁자들과 그 지지자들은 흑인 유권자들에게 두려움과 불신을 조장할 요량으로 가당치 않은 주장을 퍼뜨렸다. 버락의 출마가 사우스사이드에서 자신들이 선호하는 후보자를 내세우고자 하이드파크 백인 주민들이—구체적으로는 유대계 백인들이—꾸민 계획의 일부라는 주장이었다. 던 트로터는《시카고 리더》기자에게 "우리 공동체에서는 버락을 흑인의 얼굴을 한 절반의 백인으로 여깁니다"라고 말했다. 보비 러시도 같은 신문에 이렇게 말했다. "버락은 하버드에서 책상물림이 되어 나왔습니다. 우리는 누가 동부 엘리트 대학의 학위를 가졌다고 해서 감명받고 그러지 않습니다." 요컨대 버락은 딴 세상 사람이며 자신들과는 달리 진정한 흑인이 아니라는 말이었다. 즉, 버락처럼 말하고, 버락처럼 생기고, 버락처럼 책을 많이 읽는 사람은 진정한 흑인이 아니었다.

내가 가장 혼란스러웠던 점은, 버락이야말로 사우스사이드의 많은 부모가 자녀에게 바라는 바를 갖추었다는 사실이었다. 버락은 보비 러시나 제시 잭슨 목사나 그 밖의 많은 흑인 지도자들이 귀에 못이 박이도록 주장해온 자질들을 갖춘 사람이었다. 그는 교육을 받았고, 그러고도 흑인 사회를 버리지 않았고, 이제 흑인 사회에 도움 되는 일을 하려고 나섰다. 선거가 워낙 과열되다 보니 그렇다는 건 이해했지만, 그래도 버락은 잘못된 이유로 공격받았다. 흑인 지도자들이 버락을 자신들의 권력에 대한 위협으로만 간주한다는 것, 인종과 계급에 대한 후진적이고 반지성적인 생각을 이용하여 불신을 조장한다는 것이 너무 놀라웠다.

역겨웠다.

버락 자신은 상황을 나보다 훨씬 침착하게 받아들였다. 그는 정치가 더러울 수 있으며, 사람들이 곧잘 자신의 정치적 목적을 달성하기 위해서 진실을 왜곡하곤 한다는 사실을 스프링필드에서 이미 배웠다. 그는 상처를 입었지만, 포기하지 않았다. 겨우내 선거운동을 이어갔다. 후원이 점차 줄었고 유력 인사들이 하나둘 공개적으로 보비 러시를 지지했지만, 버락은 여전히 매주 스프링필드를 오가면서 난국을 타개하려고 애썼다. 당내 예비선거가 코앞으로 다가오자, 말리아와 나는 그의 얼굴을 거의 볼 수 없었다. 그래도 그는 매일 밤 전화해서 잘 자라고 말해주었다.

상황이 이렇게 되고 보니, 우리가 기어이 짬을 내어 해변에서 며칠을 보냈던 것이 더 잘한 일로 느껴졌다. 버락도 내심 그렇게 느낄 것 같았다. 시끄러운 소음 속에서도, 가족과 떨어져서 잠드는 나날 속에서도, 그가 우리를 염려한다는 사실에는 변함이 없었다. 그는 이 상황을 절대 가벼이 여기지 않았다. 전화를 끊을 때마다 버락의 목소리에서 희미한 괴로움이 느껴졌다. 그는 매일매일 가족과 정치 사이에서 표를 던져야 하는 처지였다.

3월에 버락은 민주당 예비선거에서 패했다. 보비 러시의 낙승이었다. 그동안 나는 그저 아이를 꼭 끌어안고만 있었다.

★   ★   ★

그런 상황에서 우리는 두 번째 아이를 맞았다. 너태샤 메리언 오바마는 2001년 6월 10일 시카고대학병원에서 태어났다. 체외수정을 단 한 차례 시도해서 성공했기에, 나로서는 환상적일 만큼 간단한 임신이었다. 분만도 순조로웠다. 내가 출산하는 동안, 세 살이 된 말리아는 우리 어머니와 함께 집에서 기다렸다. 까맣고 숱 많은 머리카락과 초롱초롱한 갈색 눈동자를 가진 아기는 새끼 양처럼 순하고 예뻤다. 아이는 우리 가족의 사각형을 완성하는 네 번째 모서리였다. 버락과 나는 하늘을 떠다니는 기분이었다.

우리는 너태샤를 사샤라는 애칭으로 부르기로 정해두었다. 당돌한 느낌이 있는 이름이라서 좋았다. 사샤라고 불리는 여자아이에게 감히 허튼짓을 하려는 사람은 아무도 없을 것 같았다. 여느 부모처럼, 나는 아이들에게 바라는 게 너무 많았다. 아이들이 세상에서 아무 해를 입지 않기를 바랐다. 아이들이 밝고 활기찬 사람으로 자라기를 바랐고, 제 아빠처럼 낙천적이고 제 엄마처럼 매사에 열심인 사람으로 자라기를 바랐다. 무엇보다도 나는 아이들이 강하기를 바랐다. 살면서 어떤 일을 겪더라도 꿋꿋이 나아갈 수 있는 불굴의 강인함을 갖기를 바랐다. 우리 가족의 미래가 어떻게 펼쳐질지는 나도 전혀 몰랐다. 매사가 순탄할지, 매사가 고난일지, 아니면 대부분의 가족이 그런 것처럼 양쪽을 고루 겪게 될지. 내가 할 수 있는 일은 아이들을 어떤 상황도 이겨낼 수 있는 사람으로 키우는 것뿐이었다.

한편 대학에서의 파트타임은 점점 더 힘들어졌다. 직장 업무도 집안일도 간신히 수습하는 형편인데, 탁아 비용은 많이 들어서 가계를 압박했다. 사샤를 낳고는 직장 복귀 자체를 고민했다. 전업주부가 되면 가족에게 더 나을 것 같았다. 더구나 소중한 보모 글로리나가 우리 집보다 더 많은 보수를 약속하는 간호 일을 제안받아서 아쉽지만 그만두기로 결정한 터였다. 물론 글로를 원망할 수는 없었지만, 글로를 잃게 된 나는 일하는 엄마로서 세상이 무너지는 기분이었다. 내가 일을 계속할 수 있었던 것은 글로가 우리 가족을 돌봐주었기 때문이었다. 글로는 우리 아이들을 제 자식처럼 사랑해주었다. 글로가 결정을 알린 날, 나는 밤에 울고 또 울었다. 글로 없이는 우리가 균형을 잡고 살아가기 힘들 게 뻔했다. 물론 애초에 글로를 고용할 여유가 있었던 것 자체가 행운이었지만, 아무튼 글로가 없으니 팔 하나를 잃은 기분이었다.

나는 아이들과 함께 있는 게 좋았다. 집에서 보내는 일분일초가 소중했다. 버락의 일정이 워낙 불규칙하기 때문에 더 그랬다. 어머니가 집에 머물면서 나와 오빠를 챙겼던 것을 새삼 떠올려보았다. 물론 어머니의 삶을 낭만화하는 건―어머니가 세제로 창틀을 닦고 우리 옷을 손수 지었던 것이 당신에게도 즐거운 일이었으리라고 상상하는 건―죄책감이 들었지만, 지금 내가 사는 방식에 비하면 그 예스러운 방식이 그나마 감당 가능하지 않을까, 시도해볼 만하지 않을까 싶었다. 가정과 직장이 머릿속에서 뒤엉켜 경쟁하는 것보다는 한 가지만 책임지는 게 나을 것 같았다. 경제적으로도 괜찮을 것 같았다. 버락이 외래 교수로 강의하던 법대에서 이제 조교수가 되었기 때문에, 말리아가 곧 유치원생으로 입학할 시카고 대학 부속 실험학교의 학비를 할인받을 수 있었다.

그때, 내 멘토이자 시청 동료였던 수전 셔에게 연락이 왔다. 이제 수전은 내가 얼마 전 사샤를 낳은 시카고대학병원의 법무 책임자 겸 부사장이었다. 수전에 따르면, 병원의 신임 사장은 모두가 극찬하는 인물이고 그의 역점 사업 중 하나가 지역사회와의 관계 개선인데, 그 업무를 총괄할 책임자를 고용할 계획이라고 했다. 내게 맞춘 듯한 자리였다. 수전은 면접을 볼 의향이 있는지 물었다.

이력서를 보낼지 말지부터 고민스러웠다. 멋진 기회 같았지만, 전업주부가 되는 편이 나와 가족 모두에게 더 낫겠다는 쪽으로 생각이 거의 기운 상태였다. 꼭 그 문제가 아니라도, 지금은 내가 근사한 것을 추구할 시기가 못 되었다. 매일 헤어드라이어로 머리를 손질하거나 정장을 입는다는 건 상상도 할 수 없었다. 하룻밤에도 몇 번씩 깨어 사샤를 먹였기 때문에 수면 부족이었고, 따라서 제정신도 부족했다. 아직까지 광적으로 깔끔 떠는 편이었지만, 보나 마나 진 싸움이었다. 집 안에는 아기 장난감, 말리아의 책, 물티슈 갑이 널려 있었다. 외출이라도 할라치면 거대한 유모차를 끌어야 했고, 패션과는 거리가 먼 기저귀 가방은 필수 준비물을 다 담느라―지퍼락에 담은 치리오스 시리얼, 장난감 몇 개, 모두를 위한 여벌의 옷―터질 듯했다.

하지만 엄마가 된 덕분에 멋진 우정도 누렸다. 직업을 가진 여러 여자 친구와 무리를 이루어, 얼굴을 맞대고 수다를 떠는 관계를 이어가고 있었다. 친구들은 대부분 30대 중후반이었고, 은행이나 정부나 비영리단체까지 다양한 분야에서 일했다. 많은 친구가 비슷한 시기에 아이를 가졌고, 아이가 많아질수록 관계는 더 끈끈해졌다. 우리는 거의 주말마다 만났다. 서로 아기를 봐주었고, 동물원으로 함께 소풍을 갔고, 디즈니 아이스쇼 단체 티켓을 구매했다. 가끔 토요일 오후에 어느 집 놀이방에 아이들을 싹 몰아넣은 뒤 우리끼리 와인을 따기도 했다.

친구들은 모두 공부를 많이 했고, 직업적 야망이 있었고, 아이들에게도 헌신하는 여성들이었다. 그리고 그런 측면들을 하나로 통합할 방법을 몰라서 난감해하는 경우가 많았다. 우리는 일과 육아를 병행하기 위해서 별별 방법을 다 썼다. 누구는 풀타임으로 일했고, 누구는 파트타임으로 일했고, 누구는 전업주부로 아이들과 집에 있었다. 아이에게 핫도그와 콘칩을 먹이는 사람도 있었고, 반드시 통곡물만 먹이는 사람도 있었다. 육아에 적극 나서는 남편을 둔 사람도 소수 있었지만, 나머지는 나처럼 바깥일이 너무 많아서 자주 집을 비우는 남편을 두었다. 몇몇은 엄청나게 행복해했고, 몇몇은 지금과는 다른 삶의 균형을 얻고자 변화를 꾀하고 있었다. 어쨌든 우리 대부분은 생활의 한 면이 좀 더 안정되었으면 하는 바람에서 다른 면을 살짝살짝 끊임없이 조정하면서 살고 있었다.

그 친구들과 함께 보낸 시간 덕분에, 나는 어머니가 되는 일에는 정해진 공식이 없다는 걸 깨우쳤다. 무조건 옳거나 그른 방식이란 없었다. 이것은 유용한 깨달음이었다. 놀이방을 메운 우리 아이들은 어떤 방식으로 왜 그렇게 키우느냐와 무관하게 모두 사랑받았고, 무탈하게 크고 있었다. 우리가 한자리에 모일 때마다, 자식을 잘 키우려고 애쓰는 여자들의 집단적인 힘이 느껴졌다. 앞으로 어떤 일이 있더라도 우리는 서로 도울 것이고, 다들 괜찮을 것이다.

버락과 그 친구들과 논의한 끝에, 대학병원에 면접을 보기로 결정했다. 어떤 일인지라도 알고 싶었다. 내가 그 일에 적격이라는 느낌은 있었다. 내게는 적합한 기술과 넘치는 의욕이 있었다. 하지만 그 일을 맡으려면, 우리 가족에게 알맞은 유리한 조건에서 일할 수 있어야 했다. 회의가 지나치게 많지 않고 시간 운용에 재량이 있다면, 즉 필요한 경우에는 재택근무를 할 수 있고 조퇴해서 아이를 어린이집에서 데려오거나 소아과에 데려갈 수 있다면, 내가 해낼 수 있었다.

파트타임으로 일하기는 싫었다. 그건 벌써 시도해봤지만 별로였다. 풀타임으로 일해서 충분한 돈을 벌고 싶었다. 육아와 가사 도우미를 고용할 경제적 여유를 얻어서, 여유 시간에는 세제를 내려놓고 아이들과 노는 데만 집중하고 싶었다. 한편 내가 이토록 어수선한 상태라는 사실을 숨기고 싶지 않았다. 모유 수유를 해야 하는 아기와 세 살배기 아이가 있다는 사실부터, 정치인 남편의 변덕스러운 일정 때문에 집안일을 거의 도맡아야 한다는 사실까지.

좀 뻔뻔하게도, 나는 신임 사장 마이클 라이어든과의 면접에서 이런 사실을 모두 털어놓았다. 심지어 세 달 된 사샤까지 데려갔다. 그날 맡길 사람을 구하지 못해서 그랬는지, 아니면 구태여 그럴 마음도 나지 않았는지는 기억나지 않는다. 사샤는 어렸고, 내 손길이 많이 필요했다. 사샤는 내 삶의 엄연한 요소였기에—귀엽고, 옹알이하고, 무시할 수 없는—나는 아이를 말 그대로 논의 석상에 올려두었다. **저는 이런 사람입니다. 그리고 제게는 이 아기도 딸려 있죠.** 나는 이렇게 말한 셈이었다.

미래의 상사가 그 상황을 이해해준 것은 기적 같은 일이었다. 내가 무릎에 앉힌 사샤를 어르면서 속으로는 기저귀가 새지 않기를 바라고 겉으로는 탄력 근무를 요구할 때, 그는 어쩌면 의구심을 품었는지도 모르지만 겉으로 드러내지 않았다. 나는 흡족한 기분으로 면접장을 나섰다. 그가 내게 일자리를 제안하리라고 거의 확신했다. 하지만 결과가 어떻게 되든, 내 요구를 소리 내어 말한 것만으로도 스스로에게 잘한 일 같았다. 그것만으로도 힘을 얻은 기분이었다. 개운해진 마음과 보채기 시작한 아기를 안고서, 나는 서둘러 집으로 갔다.

★　　★　　★

우리 생활의 방정식은 이렇게 바뀌었다. 우리에게는 두 명의 아이, 세 개의 직업, 두 대의 차, 한 채의 집이 있었다. 그리고 여유 시간은 전혀 없는 듯했다. 나는 병원의 일자리를 수락했고, 버락은 강의와 입법 활동을 병행했으며, 둘 다 여러 비영리단체의 이사를 맡았다. 버락은 연방하원의원 예비선거에서 맛본 따끔한 패배에도 아랑곳없이 더 높은 공직에 도전할 마음을 품었다. 당시 대통령은 조지 W. 부시였다. 미국은 9.11 테러의 충격과 비극을 견디고 있었다. 아프가니스탄 전쟁이 한창이었고, 단계별 테러 주의보 체제가 신설되었으며, 오사마 빈라덴은 어딘가 동굴에 숨어 있다고 했다. 늘 그렇듯이 버락은 모든 뉴스를 꼼꼼하게 흡수했고, 일상 업무를 보면서도 현안들에 대한 자신만의 견해를 묵묵히 구축해갔다.

버락이 연방상원의원에 도전하면 어떨까 하는 생각을 처음 꺼낸 때가 언제였는지 정확하게 기억나지는 않는다. 막 싹튼 생각이었고 실제 결정은 몇 달 뒤에야 내려질 터였지만, 그의 머릿속에 그 생각이 담겨 있다는 것만은 분명했다. 기억나는 것은 내 반응이다. 나는 그저 못 믿겠다는 표정으로 그를 보았다. **우리는 지금도 충분히 바쁜 것 같지 않아?**

나는 정치가 점점 더 싫어졌다. 다만 스프링필드나 워싱턴 D.C.에서 벌어지는 정치의 내용 때문이라기보다는 주상원의원으로 일한 지난 5년간 버락의 과중한 업무 부담이 진심으로 못마땅했던 탓이었다. 사샤와 말리아가 자라자 생활의 속도는 더 빨라졌고, 해야 할 일 목록은 더 길어졌다. 끝이 보이지 않는 과열 상태로 사는 듯했다. 우리는 아이들이 무리하지 않고 차분하게 생활할 수 있도록 최선을 다했다. 집에 와줄 새 보모를 구했다. 말리아는 실험학교 유치원을 즐겁게 다녔다. 친구를 사귀었고, 자기만의 일정표에 생일 파티나 주말 수영 수업을 채워 넣었다. 돌이 되어가는 사샤는 두 발로 섰고, 말문이 트였고, 함박웃음으로 우리까지 웃게 만들었다. 호기심이 엄청났고, 언니와 언니의 네 살 친구들을 따라잡고 싶어서 안달이었다. 병원 일은 순조롭게 굴러갔지만, 업무를 제대로 장악하기 위해서는 새벽 5시에 일어나 다른 가족이 깨기 전까지 두어 시간쯤 컴퓨터를 들여다봐야 했다.

그래서 나는 저녁이면 지쳤고, 그 때문에 가끔 올빼미형 남편과 정면으로 충돌했다. 버락은 스프링필드에서 목요일 밤에 비교적 쌩쌩한 상태로 돌아왔고, 당장 가족과의 생활로 돌입하여 주중에 놓친 시간을 만회하려 들었다. 결국 시간은 공식적인 골칫거리가 되었다. 예전에는 버락이 시간을 잘 지키지 않아도 가볍게 핀잔을 주고 말았지만, 이제는 참을 수 없이 화가 났다. 나도 그가 목요일이면 행복해한다는 걸 알았다. 일을 다 마쳤고 드디어 집에 간다고 알리는 그의 전화 목소리에서는 기쁨이 묻어났다. 그가 말하는 "가는 중이야!" 혹은 "거의 다 왔어!"가 좋은 의도에서 나온 것임을 나도 알았고, 한동안은 그 말을 믿었다. 그래서 아이들이 아빠 얼굴을 볼 수 있도록, 목욕은 시켜도 재우는 것은 미뤘다. 아니면 아이들은 저녁을 먹이고 재워도 나는 먹지 않았다. 버락과 함께 먹으려고 식탁에 초를 켜두고 기다렸다.

기다리고 또 기다렸다. 사샤와 말리아가 눈이 자꾸 감겨서, 안다다 침대에 뉘어야 할 때까지 기다렸다. 아니면 내 눈이 자꾸 감기고 식탁에 촛농이 흥건해질 때까지, 차츰 기분이 상하는 채로 배를 곯고 기다렸다. 사실 버락의 "가는 중이야"는 그의 영원한 낙천성에서 나온 말이었다. 그것은 어서 집에 오고 싶은 그의 마음을 표현한 말일 뿐, 실제 도착 시각과는 무관했다. "거의 다 왔어"라는 말 역시 지리적 위치와 무관했다. 그는 가끔 집으로 오려고 나섰지만 차에 타기 전에 동료의 사무실에 잠깐 들러서 45분 동안 대화를 나눠야 했고, 또 가끔은 집에 거의 다 왔지만 그 전에 먼저 체육관에 들러서 잠시 운동하고 가겠다고 알리는 걸 잊었다.

아이가 없을 때는 이런 일로 인한 좌절감을 사소하게 넘길 수 있었지만, 풀타임으로 일하는 엄마로서 절반 동안만 곁에 있어주는 배우자를 두고 새벽같이 일어나야 하는 처지이다 보니 인내심이 차츰 줄었다. 그러다 결국에는 아예 바닥났다. 버락이 집에 오면, 화내는 나를 만나거나 아예 못 만나거나 둘 중 하나였다. 나는 집 안의 불이란 불은 다 끄고 부루퉁하게 잠자리에 든 뒤였다.

＊　　＊　　＊

사람들은 각자가 아는 패러다임에 따라 살아가는 법이다. 버락의 유년기에는 아버지는 없었고 어머니는 있다가 없다가 했다. 그의 어머니는 물론 아들에게 헌신했지만, 아들에게 늘 매여 있지는 않았다. 그는 그래도 아무 문제 없었다. 하와이의 언덕과 해변과 그의 머릿속이 늘 곁을 지켰다. 버락의 세상에서 독립성은 아주 중요했다. 과거에 늘 그랬고 미래에도 늘 그럴 터였다. 반면 나는 우리 가족, 우리 집, 우리 동네라는 테두리 안에서 끈끈한 관계를 맺고 자랐다. 주변에 늘 조부모들과 이모들과 삼촌들이 있었고, 그 많은 식구가 일요일마다 할아버지 집에 모여서 한 식탁에서 저녁을 먹었다. 버락과 내가 함께한 지 13년이 지난 지금, 우리는 이제 이 차이를 진지하게 고민해봐야 했다.

나는 기본적으로 버락이 곁에 없으면 불안했다. 그가 나와의 결혼에 헌신하지 않아서는 아니었다. 그 점에서만큼은 과거에도 지금도 그를 확실하게 믿을 수 있었다. 다만 나는 가족이 늘 모이는 가정에서 자랐기 때문에, 누가 나타나지 않으면 지나치게 낙심했다. 원래 외로움을 잘 타는 데다가 지금은 아이들의 요구를 충족시켜주어야 한다는 생각도 강하게 품고 있었다. 우리는 버락과 함께 있기를 바랐다. 버락이 없으면 그리워했다. 그가 우리 기분을 이해하지 못하는 것 같아서 걱정스러웠다. 그가 자신을 위해서 선택한 길이—그리고 아직도 헌신적으로 추구하는 길이—나머지 가족의 요구를 몽땅 깔아뭉갤까 봐 두려웠다. 몇 년 전 그가 주상원의원에 출마하겠다고 처음 내 동의를 구했을 때는 우리 둘만 생각하면 되었다. 정치를 허락하는 것이 두 아이가 더해진 미래의 우리에게 어떤 의미일지를 그때는 짐작조차 하지 못했다. 하지만 이제 충분히 알았다. 정치는 가정생활에 결코 이롭지 않다는 사실을. 나는 그 사실을 고등학교 때 친구 샌티타 잭슨 덕분에 어렴풋이 눈치챘었고, 버락이 아픈 말리아와 함께 하와이에 남기로 결정한 것을 두고 정적들이 그를 물어뜯었을 때 재차 확인했다.

TV를 보거나 신문을 읽다가 정치에 삶을 바친 가족들의 모습을 접하면—클린턴, 고어, 부시 가와 옛 케네디 일가—나도 모르게 멍하니 바라보면서 그들의 뒷이야기는 어땠을까 궁금해했다. 다들 멀쩡했을까? 행복했을까? 저 미소는 진짜였을까?

버락과 나의 좌절감은 더 자주, 더 격렬하게 폭발했다. 우리는 깊이 사랑했지만, 갑자기 우리 관계의 한가운데에 도무지 풀 수 없는 매듭이 꽁꽁 묶인 것 같았다. 나는 서른여덟 살이었고 그동안 주변 사람들의 결혼이 와해되는 모습을 더러 보았기 때문에, 우리 결혼을 지켜야 한다는 절박감이 들었다. 괴로운 이별을 겪는 친구들을 보면, 대개는 사소한 문제를 해결하지 않고 놔두거나 제대로 소통하지 않다가 끝내 되돌릴 수 없는 균열로 이어진 경우였다. 오빠 크레이그도 두어 해 전에 그랬다. 오빠의 결혼은 천천히 고통스럽게 무너졌고, 한동안 오빠는 어머니 집으로 돌아가서 위층에서 살았다.

처음에 버락은 부부 상담을 내키지 않아 했다. 그는 복잡한 문제를 맞닥뜨리면 직접 고민하고 해결책을 찾아내는 데 익숙한 사람이었다. 그에게 낯선 사람 앞에서 사적인 이야기를 털어놓는다는 것은 좀 드라마 같다는 점을 차치하더라도 불편한 일이었다. 그는 물었다. 서점에 가서 관계에 관한 책을 몇 권 사보면 안 될까? 읽고 나서 우리끼리 토론해보면 안 될까? 하지만 나는 정말로 말하고 싶었고 듣고 싶었다. 그리고 그 일을 밤늦게 혹은 아이들과 보내야 할 시간에 하기는 싫었다. 부부 상담을 받았던 경험을 솔직하게 들려준 지인들에 따르면, 정말 도움이 된다고 했다. 그래서 나는 친구가 추천해준 시내의 임상심리학자에게 예약했고, 버락과 함께 가서 몇 번 만났다.

상담사는—우드처치 박사라고 부르자—부드러운 말투의 백인 남성으로, 좋은 대학을 나왔고 늘 면바지를 입는 사람이었다. 나는 그가 버락과 내 이야기를 다 들어본 뒤 즉각 내 불만이 모두 타당하다고 인정해줄 거라 예상했다. 내 입장에서야 내 불만은 전부 절대적으로 타당했으니까. 모르면 몰라도 버락도 똑같이 생각했을 것이다.

겪어보니, 상담은 그런 것이 아니었다. 우드처치 박사는 누구의 불만도 승인해주지 않았다. 누구의 편도 들지 않았다. 둘의 의견이 일치하지 않는 대목에서 어느 쪽이 옳다고 표를 던지거나 하지도 않았다. 대신 공감하며 참을성 있게 들어주었고, 우리가 각자 감정의 미로에서 헤어나도록 도왔으며, 개인의 상처 때문에 자동으로 상대에게 무기를 휘두르지 않도록 타일렀다. 우리가 너무 변호사처럼 따지고 들면 주의를 주었고, 세심한 질문을 던짐으로써 우리가 느끼는 감정의 이유를 생각해보도록 이끌었다. 그렇게 한 시간 두 시간 이야기하다 보니 서서히 매듭이 풀렸다. 상담실을 나설 때마다 버락과 나는 서로에게 좀 더 연결된 기분이었다.

　나는 버락이 정치를 그만두고 9시 출근 6시 퇴근이 가능한 다른 일을 찾지 않더라도(최소한 이런 기대가 현실적이지 않다는 사실을 깨우친 것만으로도 상담은 의미가 있었다) 내가 더 행복해질 수 있음을 깨달았다. 그동안 나 자신의 가장 부정적인 부분을 스스로 부추겨왔고, 매사가 불공평하다는 생각에 고착된 나머지 변호사답게 그 가설을 뒷받침하는 근거만을 열심히 수집해왔던 것이다. 이제 새로운 가설을 시험해보기로 했다. 내가 나의 행복에 보다 많은 통제력을 발휘할 수 있다는 가설이었다. 예를 들면, 버락이 빡빡한 일과에 짬을 내어 운동까지 한다는 사실을 미워하느라 여념이 없어서 어떻게 하면 나 자신이 규칙적으로 운동할까 하는 생각은 해보지도 않았다. 버락이 저녁 식사 시간에 대느냐 못 대느냐로 속을 끓이다 보니 그가 있든 없든 저녁 식사가 전혀 즐겁지 않았다.

　그 순간이 나의 반환점이었다. 스스로 제동을 건 순간이었다. 얼음 덮인 봉우리에서 미끄러질 찰나에 처한 등산가처럼, 나는 얼음도끼를 땅에 콱 박았다. 버락은 가만히 있었다는 말은 아니다. 그는 상담 덕분에 우리 둘의 소통 방식이 딴판이라는 사실을 깨우쳤고, 나와 더 잘 소통하려고 노력했다. 하지만 어쨌든 나는 나대로 변화를 꾀했고, 변화는 내게 도움이 되었으며, 그러자 우리 관계에도 도움이 되었다. 우선 나는 다시 건강해지기로 결심했다. 버락과 내가 다니던 체육관이 있었다. 쾌활하고 동기부여를 잘하는 트레이너 코넬 매클렐런이 운영하는 곳이었다. 두어 해 정도 코넬과 운동했었지만, 출산한 뒤로는 규칙적으로 나가지 못했다. 이 문제를 해결해준 사람은 늘 내게 아낌없이 베푸는 어머니였다. 어머니도 풀타임으로 일했지만, 일주일에 며칠씩 새벽 4시 45분까지 우리 집으로 와주겠다고 자청했다. 나는 어머니가 오면 쏜살같이 체육관으로 가서 다른 여자 친구와 함께 5시 강습을 들었고, 6시 30분까지 집으로 돌아와서 아이들을 깨우고 하루를 시작할 준비를 했다. 이 새로운 일과로 모든 것이 달라졌다. 나는 차츰 잃고 있다는 생각에 두려웠던 두 가지 요소, 침착함과 체력을 되찾았다.

저녁 식사 딜레마에 관해서는, 나와 아이들에게 더 바람직한 기준을 새로 정했다. 우리가 일과를 정하고 그것을 고수하는 방법이었다. 저녁은 매일 6시 30분에 먹기로 했다. 7시에는 아이들을 목욕시켰고, 책을 읽어주고 꼭 안아준 뒤, 8시 정각에 불을 껐다. 우리가 이 일과를 철석같이 지켰기 때문에, 이제 저녁 시간에 대느냐 못 대느냐는 순전히 버락의 책임이었다. 내 입장에서는 아이들에게 아빠 얼굴을 보여주겠다고 저녁을 미루거나 졸린 아이들을 깨워두는 것보다 이편이 훨씬 합리적이었다. 아이들이 심지 굳은 사람으로 자랐으면, 또 구시대적인 가부장제에 순응하지 않는 사람으로 자랐으면 하는 내 바람에도 맞았다. 아이들이 혹시라도 집안의 남자 가장이 귀가한 뒤에야 진짜 삶이 시작된다고 여기는 건 내가 바라는 바가 아니었다. 우리는 이제 아빠를 기다리지 않았다. 그가 우리를 따라잡아야 했다.

15

시카고 시내 바로 북쪽 클라이본가에는 이상한 낙원이 있었다. 일하는 부모를 위해서, 나를 위해서 지어진 듯한 낙원이었다. 그것은 없는 것 없는 쇼핑몰, 더없이 미국적이고 표준적인 쇼핑몰이었다. 베이비갭, 베스트바이, 짐보리, CVS를 비롯한 크고 작은 체인점들이 모여 있어서, 변기 뚫는 도구든 잘 익은 아보카도든 유아용 수영모든 소비자의 급한 욕구를 채워주었다. 근처에 수납용품 전문점인 컨테이너스토어와 멕시코 음식점인 치포틀이 있어서 더 좋았다. 완벽히 나를 위한 장소였다. 차를 대놓고 가게 두세 군데를 후딱 들른 뒤 부리토볼을 포장해서 사무실에 돌아오는 데 한 시간이면 충분했다. 잃어버린 양말 대신 새 양말을 사는 일이든, 토요일에 생일 파티를 할 다섯 살 아이에게 줄 선물을 사는 일이든, 팩 주스와 일회용 사과소스를 쟁이는 일이든, 나는 번갯불에 콩 구워 먹듯 해치우는 점심시간 쇼핑에 도가 터갔다.

사샤와 말리아는 각각 세 살, 여섯 살이었다. 둘 다 당차고 영리하고 쑥쑥 자랐다. 나는 아이들의 에너지를 따라잡기가 버거워서 숨이 가빴다. 이따금 들르는 쇼핑몰은 그래서 더 매력적이었다. 주차해놓은 차 안에서 라디오를 틀어두고 혼자 패스트푸드를 먹으면서, 할 일을 해치웠다는 안도감을 느끼고 내 효율성에 뿌듯해했다. 아이를 기르는 삶은 그랬다. 때로는 그 정도만 해도 훌륭한 성취였다. 나는 사과소스를 샀고, 점심을 거르지 않고 먹었으며, 모두가 잘 살아 있었다.

그런 순간이면, 들어주는 사람도 없지만 이렇게 말하고 싶었다. **날 좀 봐줘. 내가 그럭저럭 해내고 있는 거, 봤어?**

나는 마흔 살이었다. 나는 준 클리버* 같기도 했고, 메리 타일러 무어 같기도 했다. 순조로운 날에는 스스로가 대견했다. 내 삶은 멀리서 그리고 실눈을 뜨고 볼 때만 균형 잡힌 듯했지만, 그래도 대충 균형 같은 게 존재하는 것만 해도 어딘가 싶었다. 병원 일은 좋았다. 도전적이고 성취 감이 들고 내 신념과 일치하는 일이었다. 사실 나는 대학병원처럼 직원이 9500명이나 되는 대형 기관이 전통적으로 운영되어온 방식을 보고 적잖이 놀랐다. 그동안 병원을 운영한 것은 주로 연구를 하고 논문을 쓰는 의학자들이었는데, 그들은 주변 동네가 너무 무서워서 캠퍼스를 벗어나서는 길 하나도 건너려 하지 않는 것 같았다. 내게는 그런 두려움이 자극이 되었다. 그 생각만 하면, 아침에 침대에서 벌떡 일어나졌다.

나는 인생의 상당한 기간을 그 벽 근처에서 살았다. 우리 동네에 살던 백인들이 불안해하는 걸 느꼈고, 분야를 막론하고 조금이라도 힘이 있는 사람들은 차츰 동네를 이탈해 점점 더 먼 곳에 형성되는 부자 동네로 향하는 모습을 지켜보았다. 그런데 이제 내게 조금이나마 그 흐름을 되돌리고 벽을 부술 기회가 온 것이었다. 벽을 사이에 둔 사람들이 서로를 더 잘 알도록 격려하는 것이 내 주된 임무였다. 상사는 나를 전폭적으로 지지해주었고, 병원과 지역사회의 관계 개선을 위한 신규 사업을 펼치도록 지원했다. 나는 직원 한 명을 데리고 일하기 시작했지만 결국에

---

* 1950년대 배우. 전형적인 가정주부 역할을 많이 맡았다.

는 22명으로 구성된 팀을 이끌게 되었다. 병원 직원들과 이사들을 사우스사이드로 데리고 나가는 프로그램을 마련하여 그들이 주민센터나 학교를 방문하게 했고, 과외 선생이나 멘토나 과학 대회 심사위원으로 활동하게 했고, 동네 식당에서 바비큐를 먹어보게 했다. 거꾸로 동네 아이들을 병원으로 데려와서 직업 탐방 활동을 하게 했고, 더 많은 주민에게 병원에서 자원봉사를 하도록 권장하는 프로그램을 만들었고, 의대의 하계 강좌와 제휴하여 지역의 더 많은 학생이 의대 진학을 고려하도록 장려했다. 또 병원이 도급 계약을 맺을 때 소수자나 여성이 운영하는 사업체를 고용하면 더 좋겠다는 판단에서 사업다양성 부서를 신설하도록 거들었다.

마지막으로, 의료 서비스가 절실한 주민들이 있었다. 사우스사이드는 인구가 100만 명이 넘지만 의료 제공자는 부족했다. 게다가 천식, 당뇨, 고혈압, 심장질환처럼 가난한 사람들이 걸리기 쉬운 만성질환을 겪는 인구가 상대적으로 많았다. 의료보험이 아예 없거나 메디케이드*에 의탁하는 사람이 많았기 때문에, 응급실에 환자가 몰렸다. 응급 상황이 아닌 정례적 처치에도 응급실을 찾거나, 예방 조치 없이 오래 방치했다가 다급한 상황이 되어서야 응급실을 찾는 것이었다. 이것은 거슬리고, 비싸고, 비효율적이고, 관계자 모두에게 스트레스를 주는 상황이었다. 응급실 방문이 환자의 장기적 건강 개선에 도움이 되는가 하면 그렇지도 않았다. 나는 이 문제를 해결해보려고 애썼다. 한 가지 방법은 환자 도우미를—보통 친근하고 남을 위할 줄 아는 동네 주민들로—고용하고 훈련시켜서 응급실을 찾은 환자들을 돕는 것이었다. 도우미들은 환자가 재진을 동네 보건소에서 받도록 도왔고, 어디로 가면 싼 비용으로 질

---

* 저소득층을 위한 국가 의료보장 제도.

좋은 정기검진을 받을 수 있는지 알려주었다.

일은 재미있고 보람찼다. 그래도 일에 에너지를 몽땅 쏟지는 않도록 주의했다. 아이들 몫을 남겨두어야 했다. 버락의 정치 경력을 용인한 뒤로—즉, 그가 마음껏 자신의 꿈을 추구하도록 허락한 뒤로—나는 내 일에 들이는 노력을 좀 줄였다. 거의 의도적으로, 스스로의 야망에는 약간 무감각해졌다. 예전 같았으면 해보겠다고 적극 나설 순간에 그러지 않고 물러났다. 내가 충분히 열심히 일하지 않는다고 여기는 사람은 없었을 것 같지만, 스스로가 더 할 수 있는데 하지 않은 일이 있음을 인식했다. 내가 맡지 않기로 결정한 소규모 프로젝트들이 있었고, 멘토 노릇을 더 열심히 해줄 수 있었는데 그러지 못한 젊은 직원들이 있었다. 일하는 엄마는 늘 타협해야 하는 처지라고들 말하는데, 내가 그랬다. 예전에는 어떤 일에든 몸을 사리지 않는 사람이었지만, 이제는 더 조심스러웠고 내 시간을 지키려 했다. 집에서 쏟을 에너지를 남겨야 했기 때문이다.

★　　★　　★

내 목표는 주로 정상적이고 안정적인 삶을 유지하는 것이었지만, 버락은 그렇지 않았다. 우리는 차츰 이 차이를 인식했고 그냥 받아들였다. 우리는 음양처럼 달랐다. 나는 규칙성과 질서를 갈망했지만, 그는 아니었다. 그는 망망대해에서 살 수 있는 사람이었지만, 나는 배가 있어야 하는 사람이었다. 그는 저어도 집에 있을 때만큼은 존재감을 발휘했다. 아이들과 바닥을 뒹굴면서 놀았고, 밤에 말리아에게 『해리 포터』를 읽어주었고, 내 농담에 웃고 나를 안아주면서 자신의 사랑과 헌신을 상기시켰다. 그러고는 다시 훌쩍 떠나서 일주일의 절반 이상 돌아오지 않았다. 우리는 그의 일정이 빈 틈을 최대한 활용하여 함께 식사도 하고 친구도 만났다. 그는 (가끔) 나를 위해서 〈섹스 앤드 더 시티〉를 봐주었고, 나는 (가끔) 그를 위해서 〈소프라노스〉를 봐주었다. 나는 집을 떠나 있는 것도 그가 하는 일의 일부라고 여기게 되었다. 마음에 들진 않았지만, 맞서 싸우려는 시도는 거의 포기했다. 버락은 들끓는 정쟁과 숱한 미해결 문제를 얼싸안은 상태로 머나먼 호텔 방에서도 하루를 행복하게 마감할 수 있는 사람이었다. 반면 나는 집이라는 안식처를 위해서 살았다. 나는 매일 밤 사샤와 말리아를 재우고 식기세척기를 돌려두었을 때 충만감을 느끼는 사람이었다.

버락의 부재는 적응하는 수밖에 다른 도리가 없었다. 좀처럼 끝날 기미가 보이지 않았기 때문이다. 그는 본업들 외에도 또 한 번 선거운동에 나섰다. 이번에는 2004년 가을 선거에서 연방상원의원에 출마하고자 했다.

그는 스프링필드에서 서서히 좀이 쑤셔 했다. 주정부의 느려터분한 속도에 좌절했고, 워싱턴에서는 자신이 더 많은 일을 더 잘해낼 수 있을 거라고 믿었다. 그는 내가 여러 이유에서 출마에 반대하리라는 것을 알았고 자신이 반론을 잘 펼칠 수 있다는 것도 알았기 때문에, 2002년 중순에 밸러리 재럿의 집에서 절친한 친구 10여 명을 모아두고 브런치를 먹으면서 비공식 회의를 해보자고 했다. 서로가 허심탄회하게 생각을 털어놓고 남들의 의견을 들어보려는 것이었다.

밸러리는 우리 집에서 멀지 않은 하이드파크의 고층 아파트에서 살았다. 깨끗하고 현대적인 집으로, 흰 벽과 흰 가구를 배경으로 화려한 난초들이 군데군데 색을 더했다. 당시 밸러리는 부동산 회사의 부사장이자 시카고대학병원 이사였다. 밸러리는 내가 퍼블릭 앨라이스에서 일할 때 지원해주었고, 버락이 선거운동을 할 때마다 모금을 도와주었다. 방대한 인맥을 동원하여 우리의 모든 활동을 지지해주었다. 그뿐 아니라 늘 다정하고 현명한 태도를 견지했다. 따라서 그녀가 우리 삶에서 점한 위치는 다소 복합적이었다. 우리의 우정은 사적이면서도 직업적이었다. 밸러리는 내 친구인 동시에 버락의 친구였다. 내 경험상 이런 경우는 드물다. 나는 엄마들로 이뤄진 활기찬 친구 무리가 있었고, 버락도 버락대로 쥐꼬리만 한 여유가 생기면 함께 농구하는 친구들이 있었다. 부부 동반으로 만나는 친구들, 서로의 아이들도 친구 사이이고 두 가족이 함께 휴가를 즐기곤 하는 친구들도 있었다. 하지만 밸러리는 달랐다. 밸러리는 우리 각자에게 언니이자 누나였고, 우리 둘 사이에 문제가 생기면 조치를 강구하도록 돕는 사람이었다. 밸러리는 우리가 어떤 사람인지 꿰뚫어보았고, 우리 목표도 꿰뚫어보았으며, 우리를 둘 다 아꼈다.

그런 밸러리가 사전에 내게 자신도 이번 출마에는 확신이 없다고 슬쩍 귀띔해주기까지 했으니, 그날 아침 브런치를 먹으러 갈 때만 해도 이번에는 내가 이길 거라고 예상했다.

예상은 틀렸다.

버락은 이번 연방상원의원 선거가 특별한 기회라고 말했다. 진짜 가능성이 있다고 했다. 일리노이주에서는 민주당이 점차 득세하고 있었고, 현직 의원인 피터 피츠제럴드는 보수적인 공화당 의원인 데다 자기 당 내부에서도 지지를 얻는 데 어려움을 겪고 있었다. 민주당 예비선거에는 후보자가 난립할 것으로 예상되었는데, 그렇다면 버락이 최다 득표만 해도 지명받을 수 있다는 뜻이었다. 돈에 대해서라면, 가족 예금은 절대 건드리지 않겠다고 약속했다. 만약 우리가 워싱턴과 시카고 두 군데에 집을 마련해야 하면 생활비는 어떻게 충당할 거냐고 묻자, 그는 이렇게 대답했다. "내가 책을 한 권 더 쓸 거야. 베스트셀러를 써서 돈이 되게 할 거야."

나는 웃을 수밖에 없었다. 버락은 내가 아는 사람 중에서 책이 모든 문제를 풀어준다고 믿는 유일한 사람이었다. 나는 그에게 『잭과 콩나무』의 잭 같다고 놀렸다. 가족의 생계 수단을 내주고 대신 마법의 콩을 받아 온 소년, 남들이 다 허황되다고 말해도 그 콩이 근사한 결실을 맺으리라고 진심으로 믿었던 소년 말이다.

버락의 주장은 나로서는 실망스러우리만치 모든 면에서 탄탄했다. 설명이 이어지는 동안 나는 밸러리의 표정을 주시하면서 그가 신속히 점수를 따고 있다는 걸 알아차렸다. 우리가 "하지만 이건?" 하고 어떤 질문을 던지더라도, 그에게는 대답이 준비되어 있었다. 나는 그동안 그가 집을 떠나 있던 시간을 죄다 더해서 디밀고 싶은 욕구를 눌러야 했다. 게다가 어쩌면 워싱턴으로 이사해야 할지도 모른다는 불안도 있었다. 그럼에도 불구하고, 그의 주장은 내 귀에도 합리적이었다. 우리는 그의 정치 경력이 가족의 삶을 축소시키는 문제를 두고 지난 몇 년간 쉼 없이 언쟁했지만, 그래도 나는 그를 사랑하고 믿었다. 게다가 그에게는 이미 두 '가족'이 있었다. 그의 관심은 나와 아이들, 그리고 약 20만 명의 사우스사이드 유권자에게 분산되어 있었다. 어차피 그런 상황인데, 그를 일리노이주와 공유한다고 해서 지금과 크게 달라질까? 알 수 없었다. 늘 그에게 더 많은 것을 시도하도록 종용하는 그의 꿈을 가로막을 용기도 나지 않았다.

그날 우리는 서약을 맺었다. 밸러리가 버락의 연방상원의원 선거운동 모금 총책을 맡기로 했다. 친구들은 돈과 시간을 기부해주기로 약속했다. 나도 출마에 동의했다. 하지만 한 가지 중요한 조건을 내걸었고, 모두가 똑똑히 듣도록 그 조건을 여러 차례 반복해서 말했다. 만약 이번에 그가 지면, 정치계를 아예 떠나서 다른 일을 찾는다는 조건이었다. 이번 선거에서 지면, 그것으로 정치는 끝이었다.

정말로, 끝이었다.

하지만 이후 버락에게는 뜻밖의 행운이 줄줄이 찾아왔다. 우선, 피터 피츠제럴드가 재선에 나서지 않겠다고 선언했다. 그래서 버락처럼 신참 축에 끼는 도전자들이 나서볼 여지가 열렸다. 그다음에는 희한하게도 민주당 예비선거의 선두 주자와 공화당 지명자가 둘 다 전 부인에 관한 스캔들에 휘말렸다. 선거일이 몇 달 안 남은 시점에 버락에게는 정해진 공화당 경쟁자마저 없었다.

버락이 선거운동을 훌륭하게 펼친 것도 사실이었다. 그는 연방하원의원 선거에서 졌을 때 배운 교훈을 십분 활용했다. 그 결과 경쟁자 7명을 이겼고, 절반이 넘는 득표로 민주당 후보자로 지명되었다. 이후 온 주를 쏘다니면서 유권자들을 만날 때, 그는 내가 집에서 아는 바로 그 인물, 웃기고 매력적이고 똑똑하고 준비된 인물의 모습을 보였다. 그가 시청 토론회나 공개 토론회에서 질문에 지나치게 장황하게 답변하는 모습마저도 연방상원 무대에 어울리는 사람이라는 인상을 주는 것 같았다. 하지만 노력과는 별개로 그의 선거운동 과정에 네 잎 클로버가 흩뿌려져 있었다는 것 또한 사실이었다.

물론, 그 모든 일은 존 케리가 버락에게 보스턴에서 열릴 2004년 민주당 전당대회에서 기조연설을 맡아달라고 부탁하기 전이었다. 당시 매사추세츠주 연방상원의원이었던 케리는 대선에서 조지 W. 부시와 접전을 벌이고 있었다.

내 남편은, 여러 장점에도 불구하고, 완벽한 무명이었다. 보스턴에 모일 1만 5000명 남짓의 청중 같은 많은 인원 앞에 서본 적이 한 번도 없는 소박한 주의회 의원이었다. 텔레프롬프터를 써본 적도, 황금 시간대 TV 생방송에 출연해본 적도 없었다. 그는 신참이었다. 역사적으로 백인 남성들의 전유물이었던 세계에 뛰어든 흑인이었고, 희한한 이름과 신기한 배경을 가지고 이제 막 이름을 알리기 시작하면서 자신이 평범한 민주당원들의 마음을 살 수 있기를 바라는 사람이었다. 나중에 방송 해설자들이 말했듯이, 수백만 명의 시청자에게 말할 사람으로 버락을 고른 것은 어마어마한 도박이었다.

그러나 이상하고도 우회적인 방식으로, 그는 정확히 이 순간을 위해서 준비해온 것 같았다. 나는 그의 머리가 늘 논스톱으로 돌아간다는 사실을 그동안 곁에서 지켜보았기 때문에 잘 알았다. 그는 늘 책과 신문과 생각을 흡수했고, 새로운 경험이나 지식을 나눠줄 사람과 대화하게 되면 언제든 활기가 돌았으며, 그렇게 얻은 정보를 모두 머릿속에 저장했다. 이제야 깨닫는 바이지만, 그때 그가 머릿속에서 만들고 있던 것은 어떤 비전이었다. 더구나 소박한 비전도 아니었다. 내가 썩 내키지 않아도 우리 삶에서 자리를 조금 양보해주고 공존하며 살아가야 했던 것이 바로 그의 비전이었다. 그 때문에 가끔 울컥할 때도 있었지만, 그것은 버락에게서 결코 없앨 수 없는 부분이었다. 그는 나와 처음 만났을 때부터 그 작업을 묵묵히 성실하게 계속해왔다. 그리고 이제 마침내, 자신의 비전에 걸맞은 청중을 얻은 것이었다. 그는 요청에 응답할 준비가 되어 있었다. 그냥 나가서 말하기만 하면 되었다.

★　　　★　　　★

"연설이 꽤 괜찮았나 봐요." 나는 나중에 이 말을 반복하게 되었다. 이것은 원래 버락과 나 둘 사이의 농담이었으나, 2004년 7월 27일 밤 이후에는 약간의 아이러니를 담아서 남들에게도 자주 하게 되었다.

그날, 아이들을 어머니에게 맡기고 버락과 함께 보스턴으로 날아갔다. 컨벤션센터 무대 옆 대기실에서, 버락이 눈부신 조명과 수백만 청중의 시선을 받으면서 무대로 나가는 모습을 지켜보았다. 그는 약간 초조해했고 나도 그랬지만, 우리는 내색하지 않기로 다짐했다. 적어도 버락은 성공했다. 그는 압박을 받으면 받을수록 더 침착해지는 듯했다. 지난 몇 주 동안 그는 일리노이주 상원에서 표결에 참여하는 틈틈이 연설문을 썼다. 한 줄 한 줄 몽땅 암기했고 꼼꼼히 리허설했기 때문에, 신경이 갑자기 곤두선다거나 머릿속이 돌연 백지장처럼 비는 불상사가 생기지 않는 한 텔레프롬프터를 쓸 필요도 없었다. 그리고 그런 일은 벌어지지 않았다. 버락은 청중과 방송사 카메라들을 잠시 응시한 뒤 씩 웃더니, 엔진에 발동이라도 걸린 것처럼 줄줄 말하기 시작했다.

그날 밤 그 17분 동안, 버락은 자신이 어떤 배경을 지닌 사람인지 말했다. 외할아버지가 패튼 부대에 소속된 군인이었다는 것, 외할머니는 전시에 공장 조립라인에서 일했다는 것, 아버지는 케냐에서 양을 치며 자란 사람이었다는 것, 부모님이 뜻밖의 사랑을 나누었다는 것, 그분들이 설령 돈도 인맥도 없는 집에서 태어난 아이라도 교육을 잘 받으면 큰 인물이 될 수 있다고 믿었다는 것. 진지하고 유창한 화법으로, 그는 자신을 아웃사이더가 아니라 아메리칸드림을 이룬 전형적인 인물로 묘사했다. 청중에게 미국이 반드시 공화당과 민주당으로 뚝 갈라져 있을 필요는 없다고, 미국인들은 공통의 인간성과 사회를 염려하는 마음에서 단합할 수 있는 사람들이라고 말했다. 냉소 대신 희망을 선택하자고 제안했다. 그는 희망을 품고 말했고, 청중에게 희망을 내보였으며, 희망을 거의 노래하다시피 했다.

그 17분은 버락이 얼마나 능란하게 연설할 줄 아는지 보여준 시간이었고, 그의 깊고 눈부신 낙관주의를 보여준 시간이었다. 그가 존 케리와 러닝메이트 존 에드워즈를 선전하는 말로 연설을 맺었을 때, 모든 청중이 기립하여 환호성을 올렸다. 함성으로 컨벤션센터가 천장까지 쩌렁쩌렁 울렸다. 나는 흰 정장과 하이힐 차림으로 눈이 멀 듯한 조명을 받으면서 무대로 나갔다. 연설을 마친 버락을 포옹한 뒤, 함께 몸을 돌려 흥분한 청중에게 손 흔들었다.

청중의 에너지는 짜릿했고, 함성은 귀가 멀 듯했다. 버락이 거시적인 안목과 민주주의에 대한 굳은 신념을 지닌 괜찮은 사람이라는 사실은 더 이상 비밀이 아니었다. 나는 그가 자랑스러웠지만, 놀라지는 않았다. 내가 그런 사람과 결혼했다는 사실을 예전부터 익히 알았고, 그의 역량을 죽 보아왔다. 돌아보면, 바로 그 순간에 나는 그가 어쩌면 정치를 그만두고 나와 아이들하고만 머물 수 있을지도 모른다는 기대를 가만히 접었던 것 같다. 사람들의 환호성에서 **더, 더, 더 들려줘요** 하는 요구가 맥박처럼 고동치는 듯했다.

버락의 연설에 대한 언론 반응은 과장 일색이었다. NBC의 크리스 매슈스는 동료 해설자들에게 "방금 저는 최초의 흑인 대통령을 목격했습니다"라고 말했다.《시카고 트리뷴》의 이튿날 1면 머리기사 제목은 단 두 마디, "천재 등장"이었다. 버락의 휴대전화는 쉼 없이 울리기 시작했다. 정치 해설자들은 그에게 '록스타'니 '벼락 스타'니 하는 별명을 붙였다. 마치 그 무대가 아무런 준비 없이 하루아침에 떠올랐다는 듯이, 그가 연설을 만든 것이 아니라 연설이 그를 만든 것처럼 말이다. 좌우간 그 연설은 분명 새로운 시작이었다. 버락만이 아니라 가족 모두에게 그랬다. 우리는 이전과는 차원이 다른 수준으로 세상에 노출되었고, 남들의 기대라는 격류에 휩쓸렸다.

모든 일이 비현실적이었다. 나는 정말 농담 말고는 대응할 방법이 없었다.

"연설이 꽤 괜찮았나 봐요." 사람들이 길에서 버락을 불러 세워서 사인을 부탁하거나 연설이 마음에 들었다고 말하면, 나는 어깨를 으쓱하면서 말했다. 어느 날 시카고의 식당에서 함께 식사를 마치고 나섰더니 보도에 한 무리의 사람들이 그를 기다리고 있었을 때도, 나는 말했다. "연설이 꽤 괜찮았나 봐요." 기자들이 중요한 현안에 대해서 버락의 의견을 묻기 시작했을 때, 거물급 정치 전략가들이 그의 주변을 맴돌기 시작했을 때, 이전에는 거의 팔리지 않았던『내 아버지로부터의 꿈』이 9년 만에 페이퍼백으로 재발행되어《뉴욕 타임스》베스트셀러가 되었을 때도, 나는 말했다.

"연설이 꽤 괜찮았나 봐요." 생기와 활력이 넘치는 오프라 윈프리가 자기 잡지에 기사를 신고자 우리 집에 나타나서 하루 종일 인터뷰했을 때도, 나는 말했다.

우리에게 무슨 일이 벌어지는 걸까? 현실을 따라잡기 힘들 지경이었다. 11월에 버락은 연방상원의원으로 당선했다. 그는 주 전역에서 골고루 70퍼센트의 득표율을 올렸다. 일리노이 역사상 최대 표 차이였고, 그해 연방상원의원 선거에서 가장 확실한 낙승이었다. 버락은 흑인과 백인과 라틴계 유권자 집단에서도, 남성과 여성 집단에서도, 부유한 계층과 가난한 계층에서도, 도시와 교외와 시골 유권자 집단에서도 다수표를 얻었다. 한번은 우리가 애리조나로 짧게 휴가 갔을 때, 그를 지지하는 시민들로 둘러싸인 일이 있었다. 내가 볼 때는 그 일이야말로 버락이 유명해졌다는 사실을 잘 보여주는 신기한 증거였다. 이제 백인들까지도 그를 알아본다는 뜻이었으니까.

ㅅ   ★   ★

나는 그나마 남은 평정을 지켜서 최대한 정상적으로 생활하려고 애썼다. 집에 있을 때는 모든 게 예전과 같았다. 친구나 가족과 함께 있을 때도 같았다. 아이들과 함께 있을 때는 늘 같았다. 하지만 바깥세상에서는 모든 게 달라졌다. 버락은 이제 노상 워싱턴 D.C.를 오갔다. 연방의회 의사당에 전용 사무실이 있었고, 캐피틀힐 지역에 집도 구했다. 꾀죄죄한 건물에 있는 방 하나짜리 작은 집은 벌써 책과 자료로 너저분했다. 그가 우리 집 바깥에 마련해둔 굴인 셈이었다. 아이들과 나는 워싱턴에 갈 일이 있어도 그 집에서 묵는 것은 고려조차 하지 않았고, 대신 넷이 함께 묵을 수 있는 호텔 방을 예약했다.

시카고에서 나는 일과를 엄수하면서 지냈다. 운동하고 일하고 귀가하는 일상의 반복이었다. 그릇을 세척기에 넣었고, 아이들을 수영이나 축구나 발레 수업에 데려다주었다. 예전의 생활 리듬을 유지했다. 버락은 이제 워싱턴에서 따로 생활이 있었고 연방상원의원에 걸맞게 태도가 약간 엄숙해졌지만, 나는 여전히 예전의 나였고 예전의 생활을 살았다. 그러던 어느 날, 클라이본가의 쇼핑몰에 차를 세우고 앉아 있을 때였다. 베이비갭을 잽싸게 들른 뒤 치포틀에서 음식을 사 와 나만의 시간을 즐기는데, 직장 비서가 휴대전화로 연락해와서 외부에서 들어온 전화를 연결해줘도 되겠느냐고 물었다. 워싱턴 D.C.의 어느 여성이 건 전화였는데—다른 상원의원의 아내로, 만난 적 없는 사람이었다—그녀가 통화를 시도한 게 벌써 몇 번째라고 했다.

"그럼요, 연결해주세요." 나는 말했다.

수화기 너머에서 들려온 여성의 목소리는 밝고 다정했다. 그녀가 말했다. "안녕하세요! 드디어 통화할 수 있어서 기쁘네요."

나도 반갑다고 말했다.

"환영한다는 말을 전하고 싶어서요." 그녀가 말했다. "그리고 아주 특별한 모임에 초대하고 싶어서 연락했습니다."

그녀는 나를 사적인 사교 모임에 초대하려고 전화한 것이었다. 내가 제대로 이해했다면, 주로 워싱턴 유력 인사들의 아내로 구성된 모임 같았다. 그들은 정기적으로 만나 점심을 먹으면서 여러 주제로 이야기 나눈다고 했다. "사람들을 사귈 수 있는 기회예요. 처음 이사 온 분은 그러기가 쉽지 않잖아요." 그녀는 말했다.

나는 살면서 클럽에 들어와달라는 초대를 받은 적이 한 번도 없었다. 고등학교 때는 책 앤드 질 모임의 친구들이 스키 여행을 떠나는 모습을 지켜보았다. 프린스턴에서는 수잰이 이팅 클럽 파티에서 알딸딸하게 취해 돌아와서 키득거리며 들려주는 이야기를 기다리곤 했다. 시들리의 동료 변호사들 중 절반은 컨트리클럽에 소속되어 있는 것 같았다. 나도 차츰 그런 클럽에 가볼 기회가 많아졌다. 퍼블릭 앨라이스 후원금이나 버락의 선거 자금을 모으기 위해서였다. 그런 클럽에는 대개 돈이 흘러넘친다는 걸 딱 보면 알 수 있었다. 그런 모임에 소속되는 것은 단순한 소속 이상의 의미였다.

그녀의 제안은 친절했고 진정한 선의에서 나온 말이었지만, 나는 조금의 아쉬움도 없이 거절했다.

"고맙습니다. 저를 떠올려주신 것, 정말 감사해요. 하지만 저는 남편을 따라 워싱턴으로 이사하지는 않기로 결정했답니다." 나는 시카고에서 학교에 다니는 어린 딸이 둘 있고, 내 직업에 애착이 많고, 또 버락이 워싱턴에서 혼자 지내면서 짬짬이 시카고로 오는 방식에 모두가 잘 적응하고 있다고 말했다. 우리가 시카고에 애착이 크다는 사실, 어느 정도인가 하면 버락의 책이 새삼스럽게 잘 팔려서 인세가 들어오고 후한 조건으로 두 번째 책 집필도 제안받은 덕분에—버락의 마법 콩이 놀라운 결실을 맺은 셈이었다—그 돈으로 시카고에 새집을 사려고 알아볼 정도라는 것까지는 말하지 않았다.

상원의원 아내는 잠시 말이 없었다. 약간 어색한 침묵이 흘렀다. 다시 입을 연 그녀의 목소리는 부드러웠다. "아시겠지만, 그러면 결혼 생활이 힘들 수 있어요. 가족이 해체되곤 하죠."

저의가 느껴지는 말이었다. 저 말에는 그녀 자신은 워싱턴에서 산 지 오래된 사람이고, 배우자가 뒤에 남은 경우 결과가 안 좋게 풀리는 걸 자주 목격했고, 더불어 내 선택이 위험하다는 뜻이 담겨 있었다. 상원의원의 아내가 되는 바람직한 방법은 하나뿐인데 내가 그걸 고르지 않았다는 뜻이 담겨 있었다.

나는 그녀에게 다시 고맙다고 말하고 전화를 끊은 뒤, 한숨을 폭 쉬었다. 이런 상황은 애당초 내 선택이 아니었다. 전혀 아니었다. 나는 이제 그녀처럼 연방상원의원의 아내였지만—그녀는 통화 내내 나를 오바마 부인이라고 불렀다—그렇다고 해서 내 모든 것을 포기하고 내조에 전념해야 하는 것은 아니었다. 솔직히 말하자면 나는 아무것도, 단 하나도 포기하고 싶지 않았다.

나는 다른 연방상원의원 배우자들 중에도 워싱턴으로 따라가지 않고 살던 곳에 남기로 선택한 사람이 몇 있다는 걸 알았다. 100명 중 14명이 여성인 연방상원의회가 과거처럼 그렇게까지 케케묵은 집단은 아니라는 것도 알았다. 그야 어떻든, 다른 여성이 내가 아이들을 전학시키지 않고 내 일을 유지하기로 한 결정이 잘못이라고 말하는 건 주제넘은 일이었다. 당선 몇 주 뒤, 나는 버락과 함께 워싱턴으로 가서 초선 의원들과 그 배우자들을 위한 당일치기 오리엔테이션에 참가했다. 이해에는 초선 의원이 몇 되지 않았다. 짧은 소개가 끝난 뒤, 정치인들은 정치인들끼리 그 배우자들은 배우자들끼리 각각 다른 방으로 안내되었다. 나는 묻고 싶은 것이 많았다. 정치인과 그 가족은 누구에게 선물을 받아도 되는가 하는 문제부터 워싱턴을 드나드는 교통비는 어떻게 지불하는가 하는 문제까지, 앞으로 모든 행동은 엄격한 연방윤리규정에 따라야 한다는 걸 알았기 때문이다. 그러니 그 자리에서는 우리가 로비스트들과의 관계를 어떻게 가져가야 하는가, 향후 정치자금을 모금할 때 지켜야 할 법적 의무는 무엇인가 하는 이야기들을 듣게 되려니 예상했다.

현실은 달랐다. 우리는 연방의회 의사당의 역사와 건축에 관한 자세한 강의를 들었고, 그동안 상원이 위촉하여 제작해온 공식 도자기 세트들을 감상했고, 그다음에는 점잖게 잡담을 나누면서 점심을 먹었다. 장장 몇 시간에 걸쳐서 그렇게 했다. 만일 내가 직장에 하루 휴가를 내고 어머니에게 아이들을 맡기고 온 처지가 아니었다면, 그 자리가 재미있었을지도 모르겠다. 나는 이제 정치인의 배우자이니, 그 처지를 진지하게 여기고 싶었다. 정치 자체에 흥미가 있는 건 아니었지만, 버락의 일을 망치고 싶지도 않았다.

솔직히 말해서, 나는 워싱턴 D.C.라는 곳이 혼란스러웠다. 지나치게 격식 차린 전통, 지나치게 엄숙한 자긍심, 온통 백인들과 남자들인 데다 여자들은 따로 식사한다는 점까지. 혼란의 핵심에는 두려움이 있었다. 내가 이 일에 관여하기를 스스로 선택하지 않았음에도 불구하고 어쨌든 빨려들고 말 것 같다는 두려움이었다. 나는 지난 12년 동안 줄곧 오바마 부인이었지만, 그 호칭이 이제 다른 의미로 다가왔다. 적어도 사회의 몇몇 영역에서는, 내가 오바마 부인이라는 사실이 나를 위축시켰다. 나는 이제 남편을 통해서 존재가 정의되는 여자가 된 것 같았다. 나는 이제 정치계의 록스타이자 연방상원의 유일한 흑인 의원인 버락 오바마의 아내로 불렸다. 희망과 관용을 더없이 통렬하고 강력하게 설파함으로써 벌 떼처럼 윙윙거리는 세간의 기대감을 거느리게 된 남자의 아내로 불렸다.

남편은 연방상원의원이었지만, 어째서인지 사람들은 그 이상을 바라는 듯했다. 사람들은 버락이 2008년 대선에 출마할 것인지를 알고 싶어서 안달했다. 우리는 도무지 그 질문을 떨칠 수 없었다. 모든 기자가 그 질문을 던졌다. 길에서 그에게 다가오는 사람들도 거의 모두가 그 질문을 했다. 내 병원 동료들은 남들보다 한발 먼저 알 수 있을까 싶어 내 방문에 서서 짐짓 가벼운 말투로 물었다. 버락이 딕 체니와 나란히 서서 연방상원의원 취임 선서를 할 때 분홍색 벨벳 원피스를 입고 그 곁에 서 있었던 여섯 살 반의 말리아조차. 단 다른 사람들과는 달리 우리의 1학년 꼬마는 현명하게도 그런 생각이 시기상조로 보인다는 걸 아는 듯했다.

"아빠, 대통령 될 거예요?" 말리아는 물었다. "하지만 그 전에 부통령 같은 걸 먼저 해야 하는 거 아니에요?"

이 문제에서 나는 말리아와 의견을 같이했다. 평생 실용주의자였던 나는 무슨 일에서든 해야 할 일을 순서대로 체계적으로 해나가면서 천천히 접근하는 방법이 좋다고 여겼다. 나는 타고나기를 진득하고 신중하게 때를 기다리는 편을 선호하는 사람이었다. 그러니 누가 대선 출마를 물을 때마다 버락이 "아이고, 그 질문은 참" 하는 겸손한 태도로 현재 계획은 딴 데 신경 쓰지 않고 상원에서 열심히 일하는 것뿐이라고 대답하는 걸 들으면 기분이 좋았다. 그는 자신이 야당의 초선 의원이자 평의원일 뿐이라는 사실을 사람들에게 상기시켰다. 이따금 자신에게는 한참 더 키워야 하는 두 딸이 있다고도 덧붙였다.

하지만 북소리는 울리기 시작했다. 그 소리를 멎게 하기는 어려웠다. 버락은 『담대한 희망 *The Audacity of Hope*』이라는 제목이 될 책을 쓰고 있었다. 미국에 대한 자신의 신념과 비전을 곱씹어서, 밤마다 공책에 글로 풀어냈다. 그는 내게 현 상황에 정말 만족한다고 말했다. 서서히 영향력을 길러가면서 상원이라는 불협화음의 심의회 속에서 자신에게 발언권이 주어지기를 기다리는 게 좋다고 말했다. 하지만 그때, 허리케인이 닥쳤다.

2005년 8월 말, 허리케인 카트리나가 미국 멕시코만 연안을 초토화했다. 뉴올리언스의 제방이 범람했고, 저지대가 침수했고, 주로 흑인인 주민들은 물에 잠긴 집 지붕에 좌초했다. 허리케인의 여파는 끔찍했다. 뉴스에는 예비 전력마저 없는 병원, 슈퍼돔에 수용된 이재민들, 물자 부족으로 변변한 활동을 펼치지 못하는 구호 요원들이 보도되었다. 결국 약 1800명이 사망했고, 50만 명 이상이 집을 잃었다. 연방정부의 무능한 대응은 비극을 격화했다. 그것은 미국의 구조적 분열을 만천하에 드러낸 가슴 아픈 사건이었고, 특히나 나쁜 상황이 닥칠 때는 흑인들과 모든 인종의 가난한 사람들이 상대적으로 훨씬 더 취약해진다는 사실을 드러낸 사건이었다.

희망은 어디 있을까?

나는 편치 않은 마음으로 카트리나 뉴스를 보았다. 만약에 그런 재난이 시카고를 덮쳤다면, 내 이모들과 삼촌들, 사촌들과 이웃들도 비슷한 운명을 맞았을 터였다. 버락의 반응도 나 못지않게 감정적이었다. 허리케인 발생 일주일 뒤, 그는 휴스턴으로 날아가서 조지 H. W. 부시 전 대통령, 빌 클린턴 전 대통령, 이제 역시 연방상원의원으로 그의 동료가 된 힐러리 클린턴과 함께 그곳 애스트로돔에 대피한 수천 명의 뉴올리언스 이재민을 만났다. 그 일은 버락의 내면에서 무언가를 일깨웠다. 자신의 노력이 아직도 부족한 것 같다는, 그 끈질긴 기분을.

★   ★   ★

그로부터 1년쯤 뒤, 북소리가 정말로 거세어졌을 때, 우리 둘에게 가해지는 압박에 짓눌릴 지경이었을 때, 나는 다시 저 일을 떠올렸다. 우리는 일상을 이어가고 있었지만, 버락이 대선에 출마할 것인가 하는 질문은 우리를 둘러싼 공기를 한시도 고요하게 가라앉히지 않았다. **벼락이 출마해도 될까? 벼락은 출마할까? 벼락이 출마해야 할까?** 2006년 여름부터 주관식 여론조사의 응답자들은 대통령이 될 가능성이 있는 인물로 벼락을 꼽기 시작했다. 물론 압도적 선두는 힐러리 클린턴이었다. 가을이 되자 벼락의 인기가 좀 더 올랐다. 『담대한 희망』이 출간되어서 책 홍보차 언론 노출 기회가 많아진 것이 한 이유였다. 벼락의 여론조사 인기도가 갑자기 과거 민주당의 두 대선 후보였던 앨 고어, 존 케리와 비등하거나 심지어 앞섰다. 벼락의 가능성을 보여주는 증거였다. 나는 그가 여러 친구, 조언자, 잠재적 후원자 들과 은밀히 논의하고 있다는 걸 알았다. 그는 출마를 고려하는 중이라는 사실을 모두에게 넌지시 알리고 있었다. 하지만 그런 그가 여태 피해온 대화가 있었다. 나와의 대화였다.

그는 물론 내 기분을 잘 알았다. 우리는 다른 문제를 의논할 때 그 문제도 에둘러서 이야기해보곤 했다. 남들의 기대를 받으며 지낸 지가 너무 오래되었기 때문에, 우리가 나누는 거의 모든 대화에는 그 문제가 끼어들어 있었다. 벼락의 가능성은 우리 가족과 함께 저녁 식탁에 앉았다. 벼락의 가능성은 아이들과 함께 등교했고, 나와 함께 출근했다. 벼락의 가능성은 우리가 원하지 않는 순간에도 우리와 함께 있으면서 매사에 묘한 에너지를 불어넣었다. 내가 보기에 벼락은 이미 할 만큼 하고 있었다. 그래도 군이 대선 출마를 고려하겠다면, 최소한 신중한 길을 밟았으면 싶었다. 천천히 준비하고, 상원에서 때를 엿보면서, 아이들이 좀 더 클 때까지, 이를테면 2016년까지 기다렸으면 싶었다.

내가 벼락을 안 이래 그는 늘 머나먼 지평선에만, 마땅히 와야 할 세상의 모습에만 시선을 고정하고 사는 것 같았다. 나는 그가 부디 이번 한 번만은 지금 이대로의 삶에 만족하기를 바랐다. 다섯 살과 여덟 살이 된 사샤와 말리아, 땋은 머리카락에 키득키득 잘 웃는 두 아이를 보면서 어떻게 다른 생각을 할 수 있는지 이해되지 않았다. 가끔은 그가 그런다는 사실이 상처가 되었다.

우리 둘은 시소를 타고 있었다. 버락은 저쪽에, 나는 이쪽에 앉아서. 이제 우리는 멋진 집에서 살았다. 켄우드 지역의 조용한 거리에 있는 조지 왕조풍 벽돌집으로, 현관이 널찍하고 마당에 키 큰 나무들이 있는 집이었다. 내가 어릴 때 일요일에 아버지의 뷰익을 타고 드라이브하다가 오빠와 함께 입을 헤벌리고 구경했던 그런 집이었다. 나는 종종 아버지를 떠올렸고, 아버지가 우리에게 주신 것들을 떠올렸다. 아버지가 살아 계셔서 지금의 우리 모습을 본다면 얼마나 좋을까 싶었다. 오빠도 결국 인생의 방향을 틀어서 행복을 되찾은 터였다. 오빠는 투자은행을 떠나서 인생의 첫사랑인 농구로 돌아갔다. 노스웨스턴 대학에서 보조 코치로 몇 년 일하다가 지금은 로드아일랜드주의 브라운 대학에서 수석 코치로 일했다. 그리고 아름답고 건실하며 동부의 한 대학에서 입학처장으로 일하는 켈리 매크럼과 재혼했다. 오빠의 두 아이는 훌쩍 자라서, 다음 세대의 모범을 보여주는 듯한 자신만만하고 활기찬 청소년이 되어 있었다.

나는 연방상원의원의 아내였다. 하지만 그뿐 아니라, 어쩌면 그보다 더 중요하게도, 내게는 소중한 일이 있었다. 봄에 나는 시카고대학병원 부사장으로 승진했다. 이전 두어 해 동안 '사우스사이드 보건 협력 사업'의 개발을 지휘했고, 그 프로그램을 통해서 벌써 우리 병원 응급실을 찾은 환자 중 1500명 이상을 그들이 돈을 낼 형편이든 아니든 정기적으로 찾아가서 검진받을 수 있는 의료 서비스 제공자와 이어주는 데 성공했다. 이 일은 내게 개인적인 의미가 있었다. 문제를 오래 방치했다가 응급실로 찾아온 수많은 흑인 환자를 보면서—이를테면 순환계 장애를 방치했다가 급기야 다리를 절단해야 하는 상황에 처한 당뇨 환자를 보면서—아버지가 놓친 진료 기회를 떠올렸다. 아버지가 수선 피우기 싫어서, 혹은 돈 쓰게 될까 봐, 혹은 서류를 작성해야 할까 봐, 혹은 부유한 백인 의사 앞에서 초라해지는 기분을 느끼기 싫어서 다발성경화증 증상을 무시하고 살았던 것을 떠올리지 않을 수 없었다.

　나는 내 일이 좋았다. 완벽하지는 않을지언정 내 삶도 좋았다. 사샤도 이제 초등학교에 들어가니까, 나도 인생의 새 국면을 시작할 수 있을 것 같았다. 다시금 내 야망을 발휘하고 새로운 목표를 세울 수 있을 것 같았다. 그런데 버락이 대선에 출마하면 어떻게 되겠는가? 모든 계획이 물거품이 될 것이다. 안 봐도 뻔했다. 버락과 나는 지난 11년 동안 다섯 번이나 선거운동을 경험했고, 나는 그때마다 내 삶의 우선순위를 지키기 위해서 점점 더 안간힘을 써야 했다. 내 영혼은, 또한 결혼 생활은 그때마다 조금씩 타격을 입었다. 그러니 대선은 우리를 정말로 망가뜨릴 것 같아서 두려웠다. 버락은 스프링필드나 워싱턴에서 일할 때보다 훨씬 더 자주 집을 떠나 있어야 할 것이다. 일주일에 며칠이 아니라 몇 주씩 떠나 있을 테고, 4주에서 8주쯤 떠났다가 잠시 돌아왔다가 하는 게 아니라 연속 몇 달씩 떠날 터였다. 우리 가족은 어떻게 될까? 유명세는 아이들에게 어떤 영향을 미칠까?

　나는 버락을 둘러싼 광풍을 무시하려고 애썼지만, 바람은 잦아들 기미가 안 보였다. 방송 해설자들은 버락의 가능성을 점쳤다. 《뉴욕 타임스》의 보수 성향 칼럼니스트 데이비드 브룩스는 놀랍게도 "출마해요, 버락, 출마해요"라는 제목의 논설을 썼다. 버락은 이제 어딜 가든 사람들이 알아봤지만, 다행스럽게도 나는 아직 그렇지 않았다. 10월 어느 날, 나는 편의점에 줄을 서 있다가 옆에 진열된 《타임》 표지를 보고 얼른 고개를 돌렸다. 남편의 얼굴을 극단적으로 클로즈업한 사진이 실려 있었고, 옆에는 "버락 오바마가 차기 대통령이 될 수 있는 이유"라는 제목이 적혀 있었다.

나는 조만간 버락이 직접 나서서 자신은 경쟁에 나설 의향이 없다고 선언함으로써 사람들의 억측을 잠재우고 언론의 관심을 딴 데로 돌리기를 바랐다. 하지만 그는 그러지 않았다. 그러지 않을 터였다. 그는 출마하기를 원했다. 그는 원했고, 나는 원하지 않았다.

기자가 대선 출마 의향을 물을 때마다, 버락은 이렇게만 대꾸했다. "아직 생각 중입니다. 온 가족이 함께 내려야 하는 결정이니까요." 그것은 곧 '미셸만 허락한다면 합니다'라는 뜻이었다.

버락이 워싱턴에 있는 날이면, 나는 밤에 혼자 누워서 꼭 나와 세상이 맞대결을 펼치는 것 같다고 생각했다. 나는 버락이 가족과 함께하기를 바랐지만, 나머지 사람들은 모두 그가 국가와 함께하기를 바라는 것 같았다. 그에게는 이제 고문단이 있었는데—버락이 연방상원의원으로 당선되는 데 결정적으로 기여했던 두 선거운동 전략가 데이비드 액설로드와 로버트 기브스, 역시 액설로드의 회사에 소속된 컨설턴트 데이비드 플러프, 수석 보좌관 피트 라우스, 그리고 밸러리였다—그들 모두가 조심스럽게 찬성하는 입장이었다. 하지만 그들은 대선 선거운동에는 엉거주춤 절반만 투신하는 건 있을 수 없다는 사실을 똑똑히 밝혔다. 버락도 나도 전적으로 투신해야 했다. 특히 버락이 질 부담은 상상을 초월했다. 그는 연방상원의원의 의무를 하나도 소홀히 하지 않으면서 전국적 선거운동 조직을 결성하고 관리해야 하고, 공약을 개발해야 하고, 어마어마한 금액을 모금해야 했다. 나도 묵묵히 지지하기만 해서는 안 되고 적극 참여해야 했다. 두 아이까지 거느리고서 사람들 앞에 나타나야 하고, 긍정적인 미소를 띠고 수많은 악수를 나눠야 했다. 대선이라는 크나큰 목표를 위해서, 모든 것이 버락을 중심으로 돌아갈 터였다.

내가 태어난 순간부터 맹렬하게 나를 보호해온 오빠마저 출마 가능
성에 흥분했다. 어느 날 밤, 오빠가 내게 전화해서 노골적으로 구슬렀다.
"들어봐, 미셸." 오빠는 종종 그러듯이 농구 용어로 말했다. "네가 걱정
하는 건 알지만, 만약 버락에게 슛을 쏠 찬스가 온다면 버락은 그걸 잡
아야 해. 너도 알지?"

내게 달린 문제였다. 전적으로 내게 달린 문제였다. 나는 겁났을까,
아니면 그저 지쳤을까?

좋든 싫든, 나는 거대한 비전을 품은 남자와 사랑에 빠졌다. 그는 순
진하진 않지만 낙관주의자였고, 갈등에 굴하지 않았고, 세상의 복잡성
에 흥미를 느꼈다. 앞으로 할 일이 산더미 같다는 데도 별로 겁먹지 않
았다. 그는 나와 아이들을 오래 떠나 있어야 한다는 생각에 두렵다고 말
했지만, 그래도 우리 사랑은 굳건하다는 사실을 내게 상기시켰다. "우리
는 감당할 수 있어. 안 그래?" 어느 날 밤, 우리가 위층에 있는 그의 서재
에서 마침내 터놓고 이야기 나눌 때, 그는 내 손을 잡으면서 말했다. "우
리는 강하고 똑똑해. 아이들도 그렇고. 우리는 괜찮을 거야. 감당할 수
있어."

선거운동에 값비싼 대가가 따른다는 사실을 인정하는 말이었다. 우리
는 여유 시간, 함께하는 시간, 프라이버시를 포기해야 할 것이다. 정확히
얼마나 포기해야 하는지 예상하기는 이르지만, 상당한 수준이라는 건
분명했다. 내게는 그것이 꼭 은행 잔고를 모르는 채 돈을 펑펑 써대는
꼴 같았다. 우리의 회복력은 얼마나 될까? 우리의 한계는 얼마나 될까?
마지막에는 무엇이 남을까? 내게는 이런 불확실성 자체가 위협으로 느
껴졌고, 우리가 꼭 거기에 빠져 죽을 것만 같았다. 나는 사전 대비를 철
칙으로 여기는 가정에서 자랐다. 로빈슨 가족은 집에서 화재 대피 훈련
을 했고, 모든 약속에 시간 여유를 넉넉하게 두고 도착했다. 노동자들이

사는 동네에서 장애를 지닌 부모를 모시고 자란 나는 계획과 경계가 중요하다는 걸 알았다. 그것이 안정이냐 가난이냐를 결정할 수 있었다. 게다가 그것은 늘 간발의 차이 같았다. 요금을 딱 한 번만 못 내도 전기가 끊길 수 있었고, 숙제를 딱 한 번만 안 해도 공부가 뒤처져서 대학에 못 갈 수 있었다.

나는 5학년 때 반 친구를 화재로 잃었고, 수잰이 어엿한 성인이 되기도 전에 죽는 걸 보았다. 그런 경험으로 세상이 잔인하고 대중없으며, 열심히 노력한다고 반드시 좋은 결과가 보장되는 건 아니라는 사실을 알았다. 이런 느낌은 미래에 더 짙어지겠지만, 조용한 거리의 조용한 벽돌집에 앉아 있던 그 순간에도 우리가 가진 것을 한사코 보호하고 싶은 마음을 떨칠 수 없었다. 내 마음 같아서는 아이들을 키우는 데만 전념하고 나머지는 다 잊고 싶었다. 최소한 아이들이 좀 더 자랄 때까지만이라도.

하지만 그런 생각의 이면에는 또 다른 현실이 있었다. 버락도 나도 잘 아는 현실이었다. 우리는 카트리나의 참상을 현장으로부터 멀리 떨어진 특권적인 위치에서 지켜보았다. 부모들이 아기를 범람한 물 위로 추켜올리는 모습을 보았고, 흑인 가족들이 슈퍼돔의 비인간적 상황에서도 단합하려고 애쓰는 모습을 보았다. 나는 그동안 시청, 퍼블릭 앨라이스, 대학에서 일하면서 어떤 사람들에게는 기본적인 의료 서비스나 주거를 확보하는 것조차 쉽지 않은 일임을 깨달았다. 그럭저럭 꾸려나가는 것과 망하는 것의 경계는 늘 아슬아슬했다. 버락도 그동안 해고된 공장 노동자들, 평생 짊어질 장애를 받아들이려 애쓰는 젊은 상이군인들, 부실한 학교에 자녀들을 보내는 데 신물 난 부모들과 많은 대화를 나눴다. 요컨대 우리는 우리가 어처구니없을 만큼 운이 좋다는 사실을 잘 알았으며, 따라서 우리끼리 안주하는 삶을 살아서는 안 된다는 의무감을 느껐다.

이 문제를 진지하게 따져보는 수밖에 다른 도리가 없음을 인정한 뒤, 나는 마음의 문을 열고 가능성을 받아들여보았다. 버락과 나는 철저하게 의논했다. 한 번이 아니라 여러 번 했다. 크리스마스에 하와이로 투트를 만나러 갈 때까지, 심지어 가서도 했다. 대화는 분노와 눈물로 범벅일 때도 있었고, 열정적이고 낙천적일 때도 있었다. 그것은 우리가 지난 17년 동안 해온 대화의 연장이었다. **우리는 어떤 사람일까? 우리에게 중요한 것은 무엇일까? 우리는 무엇을 할 수 있을까?**

결국 문제는 이렇게 정리되었다. 나는 출마를 허락했다. 왜냐하면 버락이 훌륭한 대통령이 될 수 있다고 믿었기 때문이다. 그는 다른 사람들에게서는 찾아보기 힘든 방식으로 자신감이 있었다. 대통령 일을 해낼 지적 능력과 기강을 갖추었고, 인내를 발휘하기 힘든 상황에서도 모든 것을 우직하게 참아내는 성정을 갖추었고, 국민들의 요구에 늘 주의 깊게 귀 기울일 귀한 공감 능력을 갖추었다. 또 그의 주변에는 당장 돕고 나설 채비가 된 선하고 똑똑한 사람들이 있었다. 그런데 내가 뭐라고 그를 막겠는가? 버락이 수많은 사람의 삶을 개선하는 대통령이 될 수 있을지도 모른다는 가능성 앞에서, 어떻게 내 개인의 욕구를 앞세우겠는가? 우리 아이들의 욕구라도 마찬가지였다.

내가 출마에 동의한 것은 버락을 사랑하기 때문이었고, 그가 해낼 수 있다고 믿기 때문이었다.

그러면서도 내심 괴로운 생각을 하나 품고 있었다. 아직까지는 남들과 공유할 마음이 없는 생각이었다. 나는 버락의 선거운동을 지지했지만, 내심으로는 그가 끝까지 해내지는 못할 거라고 여겼다. 버락은 사람들에게 미국의 분열을 치유해야 한다고 열렬히 호소했다. 사람들 대부분이 기본적으로 갖추고 있다고 믿는 고결한 이상에 호소했다. 하지만 그동안 분열을 너무 많이 보아온 터라, 내 희망은 그렇게까지 굳건하지 못했다. 버락은 누가 뭐래도 흑인이었다. 나는 그가 정말로 승리하리라고는 생각하지 않았다.

16

우리가 출마에 동의한 순간부터, 버락은 내가 알던 사람의 뿌연 형상에 지나지 않는 픽셀화된 이미지로 바뀌었다. 갑자기 그는 큰 목표의 힘에 사로잡히고 떼밀려서, 모든 곳에 동시에 존재해야 하는 사람이 되었다. 민주당 예비선거**가 아이오와에서 시작되기까지 1년이 채 안 남은 시점이었다. 버락은 얼른 직원을 고용하고, 거액의 수표를 써줄 후원자들을 찾고, 가급적 파장이 큰 방식으로 출마 선언을 할 방법을 궁리해야 했다. 그의 목표는 사람들의 레이더망에 포착된 뒤 선거일까지 벗어나지 말고 머물러 있자는 것이었다. 성패는 초반 행보에 달려 있었다.

선거운동 전반을 감독할 사람은 이 일에 몸 바친 두 데이비드, 액설로드와 플러프였다. 우리가 '액스'라고 부르는 액설로드는 부드러운 목소리, 정중한 태도, 윗입술을 가로지른 풍성한 콧수염을 가졌다. 원래《시카고 트리뷴》기자였다가 정치 컨설턴트로 전직한 액스는 버락의 메시지 전달과 언론 홍보를 맡았다. 플러프는 서른아홉 살에도 소년처럼 웃

● 미국 대통령 선거에 앞서 각 당의 후보자를 뽑는 선거이다. 최종 후보자 지명은 전당대회에서 이루어지지만, 전당대회에서 투표할 대의원을 뽑는 이 예비선거에서 사실상 지명자가 결정된다. 50개 주를 돌면서 약 반년에 걸쳐 치러지는 예비선거 레이스의 시작점이 아이오와다.

고 숫자와 전략에 애정이 깊은 사람으로, 선거운동 전반을 관리하기로 했다. 그 밖에도 재무를 돌보고 행사 계획을 짤 경력자들이 속속 채용되어서, 팀은 금세 커졌다.

누군가 공식 출마 선언을 스프링필드에서 하는 게 어떻겠느냐는 묘안을 냈다. 그곳은 우리가 기대하는 새로운 형태의 선거운동에 어울리는 데다가 미국의 중간에 해당하는 장소라는 데 모두 동의했다. 우리가 계획하는 선거운동은 아래로부터의 선거운동, 주로 정치에 처음 참여하는 사람들이 나서는 선거운동이었다. 이것은 버락의 희망에서 초석에 해당하는 요소였다. 그는 지역사회 조직가로 일할 때 많은 시민이 미국의 민주주의 체제 내에서 자신의 목소리가 간과되고 자신의 권리가 박탈된다고 느낀다는 걸 깨달았다. '프로젝트 보트!' 활동을 하면서는 그런 시민들에게 힘을 되돌려주어 정치에 참여하게 만드는 것이 가능하다는 걸 실감했다. 그의 메시지가 더 큰 규모에서도 통할까? 충분히 많은 사람이 그를 도우러 나설까? 버락은 자신이 특이한 후보자임을 잘 알았다. 따라서 특이한 선거운동을 하고 싶어 했다.

버락이 구 일리노이 주의회 의사당 앞 계단에서 출마를 선언한다는 계획이 잡혔다. 사적지인 그곳은 컨벤션센터나 경기장 따위보다 시각적으로 더 호소력이 있을 터였다. 하지만 기온이 곧잘 영하로 내려가는 2월 중순 일리노이 중부에서 야외 행사를 치러야 한다는 뜻이기도 했다. 나는 그 결정이 의도는 좋지만 실용적이지 않다고 느꼈고, 이제 우리 가족의 삶을 거의 좌지우지하게 된 선거운동본부가 못 미더웠다. 나와 아이들이 흩날리는 눈발이나 칼바람 속에서 웃으려고 애쓰는 모습, 버락이 오들오들 떨리는 몸을 감추고 기운 넘쳐 보이려 애쓰는 모습을 상상하니 불만스러웠다. 사람들은 추위에 몇 시간씩 밖에 나와 있는 대신 따뜻한 집에 머물 것 같았다. 나는 중서부 출신인지라, 날씨가 일을 그르칠 수 있다는 걸 알았다. 버락이 초반부터 낭패를 감당할 처지가 못 된다는 것도 알았다.

약 한 달 전, 힐러리 클린턴은 자신만만한 모습으로 출마를 선언했다. 노스캐롤라이나주 연방상원의원이자 지난 대선에서 존 케리의 러닝메이트였던 존 에드워즈는 그보다 한 달 전에 허리케인 카트리나로 초토화된 뉴올리언스의 어느 가정집 앞에서 출마를 선언했다. 민주당에서는 총 9명이 예비선거에 나섰다. 정신없고 치열한 경쟁이 될 터였다.

버락의 팀이 계획하는 야외 행사는 도박이었지만, 내가 훈수를 둘 입장이 아니었다. 나는 버락이 오들오들 떠는 모습으로 전국 뉴스를 타지 않도록 연단 아래쪽에 히터를 설치해달라고만 요구했고, 그 밖에는 입을 다물었다. 어차피 내게는 통제력이 없었다. 선거운동본부는 착착 유세를 계획했고, 전략을 짰고, 자원봉사자를 모집했다. 선거운동은 시작되었다. 이제 와서 탈출할 방법은 없었다.

아마도 무의식적인 자기 보전 행위로, 나는 내가 통제할 수 있는 일로 관심을 돌렸다. 출마 선언 행사에서 말리아와 사샤가 쓸 모자를 찾는 일이었다. 아이들의 코트는 새로 장만해두었지만, 거의 임박한 시점이 될 때까지 모자는 잊고 있었다.

행사일이 다가오자, 나는 퇴근 후에 워터타워 플레이스의 백화점으로 직행하여 시즌 끝물이라서 겨울옷이 철수하기 시작한 매장을 뒤졌다. 재고 정리 할인 매대도 뒤졌다. 허사였다. 오래지 않아 나는 말리아와 사샤가 미래 대통령의 딸들처럼 보이게 하겠다는 생각은 접고, 최소한 엄마가 있는 아이들처럼 보이게 하겠다는 데 집중했다. 세 번째쯤 뒤지러 갔을 때, 마침내 적당한 니트 모자를 발견했다. 흰색은 말리아에게 씌우고 분홍색은 사샤에게 씌우면 될 것 같았는데, 둘 다 성인 여성용 스몰 사이즈였기 때문에 말리아의 머리에는 맞았지만 다섯 살 사샤에게는 좀 헐렁하게 늘어졌다. 하이패션은 아니었지만 충분히 귀여웠다. 더 중요한 점은 일리노이의 겨울이 어떤 날씨를 보여주든 그 모자가 아이들을 따뜻하게 지켜주리라는 것이었다. 사소한 승리였다. 그래도 승리는 승리였고, 내가 이룬 승리였다.

＊　　＊　　＊

출마 선언일인 2007년 2월 10일 토요일 아침은 구름 한 점 없이 맑고 반짝반짝한 날이었다. 실제 몸으로 느껴지는 것보다 겉보기에 더 멋진 날씨, 전형적인 한겨울 날씨였다. 기온은 영하 11도였고, 바람이 가볍게 불었다. 우리 가족은 전날 스프링필드로 가서 시내 호텔의 방 세 개짜리 스위트룸에 묵었다. 선거운동본부는 호텔의 그 층 전체를 빌려서, 시카고에서 우리와 함께 간 20여 명의 가족과 친구들도 묵게 했다.

　우리는 벌써부터 전국적 선거운동이 주는 압박을 실감하고 있었다. 버락의 선언일은 공교롭게도 방송인 태비스 스마일리가 매년 조직하는 포럼인 '흑인 연합 현황State of the Black Union' 행사일과 겹쳤는데, 스마일리는 그 사실에 노골적으로 화냈다. 우리 선거운동본부에 불쾌감을 전달하면서, 그것은 흑인 사회에 대한 존중이 결여된 행동이고 따라서 버락에게 악영향을 미칠 것이라고 넌지시 비난했다. 나는 우리를 겨냥한 첫 공격이 흑인 사회 내부에서 왔다는 데 놀랐다. 선언일 하루 전에는 《롤링 스톤》에 버락에 관한 기사가 실렸는데, 기자가 시카고의 트리니티 교회를 방문한 이야기가 담겨 있었다. 우리는 아직 그 교회의 정식 신도였지만, 아이들이 태어난 뒤로는 발걸음이 뜸해진 상태였다. 기사에는 제러마이아 라이트 목사가 예전에 했던 설교 중에서 유난히 격렬하고 선동적인 대목이 인용되어 있었다. 미국에서 흑인들이 받는 대우를 논하면서, 미국인들은 신을 섬기는 것보다 백인의 우월한 지위를 유지하는 데 더 신경 쓴다고 말하는 대목이었다.

기사 내용은 대체로 긍정적이었지만, 표지에 적힌 제목은 "버락 오바마의 급진주의, 그 뿌리"였다. 보수 언론이 그 기사를 당장 무기로 쓸 게 뻔했다. 선거운동 개시가 하루도 안 남은 데다가 더구나 이튿날 행사에서 버락의 연설에 앞서 라이트 목사가 무대에 올라 기도를 이끌기로 약속되어 있었기 때문에, 더 큰 재앙이 될 수 있었다. 버락은 어려운 통화를 해야 했다. 라이트 목사에게 전화를 걸어서, 무대에 오르는 일정을 취소하고 그 대신 무대 뒤에서 사적으로 기도를 올려달라고 부탁했다. 목사는 당연히 기분이 상했지만 우리 처지를 이해하는 것 같았고, 자신의 실망감에는 아랑곳없이 계속 우리를 지지하겠다고 밝혔다.

그날 아침, 우리가 정말로 돌아설 수 없는 국면에 다다랐다는 생각이 들었다. 우리 가족을 말 그대로 미국인들의 눈앞에 내세울 예정이었다. 출마 선언 행사는 선거운동본부가 몇 주 동안 총력을 기울여 준비한 자리였으며 선거운동을 개시하는 성대한 파티나 마찬가지였다. 여느 편집증적인 집주인처럼, 나는 우리가 준비한 파티에 손님이 아무도 안 나타나면 어쩌나 하는 두려움을 떨칠 수 없었다. 버락과 달리, 나는 종종 의심에 시달렸다. 어릴 때 품었던 걱정이 여태 남아 있었다. 우리가 부족한 존재라면 어쩌지? 그동안 사람들이 해준 말은 다 과장이었을지도 몰라. 어쩌면 버락의 인기는 주변 사람들이 생각하는 것처럼 그렇게 높지 않을지도 몰라. 어쩌면 아직은 버락의 때가 아닐지도 몰라. 나는 이런 의심을 제쳐두려고 애쓰면서, 구 의사당 옆문으로 들어갔다. 의사당 앞 상황이 어떤지는 아직 알 수 없었다. 직원으로부터 브리핑을 듣기 위해서, 사샤와 말리아를 어머니와 카예 윌슨에게 잠시 맡겼다. 우리가 '마마 카예'라고 부르는 윌슨은 버락의 옛 멘토로, 최근 들어 아이들에게

제2의 할머니 같은 존재가 된 분이었다.

직원은 사람들이 꽤 많이 모인 것 같다고 했다. 사람들은 사실 새벽부터 모이기 시작했다. 직원은 버락이 먼저 무대에 오를 것이라고, 몇 분 뒤 내가 아이들을 데리고 계단을 올라가서 무대에 등장해 청중에게 손 흔들면 된다고 했다. 사전에 나는 버락이 할 20분의 연설 동안 계속 무대에 남아 있지는 않겠다고 똑똑히 밝혔다. 아이들에게 그렇게 오래 꼼짝 않고 앉아서 흥미 있는 척하라고 주문하는 것은 무리한 일이었다. 아이들이 지루한 표정을 짓거나 재채기하거나 꼼지락거리면, 버락의 목표에도 하등의 도움이 되지 않을 터였다. 나도 마찬가지였다. 사람들이 내게 원하는 전형적인 모습이 무엇인지는 잘 알았다. 완벽하게 단장한 인형 같은 모습으로, 얼굴에는 그린 듯한 미소를 지으면서, 남편의 말을 한마디도 놓치지 않겠다는 듯이 반짝거리는 눈으로 그를 응시하는 아내. 하지만 그것은 내가 아니었다. 앞으로도 그런 아내가 될 수는 없었다. 남편을 지원하기는 하겠지만, 로봇이 될 수는 없었다.

브리핑을 듣고 라이트 목사와 함께 기도한 뒤, 버락이 무대로 나갔다. 그가 모습을 보이자 청중은 환성으로 맞았다. 그 소리가 의사당 안에 있는 내게도 들렸다. 나는 사샤와 말리아를 찾으러 갔고, 이제 정말로 초조해졌다. "얘들아, 준비됐니?" 나는 물었다.

"엄마, 나 더워." 사샤가 분홍색 모자를 벗으면서 말했다.

"얘야, 모자 쓰고 있어야 해. 밖은 춥단다." 나는 모자를 얼른 빼앗아서 도로 씌웠다.

"하지만 우리는 밖이 아니라 안에 있잖아요." 사샤가 말했다.

사샤다웠다. 통통한 얼굴로 진실만을 말하는 사샤. 나는 아이의 논리에 대적할 수 없었다. 그래서 가까이 있는, 아직 자식이 없을 것 같은 젊은 직원에게 텔레파시로 메시지를 보냈다. '맙소사, 지금 당장 시작하지

않는다면 아이들은 못 데리고 나갈지도 모르겠어요.'

자비롭게도 그녀는 고개를 끄덕이면서 출구를 가리켰다. 우리가 나갈 순간이었다.

나는 그동안 버락의 정치 행사에 적잖이 참여했고, 그가 유권자들을 만나는 모습을 자주 보았다. 선거운동 발대식, 모금 행사, 선거일 당일 파티에도 참석해보았다. 오랜 친구들과 지지자들이 포함된 청중을 더러 만나보았다. 하지만 스프링필드는 그것과는 전혀 달랐다.

무대로 오르는 순간, 초조함은 싹 사라졌다. 대신 나는 사샤가 웃고 있는지, 부츠 신은 발에 걸려서 넘어지지나 않는지에만 집중했다. "고개를 들렴." 나는 사샤의 손을 잡으면서 말했다. "자, 웃자!" 말리아는 우리보다 한발 앞서 나가 있었다. 당당하게 고개를 들고 나가서, 아빠의 모습을 발견하자 활짝 웃으면서 손을 흔들었다. 계단을 다 오르고서야 청중의 모습을 눈에 담을 수 있었다. 적어도 눈에 담으려고 노력해보았다. 엄청난 인파였다. 집계에 따르면, 그날 1만 5000명이 넘는 군중이 모였다. 사람들이 300도 각도의 파노라마로 펼쳐져 있었다. 그들의 열정이 의사당과 우리를 둘러싸고 있었다.

나는 토요일을 정치 집회에 참가하면서 보내는 타입이 아니었다. 고작 정치인의 고상한 약속과 견해를 듣기 위해서 야외 체육관이나 고등학교 강당에 서 있는다는 것은 썩 재미난 일로 들리지 않았다. 이 많은 사람들은 왜 여기 있을까? 이 추위에 왜 양말을 하나 더 겹신고 나와서 몇 시간씩 서 있을까? 그야 물론, 모든 노래를 다 따라 부를 줄 아는 밴드의 공연을 들으려고 잔뜩 껴입고 기다리는 것이나 어릴 때부터 응원했던 팀이 슈퍼볼에 나가게 되어서 눈보라를 견디고 서 있는 것이라면 나도 이해할 수 있었다. 하지만 정치 행사에? 나로서는 전에 없는 경험이었다.

그러나 서서히 이런 생각이 들었다. 우리가 바로 그 밴드구나. 우리가 곧 경기장에 나설 팀이구나. 그 순간 내게 더럭 생겨난 감정은 무엇보다도 책임감이었다. 우리는 이 청중 한 명 한 명에게 빚을 졌다. 우리는 이들에게 신념을 투자해달라고 요구했다. 그러니 이제 우리가 그들이 내준 열정을 받아서, 앞으로 20개월 동안 50개 주를 다니면서 최종 목적지인 백악관까지 무사히 가지고 가야 했다. 솔직히 그런 일이 가능하다고 믿지 않았지만, 이제는 믿을 수도 있을 것 같았다. 이것이 바로 민주주의의 요청과 응답, 시민들 간의 계약이었다. **여러분이 우리를 위해 나타나주었으니, 우리도 여러분 앞에 서겠습니다.** 이제 내게는 버락이 꼭 이겨야만 하는 이유가 1만 5000개 더 생겼다.

이제 나는 이 일에 전심전력으로 몸을 던졌다. 조금은 무서웠지만, 우리 가족 모두가 몸을 던졌다. 앞으로 무슨 일이 기다리고 있을지, 상상조차 할 수 없었다. 그래도 아무튼 우리 네 가족은 사람들과 카메라들 앞에 나섰다. 각자 걸친 코트, 그리고 작은 머리에 좀 지나치게 헐렁한 분홍색 모자 외에는 무엇으로도 가리지 않은 모습으로.

★　　★　　★

힐러리 클린턴은 가공할 만큼 강력한 상대였다. 민주당 예비선거에 참가할 예정인 전국의 유권자를 대상으로 한 여론조사마다 압도적 1위를 차지했다. 버락은 10~20퍼센트포인트쯤 뒤처졌고, 존 에드워즈가 버락에게 몇 퍼센트포인트 뒤처졌다. 민주당 유권자들은 클린턴 부부를 잘 알았고, 승리에 굶주렸다. 내 남편은 이름이라도 제대로 발음할 줄 아는 사람이 드물었다. 출마 선언 한참 전부터, 선거운동본부와 버락과 나는 그의 정치적 재능과 무관하게 버락 후세인 오바마라는 이름의 흑인 남성이 이길 가능성은 낮다는 현실을 잘 알았다.

그런 생각은 우리가 흑인 사회 내에서 맞닥뜨리는 장애물이기도 했다. 처음에 내가 그랬던 것처럼, 흑인들은 버락이 정말로 이길 가능성이 있다고는 좀처럼 믿지 못했다. 백인 주민이 다수인 지역에서는 더더욱 흑인이 이길 수 있다고 믿기 어려웠기 때문에, 종종 더 안전한 선택이라고 여기며 차선책을 택했다. 버락의 과제 중 하나는 오랫동안 빌 클린턴을 지지해온 흑인 유권자들의 마음을 돌리는 것이었다. 빌 클린턴은 보기 드물게 편한 태도로 흑인 사회와 어울릴 줄 아는 사람이었고, 그 결과 많은 인맥을 갖고 있었다. 사실 버락은 백인들이 운영하는 농장이 많은 일리노이 남부 시골 지역을 포함하여 주 전체에서 다양한 유권자들과 좋은 관계를 맺는 데 이미 성공했고, 자신이 모든 인구 집단들에 호소력이 있다는 사실도 이미 증명했지만, 그 사실을 아는 사람은 아직 많지 않았다.

버락은 다른 후보자들보다도 더 강도 높은 검증을 겪을 터였다. 세상은 세부까지 크게 확대해서 보여주는 렌즈로 그를 바라볼 터였다. 흑인 후보자인 그에게는 어떤 헛발질도 허락되지 않았다. 그는 모든 것을 남들보다 두 배 더 잘 해내야 했다. 꼭 버락만이 아니라 성이 클린턴이 아닌 다른 모든 후보자에게, 민주당 예비선거에서 이길 유일한 희망은 많은 돈을 모금해서 초반부터 쏟아붓는 것이었다. 초반에 치러지는 선거에서 인상적인 실적을 보임으로써 선거운동에 탄력을 받고 그 기세로 막강한 클린턴 조직을 추월하는 방법뿐이었다.

우리는 아이오와에 희망을 걸었다. 아이오와에서 반드시 이겨야지, 그러지 못하면 물러나야 했다. 대체로 시골이고 주민의 90퍼센트가 백인인 아이오와는 미국 정치의 향방을 알리는 풍향계로 기능하는 묘한 주였다. 시카고에 기반을 둔 흑인 후보자가 자신을 부각하기에 썩 알맞은 곳은 아니었지만, 별수 없었다. 아이오와는 1972년부터 전국 최초로 대선 예비선거를 치렀다. 양당 모두 한겨울에 선거구 차원에서 대의원을 선출하는데(코커스라고 한다),* 그 결과에 전국이 주목했다. 아이오와주 디모인과 더뷰크**에서 주목받은 후보자는 자동으로 올랜도와 로스앤젤레스에서도 중요한 인물이 되었다. 또 만약 버락이 아이오와에서 좋은 성과를 거둔다면, 그것은 전국의 흑인 유권자들에게 이제 가능성을 믿어도 좋다는 메시지를 전달하는 셈일 터였다. 데이비드 플러프는 버락이 이웃 주인 일리노이의 상원의원으로서 아이오와에서도 약간의 인지도가 있고 이 지역의 문제들을 숙지하고 있다는 사실을 근거로, 우리가 아이오와에서 아주 조금이나마 유리한 입장이라고 판단했다. 이제 그 이점을 최대한 활용해야 했다.

그것은 곧 내가 거의 매주 아이오와로 내려가야 한다는 뜻이었다. 나는 오헤어 공항에서 새벽같이 유나이티드 항공사 비행기를 타고 내려가서 하루에 서너 군데 유세장을 돌았다. 플러프에게 사전에 부탁한 것은 딱 하나, 선거운동에 기꺼이 참여하겠지만 저녁에는 반드시 시카고로 돌아와서 아이들을 재울 수 있어야 한다는 것이었다. 어머니가 근무시간을 줄여서 내가 집을 비우는 동안 아이들을 봐주기로 했다. 버락도 아이오와에서 많은 시간을 보내겠지만, 부부가 아이오와에서—사실은 다른 어느 곳에서도—동시에 나타나는 경우는 드물었다. 나는 선거운동 본부가 '후보자 대리인'이라고 부르는 존재였다. 버락이 시더폴스에서 유세하거나 뉴욕에서 모금할 때 나는 그의 대역으로 아이오와시티 주민

• 예비선거는 두 가지 형태로 나뉜다. 일반 선거와 유사한 '프라이머리(예비선거)'와 당원들이 모여 유세하고 서로 설득하는 과정을 거치는 '코커스(당원대회)'가 있다. 2016년 대선 기준, 50개 주 가운데 14개 주가 코커스를, 나머지 주는 프라이머리를 채택하고 있다. 아이오와주는 코커스로 예비선거를 치른다.

•• 민주당 코커스는 디모인에서, 공화당 코커스는 더뷰크에서 열린다.

센터에서 유권자들을 만났다. 선거운동본부는 정말로 중요한 자리라고 판단할 때만 우리 둘을 한방에 집어넣었다.

버락은 이제 그의 일거수일투족을 살피는 보좌관 무리와 함께 움직였다. 나도 전담 직원 두 명을 고용할 비용을 할당받았는데, 일주일에 2~3일만 선거운동을 할 계획이었으니 그 정도면 충분할 것 같았다. 당시 나는 내게 어떤 지원이 필요한지를 전혀 몰랐다. 내가 처음 고용한 사람, 나중에 내 수석 보좌관이 되는 사람은 멀리사 윈터였다. 버락의 일정 관리자가 추천해준 멀리사는 워싱턴 D.C.에서 조 리버먼 상원의원과 함께 일하면서 리버먼의 2000년 부통령 선거운동에도 관여한 경험이 있었다. 금발에 안경을 썼고 당시 30대 후반이었던 멀리사를 시카고의 집에서 면접했다. 나는 그녀의 당돌한 재치와 집착에 가까운 꼼꼼함에 좋은 인상을 받았는데, 안 그래도 바쁜 병원 일에 선거운동까지 더해야 했으니 꼼꼼함이 중요할 터였다. 멀리사는 예리하고, 대단히 효율적이고, 재빨랐다. 정치계에 오래 몸담았기 때문에, 이 세계의 가혹함과 빠른 속도에 동요하지 않았다. 멀리사는 나보다 몇 살 아래였고 대체로 훨씬 더 젊은 선거운동원들과 달리 또래의 동료처럼 느껴졌다. 멀리사는 곧 내가 가장 신뢰하는 사람, 말 그대로 내 삶의 모든 면을 다 맡기는 사람이 되었다. 지금 이 순간까지도.

케이티 매코믹 렐리벨드가 홍보 담당자로 합류함으로써, 우리 삼총사가 완성되었다. 케이티는 서른이 안 된 나이였지만 대선 선거운동 경험이 있었다. 힐러리 클린턴이 퍼스트레이디였을 때 그녀를 위해서 일한 적도 있었기에, 두 배로 안성맞춤이었다. 당차고 지적이고 늘 완벽하게 차려입는 케이티는 언론과 씨름하면서 우리 행사가 잘 보도되도록 하는 일, 그리고─가죽 서류 가방에 얼룩 제거제, 민트 사탕, 반짇고리, 여분의 스타킹을 넣고 다님으로써─내가 비행기와 행사장을 바삐 오가느라

꼴사나운 모습이 되지 않도록 돕는 역할을 맡았다.

*　　*　　*

나도 이전에 대선 후보자들이 아이오와에서 유세하는 모습을 뉴스로 많이 구경했었다. 후보자들은 동네 식당에서 커피를 마시는 시민들 틈에 어색하게 끼어들었고, 버터로 조각한 실물 크기 소 앞에서 바보처럼 포즈를 취했고, 지역 축제에 들러 꼬챙이에 꿰어 튀긴 뭔가를 맛있다는 듯이 먹었다. 그중 어떤 행동이 유권자들에게 의미 있는 것이고 어떤 행동은 어릿광대짓에 불과한지, 나는 알 수 없었다.

버락의 자문들이 내게 아이오와를 이해하는 데 도움이 될 만한 설명을 해주었다. 내 임무는 아이오와 구석구석을 다니면서 민주당원을 만나는 것이었다. 작은 모임에서 유권자들과 대화하고, 자원봉사자들을 격려하고, 지역사회 지도자들의 호감을 사는 것이었다. 아이오와 주민들은 전국 정치의 향방을 선도하는 자신들의 역할을 중요하게 여겼다. 후보자에 대해서 미리 공부하고 와서 진지한 정책 관련 질문을 던진다고 했다. 몇 달에 걸쳐서 신중하게 후보자를 평가하는 데 익숙하기 때문에, 단한 번의 미소나 악수만으로 마음을 주는 일은 없었다. 어떤 투표자들은 끝까지 결정을 미루고 모든 후보자를 일일이 만나본 뒤에야 그중 한 명을 골랐다. 버락의 자문들이 알려주지 않은 것은 아이오와에서 내가 사람들에게 어떤 말을 하면 되는지였다. 원고는 없었고, 이야기 주제도 없었고, 아무 조언도 없었다. 그냥 내가 알아서 해야 하는 것 같았다.

내가 처음 혼자 유세한 것은 4월 초, 디모인의 어느 소박한 가정집에서였다. 수십 명의 사람이 거실에 모여 있었다. 소파에 앉은 사람, 행사를 위해서 들여놓은 접이식 의자에 앉은 사람, 바닥에 책상다리로 앉은 사람도 있었다. 나는 말할 준비를 하면서 방을 둘러보았다. 눈에 들어온 풍경은 사실 전혀 놀랄 것 없는 모습이었지만, 그래도 나는 약간 놀랐다. 소파 옆 작은 탁자에는 우리 외할머니가 집에 놓아두던 것과 같은 코바늘로 뜬 하얀색 도일리가 깔려 있었다. 로비 할머니가 집 선반에 장식해두던 것과 같은 작은 도자기 인형도 있었다. 맨 앞줄에 앉은 남자가 내게 따스한 미소를 보냈다. 나는 아이오와에 있었지만, 어쩐지 집에 있는 것 같았다. 그 순간 깨달았다. 아이오와 사람들은 우리 외가나 친가 사람들과 같았다. 허튼짓을 참아주지 않으며, 허세 부리는 인간을 신용하지 않는 사람들이었다. 1킬로미터 밖에서도 가짜 냄새를 맡을 줄 아는 사람들이었다.

그때 깨달았다. 솔직한 나 자신으로서 내 이야기를 해야 한다는 것을. 그래서 그렇게 했다.

여러분에게 잠시 제가 어떤 사람인지 말씀드리고 싶습니다. 저는 미셸 오바마라고 합니다. 시카고 사우스사이드에서 자랐죠. 작은 2층 주택의 위층에서 살았는데, 이 집과 꼭 비슷한 분위기였습니다. 저희 아버지는 시영 정수장에서 기사로 일했습니다. 어머니는 전업주부로 집에서 저와 오빠를 키웠습니다.

나는 온갖 것을 이야기했다. 오빠를 소개했고, 부모님이 우리에게 가르친 원칙에 관해 말했다. 직장에서 버락이라는 잘나가는 변호사를 만났고, 현실감각과 세상에 대한 비전으로 내 마음을 빼앗은 그 남자는 오늘 아침에도 양말을 아무 데나 벗어두었고 가끔 코도 곤다고, 나는 병원에서 일하고 있고, 우리 어머니가 그날도 아이들을 학교에서 데리고 와줄 거라는 이야기를 했다.

정치에 대한 감정을 겉꾸미려고 들지는 않았다. 내가 정계는 착한 사람들이 몸담을 만한 곳이 아니라고 여겼기에 버락의 출마를 놓고 갈등했고, 출마 후 받게 될 스포트라이트가 가족에게 어떤 영향을 미칠지 걱정했다는 것을 다 털어놓았다. 그런데도 결국 내가 그들 앞에 서게 된 것은 남편의 능력을 믿기 때문이었다. 그가 얼마나 많이 읽고 깊이 생각하는지 알기 때문이었다. 이기적인 심정으로는 그를 가족에게 매어두고 싶지만, 내 남편은 나 자신도 서슴없이 이 나라 대통령으로 뽑고 싶을 만큼 똑똑하고 점잖은 사람임에 분명하다고, 나는 사람들 앞에서 말했다.

그렇게 한 주 한 주 흐르는 동안, 나는 똑같은 이야기를 대븐포트, 시더래피즈, 카운실블러프스, 수시티, 마셜타운, 머스카틴에서 했다. 서점에서, 노동조합에서, 퇴역 군인 요양원에서도 했다. 날이 풀리자 가정집 현관에서, 공원에서도 했다. 이야기를 반복할수록, 내 목소리는 꼴을 갖춰갔다. 나는 내 이야기가 좋았고, 내 이야기를 들려주는 것이 편했다. 내가 이야기를 들려주는 사람들은 비록 피부색은 달라도 우리 가족을 연상시켰다. 그들은 우리 할아버지가 한때 그랬듯이 더 큰 꿈을 가진 우편 노동자였고, 로비 할머니처럼 시민 의식이 투철한 피아노 교사였고, 어머니처럼 학부모회에서 적극 활동하는 주부였고, 아버지처럼 가족을 위해서라면 못할 일이 없는 육체노동자였다. 나는 이야기를 연습하거나 메모를 활용할 필요도 없었다. 그냥 진심에서 우러나오는 말을 꺼낼 뿐이었다.

그런데 기자들뿐 아니라 몇몇 지인도 자꾸 이렇게 물었다. 키 180센티미터에 아이비리그 출신의 흑인 여성으로서 주로 백인인 아이오와 주민들이 가득한 방에서 발언하는 것은 어떤 기분인가요? 기분이 이상한가요?

나는 저 질문이 싫었다. 저렇게 묻는 사람들은 늘 멋쩍은 웃음을 함께 지으면서, 사람들이 인종 문제를 논할 때 종종 그러는 것처럼 '오해하지는 마시고요'라는 듯한 태도를 보였다. 하지만 모든 사람이 으레 차이에 집중하기 마련이라고 가정하는 것은 우리 모두를 낮잡아보는 생각 같았다.

내가 저런 질문에 발끈했던 이유가 또 있었다. 거기 담긴 고정관념이 내 실제 경험과는 달랐고, 내가 만나는 사람들이 겪는 느낌과도 다른 것 같았기 때문이다. 가슴팍 호주머니에 종자용 옥수수 로고가 새겨진 옷을 입은 남자, 까만색과 금색이 섞인 스웨터를 입은 대학생, 떠오르는 태양을 모티프로 한 우리 선거운동 로고를 설탕 쿠키에 그려서 아이스크림통 한가득 만들어온 은퇴자… 이런 사람들은 내 말이 끝나면 다가와서 우리 사이의 공통점을 들려주었다. 자기 아버지도 다발성경화증을 앓았다고, 자기 조부모도 우리 조부모와 비슷했다고 이야기했다. 과거에는 정치 활동에 참여한 적이 한 번도 없었지만 우리 선거운동을 보니 어쩐지 참여할 가치가 있겠다 싶더라고 말해준 사람도 많았다. 그들은 지역 선거사무소에서 자원봉사를 하겠다고, 배우자나 이웃도 설득해서 함께하겠다고 해주었다.

그런 접촉은 자연스럽고 진심 어린 것이었다. 그래서 나는 나도 모르게 본능적으로 그들을 껴안았다. 그러면 그들도 나를 꽉 안아주었다.

*　　　*　　　*

내가 말리아를 정기검진차 소아과에 데려간 것이 이 무렵이었다. 말리아는 아기 때부터 천식이 있어서, 3개월에서 6개월에 한 번씩 검사를 받았다. 의사는 천식은 괜찮다고 했지만, 다른 문제를 알렸다. 말리아의 체질량 지수, 즉 키와 몸무게와 나이를 모두 고려한 건강지표가 슬금슬금 나빠지고 있다고 했다. 위험한 상황은 아니지만 심각하게 살펴야 할 추세이고, 지금 습관을 바꾸지 않으면 나중에는 진짜 문제가 되어서 고혈압이나 2형당뇨에 걸릴 위험이 커질 수 있다고 했다. 충격받은 내 표정을 본 의사는 이 문제가 흔할뿐더러 해결 가능하다고 안심시켰다. 어린이 비만율은 전국적으로 높아지고 있고, 주로 흑인 노동자 가정의 아이들이 찾는 자신의 진료실에서도 사례를 많이 본다고 했다.

그 소식은 갑자기 날아들어 유리창을 산산조각 낸 돌멩이처럼 느껴졌다. 나는 그동안 아이들의 행복과 안녕을 지키기 위해서 애썼다. 그런데 뭐가 잘못됐지? 아이의 변화를 눈치채지 못하다니, 무슨 엄마가 이렇지?

의사와 상담하다 보니, 우리 가족의 식습관이 어떤지 알게 되었다. 버락이 늘 떠나 있었기 때문에, 내가 집에서 내리는 모든 선택의 최우선 기준은 편의였다. 우리는 자주 외식했다. 요리할 시간이 없어서 퇴근길에 테이크아웃 음식을 사 왔다. 아이들 도시락을 쌀 때는 조리가 필요 없는 포장 간식인 런처블과 카프리썬을 종종 들려 보냈다. 주말에는 보통 발레 교실과 축구 교실 사이에 맥도날드의 드라이브스루 매장을 들렀다. 의사는 그런 선택이 비정상적인 것은 아니고, 하나하나 따지자면 크게 나쁠 것도 없다고 말했다. 단 너무 많이 그러면 문제가 된다고 했다.

습관을 바꿔야 하는 시점이었지만, 어쩌면 좋을지 몰라서 당황스러웠다. 어떤 해법이든 더 많은 시간이 드는 듯했다. 장 볼 시간, 조리할 시간, 야채를 다지고 닭가슴살을 손질할 시간. 하필이면 내 일상에서 시간이 멸종 위기에 놓인 듯한 시점에.

문득, 몇 주 전 우연히 비행기에서 만난 옛 친구의 이야기가 떠올랐다. 그녀는 자기 부부가 샘 카스라는 청년을 고용해서 식사 문제를 해결하고 있다고 했다. 그가 정기적으로 집에 찾아와서 건강한 요리를 만들어준다는 것이었다. 공교롭게도 버락과 나도 몇 년 전에 다른 친구들을 통해서 만난 적이 있는 사람이었다.

나는 우리 가족이 먹을 음식을 만들어달라고 사람을 고용하는 일은 생각조차 해본 적 없었다. 좀 사치스러운 것 같았고, 사우스사이드의 친척들이 알면 회의적인 시선을 보낼지도 몰랐다. 한때 바닥에 구멍이 난 차를 몰았던 버락도 그다지 내켜하지 않았다. 지역사회 조직가 시절부터 몸에 밴 검소함에 어긋나는 데다가 그가 대선 후보자로서 내세우고 싶어 하는 이미지와도 맞지 않을 터였다. 하지만 내게는 그것이 제정신을 갖고 실행할 수 있는 유일한 선택지 같았다. 누구도 나 대신 버락 오바마의 아내로 선거운동을 뛰어줄 수 없었고, 말리아와 사샤의 엄마로 아이들을 침대에 뉘어줄 수 없었지만, 어쩌면 샘 카스는 나 대신 우리에게 저녁을 만들어줄 수 있을 것 같았다.

나는 샘을 고용했다. 샘은 일주일에 두어 차례 집으로 와서 그날 저녁에 먹을 음식, 그리고 이튿날 저녁에 냉장고에서 꺼내 데우기만 하면 되는 음식을 만들어주었다. 스물여섯 살의 백인 청년으로 머리는 반들반들하게 싹 밀어버린 데다가 늘 거뭇거뭇한 수염 자국이 나 있는 샘은 우리 집에서 특이한 존재였다. 아이들은 샘의 요리뿐 아니라 그의 촌스러운 농담도 금세 좋아하게 되었다. 샘은 아이들에게 당근 자르는 법과 야채 데치는 법을 알려주었고, 우리가 형광등으로 밝혀진 식료품 매장을 벗어나서 사계절의 리듬을 즐기도록 이끌어주었다. 그는 봄철의 햇콩이나 6월의 무르익은 라즈베리를 거의 숭배하듯이 떠받들었다. 복숭아가 통통하게 잘 익을 때까지 반드시 기다렸다가 아이들에게 주었는데, 그래야만 복숭아가 사탕을 이긴다는 걸 알기 때문이었다. 샘은 또 식품과 건강 문제 전반에 풍부한 지식과 뚜렷한 관점을 갖고 있었다. 그는 식품 산업이 편의성을 앞세워 전국의 가정들에 가공식품을 선전하는 현실이 심각한 건강 문제를 낳을 수 있다고 염려했다. 나는 그의 이야기가 흥미로웠다. 내가 병원에서 목격하는 문제들과도 관련된 것 같았고, 직장을 다니면서 가족의 식사를 책임지는 사람으로서 나 스스로 허락해온 타협과도 연결되었다.

어느 날 저녁, 샘과 나는 부엌에서 두어 시간쯤 마주 앉아서 만에 하나 버락이 대통령이 된다면 내가 퍼스트레이디의 위치를 활용해 이 문제에 어떤 조치를 취할 수 있을까 궁리해보았다. 한 아이디어가 다른 아이디어로 줄줄이 이어졌다. 백악관에서 텃밭을 가꿔서 신선한 농산물을 권장하는 일에 힘을 보태면 어떨까? 그 활동을 토대로 삼아서, 부모들이 내가 겪은 실수를 피할 수 있도록 돕는 어린이 건강 사업을 전국적으로 펼쳐보면 어떨까?

우리는 밤이 이슥하도록 이야기를 나누었다. 그러다가 내가 샘을 보면서 한숨을 쉬었다. "유일한 문제는 우리 집 남자가 여론조사에서 30퍼센트포인트 뒤진다는 거죠." 내 말이 끝나자마자 둘 다 웃음을 터뜨렸다. "못 이길 거예요."

그 생각은 꿈에 지나지 않았다. 하지만 좋은 꿈이었다.

*　　　*　　　*

선거운동은 매일매일이 경주 같았다. 나는 아이들뿐 아니라 자신을 위해서도 어떻게 해서든 정상적이고 안정적인 생활을 유지하려고 애썼다. 휴대전화를 두 대 들고 다녔는데, 한 대는 직장용이었고 다른 한 대는 사생활과 정치 활동용이었다. 좋든 싫든, 이제 내 사생활과 정치 활동은 깊이 얽혀 있었다. 매일 버락과 통화할 때는 소식만 짧게 전했고—어디야? 잘돼가? 아이들은 어때?—피곤하다는 말이나 사적인 욕구에 관한 말은 둘 다 일절 꺼내지 않았다. 그런 것을 돌볼 겨를은 없으니, 말해봐야 무의미했다. 모든 생활이 재깍재깍 흘러가는 시곗바늘에 집중되었다.

직장 일은 최대한 따라잡으려고 애썼다. 아이오와 선거운동에 자원봉사자로 참여한 인류학 전공 대학생의 어수선한 토요타 코롤라 뒷좌석에서, 혹은 뉴햄프셔주 플리머스의 버거킹 한구석에서, 병원 직원과 통화하며 일을 처리하곤 했다. 버락이 스프링필드에서 출마를 선언하고 몇 달이 지났을 때, 동료들이 지지해주는 가운데 내 일을 파트타임으로 줄이기로 결정했다. 지속 가능한 방법은 그것뿐이었다. 일주일에 2~3일을 함께하다 보니, 멀리사와 케이티와 나는 가족이나 다름없는 공동체가 되었다. 다만 매우 효율적인 가족이었다. 우리는 아침이면 공항에서 만난 뒤 서둘러 보안 검색을 받았다. 이제 모든 보안 요원이 내 이름을 알았다. 그들 외에도 알아보는 사람이 많아졌다. 주로 흑인 여성들이 게이트로 걸어가는 나를 보고 "미셸! 미셸!" 하고 외쳤다.

무언가 바뀌고 있었다. 아주 서서히 바뀌어서 처음에는 알아차리지 못했지만, 정말 바뀌고 있었다. 가끔은 내가 낯선 우주에 떠 있는 것 같았다. 나를 아는 것처럼 행동하는 낯선 사람들에게 손을 흔든 뒤 비행기를 타면, 비행기는 나를 일상 밖으로 데려갔다. 나는 점차 **알려진** 사람이 되었다. 더군다나 누군가의 아내이자 정치에 관련된 사람으로 알려졌기 때문에, 내게는 이 현실이 이중 삼중으로 이상하게 느껴졌다.

유세 중에 사람들을 지나치며 인사하는 것은 태풍 속에서 꼿꼿이 서 있으려 애쓰는 것과 유사했다. 선의와 열의가 넘치는 낯선 사람들이 내 손을 잡거나 머리카락을 만지려고 팔을 뻗었고, 눈앞에 불쑥 펜이나 카메라나 아기를 들이밀었다. 나는 웃고 악수하고 사람들이 건네는 말을 들으면서도 계속 걸으려고 애썼다. 그러고 나면 꼭 바람 터널을 통과한 사람처럼 뺨에 딴 사람의 립스틱이 묻어 있거나 블라우스에 누군가의 손때가 남아 있었다.

차분히 생각할 여유는 없었지만, 내가 버락 오바마의 아내로 인지될수록 내 다른 면들은 남들의 시야에서 서서히 사라지는 게 아닌가 싶어 은근히 걱정되기는 했다. 기자들은 내 일에 관한 질문은 던지지 않았다. 나를 소개할 때 '하버드 출신'이라는 표현을 빼먹지 않았지만 보통은 그걸로 끝이었다. 심지어 몇몇 매체들은 내가 병원에서 승진한 것은 내 노력과 자질 덕분이 아니라 남편의 높아진 정치적 위상 때문이 아닐까 하는 추측성 보도를 내보냈다. 그런 기사를 읽으면 괴로웠다. 4월에는 멀리사가 전화해서 《뉴욕 타임스》의 모린 다우드가 나를 헐뜯는 칼럼을 썼다고 알려주었다. 다우드는 나를 "사우스 시카고의 공주"라고 지칭하며, 내가 버락이 양말을 아무렇게나 벗어두고 버터를 냉장고에 도로 집어넣지 않을 때가 있다고 공공연히 말하고 다니는 것은 그를 깔아뭉개는 짓이라고 주장했다. 하지만 나는 사람들이 버락을 무슨 딴 세상에서 온 구세주가 아니라 평범한 한 인간으로 보는 것이 중요하다고 늘 생각했다. 다우드는 내가 오려 붙인 듯한 미소와 남편을 우러르는 눈길을 보여주면 훨씬 더 좋아할 게 분명했다. 그런 비판이 나처럼 전문직에 종사하는 여성에게서 나왔다는 사실이 이상하면서도 슬펐다. 그녀는 나에 관해 알려는 노력을 전혀 기울이지 않은 채 가장 냉소적인 방식으로 나를 묘사했다.

그런 일을 사적인 문제로 받아들이지 않으려고 애썼지만, 늘 뜻대로 되지는 않았다.

유세 행사가 또 한 번 열리고 기사가 또 하나 실릴 때마다, 우리가 기세를 올리고 있다는 신호가 등장할 때마다, 우리는 좀 더 노출되었고 공격에 좀 더 취약해졌다. 버락에 관한 말도 안 되는 헛소문이 돌았다. 그가 과격한 마드라사●에서 교육받았고 상원의원으로 취임할 때 코란에 손을 얹고 선서했다는 소문, '국기에 대한 맹세' 암송을 거부했다는 소문, 국가가 제창될 때 가슴에 손을 얹지 않는다는 소문, 1970년대에 미국 내 테러리스트로 활동했던 친한 친구가 있다는 소문 등등. 그런 거짓말이 등장하면 뒤이어 믿을 만한 매체에서 사실이 아님을 밝히는 뉴스가 나왔지만, 그럼에도 불구하고 헛소문은 사람들이 전달하는 익명의 이메일을 통해서 끈질기게 나돌았다. 지하에서 암약하는 음모론자들만 그런 이메일을 돌리는 게 아니었다. 사실과 온라인에 퍼진 허구를 잘 구별할 줄 모르는 우리 친척들과 동료들도 돌렸다.

버락의 신변이 위험하다는 생각은 아예 하고 싶지 않았다. 하물며 드러내놓고 의논하고 싶은 마음은 더더욱 없었다. 우리는 저녁 뉴스에서 암살 소식을 들으며 자란 세대였다. 케네디 형제가 저격당했고, 마틴 루서 킹 목사가 저격당했고, 로널드 레이건이 저격당했고, 존 레넌도 저격당했다. 누구든 세상의 이목을 너무 끄는 사람은 어느 정도 위험을 지게 마련이다. 하지만 생각해보면 버락은 흑인이었다. 그에게는 이런 위험이 낯선 것이 아니었다. "그이는 주유소에 가다가도 총에 맞을 수 있는 걸요." 나는 이 문제를 꺼내는 사람들에게 가끔 이렇게 대꾸했다.

버락은 5월부터 비밀경호국의 보호를 받았다. 대통령 후보자에게 그렇게 일찍부터 경호 요원이 붙은 것은 전례가 없었다. 버락이 대통령 당선인이 되기까지 꼬박 1년 하고도 반이 남은 시점이었으니까. 이것은 그에게 가해지는 위협의 심각성을 말해주었다. 버락은 이제 정부가 제공한 새까맣고 번들번들한 SUV를 타고 다녔으며, 정장을 입고 이어폰을 끼고 총을 든 경호팀을 어디든 대동했다. 그가 집에 있는 동안에는

● 이슬람의 고등교육기관.

현관에 요원 한 명이 배치되었다.

반면에 나는 위협을 느끼는 경우가 거의 없었다. 선거운동이 진행될수록, 나는 점점 더 많은 군중을 모았다. 이전에는 가정집의 소박한 자리에서 한 번에 20명쯤을 만났지만, 이제는 고등학교 체육관에서 한 번에 수백 명을 만났다. 아이오와 선거사무소는 내가 유세하고 나면 지지 서약이 아주 많이 모인다고 전해주었다('지지자 카드'에 서명한 사람 수로 집계한 것인데, 선거운동본부는 이 카드를 꼼꼼하게 수집하고 관리했다). 언젠가부터 선거운동본부는 나를 '마무리 투수'라고 불렀다. 내가 사람들의 결심을 잘 이끌어낸다고 해서 붙은 별명이었다.

하루하루 지날수록, 우리는 어떻게 하면 더 효율적으로 움직일 수 있는지 알게 되었다. 몸이 아프거나 다른 문제가 있어도 속도를 늦추지 않고 활동을 강행할 방법을 더 많이 터득했다. 모든 면에서 매력적이었던 도로변 간이식당에서 수상쩍은 음식을 몇 번 먹은 뒤, 나는 맥도날드 치즈버거의 천편일률적 확실성을 높이 사게 되었다. 마을에서 마을로 울퉁불퉁한 길을 달리다 보니, 흐르는 간식보다는 부스러지는 간식을 택해야 옷을 지킬 수 있다는 걸 깨달았다. 옷에 후무스 소스를 묻힌 채 사진이 찍힐 순 없었다. 이동 중에는 화장실에 들를 틈조차 없어서 수분을 최소한으로 섭취하려고 신경 썼다. 한밤중에 아이오와 주간고속도로를 장거리 운행 트럭이 덜컹덜컹 달리는 소음에도 잠을 청할 수 있게 되었고, (벽이 유달리 얇은 호텔에서 있었던 일인데) 옆방의 행복한 커플이 첫날밤을 즐기는 소리를 들으면서도 잠드는 경지에 이르렀다.

기복은 있었지만, 선거운동 첫해는 대체로 따스한 기억과 많은 웃음으로 채워졌다. 나는 사샤와 말리아를 가급적 자주 데리고 다녔다. 아이들은 튼튼하고 행복한 여행자였다. 뉴햄프셔의 야외 축제에 들렀던 어느 바쁜 날, 나는 유권자들과 간단히 대화하고 악수하는 자리에 가기 위해서 아이들을 잠시 선거운동본부 직원에게 맡겼다. 아이들에게 축제 부스를 구경하고 놀이기구를 타면서 놀다가 나중에 잡지 사진을 촬영하기로 한 시각에 다시 만나자고 했다. 약 한 시간 뒤, 다시 만난 사샤의 모습에 나는 소스라쳤다. 뺨, 코, 이마 전체에 흰색과 검은색 물감을 구석구석 칠한 채 판다 곰이 되어 있었던 것이다. 아이는 무척 즐거워하고 있었다. 내 머릿속에는 잡지기자들이 기다리고 있다는 것과 촬영 일정을 그르칠지도 모른다는 생각이 퍼뜩 떠올랐다. 하지만 다시 사샤의 판다 곰 얼굴을 보고는 그저 한숨을 폭 쉬었다. 아이는 귀여웠고 만족스러워했다. 내가 할 수 있는 일은 함께 웃은 뒤 얼른 가까운 화장실을 찾아서 물감을 씻어내는 것이었다.

이따금 가족이 총출동했다. 선거운동본부가 아이오와에서 레저용 차량을 며칠 빌렸을 때는 그걸 타고 작은 마을을 누비면서 유세했고, 이동 중에는 시끌벅적하게 카드 게임을 즐겼다. 하루는 축제장에서 오후를 보내면서 범퍼카를 탔고, 물총을 쏴서 봉제 인형을 얻었다. 물론, 그동안에도 사진기자들은 밀치락달치락하면서 렌즈를 우리에게 들이댔다. 진짜 재미는 버락이 이제 하루 24시간 함께 움직이는 기자, 보안 요원, 직원 무리를 데리고 다음 목적지로 떠난 뒤에 시작되었다. 토네이도가 훑고 간 듯한 자취만을 남긴 채 그가 사라지자, 우리는 우리끼리 축제장을 쏘다니며 즐겼다. 샛노란 대형 미끄럼틀을 포대 자루를 타고 쌩 내려오면서 시원한 바람을 맞았다.

나는 매주 아이오와를 찾아가면서 비행기 창으로 계절이 바뀌는 모습, 땅이 서서히 푸르러지는 모습, 콩과 옥수수가 자로 잰 듯 줄 맞춰서 자라는 모습을 내려다보았다. 가지런히 정돈된 밭들, 눈에 확 띄는 색으로 칠한 헛간들, 지평선까지 평평하게 뻗은 고속도로의 모습이 모두 보기 좋았다. 이 모든 노력에도 불구하고 우리가 이곳에서 질지도 모른다는 걸 알면서도, 나는 아이오와주를 사랑하게 되었다.

버락과 선거운동본부는 1년 가까이 아이오와에 자원을 쏟아부었지만, 대부분의 여론조사에서 그는 2등 혹은 3등이었다. 힐러리 클린턴에게 때론 존 에드워즈에게 뒤졌다. 접전인 듯했지만, 아무튼 지고 있었다. 전국적인 상황은 더 나쁜 듯했다. 버락은 클린턴보다 15~20퍼센트포인트 정도 지속적으로 뒤졌다. 내가 공항이나 유세차 들른 식당에서 뉴스가 나오는 TV 앞을 지날 때마다 맞닥뜨리는 현실이었다.

CNN, MSNBC, 폭스뉴스의 마치 호객꾼처럼 집요하고 시끄럽게 떠드는 해설 방송에 질린 나머지 이미 몇 달 전부터 집에서는 그 채널들을 영구히 블랙리스트에 올린 상태였다. 대신 그보다 차분한 E!나 HGTV 채널을 시청했다. 단언컨대, 바쁜 하루의 끝에는 젊은 커플이 내슈빌에서 꿈꿔왔던 집을 발견하는 모습이나 곧 결혼할 신부가 완벽한 드레스를 찾아내는 모습을 보는 것만큼 마음 편한 일이 없다.

솔직히 말해서, 나는 정치 해설자들의 말을 믿지 않았다. 여론조사 결과도 100퍼센트 믿지는 않았다. 왠지 몰라도, 그런 예측이 틀렸다는 확신이 들었다. 그들이 시내의 삭막한 스튜디오에 앉아서 전하는 현장 분위기는 내가 아이오와의 교회나 주민센터에서 접하는 분위기와는 달랐다. 그들은 미식축구나 연극 연습을 마친 뒤 자원봉사를 하러 찾아오는 고등학생들, 이른바 '버락 스타스'를 만나보지 못했다. 자신의 혼혈 손주에게 더 나은 미래가 있기를 바라는 백인 할머니의 손을 잡아보지 못했다. 그들은 또 우리의 현장 조직이 얼마나 왕성하게 커지고 있는지 모르는 것 같았다. 우리는 거대한 풀뿌리 선거운동망을 구축하고 있었다. 결국 37개 사무소에서 200명의 운동원이 뛰게 되었는데, 이것은 아이오와 코커스 역사상 최대 규모였다.

젊은이들도 우리 편이었다. 우리 선거운동에 참여하기 위해서 하던 일을 몽땅 내팽개치고 차를 달려 아이오와에 온 22~25세의 젊은이들은 조직에 이상과 활력을 불어넣었다. 그들은 오래전 버락을 시카고의 지역사회 조직가로 만들었던 특이한 유전자의 일부를 공유한 사람들이었다. 그들의 기백과 기술은 여론조사에 반영되지 않았다. 나는 아이오와를 찾아가서 그런 진정한 신념의 소유자들을 만날 때마다 희망이 솟구쳤다. 그들은 매일 밤 네다섯 시간씩 집집마다 돌아다니거나 유권자들에게 전화를 걸었고, 가장 작고 보수적인 마을까지 들어가서 지지자들을 엮어냈으며, 아이오와에 많은 돼지 감금 농장에 대한 버락의 의견이나 그의 이민 제도 보완 계획을 자세히 공부하여 달달 외웠다.

우리 현장 사무소를 관리하는 젊은이들은 새 세대를 이끌 유능한 주역으로 보였다. 그들은 세상을 냉소적으로 지켜보는 데 머물지 않았고, 더구나 이제 한껏 고무되어 똘똘 뭉쳤다. 현장 사무소를 통해서든, 활동가들끼리 모임을 조직하고 유권자들의 연락처를 관리하는 웹사이트를 통해서든, 그들은 유권자들을 민주주의와 좀 더 직접적으로 이어주었다. 버락이 종종 말했듯이, 그들의 활동은 이번 선거만을 위한 것이 아니었다. 미래의 더 나은 정치를 위한 일이었다. 돈에 덜 휘둘리고, 시민들이 좀 더 쉽게 접근하고, 궁극적으로 좀 더 희망적인 정치를 위한 일이었다. 만에 하나 지더라도, 우리가 만들어가는 발전은 중요했다. 그들의 노력은 어떤 식으로든 중요한 의미를 띨 터였다.

*　　　*　　　*

날이 다시 차가워졌다. 버락이 아이오와에서 최후의 기세를 올릴 기회는 사실상 딱 한 번 남았다. 민주당이 모든 주에서 매년 치르는 정치자금 모금 행사인 이른바 '제퍼슨-잭슨 디너'에서 실력을 한껏 발휘하는 것이었다. 아이오와는 대선이 진행되는 해라면 코커스까지 약 8주 남은 시점인 11월 초에 그 행사를 열었고, 그러면 전국 언론이 보도했다. 행사에서는 모든 후보자가 메모도 텔레프롬프터도 없이 연설하기로 되어 있었고, 역량껏 최대한 많은 지지자를 불러 모아야 했다. 대대적이고 경쟁적인 응원 대회나 마찬가지였다.

지난 몇 달 동안 정치 해설자들은 아이오와 유권자들이 코커스 때 정말로 버락을 지지할지는 확실하지 않다고 말해왔다. 그가 역동적이고 특별한 후보자이기는 해도 열정을 표로 바꾸는 데는 성공하지 못할 수 있다는 암시였다. 제퍼슨-잭슨 디너에 나타난 우리 지지자들은 그 의문에 대한 확실한 대답이었다. 주 각지에서 약 3000명의 지지자가 모였다. 우리가 조직적이면서도 활동적이고, 생각보다 더 강하다는 사실을 보여주기에 충분했다.

그날 밤 무대에서, 존 에드워즈는 진실되고 믿을 수 있는 사람을 뽑는 것이 중요하다는 말로 은근히 힐러리 클린턴을 비난했다. 조 바이든은 버락의 지지자들이 인상적인 규모로 시끌벅적 나타난 걸 보고 씩 웃으면서 "안녕하세요, 시카고!" 하고 말했다. 감기에 시달리고 있던 힐러리 클린턴도 그 자리를 빌려서 이런 말로 버락을 공격했다. "변화를 현실로 이뤄낼 힘과 경륜이 없다면, '변화'란 한낱 속 빈 말에 불과합니다."

버락은 마지막 연사였다. 그는 자신의 핵심 메시지를 옹호하는 연설로 장내를 뜨겁게 달궜다. 그는 미국이 결정적인 고비를 맞았다고 말했다. 작금의 순간은 단순히 부시 행정부가 뿌려놓은 공포와 실패를 뛰어넘을 기회만은 아니다. 그보다 더 이전부터, 당연히 클린턴 행정부 시기를 포함하여 훨씬 더 오래전부터 벌어져온 양극화된 정치 행태까지도 뛰어넘을 기회다. 버락은 말했다. "저는 앞으로 1년, 혹은 4년을 우리가 1990년대에 벌였던 싸움을 똑같이 반복하는 데 허비하고 싶지 않습니다. 저는 공화당 미국과 민주당 미국을 맞세우고 싶지 않습니다. 제가 되고 싶은 것은 미합중국의 대통령입니다."

청중의 환성이 우레처럼 강당을 울렸다. 청중석에서 바라보는 내 마음은 자랑스러움으로 가득 찼다.

"미국이여, 우리의 순간은 바로 지금입니다." 버락은 말했다. "바로 지금입니다."

그날 밤 버락의 연설은 정확히 선거운동본부가 원한 결과를 낳았다. 그는 선두로 치고 올라갔다. 아이오와 유권자들을 대상으로 한 여론조사의 약 절반에서 버락이 선두를 차지했다. 기세는 코커스가 다가올수록 더 강해지기만 했다.

아이오와에서의 선거운동이 일주일쯤 남은 크리스마스 직후, 사우스 사이드의 지인들 중 거의 절반이 꽁꽁 얼어붙은 디모인으로 옮겨 온 듯했다. 어머니와 마마 카예가 왔다. 오빠 부부도 아이들을 데리고 왔다. 샘 카스도 왔다. 가을부터 버락의 고문으로 선거운동에 참여해온 밸러리도 왔고, 그뿐 아니라 수전과 내 다른 여자 친구들과 그 남편들과 아이들도 왔다. 병원 동료들, 시들리 앤드 오스틴 친구들, 버락을 가르쳤던 법대 교수들이 나타났을 때는 감동받았다. 매 순간을 최대한 활용한다는 선거운동의 강령에 따라, 이들은 모두 아이오와 현장 사무소에 등록했다. 그러고는 영하의 날씨에 집집마다 찾아다니며 사람들에게 버락을 칭찬하고 코커스에 꼭 참가하라고 당부하면서 막판 총력전에 힘을 보탰다. 선거운동 마지막 주를 맞아 전국에서 아이오와로 몰려온 다른 수백 명의 자원봉사자들도 보강 인원이 되어주었다. 그들은 아이오와 지지자들의 집에서 신세 지면서, 비포장도로를 달려 들어가야만 하는 외진 마을까지 구석구석 찾아다녔다.

정작 나는 디모인에 있는 시간이 거의 없었다. 하루에 대여섯 개 행사를 소화해야 했기에, 자원봉사자들이 돌아가며 운전해주는 렌터카를 타고 멀리사와 케이티와 함께 주 전체를 누볐다. 버락도 마찬가지였다. 그는 목소리가 점차 쉬었다.

장거리를 달려야 하는 한이 있더라도, 말리아와 사샤가 잠자리에 드는 시각인 저녁 8시까지는 무슨 일이 있어도 우리가 기지로 삼은 웨스트디모인의 레지던스인 호텔로 돌아갔다. 두 아이는 내가 낮에 곁에 없는 것을 눈치도 못 채는 듯했다. 온종일 사촌들, 친구들, 돌봐주는 어른들에게 둘러싸여 호텔 방에서 게임을 하고 놀거나 시내 곳곳으로 소풍을 다녔기 때문이다. 어느 날 밤, 단 몇 분이라도 침대에 누워서 조용히 쉬고 싶다는 일념으로 호텔 방 문을 열었다. 하지만 눈에 들어온 것은 조리 도구가 사방에 널린 장면이었다. 침대보 위에는 밀방망이가, 작은 탁자 위에는 더러운 도마가, 바닥에는 주방 가위가 있었다. 전등갓과 TV에는 허여스름한 가루가 덮여 있었는데 꼭… **밀가루?**

"샘이 파스타 만드는 법 알려줬어요!" 말리아가 말했다. "우리가 좀 흥분해서 어질렀어요."

나는 웃었다. 이번 크리스마스는 아이들이 하와이에서 투트 할머니와 함께 보내지 못한 첫 크리스마스였기 때문에, 은근히 걱정되던 터였다. 고맙게도 디모인의 밀가루 봉지가 와이키키 해변의 비치 타월을 그럭저럭 대신해주는 것 같았다.

며칠 뒤인 목요일, 코커스가 열렸다. 버락과 나는 점심에 디모인 시내의 푸드코트에 들렀다가 여러 코커스 투표장을 돌면서 가급적 많은 유권자들과 인사를 나눴다. 저녁에는 친구들과 가족들과 함께 식사하면서, 스프링필드에서의 출마 선언 후 미친 듯이 흘러간 11개월 동안 그들이 보여준 지지에 감사를 전했다. 나는 식사 자리에서 좀 일찍 일어나서 호텔 방으로 돌아갔다. 버락은 이기든 지든 그날 밤에 연설해야 했기에,

나도 준비해야 했다. 잠시 뒤, 케이티와 멀리사가 선거운동본부 상황실에서 전해 들은 따끈따끈한 소식을 들고 내 방으로 쳐들어왔다. "이겼어요!"

우리는 기뻐서 날뛰었다. 어찌나 시끄럽게 소리 질러댔던지, 경호 요원이 무슨 문제가 생겼느냐며 문을 똑똑 두드렸다.

그해 가장 추운 날 중 하나였던 그날, 기록적인 수의 아이오와 사람들이 각자의 코커스 투표장으로 나섰다. 4년 전에 비해 두 배에 가까운 인원이었다. 버락은 백인, 흑인, 젊은 투표자 집단에서 모두 이겼다. 투표자의 절반 이상은 코커스 참여가 평생 처음인 이들이었고, 그런 이들이 버락의 승리를 굳히는 데 기여한 듯했다. 방송국 앵커들도 마침내 아이오와로 달려와서, 전 부통령 지명자뿐 아니라 가공할 클린턴 조직마저 가뿐히 이긴 정치 신동에 찬탄했다.

그날 밤, 버락이 승리 연설을 하느라고 우리 가족 모두가 하이비홀 무대에 섰을 때, 나는 기분이 엄청나게 좋았을 뿐 아니라 약간 반성하는 마음마저 들었다. 이런 생각이 들었다. 어쩌면 버락이 지금까지 해온 이야기가 전부 가능한 일인지도 몰라. 버락이 처음 스프링필드에 진출했을 때 품었던 의욕, 자신이 충분한 영향을 미치지 못한다는 생각에 느꼈던 좌절감, 그의 이상주의, 미국이 분열을 극복하고 전진할 수 있다는 확고한 신념, 결국에는 정치가 제 기능을 할 수 있으리라는 믿음, 이 모든 것이 옳았는지도 몰라.

우리가 해낸 일은 역사적이고 기념비적이었다. 물론 버락 혼자서 해낸 일이 아니었다. 버락과 나뿐 아니라 멀리사와 케이티가, 플러프와 액설로드와 밸러리가, 모든 젊은 직원이, 모든 자원봉사자가, 변화를 위해서 그날 밤 투표장으로 나와준 모든 교사와 농부와 은퇴자와 고등학생이 함께 해낸 일이었다.

버락과 나는 자정이 넘어서야 공항으로 갔다. 이제 아이오와를 떠나면 몇 달 안에는 다시 올 일이 없을 터였다. 아이들과 나는 시카고로 돌아가서 직장과 학교에 복귀할 예정이었다. 버락은 예비선거가 일주일도 안 남은 뉴햄프셔로 날아갔다.

아이오와는 우리를 바꿔놓았다. 무엇보다도 내게 진정한 확신을 주었다. 우리가 이제 할 일은 그 확신을 온 미국과 함께 나누는 것이었다. 아이오와 현장 활동가들은 이제 다른 주들로 샅샅이 퍼져서—네바다와 사우스캐롤라이나로, 뉴멕시코와 미네소타와 캘리포니아로—아이오와에서 효력이 증명된 메시지를 계속 퍼뜨릴 것이었다. 정말로 변화가 가능하다는 메시지를.

17

내가 초등학교 1학년 때, 어느 날 같은 반 남자아이 하나가 나를 때렸다. 그 아이의 주먹은 혜성처럼, 난데없이, 온 힘으로 내 얼굴에 날아들었다. 우리는 점심을 먹으려고 줄을 서서, 예닐곱 살짜리들에게 세상에서 제일 중요한 문제들을 이야기하고 있었다. 누가 가장 빨리 달리는지, 크레용 색깔의 이름들은 왜 그렇게 이상한지. 그런데 그때, **퍽** 하고 주먹이 날아왔다. 이유는 지금도 모른다. 그 아이의 이름도 잊었다. 하지만 아픈 데다가 어안이 벙벙해서, 벌써 붓기 시작한 아랫입술과 뜨거운 눈물이 차오른 눈으로, 멍하니 그 아이를 보았던 것은 기억난다. 나는 너무 놀라서 화도 못 내고, 집으로 달려갔다.

그 아이는 담임선생님에게 야단맞았다. 우리 어머니도 학교로 가서 직접 그 아이를 보았다. 그 아이가 내게 가한 위협이 어느 정도인지를 정확히 가늠하고 싶었던 것이다. 마침 그날 우리 집에 와 있었던 외할아버지는 할아버지답게 발끈하여 자신도 학교에 따라가겠다고 우겼다. 나는 내막을 전해 듣지 못했지만, 어른들끼리 모종의 대화를 나누었고 모종의 처벌이 내려졌다. 그 아이는 부끄러워하는 얼굴로 내게 사과했고, 어른들은 또 그럴 일은 없을 테니 이제 걱정하지 않아도 된다고 나를 안심시켰다.

"그 아이는 너하고는 아무 상관 없는 다른 일 때문에 겁먹고 화났던 거야." 나중에 어머니가 부엌에서 저녁을 지으면서 말해주었다. 그러면서 내게는 말해줄 수 없지만 속사정이 다 있다는 듯, 고개를 절레절레 저었다. "그 아이는 자기만의 어려운 문제를 겪고 있단다."

우리는 친구를 괴롭히는 아이에게 그렇게 대처했다. 어릴 때는 오히려 이해하기가 쉬웠다. 친구를 괴롭히는 아이는 사실 자신이 겁나기 때문에 남을 겁주는 것이었다. 우리 동네의 터프한 여자아이 디디가 그런 경우였다. 아내에게까지 무례하고 강압적인 태도를 취했던 우리 친할아버지도 그런 경우였다. 그런 사람이 남을 휘갈기는 것은 자신의 내면을 감당하지 못해서였다. 우리는 그런 사람을 피할 수 있으면 피하되, 피할 수 없다면 맞서야 했다. 아마도 묘비에 "인생은 나는 나대로, 너는 너대로 사는 것" 같은 말을 새기고 싶어 할 어머니에 따르면, 그런 상황에서 유념할 점은 상대의 모욕이나 공격을 개인적으로 받아들이지 않는 것이다.

개인적인 일로 받아들이면, 그때는 정말 상처가 된다.

내가 이 문제를 진지한 숙제로 맞닥뜨린 것은 훨씬 뒷날이었다. 40대 초반이 되어 남편의 대선 선거운동을 돕는 처지가 되어서야, 나는 초등학교 1학년 때 급식 줄에서 얼굴을 맞았던 일을 다시 떠올렸다. 난데없는 공격이 얼마나 혼란스러웠는지, 아무 경고 없이 얼굴을 강타당한 것이 얼마나 아팠는지 기억났다.

나는 2008년의 대부분을 그런 주먹을 신경 쓰지 않으려고 애쓰면서 보냈다.

*　　　*　　　*

여기에서 잠깐, 시간을 앞으로 뛰어넘어서 그해의 행복한 추억 하나를 먼저 말하자. 왜냐하면 그해에는 행복한 추억도 많았기 때문이다. 2008년 7월 4일, 독립기념일이자 말리아의 열 살 생일이고 본선거를 약넉 달 앞둔 그날, 우리는 몬태나주 남서부에 위치한 뷰트를 방문했다. 낮은 덤불이 우거진 시골 지역인 뷰트는 척박하지만 예로부터 구리 광산이 있었고, 멀리 우뚝 솟은 로키산맥의 검은 능선이 내다보이는 동네다. 뷰트는 우리 선거운동본부가 가능성을 반반으로 예상하는 주에서 가능성이 반반인 마을이었다. 몬태나주는 지난 대선 때 조지 W. 부시를 찍었지만 주지사는 민주당원을 뽑았다. 버락이 방문하기에 알맞은 장소 같았다.

　이즈음 버락은 어느 때보다도 철저한 계산에 따라 일분일초를 보냈다. 그는 시시각각 관찰당했고, 감정당했고, 평가당했다. 사람들은 그가 어느 주를 방문하는지, 어느 식당에 들러서 아침을 먹는지, 달걀과 함께 어떤 고기를 주문하는지까지 주목했다. 약 25명의 기자단이 그를 24시간 따라다녔다. 기자들은 선거운동본부의 전세 비행기 뒷자리에 앉았고, 버락이 묵는 소도시 호텔의 복도와 식당을 메웠고, 버락이 가는 곳마다 따라다니면서 그에 관한 모든 것을 기사로 써서 영구적인 기록으로 남겼다. 대통령 후보자가 감기에라도 걸리면, 비싼 이발소에서 머리를 자르거나 TGI 프라이데이에서 디종 머스터드라도 시키면 (버락이 몇 년 전에 순진하게 그렇게 했다가 《뉴욕 타임스》 머리기사로까지 보도된 적 있었다), 그 사실이 재깍 보도되었다. 그러면 인터넷에서 수많은 분석이 난무했다. 후보자가 몸이 약한가? 속물인가? 사이비인가? 진정한 미국인인가?

이것은 선거 과정의 일부였다. 미국의 지도자인 동시에 미국을 대표하는 상징으로서의 자리를 굳세게 견뎌낼 수 있는지 알아보는 시험이었다. 후보자는 매일 영혼 속까지 엑스선 촬영을 당했다. 대통령으로 선출되려면, 그 전에 우선 조금이라도 결함이 있는지 뼛속까지 검사하려 드는 미국인들의 시선에 몸을 맡겨야 했다. 시선은 후보자의 인간관계, 직업적 선택, 납세 현황까지 생애 전체를 살폈다. 더구나 그 시선은 갈수록 더 치밀해지는 데다가 예전보다 더 쉽게 조작되는 듯했다. 우리는 조회수가 계측되고 현금화되는 시대에 접어든 참이었다. 페이스북이 막 주류 매체로 부상했다. 트위터는 그보다 더 새로운 매체였다. 미국 성인들은 이제 대부분 휴대전화를 갖고 있었고, 그 휴대전화에는 대부분 카메라가 달려 있었다. 변화의 시대에 들어선 참이었으나, 우리는 아직 아무도 그 여파를 온전히 내다보지 못하고 있었다.

버락은 이제 민주당원들에게만 지지를 구하지 않았고, 미국 전체를 향해 선거운동을 펼쳤다. 아이오와 코커스 이후 겨울과 봄 동안, 감동적이고 중요한 순간 못지않게 힘들고 추악한 순간도 많았던 과정을 거쳐서, 버락과 힐러리 클린턴은 각자 한계를 깨는 후보자가 되겠다는 일념으로 모든 주와 준주를 다니면서 힘들게 한 표 한 표 얻어내는 경쟁을 펼쳤다. (존 에드워즈, 조 바이든을 비롯한 다른 경쟁자들은 2008년 1월 말에 모두 사퇴했다.) 두 사람은 서로에게 어마어마하게 힘겨운 상대였다. 하지만 2월 중순부터 버락이 살짝 앞섰고, 결국에는 그 간발의 우세가 결정적이었다. "아빠 이제 대통령이야?" 우리가 또 한 번 무대에 올라가서 시끄러운 축하 음악을 들을 때마다, 궁극적인 목표 외에는 잘 알지 못하는 말리아가 물었다.

"아빠 **이제는** 대통령이야?"

"아니야, 아직 아니란다."

6월 말이 되어서야, 힐러리 클린턴은 자신이 이기기에는 대의원 수가 모자란다는 사실을 인정했다. 그녀의 패배 시인이 늦어지는 바람에, 버락은 일찌감치 공화당 경쟁자 존 매케인과의 싸움으로 돌릴 수도 있었던 선거운동 자원을 좀 낭비했다. 애리조나 터줏대감 상원의원인 존 매케인은 3월부터 사실상 공화당 후보로 지명된 것이나 마찬가지였고, 초당파적 행보와 국가 안보 부문의 경륜을 갖춘 독불장군 전쟁 영웅의 이미지를 부각하며 자신은 조지 W. 부시와는 다른 지도자가 될 수 있노라 암시하는 선거운동을 벌이고 있었다.

우리가 7월 4일에 뷰트를 찾은 데는 두 가지 목적이 있었다. 사실 이즈음에는 우리의 모든 행동에 이중의 목적이 있었다. 버락은 이전 나흘 동안 미주리, 오하이오, 콜로라도, 노스다코타 주에서 유세했다. 그런데 말리아의 생일 파티에 참석하려고 여정을 이탈하여 시간을 낭비할 수는 없었고, 가장 중요한 국경일에 유권자들의 시선에서 벗어나 있을 수도 없었다. 그래서 우리가 그에게 날아갔다. 사람들의 시선 앞에서 가족 행사를 엶으로써 두 가지 목적을 다 달성하려는 의도였다. 버락의 여동생 마야와 남편 콘래드, 그들의 귀여운 딸인 네 살배기 수하일라도 우리와 함께 갔다.

명절에 태어난 아이를 둔 부모는 다들 알겠지만, 개인적인 축하와 보편적인 축제 사이에서 균형 잡기가 쉽지 않다. 뷰트의 선량한 주민들은 이 사실을 아는 듯했다. 시내 중심가 상점들의 쇼윈도마다 "생일 축하해, 말리아!"라고 쓴 종이가 붙어 있었다. 우리가 관람석에 앉아서 뷰트의 독립기념일 퍼레이드를 구경할 때, 사람들은 '양키 두들'을 연주하는 드럼과 나팔 소리 너머로 말리아에게 축하 인사를 외쳐주었다. 뷰트 사람들은 민주당 후보에게 표를 던진다는 것은 자신들의 전통에서 이탈하는 일, 반쯤 미친 짓일 거라고 털어놓으면서도 우리 아이들에게 친절했고 우리를 존중해주었다.

그날 오후, 선거운동본부는 로키산맥 분수령에 해당하는 높은 산등성이가 내다보이는 공터에서 피크닉 행사를 열었다. 지지자 수백 명이 참석하는 모임이자 말리아의 생일 파티를 겸하는 자리였다. 나는 우리를 만나러 온 많은 사람에 감동했지만, 속으로는 그 행사와 아무 관계 없지만 그보다 더 내밀하고 절절하게 느껴지는 다른 감정에 휩싸여 있었다. 부모로서 느끼는 얼떨떨하고 연약한 감정이었다. 아기였던 아이들이 어느새 훌쩍 커서 통통하던 팔다리가 늘씬해지고 눈빛이 또랑또랑해졌다는 걸 문득 알아차렸을 때, 그간의 시간이 휙 사라져버린 듯한 기분 말이다.

내게는 2008년 7월 4일이야말로 버락과 내가 넘어선 가장 중요한 문턱이었다. 10년 전에 우리는 세상을 많이 안다고 생각하면서 분만실로 들어갔지만, 돌이켜보면 그때 우리는 아무것도 몰랐다.

그 10년 동안 나는 가족과 일 사이에서 균형을 잡으려고 고군분투했다. 말리아와 사샤의 곁을 지키고 애정을 쏟는 부모가 되면서도 직장 일도 잘 해내려고 애썼다. 하지만 그 구도가 바뀌었다. 이제 내가 육아와 병행하고자 애쓰는 일은 전혀 다른 일, 더 혼란스러운 일이었다. 이제 정치와 미국과 버락의 큰 도전이 그 다른 일이었다. 그동안 버락이 겪는 일의 규모, 선거운동에 투입해야 하는 수고의 정도, 가족이 받는 스포트라이트의 강도가 모두 급속히 커졌다. 아이오와 코커스 이후, 나는 병원에 휴직계를 냈다. 일을 쥐고 있어봐야 제대로 해낼 수 없을 게 뻔했다. 선거운동은 생활의 모든 면을 서서히 잠식했다. 아이오와 코커스 이후에는 너무 바빠서, 직접 사무실로 가서 짐을 싸고 동료들에게 제대로 인사할 시간도 없었다. 나는 이제 전업 아내이자 엄마였다. 다만 대의를 좇는 아내였고, 그렇다고 해서 아이들까지 대의에 삼켜지는 일은 없도록 지키고 싶은 엄마였다. 일을 그만두는 것은 괴로웠지만, 다른 수가 없었다. 가족에게 내가 필요한 시점이었다. 그것이 더 중요했다.

그래서 지금 이렇게, 선거운동본부가 몬태나에서 마련한 피크닉에 와 있었다. 나는 대부분 낯모르는 사람들 앞에서, 햄버거가 담긴 접시를 무릎에 얹고 웃으면서 풀밭에 앉은 말리아를 위한 생일 축하 노래를 선창했다. 사람들이 우리 딸을 귀엽게 여긴다는 것, 우리 가족의 친밀함을 사랑스럽게 여긴다는 것은 나도 알았다. 하지만 가끔 이 모든 일이 아이들의 눈에는 어떻게 비칠지 궁금했다. 죄책감은 누르려고 애썼다. 다가오는 주말에 시카고의 집에 말리아의 친구들을 잔뜩 불러서 자고 가라고 하고 진짜 생일 파티를 열 계획이었다. 정치는 일절 개입하지 않는 파티를. 그날 저녁에도 호텔에서 따로 파티를 열어줄 예정이었다. 그럼에도 마음이 편치만은 않았다. 아이들은 공터에서 뛰놀도록 놓아두고 버락과 나는 사람들과 악수하고 포옹하는 동안, 두 아이가 이 피크닉을 재밌는 추억으로 기억해줄까 하는 걱정이 간간이 들었다.

이즈음, 사샤와 말리아를 볼 때면 내 마음속에 새삼스럽게 투지가 솟았다. 나처럼 아이들도 이제 낯선 사람이 자기 이름을 부르고, 자기를 만지고 싶어 하고, 사진을 찍고 싶어 하는 경험을 겪고 있었다. 겨울을 지나면서, 정부는 나와 아이들도 비밀경호국 요원을 붙여줘야 할 만큼 많이 노출되었다고 판단했다. 그 말인즉, 사샤와 말리아가 대개 할머니가 모는 차를 타고 등교하거나 여름 일일 캠프에 갈 때면 늘 경호 요원이 다른 차로 뒤따른다는 뜻이었다.

뷰트의 피크닉에서도 우리 가족 각자에게 요원이 한 사람씩 붙어 있었다. 그들은 늘 위협의 기미를 살폈고, 사람들이 우리에게 인사하다가 너무 흥분한 나머지 덥석 붙잡으려고 들면 교묘하게 그 사이에 끼어들어 저지했다. 다행히도 아이들은 요원들을 어른 친구처럼 여겼다. 우리는 점점 더 많은 수의 가족과 친구와 함께 여행했는데, 아이들에겐 요원들도 이어폰을 끼고 경계 태세를 취하고 있다뿐 다른 사람들과 별로 다르지 않았다. 사샤는 요원들을 '비밀 사람들'이라고 불렀다.

아이들이 있으면, 선거운동도 더 느긋하게 느껴졌다. 아이들은 결과에 그다지 목매지 않는다는 점 때문에라도 그랬다. 버락과 나는 아이들이 곁에 있으면 안도감이 들었다. 아이들은 지지자를 얼마나 규합하고 여론조사에서 얼마나 앞서가느냐 하는 것보다 가족이 우리에게 더 중요하다는 사실을 일깨우는 존재였다. 사샤도 말리아도 아빠를 둘러싼 법석에 크게 신경 쓰지 않았다. 더 나은 민주주의를 구축하거나 백악관에 입성하는 것에도 관심이 없었다. (정말정말 간절히) 원하는 것은 딱 하나, 강아지였다. 아이들은 여유가 있을 때는 선거운동본부 직원들과 술래잡기를 하거나 카드 게임을 했고, 어느 마을을 가든 아이스크림 파는 곳을 찾아가 사 먹었다. 나머지는 소음일 뿐이었다.

요즘도 말리아와 나는 언젠가 버락이 아이를 재우면서 모종의 책임감을 느꼈던지 불쑥 이렇게 물었을 때 말리아가 겨우 여덟 살이었다는 사실에 자지러지게 웃는다. "아빠가 대통령 선거에 출마하면 넌 어떨 것 같니?" 버락은 물었다. "좋은 생각 같니?"

"그럼요, 아빠!" 말리아는 이렇게 대꾸하고 버락의 뺨에 쪽 뽀뽀해주었다. 버락의 출마 결심은 이후 아이의 삶을 하나부터 열까지 바꿔놓겠지만, 아이가 그걸 어떻게 알았겠는가? 아이는 몸을 뒤집고는 곧장 곯아떨어졌다.

그날 뷰트에서, 우리는 광업박물관을 구경하고 물총 싸움을 벌이고 풀밭에서 축구공을 찼다. 버락은 가두연설을 하고 늘 그렇듯이 많은 사람들과 악수했지만, 그러다가도 우리에게 돌아왔다. 사샤와 말리아는 버락의 몸을 타고 오르면서 깔깔거렸고, 별의별 이야기로 즐겁게 해주었다. 버락의 미소가 유달리 가벼웠다. 그가 조금이라도 짬이 날 때면 머리를 어지럽히는 다른 생각들을 즉시 차단하고 아빠 노릇에만 집중할 줄 안다는 사실에 새삼 감탄했다. 그는 여동생 부부와 잡담을 나누었고, 한가롭게 여기저기 걸어 다닐 때는 꼭 내 어깨에 팔을 얹고 있었다.

우리 넷만 있는 순간은 한시도 없었다. 늘 직원들이 곁에 있었고, 경호 요원들이 있었고, 인터뷰하고 싶어 하는 기자들이 있었고, 멀리서 사진을 찍는 행인들이 있었다. 이것이 우리의 새로운 일상이었다. 선거운동이 전개될수록, 우리의 일상은 점점 더 철저한 계획에 따르게 되었다. 프라이버시와 자율성이 손아귀에서 서서히 빠져나가는 모습을 그냥 두고 볼 수밖에 없었다. 버락과 나는 20대의 젊은 직원들에게 삶의 거의 모든 측면을 내맡겼다. 그들은 대단히 똑똑하고 유능했지만, 자기 삶의 통제권을 포기하는 것이 얼마나 괴로운 일인지는 아직 잘 모를 것 같았다. 나는 이제 필요한 물건이 있으면 남에게 사다 달라고 부탁해야 했다. 버락에게 할 말이 있으면, 보통은 직원을 통해서 전갈을 보냈다. 내가 모르는 행사나 활동 일정이 불쑥 내 달력에 기입되어 있곤 했다.

하지만 적응하지 않으면 살아남을 수 없었기 때문에, 우리는 서서히 공개적인 생활에 익숙해졌고 새로운 현실을 받아들였다.

뷰트에서 소풍이 끝나기 전, 우리 가족은 다 함께 TV 인터뷰를 했다. 처음 있는 일이었다. 우리는 언론이 아이들에게는 접근하지 못하게 했고, 사진을 찍는 것만 허락했으며, 그것도 공개 행사장에서만 허락했다. 그런데 그때는 무슨 바람이 불어서 인터뷰를 수락했는지 잘 기억나지 않는다. 아마도 선거운동본부가 아버지로서의 버락의 모습을 대중에게 좀 더 공개하면 좋겠다고 판단했을 것이고, 나도 괜찮겠다고 생각했을 것이다. 버락은 우리 아이들을 사랑했다. 모든 아이들을 사랑했다. 바로 그 점이 그가 좋은 대통령이 될 것 같은 이유였다.

우리는 축제 분위기를 내보려고 무슨 천 같은 걸 덮어씌운 벤치에 나란히 앉아서, 〈액세스 할리우드〉에서 나온 마리아 메노우노스와 약 15분 동안 인터뷰했다. 말리아는 머리를 땋고 있었고, 사샤는 끈 달린 빨간 원피스를 입고 있었다. 둘 다 언제나처럼 보는 이의 마음을 녹일 만큼 귀여웠다. 메노우노스는 점잖았고, 대화도 가벼운 방향으로만 진행했다. 하지만 우리 가족 사이에서 꼬마 교수로 통하는 말리아는 무슨 질문을 받든지 매번 골똘히 고민한 뒤에야 대답했다. 말리아는 아빠가 가끔 자기 친구들에게 악수를 청해서 창피하다고 말했고, 선거운동에 끌고 다닌 짐을 집에 가지고 와서는 문 앞에 두는 바람에 가족들이 지나다니기 불편하게 만든다고 말했다. 사샤는 얌전히 앉아서 대화에 집중하려고 최선을 다했다. 인터뷰를 방해한 것은 한 번뿐이었는데, 나를 보면서 이렇게 물었다. "엄마, 우리 아이스크림 먹으러 언제 가요?" 그 밖에는 언니의 말을 가만히 들으면서, 간간이 제 머릿속에 문득 떠오른 엉뚱한 사실을 내뱉었다. 인터뷰 말미에 한번은 "아빠는 예전에 아프로 머리 한 적 있어요!" 하고 외쳐서, 모두가 박장대소했다.

며칠 뒤, 인터뷰는 4부로 나뉘어서 ABC에서 방송되었다. 반응은 열광적이었다. 다른 매체들도 "오바마의 딸들, TV 인터뷰에서 모습 드러내" "오바마의 어린 두 딸 입을 열다" 같은 감상적인 제목으로 보도했다. 말리아와 사샤의 아이다운 발언이 갑자기 전 세계 신문에 실렸다.

그 즉시, 버락과 나는 인터뷰한 것을 후회했다. 저질스러운 인터뷰는 전혀 아니었다. 아이들에게 해로운 질문은 없었고, 사생활을 딱히 더 드러내는 이야기도 없었다. 그래도 우리는 아이들이 스스로 그 의미를 알 수 없는 나이에 아이들의 목소리를 공적인 영역에 내보낸 것은 잘못된 선택이라고 느꼈다. 그 영상에는 사샤나 말리아에게 해될 내용은 전혀 없었다. 그래도 그 영상은 세상에 나갔고, 이제 영원히 인터넷에서 돌아다닐 터였다. 아이들이 스스로 이런 삶을 선택한 것도 아니었는데, 부모인 우리는 깊게 생각해보지 않고 그만 그들이 세상의 입방아에 오르내리도록 만들었다.

*　　*　　*

이즈음 나는 세상의 입에 오르내린다는 것이 어떤 건지 알게 되었다. 우리에게는 늘 사람들의 시선이 따랐다. 그래서 매사에 희한한 에너지가 더해지는 것 같았다. 오프라 윈프리가 내게 격려하는 문자메시지를 보내주었다. 내 어릴 적 우상이었던 스티비 원더가 유세 행사에서 공연해주고, 예전부터 알던 사이처럼 내 이름을 부르면서 농담을 던졌다. 사람들의 관심이 어찌나 지대한지 어리둥절할 지경이었다. 딱히 그럴 만한 일을 한 게 없다는 기분 탓에 더 얼떨떨했다. 우리가 이렇게 추어올려지는 것은 물론 버락이 내세운 강력한 메시지 덕분이었지만, 이 순간이 그만큼 많은 것이 달린 상징적인 시점이라서 그렇기도 했다. 만약 미국이 최초의 흑인 대통령을 뽑는다면, 그것은 비단 버락뿐 아니라 미국에 대해서도 많은 걸 말해주는 일대 사건일 터였다. 많은 사람이 많은 이유에서 이 점을 대단히 중요하게 여겼다.

물론 대중의 찬사뿐 아니라 그에 반드시 수반하는 비판적 시선까지도, 대개는 버락의 몫이었다. 누구든 인기가 높아질수록 미움도 많이 받게 되는 듯했다. 거의 불문율 같았다. 정적들이 돈을 써서까지 상대편을 뒷조사하는 정치계에서는 더욱더 그랬다. 상대의 배경을 샅샅이 뒤져서 추문이라고 할 만한 걸 하나라도 찾아내려는 일념으로 사설탐정을 고용하는 후보자들이 더러 있었다.

남편과 나는 성격이 전혀 다르다. 그는 정치를 택하고 나는 택하지 않은 것도 그 때문이다. 그는 유독가스처럼 선거운동에 스미는 각종 헛소문과 오해를 똑똑히 인지하면서도 거의 개의치 않았다. 버락은 다른 선거도 겪어보았다. 정치사를 공부했기에, 그 맥락에서 자신을 지탱할 줄 알았다. 그리고 여느 때라도 의구심이나 상처 같은 추상적인 문제로 쉬이 당황하거나 흔들리는 사람이 아니었다.

반면 나는 공인으로서의 삶을 이제야 배우는 중이었다. 스스로 자신감 있고 성공한 여성이라고 여겼지만, 한편으로는 어른들에게 소아과 의사가 될 계획이라고 말하고 학교에서는 반드시 개근하려고 애쓰던 아이에서 완전히 벗어나지 못했다. 요컨대 나는 남들의 시선을 신경 썼다. 어릴 때는 남들의 인정을 갈구했고, 금박지 별에 집착했으며, 까다로운 인간관계는 피하려고 했다. 나이가 들면서 더는 세상이 정해둔 표준적인 잣대로 나의 가치를 평가하지는 않게 되었지만, 그래도 성실하고 정직하게 살면 남들의 괴롭힘을 모면하고 있는 그대로의 나로 받아들여질 수 있으리라 믿는 편이었다.

그 믿음은 곧 무너질 터였다.

버락이 아이오와에서 이긴 뒤, 나는 유세장에서 좀 더 열정적으로 발언하게 되었다. 내 열정은 유세장에 모인 청중의 수에 비례하여 커졌다. 예전에는 한 번에 수백 명을 만났지만, 이제는 천 명 이상을 만났다. 한번은 멀리사와 케이티와 함께 델라웨어의 한 행사장에 도착했더니 이미 만원이 된 강당에 들어가려고 기다리는 사람들이 밖에서 다섯 줄로 서서 그 블록을 한 바퀴 감싸고 있었다. 나는 그런 모습에 행복한 충격을 받았다. 나는 매번 청중에게 이런 심정을 전했다. 여러분이 버락의 선거운동에 보여주는 열정과 참여에 나는 뭐라 할 말이 없을 만큼 감동한다고, 여러분이 버락의 당선을 돕기 위해서 쏟는 노력에 나는 그저 겸허해질 따름이라고.

내 연설의 내용은 어땠는가 하면, 아이오와에서 잘 통했던 방법을 토대로 하고서 대충이나마 이야기의 꼴을 잡아갔다. 그래도 텔레프롬프터를 쓰거나 하지는 않았고, 중간에 살짝 옆길로 새는 걸 꺼리지도 않았다. 내 말은 세련되진 않았다. 남편처럼 유창한 연설가는 될 수 없었다. 그래도 나는 진심에서 나오는 말만 했다. 청중에게 내가 원래 정치에 대해서 품었던 의심이 서서히 사라지고 좀 더 고무적이고 희망적인 생각을 갖게 되었다고 고백했다. 세상에 나와 비슷한 문제로 고전하는 사람들이 많다는 것, 나와 비슷하게 아이들을 걱정하고 미래를 염려하는 사람들이 많다는 걸 깨달았다고, 또 나처럼 버락이야말로 진정한 변화를 이뤄낼 후보자라고 믿는 사람이 많다는 걸 알게 되었다고 말했다.

버락은 이라크에서 미군을 철수시키고 싶어 했다. 조지 W. 부시가 갑부들을 위해 통과시켰던 감세 혜택을 되돌리고 싶어 했다. 모든 미국인이 의료보험을 갖게 되기를 바랐다. 야심 찬 공약들이었지만, 나는 한껏 고무된 지지자들이 가득한 강당에 들어설 때마다 어쩌면 우리 미국인들은 서로의 차이를 넘어서 함께 그런 목표를 달성할 준비가 되었는지도 모른다고 느꼈다. 그런 공간에는 자긍심이 가득했고, 피부색 따위는 가뿐히 뛰어넘는 단합심이 가득했다. 거대하고 힘찬 낙관주의가 있었다. 나는 파도를 타듯이 그 분위기를 탔다. "희망이 돌아오고 있습니다!" 모든 유세장에서 이렇게 선언했다.

그러던 2월, 위스콘신에 있을 때였다. 버락의 홍보팀 사람이 케이티에게 전화를 걸어서 문제가 좀 있는 것 같다고 했다. 내가 몇 시간 전 밀워키의 극장에서 한 말 중에 논란거리가 있는 것 같다고 말이다. 케이티는 영문을 몰랐고, 나도 그랬다. 내가 밀워키에서 한 말은 방금 매디슨에서 한 말과 다르지 않았고, 그 말은 또 지난 몇 달 동안 모든 청중에게 해온 말과 다르지 않았다. 이전에는 아무 문제 없었다. 왜 지금에서야 갑자기 문제가 되겠는가?

그날, 우리는 그 문제라는 것을 직접 보게 되었다. 누군가가 약 40분 분량의 내 연설 중 딱 10초를 잘라내어 앞뒤 맥락 없이 몇 마디 문장만 들리도록 편집한 영상이었다.

밀워키 연설뿐 아니라 매디슨 연설에서 잘라낸 영상도 나돌기 시작했다. 그것은 내가 고무된 감정을 토로하는 대목이었다. 내가 그날 했던 말을 더 길게 인용하면 다음과 같다. "우리가 지난 1년 동안 안 사실은, 희망이 돌아오고 있다는 것입니다! 그리고 솔직하게 말하자면, 저는 어른이 된 뒤 처음으로 내 나라가 정말 자랑스럽습니다. 버락이 잘하고 있어서만은 아닙니다. 국민들이 변화에 굶주렸다는 게 느껴지기 때문입니다. 저는 우리 나라가 그런 방향으로 움직이기를 간절히 바랐고, 저의 이런 좌절감과 실망감이 저 혼자만의 기분이 아니기를 바랐습니다. 그리고 이제 어떤 기본적인 공통의 문제들을 놓고 단합하기를 바라는 국민이 이토록 많은 걸 목격하니, 정말 자랑스럽습니다. 심지어 제가 이런 모습을 목격할 수 있다는 것 자체가 엄청난 특권으로 느껴집니다."

하지만 이 말의 대부분은 잘려 나갔다. 내가 희망과 단합을 언급한 부분이나 감동받았다고 말한 부분도 잘려 나갔다. 뉘앙스는 사라졌고, 오직 한 대목에만 시선이 집중되었다. 영상에 나온 말은—그리고 그 영상은 이제 보수 라디오 및 TV 토크쇼에서 되풀이해서 내보내고 있다고 했다—이것뿐이었다. "저는 어른이 된 뒤 처음으로 내 나라가 정말 자랑스럽습니다."

저 말이 어떻게 왜곡될지는 군이 뉴스를 보지 않아도 알 수 있었다. **미셸 오바마는 애국자가 아니야. 그녀는 늘 미국을 미워했어. 저게 그녀의 본색이야. 나머지는 다 쇼야.**

이것이 내가 맞은 첫 주먹이었다. 더구나 내가 스스로 불러온 주먹인 듯했다. 나는 편안하게 이야기하려다가 그만 사소한 한 구절 한 구절이 모두 중요하다는 사실을 잊었다. 나를 미워하는 사람들에게 부지불식간에 몇 마디로 구성된 잔칫상을 차려준 셈이었다. 나는 1학년 때처럼 이번에도 주먹이 날아올 것을 전혀 예상하지 못하다가 불시에 맞았다.

그날 밤, 죄책감이 들고 의기소침한 기분으로 시카고로 돌아갔다. 멀리사와 케이티가 휴대전화로 부정적인 뉴스들을 조용히 확인하고 있다는 건 알았다. 하지만 그들은 내게까지 그런 뉴스를 보여주진 않았다. 그래봐야 상황이 더 나빠지기만 할 테니까. 이즈음 우리 셋은 1년 가까이 함께 일했다. 몇 킬로미터인지 헤아릴 수 없을 만큼 많은 거리를 함께 여행했고, 내가 밤에 아이들에게 돌아갈 수 있도록 하기 위해서 늘 분초를 다투면서 다녔다. 전국의 강당들을 찾아갔고, 원하는 것보다 훨씬 더 많은 패스트푸드를 먹었고, 어찌나 호화로운지 얼빠진 채 구경하는 꼴을 보이지 않으려고 표정을 단속해야 하는 저택들의 모금 행사에 참석했다. 버락과 그의 팀은 전세기와 전세 버스로 여행했지만, 우리는 아직도 굼벵이처럼 느린 공항 보안 검색대 줄 앞에서 신발을 벗었고 유나이티드 항공이나 사우스웨스트 항공의 이코노미 클래스 좌석을 탔으며 한 유세장에서 다음 유세장까지 종종 수백 킬로미터 떨어진 거리를 이동할 때면 자원봉사자들의 선의에 의지했다.

그때까지 나는 우리가 전반적으로 꽤 잘해왔다고 여겼다. 나는 케이티가 의자에 올라서서 자신보다 나이가 두 배는 될 사진기자들에게 지시하는 모습, 내게 비상식적인 질문을 던지는 기자들을 꾸짖는 모습을 보아왔다. 멀리사가 내 일정을 꼼꼼하게 조율하고, 하루에도 몇 탕씩 뛰어야 하는 행사를 요령 있게 관리하고, 문제가 생길 소지가 있으면 미리미리 해결하고, 그러면서도 내가 아이들의 연극 공연이나 오래된 친구의 생일이나 체육관에 운동하러 갈 짬을 놓치지 않도록 챙겨주는 모습을 보아왔다. 두 사람은 이 일에 자신의 모든 것을 쏟았다. 자신의 사생활을 희생해서 내가 사생활 비슷한 것이라도 지킬 수 있게 해주었다.

비행기 실내등의 동그란 빛을 받고 앉아서, 무심결에 내뱉은 몇 마디 말로 저 모든 노력을 내가 망쳐버린 건 아닌지 걱정했다.

집에 와서 아이들을 재우고 어머니도 쉬도록 댁으로 보낸 뒤, 버락의 휴대전화로 연락했다. 위스콘신주 예비선거 전날이었다. 그곳 여론조사에 따르면, 박빙의 승부였다. 전당대회 대의원 수에서는 버락이 근소한 차이로 앞섰지만, 얼마 전부터 클린턴은 버락의 의료보험 공약부터 자신과 토론회를 좀 더 자주 벌이지 않는 점까지 사사건건 비판하는 광고를 내보내고 있었다. 자칫하면 큰 손실을 입을 수도 있었다. 버락은 실수를 하나라도 저질러서는 안 되는 형편이었다. 나는 버락에게 내 연설 때문에 벌어진 일을 사과했다. "내가 뭘 잘못하고 있다는 생각은 전혀 못 했어. 똑같은 말을 몇 달 동안 해왔거든."

버락은 밤을 틈타서 위스콘신에서 텍사스로 이동하는 중이었다. 그가 어깨를 으쓱하는 소리가 전화를 통해서 들리는 것만 같았다. 그는 말했다. "자기 말을 들으러 오는 청중의 규모가 너무 커져서 그래. 자기가 선거운동에서 중요한 세력이 되었기 때문이야. 그러면 사람들이 좀 물어뜯으려 하기 마련이거든. 원래 그래."

우리가 대화할 때마다 거의 매번 그랬듯이, 이번에도 버락은 이 일에 시간을 쏟아주는 것이 고맙다고 말하면서 내가 이런 골치 아픈 일을 겪어야 하는 것 자체가 미안하다고 말했다. "사랑해, 자기." 그는 끊기 전에 말했다. "이런 일이 힘든 건 알아. 하지만 금방 잠잠해질 거야. 늘 그래."

★　　　★　　　★

버락의 예측은 맞기도 하고 틀리기도 했다. 2008년 2월 19일, 버락은 위스콘신에서 큰 차이로 이겼다. 그러니까 내가 그곳에서는 별 해를 끼치지 않은 것 같았다. 같은 날, 존 매케인의 아내 신디 매케인은 집회에서 나를 겨냥하여 이렇게 말했다. "저는 조국이 자랑스럽습니다. 여러분이 그 말을 들었는지는 모르겠습니다만, 아무튼 저는 조국이 무척 자랑스럽습니다." CNN은 우리가 "애국 소동"에 빠졌다고 보도했고, 블로거들은 늘 그러듯이 신나게 떠들어댔다. 하지만 일주일쯤 지나자 대부분의 소란은 가라앉은 듯했다. 버락과 나는 둘 다 언론을 통해, 내 말뜻은 이토록 많은 국민이 선거를 위해서 전화를 걸고 이웃과 대화하고 민주주의 체제 내에서 자신의 힘을 실감하는 모습에 내가 자랑스러움을 느꼈다는 것이고 그 점에서는 정말 처음 느끼는 자랑스러움이었다고 밝혔다. 그다음에는 잊고 넘어갔다. 나는 이후 유세장에서 말할 때 한마디 한마디에 더 유념했지만, 기본적인 메시지는 변하지 않았다. 나는 여전히 자랑스러웠고, 고무된 기분이었다. 그 점에서는 아무것도 변하지 않았다.

그러나 해로운 씨앗은 이미 심어졌다. 내가 불만투성이에다 약간의 적개심마저 품은 사람이라고, 대통령 후보자 부인에게 기대되는 우아함이 결여된 사람이라는 인식이 퍼졌다. 나에 관한 헛소문과 비방을 퍼뜨린 주동이 버락의 정적들인지 다른 사람들인지는 몰라도, 아무튼 그 속에는 거의 늘 인종에 대한 암시가 은근하지도 않게 담겨 있었다. 유권자들의 마음속 깊이 담긴 추악한 공포심을 부추기려는 의도였다. **흑인들이 권력을 쥐게 놔두면 안 됩니다. 그들은 우리와는 달라요. 그들의 비전은 우리를 위한 것이 아니에요.**

ABC 뉴스가 제러마이아 라이트 목사의 설교 29시간 분량을 샅샅이 훑은 뒤 그가 마치 백인들이 미국의 모든 문제의 원흉인 것처럼 말하면서 잔인하고 부적절한 분노와 적개심을 발작적으로 터뜨리는 부분만 모아 보여준 것도 우리에게는 전혀 도움 되지 않았다. 버락과 나는 우리 결혼식에서 주례를 서주었고 우리 아이들에게 세례를 해주었던 사람의 가장 나쁘고 편집증적인 측면을 영상에서 보고 크게 실망했다. 우리는 둘 다 인종 문제를 불신의 왜곡된 렌즈를 통해서 바라보는 사람을 가족 중에서 접하며 자랐다. 내 친할아버지는 자신이 피부색 때문에 평생 직업적 기회를 놓쳐왔다는 사실에 두고두고 앙심을 품었고, 외할아버지는 손주들이 백인 동네에서 위험한 일을 겪을지도 모른다고 늘 걱정했다. 버락은 버락대로, 백인인 외할머니가 무심코 인종을 일반화하여 말하는 것을 듣고 자랐다. 심지어 길에서 흑인 남성을 마주치면 겁날 때가 있다고 흑인인 자기 손자에게 말한 적도 있었다. 우리 주변에도 간혹 편협한 생각을 가진 어른들이 있었고, 우리는 그 때문에 세상에 완벽한 사람은 없다는 걸 이해하게 되었다. 인종 분리 시절을 몸소 겪은 사람이라면 더욱더 그렇다는 것을. 문제가 된 라이트 목사의 설교 내용을 직접 듣지는 않았어도 아무튼 그의 불 뿜는 설교 중에 어리석은 부분이 있다는 사실을 간과해온 것은 그 때문인지도 몰랐다. 어쨌든 우리는 목사의 독설 중에서도 극단적인 대목들을 방송에서 접하고 경악했다. 그것은 미국인들의 인종 문제에 관한 왜곡된 시선이 양방향일 수도 있다는 사실, 의심과 고정관념은 양방향으로 작용할 수도 있다는 사실을 상기시키는 사건이었다.

한편 누군가는 내가 거의 20년 전에 썼던 프린스턴 대학 졸업논문을 뒤져서 찾아냈다. 프린스턴 흑인 졸업생들의 인종과 정체성에 관한 시각이 졸업 후 어떻게 바뀌었는지를 추적한 논문이었다. 대체 어떻게 그렇게 생각할 수 있는지 나로서는 여태 모르겠지만, 보수 언론은 내 논문이 비밀스러운 흑인 운동 선언문인 것처럼, 여태 발굴되지 않고 묻혀 있었던 위험한 문건이라도 되는 듯 보도했다. 스물한 살의 내가 사회학 수업에서 A학점을 받고 하버드 대학원에 진학하기 위해서 쓴 글이 아니라 백인의 기득권을 전복하려는 냇 터너*풍 음모를 꾸민 글인 양 보도했고, 이제 남편을 통해서 그 계획을 실행에 옮길 기회를 잡은 것처럼 보도했다. 작가 크리스토퍼 히친스가 쓴 온라인 칼럼의 부제는 "미셸 오바마가 제러마이아 라이트 소동의 원흉인가?"였다. 히친스는 대학 시절의 나를 갈가리 찢어발기면서, 내가 흑인 급진파 사상가들에게 과도하게 영향받았을뿐더러 작문 실력도 엉망이라고 비난했다. "이 글을 읽기 어려운 글이라고 말하는 것은 틀린 말이다. 이 글은 '읽는다'는 단어의 엄밀한 뜻에 따르면 아예 '읽을' 수가 없기 때문이다. 이 글은 세상에 알려진 어떤 언어로도 쓰이지 않았다."

그는 나를 단순한 아웃사이더가 아닌 완벽한 '타자'로, 너무 외부인이라서 언어마저 알아들을 수 없는 존재로 묘사했다. 그것은 물론 치사하고 우스꽝스러운 모욕에 불과했지만, 내 지성을 조롱하고 내 젊은 자아를 주변화하는 그런 비난에는 더 큰 거부의 의미가 담겨 있었다. 버락과 나는 이제 너무 유명한 인물이 되었기 때문에 사람들의 시야에서 말 그대로 사라질 리는 없었지만, 그래도 사람들이 우리를 이질적이고 침입적인 존재로 여긴다면 우리의 잠재력이 훼손될 수 있었다. **저들은 우리와는 달라.** 이런 메시지가, 비록 노골적으로 발설되는 경우는 없어도, 암암리에 유통되었다. 보수 웹사이트 '드러지 리포트'는 버락이 상원의원 시절 케냐를 공식 방문했을 때 그곳에서 받은 터번과 전통 소말리 복

---

* 1831년 버지니아주에서 백인에 맞서 봉기한 흑인 노예.

장을 착용하고 찍었던 사진을 새삼스럽게 다시 실었고, 그래서 버락이 사실은 무슬림이라는 헛소문이 되살아났다. 몇 달 뒤에는 출처도 근거도 알 수 없는 또 다른 헛소문이 인터넷을 달궜는데, 버락의 국적을 의심하는 소문이었다. 버락이 사실은 하와이가 아니라 케냐에서 태어났고 따라서 대선 출마 자격이 없다는 것이었다.

우리는 이후 오하이오와 텍사스, 버몬트와 미시시피에서 예비선거를 치렀다. 나는 계속 희망과 단합을 말했고, 유세장에서 변화의 기치 아래 뭉친 사람들을 만나서 긍정적인 기운을 받았다. 하지만 그동안에도 나에 대한 중상은 굽힐 줄 모르고 오히려 기세등등해졌다. 폭스뉴스는 나의 "전투적 분노"를 주제로 토론을 벌였다. 인터넷에서는 내가 백인들을 "흰둥이"라고 부르는 비디오테이프가 있다는 헛소문이 돌았다. 물론 어처구니없고 말짱 거짓에 불과한 소리였다. 마침내 6월에 버락이 민주당 대선 후보로 지명되었을 때, 미네소타의 한 유세장 무대에서 우리 둘은 주먹을 장난스럽게 맞부딪쳤다. 그러자 당장 그 사실이 머리기사로 보도되었고, 폭스의 한 해설자는 그것을 "테러리스트들의 주먹 인사"라고 부르면서 또다시 우리를 위험인물처럼 묘사했다. 역시 폭스의 한 뉴스 자막은 나를 "오바마의 베이비마마*"라고 지칭했다. 이것은 흑인 사회에 관한 미국의 진부한 고정관념을 환기시키면서 내가 결혼 생활에서조차 아웃사이더인 것처럼 묘사하는 짓이었다.

나는 점차 지쳤다. 몸이 아니라 정신이 지쳤다. 그런 비난이 진짜 나 자신과는 무관하다는 걸 알지만, 그래도 주먹은 아팠다. 꼭 만화 캐릭터 같은 또 다른 내가 세상을 돌아다니면서 온갖 말썽을 일으키는 것 같았고, 나도 모르는 그 인물에 관한 소식이 끊임없이 내 귀에 들려왔다. 너

---

* babymama. 남편이나 애인이 아닌 남자의 아기를 낳은 여성을 낮잡아 부르는 말.

무 크고, 너무 강하고, 남자의 기를 죽이려 들고, 고질라 같은 여자. 미셸 오바마라는 이름의 정치인 아내는 그렇다고 했다. 가끔은 친구들마저 내게 전화해서 걱정을 털어놓았다. 친구들은 조언을 쏟아놓으면서 내가 그 말을 버락의 선거운동본부에 전달해주기를 바랐다. 혹은 뉴스에서 나나 버락 아니면 선거운동에 대한 나쁜 이야기를 들었다면서 내가 안심시켜주기를 바랐다. 이른바 횡둥이 비디오테이프 소문이 터졌을 때는 나를 잘 아는 친구 하나가 전화해왔는데, 소문이 사실일까 봐 걱정하는 기색이 역력했다. 나는 족히 30분을 들이고서야 내가 인종차별주의자로 변한 게 아님을 확인시켰다. 전화를 끊었을 때는 사기가 바닥까지 떨어졌다.

내가 아무리 굳은 신념으로 애쓰더라도 나를 비방하고 내 존재를 왜곡하는 사람들을 결코 이길 수 없을 것 같았다. 나는 여성이고, 흑인이고, 강했다. 그런데 특정 사고방식을 지닌 사람들에게는 그 사실이 '성난 사람'이라는 한 가지 뜻으로만 번역되는 듯했다. 그것은 또 하나의 유해하고 진부한 고정관념이었다. 소수 인종 여성을 모든 분야에서 주변부로 내모는 데 사용되어온 고정관념, 우리 같은 여성이 하는 말에 귀 기울일 필요 없다는 생각을 무의식에 심는 고정관념이었다.

나는 이제 실제로 화가 좀 났다. 그래서 기분이 더 나빴다. 나를 미워하는 사람들이 내던진 예언이 사실로 이뤄진 것처럼, 내가 그들에게 굴복한 것처럼 느껴졌기 때문이다. 고정관념은 이렇듯 실제 올가미로 작용하곤 한다. 그동안 얼마나 많은 '성난 흑인 여성'이 이 표현의 순환 논리에 사로잡혔을까? 남들이 우리 말을 들어주지 않으면, 우리는 자연히 목청을 높이게 되지 않나? 남들이 우리를 성난 사람이나 감정적인 사람으로 치부하여 무시하면, 자연히 없던 화도 나고 울컥하는 감정도 생기지 않나?

나는 야비한 인신공격에 지쳤다. 그렇다고 이 일을 그만둘 길도 없는 것 같았다. 5월 언젠가, 공화당 테네시 지부는 내가 위스콘신에서 했던 발언과 유권자들이 "나는 꼬마 때부터 죽 미국인이라는 사실이 자랑스러웠어요"라고 말하는 모습을 교차 편집해 그 영상을 온라인에 뿌렸다. NPR(미국공영라디오) 웹사이트에는 이런 제목의 기사가 실렸다. "미셸 오바마는 자산인가 골칫거리인가?" 그 밑에는 아무래도 나를 둘러싼 논란의 핵심으로 보이는 질문이 굵은 글씨로 적혀 있었다. "그녀는 신선할 만큼 솔직한가, 지나치게 직설적인가?" "그녀의 외모: 당당한가, 위압적인가?"

분명히 말하건대, 이런 일은 상처가 된다.

가끔은 내가 처한 처지를 버락의 선거운동본부 탓으로 돌렸다. 나는 다른 후보자들의 배우자보다 더 활발하게 선거운동을 했고, 따라서 더 많이 공격받기 쉬웠다. 마음 같아서는 반격하고 싶었다. 나에 관한 거짓말과 부당한 일반화에 직접 항변하고 싶었다. 아니면 버락이라도 발언해줬으면 싶었다. 하지만 선거운동본부는 계속 무대응이 최선이라고 말했다. 타격을 감내하고 넘어가는 편이 낫다고 했다. "정치가 다 그렇습니다." 이 말이 주문이라도 되는 양 반복할 뿐이었다. 우리가 할 수 있는 일은 전혀 없는 것처럼, 우리가 모두 정치라는 낯선 행성의 낯선 도시로 이주했고 이곳에서는 지구의 규칙이 전혀 통하지 않는 것처럼.

사기가 꺾이면, 속으로 비난을 퍼붓느라 스스로를 더 괴롭혔다. 이건 내가 선택한 일도 아니야. 나는 정치가 좋았던 적이 한 번도 없었어. 선거운동을 위해서 내 일과 정체성까지 포기했는데, 이제 와서 나더러 골칫덩이라고? 내 힘은 어디로 사라졌지?

어느 일요일에 버락이 집에 하룻밤 들렀을 때, 그와 식탁에 마주 앉아서 내 좌절감을 모조리 털어놓았다.

"내가 이걸 꼭 해야 할 이유는 없어." 그에게 말했다. "만약 내가 선거운동에 해만 끼친다면, 대체 왜 그걸 하고 돌아다니겠어?"

나는 그에게 말했다. 멀리사와 케이티와 나는 각종 매체의 쇄도하는 요청에 압도당할 지경이고 빠듯한 예산으로 여행하느라 힘들다. 선거운동을 조금도 망치고 싶지 않고 그저 돕고 싶지만, 우리에게 주어진 시간과 자원으로는 그때그때 닥치는 일에 대응하는 게 고작이다. 나를 꼬치꼬치 뜯어보는 시선은 늘었는데 아무 보호를 받지 못한 채 실제의 나와는 전혀 다른 사람으로 묘사되는 데 지쳤다. "내가 그냥 아이들과 함께 집에 있는 편이 더 낫다면, 그렇게 할게. 다른 배우자들이 그러듯이 큰 행사에만 참석해서 가만히 웃고만 있을게. 그편이 모두에게 훨씬 더 편할지도 몰라."

버락은 공감하며 들어주었다. 그가 피곤하고 어서 위층으로 올라가 부족한 잠을 보충하고 싶어 한다는 건 딱 보면 알 수 있었다. 가끔은 이처럼 가정과 정치 생활의 경계가 흐려진 것이 너무 싫었다. 그의 일상은 이제 순간순간 처리해야 하는 문제들과 수많은 사람과의 접촉으로 채워져 있었다. 나마저 그가 처리해야 하는 짐이 되고 싶지는 않았지만, 나라는 존재는 이제 그에게 완전히 포함된 상태였으니 어쩔 수 없었다.

"미셸, 당신은 골칫거리는커녕 우리의 크나큰 자산이야. 그걸 잊지 말아야 해." 버락은 고단한 얼굴로 말했다. "하지만 만약 당신이 선거운동을 그만두고 싶거나 줄이고 싶다면, 그것도 완벽하게 이해해. 이 문제는 당신 맘대로 해도 돼."

내가 그에게나 선거운동본부에게나 빚진 기분을 느낄 필요가 전혀 없다고 그는 말했다. 만약 선거운동을 계속하고 싶지만 더 많은 도움과 자원을 받기를 원한다면, 자신이 한번 알아보겠다고 했다.

그의 말은 위안이 되었다. 아주 작은 위안이었지만. 여전히 나는 점심

줄에 서 있다가 느닷없이 얼굴을 맞은 1학년 아이 같은 기분이었다.

아무튼 그 말을 끝으로, 우리는 정치는 내버려두고 각자의 지친 몸을 이끌고 자러 갔다.

*   *   *

얼마 후, 시카고에 있는 데이비드 액설로드의 사무실로 갔다. 그와 밸러리와 나란히 앉아서, 내가 사람들 앞에서 말하는 모습을 찍은 비디오를 함께 보았다. 이제 생각하니 그것은 나를 위해 마련한 일종의 개입 조치였다. 내가 스스로 통제할 수 있는 부분이 조금이나마 있다는 걸 보여주기 위한 자리였다. 두 사람은 내가 얼마나 열심히 뛰어다니는지 안다고 말했고, 버락의 지지자들을 집결시키는 데 뛰어난 솜씨를 보이고 있다고 칭찬했다. 그런 뒤, 액스는 내 연설 장면을 다시 재생하되 소리를 소거해서 보여주었다. 목소리를 지워서 몸짓언어만을 집중적으로 살펴볼 수 있도록, 특히 표정을 살펴볼 수 있도록 한 것이었다.

그러자 무엇이 보였을까? 내가 강단 있고 확신 있게 말하는 데 급급한 나머지 한시도 표정을 누그러뜨리지 않는 모습이 보였다. 나는 그런 자리에서 매번 많은 미국인이 어려운 시기를 겪고 있다고 말했고, 교육과 의료 체계에 불평등이 잠재해 있다고 말했다. 내 표정은 스스로 중차대한 문제라고 믿는 주제들의 심각성을 반영하여, 또한 미국이 곧 내릴 선택의 중요성을 반영하여 덩달아 심각해 있었다.

하지만 그 표정은 너무 엄숙했고, 너무 딱딱했다. 적어도 사람들이 여성에게서 관습적으로 기대하는 표정에 비하면 그랬다. 나는 남들의 시선으로 내 표정을 살펴보았다. 특히 누군가 나를 깎아내리려는 의도로 저 모습을 활용한다면 어떨지 살펴보았다. 그러자 반대파라면 저런 장면을 잘라 붙여서 나를 손쉽게 심술궂은 여편네로 보이게 만들 수 있겠다는 생각이 들었다. 그것도 물론 또 하나의 고정관념, 또 하나의 올가미였다. 여성의 목소리를 묵살하는 손쉬운 방법은 그를 잔소리꾼으로 포장하는 것이다.

버락이 너무 엄숙해 보이거나 자주 웃지 않는다고 해서 비판하는 사람은 아무도 없었다. 물론 나는 후보자 본인이 아니라 그 배우자였으니, 사람들이 내게 좀 더 가볍고 부드러운 태도를 기대할 수도 있었다. 그 점을 십분 이해하더라도, 만에 하나 여성이 정치라는 행성에서 일반적으로 어떤 대접을 받는지 잘 모르겠다면 멀리 갈 것 없이 낸시 펠로시를 보면 된다. 그 명민하고 근면한 연방하원의장이 얼마나 자주 바가지 긁는 여자처럼 묘사되는지 보라. 혹은 힐러리 클린턴을 보면 된다. 잘난 방송 해설자들이나 신문 기고가들이 선거 과정 중 클린턴을 사사건건 얼마나 물어뜯었는지 떠올려보라. 사람들은 클린턴의 성별을 들먹이면서 쉴 새 없이 공격했고, 여성에 대한 온갖 추악한 고정관념을 덧씌웠다. 그녀를 남자를 쥐고 흔드는 여자, 바가지꾼, 쌍년이라고 불렀다. 그녀의 목소리를 쇳소리라고 비난했고, 그녀의 웃음소리를 암탉 울음소리라고 표현했다. 클린턴은 버락의 경쟁자였으니 당시에 내가 그녀에게 특별히 따스한 감정을 느낄 계제가 아니었음에도, 그녀가 저 극심한 여성 혐오를 겪으면서도 꿋꿋하게 맞서 싸워나가는 모습에는 감탄하지 않을 수 없었다.

그날 액스와 밸러리와 함께 비디오테이프를 돌려볼 때, 나는 눈물이 따끔따끔 맺혔다. 심란했다. 정치에는 내가 아직 터득하지 못한 연기적 요소가 있다는 사실을 깨달았다. 사람들 앞에서 1년 넘게 연설해온 지금에서야. 돌아보면, 나는 아이오와에서처럼 작은 행사장에서 사람들과 더 잘 소통했다. 큰 강당에서는 청중에게 내 마음의 온기를 전달하기가 어려웠다. 더 많은 청중을 앞에 두었을 때는 표정을 더 선명하게 보여주어야 하는데, 그 점에서 나는 연습이 필요했다. 이미 너무 늦은 게 아닌가 싶어서 걱정스러웠다.

15년 넘게 소중한 친구였던 밸러리가 팔을 뻗어 내 손을 잡았다.

"왜 좀 더 일찍 말해주지 않았어요?" 나는 물었다. "왜 아무도 나를 도와주지 않았죠?"

그때까지 아무도 내게 크게 관심을 쏟지 않았다는 것밖에, 달리 이유가 없었다. 버락의 선거운동본부는 내가 그럭저럭 잘하고 있다고 생각한 듯했다. 그렇지 않은 순간이 올 때까지. 그래놓고 이제야 나를 액스의 사무실로 호출했던 것이다.

내게는 그 순간이 전환점이었다. 선거운동본부는 오로지 후보자를 뒷받침하기 위해서 꾸려졌을 뿐, 그의 배우자나 가족을 지원하기 위한 것은 아니었다. 버락의 직원들은 나를 존중했고 내 기여를 고맙게 여겼지만, 내게 지침을 주거나 하지는 않았다. 그때까지 선거운동본부에서 나온 사람이 나를 따라다니거나 내 행사장에 와본 일은 한 번도 없었다. 언론 대처법을 가르쳐주거나 연설 연습을 시켜준 적도 없었다. 이제야 깨달았지만, 내가 요구하기 전에는 아무도 나를 돌아보지 않을 터였다.

선거운동이 막판 6개월쯤 남은 시점이고 사람들의 시선은 갈수록 더 집요해질 테니, 내게 구체적인 도움이 필요하다는 합의가 이루어졌다. 내가 계속 후보자처럼 활발히 선거운동을 펼칠 예정이라면, 내게도 후보자 같은 지원이 필요했다. 나는 활동을 더 꼼꼼하게 조직함으로써, 내임무에 필요한 자원을 떳떳이 요구함으로써, 자신을 보호할 것이었다. 예비선거 종료가 몇 주 앞으로 다가왔을 때, 선거운동본부는 일정 관리자 한 명과 개인 보좌관 한 명을 추가해주었다. 개인 보좌관을 맡은 크리스틴 자비스는 버락이 연방상원의원이었을 때 그 사무실에서 일했던 사람으로, 다정하고 차분한 태도로 내가 스트레스가 극심한 순간에도 마음을 다스릴 수 있게 도와주었다. 현실적이고 정치에 밝은 홍보 전문가 스테퍼니 커터도 합류했다. 스테퍼니는 케이티와 멀리사와 함께 내가 사람들에게 하는 말의 내용과 태도를 다듬어주었고, 여름에 열릴 민주당 전당대회에서 내가 할 중요한 연설을 함께 준비해주었다. 우리는 또 마침내 선거운동본부의 전세기를 써서, 더 효율적으로 이동하기 시작했다. 이제 비행하는 중에 언론과 인터뷰할 수 있었고, 행사장으로 가는 도중에 머리와 화장을 다듬을 수 있었고, 추가 비용을 들이지 않고도 사샤와 말리아를 데리고 다닐 수 있었다.

그런 조치는 내 마음을 가볍게 해주었다. 정말로 마음이 가벼워졌다. 그리고 아마도 그 덕분에 나는 좀 더 많이 웃고, 덜 방어적인 태도를 취하게 되었다.

내가 사람들 앞에 어떤 모습으로 나설지를 함께 의논할 때, 스테퍼니는 장점을 부각하라고 조언했다. 그리고 내가 가장 즐겁게 말할 수 있는 주제가 무엇인지 생각해보라고 했다. 나는 가족에 대한 사랑, 일하는 엄마들과의 유대감, 시카고 출신으로서의 자긍심을 꼽았다. 스테퍼니는 내가 농담을 즐긴다는 사실을 알아차리고는 유머를 억제할 필요는 없다고 했다. 한마디로, 솔직한 나 자신이 되어도 괜찮다고 했다. 예비선거가 마무리된 직후, 나는 토크쇼 〈더 뷰〉의 공동 진행을 맡기로 결정했다. 그래서 우피 골드버그, 바버라 월터스, 그 밖의 여러 진행자들과 함께 한 시간 동안 관객들 앞에서 재미나고 활기차게 쇼를 녹화했다. 그 자리에서 나는 내가 받는 공격에 대해서 말했고, 아이들 이야기, 주먹 박치기 인사 이야기, 팬티스타킹이란 얼마나 성가신 물건인가 하는 이야기도 했다. 나는 다시금 편안해졌고, 내 목소리를 되찾은 기분이었다. 방영된 쇼를 본 시청자들의 반응도 대체로 긍정적이었다. 내가 입었던 148달러짜리 흑백 원피스는 갑자기 불티나게 팔려나갔다.

나는 이제 영향력을 미치고 있었다. 그와 동시에 점점 더 개방적이고 낙천적인 자세로, 상황을 즐기게 되었다. 나는 또 전국을 다니면서 만나는 시민들로부터 많은 것을 배웠다. 원체 관심이 지대한 주제인 일과 가정생활의 균형에 관해서 시민들과 함께 자유롭게 토론하는 자리도 자주 마련했다. 그중에서도 가장 숙연해지는 교훈을 얻은 것은 군인 공동체를 방문하여 그 배우자들을 만난 자리였다. 배우자들 중에는 남자도 소수 있었지만 대부분은 여자였다.

"여러분의 삶을 제게 들려주세요." 나는 이렇게 말했다. 그러고는 아기를 무릎에 앉힌 여성들, 일부는 자신도 아직 10대인 여성들이 들려주는 이야기를 들었다. 어떤 사람들은 가령 8년 넘게 거의 1년마다 한 번씩 전출 명령을 받았고, 그때마다 매번 아이들 음악 공부나 심화 학습 프로그램 따위를 새로 알아보면서 처음부터 다시 적응해야 한다고 했다. 이사를 그렇게 자주 다니면서 자신도 일을 계속해나가는 게 얼마나 어려운지도 알려주었다. 한 교사는 다른 주로 옮겼더니 전에 살던 주에서 발급받았던 교사 자격증이 인정되지 않아서 일을 구하지 못했다. 네일 관리사나 물리치료사 등도 면허와 관련해서 비슷한 문제를 겪는다고 했다. 젊은 부모들은 비용이 적당한 탁아 서비스를 구하느라 애먹었다. 물론 그 모든 어려움도 사랑하는 사람을 카불이나 모술이나 남중국해에 뜬 항공모함으로 1년 넘게 떠나보냄으로써 수반되는 이동 면에서나 감정 면에서의 부담에 비하면 사소했다. 군인의 배우자들을 만나고 나면, 내 상처는 당장 별것 아닌 게 되었다. 그들은 나보다 훨씬 더 큰 희생을 감내했다. 나는 귀를 쫑긋 세우고 그들의 이야기를 들으면서, 내가 군인들의 삶에 관해 아는 바가 거의 없다는 사실에 조금 놀랐다. 그래서 속으로 맹세했다. 만약 버락이 운 좋게 당선한다면, 내가 군인 가정들을 더 잘 지원할 방법을 꼭 찾아보겠노라고.

그런 경험 덕분에, 나는 버락과 곧 그의 러닝메이트로 발표될 상냥한 델라웨어 상원의원 조 바이든을 위한 막판 지원을 더 힘차게 해낼 수 있었다. 뒤를 봐주는 사람들이 있으니까 용기가 나서 다시 내 본능대로 행동할 수 있었다. 유세 행사에서는 사람들과 일대일로 접촉하려고 애썼다. 소규모 모임에서든 수천 명이 모인 자리에서든, 무대 뒤에서 잡담할 때든, 군중 앞을 지나서 정신없이 이동할 때든. 유권자들은 나를 한 사람의 인간으로 접하고 나면 그동안 풍문으로 들었던 우스꽝스러운 묘사가 사실이 아님을 알게 되는 듯했다. 얼굴을 맞댄 상대를 미워하기는 훨씬 어려운 법이다.

2008년 여름 동안, 나는 선거운동에 긍정적인 영향을 미칠 수 있다는 확신을 품고서 이전보다 더 빨리 움직였고 더 열심히 활동했다. 그러다 마침내 전당대회가 다가왔고, 처음으로 연설문 작성자의 도움을 받았다. 세라 허위츠라는 젊고 유능한 여성의 도움을 받아, 내가 하고 싶은 말을 17분짜리 탄탄한 연설문으로 풀어냈다. 몇 주 동안 꼼꼼하게 준비한 뒤, 8월 말 덴버의 펩시센터 무대에 올랐다. 약 2만 명의 청중과 수백만 명의 TV 시청자 앞에 섰을 때, 나는 세상에 내 진정한 모습을 보여줄 준비가 되어 있었다.

그날 밤 청중에게 나를 소개한 사람은 오빠였다. 어머니도 스카이박스 맨 앞줄에 앉아 있었다. 어머니는 우리 가족의 인생이 어쩌다 이렇게 큰 무대에 오르게 되었을까 하고 약간 얼떨떨해하는 표정이었다. 나는 아버지에 관해서 말했다. 아버지의 겸손함과 회복력에 관해, 그런 품성이 나와 오빠에게 어떤 영향을 미쳤는지 이야기했다. 가장 가까이에서 본 버락의 모습과 그의 고결한 품성을 사람들에게 전하려고 애썼다. 연설을 마치자, 청중이 갈채를 보내고 또 보내주었다. 그제야 크나큰 안도감이 밀려왔다. 나에 대한 사람들의 인식을 조금이나마 바꿨을지도 모르겠다는 생각이 들었기 때문이다.

그것은 분명 중대한 순간이었다. 성대하고 공개적인 순간이었다. 지금도 유튜브를 검색하면 쉽게 그 영상을 찾아볼 수 있다. 하지만 바로 그런 이유 때문에, 희한하게도 그것은 더없이 사적인 순간이기도 했다. 흡사 안팎이 천천히 뒤집히는 스웨터처럼, 내가 세상을 보는 시각이 서서히 뒤집혔다. 무대, 청중, 조명, 갈채. 예전에는 상상도 못 한 일이었지만, 그런 것들이 차츰 내 삶의 평범한 요소로 느껴지기 시작했다. 이제 내가 추구하는 것은 리허설도 없고 사진에도 찍히지 않는 순간, 아무도 가짜로 연기하지 않고 상대를 재단하지 않으며 진정 놀라운 일이 충분히 벌어질 수 있는 순간, 예기치 못하게 마음속에서 작은 자물쇠가 찰칵 열린 듯 느껴지는 순간이었다.

그런 순간이 어떤 것인지 궁금하다면, 그해 7월 4일 몬태나주 뷰트로 돌아가보면 된다. 우리가 그곳에서 보낸 하루가 이윽고 저물었다. 여름 해가 서쪽 산맥 너머로 떨어졌고, 멀리서 폭죽이 펑펑 터졌다. 우리는 밤을 보내기 위해서 고속도로 옆에 있는 홀리데이인 익스프레스 호텔로 숨어들었다. 이튿날 버락은 미주리로 떠나고 아이들과 나는 시카고로 돌아갈 예정이었다. 모두 지쳤다. 그날 우리는 퍼레이드를 구경했고, 피크닉을 즐겼다. 뷰트 주민 전체를 다 만난 기분이었다. 그런 하루 끝에, 마침내 우리는 말리아만을 위한 작은 파티를 열었다.

그 순간 누가 내게 물었다면, 나는 우리가 말리아를 제대로 챙기는 데 결국 실패했다고 대답했을 것이다. 말리아의 생일이 선거운동의 정신없는 소용돌이 끝에 덧붙은 부록처럼 느껴졌기 때문이다. 우리는 형광등이 켜져 있고 천장이 낮은 호텔 지하 회의실에 모였다. 마야와 콘래드 부부와 수하일라가 있었고, 선거운동본부 직원들 중 말리아와 친한 몇몇이 있었고, 상황을 불문하고 늘 곁에 붙어 있는 경호 요원들도 있었다. 풍선이 있었고, 식료품점에서 산 케이크가 있었고, 초 열 개가 있었고, 아이스크림 한 통이 있었다. 내가 아닌 딴 사람이 구입해서 대충 포장한 선물도 몇 개 있었다. 영 생뚱맞은 분위기는 아니었지만, 딱히 파티 같은 분위기도 아니었다. 그냥 그날 하루가 너무 길었다. 버락과 나는 실패했다는 생각으로 우울한 눈길을 주고받았다.

그러나 세상의 많은 일이 그렇듯이, 결국에는 그것도 인식의 문제였다. 우리가 눈앞의 풍경을 어떻게 보기로 결정하는가에 달린 문제였다. 버락과 나는 우리의 실수와 부족함에 집중한 나머지 그 칙칙한 방과 급조한 파티에서도 그런 것만 보았다. 하지만 말리아는 다른 것을 찾아보았고, 자기가 찾는 것을 보았다. 자신을 사랑하는 사람들의 다정한 얼굴을 보았고, 프로스팅이 두껍게 발린 케이크를 보았고, 곁에 있는 동생과 사촌을 보았고, 새롭게 한 해가 펼쳐진 것을 보았다. 말리아는 그날 종일 밖에서 놀았다. 퍼레이드도 구경했다. 내일은 비행기를 탈 터였다.

말리아는 버락이 앉아 있는 곳으로 씩씩하게 걸어가서 그의 무릎에 폴짝 올라앉았다. 그리고 선언했다. "이때까지 중에서 **최고의** 생일이에요!"

말리아는 엄마와 아빠의 눈에 눈물이 맺히는 것도, 방에 있던 사람 절반쯤이 목이 메려 하는 것도 눈치채지 못했다. 말리아가 옳았다. 갑자기 우리도 다 알게 되었다. 말리아는 그날 열 살이 되었다. 그리고 모든 것이 최고였다.

18

4개월 뒤인 2008년 11월 4일, 나는 버락에게 한 표를 던졌다. 우리는 그날 아침 일찍 지정 투표소인 뷸라 슈스미스 초등학교 체육관으로 갔다. 집에서 몇 블록만 가면 되는 곳이었다. 사샤와 말리아도 데리고 갔다. 둘 다 등교할 채비를 한 차림이었다. 선거일에도, 어쩌면 선거일이라서 더욱더, 학교에 가는 게 좋을 것 같았다. 학교는 일과였고, 위안이었다. 체육관으로 들어가려고 몰려선 사진기자들과 방송사 카메라들을 지나쳐서 걸어갈 때, 주변 사람들이 이것이 얼마나 역사적인 사건인지 말하는 걸 들을 때, 나는 아이들의 점심 도시락을 잘 쌌다는 사실이 기쁠 뿐이었다.

어떤 하루가 될까? 긴 하루가 될 터였다. 그 외에는 아무도 아무것도 알 수 없었다.

버락은 압박이 큰 날이면 늘 그렇듯이 평소보다 더 태평했다. 그는 투표소에서 일하는 사람들과 인사했고, 자기 투표지를 받았고, 만나는 사람마다 악수를 나누었다. 느긋해 보였다. 하긴 말이 된다고 생각했다. 모든 일이 이제 그의 손을 떠날 시점이니까.

우리는 기표소에 나란히 섰다. 아이들은 우리가 뭘 하는지 보려고 우리에게 바싹 몸을 기댔다.

나는 이전에도 여러 차례 버락에게 표를 던졌다. 예비선거도 있었고 본선거도 있었고, 주 선거도 있었고 전국 선거도 있었다. 이번 투표라고 그다지 유별나게 느껴지지 않았다. 투표는 내게 습관 같은 것, 기회 있을 때마다 성실히 수행해야 하는 건전한 의식이었다. 부모님은 내가 어릴 때 꼭 투표소에 데려갔고, 나도 사샤와 말리아를 매번 데려갔다. 아이들이 투표가 이렇게 쉬우면서도 중요한 행위라는 걸 느끼길 바랐다.

남편이 정치인인 탓에, 정치와 권력이 돌아가는 양상을 가까이에서 목격해왔다. 그래서 모든 선거구에서 투표자가 몇 명씩만 빠져도 결과가 달라질 수 있다는 것, 이 후보자가 당선되느냐 저 후보자가 당선되느냐만이 아니라 이 가치 체계와 저 가치 체계 중 무엇이 채택되느냐가 달라진다는 걸 알았다. 만약 모든 동네마다 몇 명씩만 투표장에 가지 않기로 결정한다면, 그 때문에 아이들이 학교에서 배우는 내용, 우리가 선택할 수 있는 의료보험 종류, 미군을 전쟁에 내보낼 것인가 말 것인가 하는 문제까지도 다르게 결정될 수 있다. 투표는 간단하면서도 대단히 효과적인 행위이다.

그날, 나는 미합중국 대통령 후보자로 인쇄된 남편의 이름 옆에 인쇄된 작은 타원을 다른 때보다 좀 더 오래 응시했다. 21개월 가까이 선거운동을 펼치고 공격을 받고 진이 빠진 뒤, 남은 일은 이것 하나였다. 내가 마지막으로 할 일이었다.

버락이 내 쪽을 흘끗 보면서 웃었다. "아직 마음을 못 정했어? 시간이 더 필요해?"

불안감만 없다면, 선거일 당일은 짧은 휴가나 마찬가지다. 이미 벌어진 일과 앞으로 벌어질 일 사이에서 세상이 기이하게 잠시 멈춘 시간이다. 우리는 펄쩍 뛰어올랐지만, 땅에 도로 떨어지진 않았다. 미래가 어떨지 아직은 알 수 없다. 지난 몇 달은 매사가 너무 빨리 흘러갔지만, 이 순간에는 시간이 괴롭도록 느리게 기어간다. 나는 집에 돌아와서, 간간이 들르는 친척들과 친구들을 맞았다. 그들은 잡담을 나누면서 우리가 시간을 흘려보내도록 해주었다.

오전 중, 버락은 우리 오빠와 다른 친구들과 함께 근처 체육관으로 농구를 하러 갔다. 버락이 선거일마다 해온 일종의 습관이었다. 버락에게는 밀치락달치락 격렬한 농구를 한판 뛰는 것만큼 날카로운 신경을 진정시키는 데 효과 좋은 일이 또 없었다.

"누가 이이 코를 부러뜨리지 못하게만 막아줘." 나는 두 남자가 나설 때 오빠에게 말했다. "알잖아, 나중에 TV에 나가야 돼."

"꼭 저렇게 모든 걸 내 책임으로 돌리지." 오빠는 여동생에게 오빠만이 할 수 있는 말투로 대답했다. 그리고 둘은 가버렸다.

여론조사를 믿는다면, 버락은 이길 터였다. 그래도 그는 그날 밤을 위해서 두 종류의 연설문을 작성해두었다. 하나는 승리의 연설, 다른 하나는 패배를 승복하는 연설이었다. 이즈음 우리는 정치와 여론조사의 세계를 익히 알았기에, 무엇도 당연히 여기지 않았다. '브래들리 효과'란 것이 있다. 1980년대 초에 캘리포니아 주지사로 출마했던 흑인 후보자 톰 브래들리의 이름을 딴 현상인데, 그는 여론조사에서는 줄곧 우세를 지켰으나 막상 투표함이 열리자 패했다. 모두가 놀랐고, 세상은 사람들의 편견에 관한 교훈 하나를 얻었다. 그런 일이 그때 한 번만도 아니고 미국 곳곳에서 흑인 후보자가 나선 주요 선거마다 거듭 발생했다. 가설인즉, 유권자들은 여론조사에 응답할 때는 소수자 후보자에 대한 편견을 숨기다가 프라이버시가 보장되는 기표소에서만 드러낸다는 것이다.

나는 선거기간 내내 미국이 정말 흑인 대통령을 뽑을 준비가 되었을까, 인종을 넘어서고 편견을 뒤로할 만큼 강인한 나라가 되었을까 하는 의문을 곱씹고 또 곱씹었다.

본선거는 격전이었던 예비선거에 비하면 전반적으로 덜 힘들었다. 존 매케인이 알래스카 주지사 세라 페일린을 러닝메이트로 선택한 것은 그에게 유리하게 작용하지 않았다. 경험과 준비가 부족했던 페일린은 금세 전국적 놀림거리가 되었다. 그러던 9월 중순, 재앙 같은 뉴스가 터졌다. 미국 최대 투자은행 중 하나인 리먼브라더스가 갑자기 파산하는 바람에 경제가 통제 불능 상태로 치달았다. 그동안 월스트리트의 거물급 회사들이 쓰레기 같은 주택 담보 대출에 기대어 수익을 내왔다는 사실이 만천하에 밝혀졌다. 주가가 폭락했다. 신용 시장이 얼어붙었다. 연금 기금이 증발했다.

버락은 이 역사적 순간에 꼭 알맞은 사람이었다. 대통령의 일이 쉬워지기는커녕 금융 위기 탓에 기하급수적으로 더 어려워질 터라서 그랬다. 내가 1년 반 넘게 미국인들에게 소리쳐 알려온 사실은 내 남편이 침착하고 준비된 사람이라는 사실이었다. 버락은 복잡한 일을 겁내지 않았다. 어떤 까다로운 일과도 씨름할 줄 아는 두뇌를 가졌다. 내 시각은 물론 편향된 것일 테고, 개인적으로는 우리가 져서 옛 생활로 돌아간대도 불만이 전혀 없었지만, 미국에는 그의 도움이 절실히 필요한 것 같았다. 피부색처럼 아무래도 좋은 문제는 잊어야 할 때였다. 이 시점에서 우리가 그를 선출하지 않는다면 어리석은 일일 것이다. 물론 그는 선출되더라도 난장판을 물려받을 것이다.

저녁이 다가오자, 손가락에 감각이 없어졌고 전신이 찌릿찌릿했다. 뭘 먹을 수도 없었다. 어머니나 집에 찾아온 친구들과 잡담할 기분도 아니었다. 잠시 혼자 있고 싶어서 위층으로 올라갔다.

버락도 위층에 있었다. 그도 혼자만의 시간이 필요한 게 분명했다.

그는 침실 옆방에 있었다. 온 데 책이 널린 그 작은 방은 그의 '굴'이

1965년 무렵의 우리 가족. 축하할 일이 있어서 차려입었다. 오빠 크레이그가 동생을 보호하려는 듯한 표정으로 내 손목을 살며시 잡은 걸 보라.

나를 안은 분은 어머니의 고모인 로비 실즈 할머니로, 나는 그분이 소유한 집 2층에서 자랐다. 할머니에게 피아노를 배울 때 우리 둘은 곧잘 고집스럽게 맞섰지만, 그래도 할머니는 내 안의 최선을 이끌어내는 법을 가르쳐주었다.

아버지 프레이저 로빈슨은 시카고 시정부가 운영하는 호숫가 정수장에서 보일러 기사로 20년 넘게 일했다. 다발성경화증으로 갈수록 걷기가 힘들어졌는데도 아버지는 단 하루도 결근하지 않았다.

'듀스와 쿼터'로 불렸던 뷰익 일렉트라 225는 아버지의 자랑이자 기쁨이었고 우리 가족에게 행복한 추억을 많이 만들어주었다. 매년 여름 이 차로 미시간주에 있는 듀크스 해피 홀리데이 리조트에 놀러 갔는데, 그때 찍었던 사진이다.

내가 유치원에 들어간 1969년에 시카고 사우스사이드의 우리 동네에는 다양한 인종의 중산층 가족이 살았다. 하지만 잘사는 집들이 교외로 떠나자—'백인 탈출'이라고 불린 현상이다—인구 구성이 빠르게 변했다. 5학년 때는 다양성이 자취를 감췄다.

위: 유치원 때 단체 사진.
나는 셋째 줄 오른쪽에서 두 번째에 있다.
아래: 5학년 때 단체 사진.
나는 셋째 줄 가운데에 있다.

프린스턴 대학 시절(왼쪽). 대학에 갈 때는 조금 불안했지만, 그곳에서 절친한 친구를 많이 사귀었다. 특히 수잰 알렐(위)은 내게 즐겁게 사는 법을 알려준 친구였다.

버락과 나는 한동안 내가 자란 곳인 유클리드가의 집에서 살았다. 둘 다 젊은 변호사였던 시절이다. 나는 어떻게 하면 더 의미 있고 내 신념에 충실한 일을 할 수 있을까 하는 고민을 시작한 참이었다.

1992년 10월 3일 결혼식은 인생에서 가장 행복한 날 중 하루였다. 1년 반 전에 돌아가신 아버지 대신 오빠가 나와 함께 입장했다.

나는 버락이 좋은 아빠가 될 거란 사실을 금세 눈치챘다. 그는 늘 아이들을 좋아했고 관심을 쏟았다. 1998년 말리아가 태어나자, 우리는 둘 다 아기에게 푹 빠졌다. 우리의 삶이 영영 바뀌었다.

약 3년 뒤에 사샤가 태어나서, 통통한 볼과 당찬 성격으로 우리 가족을 완성해주었다. 매년 크리스마스에 버락이 태어난 하와이로 휴가를 가는 것은 가족의 전통이 되었다. 버락의 친척들을 만나고 따뜻한 날씨를 즐길 기회였다.

말리아와 사샤는 늘 사이가 좋았다. 두 아이의 귀여움은 지금도 나를 녹인다.

나는 젊은이들이 공공 부문에서 경력을 쌓도록 돕는 단체인 '퍼블릭 앨라이스'의 시카고 지부를 맡아서 3년간 이끌었다. 사진은 젊은 지역사회 지도자들이 시카고 시장 리처드 M. 데일리와 함께한 행사에 참석했던 모습이다.

이후 시카고대학병원으로 옮겨서, 병원과 지역사회의 관계를 개선하고 사우스사이드 주민 수천 명이 감당 가능한 비용으로 의료 서비스를 받을 수 있도록 돕는 일을 했다.

집을 자주 비우는 배우자를 둔 데다가 전업으로 일하는 엄마로서, 나는 많은 여성이 겪는 문제를 잘 알게 되었다. 집안일과 직장 일을 둘 다 해내면서 삶의 균형을 찾는 문제였다.

나는 밸러리 재럿(왼쪽)을 1991년에 처음 만났다. 당시 밸러리는 시카고 시장의 수석 보좌관이었다. 밸러리는 금세 나와 버락의 믿음직한 친구이자 조언자가 되었다. 사진은 2004년 버락이 연방상원의원 선거운동을 하던 때이다.

아이들은 가끔 버락의 유세 현장을 따라다녔다. 사진은 2004년에 말리아가 아빠의 가두연설을 버스 차창 너머로 지켜보는 모습이다.

2007년 2월의 어느 추운 날, 버락은 일리노이주 스프링필드에서 대통령 출마를 선언했다. 내가 사샤에게 새로 사준 분홍색 모자가 너무 커서 벗겨지면 어쩌나 계속 걱정했지만, 기적적이게도 사샤는 끝까지 잘 쓰고 있었다.

우리가 선거운동을 하던 중 인데, 늘 그랬듯이 십여 명의 기자들과 함께 있다.

나는 선거운동이 좋았다. 전국의 유권자들을 만나면서 힘을 얻었다. 하지만 혹독하게 힘든 일이었다. 틈나는 대로 쉬어야 했다.

본선거를 몇 달 앞두었을 때, 나도 선거운동본부의 전용 비행기를 쓸 수 있게 되었다. 덕분에 효율이 높아졌고, 여정이 훨씬 더 즐거워졌다. 사진은 그때의 끈끈했던 우리 팀이다. (왼쪽부터) 크리스틴 자비스, 케이티 매코믹 렐리벨드, 촌 리츠(그날 승무원이었다), 멀리사 윈터다.

조 바이든은 많은 면에서 멋진 러닝메이트였다. 우리 두 가족이 금세 죽이 맞았다는 점도 한 이유였다. 질과 나는 일찍부터 어떻게 군인 가정들을 도울 수 있을지 이야기하기 시작했다. 사진은 2008년에 펜실베이니아에서 유세하던 중 쉬는 모습이다.

선거운동으로 힘든 봄과 여름을 보낸 뒤, 덴버에서 열린 2008년 민주당 전국전당대회에서 연설했다. 처음으로 엄청난 수의 시청자에게 내 이야기를 들려줄 기회였다. 연설 후, 사샤와 말리아가 무대에 올라와서 비디오를 통해 버락과 인사했다.

| 2008년 11월 4일 선거일 밤, 어머니와 버락이 나란히 앉아서 결과를 지켜보고 있다.

버락이 대통령 선서를 했던 2009년 1월, 말리아는 열 살이었고 사샤는 막 일곱 살이 되었다. 사샤는 너무 작아서, 사람들에게 모습을 보이기 위해서는 발판 위에 서 있어야 했다.

공식적으로 미합중국 대통령과 퍼스트레이디가 된 우리 둘은 취임식 날 밤 열 군데의 무도회를 찾아가서 매번 무대에서 춤을 추었다. 나는 긴 하루의 축하 일정으로 녹초가 되었지만, 제이슨 우의 근사한 드레스가 에너지를 새로 채워주었다. 내 최고의 친구이자 모든 면에서 최고의 파트너인 남편은 우리가 함께하는 매 순간을 친밀하게 느끼도록 만드는 재주가 있다.

사샤가 워싱턴의 학교에 처음 등교하던 날 방탄유리 차창을 내다보는 모습이 찍힌 이 사진은 지금까지도 내 마음에 남아 있다. 당시 나는 이런 경험이 아이들에게 어떤 영향을 미칠지 걱정하지 않을 수 없었다.

로라 부시는 친절하게도 나와 딸들이 사전에 백악관을 구경하도록 초대해주었다. 그녀의 두 딸 제나와 바버라가 우리 딸들에게 백악관의 재미난 부분들을 소개해주었는데, 사진에서는 경사진 복도를 미끄럼틀로 쓰는 법을 알려주고 있다.

비밀경호국 요원들이 하루 24시간 곁에 있는 것에 익숙해지기까지는 시간이 좀 걸렸지만, 차츰 그중 많은 이가 우리의 소중한 친구가 되었다.

사진에 나온 윌슨 저먼은 1957년부터 백악관에서 일했다. 다른 집사들과 관저 직원들처럼, 그는 각양각색의 여러 대통령을 한결같이 점잖게 모셨다.

백악관 텃밭은 영양과 건강한 삶의 상징으로 만들어졌다. 내가 시행할 '레츠 무브!' 사업의 도약대이기도 했다. 하지만 나는 아이들과 함께 흙을 들쑤시면서 손을 더럽힐 수 있다는 점 때문에도 텃밭이 좋았다.

나는 백악관이 모두에게 편한 곳, 아이들이 제 모습을 보일 수 있는 곳이 되기를 바랐다. 아이들이 우리에게서 자신의 모습을 읽어내기를 바랐고, 퍼스트 레이디와 함께 쌍줄넘기를 할 수도 있기를 바랐다.

버락도 나도 엘리자베스 여왕을 각별히 좋아하게 되었다. 버락은 여왕을 보면 허식이라고는 모르던 자신의 외할머니가 떠오른다고 했다. 여러 차례 만나면서, 여왕은 내게 의전이나 격식보다 인간미가 더 중요하다는 사실을 알려주었다.

넬슨 만델라를 만난 덕분에, 백악관 생활이 2년이 되던 시점에 내게 꼭 필요했던 깨달음을 얻을 수 있었다. 진정한 변화는 느리게 온다는 깨달음, 몇 달이나 몇 년이 아니라 몇십 년이나 평생이 걸릴 수도 있다는 깨달음이었다.

내게 포옹은 허식을 버리고 상대와 연결되는 방법이다. 사진은 런던의 엘리자베스 개릿 앤더슨 중학교 여학생들과 함께 옥스퍼드 대학에 갔던 때다.

월터 리드 군인병원을 방문해서 만났던 군인들과 그 가족들의 낙천적인 태도와 회복력은 영원히 잊지 못할 것이다.

하디야 펜들턴의 어머니 클리오패트라 카울리펜들턴은 최선을 다해 키운 딸을 무차별적인 총기 폭력으로부터 보호할 수 없었다. 시카고에서 열린 하디야의 장례식 직전에 그녀를 만났을 때, 나는 이런 상황의 부당함을 절절히 느꼈다.

딸들이 학교에서 돌아오는 시각에 가급적 집에 있으려고 했다. 사무실 바로 위에서 사는 것의 이점이었다.

버락은 일과 가족과의 시간을 구분하여 잘 지켰다. 거의 매일 위층으로 올라와서 저녁을 함께 먹었고, 우리와 있을 때는 우리에게만 집중했다. 하지만 2009년 버락의 생일에는 나와 아이들이 그 장벽을 깨고 깜짝 선물로 집무실을 찾아갔다.

우리는 버락이 대통령이 되면 개를 키우기로 했던 아이들과의 약속을 지켰다. 결국에는 두 마리를 키우게 되었다. 보(사진)와 서니는 매사를 더 즐겁게 만들어주었다.

나는 봄마다 졸업식 축사를 할 때 학생들을 고취시키려고 애썼고, 그들이 자신의 이야기가 가진 힘을 깨닫도록 도우려고 애썼다. 사진은 2012년에 버지니아 공대에서 연설하기 전에 연습하는 모습이다. 뒤에 있는 사람은 5년 동안 내 수석 보좌관이었던 지칠 줄 모르는 티나 첸으로, 늘 그렇듯 휴대전화로 멀티태스킹을 하고 있다.

개들은 백악관의 거의 모든 구역을 자유롭게 돌아다녔다. 특히 텃밭과 주방에서 어슬렁거리기를 좋아했다. 사진에서는 집사 호르헤 다빌라와 함께 식료품 저장실에 있다. 뭔가 좀 얻어먹으려고 갔을 것이다.

8년 동안 우리 일상이 매끄럽게 굴러가도록 만들어준 모든 직원에게 깊이 감사한다. 우리는 그들의 아이들과 손주들에 대해서 알게 되었고, 그들의 중요한 사건을 함께 축하했다. 사진에서는 2012년에 보조 안내원 레지 딕슨의 생일을 축하하고 있다.

대통령 가족이 되는 데는 특별한 혜택과 특별한 어려움이 둘 다 따랐다. 버락과 나는 딸들이 어떻게든 평범한 생활을 할 수 있도록 애썼다. 왼쪽: 버락과 말리아와 내가 사샤의 농구팀 '바이퍼스'의 경기에서 응원하는 모습이다. 오른쪽: 아이들이 브라이트 스타에 탄 모습인데, '브라이트 스타'는 퍼스트레이디 전용 비행기를 지칭하는 호출 부호다.

10대라면 으레 하는 일들을 딸들도 다 할 수 있도록 해주었다. 운전을 배우는 것도 그런 일이었다. 비록 비밀 경호국 요원들에게 배워야 했지만.

7월 4일은 우리 가족에게 축하할 일이 많은 닐이다. 독립기념일일 뿐 아니라 말리아의 생일이기 때문이다.

내가 인생에서 얻은 교훈이 있다면, 자신의 목소리를 내는 것에는 힘이 있다는 사실이다. 나는 가능한 한 자주 진실을 말하려고 애썼고, 사회에서 종종 내쳐지는 사람들의 이야기를 조명하려고 애썼다.

2015년, 우리 가족은 연방하원의원 존 루이스를 비롯한 민권운동의 여러 상징적 인물들과 함께 50년 전 앨라배마주 셀마의 에드먼드 페터스 다리에서 이뤄졌던 역사적 행진을 기념하여 함께 행진했다. 그날 나는 우리 나라가 얼마나 진일보했는지 실감했고, 아직 나아갈 길이 멀다는 것도 실감했다.

었다. 그는 책상에 앉아서 승리 연설문을 살펴보고 있었다. 나는 다가가서 그의 어깨를 쓰다듬었다.

"괜찮아?" 내가 물었다.

"응."

"피곤해?"

"아니." 그는 정말 피곤하지 않다는 걸 보여주려는 듯 미소를 지었다. 하와이에 있는 버락의 외할머니가 몇 달간의 암 투병 끝에 여든여섯을 일기로 돌아가셨다는 소식을 들은 게 불과 하루 전이었다. 그는 어머니에게 작별 인사를 하지 못했다는 사실을 곱씹어왔기 때문에, 할머니는 무슨 일이 있어도 뵈려고 했다. 그래서 우리는 그해 여름 말에 아이들도 데리고 가서 찾아뵈었고, 열흘 전에는 그 혼자 선거운동 일정을 하루 비우고 날아가서 할머니의 손을 잡아드렸다. 버락이 지금 얼마나 슬플까 싶었다. 그는 정치 경력을 막 시작한 시점에, 정확히는 주상원의원 출마를 선언한 지 두 달 만에 어머니를 잃었다. 그리고 그가 정점에 오른 이 시점에, 그의 모습을 보아줄 할머니는 곁에 없었다. 그를 키워준 사람들은 모두 떠났다.

"결과가 어떻게 되든, 당신이 정말 자랑스러워." 나는 말했다. "당신은 정말 너무 잘 해냈어."

버락이 자리에서 일어나서 나를 껴안았다. "당신도 마찬가지야." 그가 나를 바싹 당기면서 말했다. "우리 둘 다 잘 해냈어."

그때 내 머릿속에는 결과가 어떻게 되든 그가 감당해야 할 일들이 아직 너무나 많다는 생각뿐이었다.

집에서 가족끼리 저녁을 먹은 뒤, 모두 옷을 갈아입고 시내로 갔다. 우리가 가족 및 친구들과 함께 개표 방송을 볼 수 있도록 선거운동본부가 하얏트 리젠시에 스위트룸을 빌려두었다. 직원들은 같은 호텔의 다른 방에 틀어박혔다. 우리에게 프라이버시를 주기 위해서였다. 조와 질 바이든 부부도 따로 가까운 사람들과 모일 수 있도록 복도 건너편 스위트룸을 썼다.

첫 개표 결과는 중부표준시로 오후 6시쯤 들어왔다. 켄터키가 매케인에게, 버몬트가 버락에게 돌아갔다는 결과였다. 그다음 웨스트버지니아가 매케인에게 돌아갔고, 사우스캐롤라이나도 그랬다. 자신감이 약간 흔들렸지만, 사실 놀라운 결과는 아니었다. 사소한 정보라도 하나 들어올 때마다 우리 방을 들락거리면서 전해주는 액스와 플러프에 따르면, 모든 일이 예상대로 펼쳐지고 있었다. 속속 들어오는 결과는 대체로 긍정적이었지만, 정치 이야기는 듣고 싶지 않았다. 이제 우리가 아무런 통제력을 발휘할 수 없는 일인데, 이러쿵저러쿵 말해봐야 뭐 하겠는가? 우리는 펄쩍 뛰어올랐고, 어떤 모습인지는 아직 알 수 없어도 도로 땅에 내리는 것까지 이미 마쳤다. TV를 보니, 이곳에서 약 1.5킬로미터 떨어진 호숫가의 그랜트 공원에 벌써 사람들이 많이 모여 있었다. 그곳에 설치된 대형 스크린에는 개표 방송이 나오고 있었다. 버락도 나중에 그곳으로 가서 두 가지 연설 중 하나를 할 예정이었다. 구석구석 경찰들이 배치되어 있었고, 연안경비대 경비함들이 호수를 순찰했고, 하늘에는 헬리콥터들이 떠 있었다. 시카고 전체가 숨죽이고 뉴스를 기다리는 것 같았다.

코네티컷이 버락에게 돌아갔다. 뉴햄프셔도 버락에게 돌아갔다. 매사추세츠, 메인, 델라웨어, 워싱턴 D.C.도 그랬다. 일리노이주가 버락에게 돌아갔다고 발표되는 순간, 바깥 도로에서 차들이 빵빵 경적을 울렸고 사람들이 환호성을 질렀다. 나는 호텔 방문 가까이 놓인 의자에 혼자 앉아서 눈앞의 장면을 둘러보았다. 방은 이제 거의 조용해졌다. 정치팀도 더 이상 초조하게 최신 결과를 전하지 않았다. 그 대신 기대감이 팽배한, 거의 엄숙한 차분함이 찾아들었다. 내 오른쪽에는 빨간 원피스와 검은 원피스를 입은 두 아이가 소파에 앉아 있었고, 왼쪽에는 정장 코트를 방의 다른 곳에 벗어둔 버락이 내 어머니와 나란히 소파에 앉아 있었다. 어머니는 이날 우아한 검은 정장에 은귀고리를 했다.

"준비되셨어요, 어머니?" 버락이 말했다.

절대로 감정 과잉에 휩싸이지 않는 분답게, 어머니는 버락을 흘끗 본 뒤 어깨를 으쓱할 뿐이었다. 그러고는 둘 다 씩 웃었다. 하지만 나중에 어머니는 바로 그 순간 나와 똑같은 생각에 감정이 북받쳤다고 털어놓았다. 버락이 지금 사실은 얼마나 연약한가 하는 생각에. 미국은 버락을 자신감 있고 강한 사람으로 보았지만, 어머니는 그가 앞으로 겪을 일이 얼마나 무겁고 외로운 일일지 알아차렸다. 곧 미국을 이끌 지도자로 선출될 이 남자에게는 이제 아버지도 어머니도 없었다.

잠시 후 다시 눈을 돌렸을 때, 버락과 어머니는 손을 잡고 있었다.

*　　*　　*

밤 10시 정각, 방송사들이 남편의 미소 띤 얼굴을 화면 가득 내보내면서 버락 후세인 오바마가 미합중국 제44대 대통령으로 선출되었다고 선언했다. 우리는 모두 벌떡 일어나서 본능적으로 고함을 질렀다. 선거운동 본부 직원들이 우리 방으로 밀려들었고, 바이든 부부도 왔다. 모두가 닥치는 대로 이 사람 저 사람 껴안았다. 비현실적인 순간이었다. 나는 꼭 정신이 몸을 빠져나가서 나 자신의 반응을 바라보는 기분이었다.

그가 해냈다. 우리가 해냈다. 가능할 것 같지 않았지만, 굳건한 승리였다.

그다음부터는, 우리 가족이 대포에서 발사되어 이상한 해저 세계로 진입한 듯 느껴졌다. 모든 일이 갑자기 느리게 흘러가는 듯했고, 물속에 잠긴 것 같았고, 장면이 약간 왜곡되어 보였다. 하지만 실제로는 경호 요원들의 정확한 안내에 따라 잽싸게 움직이고 있었다. 우리는 화물 엘리베이터를 타고 호텔 뒷문으로 서둘러 나가서 대기하고 있던 SUV에 탔다. 내가 밖으로 나설 때 숨을 훅 들이마셨던가? 문을 열어준 사람에게 고맙다고 인사했던가? 웃고 있었던가? 모르겠다. 나는 물속을 헤엄치면서 현실로 돌아가려고 애쓰는 기분이었다. 피로도 한몫했을 것이다. 예상대로 긴 하루였다. 아이들도 녹초가 된 기색이었다. 사전에 밤에 이런 행사가 있을 거라고 일러두긴 했다. 아빠가 이기든 지든, 다 함께 공원으로 가서 성대하고 시끄러운 축하 행사에 참석할 거라고.

우리가 탄 차는 경찰이 호위하는 자동차 행렬에 끼어 레이크 쇼어 드라이브를 달려서 남쪽 그랜트 공원으로 내려갔다. 내가 셀 수 없이 많이 달려본 도로였다. 휘트니 영 고등학교를 다닐 때 버스를 타고 달렸고, 회사를 다닐 때 꼭두새벽같이 운동하러 가려고 달렸다. 시카고는 나의 도시였다. 내가 이보다 잘 아는 장소는 없었다. 하지만 그날 밤은 전혀 다르게 느껴졌다. 이상하게 조용했다. 몽롱한 꿈속인 양, 우리가 그 찰나의 시공간을 부유하는 것 같았다.

말리아는 계속 창밖을 보며 바깥 풍경을 살폈다.

그러다가 문득 거의 미안해하는 것처럼 말했다. "아빠, 길에 사람이 아무도 없어요. 축하 행사에 아무도 안 올 것 같아요."

버락과 나는 눈을 마주친 뒤, 웃음을 터뜨렸다. 그제야 도로에 우리 행렬 말고는 차가 한 대도 없다는 걸 깨달았다. 버락은 이제 대통령 당선인이었다. 경호국은 진작 길을 싹 비웠다. 레이크 쇼어 드라이브 전 구간을 폐쇄했고, 나들목도 다 막았다. 대통령의 신변을 보호하기 위한 정례적 조치였지만, 우리에게는 새로운 경험이었다.

모든 것이 새로웠다.

나는 말리아를 끌어안고 말했다. "사람들은 벌써 가서 기다리고 있단다. 걱정하지 마. 다들 기다리고 있으니까."

정말이었다. 20만 명이 넘는 사람이 우리를 만나기 위해서 공원을 메웠다. 우리는 차에서 내린 뒤, 공원 앞쪽에서 무대까지 이어진 흰 천막 터널 속으로 들어갔다. 밖에서 사람들이 기대감으로 술렁이는 소리가 들렸다. 친구들과 가족들도 그곳에서 우리를 반겼지만, 이제 그들은 경호국 규칙에 따라 우리와 떨어져서 차단용 밧줄 건너편에 있어야 한다는 것이 달라진 점이었다. 버락이 내 어깨에 팔을 둘렀다. 내가 아직 곁에 있는지 확인하려는 것처럼.

우리는 몇 분 뒤 무대에 올랐다. 나는 말리아의 손을, 버락은 사샤의 손을 붙들고 넷이 함께 나아갔다. 그 순간, 많은 것이 한꺼번에 눈에 들어왔다. 무대를 빙 둘러 세워진 두꺼운 방탄유리 벽이 보였다. 수많은 사람의 바다가 보였다. 손에 작은 국기를 들고 흔드는 사람들이 많았다. 하지만 내 머리는 그런 장면을 하나도 제대로 처리하지 못했다. 모든 게 그저 너무 거대했다.

그날 밤 연설에서 버락이 무슨 말을 했는지도 거의 기억나지 않는다. 그가 말하는 동안, 사샤와 말리아와 나는 옆으로 물러나서 지켜보았다. 유리로 된 벽이, 우리의 도시 시카고가, 버락이 받은 6900만 장 이상의 표가 우리를 둘러싸서 지켜주었다. 지금까지 기억에 남은 것은 그때 느껐던 그 안도감이다. 11월의 시카고 호숫가치고는 보기 드물게 푸근했던 그날 밤, 그 공간이 희한하게도 고요하게 느껴졌던 기억뿐이다. 이전까지 에너지가 넘치는 유세장을 전전하면서 한껏 고무된 군중이 열광적으로 소리치고 구호를 외치는 모습을 보아온 뒤라 그랬는지, 그날 그랜트 공원의 분위기는 다르게 느껴졌다. 우리 앞의 수많은 사람은 물론 기쁨에 들떠 있었지만, 그러면서도 한편으로는 조용히 생각에 빠진 것 같았다. 나는 오히려 침묵을 듣는 것 같았다. 사람들 한 명 한 명의 얼굴을 다 가려낼 수 있을 것 같았다. 많은 사람의 눈에 눈물이 글썽였다.

어쩌면 그 차분함은 내가 지어낸 상상이었는지도 모른다. 아니면 모두에게 너무 늦은 시각이라서 그랬는지도 모른다. 자정이 다 되어가고 있었으니까. 그리고 모두가 오래 기다렸으니까. 정말로 우리는 오래 기다렸다. 바로 이 순간을, 오래 기다렸다.

BECOMING MORE ————————————

그 이상이 되다

19

미국의 퍼스트레이디에게 주어지는 지침서 같은 건 없다. 엄밀히 말해서 퍼스트레이디는 직업이 아니고, 정부의 공식 직함도 아니다. 연봉도, 정해진 의무도 없다. 대통령에게 딸린 사이드카 같은 자리일 뿐이다. 내이전에 43명의 여성이 그 자리에 앉았었고, 그들은 각자 자신만의 방식으로 그 일을 해냈다.

나는 이전 퍼스트레이디들이 이 지위를 어떻게 수행했는지에 관해 별달리 아는 바가 없었다. 재키 케네디가 백악관 인테리어를 새로 하는데 몰두했다는 건 알았다. 로절린 카터가 각료 회의에 참석했다는 것, 낸시 레이건이 고급 디자이너 옷을 공짜로 받아서 문제가 좀 되었다는 것, 힐러리 클린턴이 남편의 행정부에서 정책 관련 역할을 맡아서 빈축을 샀던 것도 기억이 났다. 그리고 2년 전 연방상원의원 배우자 오찬에 참석했을 때, 로라 부시가 차분하게 미소 띤 얼굴로 100명의 사람들과 한 장 한 장 기념사진을 찍어주면서도 단 한 번도 자세를 흩뜨리거나 휴식을 취하지 않는 모습을—충격과 존경심이 뒤섞인 기분으로—지켜본 적 있었다. 뉴스에서 보는 퍼스트레이디는 외국 고관의 배우자와 함께 차를 마셨다. 명절에는 공식 인사말을 발표했고, 국빈 만찬에는 예쁜 드레스를 입었다. 또한 보통 한두 가지 대의를 표방하고 관련된 활동을 벌였다.

사람들이 나를 이전과는 다른 잣대로 평가하리라는 것을 잘 알았다. 백악관에 발 들인 최초의 흑인 퍼스트레이디로서, 나는 거의 자동으로 이전 퍼스트레이디들과는 '달랐다.' 내 백인 전임자들은 그 자리에 어울리는 우아함을 당연하게 인정받는 듯했지만, 나는 그렇지 않을 터였다. 선거운동 기간의 실수를 통해서, 나는 늘 좀 더 훌륭하고 빠르고 영리하고 강해야 한다는 걸 깨달았다. 내 우아함은 스스로 쟁취해야 했다. 많은 미국인이 내게서 자신과 비슷한 면을 발견하지 못할까 봐, 혹은 내 입장에 공감하지 못할까 봐 걱정도 되었다. 나는 세상의 판단은 잠시 잊고 천천히 새 역할에 적응하는 호사는 누릴 수 없었다. 언제든 헛소문이나 암시만으로 사람들의 무의식에서 쉽게 되살아날 수 있는 근거 없는 두려움과 인종적 고정관념에 나는 여전히 취약했다.

퍼스트레이디가 되는 것은 큰 영예였고 기뻤지만, 내가 그 화려한 역할에 손쉽게 안착할 수 있으리라는 생각은 한순간도 하지 않았다. 자신의 이름 앞에 '최초의 흑인'이라는 수식어가 붙은 사람은 누구든 그런 기대일랑 결코 하지 않으리라. 나는 오히려 높은 산을 앞에 둔 입장이었다. 이제 그 산을 올라서 사람들의 호감을 얻어야 했다.

그런 처지가 되자, 마음속에서 오래된 질문과 응답이 되살아났다. 옛날에 내가 휘트니 영 고등학생이 되었을 때 느꼈던 의구심까지 거슬러 올라가는 것이었다. 자신감이란 때로 자신의 내면에서 이끌어내야 함을 그 시절에 배웠고, 이후에도 여러 산을 오르면서 자신에게 여러 차례 똑같은 질문을 묻고 똑같은 응답을 했다.

나는 충분히 훌륭할까?

그럼, 물론이지.

선거일에서 취임일까지 76일의 시간은 내가 어떤 퍼스트레이디가 되고 싶은지 기조를 정하는 데 있어서 결정적인 기간일 듯했다. 법률 회사를 벗어나서 좀 더 공동체적이고 유의미한 일을 해보려고 애써본바, 나는 스스로 의욕을 느낄뿐더러 결과를 측정할 수 있는 일을 할 때 가장 행복한 사람이었다. 선거운동 중 군인의 배우자들에게 했던 약속, 즉 그들의 사연을 널리 전하고 지원할 방법을 찾아보겠다고 했던 말을 지키고 싶었다. 그리고 텃밭을 가꾼다는 발상, 더 나아가 미국 아이들의 건강과 영양 상태 개선에 일조하고 싶다는 목적의식도 있었다.

어떤 일이든 가볍게 접근하지는 않을 작정이었다. 신중하게 세운 전략과 나를 든든하게 받쳐주는 팀을 갖춘 채로 백악관에 들어가고 싶었다. 내가 선거운동 중 겪었던 추악함으로부터 배운 바가 있다면, 즉 세상이 다양한 방식으로 나를 성난 여자나 주제넘은 여자로 치부하려 들었던 데서 배운 것이 있다면, 바로 내가 조금이라도 틈을 보이면 대중의 판단이 재깍 그 공백을 메운다는 것이었다. 내가 스스로 나서서 자신을 규정하지 않으면, 남들이 얼른 나 대신 나를 부정확하게 규정한다. 버락의 팀이 내려주는 지시를 수동적으로 기다리기만 할 마음은 없었다. 지난해의 시련으로 단련한 지금, 나는 두 번 다시 그렇게 무방비로 얻어맞을 마음이 없었다.

*   *   *

준비해야 할 것들을 꼽아보느라 마음이 바빠졌다. 당선 전에 미리 계획을 짜둘 수는 없었다. 무엇 하나라도 사전에 준비했다가는 주제넘은 짓으로 보였을 것이다. 나는 계획가 타입이다 보니 손 놓고 기다리기가 여간 답답한 게 아니었다. 그래서 이제 전속력으로 움직였다. 가장 중요한 일은 사샤와 말리아를 챙기는 것이었다. 아이들이 새 환경에 최대한 빨리 편안하게 적응하기를 바랐는데, 그것은 어서 이사 계획을 확실히 세우고 아이들이 워싱턴 D.C.에서 즐겁게 다닐 수 있는 새 학교를 알아봐야 한다는 뜻이었다.

선거 엿새 뒤, 몇몇 학교와 만날 약속을 잡아두고 워싱턴으로 날아갔다. 정상적인 상황에서는 학교의 교과과정과 분위기만을 고려했겠지만, 우리의 상황은 이제 정상의 범주를 한참 넘어섰다. 비밀경호 규약, 비상 대피 계획, 온 나라의 시선을 받게 된 두 아이의 프라이버시를 보호할 방법 등 고려하고 논의할 요소가 한두 가지가 아니었다. 선택의 변수가 기하급수적으로 늘었다. 아무리 사소한 결정이라도 하나 내리려면 더 많은 사람이 개입해야 했고, 더 많은 대화를 나눠야 했다.

고맙게도 선거운동을 함께한 핵심 직원들이―멀리사, 케이티, 크리스틴―인수 과정에서도 나를 위해서 일해주었다. 우리는 당장 이사 계획을 짰고, 퍼스트레이디의 집무실인 이스트윙에서 일할 직원들을―일정 관리자, 정책 전문가, 홍보 전문가―고용했고, 대통령 관저에서 일할 사람들의 면접도 보았다. 처음으로 채용한 사람 중 하나는 내 법대 동창인 조슬린 프라이였다. 분석 능력이 탁월한 조슬린은 정책실장 역할을 맡아 내가 시행하려는 활동들을 감독해주기로 했다.

한편 버락은 각료를 선정함과 동시에 경제를 구하기 위해서 다양한 분야의 전문가를 모았다. 이즈음 실직자 수는 1000만 명이 넘었고, 자동차 산업은 위험천만하게 추락하고 있었다. 회의에서 돌아온 남편의 굳은 표정을 보면, 국민 대부분이 생각하는 것보다 상황이 더 심각하다는 걸 눈치챌 수 있었다. 버락은 또 매일 중앙정보국의 브리핑을 받았으므로, 대중에게는 거의 알려지지 않는 테러 위협, 암묵적 동맹, 비밀 작전 등등 국가의 더 묵직한 기밀에도 접근할 수 있었다.

앞으로 몇 년 동안 우리를 보호할 비밀경호국은 우리를 지칭할 공식 암호명을 정했다. 버락은 '레니게이드'였고, 나는 '르네상스'였다. 아이들은 경호국이 두운을 맞춰서 골라둔 여러 단어 중에서 직접 골랐는데, 말리아는 '레이디언스'를 골랐고 사샤는 '로즈버드'를 골랐다. (나중에 내 어머니도 '레인댄스'라는 비공식 암호명을 얻었다.)

경호국 요원들은 내게 직접 말을 걸 때면 늘 '여사님ma'am'이라고 불렀다. "여사님, 이쪽입니다. 한 발 물러나주시겠습니까, 여사님" 하는 식이었다. "여사님, 차가 곧 도착합니다."

여사님이 누구죠? 처음에는 이렇게 되묻고 싶었다. 여사님이란 꼭 나보다 나이가 더 많고 점잖은 핸드백, 바른 자세, 편한 신발 차림으로 근처에 앉아 있는 다른 여성을 가리키는 말일 것 같았다.

하지만 내가 여사님이었다. 여사님이 나였다. 호칭의 변화 또한 우리가 겪는 크나큰 변화, 정신없는 이행의 일부였다.

학교를 살펴보려고 워싱턴으로 간 날, 내 머릿속에는 그런 생각들이 담겨 있었다. 그리고 약속을 하나 마친 뒤에는 레이건 공항으로 돌아갔다. 시카고에서 전용 비행기로 날아올 버락을 만나기 위해서였다. 공식 의례에 따라 부시 대통령 부부가 우리 부부를 백악관으로 초대했는데, 내가 학교 일로 워싱턴에 가는 날 들를 수 있도록 일정을 잡아둔 터였다. 나는 전용 터미널에서 버락이 탄 비행기가 착륙하기를 기다렸다. 곁에는 내 전담 경호팀을 이끄는 선임 요원 중 한 명인 코닐리어스 사우설이 서 있었다.

대학 미식축구 선수 출신답게 어깨가 떡 벌어진 코닐리어스는 이전에 부시 대통령 경호팀에서 일했다. 선임 요원들이 다 그렇듯이, 그는 매 순간 촉각을 곤두세우도록 훈련받은 기민한 인간 감지기였다. 우리 둘이 나란히 서서 버락의 비행기가 활주로를 달려오다가 20미터쯤 떨어진 곳에서 멈추는 모습을 지켜보는 동안에도, 그는 내가 모르는 신호들을 감지하고 있었다.

"여사님." 이어폰을 통해서 무슨 정보를 전달받은 그가 내게 말했다. "이제 여사님의 일상이 영영 바뀔 겁니다."

내가 무슨 말이냐는 표정으로 바라보자, 그가 덧붙였다. "잠시만 기다리십시오."

그러더니 그가 오른쪽을 가리켰고, 나는 고개를 돌렸다. 신호에 정확히 맞춰서, 뭔가 거대한 것이 모퉁이를 돌아 나타났다. 뱀처럼 길게 이어진 자동차 군단이었다. 선두에 선 경찰차와 오토바이 대형 뒤로 까만 SUV 여러 대, 보닛에 성조기를 꽂은 장갑 리무진 두 대, 위험 물질 방호용 트럭 한 대, 기관총을 뻔히 드러낸 공격 대응팀 차량 한 대, 구급차 한 대, 날아드는 발사체를 감지하는 장비를 갖춘 트럭 한 대, 승합차 여러 대, 마지막으로 또 한 무리의 경찰 호위 차량들이 이어졌다. 대통령 경호 차량 대열이었다. 최소한 차량 스무 대 길이로 늘어진 차들이 한 몸처럼 달려오다가 일제히 소리도 없이 스르르 멈췄다. 리무진들이 비행기 바로 앞에 정확하게 대는 위치였다.

나는 코닐리어스에게 물었다. "어릿광대가 탄 차도 있나요? 농담 아니고요, 버락은 이제 어딜 가든 이렇게 다녀야 한다고요?"

코닐리어스는 미소를 지었다. "그렇습니다. 대통령으로 계시는 동안은 하루도 빠짐없이. 이제 늘 이럴 겁니다."

그 장관을 다시 바라보았다. 수천 킬로그램의 금속 덩어리들에 특공대까지. 게다가 모든 게 방탄이었다. 그때만 해도 나는 몰랐지만, 대통령 경호 활동 중 내 눈에 보이는 것은 절반에 불과했다. 나중에 알고 보니 유사시 버락을 탈출시키기 위한 헬리콥터가 24시간 근처에 맴돌고, 그가 지나가는 길을 따라 군데군데 건물 옥상에 저격수들이 위치해 있고,

응급 상황에 대비해 늘 전속 의사가 따라다닐 뿐 아니라 그가 탄 차량에
는 수혈용 혈액이 보관되어 있었다. 그로부터 몇 주 뒤, 취임식 전에 대
통령 전용 리무진이 새 모델로 업그레이드되기까지 했다. '비스트(야수)'
라는 안성맞춤의 이름이 붙은 그 차량은 고급 승용차로 가장한 7톤짜리
탱크였다. 최루탄 발사기를 내장하고, 파열 방지 타이어를 장착하고, 생
물무기나 화학무기 공격을 받아도 뚫고 달릴 수 있도록 밀폐식 환기 체
계를 갖추고 있었다.

내 남편은 이제 지구상에서 가장 엄중하게 보호받는 인간 중 한 명이
었다. 안도감과 스트레스가 동시에 들었다.

코닐리어스가 리무진 쪽으로 손짓하면서 내게 말했다.

"여사님, 이제 가셔도 됩니다."

★　　★　　★

백악관 내부에 들어가본 것은 몇 년 전 한 번뿐이었다. 버락이 상원의원
이었을 때 그 사무실을 통해서 나와 말리아와 사샤가 특별 견학을 할 수
있도록 신청했다. 재미있을 것 같아서였다. 백악관 견학은 보통 안내 없
이 관람객들이 알아서 구경하지만, 특별 견학은 백악관 큐레이터가 특별
히 우리만 데리고 다니면서 장엄한 복도와 공개된 여러 방을 안내했다.

우리는 이스트룸의 높은 천장에 매달린 유리 샹들리에를 넋 놓고 구
경했다. 과거에 화려한 무도회와 환영회가 많이 치러진 방이었다. 대형
도금 액자에 담긴 조지 워싱턴의 전신 초상화 속 발그레한 볼과 엄숙
한 표정도 구경했다. 큐레이터에 따르면, 18세기 말에 퍼스트레이디였
던 애비게일 애덤스는 그 넓은 공간을 활용하여 빨래를 널었고, 그로부
터 수십 년 뒤 남북전쟁 때는 북군 병사들이 잠시 묵기도 했다고 한다.

많은 대통령 딸들이 이스트룸에서 결혼식을 올렸다. 에이브러햄 링컨과 존 F. 케네디의 빈소가 마련되었던 곳도 그 방이었다.

그날, 무심결에 여러 대통령들을 떠올리면서 역사 수업에서 배웠던 내용과 실제로 그 공간 속을 거닐었을 대통령 가족들의 모습을 연결해 보려고 애썼다. 여덟 살이었던 말리아는 무엇보다도 그 방대한 규모에 놀란 듯했고, 다섯 살 사샤는 만지면 안 되는 많은 것들에 손 대지 않으려고 최선을 다했다. 사샤는 이스트룸에 이어 그린룸을 구경하러 가서도 잘 참았다. 에메랄드빛 섬세한 실크 벽지가 발린 그린룸은 제임스 매디슨 대통령과 1812년 미영전쟁의 사연이 깃든 방이었다. 그다음에는 블루룸으로 갔다. 프랑스제 가구가 있고 그로버 클리블랜드 대통령이 결혼한 방이었다. 큐레이터가 다음으로 레드룸을 보러 가자고 했을 때, 사샤가 나를 올려다보면서 격분한 유치원생의 목소리로 말했다. "아 싫어요오오, **방** 또 보기 싫어요!" 나는 얼른 조용히 시키고, "엄마 창피하게 만들지 마"라는 뜻의 엄한 표정을 지어 보였다.

하지만 솔직히, 누가 사샤를 나무랄 수 있겠는가? 백악관은 거대하다. 방 132개, 화장실 35개, 벽난로 28개가 지하층 포함 총 6층 건물에 들어 있다. 게다가 구석구석 역사가 스며 있기 때문에 견학 한 번으로는 겉핥기로도 다 구경할 수 없다. 그곳에서 실제로 생활한다는 것은 상상도 되지 않았다. 아래층에는 정부 요원들이 드나들었고, 위층에서는 대통령과 퍼스트레이디가 스코티시테리어들과 함께 살았다. 하지만 그때 우리가 있었던 곳은 백악관에서도 조금 다른, 과거에 고정된 박물관 같은 구역이었고 상징이 살아 숨 쉬는 공간, 미국의 노구가 전시된 공간이었다.

2년 뒤, 나는 백악관을 다시 방문했다. 이번에는 다른 문으로 들어갔고, 버락과 함께였다. 우리는 곧 살게 될 집을 방문하러 간 것이었다.

부시 대통령 부부는 남쪽 잔디 광장이 내다보이는 외교접견실에서 우리를 맞았다. 퍼스트레이디는 내 손을 따스하게 쥐면서 "로라라고 부르세요"라고 말했다. 대통령도 우리를 환영해주었다. 그는 텍사스 사람 특유의 넓은 도량으로 정치적 악감정 따위는 간단히 넘어설 줄 아는 듯했다. 버락은 선거운동 중에 부시 대통령의 지도력을 꼬치꼬치 자주 비판했고, 부시 대통령이 한 일 중 자신이 실수라고 판단하는 많은 일을 바로잡겠다고 유권자들에게 약속했다. 그리고 부시 대통령은 공화당원이니 당연히 존 매케인을 지지했다. 하지만 그는 이번 대통령직 인수 과정이 역사상 가장 매끄러울 수 있도록 하겠다고 약속했고, 행정부의 모든 부처에 신임 행정부를 위한 브리핑 자료를 마련하라고 지시했다. 퍼스트레이디의 이스트윙 직원들도 내가 그 이름에 따르는 사회적 책무를 쉽게 익힐 수 있도록 필수 연락처, 연간 일정, 서신 양식 등을 모아주겠다고 했다. 그 조치에는 친절함과 국가에 대한 진정한 사랑이 깔려 있었다. 나는 그 점을 영원히 고맙게 여기고 감사할 것이다.

부시 대통령이 드러내놓고 표현하진 않았지만, 맹세컨대 나는 그 얼굴에서 처음으로 안도하는 기색을 읽었다. 그는 자신의 임기가 거의 끝났고, 모든 경주를 마쳤으니 곧 텍사스 집으로 돌아갈 수 있다는 걸 알았다. 이제 다음 대통령에게 자리를 넘겨줄 때였다.

남자들이 자기들끼리 대화를 나누려고 집무실로 향하자, 로라는 나를 대통령 가족 전용 엘리베이터로 이끌었다. 내부를 원목 패널로 마감한 엘리베이터로, 턱시도를 입은 깍듯한 흑인 직원이 운행했다.

우리는 두 층 위 관저로 갔다. 로라는 사샤와 말리아가 어쩌고 있느냐고 물었다. 예순두 살이었던 로라는 우리 딸들보다 나이가 더 많은 두 딸과 함께 백악관에서 살았다. 예전에 학교 교사이자 사서였던 로라는 퍼스트레이디가 된 뒤 그 지위를 활용하여 교육을 장려하고 교사들을 지지하는 활동을 벌여왔다. 그런 그녀가 따스하고 푸른 눈동자로 나를 살폈다.

"기분이 어떤가요?" 그녀가 물었다.

"약간 압도된 것 같아요." 나는 솔직하게 말했다.

로라는 진정한 연민이 담긴 미소를 보였다. "나도 알아요. 정말이에요, 나도 알죠."

그 순간에는 그녀의 말뜻을 완벽하게 이해할 수 없었지만, 나중에 그 말을 더 자주 떠올리게 되었다. 버락과 나는 이제 클린턴 부부, 카터 부부, 두 부시 부부, 낸시 레이건, 베티 포드로 이뤄진 작고 이상한 집단에 속하게 된 것이었다. 버락과 내가 어떤 일을 겪을지 아는 사람, 백악관에서의 삶에 따르는 특별한 즐거움과 시련을 직접 경험해본 (살아 있는) 사람은 지구상에서 그들뿐이었다. 우리는 많은 차이에도 불구하고 그 유대만큼은 늘 공유할 터였다.

로라는 관저를 돌아다니면서 이 방 저 방 보여주었다. 백악관의 관저 구역은 가장 오래된 건물의 꼭대기 두 층을 아우르는—여러분도 사진으로 눈에 익었음 직한 흰 기둥들이 있는 곳이다—약 1800제곱미터의 공간이다. 나는 대통령 가족 전용 식당을 구경했고, 요리사들이 벌써 저녁 준비에 한창인 깔끔한 주방에도 고개를 디밀어보았다. 꼭대기 층 손님방을 둘러보면서, 설득에 성공해 함께 이사 올 수 있다면 어머니가 이 방을 쓰면 되지 않을까 하고 생각했다. (꼭대기 층에는 작은 체육관도 있는데, 버락과 부시 대통령이 남자들끼리 관저를 구경할 때 가장 흥분한 공간이었다고 한다.) 내 최고의 관심사는 사샤와 말리아의 방을 찾는 것이었다. 부부 침실에서 복도를 따라 조금만 가면 있는 두 방이 알맞아 보였다.

내게는 아이들이 이곳을 집처럼 편하게 여기는 것이 제일 중요한 문제였다. 요리사와 볼링장과 수영장까지 딸린 저택으로 이사한다는 동화처럼 비현실적인 화려함을 차치한다면, 버락과 나는 사실 어느 부모도 그다지 하고 싶지 않은 일을 하는 셈이었다. 아이들이 좋아하는 학교를 떠나 학기 중간에 전학을 시키고, 친구들과 헤어지게 만들고, 변변히 대비할 겨를도 없이 새집과 새 학교에 털썩 떨어뜨려놓을 테니까. 이 생각을 떨칠 수 없었지만, 다른 엄마들과 아이들도 이 일을 잘 겪어냈다는 사실을 떠올리면서 위안으로 삼았다.

로라는 부부 침실에 딸린 작은 방으로 나를 안내했다. 정갈하고 해가 잘 드는 그 방은 예부터 퍼스트레이디의 드레스룸으로 사용되는 공간이었다. 로라는 그 방 창문으로 장미 정원과 집무실이 내다보인다는 사실을 알려주면서, 가끔 여기서 남편이 일하는 모습을 바라다보며 안도감을 느끼곤 했다고 말했다. 8년 전에 처음 백악관에 왔을 때 이 풍경을 알려준 사람은 힐러리 클린턴이었고, 그로부터 8년 전에 힐러리에게 같은 풍경을 소개한 사람은 자신의 시어머니인 바버라 부시 여사였다고. 나는 다시 한 번 창을 내다보면서, 그 연속성을 내가 잇게 되었음을 겸허하게 되새겼다.

이후 몇 달 동안, 나는 그 연결 고리의 힘을 몸소 느꼈다. 힐러리는 고맙게도 전화를 걸어 딸 첼시의 학교를 골랐던 경험과 지혜를 들려주었다. 로절린 카터와는 직접 만났고, 낸시 레이건과는 통화를 했다. 두 분 다 나를 따스하게 응원해주었다. 그날 로라는 2주 뒤에 사샤와 말리아를 데리고 한 번 더 오라고 초대해주면서, 자신의 두 딸 제나와 바버라가 우리 아이들에게—전용 극장의 푹신한 좌석부터 꼭대기 층의 경사로를 타고 미끄러져 내려오는 방법까지—백악관의 "재밌는 부분"을 소개해줄 거라고 했다.

그들의 도움으로 나는 용기백배했다. 무엇이 되었든 내가 얻을 지혜를 나 또한 다음 퍼스트레이디에게 전할 날이 벌써부터 기대되었다.

*   *   *

우리는 매년 그랬듯이 하와이에서 크리스마스 휴가를 보낸 후, 곧바로 워싱턴으로 이사했다. 사샤와 말리아가 겨울방학이 끝나고 다른 친구들처럼 개학에 맞춰서 등교하려면 조금 서둘러야 했다. 취임식까지는 3주 정도 남아서 임시 거처로 시내 중심가에 있는 헤이-애덤스 호텔의 꼭대기 층 방들을 빌렸다. 방에서는 라파예트 광장과 백악관 북쪽 잔디 광장이 내다보였는데, 취임식 퍼레이드를 준비하는지 벌써부터 지붕 덮인 관람석이 설치되고 있었다. 길 건너편 건물에 누군가가 걸어둔 대형 현수막에 "말리아와 사샤를 환영합니다"라고 적힌 걸 보고 나는 목이 메었다.

꼼꼼한 조사와 두 번의 방문과 많은 대화 끝에, 우리는 평판 좋은 퀘이커교 사립학교인 시드웰 프렌즈에 아이들을 보내기로 했다. 사샤는 도시 밖 메릴랜드주 베세스다에 있는 저학년용 분교에 2학년으로, 말리아는 백악관에서 몇 킬로미터 안 떨어진 조용한 동네에 있는 본교에 5학년으로 들어갔다. 이제부터는 둘 다 길게 늘어진 호위 차량들과 무장한 경호 요원들을 대동하고 통학해야 했다. 일부 요원들은 아이들이 수업을 받을 때도 교실 문밖에 서 있고, 쉬는 시간에 뛰놀거나 친구를 만나 놀거나 스포츠 강습을 받으러 갈 때도 따라다닐 터였다.

우리는 이제 바깥세상과 부분적으로 차단되어 밀폐된 보호막 속에서 살았다. 내가 마지막으로 직접 볼일을 보러 가거나 그냥 재미로 공원을 산책한 게 언제였는지도 기억나지 않았다. 모든 행동을 사전에 경호팀 그리고 일정 관리팀과 의논해야 했다. 보호막은 선거운동 때부터 서서히 생겨났다. 버락이 차츰 유명해지자 우리 가족과 군중 사이에 경계를 세울 필요가 있었다. 어떤 때는 친구들과 가족들에게도 경계를 세워야 했다. 보호막 속에 있는 기분은 희한하고 나로서는 딱히 즐겁지 않았지만, 그것이 최선이라는 사실은 이해했다. 정례적인 경찰 호위를 받을 때, 우리가 탄 차는 빨간불에도 멈추지 않았다. 건물 정문으로 드나드는 경우는 드물었고, 가급적 곁길로 난 종업원 전용 출입구나 물품 하역용 출입구로 잽싸게 드나들었다. 경호국 입장에서는 우리가 사람들 눈에 덜 띌수록 좋았다.

사샤와 말리아의 보호막은 좀 다르기를 바랐다. 아이들이 안전하기는 해도 갇히지는 않기를 바랐고, 활동 범위가 우리보다는 넓기를 바랐다. 아이들이 친구를 사귀기를 바랐다. 그 애들이 버락 오바마의 딸이라서가 아니라 다른 이유로 좋아해주는 진짜 친구 말이다. 나는 아이들이 배우고, 모험하고, 실수하고, 극복하기를 바랐다. 또한 학교가 아이들에게 일종의 피난처가 되어주기를, 자기 자신이 될 수 있는 공간이 되어주기를 바랐다. 시드웰 프렌즈는 여러 이유에서 매력적이었는데, 일단 첼시 클린턴이 아버지가 대통령이었을 때 다닌 학교였다. 따라서 그곳 교직원들은 세상에 이름이 알려진 학생의 프라이버시를 보호하는 방법을 알았고, 보안에 관련하여 말리아와 사샤에게 필요한 각종 조치를 이미 갖추고 있어서 우리 때문에 학교 자원을 너무 많이 소비할 일은 없어 보였다. 무엇보다 좋은 것은 학교 분위기였다. 퀘이커교 철학의 핵심은 공동체이다. 어떤 일개인도 남보다 더 대접받는 일은 없어야 한다고 생각했다. 아이들의 아빠를 둘러싸고 거창한 법석이 벌어지는 환경에서 살게 되었으니, 저런 관점이 건전한 균형을 잡아줄 듯했다.

등교 첫날, 버락과 나는 호텔 방에서 말리아와 사샤와 함께 아침을 먹고 아이들이 코트 입는 걸 거들어주었다. 버락은 참지 못하고 기어이 전학 첫날 살아남는 지혜를 미주알고주알 당부했고(웃어라, 친절하게 대해라, 선생님 말씀 잘 들어라), 아이들이 보라색 책가방을 멜 때 마지막으로 덧붙였다. "그리고 절대 코를 파면 안 돼!"

우리는 복도에서 어머니를 만나 함께 엘리베이터를 타고 내려갔다.

호텔 앞에는 경호국이 보안을 위해 가림막을 쳐두었다. 우리 가족 사진을 찍으려고 사진기자들과 방송국 카메라들이 정문에 진을 치고 있었기 때문이다. 전날 밤에야 시카고에서 날아온 버락은 아이들 학교에 따라가고 싶은 마음을 참아야 했다. 그러면 너무 큰 법석이 일 터였다. 버락의 차량 행렬은 너무 길었고, 그의 존재는 이제 너무 무거웠다. 사샤와 말리아가 포옹하며 인사할 때, 그의 얼굴에 괴로움이 스쳤다.

어머니와 나는 아이들과 함께 이제 딸들의 스쿨버스가 된, 방탄유리에 선팅을 한 까만 SUV에 탔다. 그날 아침 일부러 더 웃고 농담하면서 아이들에게 자신감의 모범을 보이려 애썼지만, 속으로는 마치 위험 상황에 한 발짝 한 발짝 다가서는 듯이 점차 초조해졌다. 우리는 먼저 고학년 학교로 갔다. 말리아와 나는 차에서 내려 착 달라붙은 경호 요원들과 함께 두 줄로 늘어선 카메라 사이를 지나 서둘러 건물로 들어갔다. 말리아를 새 선생님에게 데려다준 뒤, 차량 행렬은 베세스다로 향했다. 그곳에서도 똑같은 과정을 거쳐 건물로 들어선 다음, 낮은 책상과 큰 창이 어여쁜 교실에 아이를 들여보냈다. 그곳이 사샤에게 안전하고 행복한 공간이기를 기도하면서.

나는 차로 돌아와서 보호막에 감싸인 채 호텔로 복귀했다. 바쁜 하루가 기다리고 있었다. 빡빡한 일정으로 쉴 틈 없는 하루였다. 하지만 내 정신은 종일 아이들에게 쏠려 있었다. 아이들은 어떤 하루를 보내고 있을까? 무얼 먹을까? 다른 아이들의 버거운 시선을 받을까, 아니면 편한 분위기일까? 그날 아침 등굣길에 찍힌 사샤의 사진이 언론에 보도된 걸 나중에 보고 나는 눈물을 터트렸다. 아마 내가 말리아를 데려다주려고 차에서 내리고, 사샤가 어머니와 단둘이 차에 남았을 때 찍은 사진 같았다. 사샤는 작고 둥근 얼굴을 차창에 붙이고는 생각에 잠긴 듯 밖을 보고 있었다. 동그랗게 뜬 눈으로 밖에 몰려선 사진기자들과 구경꾼들을 바라보는 아이의 머릿속에 무슨 생각이 스쳤는지는 알 수 없지만, 표정만은 진지했다.

우리는 아이들에게 너무 많은 걸 요구하고 있었다. 이런 생각은 그날 하루만이 아니라 이후 몇 달, 몇 년이 지나도록 내 머릿속을 떠나지 않았다.

*　　*　　*

인수인계 과정은 한숨 돌릴 틈 없이 빠르게 진행되었다. 나는 시급해 보이는 수백 가지 결정을 내려야 했다. 백악관 관저의 수건과 치약부터 주방 세제와 맥주까지 온갖 물품을 골라야 했고, 취임식과 이후 무도회에서 입을 드레스를 골라야 했고, 취임식에 약 150명의 친구와 친척을 초대할 계획을 세워야 했다. 나는 멀리사와 인수인계팀 직원들에게 맡길 수 있는 일이라면 뭐든지 맡겼다. 또 시카고의 친구에게서 소개받은 유능한 인테리어 디자이너 마이클 스미스의 도움을 받아 관저와 집무실에서 쓸 가구를 고르고 실내장식을 새롭게 했다.

연방정부가 대통령 당선인에게 이사와 단장에 쓸 비용으로 10만 달러를 주게 되어 있었지만, 버락은 우리 돈으로 다 내겠다고 고집했다. 자신의 책 인세를 모아둔 저금을 쓰면 된다고 했다. 내가 아는 한 그는 늘 이런 식이었다. 돈과 윤리 문제라면 엄청나게 경계했고, 법에 규정된 수준보다 더 높은 기준을 지키려고 했다. 흑인 사회에는 오래된 금언이 하나 있다. **남들보다 두 배 이상 잘해야 절반이라도 인정받는다.** 백악관에서 살게 된 최초의 흑인 가족으로서, 우리는 흑인을 대표하는 존재로 비칠 터였다. 실수나 판단 착오를 하나라도 저질렀다가는 어떻게 침소 봉대될지 알 수 없었다.

나는 인테리어나 취임식 계획보다는 내 새로운 역할로 뭘 할 수 있을까 궁리하는 데 더 관심을 쏟고 있었다. 사실 내가 무언가를 **반드시** 해야만 하는 건 아니었다. 직무 기술서가 없다는 것은 곧 직무 요건도 없다는 뜻이었고, 다시 말해 자유롭게 목표를 정해도 좋다는 뜻이었다. 무엇이 되었든 내 활동이 새 행정부의 거시적 목표 달성에도 도움이 되면 좋을 듯했다.

다행스럽게도, 두 아이는 등교 첫날 즐거운 모습으로 돌아왔다. 둘째 날도 셋째 날도 그랬다. 사샤는 난생처음 숙제를 받아 왔다. 말리아는 벌써 교내 합창 공연에서 노래하기로 했다. 가끔 다른 학년 아이들이 사샤나 말리아를 보고 멍하니 바라보다가 한 박자 늦게 놀란 표정을 짓는 일이 있다고 했지만, 아무튼 모두 친절하다고 했다. 하루하루 흐르면서, 시드웰 프렌즈로 향하는 차량 행렬이 차츰 일상으로 느껴졌다. 일주일이 지나고 괜찮겠다 싶어지자, 일상적인 등굣길에는 어머니만 따라가기 시작했다. 내가 빠지면 경호 요원, 차량, 총의 수가 줄었기 때문에 등하교가 그만큼 덜 소란스러워졌다.

어머니는 원래 워싱턴으로 오고 싶어 하지 않았다. 하지만 내가 밀어붙였다. 아이들에게는 어머니가 필요했고, 내게도 필요했다. 또 어머니에게도 우리가 필요하다고 믿고 싶었다. 어머니는 지난 몇 년 동안 우리 일상에 붙박인 존재였고, 어머니의 현실적인 태도는 모두의 걱정을 달래주는 좋은 약이었다. 하지만 칠십 평생을 시카고에서만 살아온 어머니는 사우스사이드 동네와 유클리드가의 집을 떠나는 걸 내키지 않아 했다. ("그 사람들을 사랑하긴 하지만, 내 집도 사랑한답니다." 어머니는 선거 후 한 기자에게 조금도 얼버무리지 않고 이렇게 말했다. "백악관은 박물관 같아서요.

박물관에서 어떻게 자나요?")

나는 워싱턴으로 이사하면 온갖 흥미로운 사람들을 만날 수 있다고, 요리와 청소를 직접 할 필요가 없다고, 백악관 꼭대기 층에서 지금 집보다 더 넓은 공간을 사용할 수 있다고 어머니를 설득했다. 그러나 어머니에게는 그런 게 의미가 없었다. 어떤 화려함과 과장에도 휘둘리지 않는 분이었다.

결국 오빠에게 전화해서 부탁했다. "나 대신 엄마한테 좀 말해줘. 제발 승낙 좀 받아줘."

어떻게 했는지는 몰라도, 오빠의 설득이 통했다. 오빠는 필요할 때면 우격다짐도 부릴 줄 알았다.

결국 어머니는 이후 8년 동안 우리와 함께 워싱턴에서 살았다. 그동안에도 줄곧 자신은 임시로 있는 것뿐이라고, 아이들이 자리 잡을 때까지만 머물겠다고 말했다. 어머니는 보호막에 갇히기도 거부했다. 자신의 존재가 드러나지 않고 늘 가볍게 다닐 수 있게끔 비밀경호국의 보호를 거절했고, 언론을 피했다. 자기 빨래를 손수 하겠다고 고집해서 백악관 가사 담당 직원들을 매료했고, 내키는 대로 자유롭게 관저를 드나들었다. 필요한 게 있으면 나가서 가까운 편의점이나 할인점에 갔고, 새롭게 사귄 친구들과 정기적으로 점심을 먹었다. 낯선 사람이 어머니에게 미셸 오바마의 어머니 아니냐고 물으면, 어깨를 으쓱하면서 "그러게요, 그런 말 많이 들어요" 하고 대꾸한 뒤 보던 용무를 마저 보았다. 어머니는 늘 그랬듯이 자기 방식대로 살았다.

★　　　★　　　★

취임식에는 온 가족이 참석했다. 내 이모, 삼촌, 사촌 들이 왔다. 하이드

파크의 친구들, 내 여자 친구들과 그 배우자들도 왔다. 모두가 아이들을 데려왔다. 우리는 취임식 주간에 어른들과 아이들을 위한 행사를 이중으로 계획했다. 아이들을 위한 공연을 따로 마련했고, 전통적으로 선서식 직후에 의사당에서 열리는 오찬 중에는 아이들이 따로 점심을 먹을 수 있도록 준비했고, 어른들이 축하 무도회에 갈 때 아이들은 백악관에서 보물찾기와 파티를 즐기도록 했다.

선거운동 막판 몇 달 동안 우리가 받은 뜻밖의 선물은 우리 가족과 조 바이든 가족이 자연스럽고 조화롭게 어우러진 것이었다. 버락과 조는 불과 몇 달 전만 해도 정치적 경쟁자였지만 자연스러운 교감을 형성했다. 둘 다 업무의 진지함과 가족의 가벼움 사이를 힘들이지 않고 오갈 줄 아는 사람이었다.

나는 조의 아내 질이 단박에 좋았다. 그녀의 온화하면서도 강직한 태도와 근면함이 존경스러웠다. 조는 첫 부인과 아직 아기였던 딸을 비극적인 교통사고로 잃었고, 그로부터 5년이 지난 1977년에 질과 재혼했다. 질은 남은 두 아들의 새어머니가 되었고, 둘 사이에서도 나중에 딸이 태어났다. 질은 얼마 전에 교육학 박사 학위를 땄고, 조가 상원의원으로 일할 때는 물론이거니와 두 차례 대통령 선거운동을 펼치는 중에도 델라웨어의 한 전문대학에서 영문학을 가르쳤다. 그리고 질도 나처럼 군인 가정 지원에 관심이 많았다. 더구나 그 문제에 직접적인 관련도 있었다. 맏아들 보 바이든이 주방위군으로 이라크에서 복무하고 있었기 때문이다. 군은 그가 워싱턴으로 와서 아버지의 부통령 선서식을 참관할 수 있도록 짧은 휴가를 내주었다.

그리고 바이든 집안의 다섯 손주가 있었다. 모두 조와 질처럼 활달하고 겸손한 아이들이었다. 아이들은 덴버에서 열린 민주당 전당대회에 나타나서 사샤와 말리아를 단숨에 그 시끌벅적한 품으로 끌어들여 자기네 호텔 방에서 자고 가게 했고, 주변의 정치 따위는 무시한 채 새 친구를 사귀는 데 열중했다. 바이든 꼬마들이 곁에 있으면 늘 고마울 뿐이었다.

취임식 날은 살을 에는 듯 추웠다. 바람 때문에 체감온도가 영하 10도는 되는 것 같았다. 아침에 버락과 나는 아이들, 어머니, 오빠 부부, 마야 부부, 마마 카예와 함께 교회로 갔다. 듣자 하니 내셔널몰 광장에서는 동트기 전부터 사람들이 모여서 취임식 행사를 기다린다고 했다. 이날 나는 제대로 오한이 들 터였지만, 그렇게 많은 사람이 나보다 더 오래 바깥에 서 있었다는 사실을 언제까지나 잊지 못할 것이다. 이 사람들은 살을 에는 추위에도 불구하고 우리의 취임식이 직접 지켜볼 가치가 있다고 생각한 것이었다. 그날 내셔널몰에 몰린 인파는 200만 명에 육박했다. 전국에서 몰려든 사람들이 의사당부터 워싱턴 기념탑 너머까지 1.5킬로미터 넘게 운집하여 다양성과 활력과 희망의 바다를 이루었다.

교회를 나온 버락과 나는 백악관으로 가서 조와 질에게 합류했고, 부시 대통령 부부, 딕 체니 부통령 부부와 함께 커피와 차를 마신 후, 다 함께 선서식이 열릴 의사당으로 이동했다. 이즈음 버락은 이미 미국의 핵무기고에 접근할 수 있는 보안 코드를 넘겨받았고 그 사용법도 간단히 들었다. 이제부터는 그가 어디를 가든 군사 보좌관이 핵무기 발사 코드와 고성능 통신 장치를 탑재한 20킬로그램짜리 서류 가방을 들고 따라다닐 터였다. 이른바 '핵풋볼nuclear football'로 불리는 그 물건 또한 무거운 책임이었다.

취임식은 또 한 번 세상이 희한하고 느리게 흘러가는 듯 느껴진 경험이었다. 규모가 너무 방대해서 모두 받아들이기가 불가능한 지경이었다. 우리는 식에 앞서서 의사당의 조용한 방으로 안내되었다. 그곳에서 아이들은 간식을 먹었고, 버락과 나는 150년 전에 에이브러햄 링컨이 소유했던 작고 붉은 성경에 손을 얹고 선서하는 연습을 몇 분간 했다.

그동안 우리 친구들과 친척들과 동료들은 바깥에서 각자 지정된 자리에 찾아가 앉았다. 그렇게 많은 유색인종이 미국 대통령 취임식에 VIP로 초청되어 관중과 전 세계 시청자 앞에 앉는 것은 역사상 처음 있는 일이 었으리라. 하지만 이 생각도 뒤늦게야 머릿속에 떠올랐다.

버락과 나는 이날이 많은 미국인에게, 특히 민권운동에 참여했던 이들에게 각별한 의미가 있음을 잘 알았다. 버락이 잊지 않고 손님 명단에 포함시킨 사람들 중에는 역사적인 '터스키기 에어맨'이 있었다. 2차 세계대전에서 싸웠던 그들은 조종사도 지상 근무원도 전원 흑인으로 구성된 공군 부대였다. 이른바 '리틀록 나인'으로 불리는 인물들도 초대되었다. 1957년, 그 9명의 흑인 학생들은 연방대법원이 '브라운 대 교육위원회' 판결로 위법으로 인정한 인종 분리 교육에 맞설 작정으로 이전까지 백인만 다녔던 아칸소주의 리틀록 센트럴 고등학교에 등록했고, 이후 여러 달 동안 잔인한 괴롭힘을 견뎌야 했다. 이제는 9명 모두 노인이 되었다. 희끗해진 머리카락과 굽은 어깨가 그들이 겪어온 세월과 후세대를 위해 감당했던 무게를 증언하는 듯했다. 버락은 종종 자신이 백악관의 계단을 오르겠다는 꿈을 품을 수 있었던 것은 리틀록 나인이 센트럴 고등학교의 계단을 오를 용기를 냈던 덕분이라고 말하곤 했다. 우리가 속한 역사의 모든 연속성 중에서도 이것이야말로 아마 가장 중요한 연속성이었다.

정각 12시경, 우리는 두 딸과 함께 국가 앞에 섰다. 아직까지 기억나는 것은 사소한 것들뿐이다. 바로 그 순간 버락의 이마에 쏟아지던 환한 햇살, 연방대법원장 존 로버츠가 의례를 개시하자 청중이 일제히 목소리를 낮췄던 것, 어른들 틈바구니에서 존재감을 발휘하기에는 너무 작았던 사샤가 사람들 시선에 잡히기 위해 발판을 딛고 자랑스럽게 서 있던 모습, 청명했던 공기. 나는 링컨의 성경을 들어올렸다. 버락은 그 위에 왼손을 얹고, 헌법을 수호하겠다고 맹세했다. 몇 개의 짧은 문장을 복창함으로써, 그는 미국의 모든 문제를 떠맡겠다는 데 엄숙하게 동의했다. 엄숙한 순간이었지만 기쁜 순간이기도 했다. 그런 감정은 버락의 취임 연설에도 담겨 있었다.

버락은 말했다. "오늘 이날, 우리가 이 자리에 모인 것은 두려움 대신 희망을, 갈등과 반목 대신 통일된 목표를 선택했기 때문입니다."

저 진실을, 오들오들 떨면서 취임식을 지켜보는 사람들의 얼굴에서도 읽어낼 수 있었다. 사람들은 사방으로, 내 눈길이 다 닿지 못할 만큼 멀리까지 뻗어 있었다. 수많은 사람이 내셔널몰과 퍼레이드가 지나가는 길을 빈틈없이 메웠다. 우리 가족이 그들 품에 안긴 기분이었다. 우리는 이 자리에서 함께 약속을 맺는 셈이었다. 여러분을 위해서 우리가 있고, 우리를 위해서 여러분이 있겠다는 약속을.

★　　★　　★

말리아와 사샤는 대중 앞에 나선다는 것이 어떤 일인지를 금방 체득했다. 내가 그 사실을 깨달은 것은 우리가 탄 대통령 리무진이 축하 퍼레이드를 이끌고 천천히 백악관으로 향할 때였다. 그 전에 버락과 나는 의사당에서 해병대 헬리콥터에 올라 떠나는 조지 부시와 로라 부시에게 손을 흔들어 작별 인사를 했다. 점심도 먹었다. 버락과 나는 의사당 내의 장엄한 대리석 홀에서 새 각료, 의원, 대법관 들이 포함된 약 200명의 손님과 함께 오리 가슴살 요리를 먹었고, 그동안 아이들은 바이든 집안 꼬마들에 사촌들까지 모두 함께 근처 다른 방에서 제일 좋아하는 음식으로—치킨 핑거와 마카로니 앤드 치즈—성찬을 즐겼다.

나는 두 아이가 취임식 내내 꼼지락거리거나 구부정하게 늘어지거나 미소 짓기를 까먹지 않고 완벽하게 처신한 것이 놀라웠다. 우리가 탄 차량 행렬이 펜실베이니아가를 지나가는 동안에도 수많은 사람이 길가에서서 혹은 TV로 우리를 지켜보았지만, 차창이 진하게 선팅되어 있기 때문에 안이 잘 들여다보이지는 않았다. 그러다가 버락과 내가 잠시 차에서 내려 걸으면서 사람들에게 손 흔들 때, 말리아와 사샤는 천천히 달리는 리무진의 따스한 실내에 남았다. 그제야 아이들은 자신들이 사람들 눈에 띄지 않는 곳에 둘만 남았다는 사실을 깨달은 듯했다.

버락과 내가 도로 차에 탔을 때, 두 아이는 취임식에서 보여준 의젓함을 온데간데없이 떨쳐내고 숨차게 웃고 있었다. 모자를 벗어 서로의 머리카락을 엉클어뜨렸으며, 간지럼 태우기 싸움에 돌입하여 마구 몸부림치고 있었다. 아이들은 그러다가 마침내 지쳐서 늘어졌고, 나머지 시간은 보통 때처럼 좌석에 다리를 죽 뻗고 앉아서 자동차 오디오에서 쾅쾅 울리는 비욘세를 들으면서 갔다.

버락과 나는 그때 비로소 달콤한 안도감 같은 걸 느꼈다. 우리는 이제 대통령 가족이었지만, 그래도 여전히 우리였다.

해가 지자 기온이 더 떨어졌다. 피로라고는 모르는 조 바이든과 함께 이후 두 시간 동안 백악관 앞 야외에 설치된 사열대에 앉아 미국 50개 주에서 온 밴드들과 장식 차량들이 펜실베이니아가를 행진하는 걸 지켜보았다. 어느 시점부터 발가락이 느껴지지 않았다. 누가 건네준 담요로 다리와 발을 싸매도 소용없었다. 사열대에 앉은 손님들은 저녁 무도회 준비를 해야겠다며 하나둘 자리를 떴다.

마지막 밴드가 행진을 마친 것은 저녁 7시가 다 되어서였다. 버락과 나는 어둠 속을 걸어서 백악관으로 들어갔다. 그곳에 사는 사람으로서 들어간 것은 처음이었다. 그날 오후, 백악관 직원들이 부시 일가의 물건을 내보내고 우리 물건을 들여놓아 관저는 바닥부터 천장까지 싹 바뀌어 있었다. 고작 다섯 시간 만에, 그들은 전 대통령의 개들이 남긴 자취 때문에 말리아의 알레르기가 도지지 않도록 카펫을 스팀 청소하는 작업까지 마쳤다. 새 가구를 들여와서 배치했고, 꽃을 새로 꽂았다. 버락과 내가 위층으로 올라가는 엘리베이터를 탄 시점에는 우리 옷들이 옷장에 가지런히 정리되어 있었고, 주방 찬장에는 우리가 좋아하는 음식이 쟁여져 있었다. 관저에서 일하는 집사들은 주로 우리 또래 아니면 연상의 흑인 남성들이었는데, 우리가 필요로 하는 것이 있으면 뭐든지 도울 채비를 갖추고 서 있었다.

나는 너무 추워서 주변이 제대로 눈에 들어오지도 않았다. 우리는 한 시간도 못 되어 다시 나가야 했다. 그날 밤 예정된 열 개의 취임 축하 무도회 중 첫 장소로 가야 했다. 위층에는 아직 낯선 존재인 집사들 외에는 사람이 거의 없었다. 닫힌 문을 줄줄이 지나쳐서 긴 복도를 걸어가자니 약간 외로웠다. 지난 2년 동안 나는 언제나 사람들에게 둘러싸여 있었다. 멀리사와 케이티와 크리스틴이 늘 곁에 있었다. 그런데 이제 나 혼자뿐인 것 같았다. 아이들은 백악관의 다른 곳에서 열리는 아이들만의 파티에 간 뒤였다. 어머니와 오빠와 마야도 관저에 묵었지만, 다들 그날 밤의 축제를 즐기려고 떠난 뒤였다. 내 머리를 매만져줄 미용사가 기다리고 있었다. 내가 입을 드레스가 옷걸이에 걸려 있었다. 버락은 샤워를 하고 턱시도를 입으러 사라졌다.

우리 가족에게, 그리고 바라기로는 미국 전체에도 놀랍고 상징적인 하루였지만, 내게는 울트라마라톤 같은 하루이기도 했다. 혼자 따뜻한 욕조 물에 몸 담그고 다음 일정을 위해 재충전할 시간이 5분 정도밖에 없었다. 그다음에는 샘 카스가 만들어둔 스테이크와 감자 요리를 몇 입 먹었다. 머리와 화장을 새로 단장받은 뒤, 그날 밤을 위해서 골라둔 아이보리색 실크 시폰 드레스를 걸쳤다. 제이슨 우라는 젊은 디자이너가 나를 위해서 만들어준 드레스였다. 어깨끈이 한쪽만 있는 스타일이었고, 드레스 전체에 오간자 천으로 만든 섬세한 꽃을 점점이 매달아놨는데, 꽃마다 중심에 작은 크리스털이 박혀 있었다. 풍성한 치맛자락은 길게 늘어져서 바닥을 덮었다.

나는 그때까지 드레스를 걸쳐본 적이 거의 없었다. 하지만 제이슨 우의 작품은 작은 기적을 발휘하여, 더는 남들에게 보여줄 내가 없다고 느끼던 시점에 스스로를 다시 부드럽고 아름답고 개방적인 존재로 느끼게끔 만들어주었다. 그 드레스는 우리 가족의 변신에 깃든 꿈결 같은 분위기를 되살렸고, 앞으로도 멋진 것을 더 많이 경험하게 되리라는 사실을 일깨워주었다. 본격적인 무도회장의 공주님까지는 아니더라도, 최소한 인생의 다음 단계에 오를 준비를 갖춘 여성으로 변신시켜주었다. 나는 이제 미합중국 대통령 버락의 아내인 미합중국 퍼스트레이디였다. 이 순간은 그 사실을 축하할 때였다.

그날 밤, 버락과 나는 맨 먼저 '이웃 무도회'로 갔다. 역사상 처음으로 일반 대중에게 널리 공개된 그 무도회에서, 비욘세가—진짜 비욘세가—버락과 내가 사람들 앞에서 춤출 때 쓸 배경음악으로 고른 R&B 명곡 '마침내At Last'를 놀라운 목소리로 열창해주었다. 우리는 이어서 '고향 무도회'로 갔고, '총사령관 무도회'로 갔고, '청년 무도회'로 갔고, 그러고도 여섯 군데를 더 돌았다. 각 무도회에서 머무른 시간은 길지 않았고, 매번 한 일도 거의 같았다. 우선 밴드가 '대통령 찬가'를 연주하면, 버락이 참석자들에게 몇 마디 말을 건넸다. 우리는 감사의 마음을 전달하려고 애썼고, 그다음에는 모두가 서서 지켜보는 와중에 또 한 번 '마침내'에 맞춰서 천천히 춤을 추었다.

나는 매번 남편을 꼭 붙잡고 눈을 맞추며 마음을 진정시켰다. 우리는 20년 전과 다름없이 서로 180도 다른 음양의 한 쌍이었고, 여전히 본능적이고 굳건한 사랑으로 이어진 한 쌍이었다. 이 사실만큼은 내가 언제든 기꺼이 보여줄 수 있는 모습이었다.

하지만 밤이 깊어지자, 차츰 피로로 늘어졌다.

그날 밤 최고의 대목은 맨 마지막에 기다리고 있었다. 다시 백악관에서 약 200명의 친구들을 위한 사적인 파티가 준비되어 있었다. 우리는 마침내 긴장을 풀고, 샴페인도 좀 마시고, 남들에게 비치는 모습을 신경 쓰지 않고 즐길 수 있을 터였다. 나는 분명 구두도 벗을 것 같았다.

우리가 도착한 시각은 새벽 2시에 가까웠다. 버락과 내가 대리석 홀을 가로질러서 이스트룸으로 가보니, 벌써 파티가 한창이었다. 음료가 콸콸 흘렀고, 우아하게 차려입은 사람들이 반짝거리는 샹들리에 밑에서 빙글빙글 돌았다. 안쪽 작은 무대에서 트럼펫 연주자 윈턴 마살리스가 밴드와 재즈를 연주하고 있었다. 내 인생의 거의 모든 단계에서 온 친구들이 보였다. 프린스턴 친구들, 하버드 친구들, 시카고 친구들, 친가와 외가 가족도 잔뜩. 그들은 내가 함께 웃고 싶은 사람들이었다. **우리가 어쩌다 이곳에 있게 됐지?** 하고 말하고 싶은 사람들이었다.

하지만 나는 녹초였다. 한계였다. 게다가 내일 일도 떠올랐다. 이튿날 오전에―정확히 말하자면 몇 시간 뒤에―취임 기념 국가 기도회에 가야 했고, 그다음에는 백악관으로 찾아올 국민 대표 200명을 맞아야 했다. 버락이 내 표정을 읽고 말했다. "여기 꼭 있을 필요는 없어. 괜찮아."

파티장의 사람들이 나와 이야기를 나누고 싶어 하는 열띤 표정으로 다가왔다. 저기 후원자가 보였다. 여기 대도시 시장이 보였다. 사람들이 "미셸! 미셸!" 하고 불렀다. 나는 너무 피곤해서 울음이 터질 것 같았다.

버락은 한 발을 쑥 내딛더니 금세 파티장 속으로 삼켜졌다. 나는 잠시 우두커니 서 있다가, 몸을 빙글 돌려서 도망쳤다. 퍼스트레이디다운 발언을 할 기력도, 심지어 친구들에게 손 흔들 기력도 없었다. 붉고 두꺼운 카펫을 재빨리 걸어가서, 뒤따르는 경호 요원을 무시하고, 다른 모든 것도 무시한 채, 관저로 올라가는 엘리베이터를 올라탔다. 그러고는 낯선 복도를 걸어 낯선 침실로 들어간 뒤, 신발과 드레스를 벗고 낯선 침대에 기어들었다.

20

사람들은 백악관에서 사는 건 어떤 기분이냐고 묻는다. 그러면 나는 화려한 호텔에서 산다고 상상하는 것과 비슷하겠지만 그 화려한 호텔에 다른 손님은 아무도 없고 당신 가족만 있는 셈이라고 대답한다. 백악관에는 사방에 생화가 있고, 거의 매일 새 꽃이 꽂힌다. 건물 자체는 오래된 것처럼 느껴지고 좀 위압적인 느낌도 든다. 워낙 벽이 두껍고 나무 바닥도 단단해서, 실내에서 발생하는 모든 소리가 금세 흡수되어 사라지는 것 같다. 방탄유리로 된 창은 크고 높고 보안 차원에서 늘 꽉 닫혀 있어서 고요함을 가중한다. 공간은 먼지 한 점 없이 깨끗하다. 안내인, 요리사, 가사 관리인, 플로리스트를 비롯한 직원들이 있고 전기 기사, 화가, 배관공도 있다. 모두가 정중한 태도로 살며시 드나들고, 눈에 띄지 않으려고 애쓰며, 우리가 방을 나간 뒤에야 살짝 들어와서 수건을 갈거나 협탁 위의 작은 화병에 치자꽃을 새로 꽂거나 한다.

방은 크다. 모든 방이 크다. 욕실과 옷장마저도 내가 평생 봤던 것과는 차원이 다른 크기다. 버락과 나는 모든 방을 집답게 아늑하게 꾸미려면 가구를 정말 많이 들여야 한다는 걸 알고 놀랐다. 우리 침실에는 킹 사이즈 침대뿐 아니라—그것도 네 모서리에 아름다운 기둥이 있고 그 위로 베이지색 캐노피가 드리워진 침대다—벽난로가 있었고, 그 앞에 소파와 커피 테이블과 천을 씌운 의자 두 개로 구성한 휴식 공간이 있었다. 관저에 사는 가족 다섯 명이 각자 하나씩 욕실 다섯 개를 썼고, 그 외에도 여분의 욕실이 열 개 더 있었다. 내게는 그냥 옷장만이 아니라 널찍한 드레스룸이 주어졌다. 로라 부시가 장미 정원이 내다보인다고 알려준 그 방이었다. 그 방은 사실상 사적인 사무실처럼 쓰이게 되었는데, 그곳에서는 고맙게도 모두의 시선에서 벗어날 수 있었다. 티셔츠와 운동복 바지 차림으로 조용히 글을 읽거나, 일하거나, TV를 볼 수 있는 공간이었다.

우리가 이런 식으로 살게 된 것이 얼마나 큰 행운인지는 잘 알았다. 부부 침실 하나만 해도 내가 어릴 때 온 가족이 썼던 유클리드가의 집 2층 전체보다 넓었다. 침실 문밖에는 모네의 그림이 걸려 있었고, 가족 식당에는 드가의 청동상이 서 있었다. 사우스사이드 출신인 내가 이제 일류 인테리어 디자이너가 꾸민 방에서 자고 요리사에게 아침을 특별 주문할 수 있는 두 딸을 키우는 것이었다.

가끔 그런 생각을 떠올리면 약간 현기증이 났다.

나는 그 공간의 격식을 나름대로 누그러뜨리려고 애썼다. 가사 담당 직원들에게 우리 두 딸은 시카고에서 그랬던 것처럼 앞으로도 매일 아침 자기 침대는 스스로 정돈할 것이라고 분명히 알렸다. 말리아와 사샤에게는 예전에 그랬던 것처럼 앞으로도 늘 공손하고 예의 바르게 행동하라고 당부했고, 꼭 필요하거나 스스로 할 수 없는 일이 아니고서는 직원들에게 부탁하지 말라고 일렀다. 하지만 한편으로는 딸들이 백악관에 스민 딱딱함으로부터 얼마간 벗어나기를 바랐다. **그래, 복도에서 공놀이해도 돼.** 나는 아이들에게 허락했다. **그래, 찬장 뒤져서 간식 찾아 먹어도 돼.** 또 밖에 놀러 나가고 싶을 때 일일이 허락을 받을 필요는 없다고 말했다. 한번은 눈이 내린 오후, 문득 창을 내다보았다가 두 아이가 주방 직원에게 빌린 플라스틱 쟁반을 썰매 삼아 남쪽 잔디 광장 경사면에서 미끄럼 타는 모습을 보고 마음이 훈훈해졌다.

그런데 이 상황에서 중요한 진실은 나와 딸들이 조연일 뿐이라는 점이었다. 우리는 버락에게 주어지는 호화로운 혜택을 나눠 받는 수혜자에 불과했다. 우리가 중요한 존재인 것은 우리가 행복해야 버락이 행복하기 때문이었고, 우리가 보호받는 것은 만약 우리가 안전하지 않다면 버락이 맑은 정신으로 나라를 이끌 수 없기 때문이었다. 백악관은 단 한 사람의 안녕, 효율, 힘을 극대화하기 위한 목적만으로 운영되는 곳이고, 그 한 사람은 물론 대통령이다. 버락은 이제 그를 진귀한 보석처럼 취급하는 것이 임무인 사람들에게 둘러싸여 있었다. 가끔은 집안의 모든 일이 남성 가장의 욕구를 중심으로 돌아가던 옛 시절로 회귀한 것 같은 느낌이었고, 딸들이 그런 상황을 정상으로 여기지 말아야 할 텐데 싶었다. 버락도 자신에게 그렇게 관심이 집중되는 것을 불편해했지만, 그가 통제할 수 있는 일이 아니었다.

버락에게는 이제 우편물을 대신 읽고 답해주는 직원만 약 50명 있었다. 그가 가야 하는 곳이라면 어디든 실어다주는 전용 헬리콥터가 항시 대기하고 있었고, 그가 현안에 관한 최신 정보를 업데이트하여 적절한 결정을 내릴 수 있도록 매일 두꺼운 브리핑 자료를 작성해주는 직원이 6명 있었다. 그의 영양 섭취를 돌보는 요리사들이 있었고, 혹시라도 있을지 모르는 식품 오염으로부터 우리를 보호하기 위해서 익명으로 여러 가게에서 식료품을 조달해오는 구입 담당자도 여러 명 있었다.

내가 아는 한, 버락은 쇼핑이나 요리나 집을 보수하는 일에서 즐거움을 느낀 적이 단 한 번도 없었다. 그는 지하실에 공구를 갖춰두는 타입이 아니었고, 리소토를 만들거나 울타리를 다듬으면서 업무 스트레스를 날리는 타입도 아니었다. 그러니 그로서는 집안일에 관한 의무와 걱정을 몽땅 떨칠 수 있는 것이 그저 기쁠 따름이었다. 덕분에 그의 두뇌가 구속받지 않고 더 큰 문제를 자유롭게 고민할 수 있을 테니까. 그리고 그런 큰 문제가 부족할 일은 전혀 없었다.

이제 그에게는 세탁을 담당하는 군인 직원이 셋씩이나 있었다. 나로서는 가장 재밌는 부분이었다. 그들은 버락의 옷장을 관리하면서 구두에 광이 잘 나 있는지, 셔츠가 잘 다려져 있는지, 운동복이 깨끗하게 세탁되어 잘 개켜져 있는지 점검했다. 백악관에서의 일상은 '굴'에서의 일상과는 전혀 달랐다.

"요즘 내가 얼마나 깔끔한지 눈치챘어?" 어느 날, 아침을 먹는 자리에서 버락이 희희낙락한 표정으로 말했다. "내 옷장 열어봤어?"

"봤지." 나도 미소 지으며 대꾸했다. "그리고 자기는 거기에 요만큼도 기여한 바가 없지."

★   ★   ★

임기 첫 달에, 버락은 노동자들이 성별이나 인종이나 나이 같은 요소로 임금 차별을 받지 않도록 보호하는 '릴리 레드베터 공정임금법Lilly Led-better Fair Pay Act'에 서명했다. 심문 중 고문 사용을 금지시켰고, 향후 1년 안에 관타나모의 포로 구류 시설을 닫기로 계획했다(결국 성공하지는 못했다). 백악관 직원들이 로비스트와의 관계에서 지켜야 할 윤리 강령을 새롭게 점검했다. 무엇보다, 경기 부양 관련 주요 법안을 의회에서 통과시키는 데 성공했다. 공화당 하원의원들은 단 한 명도 찬성표를 던지지 않았다. 내가 보기에 버락은 순조롭게 해나가는 듯했다. 그가 약속했던 변화가 현실이 되고 있었다.

게다가 그는 이제 시간에 맞춰서 저녁 식탁에 나타났다.

　나와 아이들에게는 먼 도시의 의회에서 일하는 데다 종종 그보다 더 높은 자리에 도전하느라 선거운동으로 집을 비우기 일쑤였던 아빠와 살다가 백악관에서 미합중국 대통령과 살게 된 변화에 따라온 놀랍고 행복한 소득이었다. 우리가 마침내 아빠를 만날 수 있는 것이었다. 버락의 일상은 이제 좀 더 규칙적이었다. 예전과 다름없이 황당할 만큼 오랜 시간을 일했지만, 그래도 저녁 6시 반이 되면 무조건 엘리베이터를 타고 위층으로 올라와서 우리와 저녁을 먹었다. 그러고는 종종 도로 집무실로 내려갔지만. 어머니도 가끔 저녁을 함께했다. 하지만 이미 당신만의 일과가 생겨서, 아침에는 매일 내려와서 인사한 뒤 말리아와 사샤를 학교에 데려다주었지만 저녁에는 보통 우리와 함께하지 않았다. 그 대신 위층 일광욕실에서 퀴즈쇼 〈제퍼디!〉를 시청하면서 저녁을 드셨다. 올라가지 말고 함께 있자고 해도, 어머니는 이렇게 말하면서 거절했다. "너희에게도 너희만의 시간이 필요해."

　백악관에서의 첫 몇 달 동안, 나는 모든 걸 주의 깊게 살펴야 한다는 걸 깨달았다. 일단 백악관에서 사는 데는 돈이 꽤 많이 들었다. 집세는 없었고 각종 요금과 직원 급여도 정부에서 내주었지만, 다른 생활비는 우리가 냈다. 게다가 백악관은 모든 것이 고급 호텔 수준의 품질이라서 자칫하면 생활비가 확 불어났다. 식료품부터 화장지까지 매달 우리가 소비한 모든 것의 세목을 나열한 청구서가 왔다. 이곳에 와서 자고 가거나 함께 식사하는 손님에게 드는 비용도 우리가 치렀다. 나는 요리팀이 내주는 음식도 늘 감시해야 했다. 그들은 미슐랭 스타급을 추구하는 데다가 대통령의 입맛을 만족시키겠다는 열의가 뜨거웠기 때문에, 버락이 무심코 아침으로 먹은 이국적인 과일이나 저녁으로 먹은 초밥이 맛있었다고 말하면, 그 사실을 기억했다가 그 음식을 자꾸 메뉴에 올렸다. 나중에 청구서를 보고서야 그 맛있는 음식이 비싼 돈을 들여 해외에서 공수해오는 것임을 알게 되곤 했다.

하지만 첫 몇 달 동안 내가 가장 많은 주의를 기울인 것은 말리아와 사샤 일이었다. 나는 아이들의 감정을 살폈고, 친구들과 어떻게 지내느냐고 물었다. 아이들이 새 친구를 사귀었다고 말할 때마다, 겉으로는 티 내지 않으려고 애썼지만 속으로는 기뻐서 어쩔 줄 몰랐다. 친구를 백악관에 데려와서 놀게 하거나 나가서 친구를 만나 노는 것에 관한 규정은 없었지만, 우리는 차츰 그 문제에서도 체계를 만들어갔다.

나는 사적인 용도로 쓰는 휴대전화를 가질 수 있었다. 하지만 절친한 친구들, 어떤 목적도 없이 나를 사랑하고 지지해주는 친구 열 명 내외로만 연락하라는 조언을 받았다. 그 외의 연락은 멀리사가 대부분 중재했다. 이제 내 수석 보좌관이 된 멀리사는 내 삶의 윤곽을 누구보다 속속들이 아는 사람이었다. 멀리사는 내 모든 사촌, 대학 친구의 근황을 챙겼다. 나는 그들에게 내 전화번호 대신 멀리사의 것을 주었고, 모든 요청은 멀리사를 거치게 했다. 오래전에 알던 사람들이나 먼 친척들이 난데없이 나타나서 질문을 퍼붓곤 했기 때문에라도 그래야 했다. 버락이 누군가의 졸업식에 와서 축사를 해줄 수 있는지? 내가 누군가의 비영리 재단을 위해서 연설을 해줄 수 있는지? 우리가 이 파티나 저 모금 행사에 와줄 수 있는지? 대부분 좋은 의도에서 나온 요청이었지만, 다 소화하기에는 너무 버거웠다.

아이들의 일상생활 면에서는 젊은 직원들에게 관리를 맡겨야 할 때가 많았다. 우리 팀은 일찌감치 시드웰 프렌즈의 교사들과 행정가들을 만났다. 그 자리에서 학교의 주요 행사 일정을 들어서 기록해두었고, 언론 취재에 관련된 사항에 합의했고, 수업 중 정치나 현안에 관한 주제를 다룰 경우 어떻게 하면 좋겠냐는 질문을 두고 선생님들과 논의했다. 아이들이 학교 밖에서 친구와 만날 약속을 잡기 시작하자, 내 개인 비서가 (정치계에서는 '수행원'으로 부른다) 연락책이 되어서 나 대신 다른 부모들의 전화번호를 받아두고, 아이들을 데려다주고 데리러 가는 시간을 조율했다. 시카고에서 그랬듯이 이곳에서도 나는 아이 친구들의 부모를 가급적 알고 지내려고 애썼다. 몇몇 어머니를 점심 식사에 초대하기도 했고, 학교행사에 참석했을 때는 내가 먼저 다가가서 인사했다. 솔직히, 분위기가 어색할 때도 있었다. 새로 알게 된 사람들이 나와 버락에 관해서 기존에 품었던 생각, TV나 뉴스에서 얻은 정보로 구축했던 이미지를 떨쳐내고 나를 그저 말리아나 사샤의 엄마로 봐주기까지는―그게 가능하다면 말이지만―시간이 걸렸다.

다른 부모들에게 사샤가 줄리아의 생일 파티에 참석하려면 비밀경호국이 먼저 그 집에 들러서 보안 검색을 해야 한다고 설명하는 일은 좀 민망했다. 자기 아이를 우리 아이와 놀게 하려고 백악관에 데려다주는 부모나 보호자에게 사회보장번호를 알려달라고 말하는 것도 민망했다. 모두 민망하지만 그래도 필요한 일이었다. 나는 새로 사람을 사귈 때마다 이런 사소하되 이상한 경계선을 넘어야 한다는 사실이 마뜩지 않았지만, 사샤와 말리아는 나처럼 느끼지 않는다는 사실을 알고 안도했다. 아이들은 친구가 외교접견실에 도착하면―우리는 그곳을 줄여서 '딥 룸'이라고 불렀다―쏜살같이 맞이하러 나가서 손을 와락 부여잡고 키득키득 웃으면서 집 안으로 달려가느라 바빴다. 아이들이 명성에 신경 쓰는 건 고작해야 몇 분이다. 그다음에는 그저 재밌게 놀고 싶어 할 뿐이다.

＊　　　＊　　　＊

일찌감치 안내받은 사실 중 하나는, 퍼스트레이디로서 전통으로 정해진 몇 가지 파티와 저녁 식사를 직원들과 함께 계획하고 실행해야 한다는 것이었다. 시작은 당장에 치러야 했던 주지사 부부 초청 무도회였다. 매년 2월마다 이스트룸에서 열리는, 예장을 갖춘 행사였다. 역시 연례행사인 부활절 계란 굴리기 행사도 있었다. 1878년에 시작된 그 야외 가족 축제에는 수천 명이 모였다. 상하원의원 배우자들에게 경의를 표하는 뜻에서 매년 참석하는 봄철 오찬회도 있었다. 내가 로라 부시가 한 치의 흔들림 없이 웃는 모습으로 수많은 손님과 일일이 기념사진 찍어주는 모습을 목격했던 것이 바로 그 자리였다.

그런 사교 행사는 내가 하고 싶은 활동, 바라건대 좀 더 영향력 있는 활동에 집중하지 못하도록 만드는 것도 같았지만, 그런 행사를 치르면서도 무언가를 추가하거나 원래 것을 현대화함으로써 뻣뻣한 전통을 아주 약간만이라도 바꿀 수 있겠다는 생각도 들었다. 더 넓은 차원에서도, 이미 백악관에 확립된 역사와 전통을 잃지 않으면서도 그 안의 생활을 좀 더 현대적으로 바꿀 수 있으리라고 여겼다. 버락과 나는 서서히 그 방향으로 나아갔다. 이를테면 백악관에 걸린 그림들에서 추상화와 흑인 작가 작품을 늘렸고, 골동품 가구들 틈에 현대적인 가구를 섞었다. 버락은 집무실에 있던 윈스턴 처칠 흉상을 마틴 루서 킹으로 교체했다. 우리는 또 턱시도가 기본 복장인 백악관 집사들에게 공식 행사가 없는 날은 더 편하게 입어도 된다고 허락하고 면바지와 골프 셔츠를 도입했다.

버락과 나는 백악관을 좀 더 민주적인 공간으로 만들고 싶었다. 엘리트적인 느낌을 줄이고 개방적인 느낌을 더하고 싶었다. 백악관 행사에 예복이 익숙한 사람들뿐 아니라 그렇지 않은 보통 사람들도 참가하기를 바랐다. 또한 더 많은 아이들이 오기를 바랐다. 아이들은 모든 것을 한 층 괜찮게 만들어주니까. 부활절 계란 굴리기 행사에도 더 다양한 사람들이 참가했으면 싶어서, 시내 학교에 다니는 아이들과 군인 가정들에 할당되는 티켓을 늘려서 의원을 비롯한 VIP들에게 할당되는 티켓 수에 맞췄다. 마지막으로, 내가 상하원의원의 배우자들과 점심을 함께할 수 있다면, 그들에게 시내에서 열리는 봉사 활동에 함께 가자고 할 수도 있지 않겠는가?

나는 스스로 중요하게 여기는 일이 무엇인지 알았다. 잘 차려입은 인형처럼 파티나 리본 커팅식에만 나타나는 존재가 되고 싶진 않았다. 의미 있고 오래가는 활동을 하고 싶었다. 그래서 정했다. 첫 번째 활동으로는 텃밭을 일구겠다고.

나는 평생 텃밭을 가꿔본 적이 없었다. 하지만 샘 카스 덕분에, 그리고 우리 가족이 좀 더 나은 식생활을 영위할 수 있도록 애써온 덕분에 이제 딸기는 6월에 가장 달콤하고, 상추는 색이 짙을수록 영양소가 많고, 오븐으로 케일 칩을 만드는 것이 그다지 어렵지 않다는 걸 알았다. 딸들이 해콩 샐러드나 꽃양배추를 넣은 마카로니 앤드 치즈를 잘 먹는 모습을 보았다. 또 최근까지만 해도 우리가 식품에 관해서 아는 바는, 대부분 편의를 위해서 모든 식품을 포장하여 얼리거나 가공하여 제공하는 식품 산업의 광고에서 얻었다는 사실을 깨달았다. 바삭한 소리를 강조하는 TV 광고든, 일상에 치이며 서둘러 장을 본 부모를 겨냥한 포장지의 교묘한 문구든. 생각해보면, 신선하고 건강한 먹을거리 광고는 거의 없었다. 신선한 당근이 얼마나 아삭한지, 갓 딴 토마토가 얼마나 달콤한지.

백악관에 텃밭을 일구는 것은 그 문제에 대한 내 대답이었다. 그리고 그것이 더 큰 활동의 시작이 되기를 바랐다. 버락의 행정부는 더 많은 미국인이 감당 가능한 비용으로 의료 서비스를 누릴 수 있도록 하는 정책에 집중했는데, 텃밭은 그것과 연관된 건강한 생활 방식에 관해서도 메시지를 줄 수 있었다. 또한 텃밭은 내가 퍼스트레이디로서 무엇을 성취할 수 있는지를 시험해볼 시운전 격이었다. 내가 생각하는 텃밭은 일종의 야외 교실, 아이들이 먹거리를 기르는 일에 관해서 배울 수 있는 장소였다. 게다가 자연에 관한 일일 뿐 정치와는 무관해 보였고, 내가 부삽을 쥔 여성의 모습으로 수행하는 무해하고 순수한 활동으로 여겨졌다. 그러니 우리의 행동이 대중에게 어떻게 비칠까 염려하여 노상 대중의 '시선'을 들먹이는 웨스트윙 고문들도 달가워할 것이었다.

물론 그 정도로 끝낼 생각은 아니었다. 나는 텃밭을 통해서 사람들과, 특히 각급 학교 및 부모들과 영양에 관한 대화를 나눠볼 계획이었다. 그 대화가 더 나아가서 오늘날 식품의 생산방식, 성분표 기입 방식, 마케팅 방식을 살펴보고 그 현실이 사람들의 건강에 미치는 영향을 논의하는 단계까지 진행되면 좋을 듯했다. 그리고 백악관에서 그런 주제를 언급하는 것은 거대 식품 및 음료 회사들이 수십 년간 추구해온 사업 방식에 암묵적으로 도전하는 셈일 터였다.

솔직히 말해서, 이런 활동이 어떻게 받아들여질지는 예상할 수 없었다. 하지만 이제 백악관 직원으로 합류한 샘에게 텃밭 설치를 추진하도록 지시할 때, 나는 어떻게든 방법을 찾아낼 준비가 되어 있었다.

첫 몇 달 동안 품었던 낙천적인 생각을 누그러뜨린 요소가 하나 있었으니, 바로 정치였다. 우리는 이제 워싱턴에서 살았다. 버락이 정치에 뛰어들기로 결정한 뒤에도 나는 한사코 무시하려고 애써왔던 정치판의 역학 관계, 공화당 대 민주당의 추한 대립 관계를 바로 옆에서 봐야 했다. 버락은 이제 대통령이었으니, 그런 힘에 매일 휘둘리다시피 했다. 취임식도 열리지 않았던 시점에, 우파 성향의 라디오 진행자 러시 림보는 노골적으로 "나는 오바마가 실패하기를 바랍니다"라고 선언했다. 공화당 의원들도 뒤따랐다. 그들은 감세 조치, 그리고 일자리 수백만 개를 보존하거나 신설하는 조치로 경제 위기를 지혈해보려는 버락의 노력에 사사건건 어깃장을 놓았다. 몇몇 지표에 따르면, 버락이 취임한 시점에 미국 경제는 대공황기가 시작되던 시점만큼, 혹은 그보다 더 빠르게 붕괴하고 있었다. 1월 한 달에만 약 75만 개의 일자리가 사라졌다. 선거운동 중에 버락은 우리가 충분히 양당 간 합의를 구축할 수 있으며 미국인들은 사실 분열된 측면보다는 단합된 측면이 더 많다고 주장했는데, 공화당은 이제 고의적인 노력을 기울이면서까지 그의 말이 틀렸다는 걸 보여주려고 했다. 그것도 이렇게 심각한 국가 위기 상황에.

2월 24일 저녁, 버락이 양원 합동 회의에서 연설하는 동안 나는 저런 생각에 잠겨 있었다. 신임 대통령이 하는 그 연설은 사실상 연두교서를 대신하여 한 해의 국정 목표를 개괄한다. 연방대법관, 행정부 각료, 장군, 상하원의원 들이 전부 의사당 하원 회의장에 모인 자리에서 진행되고, 황금 시간대에 TV 생방송으로 중계된다. 또한 그 자리는 전통적으로 일종의 연극적인 행사라서, 의원들은 연거푸 자리에서 일어나서 박수를 치거나 아니면 꼼짝 않고 퉁명스럽게 앉아 있음으로써 대통령에 대한 지지나 반대 의사를 극적으로 드러낸다.

그날 저녁, 나는 발코니에 앉았다. 양옆에는 대통령에게 절절한 편지를 써보낸 열네 살 아이와 이라크 전쟁에서 돌아온 품위 있는 참전 군인이 앉아 있었다. 모두가 대통령이 도착하기를 기다렸다. 내 자리에서는 아래층이 거의 훤히 내려다보였다. 미국의 지도자들을 한눈에 조감할 수 있는 드문 기회였는데, 그 광경은 마치 까만 정장을 입은 백인 남성들의 바다와도 같았다. 이토록 현대적이고 다문화적인 나라에서 대표자들의 다양성이 이토록 부족하다니, 솔직히 당혹스러울 지경이었다. 다양성

부재는 공화당원들 사이에서 특히 두드러졌다. 당시 상하원을 통틀어서 공화당 의원 중 백인이 아닌 사람은 겨우 일곱 명이었다. 흑인은 한 명도 없었고, 여성은 딱 한 명 있었다. 총의원의 5분의 4가 남성이었다.

몇 분 뒤, 우레 같은 소리와 함께 구경거리가 시작되었다. 의사봉을 치는 소리, 수위관들이 외치는 소리였다. 전원 기립한 청중은 미국의 지도자로 선출된 사람들이 통로를 부산하게 오가면서 각자 제자리를 찾아 앉는 동안 5분 넘게 줄기차게 박수를 보냈다. 그 부산한 소란의 한가운데에서, 뒷걸음질치면서 그의 모습을 촬영하는 비디오 기사들과 경호 요원들에게 둘러싸여서, 버락이 걸어왔다. 버락은 사람들과 악수를 나누고 활짝 웃으면서 천천히 의사당을 통과하여 연단으로 향했다.

이전에도 다른 대통령들이 이 의례를 치르는 모습을 TV로 여러 번 구경했다. 하지만 막상 버락이 저 밑에서 사람들에게 둘러싸인 모습을 보니 기분이 남달랐다. 갑자기 그가 맡은 일의 무게, 그리고 그가 저 의원들 중 과반수의 마음을 얻어야만 무슨 일이든 해낼 수 있다는 사실이 너무나도 생생한 현실로 다가왔다.

그날 밤 버락의 연설은 자세하고 진지했다. 그는 국가 경제가 심각한 상태임을 인정했다. 미국이 전쟁을 치르고 있다는 사실, 테러의 위험이 존속하고 있다는 사실, 많은 국민이 정부가 금융 위기에 책임이 있는 은행들을 긴급 구제해준 것에 부당함을 느끼고 분노한다는 사실을 안다고 말했다. 그는 현실적인 시각을 신중하게 설명했지만, 그 와중에도 희망을 전하려고 애썼다. 미국의 회복력을 상기시켰고, 미국은 시련에서 다시 일어날 능력이 있다고 말했다.

나는 발코니에서 공화당 의원들을 지켜보았다. 그들은 연설 내내 자리에 꼭 붙어 앉아 있었다. 완고하고 성난 표정으로, 팔짱을 끼고 얼굴을 일부러 찌푸린 채. 꼭 제 뜻대로 하지 못해서 골난 아이들 같았다.

그 순간 나는 깨달았다. 저들은 버락이 하려는 일이 국익에 유익하든 말든 무조건 저지하려고 들 게 분명했다. 애초에 이렇게 어지러운 상황을 만든 것은 그들의 공화당 대통령이었다는 사실 따위는 잊은 듯했다. 무엇보다도 그들은 버락이 실패하기를 바라는 듯했다. 그 광경을 내려다볼 때, 버락이 과연 이 상황을 뚫고 전진할 수 있을까 솔직히 걱정스러웠다.

*   *   *

어린 시절의 나는 어떻게 하면 더 나은 삶을 살 수 있을까 상상하며 그저 막연한 생각들만 떠올렸다. 고어 자매네에 놀러 갈 때면 한 가족이 집한 채를 다 쓴다는 게 부러웠다. 또 우리 가족에게 더 멋진 차가 생기면 좋겠다는 생각도 했다. 어떤 친구들은 팔찌나 바비 인형을 나보다 더 많이 가졌고, 어떤 친구들은 나처럼 엄마가 집에서 버터릭 옷본으로 지어준 옷을 입는 게 아니라 쇼핑몰에서 산 옷을 입는다는 사실을 눈치채지 않으려야 않을 수 없었다. 우리는 무언가의 크기와 가치를 제대로 헤아리기에는 너무 이른 나이 때부터 세상을 재는 법을 배운다. 하지만 운이 좋다면, 결국 자신이 그동안 모든 걸 잘못 재왔다는 사실을 깨우친다.

우리는 이제 백악관에서 살았다. 그리고 서서히 그 사실에 익숙해졌다. 방대한 공간과 호화로운 생활 방식을 당연시하게 된 것은 아니었다. 그저 우리가 그곳에서 자고, 먹고, 웃고, 살기 때문이었다. 아이들 방에는 버락이 여행 중에 사오는 자질구레한 기념품을—사샤에게 줄 스노글로브, 말리아에게 줄 열쇠고리 따위를—놓아두는 자리를 마련했다. 샹들리에에 더하여 현대식 조명을 두고 좀 더 아늑한 느낌이 나게 향초를 두는 등 내부에도 살짝살짝 변화를 가했다. 우리의 행운과 안락을 당연시하는 일은 영영 없을 것이었지만, 그 공간의 인간적인 면을 좀 더 음미하기 시작했다.

백악관이 박물관처럼 딱딱하다고 질색했던 어머니도 그 이상이 있음을 알게 되었다. 백악관에는 우리와 그다지 다르지 않은 사람들이 많았다. 집사들 중에는 오랫동안 그곳에서 일하면서 그곳에 들어오는 모든 가족을 돌본 사람이 많았다. 그들의 과묵하고 기품 있는 태도를 보면 어릴 때 아래층에 살았던 테리 할아버지가 윙팁 구두와 멜빵 차림으로 잔디를 깎던 모습이 떠올랐다. 나는 직원들을 늘 존중하고 감사하는 태도로 대하려고 애썼다. 그들이 자신을 투명인간으로 느끼지 않기를 바랐다. 집사들이 정치에 관심이 있었는지, 개인적으로 지지하는 정당이 있었는지는 모르겠지만, 그랬더라도 그들은 겉으로 그런 생각을 드러내지 않았다. 프라이버시를 지켜주었지만, 그러면서도 늘 기탄없고 환대하는 태도로 우리를 대했다. 그래서 우리는 차츰 친해졌다. 그들은 언제 나를 혼자 내버려두어야 하는지, 혹은 나를 좀 놀려도 되는지를 본능적으로 알았다. 종종 주방에서 그들끼리 응원하는 스포츠팀 이야기를 하면서 티격태격했는데, 그럴 때 내가 끼어들면 직원들에 관한 최신 소식이나 손주 자랑을 기꺼이 들려주었다. 나는 종종 주방에서 그런 이야기를 들으면서 아침 뉴스를 훑었다. TV에서 대학 농구 경기를 중계해주는 저녁이면 버락도 그곳에서 직원들과 잠시 시청하곤 했다. 사샤와 말리아는 주방의 명랑한 분위기를 좋아했다. 방과 후에 슬쩍 가서 스무디를 만들어 먹거나 팝콘을 튀겨 먹거나 했다. 직원들 중에는 우리 어머니를 각별히 좋아하는 사람이 많아서, 위층 일광욕실에 일부러 들러 어머니와 잡담을 나누곤 했다.

아침에 깨워주거나 이스트윙 직원과의 통화를 연결해주는 백악관 전화교환원들의 목소리를 한 사람 한 사람 가려내기까지는 시간이 좀 걸렸지만, 그들 또한 금세 친근한 존재가 되었다. 우리는 날씨 이야기를 했고, 행사가 있는 날에는 내가 버락보다 몇 시간 먼저 일어나서 머리 손질을 받아야 하는 것이 불공평하지 않냐며 투덜투덜 농담도 나누었다. 짧은 대화였지만, 그 작은 관계들 덕분에 백악관에서의 삶이 조금은 평범하게 느껴졌다.

그중에서도 제임스 램지라는 백발의 흑인 남자 집사는 오랜 연륜을 지녔는데, 카터 행정부 시절부터 백악관에서 일한 분이었다. 그는 가끔 잡지 《제트》의 최신호를 내게 건네면서 자랑스러워하는 미소와 함께 말했다. "제가 챙겨두었습니다, 오바마 여사님."

사람들의 온기를 잴 수 있을 때, 삶은 훨씬 더 나아진다. 늘 그렇다.

★　　★　　★

나는 우리의 새집이 지나칠 만큼 크고 웅장하다고 생각했지만, 4월에 영국으로 가서 여왕 폐하를 만나고는 생각이 좀 달라졌다.

버락과 내가 선거 후 처음으로 함께하는 해외 방문이었다. 세계 경제 주요 20개국 정상들이 모이는 G20 정상회담에 참석하러, 대통령 전용기를 타고 런던으로 갔다. G20 정상들에게도 중대한 순간이었다. 미국의 경제 위기가 전 세계로 일으킨 파괴적인 반향 때문에 세계 금융시장이 추락하고 있었다. 그 회담은 버락이 미국 대통령으로서 세계 무대에 데뷔하는 자리이기도 했다. 그리고 첫 몇 달의 일이 대개 그랬듯이, 버락의 주된 임무는 혼란을 수습하는 것이었다. 이번 경우는 미국이 무분별한 금융업자들을 규제할 적기를 놓치는 바람에 재앙을 초래했고 그 여파를 자신들도 감당하게 되었다고 여기는 각국 정상들의 불만을 받아주어야 했다.

사샤와 말리아가 학교생활에 잘 적응하고 있다는 생각이 들기 시작한 터라, 며칠 동안 어머니에게 아이들을 맡기고 함께 나섰다. 어머니는 내가 사라지자마자 잠자리에 일찍 들어야 한다는 규칙이나 식탁에 오른 야채를 한 입도 남기지 말고 다 먹어야 한다는 규칙 같은 걸 모두 느슨하게 풀어줄 게 분명했다. 어머니는 할머니 역할을 즐겼다. 특히 내 엄격한 규칙을 내버리고 좀 더 느슨하고 가벼운 자기 방식을 적용하는 걸 즐겼는데, 그 방식은 오빠와 나를 키울 때보다 훨씬 헐거웠다. 아이들은 할머니에게 맡겨지는 걸 늘 좋아했다.

이번 회담은 영국 총리인 고든 브라운 주관으로, 시내의 큰 회의장에서 하루 종일 경제 관련 회의가 진행될 예정이었다. 한편, 각국 정상들이 공식 행사로 런던을 찾을 때면 종종 그러듯이, 영국 여왕도 버킹엄 궁전에서 별도의 환영회를 마련했다. 그리고 버락과 나는 환영회 전에 좀 일찍 도착해서 따로 여왕을 접견하라는 초청을 받았다. 미국과 영국이 밀접한 관계에 있기도 하거니와, 아마 우리가 처음 참가해서 그런 것 같았다.

당연한 말이지만, 나는 왕족을 만난 경험이 전무했다. 설명을 듣기로는 여왕께는 무릎을 살짝 굽혀서 절하거나 악수를 하면 된다고 했다. 여왕은 '여왕 폐하'로 부르고 남편인 에든버러 공작 필립 공은 '전하'로 부르면 된다는 건 알았다. 하지만 그 밖에는 어떤 만남이 될지 짐작도 못한 채, 우리가 탄 차는 궁전의 높은 철문을 통과해 들어갔다. 차는 담장에 바싹 붙은 구경꾼들을 지나서, 경호병들과 왕실 나팔수를 지나서, 또 다른 아치형 입구를 통과해서 안뜰로 들어섰다. 왕실 총집사가 밖에 서서 기다리고 있다가 우리를 맞아주었다.

직접 본 버킹엄궁은 컸다. 형용이 불가능할 만큼 컸다. 버킹엄궁은 방이 775개 있고, 규모가 백악관의 15배다. 버락과 나는 이후에도 몇 번 더 손님 자격으로 그곳을 방문하는 행운을 누렸다. 한번은 궁전 1층의 화려한 스위트룸에 묵으면서 제복을 입은 하인들의 시중을 받았다. 무도회장에서 열린 공식 연회에 참석하여 금 포크와 나이프로 식사하는 경험도 했다. 또 한 번은 궁전 견학을 했다. 그때 안내원이 백악관 블루룸의 다섯 배는 되어 보이는 드넓은 공간을 가리키면서 "이곳이 우리의 블루룸입니다" 하는 식으로 설명해주었다. 언젠가는 여왕의 수석 안내원이 어머니와 나와 딸들을 데리고 왕궁의 장미 정원을 산책시켜주었는데, 흠 없이 피어난 수천 송이 장미들과 4000제곱미터에 달하는 드넓은 부지를 보니 우리가 집무실 밖에서 자랑스럽게 키우는 장미들이 갑자기 좀 초라한 듯 느껴졌다. 버킹엄궁은 어마어마한 동시에 이해를 뛰어넘는 곳이었다.

첫 방문 때, 우리는 여왕의 처소로 안내되었다. 응접실로 들어갔더니 여왕과 필립 공이 서서 우리를 기다리고 있었다. 여든두 살의 엘리자베스 2세는 자그마하고 우아한 분이었다. 살짝 미소 띤 얼굴에 흰 머리카락은 여왕답게 뒤로 말아 넘겼고, 연분홍 원피스부터 진주 장신구, 한쪽 어깨에 걸친 까만 핸드백까지 완벽한 차림이었다. 우리는 악수한 뒤 함께 사진을 찍었다. 여왕은 시차 때문에 힘들지 않냐고 물으면서 앉으라고 권했다. 그 뒤에 어떤 대화를 나눴는지는 기억나지 않는다. 경제, 영국 정세, 버락이 참석한 모임들에 대해서 이야기했던 것 같다.

어떤 자리든 공식적인 자리에서는 늘 조금쯤 어색하기 마련이다. 하지만 내 경험상 그것은 의식적으로 노력해서 극복해야 하는 문제다. 그날 여왕과 나란히 앉았을 때, 나는 의지력을 발휘해 쓸데없는 생각을—이 얼마나 장엄한 자리인가, 역사적 상징이나 다름없는 존재를 실물로 보다니 몸이 굳어버릴 것만 같아—몰아내려 애썼다. 물론 이전에도 여왕의 얼굴을 역사책에서, TV에서, 화폐에서 수없이 보았지만, 이제 그

실물이 나를 유심히 바라보면서 질문을 던지고 있었다. 여왕은 다정하고 매력적이었고, 나도 그러려고 노력했다. 여왕은 살아 있는 상징이자 그 역할에 통달해 있었지만, 그래도 그분 역시 우리와 다름없는 인간이었다. 나는 여왕님이 대번에 좋아졌다.

그날 오후, 버락과 나는 환영회장을 이리저리 돌아다니면서 다른 G20 정상 부부들과 카나페를 먹었다. 독일의 앙겔라 메르켈 총리, 프랑스의 니콜라 사르코지 대통령과 잡담을 나누었다. 사우디아라비아 왕, 아르헨티나 대통령, 일본과 에티오피아 총리를 만났다. 누가 어느 나라 정상이고 누가 어느 정상의 배우자인지 기억하려고 최선을 다했고, 혹시라도 말실수할까 봐 걱정되어 말을 삼갔다. 전반적으로 점잖고 우호적이었고, 국가 정상들도 자식 이야기나 영국 날씨 농담을 한다는 사실을 알게 된 자리였다.

파티가 끝나갈 무렵, 무심코 고개를 돌렸더니 내 팔꿈치 근처에 엘리자베스 여왕이 서 있었다. 붐비는 연회장에서 갑자기 우리 둘만 따로 있게 되었다. 새하얀 장갑을 낀 여왕은 몇 시간 전에 처음 뵈었을 때처럼 산뜻해 보였다. 여왕이 나를 올려다보면서 미소를 지었다.

"정말 크네요." 여왕이 고개를 꼬면서 내게 말했다.

"그러게요." 나는 키득거리면서 대답했다. "구두 때문에 몇 센티미터 더 커지긴 했지만, 네, 제가 좀 큽니다."

여왕은 고개를 숙여서 내가 신고 있던 까만 지미 추 구두를 보았다. 그러고는 고개를 저었다.

"구두란 정말 불편하죠, 안 그런가요?" 여왕은 이렇게 말하고는 불만스러운 손짓으로 자신의 까만 펌프스를 가리켰다.

그래서 나는 여왕에게 사실 발이 아프다고 고백했다. 여왕은 자신도 발이 아프다고 고백했다. 우리는 똑같은 표정으로 마주 보았다. **세계 정**

상들과 함께 서 있어야 하는 이 자리는 대체 언제쯤 마무리되지? 하는 표정으로. 여왕이 큰 소리로 매력적인 웃음을 터뜨렸다.

그분이 가끔 다이아몬드 왕관을 쓰는 분이고 나는 대통령 전용기로 런던에 날아온 몸이라는 사실을 잊자면, 우리는 그저 구두 때문에 발이 갑갑하고 피곤해진 두 여자일 뿐이었다. 그래서 그 순간, 내가 새로 만난 사람과 마음이 통했다고 느낄 때면 본능적으로 하는 행동이 나왔다. 나는 애정 담은 손길로 여왕의 어깨를 살짝 감쌌다.

그때는 몰랐지만, 나중에 들으니 내가 얼토당토않은 결례를 저지른 것이라고 했다. 대영제국 여왕의 몸에 손을 대다니, 그건 **절대 해서는 안 되는 짓**이었다. 마침 우리 둘의 모습이 카메라에 잡혔고, 이후 며칠 동안 전 세계 언론이 그 사실을 보도했다. "의전 위반!" "미셸 오바마, 감히 여왕을 껴안다!" 그래서 선거운동 시기에 돌았던 억측, 즉 내가 대체로 상스럽고 퍼스트레이디다운 우아함이 결여된 사람이라는 소문이 약간 되살아났다. 나도 버락이 해외에서 벌이는 노력에 돌아가야 할 관심을 흩뜨린 게 아닌가 싶어 좀 걱정스러웠지만, 비판 때문에 흔들리지는 않으려고 애썼다. 설령 내가 버킹엄궁에서 관례에 맞는 행동은 하지 못했더라도, 최소한 나는 인간적인 행동을 했다. 감히 말하는데, 여왕도 괜찮다고 받아들였다. 내가 그분을 만졌을 때, 그분이 내게 더 가까이 몸을 기대면서 장갑 낀 손을 내 허리에 살며시 가져다 댔기 때문이다.

이튿날 버락이 마라톤 경제 회의에 참석하러 떠난 뒤, 나는 어느 여자 중학교로 갔다. 이즐링턴 공공주택단지에서 멀지 않은 곳에 있는 도심의 공립학교였다. 그 학교는 전교생 900명 중 90퍼센트 이상이 흑인이거나 다른 소수 인종이었고, 5분의 1은 이민자나 망명 신청자의 자녀였다. 내가 그 학교에 끌린 것은 인종 다양성이 높은 데다가, 금전적 자원이 부족함에도 학업 성취도에서 높은 평가를 받았기 때문이다. 나는 퍼스트레이디로서 새로운 장소를 방문할 때면 그곳을 '진짜로' 방문하고 싶었다. 다시 말해, 그곳의 높은 사람들만 만날 게 아니라 그곳에서 실제로 사는 사람들을 만날 기회를 마련하고 싶었다. 해외에서 나는 버락이 갖지 못하는 기회를 누렸다. 격식을 갖춘 다자간 회담이나 해외 정상과의 배석 장소를 빠져나와서, 어쩌면 지루할 수 있는 외교적 방문에 약간의 온기를 불어넣는 뭔가를 해볼 수 있었다. 나는 모든 해외 방문 때 그런 활동을 할 생각이었다. 여기 영국에서부터 시작해서.

내가 미처 예상하지 못했던 것은, 엘리자베스 개릿 앤더슨 중학교에서 맞닥뜨린 감정이었다. 안내를 따라 강당으로 들어갔더니, 약 200명의 학생이 친구들 공연과 이어지는 내 강연을 보려고 모여 있었다. 학교명은 선구적인 의사이자 영국에서 첫 여성 시장으로 선출되었던 인물의 이름을 딴 것이었다. 건물 자체는 특색이 없었다. 평범한 거리에 있는 네모난 벽돌 건물이었다. 하지만 무대에 놓인 접이식 의자에 앉아서 학생들의 공연을 관람하노라니─셰익스피어 연극의 한 장면, 현대무용, 휘트니 휴스턴의 노래를 아름답게 편곡한 합창 등이었다─내 안에서 무언가가 흔들리기 시작했다. 꼭 나 자신의 과거로 돌아간 듯한 느낌이었다.

강당에 모인 얼굴들을 가만히 둘러보면 알 수 있었다. 이 아이들이 갖춘 잠재력에도 불구하고, 세상에 제 모습을 드러내기 위해서는 지난한 노력을 기울여야 할 것이다. 거기에는 히잡을 쓴 학생도 있었고, 영어가 모어가 아닌 학생도 있었다. 또 다양한 음영의 갈색 피부를 가진 학생들이 있었다. 이들은 자신에게 씌워진 고정관념을 타파하고자 애써야 할 것이고, 스스로를 내보일 기회를 얻기도 전에 남들이 마음대로 자신을 규정하는 현실과도 맞서야 할 것이다. 가난해서, 여성이라서, 유색인종이라서 남들에게 없는 사람 취급당하는 현실과 싸워야 할 것이다. 자신의 목소리를 찾기 위해서, 위축되지 않기 위해서, 주저앉지 않기 위해서 애써야 하겠지만, 현실은 배움을 이어가는 것조차 쉽지 않을 것이다.

하지만 학생들의 얼굴에는 희망이 있었다. 그 희망은 이제 내 얼굴에도 깃들었다. 이상하고도 조용한 깨달음이 찾아들었다. 이 학생들은 바로 나였다. 과거의 나였다. 그리고 내가 바로 그들이었다. 나는 그들이 될 수 있는 모습이었다. 내가 그곳에서 느낀 에너지는 장애물을 개의치 않았다. 그것은 오롯이 쑥쑥 자라나는 여자아이 900명이 내뿜는 힘이었다.

공연이 끝나고, 내가 연단에 섰다. 감정을 주체할 수 없을 지경이었다. 미리 준비해온 연설문을 흘끗 보았지만, 갑자기 흥미가 사라졌다. 나는 아이들을 똑바로 바라보면서, 그 자리에서 떠오른 말을 하기 시작했다. 내가 비록 미합중국의 퍼스트레이디라는 희한한 이름을 달고 먼 나라에서 이곳까지 왔지만, 사실은 너희의 생각보다 우리는 훨씬 더 비슷한 사람이라고. 나도 노동자 동네에서 컸고, 풍족하진 않았지만 사랑 넘치는 가정에서 자랐고, 학교야말로 내가 나를 만들어가는 공간이라는 걸 일찌감치 깨달았다고. 학업은 애써 추구할 가치가 있는 일이며, 너희가 세상으로 진출하게끔 돕는 도움닫기가 되어줄 것이라고, 이야기했다.

퍼스트레이디가 된 지 두 달쯤 되는 시점이었다. 그때까지 나는 눈코 뜰 새 없는 속도에 압도되는 심정이었고, 내게는 이런 화려함이 어울리지 않는다는 생각도 들었고, 두 딸이 걱정되었으며, 내 목표가 무엇인지 모르겠다는 불안도 들었다. 공인의 삶에는 으레 그런 감정들이 따른다. 프라이버시를 포기하고 한 나라의 상징이 된다는 것, 하물며 말하고 걸어 다니는 상징이 된다는 것은 정체성 일부를 포기해야 가능한 일인가 싶기도 하다. 하지만 그 자리에서 그 여학생들에게 말할 때, 나는 그런 것과는 전혀 다른 순수한 감정을 느꼈다. 나의 옛 자아와 새 역할이 조화를 이루는 듯했다. **여러분이 충분히 훌륭하냐고요? 물론이죠, 여러분은 훌륭해요, 여러분 모두가.** 나는 엘리자베스 개릿 앤더슨 학생들에게 감동했다고, 그들은 모두 귀한 존재라고 말해주었다. 정말 그랬으니까. 그리고 이야기를 마쳤을 때, 나는 또 한 번 본능에서 우러나온 행동을 했다. 내 팔에 닿는 아이들을 모두 다 끌어당겨서 꼭 안아주었다.

★　　★　　★

워싱턴으로 돌아오니, 봄이 와 있었다. 해가 매일 조금씩 더 일찍 떠서 조금씩 더 오래 걸려 있었다. 남쪽 잔디 광장의 경사면이 차츰 싱그러운 초록으로 물들었다. 관저 창문에서 내다보면, 언덕 기슭의 분수를 둘러싸고 붉은 튤립과 라벤더색 무스카리가 올라온 게 눈에 들어왔다. 나와 직원들은 이전 두 달 동안 백악관 텃밭 발상을 현실화해왔는데, 쉽지는 않았다. 우선 국립공원관리청과 백악관 부지 관리팀을 설득하여 세계에서 가장 상징적인 잔디밭 중 한 곳의 일부를 헐어도 좋다는 승낙을 받아야 했다. 처음에는 그런 제안을 한다는 것만으로도 반발에 부딪혔다. 엘리너 루스벨트의 감독하에 백악관 부지 일부에 이른바 '승리의 정원'이라는 텃밭이 조성되었던 것이 어언 수십 년 전이었는데, 이후에는 아무도 그 일을 재현하는 데 흥미가 없던 것 같았다. "그 사람들은 우리가 미쳤다고 생각합니다." 어느 시점엔가 샘 카스가 내게 말했다.

하지만 결국에는 우리가 쟁취해냈다. 처음에는 테니스장 뒤편, 도구 창고 옆의 구석진 땅뙈기를 받았다. 더 나은 부동산을 얻어내고자 싸워서 결국 양지바른 남쪽 잔디 광장에 102제곱미터 넓이의 L자형 땅을 따낸 공은 샘에게 있었다. 집무실에서 멀지 않고 우리가 얼마 전에 딸들을 위해서 설치한 그네에서도 멀지 않은 장소였다. 우리는 경호국과 협조하여, 경작 때문에 부지 보호에 쓰이는 센서가 교란되거나 시야가 차단되는 일이 없도록 주의했다. 또 토양에 영양분이 충분한지, 납이나 수은 같은 독성 물질이 함유되어 있진 않은지 확인하는 검사를 실시했다.

그다음에는 마음껏 해볼 차례였다.

유럽에서 돌아온 날로부터 며칠 뒤, 나는 워싱턴 북서쪽의 이중 언어 학교인 밴크로프트 초등학교 학생들을 맞이했다. 학생들은 그 몇 주 전에도 와서 나와 함께 가래와 괭이로 땅을 갈았는데, 같은 아이들이 이번에는 모종 심기를 도와주러 온 것이었다. 우리 텃밭은 E가에 면한 남쪽 철제 담장, 그러니까 관광객들이 곧잘 모여 서서 백악관을 올려다보는 지점에서 멀지 않았다. 이제 텃밭도 보여줄 수 있다는 사실이 기뻤다.

더 정확하게 말하자면, 언젠가는 그렇게 기쁘게 여길 수 있기를 바랐다. 왜냐하면 텃밭에서 무슨 일이 벌어질지는 아무도 모르는 노릇이기 때문이었다. 뭔가 자라기는 할지조차 알 수 없었다. 우리는 모종 심는 모습을 보도하도록 언론을 초대했다. 백악관 요리사들에게 거들어달라고 부탁했다. 버락의 농무부 장관 톰 빌색도 불렀다. 모두에게 우리가 하는 일을 봐달라고 요청했다. 그리고 이제 결과를 기다려야 했다. 그날 사람들이 나타나기 전에, 나는 샘에게 말했다. "솔직히 말하자면, 결과가 꼭 괜찮아야 하는데 싶어요."

그날, 나는 5학년 아이들과 무릎을 꿇고 앉아서 모종을 조심스레 땅에 심은 뒤 가녀린 줄기 주변에 흙을 톡톡 덮어주었다. 유럽 순방에서 입었던 옷마다 언론이 낱낱이 파헤치는 경험을 한 뒤였던지라(나는 여왕을 뵈러 갈 때 카디건을 입었는데, 그 사실이 여왕에게 손댄 것 못지않게 괘씸한 일처럼 보도되었다), 바람막이 재킷과 편한 바지 차림으로 흙바닥에 앉아 있자니 그렇게 맘 편할 수가 없었다. 아이들은 질문을 쏟아냈다. 채소에 관한 질문도 있었고 모종 심기에 관한 질문도 있었지만, "대통령님은 어디 계세요?" "그분은 왜 도와주러 안 오세요?" 같은 질문도 있었다. 하지만 얼마 지나지 않아 대부분은 내가 곁에 있다는 사실조차 잊은 듯했다. 그 대신 정원용 장갑이 손에 꼭 맞느니 안 맞느니, 흙속에 벌레가 있느니 없느니 하는 문제에 열중했다. 나는 아이들과 함께 있는 것이 좋았다. 그때도 그랬고, 이후에도 백악관에서 지내는 동안 내내 그랬다. 아이들은 내 영혼을 달래는 진정제였다. 퍼스트레이디로서 품는 걱정으로부터, 끊임없이 남들에게 평가되고 있다는 사실로부터 잠시나마 벗어나게 해주었다. 아이들과 함께 있으면, 그냥 나로 돌아간 기분이었다. 아이들에게 나는 별다른 구경거리가 못 되었다. 그저 친절하고 키가 좀 많이 큰 아주머니일 뿐이었다.

그날 오전에 우리는 상추와 시금치, 회향과 브로콜리를 심었다. 당근과 콜라드그린과 양파와 깍지콩을 심었다. 딸기나무를 심었고, 허브도 잔뜩 심었다. 여기에서 무엇이 생겨날까? 알 수 없었다. 백악관에서의 삶이 어떻게 펼쳐질지 알 수 없는 것처럼, 그리고 미국의 앞날이나 내 곁의 귀여운 아이들의 미래에 무엇이 기다리고 있는지 알 수 없는 것처럼. 그렇다면 우리가 할 수 있는 일은 하나, 노력 속에 신념을 심고서 햇살과 비와 시간이 함께한다면 언젠가 그 흙을 뚫고 썩 괜찮은 것이 솟아나리라는 믿음을 품는 것뿐이었다.

21

5월 말 어느 토요일 저녁, 버락이 나와 데이트에 나섰다. 그는 대통령이 된 후 넉 달 동안 선거운동 기간에 유권자들에게 했던 다양한 약속을 지킬 방법을 찾는 데 몰두했는데, 이제 나와 했던 약속도 지키려는 것이었다. 우리는 뉴욕에 가서 저녁을 먹고 공연을 볼 계획이었다.

시카고에서 살 때, 일주일에 하루는 데이트하는 날로 정해두고 소중하게 지켰다. 그것은 우리 삶에 고정된 작은 사치였고, 우리는 무슨 일이 있어도 그 시간을 냈다. 나는 어둑한 식당에서 작은 식탁을 사이에 두고 남편과 마주 앉아서 대화하는 게 좋다. 늘 좋았고, 앞으로도 늘 좋기를 바란다. 버락은 참을성 있고 사려 깊게 잘 들어주는 좋은 대화 상대다. 나는 그가 웃을 때 고개를 뒤로 젖히는 모습이 좋다. 근심 없는 온화한 눈동자와 상냥한 품성이 좋다. 둘이서 느긋하게 술을 마시고 식사를 하는 것은 우리가 처음 만났던 순간으로, 둘 사이의 모든 것에 짜릿한 전류가 흘렀던 뜨거운 여름으로 돌아가는 방법이다.

나는 뉴욕 데이트를 위해서 곱게 단장했다. 까만 칵테일 드레스를 입고, 립스틱을 바르고, 머리는 우아하게 틀어 올렸다. 모든 일에서 잠시 벗어나서 남편과 둘만의 시간을 갖는다는 생각에 마음이 설렜다. 우리는 몇 달 동안 여러 차례 저녁 만찬을 열었고 케네디센터에서 함께 공연을 본 적도 있었지만, 거의 매번 공식 일정이었고 다른 많은 사람과 함께였다. 하지만 오늘 밤은 정말 둘만의 휴식이었다.

버락은 까만 정장을 입었고, 넥타이는 매지 않았다. 우리는 오후 늦게 아이들과 어머니에게 인사한 뒤, 손을 맞잡고 남쪽 잔디 광장을 가로질러서 대통령 전용 헬리콥터에 탔다. 헬리콥터는 우리를 앤드루스 공군기지에 내려주었다. 그곳에서 작은 대통령 전용기로 갈아탄 뒤 JFK 공항으로 날아갔고, 그곳에서 다시 헬리콥터로 갈아탄 뒤 맨해튼으로 갔다. 언제나처럼 효율과 안전을 극대화하기 위해 사전에 일정 관리팀과 비밀경호국이 꼼꼼하게 계획해둔 동선이었다.

버락은 (샘 카스의 도움을 빌려서) 워싱턴스퀘어 공원 근처에 내가 좋아할 만한 식당을 골라두었다. 블루힐이라고 가까운 지역에서 재배된 식재료를 활용하는, 조용히 숨어 있는 작은 식당이었다. 맨해튼 남쪽 헬리콥터 이착륙장에서 그리니치빌리지까지 여정의 마지막 구간을 차로 달릴 때, 경찰차들이 경광등을 켜서 모든 교차로를 막고 있는 모습이 보였다. 우리가 이 도시에 나타난 것만으로 토요일 저녁 차량 흐름을 망치고 있다고 생각하니 더럭 죄책감이 들었다. 나는 뉴욕에 오면 늘 경외감을 느꼈다. 거대하고 바쁜 이 도시는 그 누구의 자아도 압도하는 듯했다. 예전에 프린스턴 시절의 멘토였던 처니를 따라 처음 이 도시에 와서 눈이 휘둥그레졌던 기억이 났다. 한편 뉴욕에 대한 버락의 감정은 나보다 한층 깊었다. 뉴욕의 거침없는 에너지와 다양성은 오래전 컬럼비아 대학에 다니던 시절 그의 지성과 상상력을 부화시켜준 완벽한 토양이었다.

우리는 식당 안쪽 조용한 구석으로 안내되었다. 다른 손님들은 우리를 빤히 쳐다보지 않으려고 애썼다. 하지만 우리가 존재를 숨기거나 하지는 않았다. 우리 뒤에 식당에 온 손님들은 모두 경호국 요원들에게 금속 탐지기 검사를 받아야 했는데, 보통은 순식간에 끝나지만 그래도 불편한 과정이었다. 또 한 번 죄책감이 들었다.

우리는 마티니를 주문했다. 대화는 내내 가벼웠다. 대통령과 대통령 부인이 된 지 넉 달째였지만, 아직 적응 중이었다. 내면의 여러 정체성들을 어떻게 조화시킬지 고민하는 중이었고, 그 일이 결혼 생활에 어떤 영향을 미치는지도 생각해보는 중이었다. 이제는 버락의 복잡다단한 삶에서 거의 모든 부분이 어떤 식으로든 내 삶에도 영향을 미쳤다. 따라서 우리가 의논할 공통의 문제가 바닥날 일은 없었지만―가령 버락의 팀이 대통령의 해외 순방 일정을 딸들의 여름방학에 맞춰서 잡기로 한 결정이라거나, 혹은 내 수석 보좌관이 웨스트윙의 오전 직원 회의에서 발언할 것인가 하는 문제 등등―나는 그런 이야기는 대체로 피했다. 그날 밤만 피한 게 아니라 매일 밤 그랬다. 웨스트윙 일에 관해서 하고 싶은 말이 있으면, 보통 내 직원을 통해서 버락의 팀에 전갈을 보냈다. 사적인 시간에는 백악관의 정무를 들이지 않으려고 애썼다.

버락이 가끔 일 이야기를 하고 싶어 할 때도 있었지만, 대개는 그도 꺼렸다. 그가 하는 일들은 대부분 끔찍하게 힘들었다. 너무 거대한 과제들인 나머지 종종 손쓸 도리가 없어 보일 정도였다. 불과 며칠 후에는 제너럴모터스가 파산 신청을 할 터였다. 북한은 얼마 전 핵실험을 강행했다. 버락은 곧 이집트로 떠나서 전 세계 무슬림에게 친선의 손길을 내미는 중요한 연설을 할 예정이었다. 그가 딛고 선 땅은 한시도 쉬지 않고 흔들렸다. 우리를 만나러 백악관에 온 옛 친구들은 버락과 내가 그들의 직장 일, 아이들 일, 취미 생활, 기타 등등을 워낙 집요하게 캐물어서 놀라곤 했다. 버락과 나는 우리의 새로운 역할에 관해 이야기하는 데는 흥미가 없었고, 그보다는 친구들 사이의 소문이나 일상의 소식을 낱낱이 흡수하고 싶어 했다. 우리 둘 다 평범한 생활의 느낌이나마 맛보고 싶어서 혈안이었다.

　그날 밤 뉴욕에서 우리는 먹고 마시고 촛불 속에서 대화했다. 비록 망상일 뿐이라도, 둘만의 시간을 갖는다는 기분을 만끽했다. 백악관은 엄청나게 아름답고 안락한 공간이자, 말하자면 집으로 위장한 요새다. 따라서 우리 안전을 책임진 경호국 요원들의 관점에서는 우리가 백악관 부지를 한 발도 벗어나지 않는 편이 가장 바람직했다. 심지어 백악관 내에서도, 요원들은 우리가 계단 대신 엘리베이터를 사용하는 편을 좋아하는 듯했다. 그러면 헛디뎌 넘어질 위험이 적어지니까. 버락이나 내가 이미 일부 구간이 폐쇄되어 있는 펜실베이니아가 건너편의 블레어 하우스에 갈 일이 있으면, 신선한 공기를 마시며 걸어가는 대신 그 엎어지면 코 닿을 곳까지 차를 타고 가는 방법을 권하곤 했다. 우리는 그들의 경계심을 존중했다. 하지만 때로 그것이 구속으로 느껴지는 건 어쩔 수 없었다. 나는 가끔 남들의 편의만이 아니라 내 욕구도 좀 챙기려고 해보았다. 가족 중 누구든 트루먼 발코니로 나가고 싶다면─남쪽 잔디 광장을 굽어보는 아름다운 활모양 테라스로, 우리 가족이 백악관에서 반쯤 사적으로 이용할 수 있는 유일한 야외 공간이었다─먼저 경호국에 알려야 했다. 그러면 경호국은 발코니가 시야에 들어오는 E가의 일부 구간을 폐쇄했고, 그곳 출입구 밖에 밤낮없이 모여 서서 백악관을 구경하는 관광객들을 쫓아냈다. 나는 발코니에 나가 잠시 앉아 있을까 싶다가도 이내 마음을 접기 일쑤였다. 그러자면 번잡한 소동이 일어났고 관광객들은 휴가를 망쳐야 했으니까. 고작 내가 밖에서 차 한잔 마시겠다고.

　모든 움직임이 그렇게 통제되었으니, 버락과 내가 하루에 걷는 거리가 엄청나게 줄었다. 그래서 둘 다 관저 꼭대기 층 작은 체육관에 맹렬하게 의존하게 되었다. 버락은 매일 약 한 시간씩 러닝머신을 뛰는 것으로 근질근질한 몸을 달랬다. 나도 매일 아침 운동했는데, 종종 코넬과 함께였다. 시카고에서 우리를 가르쳤던 코넬은 이제 일주일의 절반은 워싱턴에 머물면서 적어도 두어 번 백악관으로 와서 우리에게 플라이오 메트릭과 웨이트트레이닝을 지도해주었다.

버락과 나는 국정을 제쳐두더라도 이야깃거리가 부족할 일은 없었다. 그날 밤 우리는 말리아의 플루트 수업에 대해서 이야기했다. 사샤가 매일 머리 위에 드리우고 자는 담요 '블랭키'가 금방이라도 찢어질 듯 해졌는데도 사샤가 통 애정을 거둘 줄 모른다는 이야기를 나눴다. 요전에 사진 촬영이 있었을 때 메이크업 아티스트가 어머니에게 가짜 속눈썹을 붙이려다 실패한 이야기를 들려주자, 버락은 내가 익히 아는 버릇대로 고개를 뒤로 젖히면서 웃었다. 우리가 얼마 전에 새로 식구로 들인 귀여운 아기도 대화 주제였다. 제멋대로 까부는 생후 7개월의 포르투갈 워터도그 종 강아지였다. '보'라고 이름 붙인 녀석은 테드 케네디 상원의원이 준 선물이었는데, 우리가 선거운동 기간에 딸들에게 약속했던 것이기도 했다. 아이들은 남쪽 잔디 광장에서 보와 숨바꼭질을 즐겼다. 나무 뒤에 쭈그리고 숨어서 보의 이름을 부르면, 녀석은 탁 트인 잔디밭을 쏜살같이 달려서 목소리가 들리는 방향으로 왔다. 온 가족이 보를 사랑했다.

버락과 내가 이윽고 식사를 마치고 자리에서 일어나자, 주변 손님들이 모두 일어나서 박수를 쳐주었다. 더없이 친절한 행동이었지만, 한편으로는 그러지 않아도 되는데 하는 생각도 들었다. 손님 중에는 우리가 떠나는 것을 후련하게 여기는 사람들도 있을 터였다.

버락과 나는 이제 성가신 존재였다. 어딜 가든 그 장소를 교란했다. 이 사실을 외면할 도리는 없었다. 우리가 탄 차가 6번가에서 북쪽으로 타임스스퀘어를 향해 달릴 때도 그런 느낌이 진하게 들었다. 타임스스퀘어에서는 경찰이 몇 시간 전부터 극장 앞 한 블록을 몽땅 차단해두었고, 우리와 함께 공연을 볼 관객들은 평소에는 하지 않아도 되는 금속 탐지기 검사를 통과하려고 줄 서 있었으며, 배우들은 보안 점검 때문에 공연 시작이 평소보다 45분 늦어지는 걸 감수하고 기다려야 했다.

마침내 시작된 연극은 훌륭했다. 오거스트 윌슨의 극본으로, 남부의 흑인 수백만 명이 우리 양가 어른들처럼 고향을 떠나 중서부로 밀려들었던 대이동 시기에 피츠버그의 어느 하숙집을 배경으로 한 이야기였다. 나는 버락과 나란히 어둠 속에 앉아서 이야기에 매료되었고, 약간 울컥했으며, 짧은 순간이나마 공연에만 집중하면서 아무 일 없이 바깥 세상에 나와 있다는 조용한 만족감을 만끽했다.

하지만 그날 밤 비행기로 워싱턴에 돌아올 때 이미 이런 데이트를 다시 하게 되는 건 아주 먼 뒷날이리라는 사실을 알고 있었다. 버락의 정적들은 우리가 뉴욕까지 가서 공연을 본 걸 두고 헐뜯을 터였다. 공화당은 우리가 백악관에 채 도착하기도 전에 보도 자료를 내어 버락과 내가 납세자들의 돈으로 사치스러운 데이트를 했다고 말할 것이고, 케이블 방송들이 그 주장을 받아서 보도하고 토론할 터였다. 버락의 팀도 그런 관점을 은근히 우리에게 주입할 터였다. 앞으로는 정치에 좀 더 유념하도록 촉구하고, 내가 이기적이게도 남편과 단둘이 보내는 시간을 누린 데 대해 죄책감을 느끼게 만들 터였다.

하지만 그것으로 다가 아니었다. 비판자들은 이후에도 계속 비판할 터였다. 공화당은 언제까지고 공격을 누그러뜨리지 않을 터였다. 사람들의 시선은 영원히 우리 삶을 지배할 터였다.

버락과 나는 그 데이트로 우리가 그동안 머릿속에만 품어왔던 가설을 시험해보고 그 가설의 좋은 측면과 나쁜 측면을 둘 다 사실로 확인받은 것 같았다. 좋은 측면이란 우리가 예전처럼, 오래전처럼, 버락의 정치 경력이 모든 것을 압도하기 전처럼 여전히 낭만적인 저녁을 즐길 수 **있다**는 점이었다. 우리는 대통령 부부가 되어서도 예전처럼 서로에게 친밀감과 유대감을 느낄 수 있었고, 두 사람 모두가 사랑하는 도시에서 식사와 공연을 즐길 수 있었다. 그보다 받아들이기 힘든 측면은 그 선택에 내재된 이기성을 인정하는 것이었다. 우리가 그렇게 선택함으로써 경호팀과 뉴욕 경찰이 사전에 몇 시간씩 회의를 벌여야 했다는 걸 알았으니까. 그것은 우리 직원들, 극장 측, 식당 종업원들, 6번가에서 차를 돌려야 했던 운전자들, 거리의 경찰들에게 추가 노동을 요구하는 선택이었다. 우리 삶은 이제 그토록 묵직해졌다. 너무 많은 사람이 개입되었고 영향받았기 때문에, 더 이상 무엇 하나도 가벼울 수 없었다.

★   ★   ★

트루먼 발코니에 서면, 잔디 광장 남서쪽 구석의 텃밭이 차츰 그럴싸한 꼴을 갖춰가는 모습이 보였다. 고맙기 그지없는 장면이었다. 작은 에덴정원이 만들어지고 있는 것 같았다. 어린 덩굴이 기어올랐고 새순이 반쯤 솟았으며, 당근과 양파 대가 자라기 시작했다. 시금치밭이 푸릇푸릇해졌고, 새빨갛고 노란 꽃들이 텃밭 가장자리에 피어났다. 우리는 먹거리를 기르고 있었다.

6월 말, 처음에 텃밭 조성을 도왔던 밴크로프트 초등학교 학생들이 또 한 번 백악관으로 와서 나와 함께 첫 수확을 했다. 우리는 흙바닥에 무릎 꿇고 앉아서 상춧잎을 뜯었고, 깍지콩을 땄다. 이번에는 우리 강아지 보도 아이들을 즐겁게 해주었다. 보는 텃밭을 아주 좋아해서, 나무를 빙글빙글 돌다가 밭 사이에 벌렁 드러누워 해를 쬐곤 했다.

수확을 마치고 학생들은 샘과 함께 주방에서 갓 딴 상추와 콩으로 샐러드를 만들었다. 그것을 구운 닭과 함께 먹었고, 디저트로는 텃밭에서 딴 딸기를 올린 컵케이크를 먹었다. 텃밭은 이후 10주 동안 40킬로그램이 넘는 농산물을 생산했다. 그 시작은 겨우 200달러어치의 씨앗과 거름이었다.

텃밭은 인기가 좋고 건강한 활동이었지만, 어떤 사람들은 그것만으로는 부족하다고 느낄 게 분명했다. 사람들은 모종의 기대를 품은 눈으로 나를 관찰했다. 특히 여성들이 그랬고, 그중에서도 직장 여성들은 더 그럴 것 같았다. 그들은 내가 그동안 받은 교육과 관리자 경험을 묻어둔 채 퍼스트레이디에게 전통적으로 부여된 역할, 찻잎과 분홍색 리넨으로 장식된 역할로만 위축되는 건 아닌지 궁금해했다. 내가 나 자신을 온전히 드러내지 않을까 봐 걱정하는 듯했다.

하지만 내가 무슨 일을 하기로 선택하든, 사람들 중 일부는 필연적으로 실망시킬 게 분명했다. 선거운동에서 배운바, 내 모든 행동과 표정은 수많은 방식으로 다양하게 해석될 터였다. 내가 어떤 사람들에게는 너무 적극적이고 성난 사람처럼 보이겠지만, 이제 텃밭을 가꾸며 건강한 식습관을 이야기하고 나섰으니 일부 페미니스트들에게는 강단이 부족하고 실망스러운 존재로 비칠 것 같았다. 버락이 당선되기 몇 달 전, 어느 잡지 인터뷰에서 혹시 백악관에 가더라도 내 주된 관심사는 예전처럼 "가족의 최고사령관" 역할을 해내는 게 될 거라고 대답한 적이 있었다. 나는 그냥 가볍게 한 말이었지만, 저 표현은 잊히지 않고 온갖 매체에서 증폭되었다. 어떤 사람들은 아이를 키우는 데는 많은 조직적 작업과 노력이 든다는 사실을 헤아려서 저 말을 이해해주었으나, 또 어떤 사람들은 좀 경악한 듯했다. 퍼스트레이디가 되더라도 아이들의 공작 숙제를 돕는 일 외에는 아무것도 안 하겠다는 소리로 여기는 듯했다.

진실은 무엇인가 하면, 늘 그랬듯이 나는 둘 다 할 작정이었다. 목표를 세워서 활동하는 일도, 아이들을 잘 양육하는 일도. 예전과의 차이라면, 이제는 나를 지켜보는 눈이 많다는 점이었다.

　내가 선호하는 방식은 조용히 해나가는 것이었다. 최소한 처음에라도. 거시적인 계획을 체계적으로 다 짜두고 내가 선보일 것에 대한 확신이 든 다음에야 사람들에게 일부라도 공개하고 싶었다. 직원들에게도 말했는데, 나는 어떤 문제든 일단 다룬다면 넓게 다루기보다는 깊게 다루고 싶었다. 가끔은 내가 호수에 뜬 백조가 된 기분이었다. 수면을 평온하게 미끄러지는 듯 보이는 것도 내 업무의 일부였지만, 그러려면 물밑에서는 쉴 새 없이 다리를 저어야 했다. 텃밭이 일으킨 긍정적 관심과 반응은 내가 좋은 아이디어를 떠들썩하게 선전할 수 있는 위치라는 생각을 굳혀주었다. 그러니 이제 더 큰 문제를 조명하고 더 큰 해법을 추진하는 단계로 나아가고 싶었다.

　버락이 취임한 시점에, 미국 아동의 3분의 1 가까이가 과체중이거나 비만이었다. 아동 비만율은 이전 30년 동안 3배로 높아졌다. 고혈압과 2형당뇨를 진단받는 아동 수가 기록적으로 늘었다. 군대도 입대 지원자들의 결격 사유로 가장 흔한 것 중 하나가 비만이라고 밝혔다.

　비싼 과일 가격부터 공립학교의 예체능 프로그램 예산 삭감까지, 이것은 미국 가정생활의 모든 측면과 얽혀 있는 문제였다. TV, 컴퓨터, 비디오게임이 아이들이 뛰놀 시간을 가져갔다. 어떤 동네에서는 오빠와 내가 어릴 때 그랬던 것처럼 집 안에 머무는 것이 밖에서 노는 것보다 안전한 선택이었다. 대도시에서도 환경이 부실한 지역의 가정들은 신선 농산물을 파는 식료품점을 찾기가 힘들었다. 인구밀도가 낮은 시골 주민들도 마찬가지였다. 한편 식당이 판매하는 음식의 1인분 양은 점점 늘었다. 달콤한 시리얼, 전자레인지용 간편식, 특대 사이즈를 선전하는 광고 문구가 만화를 시청하는 아이들의 머릿속에 곧장 입력되었다.

이런 식품 체계의 일부분이라도 개선하려고 나섰다가는 자칫 적대적 반향을 일으킬 수 있었다. 만약 내가 아이들에게 판매되는 가당 음료를 상대로 전쟁을 선포한다면, 대형 음료 회사들뿐 아니라 감미료 원료인 옥수수를 공급하는 농부들도 반대할 터였다. 만약 내가 학교급식을 더 건강하게 바꾸자고 주장한다면, 학교 식당에서 4학년 아이의 쟁반에 오르는 음식의 종류를 결정하는 대형 회사들의 로비 세력과 충돌할 터였다. 공중 보건 전문가들과 지지자들은 그보다 더 체계적인 조직과 자금을 갖춘 식품 및 음료 산업 복합체와의 싸움에서 오랫동안 열세였다. 미국 학교의 점심 급식 시장은 연간 600억 달러 규모였다.

그래도 이제는 변화를 추구하기에 알맞은 시점 같았다. 이 문제에 관심을 둔 사람이 내가 처음도 아니었고 유일하지도 않았다. 전국에서 건강한 식생활 운동이 세를 키우고 있었다. 여러 도시에서 도시 농부들이 실험을 펼치고 있었다. 공화당도 민주당도 주와 지방 차원에서 이 문제와 씨름하여, 건강한 생활 방식에 투자하거나 보행자 도로와 동네 텃밭을 더 많이 마련하는 활동에 나섰다. 초당파적으로 공통의 토대를 마련할 수 있다는 증거였다.

2009년, 우리의 작은 팀은 웨스트윙 정책팀과 협조하면서 정부 안팎 전문가들을 만나 계획을 세워나갔다. 우리는 계속 아이들에게 집중하기로 했다. 어른들의 습관을 바꾸는 일은 더 어려운 데다가 정치적으로도 좀 까다롭다. 아이들이 음식에 대한 시각을 바꾸고 어려서부터 운동하는 습관을 들이도록 돕는 편이 결과가 더 좋을 것 같았다. 진심으로 아이들을 위하는 활동을 벌이겠다는데, 누가 딴지를 걸겠는가?

그러는 동안 딸들이 여름방학을 맞았다. 나는 일주일에 사흘은 퍼스트레이디로 일하고 나머지 나흘은 가족에게 쓴다는 규칙을 세워서 지켜왔다. 그래서 방학에 아이들을 캠프에 보내는 대신, 내가 직접 '오바마 캠프'를 운영하기로 했다. 친구도 몇 불러 가까운 곳으로 현장학습을 다니면서 우리가 사는 지역을 공부한다는 계획이었다. 우리는 몬티셀로와 마운트버넌에 갔고, 세넌도어 국립공원의 동굴을 탐험했다. 연방인쇄국을 방문하여 달러 지폐가 어떻게 제작되는지 배웠고, 워싱턴 북동부에 있는 프레더릭 더글러스 국립 사적지에 찾아가 노예였던 사람이 어떻게 학자이자 영웅이 되었는지를 배웠다. 처음에는 그런 견학을 다녀올 때마다 짧게 감상문을 써내라고 했지만, 아이들의 항의에 못 이겨서 결국 없던 일로 했다.

그런 방문 일정은 가급적 아침 일찍이나 오후 늦게로 잡았다. 그래야 비밀경호국이 그곳에 있는 다른 사람들을 내보내거나 일대의 통행을 차단하는 작업을 하더라도 그나마 수선을 덜 피울 수 있었다. 우리는 여전히 성가신 존재였다. 그래도 버락이 함께하지 않는다면 그나마 조금은 덜 성가신 존재일 수 있었다. 그리고 나는 아이들 일에서는 죄책감을 느끼지 않으려고 했다. 우리 아이들이 다른 아이들처럼 자유롭게 움직일 수 있기를 바랐다.

그해 초 언젠가, 비밀경호국과 언쟁을 벌인 일이 있었다. 말리아의 학교 친구들이 즉흥적으로 아이스크림을 사 먹으러 가기로 했다면서 말리아에게도 함께 가자고 했다. 그런데 보안상의 이유로 말리아는 다른 사람의 차에 탈 수 없는 데다가 버락과 나는 일정이 향후 몇 주까지 분 단위로 빽빽하게 짜여 있는 처지였다. 경호국은 말리아에게 전담 경호팀장이 교외에서 달려올 때까지 한 시간을 기다려야 한다고 했다. 그래서 당연히 양해를 구하는 전화를 잔뜩 돌렸고, 관련자 모두가 한참을 기다려야 했다.

딸들은 부디 짊어지지 말았으면 하고 바란 것이 바로 그런 무게였다. 짜증을 삭일 수 없었다. 내가 볼 때는 말이 안 되는 소리였다. 백악관에는 사실상 모든 복도마다 경호 요원이 서 있었다. 창을 내다보면, 원형 진입로에 경호국 차들이 서 있었다. 그런데도 말리아는 내 허락만 받고서 가뿐하게 친구들을 만나러 나갈 수 없다는 것이었다. 즉, 말리아의 경호팀 팀장이 없으면 아무것도 할 수 없었다.

"이런 건 정상적인 가족의 생활이 아니에요. 아이스크림 사 먹으러 가는 걸 이런 식으로 할 수는 없어요." 나는 말했다. "아이를 보호할 거라면, 아이처럼 움직일 줄 알아야죠." 나는 요원들이 규약을 바꿔서 앞으로는 말리아나 사샤가 사전에 복잡한 계획을 세우지 않더라도 안전하게 백악관을 나설 수 있도록 만들어야 한다고 주장했다. 내게 그 일은 우리의 한계를 넓히려는 또 하나의 작은 시도였다. 이즈음 버락과 나는 즉흥적으로 움직일 수 있다는 생각을 버린 지 오래였다. 둘에게는 충동적이고 변덕스러운 행동의 여지가 없다는 사실을 받아들였다. 하지만 아이들에게서 그 가능성을 빼앗지 않기 위해서라면, 우리는 얼마든지 싸울 수 있었다.

★　　　★　　　★

버락의 선거운동 기간 중, 언제부터인지 사람들이 내 옷에 관심을 보이기 시작했다. 최소한 언론은 관심을 보였다. 그러면 패션 블로거들이 관심을 보였고, 곧바로 인터넷에 온갖 코멘트가 난무했다. 정확히 왜 그런지는 알 수 없었지만—내가 키가 큰 데다가 대담한 무늬를 꺼리지 않아서였는지도 모르겠다—아무튼 그랬다.

내가 하이힐 대신 플랫슈즈를 신으면, 그 사실이 뉴스에 났다. 내 진주 목걸이, 허리띠, 카디건, 제이크루 브랜드의 기성복 원피스, 취임식 때 입었던 흰 드레스라는 파격적 선택 등등 모든 요소가 다양한 의견과 즉각적인 반응을 일으키는 듯했다. 나는 버락이 양원 합동 회의에서 연설할 때는 가지색 민소매 원피스를 입었고, 백악관 공식 사진을 찍을 때는 까맣고 몸에 꼭 맞는 민소매 원피스를 입었다. 그러자 갑자기 내 팔뚝 이야기가 뉴스에 났다. 2008년 늦여름에 가족 여행으로 그랜드캐니언에 갔을 때는 내가 반바지 차림으로 대통령 전용기에서 내리는 모습이 사진에 찍히는 바람에(기온이 40도가 넘었다는 점을 덧붙이고 싶다) 품위 부족이라는 비난이 쏟아졌다.

사람들에게는 내가 하는 말보다 내가 입는 옷이 더 중요한 것 같았다. 런던에서 중학교 여학생들 앞에서 강연을 마치고 눈물을 글썽이며 무대에서 내려왔을 때, 그 행사를 취재하러 온 기자가 우리 직원에게 처음 던진 질문은 "저 원피스 어디 거죠?"였다.

그런 일을 겪으면 맥이 좀 빠졌지만, 비록 내가 선택하지 않은 상황일지라도 이 속에서 내게 주어진 힘을 최대한 활용하기로 결심했다. 사람들이 내가 입은 옷이 궁금해서 잡지를 들춰본다면, 그 기회에 내 옆에 선 군인의 배우자도 보고 아동 건강에 관해 내가 한 말도 읽게 될 것이었다. 버락이 당선된 직후 《보그》가 내게 표지 모델을 제안했을 때도 그랬다. 우리 팀은 경제가 어려운 시기에 그런 촬영을 하는 게 경박하거나 특권층의 일로 보이면 어쩌나 싶어서 토론했지만, 결국에는 해보기로 했다. 언제든 유색인종 여성이 잡지 표지에 나오는 것은 의미 있는 일이라고 여겼기 때문이다. 단 옷은 직접 고르겠다고 조건을 달았다. 나는 제이슨 우, 그리고 재능 있는 라틴계 디자이너 나르시소 로드리게스의 옷을 입고 촬영했다.

패션을 조금은 알았지만 많이는 몰랐다. 사실 일하는 엄마였을 때는 너무 바빠서 복장에는 크게 신경 쓸 여유가 없었다. 선거운동 중에는 시카고의 한 부티크에서 대부분의 옷을 구입했는데, 그러다가 그곳의 젊은 판매 담당자 메러디스 쿱을 알게 되었다. 세인트루이스 출신의 메러디스는 예리한 감각과 디자이너들에 대한 지식을 갖추고 있었고, 색과 질감을 발랄하게 활용하기를 좋아했다. 벼락의 당선 후, 나는 메러디스가 워싱턴으로 와서 내 개인 보좌관 겸 스타일리스트로 일하도록 설득했다. 그녀는 금세 든든한 친구도 되어주었다.

한 달에 두어 번, 메러디스는 관저의 내 드레스룸에 옷이 잔뜩 걸린 이동식 옷걸이를 여러 개 끌고 들어왔다. 그러고는 한두 시간쯤 이 옷 저 옷 입혀보면서, 향후 몇 주 동안 잡힌 일정에 맞는 코디를 정해주었다. 옷과 액세서리는 모두 내 돈으로 구입했다. 예외도 가끔 있었는데, 공식 행사에서 입는 쿠튀르 드레스 같은 품목은 디자이너에게 빌렸다가 나중에 국립문서기록관리청에 기부하는 방식이었으니 백악관 윤리강령에 어긋나지 않았다. 내게 선택권이 있는 경우라면, 가급적 예측 불가능한 패턴으로 입고자 했다. 남들이 내 옷에 무슨 메시지가 담겼다고 여기도록 만들고 싶지 않았다. 늘 아슬아슬한 균형을 지켜야 했다. 나는 남들을 가리지 않으면서도 돋보여야 했고, 분위기에 녹아들어야 했지만 그렇다고 해서 너무 존재감이 없는 것도 곤란했다. 나는 또 흑인 여성이기에 과시적이고 고급스러운 옷만 입는다고 인식되면 쉽게 비판받을 테지만, 그렇다고 너무 편한 것만 입어도 비판받을 터였다. 그래서 다양하게 섞어 입었다. 마이클 코어스의 스커트에 갭에서 산 티셔츠를 매치했다. 하루는 할인점인 타깃에서 산 옷을 입고, 이튿날은 다이앤 폰 퓌르스텐베르크가 디자인한 옷을 입었다. 미국 디자이너들, 특히 상대적으로 덜 알려진 신진 디자이너들에게 관심과 칭찬이 쏠리게 만들고 싶었다. 그 때문에 가끔 기성 디자이너들의 불만도 샀다. 오스카르 데라렌타는 내가 자신의 작품을 입어주지 않는다며 툴툴거렸다고 한다. 하지만 내 선택은 기왕 대중의 시선을 받게 된 희한한 처지를 활용하여 다양한 유망주들을 응원하려는 것뿐이었다.

정치 세계에서는 거의 모든 일이 세상의 이목을 고려하여 결정되었
으므로, 복장 선택에 그 요소도 고려했다. 그러려면 시간과 생각과 돈이
들었다. 내가 평생 옷에 지출했던 돈보다 더 많은 돈이 들었다. 그리고
메러디스가 꼼꼼하게 조사해봐야 했다. 특히 해외여행을 앞두었을 때
그랬다. 메러디스는 우리가 고른 옷의 디자이너, 색깔, 스타일이 내가 방
문할 나라의 사람들을 충분히 존중하는 것인지 확인하는 데 시간을 많
이 들었다. 메러디스는 공식 행사가 있을 때 사샤와 말리아가 입을 옷도
구입해주었는데, 그러자면 지출이 늘었지만 아이들에게도 지켜보는 시
선이 있으니 어쩔 수 없었다. 나는 가끔 버락이 옷장에서 다 똑같아 보
이는 까만 정장을 꺼내 입고 머리를 빗을 필요도 없이 쌩 출근하는 모습
을 보면서 한숨지었다. 공적인 순간의 패션 문제에서 버락의 최대 고민
은 정장 재킷을 걸칠지 말지, 아니면 넥타이를 맬지 말지였다.

메러디스와 나는 늘 만반의 대비를 갖추도록 유의했다. 드레스룸에서
새 옷을 입어볼 때, 원피스를 입고서도 스쾃을 해보고 런지를 해보고 팔
을 휘휘 돌려보았다. 활동성이 충분한지 확인하기 위해서였다. 너무 갑
갑한 옷이라면 얼른 옷걸이에 돌려놓았다. 여행할 때는 여벌의 옷을 챙
겼다. 날씨나 일정이 갑자기 바뀔 수 있는 데다가, 옷에 와인을 쏟거나
지퍼가 고장 나거나 하는 악몽 같은 상황은 말할 것도 없었다. 상황을
불문하고 늘 장례식 복장을 챙기는 것도 중요하다는 사실을 배웠다. 버
락이 예기치 못하게 군인이나 상원의원이나 국가 지도자의 장례식에 참
석해야 하는 경우가 종종 있었기 때문이다.

나는 메러디스에게 의지하는 것 못지않게, 말이 빠르고 시원스럽게
웃어대는 부산한 미용사 조니 라이트, 그리고 말투가 조근조근하고 꼼
꼼한 메이크업 아티스트 칼 레이에게 의지하게 되었다. 세 사람 덕분에

(우리 팀은 이들을 '3인조'라고 불렀다) 매일 사람들 앞에 나설 자신감을 얻을 수 있었다. 내가 실수라도 하나 했다가는 조롱과 심술궂은 지적이 쏟아지리라는 사실을 다들 잘 알았다. 이전에는 사람을 고용해서 이미지를 관리한다는 생각조차 해보지 않았기 때문에, 처음에는 이 상황이 좀 불편했다. 하지만 금세 남들이 여간해서는 말하지 않는 사실을 깨닫게 되었다. 오늘날 공인의 삶을 사는 거의 모든 여성이라면—정치인이든 연예인이든—그만의 메러디스와 조니와 칼이 있다는 사실이었다. 이 요소는 우리 사회가 남녀에게 적용하는 이중 잣대 때문에 여성만이 거의 고정적으로 치르게 된 비용이었다.

다른 퍼스트레이디들은 이런 헤어스타일, 화장, 복장의 과제를 어떻게 처리했을까? 알 길이 없었다. 백악관에서 첫해를 보내며 가끔 전임 퍼스트레이디들이 직접 썼거나 다른 저자가 그들에 관해서 쓴 책을 집어들었지만, 매번 도로 내려놓았다. 그들과 내가 어떤 점에서 같고 어떤 점에서 다른지 차라리 모르는 편이 낫겠다는 심정이었다.

그건 그래도, 9월에야 힐러리 클린턴과 만난 건 너무 늦은 편이었다. 우리 둘은 관저 식당에서 유쾌한 대화를 나누었다. 버락이 선거 후 힐러리 클린턴을 자신의 국무장관으로 선택했을 때 솔직히 약간 놀랐는데, 두 사람은 이제 예비선거에서 주고받았던 상처를 뒤로하고 생산적인 업무 관계를 구축했다. 힐러리는 퍼스트레이디가 적극적인 전문직 여성으로서 활약하는 것을 미국이 기꺼이 받아들이리라고 여겼으나 그것은 오판이었다고 털어놓았다. 그녀는 빌 클린턴이 아칸소 주지사였을 때 자기의 변호사 일을 그만두지 않고 계속했으며 남편의 보건 및 교육 분야 정책 개선 작업까지 거들었다. 따라서 계속 그렇게 기여할 열정과 에너지를 갖고 워싱턴에 왔지만, 이곳에서는 심한 거부에 직면했으며 백악관의 보건 제도 개혁 작업에서 정책을 맡았다가 비웃음까지 샀다. 그런 반응에 담긴 메시지는 잔인하리만치 노골적이고 분명했다. 유권자들이 선출한 것은 그녀의 남편이지 그녀가 아니라는 메시지, 웨스트윙에 퍼스트레이디의 자리는 없다는 메시지였다. 그녀는 너무 많은 일을 너무 빨리 하려고 했던 것 같고, 그러다 그만 완고한 벽에 부딪혔다.

나는 그 벽을 늘 염두에 두려고 했다. 다른 퍼스트레이디들의 경험을 교훈으로 삼아, 웨스트윙 정무에 직접적으로 혹은 노골적으로 끼어들지 않으려고 주의했다. 대신 내 직원들이 버락의 직원들과 매일 소통하도록 하여 웨스트윙과 의견을 나누고, 일정을 맞추고, 계획을 점검했다. 내 견해이지만, 대통령의 고문들은 겉모습에 지나치게 조바심칠 때가 있었다. 그로부터 몇 년 뒤 내가 앞머리를 뱅 스타일로 자르기로 마음먹었을 때, 우리 팀 직원들은 혹시라도 문제가 될지 모르니 사전에 버락 팀의 의중을 알아봐야 한다고 여겼다.

경제가 위태로운 시기였기에, 버락의 팀은 백악관 이미지가 경박하게 느껴지지 않도록 쉼 없이 경계했다. 심각한 시절이니까 그래야 한다고 했다. 나는 그 말에 늘 동의하지는 않았다. 내 경험에 따르면 어려운 시기라도, 어쩌면 어려운 시기일수록 더욱더 웃는 것은 좋은 일이었다. 특히 아이들을 위해서는 그런 와중에도 어떻게든 웃을 일을 만들어야 한다. 그런 의미에서, 우리 팀은 내가 백악관에서 아이들을 위한 핼러윈 파티를 연다는 아이디어를 성사시키고자 버락의 홍보팀과 설전을 벌였다. 웨스트윙은—특히 이제 새 행정부의 수석 고문인 데이비드 액설로드와 백악관 대변인인 로버트 기브스는—그것이 너무 과시적이고 비싼 행사로 비칠 가능성이 있고 따라서 대중이 버락에게서 멀어질지도 모른다고 염려했다. "그냥 시각이 좋지 않아요." 그들은 늘 그렇게 표현했다. 하지만 나는 동의하지 않았다. 워싱턴에 살지만 백악관에 한 번도 와보지 못한 아이들과 군인 가정들을 초대하는 핼러윈 파티는 백악관 사교실 오락 예산의 극히 일부를 사용하기에 더없이 알맞은 용처라고 주장했다.

액스와 기브스는 비록 내 말에 완전히 동의하지는 않았지만 어느 시점부터는 반대도 하지 않았다. 10월 말, 기쁘게도 500킬로그램짜리 대형 호박이 백악관 잔디밭에 설치되었다. 해골 복장을 한 관악대가 재즈를 연주했고, 북쪽 현관 위에는 거대하고 새까만 거미가 매달렸다. 나는 표범으로 분장하여—까만 바지와 표범 무늬 상의에 고양이 머리띠—백악관 정면에 섰다. 남들 시선을 고려할 필요가 없던 시절에도 코스튬에는 별 흥미가 없던 버락은 평범한 스웨터 차림으로 내 옆에 섰다. (기브스는 근사하게도 다스 베이더로 분장해 신나게 놀 만반의 준비를 갖추고 나타났다.) 그날 밤 우리는 대통령 직인이 찍힌 상자에 담긴 쿠키, 건과일, 초콜릿을 준비해 백악관 잔디밭을 터벅터벅 걸어 올라온 2000여 명의 꼬마 공주, 죽음의 사자, 해적, 슈퍼히어로, 유령, 축구 선수 들에게 나눠주었다. 그리고 내가 보기로, 사람들 반응은 그럭저럭 괜찮았다.

★   ★   ★

텃밭은 오가는 계절의 기복을 겪어내면서 다채로운 교훈을 주었다. 기껏 길러낸 캔털루프멜론은 허여멀겋고 밍밍했다. 세차게 내린 소나기로 표토가 쓸려 나간 적도 있었다. 새들이 우리 블루베리를 쪼아 먹었고, 딱정벌레들이 오이를 갉아 먹었다. 뭔가 좀 잘못될 때마다, 국립공원 관리청 소속 원예가이자 우리의 수석 정원사로도 일해주는 짐 애덤스와 백악관 부지 감독관 데일 헤이니의 도움을 받아 이것저것 조금씩 수정했다. 그런 뒤에 계속 가꾸었고, 전반적으로는 풍요를 음미했다. 관저 식탁에는 우리 텃밭에서 키운 브로콜리, 당근, 케일이 종종 올랐다. 농작물을 수확할 때마다 개중 일부는 워싱턴 D.C.의 노숙인들에게 무료로 식사를 제공하는 비영리단체인 '미리엄스 키친'에 기부했다. 또 야채 피클을 만들어서 백악관을 찾은 귀빈들에게 선물로 주었고, 새로 설치한 벌집에서 채취한 꿀도 좀 담아주었다. 백악관 직원들은 텃밭을 자랑스러워했다. 처음에 회의적이던 사람들도 곧 팬이 되었다. 내게는 텃밭이 단순하고 풍요롭고 건강한 것이자 성실과 신념의 상징이었다. 텃밭은 강하면서도 아름다웠다. 그리고 사람들을 행복하게 만들어주었다.

이전 몇 달 동안, 이스트윙 직원들과 나는 여러 아동 건강 전문가 및 활동가와 접촉하면서 우리가 벌일 더 큰 활동에서 기틀로 삼을 원칙을 수립해나갔다. 우리는 미국의 부모들에게 더 나은 정보를 제공하여 그들이 가족을 위해서 더 건강한 선택을 하도록 돕고, 더 건강한 학교를 만들기로 결의했다. 누구나 영양이 충분한 식품에 더 쉽게 접근할 수 있는 길도 모색해볼 참이었다. 마지막으로, 청소년들이 신체 활동을 더 활발히 할 방법을 찾아보기로 했다. 이런 활동은 소개하는 방식이 그 내용 못지않게 중요하다는 걸 잘 알았기에, 다시 한 번 스테퍼니 커터의 도움을 구했다. 그녀는 자문으로 합류하여, 샘과 조슬린 프라이의 계획 수립을 거들었다. 홍보팀은 이 캠페인을 재미있게 내보일 방안을 궁리했다. 한편 웨스트윙은 내내 안절부절못하고 내 계획을 걱정하는 듯했다. 정부의 금융 및 자동차 산업 긴급 구제가 논란이 되면서 사람들이 정부 개입처럼 보이는 일이라면 뭐든 좀 미심쩍게 여기는 판국이었으니, 내 활동이 국민을 사사건건 가르치려 드는 과보호 국가형 사업처럼 비칠까 봐 우려한 것이었다.

하지만 내 목표는 정부를 넘어선 차원에서 활동을 펼치는 것이었다. 나는 힐러리 클린턴이 기꺼이 들려준 경험에서 배우고 싶었다. 그래서 정치는 버락에게 맡겨둔 채, 내 활동은 다른 차원에서 펼치고 싶었다.

탄산음료 회사 및 학교급식 공급 업체 CEO들을 다루는 문제에서는, 규제로 접근할 게 아니라 인간적으로 호소해볼 만하다고 여겼다. 싸움을 걸 게 아니라 협력을 끌어내면 좋을 것 같았다. 미국 가정의 생활 방식에 관해서라면, 어머니와 아버지 그리고 특히 아이들에게 직접 말 걸고 싶었다.

나는 정치계의 신조를 따르거나 일요일 아침 뉴스쇼에 출연하는 데는 흥미가 없었다. 그 대신 부모와 아이들을 독자로 삼는 건강 전문 잡지들과 인터뷰했다. 운동이 재미있을 수 있다는 걸 보여주고자 백악관 남쪽 잔디 광장에서 훌라후프를 돌렸고, 〈세서미 스트리트〉에 초대 손님으로 출연하여 엘모와 빅버드와 함께 야채에 관한 이야기를 나누었다. 백악관 텃밭에서 기자들을 만날 때마다, 많은 미국인이 동네에서 신선한 농산물을 구하기 어려운 실정이며 비만율 상승이 보건 비용과도 밀접한 관계가 있다는 사실을 언급하려고 했다. 이 활동을 성공시키는 데 필요한 모든 사람으로부터 지지를 받아두고 싶었고, 향후 제기될지도 모르는 모든 반대를 예상해두고 싶었다. 그 점을 염두에 두어, 우리는 기업계와 관련 분야 기업과 단체뿐 아니라 의원들과도 사전에 오랜 시간에 걸쳐서 조용히 만났다. 우리가 내세울 활동명이 괜찮은지 알아보기 위해서 표적 집단을 구성하여 반응을 살폈고, 홍보 전문가들의 재능 기부를 받아서 우리가 내세울 메시지를 세심하게 가다듬었다.

2010년 2월, 마침내 내 전망을 사람들과 공유할 준비를 마쳤다. 워싱턴 D.C.가 기록적인 폭설에서 빠져나오려고 애쓰던 추운 화요일 오후, 나는 백악관 국빈 만찬장에 설치된 연단에 섰다. 내 옆에는 아이들과 나란히 장관, 스포츠 스타, 시장 들이 서 있었다. 보건과 교육과 식품 생산 분야의 지도자들도 있었고, 기자도 잔뜩 있었다. 그 자리에서 나는 '레츠 무브!Let's Move!'라고 이름 지은 새로운 활동을 자랑스럽게 발표했다. '레츠 무브!'는 단 하나의 목표를 중심에 두고 펼쳐질 활동이었다. 그 목표란 전염병처럼 번지고 있는 아동 비만을 한 세대 내에 끝낸다는 것이었다.

내게는 우리가 뜬구름처럼 허황된 목표를 선언하는 데 그치지 않는 것이 중요했다. 우리의 노력은 실제적이었고, 작업은 순조롭게 진행되고 있었다. 이를테면 그날 내 발표에 앞서서 버락은 아동 비만 문제를 다룰 특별연방대책위원회를 구성하겠다는 각서에 서명했는데, 그런 종류의 문제에 관해서 연방대책위원회가 설치되기는 처음이었다. 그뿐 아니라 학교급식 공급 업체들 중에서도 대표적인 세 회사가 아이들에게 공급하는 음식에 포함되는 나트륨, 설탕, 지방 함량을 낮추겠다고 선언했다. 미국음료협회는 영양 성분표를 더 명료하게 개선하겠다고 약속했다. 우리는 미국소아과학회의 협조도 끌어내어, 의사들이 어린이 건강 검진에서 체질량 지수 측정을 정례화하도록 장려하겠다는 약속을 받아냈다. 또 디즈니, NBC, 워너브라더스를 설득하여, 어린이들에게 건강한 생활 방식을 장려하는 공익광고를 방영하고 특별 프로그램을 제작하겠다는 약속을 받아냈다. 12개 분야의 프로스포츠 리그의 대표들도 아이들에게 신체 활동을 장려하는 캠페인인 '하루 60분씩 뛰놀기'를 홍보해 주겠다고 약속했다.

이것조차 시작에 불과했다. 우리는 '식품 사막'으로 불리는 도시 및 시골의 신선 농산물 부족 지역에 식료품점을 도입하는 계획, 식품 회사들이 포장지의 영양 성분 정보를 보다 정확하게 표기하도록 압박하는 계획, 오래된 식품 피라미드를 좀 더 알아보기 쉬운 형태와 최신 영양학 연구 결과에 맞는 내용으로 다시 그리겠다는 계획도 세워두었다. 그리고 그 과정에서, 기업들이 아동 건강에 영향을 미치는 결정들에 관하여 제대로 책임지도록 요구할 계획이었다.

그 모든 일을 실현하려면, 당연히 헌신적이고 조직적인 노력이 필요할 터였다. 하지만 그런 일이야말로 바로 내가 좋아하는 일이었다. 우리가 씨름하려고 나선 문제는 거대한 문제였지만, 이제 나는 거대한 발판을 딛고 있다는 이점이 있었다. 그동안 나의 새로운 존재 양식에서 영 낯설게만 느껴졌던 요소들을—명성이라는 이상한 것, 사람들이 내 이미지에 쏟는 날카로운 시선, 막연한 퍼스트레이디의 직무 규정—이런 실질적 목표를 추구하는 데 활용할 수 있겠다는 생각이 들었다. 기운이 솟았다. 드디어 온전한 나 자신을 보여줄 방법을 찾은 것이었다.

22

어느 봄날 아침, 버락과 나와 아이들이 남쪽 잔디 광장으로 불려 나갔다. 처음 보는 웬 남자가 진입로에서 우리를 기다리고 있었다. 상냥한 얼굴에 희끗희끗한 콧수염이 어쩐지 권위 있게 느껴졌다. 그는 자신을 로이드라고 소개했다.

그가 말했다. "대통령 각하, 영부인 여사. 두 분과 따님들께 기분 전환이 좀 필요할 것 같아서, 저희가 작은 동물원을 마련해봤습니다." 그는 우리에게 활짝 웃어 보였다. "그 어떤 대통령 가족도 이런 건 경험하지 못했을 겁니다."

남자는 왼쪽을 가리켰고, 우리는 그쪽을 보았다. 약 30미터 떨어진 삼나무 그늘에서, 크고 아름다운 고양잇과 짐승 네 마리가 빈둥거리고 있었다. 사자, 호랑이, 매끈한 흑표범, 늘씬한 점박이 치타였다. 내가 보기에 담장이나 목줄은 없는 듯했다. 동물들을 가둘 만한 장치가 아무것도 없었다. 이상한 상황이었다. 기분 전환만큼은 확실히 되었다.

"배려해주셔서 고맙습니다." 나는 감사하는 목소리로 들리기를 바라면서 말했다. "그런데 로이드 씨라고 하셨죠? 담장 같은 건 안 보이는군요. 아이들에게 좀 위험하지 않을까요?"

"그야 물론, 그 점도 생각했습니다." 로이드는 대답했다. "하지만 여러분은 동물들이 야생에서처럼 자유롭게 돌아다니는 편을 더 즐기실 거라고 판단했습니다. 대신 안전을 위해서 녀석들에게 진정제를 맞혀두었습니다. 그러니 전혀 위험하지 않습니다." 그가 안심하라는 듯 손짓하며 말했다. "자, 가까이 가보십시오. 재밌을 겁니다!"

버락과 나는 말리아와 사샤의 손을 잡고 여태 이슬로 축축한 잔디밭을 걸어갔다. 동물들은 내 생각보다 더 컸다. 나른하게 늘어진 근육질의 동물들은 자신들에게 다가오는 우리를 가만히 바라보면서 꼬리를 휙휙 저었다. 네 종류의 고양잇과 맹수가 사람의 접근을 환영하면서 나란히 있다니, 생전 처음 보는 광경이었다. 우리가 다가가자, 사자가 살짝 동요하는 듯했다. 흑표범의 눈동자가 우리를 쫓았고, 호랑이의 귀가 아주 약간 젖혀졌다. 그 순간, 아무 예고도 없이 치타가 쏜살같이 그늘을 뛰쳐나와서 우리에게 돌진해왔다.

나는 대경실색하여, 사샤의 팔을 움켜쥐고 함께 잔디밭을 달음박질하여 집 쪽으로 올라갔다. 버락과 말리아도 우리와 똑같이 하고 있으리라고 믿으면서. 소리로 판단하자면, 이제 네 마리가 모두 튀어나와서 우리를 추격하고 있었다.

문간에 선 로이드는 조금도 놀라지 않은 표정이었다.

"진정제를 맞혔다고 했잖아요!" 내가 외쳤다.

"걱정마십시오, 여사님." 그가 대꾸했다. "정확히 이런 경우에 대비하여 대처 방안도 마련해뒀습니다!" 그는 옆으로 한 발 물러섰고, 그러자 경호국 요원들이 문에서 쏟아져 나왔다. 요원들은 진정제 화살을 장전한 듯한 총을 들고 있었다. 바로 그때, 사샤의 팔이 내 손아귀를 빠져나가는 느낌이 들었다.

나는 뒤로 돌아 잔디밭을 보고 경악했다. 맹수들이 내 가족을 쫓고 있었고, 요원들이 총을 마구 쏴대면서 맹수들을 쫓고 있었다.

"이게 대처 방안이라고요?" 나는 부르짖었다. **"지금 장난해요?"**

그 순간, 치타가 크게 포효하면서 뾰족한 발톱을 내밀고 사샤를 덮쳤다. 녀석의 몸이 잠시 하늘을 나는 것 같았다. 하지만 그때 요원 하나가 총을 쐈다. 화살은 치타를 빗맞혔지만 녀석을 겁주기에는 충분했고, 녀석은 방향을 틀어 언덕 밑으로 후퇴했다. 나는 안도했다. 하지만 이내 목격했다. 흰색과 오렌지색이 섞인 진정제 화살이 사샤의 오른팔에 박힌 모습을.

나는 침대에서 벌떡 일어났다. 심장이 세차게 방망이질했고, 온몸이 식은땀으로 젖어 있었다. 옆을 보니, 남편은 편하게 웅크리고 잠들어 있었다. 악몽을 꾼 것이었다.

★　　　★　　　★

나는 우리 가족이 일종의 거대한 '트러스트 폴trust fall'을 하는 것 같다는 느낌을 떨칠 수 없었다. 뒤에서 받쳐주는 사람만 믿고 선 채로 뒤로 눕는 것 말이다. 우리를 받쳐주기 위해서 마련된 여러 조치들을 신뢰했지만, 그래도 여전히 우리가 취약하게 느껴질 때가 있었다. 딸들의 안전부터 내 이동 계획까지 모든 일을 거의 전부 남들의 손에 맡겨야 했기 때문이다. 더구나 그중에는 나보다 스무 살 이상 어린 사람들도 많았다. 나는 유클리드가에서 자랄 때 독립성이 삶의 가장 중요한 원칙이라고 배웠다. 내 일은 스스로 해야 한다고 배웠다. 하지만 이제는 그러기가 거의 불가능했다. 남들이 모든 것을 나 대신 해주었다. 내가 어디 갈 일이 있으면, 직원들이 목적지까지 운전해서 데려다주었고, 이동 시간을 분 단위까지 맞아떨어지게 해주었으며, 내가 화장실에 들를 시간까지 미리 계획해주었다. 경호 요원이 나 대신 딸들을 친구와의 약속에 데려다주었다. 가사 담당 직원이 우리 가족의 빨랫감을 수거했다. 나는 더이상 직접 운전하지 않았고, 현금이나 집 열쇠 따위도 지니지 않았다. 나 대신 보좌관들이 전화를 받아주었고, 모임에 참석해주었고, 내가 해야 할 말의 초안을 작성해주었다.

모두 근사하고 유용한 도움이었다. 덕분에 더 중요하다고 여기는 일에 집중할 수 있었다. 하지만 가끔은 그 때문에 내가―세부를 챙기기를 좋아하는 내가―세부를 통제하지 못한다는 느낌이 들었다. 바로 그럴 때, 사자와 치타가 잠복하는 것이었다.

애초에 계획을 세울 수 없는 일도 많았다. 늘 우리 일상의 변두리를 어슬렁거리는 세상의 무질서가 그랬다. 남편이 대통령이 되면, 세상이 혼돈투성이고, 재앙이란 예고 없이 닥친다는 사실을 깨치게 된다. 눈에 보이거나 보이지 않는 힘들이 금방이라도 당신의 평온을 찢어발길 태세로 곁에 있다. 당신은 이제 어떤 뉴스도 간과할 수 없다. 지진이 아이티를 초토화했다는 뉴스도, 루이지애나 앞바다의 석유 시추 시설에서 폭발 사고가 발생해 수억 리터의 원유가 멕시코만으로 유출되었다는 뉴스도, 이집트에서 민주화 혁명이 일어났다는 뉴스도, 애리조나의 한 슈퍼마켓 주차장에서 웬 남자가 총을 난사하여 여섯 명의 시민을 죽이고 여성 연방하원의원에게 중상을 입혔다는 뉴스도.

모든 뉴스가 중요했고, 모든 뉴스가 우리와 관계있었다. 매일 아침 직원이 준비해서 건네주는 뉴스 스크랩을 읽을 때마다, 버락은 이 모든 사건을 흡수하고 모든 후속 상황에 대처해야 하겠구나 하는 생각이 들었다. 버락은 자신이 통제할 수 없는 일로도 비난받을 터였다. 먼 타국에서 벌어진 끔찍한 문제를 해결하라는 압박을 받았고, 해저에 뚫린 구멍을 당장 막아주리라는 기대를 받았다. 어떻게 보면 그의 일은 혼돈을 받아들여서 소화한 뒤 어떻게든 그것을 침착한 리더십으로 바꿔내는 것인 듯했다. 일주일에 하루도 쉬지 않고 매일, 1년 365일 내내 말이다.

나는 세계의 어지러운 불확실성이 퍼스트레이디로서 내 일상의 활동에 영향을 미치지 못하게끔 하려고 애썼으나, 가끔은 피할 길이 없었다. 불안정한 사태에서 버락과 내가 어떤 처신을 보이는가가 중요했다. 우리는 국가를 대표하는 존재였으므로, 국가에 비극이나 시련이나 혼란이 있을 때 나서서 존재감을 보여주는 것도 우리의 의무였다. 이성, 연민, 견실함의 모범이 되어 보이는 것도 우리의 역할이었다. 미국 역사상 최악의 원유 유출 사고였던 BP 사고의 여파가 마침내 정리된 뒤에도, 여전히 많은 미국인은 멕시코만으로 휴가 가는 것이 안전하지 않다고 여겼고 따라서 그 지역 경제가 타격을 입었다. 우리 가족은 그래서 플로리다로 여행을 갔다. 버락은 사샤와 함께 바다에서 헤엄쳤다. 둘이 신나게 파도를 타며 물 튀기는 모습을 찍은 사진이 언론에 공개되었다. 작은 제스처였지만, 그 속에 담긴 메시지는 작지 않았다. **만약 대통령이 이 바닷물의 깨끗함을 믿는다면, 국민 여러분도 믿어도 됩니다.**

어떤 비극적 사건 이후에 우리 둘이나 둘 중 하나가 현장을 찾는다면, 그것은 종종 국민들에게 이웃의 고통을 너무 빨리 잊어버리지 말자고 일깨우는 의미였다. 나는 가급적 구급 대원, 교육자, 자원봉사자처럼 상황이 나쁠 때일수록 더 많이 나서는 이들의 노고를 부각하려고 애썼다. 2010년 아이티 대지진 발생 석 달 후 질 바이든과 함께 그곳을 찾았을 때는 한때 집들이 있던 자리에 무너진 잔해가 산처럼 쌓여 있는 걸 보고 가슴이 옥죄여왔다. 수만 명이―엄마들, 할아버지들, 아기들이―산 채로 파묻힌 현장이었다. 우리는 그곳 예술가들이 버스를 개조한 공간에서 이재민 아이들을 위해 미술 치료 활동을 하는 현장도 방문했는데, 아이들은 상실에도 불구하고 어른들의 보살핌 덕분에 여전히 희망이 넘치는 모습이었다.

비통함과 회복력은 늘 함께 있다. 나는 퍼스트레이디로 활동하면서 그 진실을 무수히 확인했다.

나는 미군 병사들이 전쟁의 부상에서 회복하고 있는 군병원을 기회가 닿는 대로 자주 찾아갔다. 백악관에서 불과 16킬로미터 거리의 월터 리드 국립육군병원에 처음 갔을 때는 원래 한 시간 반쯤 머물 예정이었지만 결국은 네 시간쯤 머물렀다.

월터 리드 병원은 이라크와 아프가니스탄 전쟁에서 부상한 병사들이 2단계나 3단계 치료를 위해 후송되는 곳이었다. 병사들은 전장에서 일차적으로 부상자 분류를 거친 뒤 독일 란트슈툴의 군병원에서 치료받았고, 그다음에야 미국으로 후송되었다. 월터 리드에는 며칠만 머무르는 병사도 있었고, 몇 달씩 머무르는 병사도 있었다. 병원은 일류 의사들을 고용하여 훌륭한 재활 치료 서비스를 제공했고, 가장 처참한 부상도 다룰 역량을 갖추고 있었다. 현대에 들어 군의 방호 능력이 향상된 덕분에, 병사들은 예전 같았으면 목숨을 잃었음 직한 폭탄 공격에서도 목숨을 건졌다. 잘된 일이었다. 반면 나쁜 소식은, 기습과 은밀한 폭탄 공격으로 특징지어지는 두 전쟁이 10년 가까이 이어진 터라 부상자 수가 많고 정도도 심각하다는 것이었다.

나는 삶의 모든 측면에 대비하려고 애쓰는 사람이지만, 군병원이나 피셔하우스에서의—피셔하우스는 부상한 군인의 가족이 환자를 간호하는 동안 무료로 머물 수 있는 숙박 시설로, 동명의 자선단체가 운영한다—만남에는 대비할 도리가 없었다. 앞에서도 말했지만, 나는 이전까지 군대를 잘 몰랐다. 아버지가 2년간 복무하긴 했지만 내가 태어나기한참 전이었다. 버락이 선거운동을 벌이기 전까지는, 질서 있게 분주한 육군 기지나 군인 가족이 사는 소박한 주택단지에 가본 적이 없었다. 내게 전쟁은 끔찍하지만 추상적인 것이었고, 내가 상상할 수 없는 풍경에서 내가 모르는 사람들이 벌이는 일이었다. 이제 와서 보니 전쟁을 그런 시각으로 볼 수 있다는 것 자체가 사치였다.

병원에 도착하면, 보통 맨 먼저 수간호사를 만나서 건네주는 수술복으로 갈아입었고 병실에 들어갈 때마다 매번 손을 소독하라는 지시를 들었다. 병실 문을 열기 전에 먼저 환자의 상태에 관한 짧은 설명을 들었다. 환자들은 물론 사전에 나를 만나고 싶은지 아닌지 결정할 수 있었다. 거절하는 사람도 소수 있었는데, 상태가 썩 좋지 않아서였거나 정치적 이유 때문이었을 것이다. 어느 쪽이든 이해했다. 그들에게 부담이 되는 것이야말로 내가 가장 피하고 싶은 일이었다.

각 병실에서 머무르는 시간은 병사의 마음에 따라 짧기도 하고 길기도 했다. 모든 대화는 사적이었고, 기자나 직원이 지켜보는 일은 없었다. 분위기는 엄숙할 때도 있었고 가벼울 때도 있었다. 벽에 걸린 스포츠팀 배너나 사진을 실마리로 삼아, 스포츠나 고향이나 아이들 이야기를 나눴다. 혹은 그들이 아프가니스탄에서 겪었던 일을 이야기했다. 그들은 무엇이 필요한지 이야기할 때도 있었고, 무엇이 필요하지 않은지 이야기할 때도 있었는데, 내가 종종 들었던 대로라면, 그들에게 필요하지 않은 것은 타인의 동정이었다.

한번은 어느 병실 문에 붙은 빨간색 종이를 보았다. 거기에는 까만색 매직펜으로 이런 글이 적혀 있었다. 병사들 마음을 완벽하게 표현한 말이었다.

이 방에 들어오는 모든 사람들에게
만약 당신이 슬픈 마음으로, 혹은 내 부상을 안타까워하는 마음으로 이 방에 들어오려고 했다면, 딴 데로 가보십시오. 내 부상은 내가 사랑하는 사람들을 위해서, 내가 사랑하는 조국의 자유를 지키기 위해서, 내가 사랑하는 직업을 수행하다가 얻은 것입니다. 나는 무척 강인합니다. 그리고 완전히 회복할 것입니다.

그런 것이 바로 회복력이었다. 저 글귀는 내가 군대에서 만난 모든 사람의 독립성과 자긍심을 고스란히 반영하고 있었다. 한번은 임신한 아내를 남겨두고 젊고 건강한 몸으로 해외에 파견되었다가 사지가 마비된 채 돌아온 병사를 만났다. 우리가 이야기하는 동안, 포대기에 감싼 아기가—분홍빛 얼굴의 작은 신생아였다—그의 가슴에 얹혀 있었다. 한쪽 다리를 절단한 어느 병사는 비밀경호국에 관한 질문을 퍼부었다. 원래는 제대 후 경호국 요원이 될 꿈을 갖고 있었지만 부상 때문에 이제 다른 계획을 구상하는 중이라고 명랑하게 말했다.

환자들의 가족도 만났다. 병상을 지키는 아내나 남편, 어머니나 아버지, 사촌이나 친구를 만났다. 그들 중에는 환자 곁에 있기 위해서 자신의 삶을 잠시 유예한 사람도 많았다. 이야기 나눌 사람이 그들뿐일 때도 있었다. 환자는 진정제를 맞았거나 잠들어서 꼼짝 않고 누워 있었기 때문이다. 가족들도 각자 짐을 감당해야 했다. 집안 대대로 군인인 가정이 있는가 하면, 10대 때부터 사귀다가 파견 직전에 결혼한 신부도 있었다. 그들의 미래도 이제 난데없이 복잡해진 것이었다. 내가 함께 눈물지은 어머니가 얼마나 많았던지, 일일이 헤아릴 수도 없다. 그들의 고통은 너무나 생생해서, 할 수 있는 일이라고는 손을 맞잡고 속으로 기도하면서 조용히 눈물을 흘리는 것뿐이었다.

그들 앞에서, 나는 한없이 겸허해졌다. 그곳에서 마주한 강직함과 충성심 같은 것은 달리 어디에서도 보지 못했다.

어느 날 텍사스주 샌안토니오의 군병원을 방문했을 때, 복도에서 작은 소란이 벌어진 걸 보았다. 내가 막 들어가려던 병실을 간호사들이 다급하게 드나들었다. "누워 있지 않으려고 해요." 한 간호사가 속삭였다. 병실에 들어갔더니 텍사스 시골 출신의 건장한 청년이 있었다. 그는 여러 군데를 다친 데다가 화상까지 입은 몸으로 침대보를 걷어내면서 발을 바닥에 내디디려 안간힘을 쓰고 있었는데, 그러느라 고통스러워하는 기색이 역력했다.

우리는 잠시 뒤에야 그가 왜 그러는지 이해했다. 통증에도 불구하고, 그는 자신이 따르는 최고사령관의 아내에게 경례를 붙이기 위해 일어서고 있었다.

★   ★   ★

2011년 초 언젠가, 버락이 오사마 빈라덴을 언급했다. 우리는 저녁 식사를 막 마친 참이었다. 사샤와 말리아는 숙제를 하러 갔고, 우리 둘만 식당에 남아 있었다.

버락이 말했다. "그가 어디 있는지 알아낸 것 같아. 쳐들어가서 잡을 수도 있겠지만, 아직은 아무것도 확실하지 않아."

빈라덴은 세계에서 가장 악명 높은 수배자였지만 몇 년 동안 종적을 알 수 없었다. 그를 생포하거나 없애는 것은 취임 이후 버락의 최우선 과제 중 하나였다. 그 일을 실제로 해낸다면, 미국에 중요한 사건이 될 터였다. 알카에다로부터 우리를 보호하기 위해서 몇 년을 바쳐온 수많은 병사들에게 그럴 터였고, 9.11 테러로 사랑하는 이를 잃었던 사람들에게는 특히 더 그럴 터였다.

버락의 말투가 침울한 걸 보면, 아직 해결해야 할 과제가 많음을 짐작할 수 있었다. 여러 변수를 고민하느라 마음이 무거운 게 틀림없었다.

하지만 더 캐묻거나 자세히 설명해보라고 다그치는 일 따위는 하지 않았다. 우리는 과거에도 지금도 서로의 일에 관한 고민을 들어주는 사이였지만, 그의 주변에는 이제 전문가 고문들이 잔뜩 있었다. 그는 모든 일급 기밀 정보를 열람할 수 있었으며, 내가 판단하기로 특히나 국가 안보에 관한 문제에서는 내 의견 따위는 필요치 않았다. 나는 그가 가족과 보내는 시간이 한숨 돌리는 시간이 되기를 바라는 편이었다. 그래도 물론 일은 늘 가까이 있었다. 우리는 말 그대로 가게 위층에서 사는 가게 주인인 셈이었으니까.

버락은 머릿속을 구획하여 관리하는 능력이 탁월한 사람인지라, 가족과 함께할 때면 일에 정신을 팔지 않고 감탄스러울 만큼 우리에게만 집중했다. 그것은 삶이 더 빨라지고 더 강렬해짐에 따라 차츰 몸에 밴 태도였다. 담을 쌓을 필요가 있었고, 경계를 보호할 필요가 있었다. 가족의 저녁 식탁에 빈라덴은 초대받지 않았다. 리비아의 인도주의적 위기도, 티파티 공화당원들도 초대받지 않았다. 우리에게는 아이들이 있었고, 아이들에게는 말하고 자라날 공간이 필요하다. 가족이 모이는 시간에는 큰 걱정과 다급한 고민은 가차 없이 뒤로 밀려났고, 대신 작은 것들이 당당히 그 자리를 차지했다. 버락과 나는 학교 운동장에서 있었던 일이나 말리아의 멸종 위기 동물에 관한 숙제 내용을 들으면서 그것이 세상에서 제일 중요한 문제인 양 반응했다. 실제로 그랬다. 그렇게 대접받을 만한 일들이었다.

하지만 우리가 저녁을 먹는 동안에도 일은 계속 쌓였다. 식당에서 버락의 어깨 너머로 복도를 내다보면, 보좌관들이 밤마다 브리핑 자료를 놓아두고 가는 작은 탁자가 보였다. 보통 우리가 저녁을 먹는 동안 자료가 도착했다. 그 또한 백악관의 정례 일과였다. 매일 밤 두 묶음의 브리핑 자료가 도착했는데, 하나는 내 것이었고 훨씬 두껍고 가죽으로 묶은 나머지 하나는 버락의 것이었다. 우리는 직원들이 작성한 그 보고서들을 그날 밤에 읽어야 했다.

아이들을 재운 뒤, 버락은 보통 그 자료를 들고 트리티룸으로 갔다. 나는 내 자료를 드레스룸으로 가지고 가서, 그날 밤이나 이튿날 아침에 한두 시간을 들여 읽었다. 내용은 보통 직원들이 작성한 전달 사항, 곧 해야 할 연설의 초안, 내가 벌이는 활동에 관해서 결정해야 할 사항들이었다.

활동을 개시한 지 1년째 되던 '레츠 무브!'는 결과를 얻고 있었다. 우리는 여러 재단 및 급식 공급 업체와 협조하여, 학교 식당 6000곳에 샐러드 바를 설치했다. 각 지역 프로 요리사들의 도움을 구해서, 학교급식이 몸에 좋을뿐더러 맛도 좋을 수 있도록 조언을 받았다. 당시 미국 최대의 식품 소매점이었던 월마트는 우리의 요청을 받아들여서 직접 제조하는 식품의 설탕, 나트륨, 지방 함량을 줄이겠다고, 또 농산물 가격을 낮추겠다고 약속했다. 전국 500여 개 도시의 시장들도 지자체 차원에서 아동 비만 문제를 푸는 데 나서겠다고 약속했다.

더 중요한 일은 따로 있었다. 2010년에 나는 새로운 아동 영양 법안이 의회를 통과할 수 있도록 거드는 데 총력을 다했다. 그 법이 통과되면 더 많은 아이들이 공립학교에서 건강한 고품질의 급식을 먹을 수 있었고, 급식에 주어지는 연방 보조금 비율이 30년 만에 처음으로 높아질 터였다. 나는 대체로 정치와 정책 문제에서는 벗어나 있는 편을 선호했지만, 이것은 내가 뛰어들어야 할 싸움, 내가 기꺼이 나설 의향이 있는 문제였다. 나는 상하원의원들에게 숱하게 전화를 걸어서, 우리 아이들은 지금보다 더 나은 급식을 먹어야 한다는 의견에 동의하도록 설득했다. 버락, 그의 고문들, 그 밖에도 내 말을 들어주는 사람이라면 누구에게든 그 문제를 이야기했다. 새 법이 통과된다면, 미국 전역에서 매일 약

4300만 끼의 식사에 신선한 과일과 채소, 통곡물, 저지방 유제품이 더 많이 포함될 터였다. 학교 자판기에서 판매되는 정크푸드가 규제될 것이고, 학내에 텃밭을 가꾸고 그 지역에서 생산된 농산물을 활용하는 학교들에 지원금이 주어질 터였다. 내가 판단하기로 이것은 이론의 여지 없이 좋은 일이었다. 아동 비만 문제를 바닥에서부터 바로잡을 수 있는 조치였다.

버락과 고문들도 법안 통과에 힘을 쏟았다. 중간선거에서 공화당이 연방하원을 장악하는 결과가 나오자, 버락은 자신이 전면적인 법제적 변화를 꾀할 수 있는 역량이 곧 줄어들 것임을 알고서 이 법안 통과를 최우선 과제로 설정했다. 새 의회가 구성되기 전이었던 12월 초, 법안은 최후의 장애물을 넘었다. 그로부터 11일 뒤, 나는 버락이 동네 초등학교 아이들에게 둘러싸여서 그 법안에 서명하는 모습을 곁에서 자랑스레 지켜보았다.

버락은 기자들에게 이렇게 농담했다. "만약 이 법안이 통과되지 못했다면, 나는 소파에서 자야 했을 겁니다."

텃밭과 마찬가지로, 나는 무언가를 기르고 있었다. 그것은 바로 아이들 건강을 위해서 목소리를 내는 사람들의 네트워크였다. 이 활동은 버락이 통과시키는 데 성공한 일명 '오바마케어', 즉 훨씬 더 많은 미국인이 의료보험을 누릴 수 있도록 하는 2010년 부담적정보험법Affordable Care Act을 보완할 작업으로도 보였다. 그리고 이제 나는 '조이닝 포시스 Joining Forces'라는 군인 가족 지원 사업을 출범시키는 데 집중했다. 이것은 질 바이든과 함께하는 활동이었는데, 질의 아들 보는 얼마 전 이라크에서 무사히 돌아왔다. 이 활동 또한 버락의 최고사령관으로서의 임무를 지지하는 일이 될 수 있었다.

질과 나는 우리가 군인과 그 가족에게 형식적인 감사의 말보다는 더 많은 빚을 졌다는 걸 알았기에, 여러 직원과 협력해서 군인 공동체를 지원하고 그들의 가시성을 높일 구체적인 방안을 모색해보았다. 버락은 이미 연초에 범정부 차원의 점검을 지시하여, 각 부서에 나름대로 군인 가정을 지원할 방법을 더 찾아보라고 일렀다. 나는 미국에서 가장 유력한 CEO들에게 접촉하여, 적잖은 수의 참전 군인들과 그 배우자들을 고용하겠다는 약속을 끌어냈다. 질은 대학들에 접촉하여, 군인 가정 자녀들의 형편을 더 잘 헤아리도록 교수자들을 교육하겠다는 약속을 받아냈다. 또한 우리는 전쟁터에서 돌아온 병사들 중 일부가 겪는 정신적 문제를 불길한 낙인처럼 바라보는 시각과 싸우고 싶었고, 할리우드의 작가들과 제작자들을 만나 그들이 만드는 영화나 TV 프로그램에 군인 이야기를 더 많이 포함시켜달라고 요청할 계획이었다.

결코 간단하지 않은 일들이었지만, 그래도 방법을 잘 궁리하면 이뤄낼 수 있는 일들이었다. 반면 매일 밤 버락을 책상에 붙잡아두는 일들은 대부분 그렇지 않았다. 내가 처음 알았을 때부터 그랬듯이, 밤은 버락의 정신이 딴 일에 주의를 빼앗기지 않고 자유롭게 거니는 시간이었다. 그는 그 조용한 시간에 자신만의 관점을 떠올리거나 새로운 정보를 흡수했고, 이미 머릿속에 담겨 있는 사실들의 방대한 지도에 새 데이터를 더했다. 하룻밤에도 몇 번씩 안내원들이 트리티룸으로 찾아가서 아래층에서 밤늦게까지 일하는 직원들이 막 작성한 보고서를 전달했다. 버락이 출출하다고 하면, 시중드는 직원이 무화과나 견과류를 담은 작은 접시를 가져다주었다. 고맙게도 버락은 담배를 끊었지만, 니코틴 껌을 자주 씹었다. 그는 거의 매일 새벽 1시나 2시까지 TV로 ESPN 스포츠 채널을 나직하게 틀어두고 책상에 앉아서 메모를 읽고, 연설문을 수정하고, 이메일에 답신했다. 그러다가도 늘 중간에 나와서 아이들과 내게 잘 자라고 키스해주었다.

나는 이제 버락이 그처럼 영원히 끝나지 않는 정무에 헌신하는 데 익숙해졌다. 나와 아이들은 오랫동안 그를 유권자들과 공유해왔는데, 그 유권자가 이제 3억 명이 넘었다. 매일 밤 그를 트리티룸에 혼자 남겨둘 때, 나는 가끔 그 유권자들은 자신들이 얼마나 운 좋은지 알까 하는 생각이 들었다.

버락이 보통 자정 넘은 시간에 하루의 마지막 일과로 처리하는 일은 국민들이 보내온 편지를 읽는 것이었다. 버락은 임기가 시작된 순간부터 서신 담당 직원들에게 매일 약 1만 5000통씩 들어오는 편지와 이메일 중 10개를 골라서 저녁 브리핑 자료에 포함시켜달라고 부탁했다. 그는 그 편지들을 하나하나 꼼꼼하게 읽으면서 여백에 메모를 적었다. 그러면 그것을 보고 나중에 직원이 답장을 쓰거나 관련 장관에게 문제를 전달하거나 했다. 버락은 군인들이 보낸 편지를 읽었다. 수감자들이 보낸 편지를 읽었다. 보험료를 감당하느라 애먹는 암 환자의 편지를 읽었고, 압류로 집을 잃은 사람의 편지를 읽었다. 법적으로 결혼할 수 있기를 바라는 동성애자 시민의 편지를 읽었고, 그가 나라를 망치고 있다고 여기는 공화당원의 편지를 읽었다. 엄마들, 할아버지들, 아이들이 보낸 편지를 읽었다. 그가 잘하고 있다고 여기는 사람들이 보낸 편지를 읽었고, 그를 멍청이라고 여기는 사람들이 보낸 편지를 읽었다.

버락은 무엇이든 다 읽었다. 그 또한 자신이 했던 선서에 따르는 책임이라고 여겼다. 그의 일은 힘들고 외로운 것이었지만—내 눈에는 세상에서 가장 힘들고 외로운 일로 보일 때도 많았다—그래도 그는 아무도 배제하지 않고 모두에게 문 열어두는 것이 자신의 의무라고 여겼다. 남들이 자는 동안, 그는 담장을 무너뜨리고 모든 것을 안으로 받아들였다.

★　　★　　★

월요일과 수요일 저녁마다, 열 살 사샤는 백악관에서 몇 킬로미터 떨어진 아메리칸 대학의 체육관에서 수영 강습을 받았다. 나는 가끔 사샤가 연습하는 모습을 보러 갔다. 수영장 한쪽에 창을 통해 안을 들여다볼 수 있는 작은 방이 있었는데, 되도록 남들 눈에 띄지 않으려고 애쓰면서 그곳으로 살짝 들어갔다.

한창 운동하는 사람이 많은 시간대에 북적이는 체육관을 드나드는 것은 내 전담 경호 요원들에게 골치 아픈 과제였지만, 그들은 훌륭하게 해냈다. 나는 나대로, 공용 공간을 통과할 때는 시선을 내리깔고 빨리 걸어가는 데 도가 텄다. 그러면 한결 나았다. 웨이트트레이닝에 열중한 대학생들과 한창 진행 중인 줌바 교실을 지나쳐서 재빠르게 걸었다. 아무도 나를 눈치채지 못하는 날도 있었다. 보통은 굳이 고개를 들지 않아도 사람들이 동요하는 걸 알 수 있었다. 나를 알아본 사람들이 수런거렸고, 가끔은 누군가 더럭 외쳤다. "저기 봐, 미셸 오바마야!" 그래도 약간의 술렁임 이상으로 번지는 일은 없었으며, 그마저도 금세 잦아들었다. 나는 홀연 나타났다가 사람들이 내 존재를 제대로 인식하기 전에 휙 사라지는 유령이었다.

강습 날 밤에는 수영장 좌석이 보통 한산했다. 몇 안 되는 부모들이 앉아서 아이들이 연습을 마치기를 기다리며 한가롭게 잡담하거나 휴대전화를 들여다보거나 할 뿐이었다. 나는 조용한 자리를 찾아 앉은 뒤, 아이가 수영하는 모습에 집중했다.

딸들이 자신만의 세계에 있는 모습을 보는 순간은 늘 좋았다. 아이들은 백악관으로부터 자유롭고 부모로부터도 자유로운 곳, 자신들이 스스로 만든 공간과 관계 속에 있었다. 사샤는 수영을 힘차게 잘했다. 평영에 열광했고, 접영을 터득하려고 애쓰는 중이었다. 아이는 네이비블루 색 수영모와 원피스 수영복 차림으로 한 바퀴 두 바퀴 착실하게 돌았고, 그러다가 가끔 멈춰서 코치의 조언을 들었으며, 정해진 휴식 시간에는 같이 배우는 친구들과 명랑하게 수다를 떨었다.

보는 눈 없이 조용히 앉아서 우리 딸이 마치 기적처럼 점점 독립적이고 온전한 인간이 되어가는 모습을 지켜보는 순간이 내게는 가장 감사했다. 우리는 딸들을 백악관의 이상하고 강렬한 삶으로 밀어넣었다. 그 경험이 아이들에게 어떤 영향을 미칠지, 아이들이 그로부터 무엇을 얻을지 알지 못했다. 나는 아이들이 세상에 노출되는 경험이 가급적 긍정적인 경험이 되도록 신경 썼고, 우리가 아이들에게 역사의 현장을 보여줄 수 있는 특별한 입장이라는 이점을 활용했다. 버락의 해외 순방 일정이 마침 방학 기간과 겹치면, 아이들에게 공부가 될 수 있는 기회로 삼아 다 함께 여행했다. 2009년 여름 여행에서는 모스크바의 크렘린궁을 방문했고, 로마의 바티칸궁을 방문했다. 일주일 동안 아이들은 러시아 대통령을 만났고, 로마의 판테온과 콜로세움을 구경했고, 가나에서는 셀 수 없이 많은 아프리카인이 노예로 팔려 대륙을 떠나는 출발점이었던 이른바 '돌아올 수 없는 문'을 통과해보았다.

다 소화할 수 있을까 싶게 벅찬 일정이었지만, 아이들이란 자기가 받아들일 수 있는 것을 자기만의 시각으로 받아들이기 마련임을 깨달았다. 사샤는 여행에서 돌아온 뒤 3학년이 되었다. 그해 가을에 학부모 행사에 참가해 교실을 거닐던 중 사샤가 쓴 "여름방학에 한 일"이라는 글이 친구들의 글과 나란히 붙어 있는 걸 보았는데, 거기 이런 문장이 있었다. "로마에 가서 교황님을 만났습니다. 교황님은 엄지손가락이 조금 없었습니다."

나는 베네딕토 16세 교황의 엄지가 어떻게 생겼는지, 약간 잘려 나간

부분이 있는지 없는지 모른다. 아무튼 우리는 관찰력이 풍부하고 있는 그대로 말하기를 좋아하는 여덟 살 아이를 로마와 모스크바와 아크라로 데려갔고, 아이가 그곳에서 보고 온 것이 그것이었다. 당시 사샤가 역사를 바라보는 시각은 허리 높이였던 것이다.

우리는 버락의 일에서 걱정스러운 측면과 아이들 사이에 완충지대를 만들려고 애썼지만, 사샤와 말리아는 그래도 많은 걸 흡수할 수밖에 없었다. 두 아이처럼 세계의 각종 사건들과 더불어 사는 아이는 세상에 또 없을 터였다. 딸들은 자기 집 지붕 밑에서 종종 뉴스가 펼쳐진다는 사실, 아빠가 가끔 국가비상사태로 호출되어 간다는 사실, 상황을 불문하고 늘 아빠를 공공연히 매도하는 사람들이 있을 수밖에 없다는 사실을 받아들였다. 이 마지막 사실 또한 내게는 우리 가족에게 바싹 다가든 사자와 치타처럼 느껴졌다.

2011년 겨울, TV 리얼리티쇼 진행자이자 뉴욕의 부동산 개발업자인 도널드 트럼프가 버락이 재선에 나설 2012년 대선에서 공화당 후보 예비선거에 도전하겠다는 말을 흘리기 시작했다는 뉴스가 들려왔다. 전반적인 인상으로, 그냥 소음만 빚어내다가 말 것 같았다. 그는 방송에 출연해서 버락의 대외 정책에 대하여 전문적이지도 않은 비판을 늘어놓았고, 버락의 시민권에 공공연히 의문을 제기했다. 지난 대선 기간 중 이른바 '벌서birther'라고 불리는 사람들은 버락의 하와이 출생증명서가 위조된 것이고 그는 사실 케냐에서 태어났다고 주장하는 음모론을 퍼뜨렸는데, 트럼프가 그 주장을 되살리려고 발 벗고 나선 것이었다. 그는 방송에 나와서 갈수록 허황된 주장을 펼쳤다. 1961년 호놀룰루 신문에 버락의 출생을 알리는 기사가 실렸다는 이야기는 사기라고 주장하는가 하면, 버락이 다녔다는 유치원의 급우들이 아무도 버락을 기억하지 못하더라는 거짓 주장도 펼쳤다. 조회수와 시청률에 목매는 뉴스 매체들은—특히 보수적인 매체들은—그런 근거 없는 주장을 희희낙락 부채질하기에 바빴다.

물론 그것은 야비하고 정신 나간 소리에 지나지 않았으며, 그 속에 담긴 편견과 외국인 혐오는 누가 봐도 뚜렷했다. 하지만 그래도 위험했다. 그것은 극우파나 정신 나간 사람들을 자극하려는 고의적 발언이었다. 사람들 반응이 두려웠다. 가끔 심각한 위협이 인지될 때면 비밀경호국이 내게도 알려주었는데, 세상에는 정말로 그런 소리에 선동되는 사람이 있다는 데 놀랐다. 걱정하지 않으려 해도 걱정될 때가 있었다. 웬 정신이 불안정한 사람이 총을 갖고 워싱턴으로 들이닥치면 어쩌나? 그 사람이 우리 딸들을 찾아가면 어쩌나? 도널드 트럼프는 무모한 암시가 담긴 시끄러운 발언으로 우리 가족의 안전을 위협했다. 그 점에 대해서 나는 영원히 그를 용서하지 않을 것이다.

하지만 우리에게는 다른 선택지가 없었다. 걱정을 접어두고, 여러 보호조치를 믿으면서 그냥 살아가야 했다. 우리를 '타자'로 규정하려는 이들은 몇 년 전부터 그렇게 해왔다. 버락과 나는 사람들이 우리가 사는 방식을 본다면 진실을 알아줄 것이라고 믿으면서, 그런 이들의 거짓말과 왜곡을 초월하려고 애써왔다. 일찍이 버락이 대통령 출마를 결심한 때부터, 많은 사람이 진심과 선의로 우리의 안전을 걱정하는 말을 건네왔다. 사람들은 유세장에서 내 손을 잡으면서 말했다. "아무도 당신을 해치지 않도록 늘 기도한답니다." 모든 인종, 모든 배경, 모든 연령의 사람들이 그렇게 말했다. 이 나라에 선량하고 너그러운 사람들이 많다는 사실을 상기할 수 있었다.

"당신과 가족을 위해서 매일 기도한답니다."

나는 그들의 말을 가슴에 품고 지냈다. 우리의 안전을 기도해주는 수많은 선량한 사람들이 우리를 보호해준다고 느꼈다. 버락과 나는 각자의 신앙심에도 기댔다. 이제 우리가 교회에 나가는 일은 드물었다. 예배하러 걸어 들어가는 우리에게 기자들이 고래고래 질문을 던지는 등 야단법석이 벌어지기 때문이었다. 대선 기간 중 제러마이아 라이트 목사에 대한 사상 검증으로 한바탕 소란을 겪고 정적들이 신앙을 무기 삼아―그들은 버락이 '은밀한 무슬림'이라고 주장했다―공격하는 것을 본 후 종교 활동은 집에서 사적으로만 하기로 결정했다. 우리는 매일 저녁 식사 전에 기도를 올렸고, 딸들을 위해 백악관에서 몇 차례 교리 강습을 열기도 했다. 워싱턴의 특정 교회에 적을 두지는 않았다. 우리가 시카고에서 다녔던 트리니티 교회의 신자들이 우리 때문에 겪었던 부당한 공격을 다른 교회의 신자들에게 또 겪게 할 수는 없었다. 하지만 그런 결정에는 희생이 따랐다. 나는 영적 공동체의 온기가 그리웠다. 매일 밤 침대에 누워 고개를 돌리면, 눈을 감은 채 조용히 기도하는 버락이 보였다.

버락의 출생에 관한 헛소문이 다시 돌기 시작한 지 몇 달이 지난 11월의 어느 금요일 밤, 웬 남자가 컨스티튜션가의 폐쇄 구역에 차를 세우고 차창 밖으로 반자동소총을 난사했다. 남자의 목표물은 백악관 위층이었다. 내가 가끔 차를 마시는 옐로오벌룸 창문이 총알에 맞았다. 또 다른 총알은 창틀에 박혔고, 나머지 총알들은 지붕을 맞고 튕겨 나갔다. 버락과 나는 외출 중이었고 말리아도 그랬지만, 사샤와 어머니는 집에 있었다. 다행히 둘 다 눈치채지 못했고 다치지도 않았다. 옐로오벌룸의 방탄유리를 교체하는 데는 몇 주가 걸렸다. 그때까지 나는 총알로 유리가 움푹 파인 자국을 보면서 우리가 얼마나 취약한지 되새기곤 했다.

일반적으로는 우리가 그런 혐오를 알은체하지 말고 위험을 곱씹지도 않는 편이 낫다는 걸 알았다. 설령 남들이 자꾸 그 문제를 거론하더라도 말이다. 말리아는 나중에 시드웰 프렌즈 고등학교 테니스팀에 들어갔는데, 학교 테니스장은 위스콘신가에 있었다. 어느 날 말리아가 그곳에서 연습하는데, 다른 학생의 어머니가 다가와 붐비는 도로를 가리키면서 물었다. "여기 있으면 무섭지 않니?"

자라면서 차츰 자신의 목소리를 낼 줄 알게 된 아이는 필요한 경우에는 나름의 방식으로 경계를 강화할 줄도 알았다. 말리아는 최대한 예의 바른 태도로 대답했다. "만약 제게 매일 죽음을 걱정하느냐고 물으신 거라면, 제 대답은 그렇지는 않다는 거예요."

두어 해 뒤, 그 어머니가 학부모 행사에서 내게 다가와 진심 어린 사과의 말이 적힌 쪽지를 건넸다. 그녀는 대답을 듣자마자 실수를 깨달았다고 했다. 스스로 상황을 바꿀 도리가 없는 아이에게 불안만 심어준 격이었으니까. 말리아의 대답에서 그녀는 우리가 품고 있는 회복력과 취약함을 둘 다 접한 셈이었다. 우리는 그런 감정을 한편으로는 감수하지만 한편으로는 열심히 밀쳐내면서 살았다. 그녀는 또한 이해했을 것이다. 그 상황에서 우리 아이가 할 수 있는 일은, 그날뿐 아니라 이후에도 매일, 다시 연습장으로 나와서 또 한 번 공을 받아치는 것뿐이라는 사실을.

*　　　*　　　*

물론 모든 어려움은 상대적이다. 나는 우리 아이들이 다른 가족들은 상상조차 할 수 없을 만큼 풍부한 이점과 풍요를 누리면서 자란다는 사실을 잘 알았다. 딸들에게는 아름다운 집, 식탁에 차려진 식사, 헌신적으로 돌봐주는 어른들, 그리고 교육에 관해서라면 격려와 지원을 아끼지 않는 환경이 있었다. 나는 말리아와 사샤의 성장에 모든 노력을 쏟았지만, 퍼스트레이디로서 그보다 더 큰 의무를 지고 있음도 잊지 않았다. 나는 내 딸들만이 아니라 모든 아이에게 의무감을 느꼈고, 특히 여자아이들에게 그랬다. 이런 생각은 내 이야기를 들려줄 때 사람들이 곧잘 보이는 반응, 즉 노동자 동네 출신 흑인 여자아이가 아이비리그 대학에 진학하고 중역으로 일하고 결국 백악관에 들어간 것을 놀랍게 여기는 반응에서 비롯했다고도 할 수 있었다. 물론 내 궤적은 특이했지만, 이런 경우가 특이한 것이어야 할 이유는 사실 없었다. 그동안 회의 석상에 앉거나 이사회에 참석하거나 이런저런 VIP 모임에 참가했을 때 그곳에서 내가 유일한 유색인종 여성인 적이 정말 많았다. 인종을 불문하고 유일한 여성인 적도 많았다. 비록 그런 자리에서 내가 최초였더라도, 나중까지도 나만 있지는 않기를 바랐다. 나와 비슷한 이들이 내 뒤에 더 많아지기를 바랐다. 늘 입바른 소리로 모든 과장을 잠재우는 우리 어머니는 요즘도 누가 나나 오빠를 칭찬하기 시작하면 이렇게 대꾸한다. "그 애들은 전혀 특별하지 않아요. 사우스사이드에는 그런 애들이 쌔고 쌨답니다." 정말이다. 그런 아이들이 그런 방에 들어갈 수 있도록 우리가 돕기만 하면 된다.

내 사연에서 중요한 부분은 표면적 성취가 아니라 그것을 떠받친 기틀이었다. 즉, 그동안 내가 수없이 받았던 작은 지지들, 자신감을 키우도록 도와준 사람들이 핵심이었다. 나는 그들을 모두 기억했다. 내게 더 나아가보라고 손짓해주었던 사람들을, 내가 도착할 장소에서―주로 흑인도 여성도 아닌 사람들이 역시 그런 사람들을 위해서 만들어둔 환경이었으므로―분명히 맞닥뜨릴 냉대와 모욕을 염려하여 최선을 다해 예방접종을 시켜주던 사람들을.

나는 로비 할머니가 피아노를 배우는 학생들에게 요구했던 엄격한 기준을 떠올렸다. 덕분에 아는 피아노라고는 건반이 부서진 업라이트피아노밖에 없었던 내가 그래도 그랜드피아노에서 턱을 당당히 들고 끝까지 연주해볼 수 있었다. 아버지도 떠올렸다. 아버지는 내게 오빠와 똑같이 권투와 축구를 가르쳐주었다. 브린 마 초등학교의 마르티네스 선생님과 베넷 선생님은 꼬마인 내 의견도 절대 무시하지 않았다. 그리고 가장 든든한 지원군인 어머니는 내가 우울한 2학년 교실에서 시들어가지 않도록 구출해주었다. 프린스턴에서는 처니 브레슈얼이 나를 격려했고 내 정신에 새로운 자극을 주었다. 젊은 직장인 시절에도 많은 지지자를 만났지만, 그중에서도 수전 셔와 밸러리 재럿은―둘 다 세월이 이만큼 흐른 지금까지도 좋은 친구이자 동료이다―일하는 엄마의 모범을 보여주었으며 내 잠재력을 믿고 몇 번이나 기회의 문을 열어주었다.

그들 서로는 대개 모르는 사이이고 만날 기회도 없었다. 이제는 나도 연락이 끊긴 사람도 많다. 하지만 내 입장에서는 그들이 다 함께 하나의 중요한 무리를 이룬다. 그들은 나를 북돋워주고, 믿어주었다. **그래, 꼬마야, 넌 할 수 있어!** 라고 외쳐준, 나만의 응원단이었다.

나는 이들이 준 것을 한시도 잊지 않았다. 그리고 신참 변호사였을 때부터도 나 또한 다른 이들에게 그렇게 하려고 애썼다. 호기심을 보이는 사람을 보면 격려했고, 나보다 더 어린 사람들을 중요한 대화에 끌어들였다. 법률 사무 보조원이 자신의 미래에 관한 고민을 털어놓으면, 내 사무실로 기쁘게 맞아들여서 내가 밟아온 과정을 들려주거나 조언을 해주었다. 누군가 어떤 가르침을 원하거나 인맥을 맺고자 하면, 내 능력껏 도와주었다. 나중에 퍼블릭 앨라이스에서 일할 때는 체계적인 멘토 관계가 얼마나 유익한지 직접 목격했다. 내 경험으로도 아는 바였지만, 누군가 당신의 배움과 발전에 진정한 관심을 보이는 것은 정말 중요한 일이다. 설령 그 시간이 바쁜 하루 중 단 10분이라 해도. 특히 여성들, 소수 인종, 사회가 쉽게 간과하는 사람들에게는 그런 관심이 더욱더 중요하다.

이런 생각을 바탕으로 백악관에서 리더십 및 멘토 프로그램을 시작했다. 워싱턴 D.C. 수도권 내의 고등학교에 다니는 2, 3학년 여학생 20명을 다달이 초대하여, 함께 허물없는 대화를 나누고, 현장학습을 하고, 경제 지식이나 직업 선택 등을 주제로 토론했다. 이 프로그램은 대체로 비공개로 진행했고, 아이들이 언론의 취재 대상이 되지 않도록 했다.

　　우리는 여학생 각자에게 여성 멘토를 붙여주었다. 두 사람은 개인적 친분을 쌓고, 멘토는 자신의 경험과 조언을 들려주었다. 밸러리도 멘토가 되었다. 백악관 최초의 여성 주방장 크리스 커머퍼드도 멘토가 되었다. 질 바이든은 물론이고, 그 밖에 이스트윙과 웨스트윙 직원 중 여러 고위직 여성이 멘토가 되어주었다. 학생들은 교장이나 생활지도 교사의 추천을 받아 선정했고, 일단 선정된 아이들은 졸업할 때까지 우리와 함께했다. 군인 가정 아이가 있었고, 이민자 가정 아이가 있었고, 10대에 엄마가 된 아이가 있었고, 노숙자 쉼터에서 살았던 아이가 있었다. 모두 똑똑하고 호기심 많은 젊은 여성들이었다. 나와 다르지 않았고, 내 딸들과 다르지 않았다. 시간이 흐르자 아이들은 자기들끼리, 또 주변의 어른들과 우정을 쌓고 친밀한 관계를 만들어갔다. 나와 아이들은 다 함께 동그랗게 둘러앉아 팝콘을 우물거리면서 대학 진학, 신체 이미지, 남자아이들 등에 관해 생각을 나누는 시간을 많이 가졌다. 어떤 주제도 금지되지 않았다. 이야기하다 보면 많이 웃었다. 나는 아이들이 무엇보다도 그 편안함, 공동체 감각, 말하도록 격려받고 다른 사람이 경청해주는 기분을 지니고 미래로 나아가기를 바랐다.

　　그 여학생들에 대한 내 바람은 사샤와 말리아에 대한 바람과 다르지 않았다. 나는 그들이 백악관에서 편하게 느낀 경험을 통해서 앞으로 다른 어떤 공간에서도 편하고 자신만만하게 느끼기를, 다른 어떤 자리나 집단에서도 제 목소리를 내기를 바랐다.

★　　★　　★

우리가 대통령직에 따르는 보호막 속에서 살아온 지도 2년이 넘었다. 나는 보호막의 경계를 가급적 넓힐 방법을 여러모로 궁리했다. 버락과 나는 백악관을 더 많은 사람에게, 특히 아이들에게 공개하려고 했다. 사람들이 백악관의 위엄을 친근하게 느끼길 바랐다. 그래서 백악관의 격식과 전통에 활기를 좀 더 불어넣었다. 외국 고위 인사가 방문할 때면, 근처 학교의 아이들을 초대하여 공식 환영식의 장엄함을 맛보고 국빈 만찬에 제공되는 음식을 함께 맛보도록 했다. 백악관 저녁 공연에 참가하는 음악가들에게는 좀 일찍 와서 청소년 워크숍을 열어달라고 요청했다. 아이들에게 예술을 접하게 하는 것이 얼마나 중요한지 강조하고 싶었다. 그것이 사치가 아니라 꼭 필요한 교육적 경험임을 말하고 싶었다. 고등학생들이 존 레전드, 저스틴 팀버레이크, 앨리슨 크라우스 같은 요즘 예술가들뿐 아니라 스모키 로빈슨, 패티 러벨 같은 전설들과 어울리는 모습은 정말 보기 좋았다. 꼭 내 어린 시절로 돌아간 기분이었다. 외할아버지 집에서 울려 퍼지던 재즈, 로비 할머니가 꾸리던 피아노 연주회와 오페레타 워크숍, 가족이 다 함께 시내 미술관을 찾던 일…. 나는 예술과 문화가 아이의 발달에 긍정적으로 기여한다고 믿었다. 그리고 그런 자리에서는 늘 마음이 편해졌다. 버락과 나는 백악관에서 열리는 모든 공연의 맨 앞줄에 앉아서 음악에 맞춰 몸을 흔들었다. 평소에는 사람들 앞에 나서는 걸 꺼리는 어머니도 음악 소리가 들리면 공연이 펼쳐지는 2층으로 내려왔다.

　우리는 백악관 공연에 음악뿐 아니라 춤을 비롯한 다른 장르들도 더하여, 신진 예술가들이 새 작품을 선보일 수 있도록 했다. 2009년에는 처음으로 시 낭송과 스포큰워드* 무대를 마련했다. 그때 린마누엘 미란다라는 젊은 작곡가가 이제 막 쓰기 시작했다는 새 작품의 일부를 들려줬는데, 좌중이 발칵 뒤집혔다. 그 작품은 작가가 생각하기에 "힙합 정신을 완벽하게 구현했던 한 인물에 관한 콘셉트 앨범"이며 "그 인물은 바로 알렉산더 해밀턴** 재무장관"이라고 말했던 것이다.

내가 그와 악수하면서 이렇게 말했던 게 기억난다. "그 해밀턴 작품, 응원할게요."

우리는 매일매일 너무나 많은 것에 노출되었다. 화려함, 탁월함, 처참함, 희망…. 그 모든 것이 늘 공존했고, 그러는 동안에도 집안 사정과 무관하게 자신만의 삶을 살려고 애쓰는 두 아이가 있었다. 나는 나와 아이들이 일상적인 생활을 꾸릴 수 있도록 최선을 다했다. 내 목표는 예전과 달라진 바 없었다. 할 수 있는 한 정상성을 유지하는 것, 일상적인 삶을 구축하는 것이었다. 축구와 라크로스 시즌이 되면, 나는 사샤와 말리아의 홈경기를 자주 구경하러 갔다. 경기장 옆에 다른 부모들과 나란히 앉아서 관람했는데, 누군가 사진을 같이 찍자고 청하면 정중하게 거절했지만 잡담은 기쁘게 나누었다. 말리아가 테니스를 시작한 뒤로는 주로 비밀경호국 차량을 경기장 가까이 눈에 띄지 않게 대어두고 그 속에서 창문 너머로 구경했다. 사람들의 신경을 산란하게 만들고 싶지 않아서였다. 경기가 끝난 뒤에야 차에서 내려 말리아를 안아주었다.

하지만 버락과 함께 있을 때는 정상성을 거의 포기해야 했고, 그가 가뿐하게 움직일 수 있을 거라는 기대도 포기해야 했다. 그도 아이들의 학교행사와 운동경기에 최대한 참석하려고 했지만, 사람들과 섞일 기회는

- Spoken-word. 글을 운율, 억양, 음색 등을 살려 낭독하는 행위 예술로, 음악이나 퍼포먼스를 가미하기도 한다. 할렘의 흑인 시문학에서 많은 영향을 받았다.
- •• 미국 건국의 아버지 중 하나로 꼽히며, 초대 재무장관을 지냈다. 미화 10달러 지폐에 그려진 인물이다.

제한적이었고 그를 보호하는 경호 활동은 결코 은밀하게 이뤄질 수 없었다. 사실은 은밀하지 않은 것이 핵심이었다. 누구도 감히 미국 대통령을 해칠 수 없다는 메시지를 세상에 뚜렷하게 전달했다. 당연히 그 점이 다행스러웠지만, 가족의 평범한 생활과 나란히 놓고 보았을 때는 좀 지나치게 느껴질 때도 있었다.

어느 날 말리아에게도 그런 생각이 떠오른 것 같았다. 버락과 나와 말리아가 사샤의 학교행사에 참석하려고 함께 교정을 걷던 중이었다. 건물에 둘러싸인 야외 마당을 가로질렀는데, 한쪽 옆에는 쉬는 시간을 맞아 몰려나온 유치원생들이 정글짐에 매달리거나 톱밥이 깔린 놀이터를 뛰놀고 있었다. 그 꼬마들이 머리부터 발끝까지 검게 빼입고 공격용 소총을 보란 듯이 쥔 비밀경호국 저격수들이 학교 건물 지붕에 포진해 있는 걸 알아차렸는지는 모르겠지만, 말리아는 알아차렸다.

말리아가 저격수들을 보았다가 유치원생들을 보았다가 그다음에 아빠에게로 눈길을 돌려서 놀리듯이 말했다. "아빠, 정말 이래야 해요? 진짜?"

버락은 그저 미소를 지으며 으쓱하는 수밖에 없었다. 그가 맡은 일의 중대함은 숨길 도리가 없었다.

물론, 우리 가족 중 누구도 보호막 밖으로는 나가지 않았다. 보호막은 우리 한 사람 한 사람을 내내 따라다녔다. 일찍이 비밀경호국과 협의한 바, 사샤와 말리아는 친구의 유대교 성인식에 참석하거나 학교 모금 활동으로 세차하러 가거나 할 수 있었고 심지어 쇼핑몰을 돌아다닐 수도 있었다. 늘 요원들이 따라다녔고 종종 어머니도 따라다녔지만, 아무튼 다른 친구들만큼 자유롭게 움직일 수 있었다. 사샤의 전담 요원, 특히 베스 셀레스티니와 로런스 터커는—모두들 L.T.라고 불렀다—시드웰에서 사랑받는 붙박이 얼굴이 되었다. 아이들은 노는 시간에 L.T.에게 그네를 밀어달라고 졸랐다. 교실에서 열릴 생일 파티에 컵케이크를 보내오는 집들은 요원들 것까지 추가로 보내곤 했다.

우리는 모두 자신을 전담하는 요원들과 친해졌다. 내 팀을 이끈 선임 요원은 그때는 프레스턴 페어램이었고, 나중에는 대선 기간에도 함께했던 앨런 테일러로 바뀌었다. 그들은 야외 공공장소에 있을 때는 묵묵히 온 신경을 곤두세우고 경계했지만, 무대 뒤에서나 비행기 안에서는 경계를 풀고 재미난 이야기나 농담을 들려주었다. 나는 약간 놀리는 듯한 말투로 그들을 '무표정한 순둥이들'이라고 불렀다. 워낙 긴 시간을 함께하고 먼 거리를 함께 여행하다 보니, 우리는 진짜 친구가 되었다. 나는 그들이 겪는 상실을 함께 아파했고, 그들의 자녀가 커가면서 겪는 중요한 일들을 함께 축하했다. 그들의 임무가 얼마나 진지한 것인지 나도 잘 알았고, 그들이 나를 보호하기 위해서는 큰 희생도 마다하지 않으리란 것도 알았으며, 그 점을 한순간도 당연하게 여기지 않았다.

딸들처럼, 나도 공식적인 일상뿐 아니라 사적인 일상도 병행해보려고 애썼다. 꼭 필요한 경우라면 정체를 감추고 돌아다닐 방법이 있다는 걸 알아냈다. 경호 요원들이 기꺼이 융통성을 발휘해주었기에 가능한 일이었다. 호위 차량 행렬을 끌고 다니는 대신, 가끔은 아무 표시도 없는 밴을 타고 훨씬 더 가벼운 호위만 대동한 채 다닐 수 있었다. 나는 이따금 번갯불에 콩 볶아 먹듯이 잽싸게 쇼핑하러 다녀왔다. 사람들이 나를 제대로 알아보기도 전에 가게에 휙 들어갔다가 휙 나왔다. 우리 개 보가 쇼핑 담당 직원이 사다 준 장난감을 몽땅 솜씨 좋게 찢어발긴 걸 발견하고는 어느 날 아침 직접 보를 데리고 알렉산드리아에 있는 펫스마트 매장으로 갔다. 그리고 보가 잘근거리기에 더 나을 만한 장난감을 뒤져보면서 잠깐이나마 근사한 익명성을 즐겼다. 목줄에 매여 내 곁을 어정거리던 보도 나만큼이나 외출이라는 신기한 활동에 기뻐했다.

수선 피우지 않고 어딘가에 다녀올 때면, 그것이 꼭 작은 승리처럼 느껴졌다. 자유의지를 행사한 것처럼 느껴졌다. 나는 세부를 챙기기를 좋아하는 사람으로서, 목록을 하나하나 지워가면서 쇼핑하는 것이 얼마나 만족스러운 일일 수 있는지 잊지 않았다. 펫스마트에 다녀오고 반년쯤 지났을 때, 야구 모자와 선글라스로 정체를 숨긴 채 가까운 대형 마트로 익명의 아찔한 외출을 감행했다. 반바지를 입고 운동화를 신고 이어폰을 빼서 눈에 덜 띄게 한 경호 요원들이 상점을 누비는 나와 비서 크리스틴 존스의 뒤를 쫓았다. 우리는 모든 통로를 구석구석 돌아다녔다. 나는 오일 오브 올레이의 페이스 크림과 새 칫솔을 골랐다. 크리스틴이 쓸 종이형 섬유유연제와 세탁 세제를 골랐고, 사샤와 말리아에게 줄 게임도 몇 개 발견했다. 그리고 몇 년 만에 처음으로, 결혼기념일에 버락에게 줄 카드를 내 손으로 직접 골랐다.

나는 의기양양한 기분으로 귀가했다. 가끔은 가장 사소한 일이 가장 크게 느껴지는 법이다.

시간이 흐르면서 새로운 모험들을 일상에 포함시켰다. 가끔 친구를 만나서 식당이나 친구 집에서 저녁을 먹었다. 공원이나 포토맥강 가에서 한참을 산책했다. 그런 외출에도 앞뒤로 요원들이 따랐지만, 그들은 눈에 띄지 않았고 나와도 거리를 두었다. 나중에는 백악관을 나가서 시내의 소울사이클이나 솔리드코어 같은 체육관에서 운동 수업을 들었다. 수업 시작 직전에 살그머니 들어갔다가 끝나자마자 빠져나와서 소란을 예방했다. 그중에서도 가장 해방감을 만끽할 수 있었던 활동은 스키였다. 스키를 타본 경험이 거의 없었지만, 금세 열광하게 되었다. 워싱턴에서 보낸 첫 두 해의 겨울 동안 기록적인 눈이 쌓였는데 이때를 놓치지 않고 딸들과 친구 몇 명과 함께 게티즈버그 근처의 작은 스키장으로 당일치기 여행을 몇 번 다녀왔다. 그 이름도 알맞은 리버티(자유) 마운틴

스키장이었다. 헬멧, 목도리, 고글로 가리니까 사람들 틈에 문제없이 섞일 수 있었다. 슬로프를 미끄러질 때, 나는 야외에 있었고 움직이고 있었으며 남들에게 들키지 않았다. 그 모든 걸 동시에 하다니, 꼭 하늘을 나는 기분이었다.

사람들과 섞이는 것은 중요했다. 사실은 그것이야말로 가장 중요한 일이었다. 나를 나 자신으로 느끼는 방법, 거대한 역사의 흐름에 휩쓸리면서도 사우스사이드 출신의 미셸 로빈슨으로 남는 방법이었다. 나는 옛 생활을 새 생활에 엮어 넣었고, 사적인 관심사를 공적인 활동에 엮어 넣었다. 워싱턴에서도 새 친구를 몇 명 사귀었다. 사샤와 말리아의 반 친구 어머니도 두어 명 있었고, 백악관 임무를 수행하며 만난 사람도 몇 있었다. 그들은 내 성이나 집 주소보다는 나라는 사람 자체에 더 관심이 있는 여성들이었다. 누가 우리의 진짜 친구이고 누가 우리를 일종의 정복 대상으로 여기는지를 금세 가려낼 수 있다는 건 재미있는 일이다. 버락과 나는 저녁 식탁에서 사샤와 말리아와도 가끔 이런 대화를 나누었다. 아이든 어른이든 좀 지나치게 열렬한 태도로―우리는 '목마른 듯한' 태도라고 표현했다―우리의 친구들 주변을 맴도는 사람들이 있다는 이야기였다.

나는 진정한 친구들을 늘 가까이 두어야 한다는 사실을 오래전에 배웠다. 예전에 시카고에서 토요일마다 아이들을 데리고 만났던 여자 친구들과는 여태 절친한 관계를 유지했다. 우리 아이들이 기저귀를 차던 시절, 아이들이 높은 유아용 의자에 앉아서 먹던 음식을 신나게 내동댕이치던 시절, 우리가 모두 너무 지쳐서 울고만 싶던 시절에 사귄 친구들이었다. 내가 무너지지 않도록 떠받쳐준 것이 그 친구들이었다. 그들은 내가 장 볼 틈도 없이 바쁠 때면 대신 식료품을 사다 주었고, 내가 직장에서 늦거나 휴식이 필요할 때면 대신 우리 아이들을 발레 수업에 데려다주었다. 그중 많은 친구가 선거운동을 할 때 비행기를 타고서 눈요깃거리 하나 없는 동네까지 와주었고, 내게 안정된 정서적 지원이 가장 절실했던 시기에 그것을 주었다. 어느 여성이라도 동의할 텐데, 여성들 사이의 우정은 이렇듯 교대로 주고받는 작은 친절이 무수히 쌓여서 만들어진다.

2011년, 나는 오래된 친구들과 새 친구들을 한자리에 모아서 우정을 더욱더 굳히려고 노력하기 시작했다. 몇 달에 한 번씩 주말에, 친한 친구 열두어 명을 캠프데이비드로 초대했다. 캠프데이비드는 숲에 파묻힌 여름 캠프장 분위기의 대통령 전용 휴식처로, 워싱턴에서 북쪽으로 약 100킬로미터 떨어진 메릴랜드 북부 산속에 있다. 나는 그 만남을 '훈련소'라고 불렀다. 내가 모두에게 하루에도 몇 번씩 함께 운동하자고 강요한 탓도 있지만(한번은 와인과 간식을 금지하려고까지 들었지만 그 규칙은 금세 무용지물이 되었다), 그보다 더 중요한 이유는 우정을 굳건히 연마한다는 생각이 마음에 들어서였다.

그 친구들은 대부분 많은 것을 성취했으며 많은 것에 지나치게 헌신하는 사람들이었다. 바쁜 가정생활과 과중한 직장 일을 해내고 있는 이들이 많았다. 나를 만나러 오기가 쉽지는 않을 터였다. 하지만 그래서라도 더 와야 했다. 우리는 다들 아이들, 배우자, 일에 희생하는 데 너무 익숙했다. 내가 삶의 균형을 잡아보려고 애쓴 시간을 통해서 깨달은 바는, 우리가 이따금 한 번씩 그 우선순위를 뒤집어서 자신만 챙겨도 괜찮다는 것이었다. 나는 친구들을 대신하여 기꺼이 그런 깃발을 흔들었다. 한 무리의 여자들이 아이들, 배우자, 동료들에게 "미안해요, 여러분, 나 자신을 위해서 여길 가야겠어요" 하고 말할 핑계를 만들어주는 것이—그리고 그것을 전통으로 굳히는 것이—기쁠 따름이었다.

캠프데이비드에서 보내는 주말은 우리가 안식처와 유대를 누리고 재충전하는 시간이 되었다. 숲에 둘러싸인 아늑한 나무 산장에서 머물면서, 우리는 골프 카트를 타고 돌아다니고 자전거도 탔다. 피구를 했고, 버피 훈련을 했고, 요가의 다운도그 자세를 취했다. 가끔 젊은 직원도 몇 명 초대했다. 60대 후반의 수전 셔가 내 일정 관리자이자 대학 때 축구 선수였다는 20대의 매켄지 스미스와 나란히 엎드려서 거미처럼 기는 운동을 하는 걸 보는 기분은 끝내줬다. 우리는 백악관 요리사들이 만들어준 몸에 좋은 음식을 먹었다. 내 트레이너 코넬, 그리고 우리를 모두 '여사님'이라고 부르는 앳된 얼굴의 해군 직원들이 우리에게 운동을 시켜주었다. 우리는 운동도 많이 했지만, 이야기를 나누고 나누고 또 나눴다. 서로의 생각과 경험을 털어놓았고, 조언이나 웃긴 이야기를 들려주었고, 가끔은 그냥 마음이 동해서 흉금을 털어놓은 친구에게 당신만 엇나가는 10대 자녀나 견디기 힘든 고약한 상사를 둔 사람은 아니라고 안심시켰다. 그리고 그보다 더 자주, 그냥 말없이 서로의 말을 들었다. 그런 주말이 끝나서 헤어질 때는 곧 다시 모이자고 약속했다.

친구들은 나를 온전하게 채워주는 존재였다. 늘 그랬고, 앞으로도 그럴 것이다. 친구들은 내가 우울하거나 좌절하거나 버락과 함께하는 시간을 내기 어려울 때마다 내 기운을 돋워주었다. 사사건건 평가당한다는 압박을 느낄 때, 내 매니큐어 색깔부터 엉덩이 크기까지 모든 것이 공개적으로 해부당하고 입방아에 오른다는 생각에 힘들 때, 친구들이 나를 붙잡아주었다. 그리고 이따금 예고 없이 들이닥쳐서 우리를 뒤흔드는 거대한 파도를 내가 잘 겪어내도록 도와주었다.

2011년 5월 첫 일요일, 나는 버락과 어머니에게 아이들을 맡기고 시내 식당으로 나가서 친구 둘과 함께 저녁을 먹었다. 그 주말은 유난히 바빴다. 일요일 오후에 버락은 급히 불려 나가서 브리핑을 잔뜩 들었다. 토요일 저녁에는 백악관 기자단 만찬이 있었다. 만찬장 연설에서 버락은 도널드 트럼프의 리얼리티쇼 〈어프렌티스〉 경력과 그가 버락의 출생에 관하여 펼쳤던 음모론을 주제로 가시 돋은 농담을 좀 던졌다. 내가 앉은 곳에서는 보이지 않았지만, 트럼프도 그 자리에 참석해 있었다. 버락이 말하는 동안, 뉴스 카메라들은 굳은 표정으로 속을 부글부글 끓이는 트럼프의 얼굴을 클로즈업했다.

일요일 밤은 우리에게 비교적 조용하고 자유로운 시간이었다. 아이들은 보통 주말 내내 운동하고 친구들과 노느라 지쳐 있었다. 버락은 운이 좋다면 가끔 낮에 짬을 내어 앤드루스 공군 기지로 가서 골프를 쳤고, 그 덕분에 저녁에는 한결 느긋해졌다.

그날 밤, 내가 친구들과 수다를 떨고 돌아와보니 밤 10시경이었다. 언제나처럼 안내원이 문에서 맞아주었는데, 그 순간 무슨 일이 벌어지고 있다는 걸 직감했다. 백악관 1층의 분위기가 평소와는 다르게 분주했다. 나는 안내원에게 대통령이 어디 있는지 아느냐고 물었다.

"위층에 계실 겁니다, 여사님." 그가 말했다. "대국민 담화 발표를 준비하고 계십니다."

마침내 그 순간이 왔다는 사실을 나는 그렇게 알았다. 전부터 그 순간이 오고 있다는 건 알았지만, 정확히 어떻게 될지는 알 수 없었다. 지난 이틀 동안 평소와 다름없이 행동하려고 애썼고, 뭔가 위험하고도 중요한 일이 곧 벌어진다는 사실을 눈치채지 못한 척하려고 애썼다. 몇 달동안 고급 첩보를 수집하고 몇 주 동안 꼼꼼하게 계획한 끝에, 안보를 점검하고 위험을 평가하고 최후의 긴장된 결정을 내린 끝에, 백악관으로부터 1만여 킬로미터 떨어진 곳에서, 야음을 틈타, 미 해군 특수부대의 정예팀이 오사마 빈라덴이 있다는 파키스탄 아보타바드의 은신처를 급습했다.

관저 복도를 걸어가는데, 버락이 마침 침실에서 나왔다. 그는 정장과 빨간 넥타이 차림이었고, 아드레날린이 분출하여 한껏 들뜬 듯했다. 지난 몇 달 동안 그 결정의 압박을 짊어지고 지내왔던 것이다.

"우리가 그를 잡았어." 그가 말했다. "그리고 아무도 다치지 않았어."

우리는 껴안았다. 오사마 빈라덴은 사살되었다. 미국 국민은 한 명도 목숨을 잃지 않았다. 버락은 엄청난 위험을 감수했으나—자칫하면 대통령직마저 위태로울 수 있는 일이었다—모두 잘 풀렸다.

벌써 전 세계로 소식이 전해지고 있었다. 백악관 주변 거리로 사람들이 몰려나왔다. 식당에서, 호텔에서, 아파트에서 나온 사람들이 축하의 함성으로 밤공기를 채웠다. 그 소리는 점점 더 커지고 명랑해져서, 잠자던 말리아가 방에서 나올 정도였다. 바깥 소음을 철저히 차단해주는 방탄유리를 뚫고서도 들릴 정도였던 것이다.

어차피 그날 밤은 안과 밖의 구별이 없었다. 미국 전역의 여러 도시에서, 동료 시민들과 어울리고 싶다는 충동에 이끌린 사람들이 거리로 쏟아져나왔다. 사람들을 이어준 것은 애국심만이 아니었다. 9.11 비극때 탄생했던 집단적 애도, 그리고 다시 공격당할지도 모른다는 오랜 불안 때문이기도 했다. 나는 그동안 방문했던 모든 군 기지들을 떠올렸다. 부상에서 회복하려고 애쓰는 병사들을 떠올렸다. 조국 수호의 이름으로 가족을 머나먼 곳에 떠나보냈던 많은 사람을 떠올렸다. 그 끔찍하고 슬펐던 날 부모를 잃은 수천 명의 아이를 떠올렸다. 물론, 우리가 잃어버린 그 목숨들 중 하나라도 되찾을 수는 없다. 그 누구의 죽음도 생명을 되살려줄 수는 없다. 솔직히 누군가의 죽음이 축하할 일인지는 모르겠다. 하지만 그날 밤 미국이 겪었던 것은 해방의 순간이었다. 스스로의 회복력을 실감하는 순간이었다.

23

시간은 훌쩍훌쩍 날아가는 듯했다. 시간의 흐름을 제대로 재거나 쫓아갈 수 없는 지경이었다. 매일 일정이 빡빡했다. 매주, 매달, 매년 일정도 빡빡했다. 주말이 되면 주초에 무엇을 했는지 한참 되짚어봐야 생각이 났다. 저녁 식탁에 앉았을 때 점심은 어디서 어떻게 먹었는지가 떠오르지 않기도 했다. 지금 생각해봐도 이해가 안 될 정도다. 삶의 속도가 너무 빨랐고, 찬찬히 되새길 시간은 너무 부족했다. 오후 한나절에만 공식 행사를 두 건 치르고, 여러 모임에 참석하고, 사진 촬영을 했다. 하루에 여러 주를 들르거나, 1만 2000명의 청중 앞에서 말하거나, 아이들 400명을 초대해 남쪽 잔디 광장에서 함께 팔 벌려 뛰기를 하거나 하다가 저녁에는 화려한 드레스를 입고 만찬에 참석했다. 공식 일정이 없는 날에는 차분하게 사샤와 말리아를 돌보고 아이들 일을 처리하다가, 이내 머리와 화장과 정장을 하는 '활동적인' 날이 오면 대중의 시선 속으로 빨려들어갔다.

버락이 재선에 나설 2012년이 다가오자, 잠시라도 쉴 수 없었고 쉬어서도 안 된다는 압박감이 들었다. 나는 아직 대중의 마음을 얻으려고 애쓰는 중이었다. 내가 빚을 진 사람들도 자주 떠올렸다. 내가 짊어진 역사가 역대 대통령이나 퍼스트레이디의 역사는 아니었다. 내게는 존 퀸시 애덤스 대통령의 사연보다는 소저너 트루스*의 사연이 더 가깝게 느껴졌고, 우드로 윌슨 대통령보다는 해리엇 터브먼**이 더 마음에 와닿았다. 엘리너 루스벨트나 메이미 아이젠하워 같은 퍼스트레이디들이 펼쳤던 노력보다는 로자 파크스나 코레타 스콧 킹***이 치렀던 고투가 더 친숙하게 느껴졌다. 내가 짊어진 것은 그런 여성들의 역사였고, 그에 더하여 내 어머니와 할머니들의 역사였다. 그들은 지금 내가 누리는 인생 같은 것을 꿈에도 생각하지 못했겠지만, 자신들이 끈질기게 노력한다면 언젠가는 나 같은 후손이 더 나은 삶을 살 수 있으리라고 믿었다. 나는 그 여성들을 기리는 방식으로 나 자신을 세상에 내보이고 싶었다.

그 사실은 내게 아무것도 망치지 말아야 한다는 일종의 압박, 일종의 채찍질이 되었다. 나는 대중에게 인기 좋은 퍼스트레이디로 인식되고 있었지만, 정작 나 자신은 피부색으로만 나를 판단하고 억측을 자아내며 비난했던 사람들에게 여태 쫓기는 기분이었다. 그래서 연설할 일이 있으면 사무실 한쪽에 설치해둔 텔레프롬프터로 연습하고 또 연습했다. 일정 관리자와 행사 준비팀을 다그쳐서, 우리가 치르는 모든 행사가 제시간에 매끄럽게 진행되도록 했다. 정책팀은 더 철저히 다그쳐서, '레츠 무브!'와 '조이닝 포시스'가 계속 활동 범위를 넓혀나가도록 만들었다. 내게 주어진 기회를 하나도 허투루 낭비하지 않으려고 몰두했지만, 그러자니 가끔은 숨 쉬는 것조차 잊었다.

● 1797~1883년. 뉴욕에서 노예로 태어났다. 노예제 폐지론자이자 여성인권운동가로, "나는 여성이 아닌가요?"라는 유명한 연설을 했다.

●● 1822~1913년. 노예해방과 여성 참정권 운동에 적극적으로 나선 인물로, 2016 오바마 정부는 20달러 지폐의 초상을 앤드루 잭슨 대통령에서 터브먼으로 바꿀 계획을 발표했다.

●●● 1927~2006년. 마틴 루시 킹 목사의 부인이자 인권운동가. 남편의 시망 후에도 인권운동에 앞장섰다.

버락과 나는 다가오는 몇 달간의 선거운동 기간에 우리가 지금보다도 더 많이 돌아다니고, 더 많이 전략을 짜고, 더 많이 걱정해야 한다는 걸 알았다. 재선을 걱정하지 않는 건 불가능한 일이었다. 너무 많은 것이 걸린 일이었기 때문이다. (버락도 그렇고 결국 공화당 후보로 지명된 매사추세츠 주지사 밋 롬니도 그렇고, 선거운동의 경쟁력을 확보하기 위해서 각자 10억 달러 이상씩 모금했다.) 이번 선거는 새 의료보험법의 운명부터 미국이 기후변화에 맞서는 세계적 노력에 참여할 것인지까지 수많은 현안을 결정지을 터였다. 모든 백악관 직원은 우리에게 두 번째 임기가 있을지 알 수 없는 어정쩡한 상태에서 지내고 있었다. 버락이 재선에서 질 가능성은 생각도 안 하려고 애썼지만, 엄연히 존재하는 가능성이었다. 버락과 나는 두려움을 마음속에만 담아두었고, 감히 말로 꺼내지는 않았다.

2011년 여름은 버락에게 특히나 쓰라린 시기였다. 공화당 의원들은 버락이 사회보장제*, 메디케이드, 메디케어** 같은 정부 보조 사업들에서 뼈아픈 삭감을 받아들이지 않는 한 새 국채 발행을—부채 한도 증액이라고 불리는 이 조치는 비교적 관행적으로 치러져온 과정이었다—인가하지 않겠다고 완고하게 버텼지만, 버락은 삭감을 받아들일 경우 가장 힘든 국민들에게 피해가 돌아갈 것임을 알기에 타협하지 않았다. 한편 노동부가 매달 발행하는 일자리 보고서를 보면, 일자리가 지속적으로 늘고는 있었지만 속도가 더뎠다. 미국이 2008년 금융 위기에서 회복하려면 갈 길이 아직 멀다는 뜻이었다. 많은 사람이 버락을 비난했다. 버락의 지지율은 오사마 빈라덴 사살로 온 국민이 안도했던 때 치솟아서 이전 두 해를 통틀어 최고치를 기록했지만, 이후 부채 한도 증액을

---

* 연방정부 차원의 노령, 유족, 장애 보험 프로그램. 1935년 제정된 사회보장법(Social Security Act)에서 출발했으며, 이후 다양한 복지 및 사회보험 프로그램을 포괄하게 되었다.

** 65세 이상 노인 및 장애를 지닌 사람들을 위한 국가 의료보장 제도.

둘러싼 갈등과 새로운 불황의 우려를 겪으면서 몇 달 만에 최저치로 곤두박질쳤다.

이런 소란이 시작될 무렵, 나는 몇 달 전에 계획해둔 친선 방문차 남아프리카공화국으로 날아갔다. 아이들의 학기가 막 끝난 터라 사샤와 말리아도 데려갔고, 어머니와 이제 10대가 된 조카 레슬리와 에이버리도 함께 갔다. 아프리카 전역의 젊은 여성 지도자들이 모이는 포럼이 미국의 후원으로 남아공에서 열릴 예정이었고, 나는 그 자리에서 기조연설을 하기로 되어 있었다. 하지만 그 밖에도 복지와 교육에 관련된 지역사회 차원의 각종 행사에 참석할 계획을 세워두었고, 현지 지도자들과 미국 영사관 직원들을 만날 일정도 잡아두었다. 마지막에는 보츠와나에 들러서 그곳 대통령을 만나 에이즈 클리닉을 방문할 예정이었고, 마지막으로 짧게 사파리 여행을 즐긴 뒤에 돌아올 계획이었다.

우리는 남아공에 도착하자마자 그곳의 강렬한 에너지에 휩쓸렸다. 요하네스버그에서는 아파르트헤이트 박물관을 방문했고, 도시 북쪽의 어느 흑인 거주 구역 주민센터에서 그곳 아이들과 춤을 추고 책을 읽었다. 케이프타운에서는 스포츠 프로그램을 통해 청소년들에게 에이즈 예방교육을 실시하고 있는 지역사회 조직가들과 의료진들을 축구장에서 만났다. 그다음에는 전설적인 신학자 겸 활동가로서 남아공의 아파르트헤이트 철폐에 기여한 데즈먼드 투투 대주교를 뵈었다. 일흔아홉 살의 대주교는 떡 벌어진 가슴에 눈이 반짝거리고 수시로 웃음을 터뜨리는 분이었다. 내가 축구장에서 운동을 장려하는 행사를 치르고 왔다고 했더니 함께 팔굽혀펴기를 하자고 부추겼고, 우리는 결국 아이들의 열띤 응원을 받으며 팔굽혀펴기를 했다.

남아공에서 보낸 며칠 동안, 나는 꼭 둥둥 떠다니는 기분이었다. 처음 케냐를 찾아가서 버락과 함께 마타투를 타고 흙투성이 도로에서 아우마의 낡은 폭스바겐을 밀었던 게 1991년이었으니까, 아프리카에는 아주 오랜만에 온 셈이었다. 몽롱한 느낌은 시차 탓도 있었겠지만, 그보다는 좀 더 깊고 고무적인 어떤 감정 탓이 더 컸다. 마치 서로 교차하며 흐르는 문화와 역사의 크나큰 물줄기에 휩쓸린 것 같았고, 그 거대한 흐름 속에서 우리는 작은 존재에 불과하다는 사실을 체감했다. 저마다 자신의 지역사회에서 의미 있는 활동을 해온 덕분에 리더십 포럼에 참가하게 된 76명의 젊은 여성들을 만났을 때는 터지려는 눈물을 참아야 했다. 나는 그들로부터 희망을 얻었고, 내가 나이 들었다는 사실을 가장 좋은 의미에서 실감했다. 당시 아프리카는 총인구 중 무려 60퍼센트가 25세 미만이었다. 포럼에 모인 여성들도 전부 30세 미만이었고 16세밖에 안 된 이들도 있었다. 그런 여성들이 비영리단체를 조직하거나, 다른 여성들을 훈련시켜서 사업가가 되게 만들거나, 투옥의 위험을 무릅쓰고 정부의 부패를 고발했다. 그리고 이제 그들은 한자리에 모여서 하나로 연결되었고, 훈련과 격려를 받았다. 부디 이 경험이 그들의 힘을 증폭해주기를 바랄 뿐이었다.

하지만 무엇보다도 초현실적인 순간은 그보다 더 일찍, 여행 둘째 날에 찾아왔다. 우리 가족은 다 함께 요하네스버그에 있는 넬슨 만델라 재단 본부를 방문해서 유명한 인도주의자이자 넬슨 만델라의 아내인 그라사 마셸 여사를 만나고 있었다. 그런데 그때 근처의 자택에 있는 만델라가 우리를 만나고 싶어 한다는 전갈이 왔다.

당연히 한달음에 달려갔다. 넬슨 만델라는 아흔두 살이었다. 연초에 폐 기능 문제로 입원했었다고, 손님도 거의 받지 않는다고 했다. 버락은 상원의원이던 6년 전에 마침 워싱턴을 방문했던 만델라를 만난 적이 있었고, 그때 찍은 기념사진을 사무실에 늘 걸어두고 있었다. 그런 만델라의 초대가 얼마나 큰일인지는 곧 열세 살이 되는 말리아와 열 살 사샤도 이해했다. 매사에 태연한 어머니조차 약간 놀란 듯했다.

적어도 내 기준에는, 지구상에 살아 있는 사람들 중 넬슨 만델라만큼 세상에 의미 있는 영향을 끼친 인물은 또 없었다. 그는 청년이었던 1940년대에 아프리카민족회의에 합류하여 백인이 지배하던 남아공 정부와 공고한 인종차별 정책에 대담하게 도전했다. 그 활동으로 투옥된 때가 마흔네 살이었고, 마침내 석방된 때는 일흔한 살이던 1990년이었다. 그는 결핍과 고립 속에 27년을 죄수로 살면서 그동안 많은 동지가 아파르트헤이트 정권에 고문받고 살해당하는 것을 목격했다. 그럼에도 정부 지도자들과—적대하여 싸우기보다는—타협을 끌어내어 남아공이 진정한 민주주의로 평화롭게 이행할 수 있도록 기적적인 중재를 이뤄냈고, 결국에는 새 체제에서 첫 대통령이 되었다.

만델라가 사는 곳은 가로수가 우거진 길에 면한 지중해풍 저택으로, 집은 버터색 콘크리트 담장 뒤에 숨어 있었다. 우리는 마셸 여사의 안내를 따라 나무 그늘이 진 안뜰을 지나서 집 안으로 들어갔다. 널찍하고 해가 잘 드는 방에 놓인 안락의자에 만델라가 앉아 있었다. 성긴 머리카락은 눈처럼 하얬고, 갈색 바틱 셔츠를 입었으며, 누군가 둘러준 흰 담요로 무릎을 덮고 있었다. 여러 세대의 친척들이 곁에 있었는데 모두가 우리를 열렬히 반겼다. 그 방의 환한 분위기, 가족들의 거침없는 수다, 가늘게 뜬 눈으로 미소 짓는 만델라의 모습에 어쩐지 어릴 적 외할아버지 집으로 돌아간 기분이 들었다. 잔뜩 긴장했던 마음이 스르르 풀어졌다.

솔직히 말하자면, 우리가 누구이고 왜 자신을 찾아왔는지를 그분이 제대로 이해했는지 모르겠다. 워낙 노령이었던지라 주의력이 쉽게 흩뜨러졌고, 소리도 잘 듣지 못하는 듯했다. 마셸 여사가 그의 귀에 대고 말했다. "이분은 **미셸 오바마**예요! 미국 대통령의 아내 되는 분이에요!"

"아, 그래요." 넬슨 만델라는 우물거리듯이 대답했다. "멋지네요."

그는 나를 관심 어린 눈으로 바라보았다. 하지만 솔직히, 내가 아닌 다른 누구라도 마찬가지였을 것이다. 그는 누구를 만나든 똑같이 그렇게 따스한 눈으로 볼 게 분명했다. 내가 만델라와 마주한 순간은 조용하지만 그윽했다. 어쩌면 말이 없었기에 더 그윽했는지도 모른다. 그는 살면서 해야 할 말을 거의 다 한 뒤였다. 그의 연설과 편지, 책과 구호는 이미 그 자신의 이야기뿐 아니라 온 인류의 이야기에도 아로새겨졌다. 그와 함께한 그 짧은 순간에도, 평등이 존재하지 않았던 곳에서 그것을 이끌어낸 그의 기품과 기상을 뚜렷이 느낄 수 있었다.

닷새 뒤 미국으로 돌아가는 비행기에서도 나는 계속 만델라를 생각했다. 그 만남 이후 아프리카 북쪽과 서쪽을 여행한 뒤 길고 검은 밤을 날아서 대서양을 건너는 중이었다. 사샤와 말리아는 제 사촌들과 나란히 담요를 뒤집어쓴 채 퍼져 있었다. 어머니도 그 곁에서 졸고 있었다. 비행기 뒤쪽에서는 직원들과 경호 요원들이 영화를 보거나 부족한 잠을 보충하고 있었다. 엔진이 웅웅거렸다. 나는 외로운 것 같으면서도 외롭지 않았다. 우리는 집으로 가고 있었다. 그 집이란 이제 워싱턴 D.C.라는 이상하면서도 친숙한 도시, 흰 대리석과 갈등하는 이데올로기들의 도시, 우리가 싸워서 이겨내야 할 일들이 아직도 잔뜩 남아 있는 도시였다. 나는 리더십 포럼에서 만났던 젊은 아프리카 여성들을 떠올렸다. 지금쯤 다들 각자의 동네로 돌아가서 하던 일을 계속하고 있겠지. 어떤 혼란이 찾아오더라도 그들은 아마 견뎌내리라.

만델라는 자신이 믿는 대의 때문에 감옥에 갔다. 그래서 자식들이 자라는 모습을 볼 기회를 놓쳤고, 손자들이 자라는 모습도 거의 보지 못했다. 그러나 그 모든 일을 원망 없이 견뎠다. 언젠가는 제 나라 국민들의 선한 품성이 이길 것이라 믿으면서 견뎠다. 그날을 보기 위해서 노력했고, 기다렸다. 참을성 있게, 낙담하지 않고.

바로 그런 정신이 집으로 돌아가는 나를 뒤에서 밀어주는 듯했다. 발전과 변화는 느리게 이루어진다는 사실을, 삶은 가르쳐주고 있었다. 그것은 2년 만에, 혹은 4년 만에 가능한 일이 아니었다. 어쩌면 한평생도 부족할 수 있었다. 우리는 변화의 씨앗을 심는 것이고, 그 열매는 보지 못할 수도 있었다. 우리는 참을성을 가져야 했다.

★ ★ ★

2011년 가을, 버락은 일자리 수천 개를 새로 만들게 될 법안들을 세 차례 제안했다. 각 주의 예산으로 교사와 구급 대원을 더 많이 고용하도록 하는 조치가 포함된 내용이었다. 공화당 의원들은 세 차례 모두 막아 세웠고, 표결조차 허락하지 않았다.

1년 전에, 공화당 상원 원내대표인 미치 매코널은 어느 기자에게 당의 목표를 설명하면서 이렇게 선언했다. "우리 당의 최우선 목표는 오바마 대통령의 연임을 저지하는 것입니다." 어쩌면 그렇게 단순할 수가. 공화당 의원들은 무엇보다도 버락을 저지하는 일에 집중했다. 나라를 통치하는 일도 국민에게 일자리가 필요하다는 사실도 그들에게는 중요하지 않은 듯했다. 그들의 최대 관심사는 자신들의 세력을 지키는 일이었다.

나는 그런 상황에 사기가 꺾였고, 화가 났고, 가끔은 참담한 기분까지 들었다. 정치란 으레 그렇다는 것을 알지만, 아무리 그래도 그것은 가장 당파적이고 냉소적인 형태의 정치였으며 더 큰 목적의식과는 괴리된 정치였다. 한편 버락에게는 내가 느끼는 이런 감정마저도 사치였다. 그는 그저 일에 몰두할 뿐이었다. 대체로 의연하게, 장애물을 넘어서고 혹 가능한 경우에는 타협하면서, 지금껏 그의 길잡이가 되어준 낙관주의, 즉 그래도 누군가는 이 일을 맡아야 하지 않겠느냐는 식의 냉철한 낙관주의를 견지했다. 버락이 정치에 몸담은 지도 15년이었다. 내 눈에 그는 여전히 낡은 구리 냄비처럼 보였다. 불길에 단련되고 군데군데 움푹 파였지만 그래도 아직 반짝반짝 빛났다.

2011년 가을, 버락과 나는 선거운동을 시작했다. 다시 시작된 강행군은 뜻밖에도 일종의 위안이 되어주었다. 덕분에 우리는 워싱턴을 벗어나서, 다시 한 번 전국을 누볐다. 리치먼드나 리노 같은 곳을 찾아가서 지지자들과 포옹과 악수를 나눴고, 그들의 의견과 걱정을 들었다. 그것은 버락이 꿈꾸는 민주주의에서 늘 핵심 요소인 일반 시민들의 에너지를 느낄 기회였고, 미국 국민은 그들이 뽑은 대표자들보다 대체로 훨씬 덜 냉소적이라는 사실을 실감할 기회였다. 우리가 할 일은 그들이 투표하게 만드는 것뿐이었다. 2010년 중간선거에서 수백만 유권자가 기권한 것은 실망스러운 일이었다. 버락이 법 하나 뜻대로 만들 수 없을 만큼 분열된 의회를 갖게 된 건 사실상 그 때문이었다.

어려운 과제들에도 불구하고, 희망을 품을 이유도 많았다. 2011년 말까지 이라크에서 모든 미군이 철수했다. 아프가니스탄에서도 병력 감축이 점진적으로 진행되고 있었다. 부담적정보험법의 주요 조항들이 시행되어, 청년들이 부모의 보험에 남을 수 있는 기간이 늘었고 보험회사들이 가입자의 평생 보장 금액에 상한선을 두지 못하게 되었다. 나는 이런 것이 모두 더 큰 차원에서 한 발 한 발 나아가는 단계임을 잊지 말라고 스스로에게 당부했다.

야당 전체가 버락의 실패를 도모하더라도, 우리는 긍정적으로 생각하면서 할 일을 해나가는 수밖에 다른 선택지가 없었다. 예전에 테니스장에서 한 학부모가 말리아에게 두렵지 않냐고 물었던 것과 비슷한 상황이었다. 그저 또 한 번 공을 받아치는 수밖에, 달리 어쩌겠는가?

그래서 우리는 묵묵히 일했다. 버락도 나도 각자의 일에 몰두했다. 나는 '레츠 무브!'의 기치하에 차츰 성과를 거두고 있었다. 우리 팀은 올리브가든, 레드랍스터 같은 외식 체인점들을 거느린 모회사 다든레스토랑에 메뉴와 조리법을 바꾸도록 설득했다. 그래서 메뉴를 개선하고, 칼로리와 나트륨 함량을 줄이고, 어린이 메뉴에 더 건강한 선택지를 제공하겠다는 약속을 받아냈다. 우리는 그 회사 중역들에게 미국의 식문화가 바뀌고 있으니 변화를 앞장서서 받아들이는 것이 사업적으로도 유리하다고 말했다. 수지 타산뿐 아니라 양심에도 호소했다. 다든레스토랑은 매년 4억 끼니의 식사를 미국인들에게 제공하는 회사였다. 그런 규모에서는 작은 변화라도—가령 어린이 메뉴에서 침샘을 자극할 만큼 달고 시원해 보이는 탄산음료 사진을 없애는 것만으로도—실제적인 효과를 낼 수 있었다.

퍼스트레이디의 힘이란 희한하다. 퍼스트레이디라는 역할만큼이나 부드러우면서도 막연하다. 하지만 나는 차츰 그 힘을 활용하는 방법을 익혔다. 내게 행정상의 권한은 없었다. 나는 군대를 호령하지 않았고, 공식 외교 행위에 관여하지도 않았다. 전통이 내게 요구하는 역할은 말하자면 부드러운 빛을 내는 것이었다. 대통령에게 헌신함으로써 그를 돋보이게 만드는 것, 대체로 국가의 일에 도전하지 않는 태도로써 국가를 돋보이게 만드는 것이었다. 하지만 그 빛을 세심하게만 활용한다면 그보다 더 강력한 일도 해낼 수 있다는 걸 깨달았다. 나는 흑인 퍼스트레이디이자 전문직 여성이자 어린아이들의 어머니라는 다소 신기한 존재였고, 바로 그 신기함 때문에 영향력이 있었다. 혹여 대중이 내 옷, 신발, 헤어스타일에 흥미가 있다면 내가 그런 차림으로 어디에 왜 갔는가 하는 맥락도 함께 보게 될 것이었다. 그래서 나는 하고 싶은 말을 내 이미지에 연결하는 방법으로 대중의 시선을 이끌었다. 흥미로운 의상을 입고 나가서, 간간이 농담을 던지면서, 아이들이 먹는 음식 속 나트륨 문제를 지루하지 않게 말하는 식이었다. 군인 가족을 적극적으로 고용하는 회사를 공개적으로 칭찬했고, 〈엘런 디제너러스 쇼〉에 나가서 '레츠 무브!'의 이름으로 엘런과 팔굽혀펴기 시합을 벌였다(그리고 이겨서, 평생 우쭐댈 자격을 얻었다).

내가 주류 문화를 소비하면서 자란 사람이라는 점도 자산이었다. 버락은 가끔 나를 '보통 사람'이라고 칭하면서 선거운동 슬로건이나 전략에 관한 의견을 물었다. 내가 대중문화를 좋아한다는 걸 알아서였다. 나는 프린스턴이나 시들리 앤드 오스틴 같은 엘리트 코스를 거쳤고 지금은 가끔 화려한 장신구와 드레스를 걸치는 사람이지만, 그러거나 말거나 늘 《피플》을 읽었고 시트콤을 사랑했다. NBC나 CBS의 시사 프로그램보다 오프라와 엘런의 쇼를 훨씬 자주 시청했고, 지금도 리모델링 프로그램에서 낡은 집이 깔끔하게 변신하는 걸 보는 게 가장 재밌다.

이 이야기를 왜 꺼냈느냐면, 덕분에 내가 새로운 방식으로 대중과 소통할 방법을 떠올렸기 때문이다. 그것은 버락이나 웨스트윙의 고문들은 미처 떠올리지도 못한 방식, 적어도 처음에는 몰랐던 방식이었다. 나는 대형 신문사나 방송사와 인터뷰하는 대신, 이른바 '엄마 블로거'들을 만나서 이야기를 나눴다. 그들은 관련 주제에 흥미가 지대한 여성 구독자를 엄청나게 많이 확보했기 때문에 영향력이 컸다. 나는 또 젊은 직원들이 휴대전화로 소통하는 모습, 사샤와 말리아가 소셜 미디어로 뉴스를 접하고 친구들과 수다 떠는 모습을 보면서 거기에도 기회가 있겠다고 여겼다. 2011년 가을에 첫 트윗을 날렸다. '조이닝 포시스'를 홍보하는 내용이었다. 그러고는 모두가 점점 더 많은 시간을 쏟게 된 그 이상하고 무한한 공간에서 내 글이 쏜살같이 퍼지는 모습을 지켜보았다.

그런 경험에서 많은 것을 배웠다. 내가 가진 것은 부드러운 힘뿐이었지만, 이제 그것을 강하게 활용할 수 있는 방법을 찾아냈다.

기자나 카메라가 나를 따라다니고 싶어 하면, 기꺼이 데리고 다녔다. 그들은 워싱턴 북서부의 어느 평범한 연립주택에서 페인트칠하는 나와 질 바이든을 보러 왔다. 두 여자가 롤러를 든 모습이 뭐 그리 흥미롭겠냐마는, 그래도 일종의 미끼로 기능했다.

그렇게 해서 우리는 모두 조니 애그비 병장의 집 현관에 모였다. 그는 스물다섯의 나이로 아프가니스탄에 파견된 의무병이었는데, 헬리콥터로 이동 중 공격당하는 바람에 척추가 부러지고 머리를 다쳐서 월터 리드 육군병원에서 오래 재활 치료를 받아야 했다. 이제 그의 집 1층은 휠체어로 생활하기에 알맞도록 개조되었다. 문은 넓어졌고, 싱크대는 낮아졌다. '리빌딩 투게더'라는 비영리단체가 시어스와 케이마트의 모회사인 시어스홀딩스와 함께 도움이 필요한 참전 군인의 집을 개조해주는 사업 덕분이었다. 애그비 병장은 그 혜택을 받은 1000번째 주인공이었다. 카메라들은 그날의 모든 장면을 담았다. 병사도, 그의 집도, 그 공간에 깃든 많은 사람의 선의와 에너지까지도. 기자들은 나와 질만이 아니라 애그비 병장도 인터뷰했고, 실제로 그를 도와준 사람들도 인터뷰했다. 이것이 내가 바라던 바였다. 시선은 그들에게 향해야 했다.

★　　　★　　　★

선거일인 2012년 11월 6일, 내 마음에는 두려움이 조용히 깃들어 있었다. 버락과 나는 아이들과 시카고 그린우드가의 집으로 돌아와서, 온 나라가 우리를 인정해줄지 내칠지 기다려야 하는 연옥에 붙들려 있었다. 내게는 이번 투표가 과거의 어느 투표보다 스트레스가 심했다. 버락의 정치 수행 능력과 국가의 상태를 묻는 것을 넘어서 그의 인간성과 우리가 백악관에 있어도 괜찮은가 하는 문제까지 국민투표에 부쳐진 것처럼 느껴졌다. 딸들은 이제 워싱턴에서 *끈끈한* 관계들을 맺고 있었다. 나름대로 평온한 일상도 구축해두었다. 그 모든 걸 또다시 뒤엎어야 하는 일은 없기를 바랐다. 나는 너무 많은 걸 쏟아부었다. 우리 가족의 인생에서 4년 이상을 들였다. 그러니 이번에는 모든 게 약간 개인적인 일로 느껴질 수밖에 없었다.

선거운동은 몹시 힘들었다. 예상보다 더 힘들었다. 내가 추진하는 활동들을 이어가는 것은 물론이고 학부모-교사 간담회 내용을 챙기거나 아이들 숙제를 감독하는 일까지 계속하면서도 추가로 일주일에 사흘씩, 하루에 평균 세 도시씩 돌아다니면서 유세장에서 연설했다. 버락의 부담은 그보다 더 혹독했다. 여론조사 결과는 계속 버락이 밋 롬니를 아슬아슬하게 앞서는 것으로 나왔다. 설상가상으로 버락은 10월에 열린 첫 후보자 토론회를 완전히 망쳤고, 그 때문에 후원자들과 고문들 사이에 막판에 불안이 번졌다. 열심히 일하고 있는 우리 직원들의 얼굴에서도 지친 기색이 드러났다. 겉으로는 아무 내색도 하지 않으려 했지만, 버락이 몇 달 후 쫓겨날지도 모른다면 불안하지 않을 리 없었다.

버락은 내내 침착했지만, 압박에 짓눌렸다는 걸 알 수 있었다. 마지막 몇 주 동안, 그는 평소보다 핼쑥하고 살도 빠져 보였으며 니코틴 껌을 전에 없이 맹렬히 씹어댔다. 나는 그가 모든 걸 다 해내려고 애쓰는 모습을 아내로서 걱정스레 지켜보았다. 그는 걱정하는 사람들을 달랬고, 선거운동을 마무리했고, 그러면서도 나라를 다스렸다. 리비아 벵가지에서 우리 외교관들이 폭탄 테러를 당한 일에 대응해야 했고, 선거일로부터 불과 일주일 전에 동해안을 초토화한 허리케인 샌디의 여파에 대해 연방 차원에서 대대적인 대책을 마련해야 했다.

선거일 저녁, 동부에서 투표가 마무리될 즈음 집 3층으로 올라갔다. 그날 밤 사람들 앞에 나설 것에 대비해 임시로 헤어 및 메이크업 살롱을 차려두었다. 메러디스가 나와 어머니와 아이들이 입을 옷을 싹 다려서 준비해주었다. 조니와 칼이 내 머리와 화장을 다듬어주었다. 선거일의 전통에 따라 버락은 낮에 농구를 하고 왔고, 이후에는 서재에 틀어박혀서 마지막으로 연설문을 손질하고 있었다.

3층에도 TV가 있었지만, 일부러 꺼두었다. 좋은 소식이든 나쁜 소식이든, 소식이 있다면 버락이나 멀리사나 하여간 가까운 사람에게 직접 듣고 싶었다. 뉴스 앵커들이 실시간 개표 지도를 펼쳐두고 떠드는 목소리는 늘 신경을 거슬렀다. 나는 자세한 건 알고 싶지 않았다. 그냥 어떻게 반응하면 되는지만 알고 싶었다.

동부 시간으로 저녁 8시가 넘었으니, 슬슬 초반 개표 결과가 들어올 시점이었다. 나는 휴대전화를 집었다. 밸러리, 멀리사, 그리고 2011년부터 내 수석 보좌관으로 일해온 티나 첸에게 이메일을 보내 결과를 아는 게 있으면 전해달라고 부탁했다.

그리고 15분을 기다렸다. 그러고도 30분을 더 기다렸다. 하지만 아무도 답이 없었다. 내가 있는 방이 이상할 만큼 괴괴하게 느껴지기 시작했다. 어머니는 아래층 부엌에서 잡지를 읽고 있었다. 메러디스는 곧 있을 행사를 위해 아이들을 준비시키고 있었다. 조니는 내 머리카락을 고데기로 펴고 있었다. 내가 망상에 빠진 걸까? 아니면 정말로 사람들이 다 내 눈을 피하는 걸까? 다들 아는 소식을 나만 모르는 건가?

시간이 더 흐르자, 머리가 지끈거리기 시작했다. 마음의 평정이 사라지고 있었다. 감히 뉴스를 틀어볼 수도 없었다. 분명 나쁜 뉴스가 나올 거라는 생각이 들었다. 그동안 나는 부정적인 생각을 물리치고 좋은 생각에만 집중하다가 정말 하는 수 없는 순간에 다다라서야 불쾌한 것과

대면하는 습관을 들였다. 그런 식으로, 마음속 언덕에 높게 자리 잡은 작은 성채처럼 견고하게 자신감을 지켜왔다. 하지만 무릎에 놓인 휴대전화의 침묵이 길어지자, 성채의 벽이 갈라지고 의심이 날뛰기 시작했다. 어쩌면 우리의 노력이 부족했는지도 몰라. 어쩌면 연임하기에는 부족한지도 몰라. 손이 떨렸다.

불안으로 기절하기 일보 직전, 버락이 총총 계단을 올라왔다. 예의 시원스럽고 자신만만한 미소를 띤 얼굴이었다. "끝내주게 좋아." 그는 이미 걱정을 털어낸 뒤였다. 오히려 내가 아직 소식을 모른다는 데 놀라면서 말했다. "거의 끝난 거나 다름없어."

알고 보니 아래층 사람들은 아까부터 축제 분위기였다. 지하실의 TV는 계속 좋은 소식을 들려주었다. 왠지 몰라도 내 휴대전화의 연결이 끊기는 바람에 내가 보낸 메시지가 가지 않았고 다른 사람이 보낸 메시지도 오지 않았던 것이다. 나는 자진해서 내 머릿속에 갇혀 있었다. 내가 걱정하고 있다는 사실을 아무도 몰랐다. 같은 방에 있는 사람들조차.

결국 버락은 격전지였던 주들 중 한 곳을 제외한 모든 곳에서 이겼다. 2008년과 마찬가지로 청년, 소수자, 여성 투표자 집단에서 이겼다. 공화당이 그를 좌절시키고자 백방으로 손쓰고 온갖 방해 공작을 벌였음에도, 결국에는 그의 비전이 이겼다. 우리는 미국인들에게 계속 일하게 해달라고—끝까지 마무리하게 해달라고—요청했고, 이제 허락을 받았다. 순식간에 안도감이 밀려왔다. **우리는 충분히 잘하고 있을까? 그럼, 그렇고말고.**

밤늦게 밋 롬니가 패배를 시인했다. 우리 가족 넷은 다시 한 번 단정하게 차려입고 무대에 올라, 흩날리는 색종이 틈에서 손을 흔들었다. 4년을 더 갖게 된 것을 다행으로 여기면서.

재선으로 얻은 확실성은 나를 든든하게 붙잡아주었다. 우리는 그동안 추진해온 목표들을 더 추구할 시간을 벌었다. 발전을 위한 노력을 좀 더 차분히 해나갈 수 있게 되었다. 이제 미래를 확실하게 그려볼 수 있다는 점도 기뻤다. 사샤와 말리아는 지금의 학교에 계속 다닐 수 있게 되었다. 직원들도 계속 일할 수 있었다. 우리의 생각들은 여전히 중요했다. 그리고 이번 4년이 끝나면 그때는 정말 끝이었다. 사실 그게 가장 기쁜 점이었다. 그 후에는 더 이상 선거운동을 하지 않아도 될 테고, 전략 회의나 여론조사나 토론회나 지지율 때문에 진땀 흘리는 일도 없을 것이다. 우리 정치 생활의 끝이 마침내 시야에 들어왔다.

물론 현실은 그렇게 간단하지 않을 터였다. 미래는 놀라운 사건들과 더불어 왔다. 기쁜 사건도 있었지만, 형언할 수 없이 비극적인 사건도 있었다. 백악관에서 4년을 더 보낸다는 것은 국가의 상징으로서 4년 더 대중 앞에 나선다는 뜻이었고, 이 나라에서 벌어지는 그 어떤 일이라도 받아들이고 대응해야 한다는 뜻이었다. 선거운동을 할 때 버락과 나는 우리에게 그 일을 감당할 에너지와 기강이 아직 남아 있으며 기꺼이 그러겠다는 뜻을 유권자들에게 내세웠다. 그리고 이제 미래가 다가오고 있었다. 어쩌면 우리가 생각했던 것보다 더 빠른 속도로.

*   *   *

그로부터 5주 뒤, 코네티컷주 뉴타운의 샌디 훅 초등학교로 한 남자가 총을 들고 들어가서 아이들을 쏴댔다.

나는 백악관 건너편에 있는 행사장에서 막 짧은 연설을 마친 참이었고, 이후 어린이병원을 방문할 예정이었다. 하지만 연단에서 내려오자마자 티나가 나를 붙잡고 사건을 알려주었다. 내가 연설하는 동안 휴대전화에 속보가 뜨기 시작했지만, 다들 내가 발언을 잘 마무리할 수 있도록 감정을 숨기고 앉아 있었다고 했다.

티나가 전한 소식은 너무나 참혹하고 슬퍼서, 무슨 말인지 제대로 이해할 수 없을 지경이었다.

티나는 웨스트윙과 연락이 닿았다며, 버락은 집무실에 혼자 있다고 했다. "그리로 와주셨으면 한답니다. 당장."

남편이 나를 필요로 하고 있었다. 우리가 백악관에서 지낸 8년 동안, 업무 도중에 그가 나를 불러달라고 요청한 것은 이때가 유일무이했다. 우리가 일정을 조정해서라도 약간의 위로나마 나누려고 둘만의 시간을 마련한 것이었다. 여느 때는 공사를 구별했지만, 뉴타운의 비극은 우리에게도 모든 창문을 깨뜨리고 모든 담장을 날려버린 소식이었다. 나는 집무실로 갔다. 버락과 나는 말없이 껴안았다. 할 말이 없었다. 어떤 말도 할 수 없었다.

사람들이 잘 모르는 사실 중 하나는 대통령이 모든 것을 다 본다는 것, 혹은 적어도 국가의 안녕에 관한 일이라면 기본적으로 어떤 정보에든 접근할 수 있다는 것이다. 버락은 '팩트 가이'이다 보니, 언제나 덜 보기보다는 더 보는 편을 택했다. 어떤 상황에 대해서든 최대한 폭넓고 최고로 근접한 시각을 수집하려 했다. 그것이 설령 나쁜 일일지라도. 그래야만 제대로 대응할 수 있다고 여겼기 때문이다. 시선을 돌리지 않고 똑바로 바라보는 것, 남들이 다 무너질 것 같은 순간에도 의연하게 서 있는 것. 버락은 그 또한 자신의 의무이며 자신이 선출된 이유라고 믿었다.

그 말은 곧 내가 버락을 만났을 때는 그가 이미 샌디 훅의 참혹한 현장을 자세하게 보고받은 뒤라는 뜻이었다. 교실 바닥에 고인 피웅덩이, 1학년 학생 20명과 교육자 6명이 반자동소총에 맞아 시체가 되어 쓰러진 모습을 접했다는 뜻이었다. 물론, 버락의 충격과 비통함은 학교를 보호하려고 달려가서 살육 현장에서 생존자들을 대피시킨 구급 대원들에

비하면 아무것도 아니었다. 쌀쌀한 날 건물 밖에서 언제까지 기다려야 하는지도 모르는 채 기다리면서 오로지 아이의 얼굴을 다시 볼 수 있기만을 기도한 부모들에 비하면 더더욱 아무것도 아니었다. 결국 그 기다림이 허사가 된 부모들의 충격과 비통함에 비하면 정말이지 아무것도 아니었다.

그래도 그 이미지들은 버락의 영혼에 영원히 새겨졌다. 나는 그의 눈을 들여다보며, 그 이미지들이 벌써 그의 신념에 타격을 입혔다는 걸 알 수 있었다. 그는 내게 상황을 설명하려다가 이내 말을 멈췄다. 내게까지 고통을 안겨서 좋을 게 없다는 걸 깨달아서였다.

버락도 나처럼 아이들을 깊이, 진심으로 사랑했다. 아버지로서 딸들을 사랑하기도 했지만, 그 이상이었다. 버락은 백악관을 찾은 아이들에게 종종 집무실을 구경시켜주었다. 아기를 만나면 늘 안아봐도 되느냐고 청했다. 학교 과학 축제나 청소년 스포츠 행사를 방문할 기회가 있으면 늘 얼굴이 환해졌다. 전해 겨울부터는 사샤의 중학교 농구팀인 바이퍼스의 보조 코치를 맡겠다고 자원했는데, 이후 그 일은 그의 일상을 밝히는 크나큰 기쁨이 되었다.

아이들과 함께 있을 때, 그는 매사에 더 밝아졌다. 그런 그이기에, 20명의 어린 목숨들이 사라진 것이 얼마나 안타까운 일인지를 누구 못지않게 절감했다.

뉴타운 총격 사건 후 의연한 모습을 보이는 것은 임기 중 가장 힘겨운 일이었을 것이다. 그날 말리아와 사샤가 학교에서 돌아왔을 때, 우리는 절박하게 아이들을 만져보고픈 심정을 숨기면서 둘을 끌어안았다. 아이들에게 사건에 대해서 어떻게 말해줘야 할지, 말해주지 말아야 하는 건지 알 수 없었다. 전국의 다른 부모들도 똑같은 생각을 할 터였다.

그날, 버락은 아래층에서 기자회견을 했다. 어떻게든 단어를 이어붙여서 위로 비슷한 말을 해보려고 애썼다. 그가 눈물을 훔칠 때, 카메라들이 맹렬하게 찰칵거렸다. 사실 위로 따위는 가능하지 않다는 걸, 그도 알았다. 그가 할 수 있는 최선은 기본적인 수준으로나마 총기 구매를 규제하는 합리적인 법을 통과시켜서 더 이상의 학살을 막겠다는 결의뿐이었다. 그는 모든 국민과 입법가도 그 결의에 동조하리라고 믿었다.

버락이 그렇게 나선 모습을 보면서, 나 자신은 아직 준비가 되지 않았음을 깨달았다. 그때까지 4년 가까이 퍼스트레이디로 일하면서, 자주 사람들을 위로했다. 앨라배마주 터스컬루사에 거대한 토네이도가 닥쳐서 집들이 산산조각 나고 도시의 넓은 면적이 한순간에 초토화되었을 때, 그곳을 찾아가서 사람들과 함께 기도했다. 아프가니스탄 전쟁에서, 혹은 텍사스 군사기지에 총을 난사한 극단주의자에게, 혹은 집 근처 골목에서 발생한 폭력 사건으로 사랑하는 이를 잃은 남녀노소 시민들의 어깨를 안았다. 이전 넉 달 동안에도 콜로라도의 극장에서 발생한 총기 난사 사건과 위스콘신의 시크교 사원에서 발생한 총기 난사 사건의 생존자들을 만났다. 매번 똑같이 마음이 부서졌다. 나는 그런 만남에서 내 안의 가장 침착하고 개방된 면을 내보이려고 애썼다. 그저 염려하는 마음으로 그들의 넘치는 고통 곁을 묵묵히 지킴으로써 내가 가진 작은 힘이나마 나눠주려 했다. 하지만 샌디 훅 총격 이틀 후 버락이 피해자들을 위한 철야 기도회에 참석하려고 뉴타운으로 향할 때, 나는 차마 따라가겠다고 나서지 못했다. 나 스스로 너무나 흔들린 나머지, 건네줄 힘이 없었다. 퍼스트레이디가 된 지 4년째였는데, 그동안에도 정말이지 너무 많은 총격 사건이 있었다. 막을 수 있었던 무의미한 죽음이 너무 많았고, 그에 대처하는 행동은 너무 적었다. 여섯 살 아이를 학교에서 발생한 총격 사건으로 잃은 부모에게 대체 어떤 위로를 줄 수 있는지, 그런 게 가능하기나 한지 알 수 없었다.

그 대신, 나는 다른 많은 부모처럼 내 아이들에게 매달렸다. 두려움과 애정이 뒤엉킨 심정으로. 크리스마스가 목전이었다. 사샤는 모스크바 발레단이 워싱턴에 와서 〈호두까기 인형〉을 두 차례 공연할 때 함께 무대에 설 아이들 중 하나로 뽑혀 있었는데, 두 차례의 공연이 모두 뉴타운에서 철야 기도회가 열리는 날로 잡혀 있었다. 버락은 코네티컷으로 떠나기 전, 최종 리허설에 잠시 들러서 뒷줄에 앉아 있다가 갔다. 나는 저녁 공연을 보러 갔다.

호두까기 인형의 이야기가 늘 그렇듯, 공연은 딴 세계처럼 아름다웠다. 달빛 어린 숲에서 왕자가 나왔고, 사탕들이 빙글빙글 춤을 추었다. 사샤는 작은 쥐 역할이었다. 까만 레오타드를 입고 복슬복슬한 귀와 꼬리를 단 모습으로, 오케스트라 연주가 고조되고 반짝거리는 가짜 눈이 쏟아지는 가운데 화려한 썰매가 날아다니는 장면에 등장했다. 내 시선은 사샤에게 고정되어 있었다. 아이의 존재에 온 마음으로 감사했다. 사샤는 반짝이는 눈으로 무대에 서서 연기했다. 처음에는 이 상황이 너무 눈부시고 비현실적이라서 자기가 어디 있는지 잘 모르겠다는 듯 어리둥절한 모습이었다. 당연히 그것은 비현실의 세계였다. 하지만 아이는 아직 어렸기에, 비록 그 순간만이라고 해도 곧 그 세계에 빠져들 수 있었다. 모두가 말하는 대신 춤추는 세상, 늘 크리스마스를 앞두고 있는 세상 속으로.

* * *

내 말을 믿어주기를 바라는데, 두 번째 겪는 일이라고 해서 결코 쉬워지는 건 아니다. 만약 미국이 단순한 이야기만을 가진 단순한 장소라면, 그럴지도 모른다. 단정하고 온화한 측면만 보여주는 렌즈를 통해서 내 역할을 이야기한다면, 그럴지도 모른다. 세상에 퇴보란 것이 없다면, 그럴지도 모른다. 모든 슬픔이 결국에는 구원의 계기가 된다면, 그렇다면야 정말 그럴지도 모른다.

하지만 미국은 그런 곳이 아니고, 나도 그런 사람이 아니다. 그러니 앞으로 할 이야기를 어떤 완벽한 꼴에 억지로 욱여넣지는 않겠다.

버락의 두 번째 임기는 많은 면에서 첫 번째보다 수월했다. 이전 4년 동안 우리는 많은 것을 배웠고, 주변의 적재적소에 알맞은 사람들을 배치했으며, 전반적으로 잘 굴러가는 체계를 만들어두었다. 덕분에 첫 임기 때 겪었던 비효율과 실수 중 일부나마 피할 수 있었다. 2013년 1월 취임식부터 그랬다. 이번에는 퍼레이드를 관람할 사열대에 난방기를 설치해달라고 요청했다. 그래야 발이 얼어붙지 않을 테니까. 그리고 2009년에는 무려 열 군데나 갔던 취임 무도회를 이번에는 두 곳만 참석해 힘을 아끼기로 했다. 우리는 4년을 더 달려야 했다. 그동안 내가 배운 교훈이 있다면, 너무 몰아치지 말고 속도를 조절할 줄 알아야 한다는 것이었다.

버락이 국가에 대한 선서를 갱신한 뒤, 우리는 나란히 앉아서 퍼레이드를 관람했다. 장식 차량들과 행진 악대들의 일사불란한 움직임을 구경하는 것도 첫 번째 때보다 훨씬 더 즐길 수 있었다. 내 자리에서는 공연자들 개개인의 얼굴을 가까스로 알아볼 수 있었다. 수천 명의 공연자들에게 각자의 사연이 있을 터였다. 그들 외에도 취임식 이전 며칠 동안 워싱턴 곳곳에서 펼쳐지는 행사에 공연하러 온 사람들이 수천 명 더 있었고, 행사를 구경하려고 온 사람들도 수만 명 더 있었다.

나중에 나는 거기서 어느 한 사람의 얼굴을 볼 수 있었다면 얼마나 좋았을까 하는 소용없는 생각에 거의 미친 듯이 시달렸다. 반짝거리는 금색 머리띠를 쓰고 파란색 고적대 제복을 입은 호리호리한 흑인 여자

아이의 얼굴을. 그 아이는 시카고 사우스사이드에 있는 킹 고등학교의 행진 악대 멤버로 취임식 부대 행사에서 공연하러 왔다. 며칠 동안 거대한 물결처럼 도시를 휩쓴 사람들 속에서 어쩌면 그 아이를 볼 기회가 있었을지도 몰랐다. 그렇게 믿고 싶었다. 하디야 펜들턴이라는 아이, 한창 피어나던 열다섯 살의 아이, 악대 친구들과 버스를 타고 워싱턴으로 와서 신나게 즐겼을 아이. 하디야가 부모와 남동생과 함께 살던 집은 시카고 그린우드가의 우리 집에서 불과 3킬로미터쯤 떨어져 있었다. 하디야는 우등생이었고, 언젠가 하버드에 진학할 거라고 말하곤 했다. 다가오는 열여섯 살 생일 파티를 계획하고 있었다. 중국요리와 치즈버거를 좋아했으며, 친구들과 아이스크림 사 먹으러 가는 것도 좋아했다.

나는 이런 사실들을 몇 주 뒤 치러진 하디야의 장례식에서 들었다. 취임식 여드레 후, 하디야 펜들턴은 다니던 학교에서 멀지 않은 공원에서 총에 맞아 죽었다. 친구들과 함께 놀이터의 금속 지붕 밑에 서서 소나기가 그치기를 기다리던 중이었다. 그런데 열여덟 살의 어느 갱단 멤버가 그들을 다른 갱단 멤버로 착각하고 총알을 퍼부었다. 하디야는 피할 곳을 찾아 달리다가 등에 총을 맞았다. 다른 친구 둘도 다쳤다. 화요일 오후 2시 20분에 벌어진 일이었다.

나는 하디야의 어머니에게 들려줄 추억이 있었으면 좋겠다는 바람 때문에라도, 하디야가 살았을 때의 모습을 볼 수 있었기를 바랐다. 하디야에 대한 기억은 이제 유한한 것이 되었으니, 아이의 어머니는 모든 기억들을 수집해서 그것만이라도 간직해야 했다.

하디야의 장례식에 간 것은 그래야 한다고 느껴서였다. 버락이 뉴타운의 기도회에 갈 때는 차마 따라가지 못했지만, 이제는 내가 나설 때였다. 내가 참석함으로써 사람들의 시선이 거의 매일 길거리에서 총에 맞는 수많은 무고한 아이들에게 향하기를 바랐고, 이 사건과 뉴타운의 참극을 본 미국인들이 합리적인 총기 규제 법안을 요구하고 나서기를 바랐다. 하디야 펜들턴은 사우스사이드의 노동자 가정에서 자랐다. 옛날 유클리드가의 우리 가족처럼 끈끈한 가정이었다. 간단히 말해, 나는 그 아이를 알 수도 있었다. 어쩌면 한때는 내가 바로 그 아이였을 수도 있었다. 그 아이가 학교에서 집에 올 때 다른 길을 택했더라면, 혹은 총격이 시작되었을 때 오른쪽 대신 왼쪽으로 15센티미터만 피했더라면, 그 아이는 자라서 내가 될 수도 있었다.

"나는 할 수 있는 한 최선을 다했어요." 장례식 직전에 만난 하디야의 어머니는 갈색 눈에 눈물을 흘리면서 내게 말했다. 클리오패트라 카울리펜들턴은 짧은 머리에 차분한 목소리를 가진 다정한 여성으로, 신용 등급 평가 회사의 고객 서비스팀에서 일했다. 딸의 장례식 날, 그녀는 옷깃에 커다란 분홍색 꽃을 달고 있었다. 그녀와 남편 너새니얼은 하디야를 세심하게 돌봤다. 하디야에게 킹 고등학교 선발 과정에 지원하라고 격려했고, 하디야가 길거리에서 시간을 보내지 않도록 배구반과 치어리더반과 교회 댄스팀에 가입시켰다. 우리 부모님이 내게 해주었던 것처럼, 자신들을 희생해서라도 하디야가 동네 밖 세상을 접할 수 있도록 뒷바라지했다. 하디야는 봄에 행진 악대와 함께 유럽에 갈 예정이었고, 워싱턴을 방문했던 일도 재미있어했다.

"엄마, 거긴 정말 깨끗해요." 하디야는 돌아와서 어머니에게 말했다. "나도 정치에 진출할까 봐요."

그러나 하디야 펜들턴은 1월의 그날 시카고에서 벌어진 총기 폭력 사건으로 사망한 세 희생자 중 하나가 되었다. 셋 다 별개의 사건으로 사망했다. 하디야는 그해 시카고에서 발생한 총기 사건 피해자 중 36번째였는데, 하디야가 사망한 시점에서 그해는 겨우 29일이 지났을 뿐이었다. 구태여 덧붙일 필요도 없겠지만, 피해자 대부분이 흑인이었다. 하디야는 그토록 큰 포부를 품고 최선을 다했건만, 끝내 자신의 바람과는 전혀 다른 것의 상징이 되고 말았다.

하디야의 장례식에는 많은 사람이 왔다. 또 하나의 망가진 공동체가 교회에 모여서, 이번에는 보라색 실크가 깔린 관에 누운 10대 여자아이의 모습을 감당하려고 애썼다. 클리오패트라가 일어나서 딸의 이야기를 들려주었다. 하디야의 친구들도 일어나서 이야기를 들려주었다. 아이들은 분노와 무력감이라는 더 큰 감정 때문에 간간이 말을 잇지 못했다. 그 아이들이 묻는 것은 그냥 **'왜?'**가 아니었다. **'왜 이렇게 자주?'**였다. 그날 그 자리에는 힘 있는 어른들이 많았다. 나뿐 아니라 시카고 시장, 일리노이 주지사, 제시 잭슨 목사, 밸러리 재럿 등이 참석했다. 우리 어른들이 신도석에 앉아서 저마다의 비통함과 죄책감을 곱씹는 동안, 성가대는 교회 바닥이 울릴 만큼 힘차게 추모곡을 불렀다.

*　　　*　　　*

나는 위로에 그치지 않는 것이 중요하다고 믿었다. 나 또한 살면서 힘 있는 사람들로부터 공허한 말을 많이 들어보았다. 그들은 위기의 순간에 입발림 소리를 해놓고는 아무런 행동도 취하지 않았다. 그래서 나는 진실을 말하는 사람이 되겠다고 결심했고, 가능하다면 내 목소리를 활용해 목소리 없는 사람들을 드러내겠다고 결심했으며, 도움을 필요로 하는 사람들을 놔두고 떠나는 일은 않겠다고 결심했다. 문제는 내가 퍼스트레이디로서 어느 장소에 나타날 때는 대개 극적인 장면이 연출된다는 것이었다. 난데없는 폭풍처럼 차량 행렬에 이어 경호 요원, 보좌관, 기자 들이 등장했고, 그 중심에 내가 있었으며, 그랬다가도 어느 틈에 모든 것이 획 사라졌다. 나는 그런 상황이 미치는 영향을 좋아하지 않았다. 내가 그런 식으로 나타나면, 사람들은 가끔 당황해서 말을 더듬거나 아예 입을 닫았다. 자신의 자연스러운 모습을 보여주지 못했다. 내가 인사하면서 종종 사람들을 껴안은 것은 그 때문이었다. 그러면 그 순간의 속도가 좀 늦춰졌고, 허식이 조금이나마 떨쳐졌고, 나도 그들도 평소의 모습으로 돌아갈 수 있었다.

나는 사람들과 지속적인 관계를 일구려고 애썼다. 그중에서도 내가 지금 머무는 세상과 접할 기회가 흔하지 않은 사람들을 특히 신경 썼다. 내 능력껏 그들과 뭔가 밝은 것을 나누고 싶었다. 그래서 하디야의 장례식으로부터 며칠 뒤에 열린 버락의 연두교서 발표 자리에 하디야의 부모를 초대해서 나란히 앉았고, 부활절 계란 굴리기 행사 때도 하디야의 가족을 백악관에 초대했다. 클리오패트라는 폭력 예방 운동에 적극 나섰고, 이후에도 관련 모임에 참석차 백악관에 여러 차례 방문했다. 내게 깊은 감동을 주었던 런던의 엘리자베스 개릿 앤더슨 중학교 여학생들에게도 편지를 보냈다. 특권이 없는 처지에 낙담하지 말고 지금처럼 계속 희망을 품고 노력하길 바란다고 적었다. 2011년에는 그들 중 37명을 데리고 옥스퍼드 대학을 방문했다. 성적이 우수한 아이들뿐 아니라 교사들이 판단하기에 잠재력을 좀 더 발휘할 만한 아이들을 선발했다. 그들에게 포부를 크게 품으면 어떤 일이 가능한지를 보여주고 싶었다. 2012년에 영국 총리가 국빈으로 백악관을 방문할 때도 그 학교 여학생 몇몇을 함께 초대했다. 아이들에게 내 관심이 진심이란 걸 알려주려면 다양한 방식으로 여러 차례 접촉해야 한다고 믿었다.

내가 어릴 때 나름대로 성공할 수 있었던 것은 집에서도 학교에서도 한결같은 사랑과 높은 기대에 둘러싸여서 산 덕분이었다. 백악관 멘토 프로그램의 바탕에는 그런 깨달음이 있었고, 내가 이제 직원들과 함께 준비하는 새로운 활동의 핵심에도 그런 생각이 있었다. 우리는 '리치 하이어Reach Higher'라고 이름 붙인 새 사업을 통해서 아이들에게 대학 진학을 장려하고 싶었고, 일단 대학에 들어갔으면 무슨 일이 있어도 끝까지 버텨서 졸업하라고 권하고 싶었다. 다가오는 시대에는 세계 무대에서 경쟁력을 갖추기 위해서라도 대학 교육이 필수일 터였다. '리치 하이어'는 학교의 진학 상담사들을 지원하고 아이들이 연방 장학금을 더 쉽게 신청할 수 있도록 만듦으로써 대학 진학을 돕고자 했다.

너는 중요한 존재야. 이 단순한 메시지를 꾸준히 들려주는 부모님과 선생님과 멘토가 있었다는 점에서 나는 행운아였다. 그리고 이제 어른이 된 나도 다음 세대에게 그렇게 말해주고 싶었다. 나는 딸들에게도 늘 그렇게 말해주었는데, 학교에서도 특권적인 환경 덕에 주변에서도 매일 그런 말을 더 듣는다는 점에서 두 아이는 운이 좋았다. 하지만 거기에서 그치지 않을 생각이었다. 내가 만나는 다른 모든 청소년과 청년에게도 그 메시지를 전할 생각이었다. 내가 고등학교 때 만났던 진학 상담사, 너는 프린스턴 재목이 못 된다는 말을 아무렇지도 않게 던졌던 그런 사람과는 정반대의 존재가 되고 싶었다.

"여러분 모두 자신이 여기에 속할 만한 사람이라고 믿길 바랍니다." 나는 엘리자베스 개릿 앤더슨 학생들과 함께 옥스퍼드의 장엄한 고딕풍 식당에 앉았을 때 그렇게 말했다. 많은 아이가 약간 황공한 듯한 표정을 짓고 있었고, 그 옆에는 그날 아이들의 멘토가 되어주려고 자리한 교수들과 학생들이 있었다. 나는 백악관을 찾아온 아이들에게도 매번 비슷한 말을 건넸다. 백악관에 초대받은 스탠딩록 수Sioux족 원주민 보호구역의 10대들에게도 그랬고, 텃밭 일을 도와주러 온 근처 학교의 아이들에게도 그랬다. 백악관에서 열리는 직업 체험 행사나 패션, 음악, 시 워크숍에 참가한 고등학생들에게도 그랬다. 바삐 이동하는 도중에 만나서 잠깐, 하지만 꽉 끌어안아줄 시간밖에 없었던 꼬마들에게도 그랬다. 메시지는 늘 같았다. **너는 여기에 어울리는 사람이야. 너는 중요해. 난 너를 높이 평가한단다.**

　나중에 영국 어느 대학의 경제학자가 엘리자베스 개릿 앤더슨 학생들의 시험 점수를 살펴본 연구를 발표했는데, 그에 따르면 내가 그들과 접촉하기 시작한 이래 전반적인 점수가 유의미하게 높아졌다고 했다. 평균 C에서 A로 뛰어오른 것에 해당한다고 했다. 그 발전에 대한 공은 마땅히 그 아이들과 선생님들, 그리고 그들이 함께 기울인 매일의 노력에 돌아가야 하겠지만, 한편으로는 누군가 자신에게 관심이 있다고 느낄 때 아이들 스스로도 더 관심을 기울인다는 가설을 증명해준 일이었다. 내가 늘 믿었듯이, 내가 아이들에게 관심을 보여주는 것은 그 자체로도 힘이 되는 일이었다.

★　　★　　★

하디야 펜들턴의 장례식으로부터 두 달 뒤, 나는 시카고로 돌아갔다. 그동안 내 수석 보좌관이자 시카고에서 오래 변호사로 일했던 티나는 내 지시에 따라 그 도시에서 폭력 예방 활동을 지원해줄 지지자를 모집하는 데 총력을 기울였다. 티나는 대범한 정책통이고, 전염성 있는 웃음을 가졌으며, 내가 아는 누구보다도 추진력이 뛰어나다. 그녀는 내가 구상하는 규모의 영향을 미치려면 정부 안팎의 관계자들을 어떻게 활용해야 하는지 잘 알았다. 게다가 특유의 성격과 연륜 덕분에, 그녀의 목소리는 어느 자리에서도—특히 남자들만 가득한 자리에서도—무시되지 않았다. 물론 많은 자리가 남자들만 가득했다. 티나는 또 버락의 두 번째 임기 중에 참전 군인과 그 배우자의 경력에 방해가 되는 불필요한 요식을 폐지하기 위해 국방부는 물론이고 여러 주지사와 씨름했고, 전 세계 여자아이들의 교육을 장려하는 범정부 차원의 새로운 대형 사업을 추진하는 일도 거들었다.

티나는 시카고의 연줄을 총동원하여, 위험에 처한 청소년을 위한 지역사회 프로그램을 확대하려는 람 이매뉴얼 시장의 계획을 그곳 기업가들과 자선사업가들이 지원하게끔 만들었다. 티나의 노력 덕분에 불과 몇 주 만에 3300만 달러의 후원금이 모였다. 그리고 4월의 어느 선선한 날, 티나와 나는 시카고로 날아가서 그곳 지역사회 지도자들과 함께 청소년 역량 강화를 논의했고, 그곳 아이들도 만났다.

아직 겨울이었던 연초에, 공영 라디오 프로그램 〈디스 아메리칸 라이프〉가 시카고 사우스사이드의 엥글우드라는 동네에 있는 윌리엄 R. 하퍼 시니어 고등학교 학생들과 교직원들의 이야기를 두 시간 동안 방송했다. 그 내용에 따르면, 그 학교 재학생과 최근 졸업생 중 29명이 전해에 총에 맞았고 그중 8명이 죽었다. 나와 우리 직원들은 그 수치에 깜짝 놀랐지만, 사실 전국적으로 수많은 도시 내 학교들이 그처럼 전염병 수준으로 번진 총기 폭력과 씨름하고 있었다. 슬픈 현실이었다. 그러니 우리가 청소년 역량 강화를 논하고 싶다면, 무엇보다도 먼저 당사자들을 직접 만나 이야기를 들어봐야 할 것 같았다.

엥글우드는 내가 어릴 때도 거친 동네였지만 지금처럼 무시무시하지는 않았다. 나는 중학생 때 엥글우드의 한 전문대학에서 열리는 생물 실험 수업을 들으러 매주 그곳을 찾아갔다. 세월이 한참 흐른 후 다시 찾은 그곳은 버려진 집들과 셔터를 내린 가게들, 공터와 불탄 건물이 즐비한 동네였다. 아직까지 번창하는 사업은 주류 판매뿐인 것 같았다.

나도 모르게 내 유년기와 옛 동네가 떠올랐고, 그때 '게토'라는 말이 무슨 협박처럼 들렸던 것도 떠올렸다. 이제야 깨닫는 일이지만, '게토'라는 말을 흘리는 것만으로도 안정된 중산층 가정들을 한발 앞서 교외로 떠나버리게끔 할 수 있었다. 집값이 떨어지기 전에 말이다. '게토'는 그곳이 흑인이 사는 동네이자 가망 없는 동네라는 걸 한 번에 암시했다. 그 말은 실패를 예견하는 이름표였고, 그럼으로써 실제로 실패를 앞당겼다. 그 말은 동네 식료품점과 주유소를 문 닫게 만들었고, 동네 아이들에게 자긍심을 심어주려고 애쓰는 학교와 교육자들의 노력을 훼방했다. 그것은 모두가 멀찍이 떨어지려고 애쓰는 말이었지만, 어느 동네에서든 금세 퍼질 수 있었다.

웨스트엥글우드 한가운데에 있는 하퍼 고등학교 건물은 여러 동으로 구성된 커다란 사암 벽돌 건물이었다. 나는 그 학교에 온 지 6년째라는 날렵한 흑인 여성 교장 레오네타 샌더스를 만났고, 대부분 저소득층 출신인 전교생 510명의 생활에 깊이 관여하는 두 사회복지사도 만났다. 그중 크리스털 스미스는 쉬는 시간마다 복도를 돌아다니면서 학생들에게 긍정적인 말을 건넸다. "네가 참 자랑스러워!" "열심히 하던데!" 자신이 그들에게 지대한 관심을 갖고 있음을 알리기 위해서였다. 가끔 "미리 칭찬할게!"라고도 외쳤는데, 그것은 아이들이 앞으로 틀림없이 좋은 선택을 하리라고 믿는다는 뜻이었다.

그날 나는 학교 도서관에서 22명의 학생들과 둘러앉았다. 면바지와 칼라 셔츠 차림으로 의자나 소파에 앉은 아이들은 모두 흑인이었고, 대개 3학년이나 4학년 졸업반이었다. 대부분의 아이가 적극적으로 입을 열었다. 그들은 매일, 심지어 매시간 갱단과 폭력을 겁내면서 산다고 말했다. 몇몇 아이는 부모가 없거나 약물중독자 부모를 두었고, 두어 명은 소년원에 들어갔던 경험이 있었다. 토머스라는 3학년생은 지난 여름에 친구가―열여섯 살 여자아이였다―총에 맞아 죽는 모습을 목격했다고 했다. 그에게는 예전에 총상을 당해서 신체 일부가 마비된 형이 있는데, 친구가 죽은 그날 형도 휠체어를 타고 집 밖에 앉아 있다가 또 총에 맞아 다쳤다고 했다. 그날 모인 아이들 중 거의 전부가 친구든 친척이든 이웃이든 가까운 사람을 총에 잃은 경험이 있었다. 한편 시내에 있는 호숫가 공원이나 네이비 피어 놀이공원에 놀러 가 본 적 있는 아이는 거의 없었다.

이야기 도중 한 사회복지사가 끼어들어서 이렇게 외쳤다. "섭씨 26도에 화창한 날!" 그러자 모두 울적한 표정으로 고개를 끄덕였다. 나는 영문을 알 수 없었다. 사회복지사가 말했다. "오바마 여사님에게 말씀드리렴. 아침에 일어났더니 일기예보에서 오늘은 섭씨 26도에 화창한 날이 될 거라고 말하면, 어떤 생각이 들지?"

사회복지사도 답을 알지만 아이들이 내게 직접 알려주기를 바라는 거였다.

그런 날은 좋지 않다고 모두가 입을 모았다. 날씨가 좋을수록 갱들이 더 설치고 총격이 더 심해지기 때문이었다.

이 아이들은 날씨가 좋으면 밖으로 나가는 게 아니라 실내에 있어야 한다는 뒤집힌 논리에 적응하여 살았다. 갱들의 영역과 소속이 어떻게 바뀌었느냐에 따라 등하굣길을 그때그때 다르게 선택했다. 양옆으로 쌩쌩 달리는 차들 사이로 도로 한복판을 걸어가는 것이 가장 안전한 귀갓길일 때도 있었다. 그러면 어디서 싸움이 심해지는지, 혹은 총을 쏠 사람은 없는지 더 잘 살필 수 있고, 도망칠 시간도 더 벌 수 있기 때문이었다.

미국은 단순한 곳이 아니다. 이 나라의 모순은 어지러울 지경이다. 나는 맨해튼의 널찍한 펜트하우스에서 열린 민주당 모금 행사에서 부유한 여성들과 함께 와인을 홀짝인 적이 더러 있었다. 그들은 교육과 아동 문제에 관심이 지대하다고 밝혔지만, 그러다가도 무슨 비밀이라도 알려주는 듯 내게 몸을 기울이고는 속삭였다. 월스트리트에서 일하는 자기 남편은 자기네 세금을 조금이라도 올릴 생각을 하는 정치인에게는 절대

표를 주지 않을 거라고.

그런 자리에 있었던 내가 지금은 이곳에서, 어떻게 하면 살아남을 수 있나 하는 이야기를 아이들로부터 듣고 있었다. 아이들의 꿋꿋함이 감탄스러웠지만, 그렇게까지 꿋꿋할 필요가 애초에 없다면 얼마나 좋을까 하는 생각도 간절했다.

한 학생이 내게 진솔한 질문을 던졌다. "여기 와주신 건 고맙습니다." 그는 어깨를 으쓱하고는 이어 말했다. "하지만 이런 문제에 대해서 실제로 뭘 해주실 수 있죠?"

과거에 내가 사우스사이드를 대변했던 것처럼, 지금 나는 그들에게 워싱턴 D.C.를 대변하는 존재였다. 그리고 워싱턴에 관해서라면, 나는 진실을 말해야 한다고 느꼈다.

"솔직히 말할게요." 나는 입을 열었다. "여러분이 힘든 시간을 겪고 있다는 건 잘 압니다. 하지만 누가 금세 여러분을 구해주는 일은 아마 없을 겁니다. 워싱턴의 많은 사람이 노력도 안 하고 있죠. 여러분이 존재하는지조차 모르는 사람도 많습니다." 나는 학생들에게 발전은 느리게 이뤄지는 법이라고, 따라서 손 놓고 앉아서 변화가 오기만을 기다려서는 안 된다고 말했다. 많은 미국인이 세금을 더 내고 싶어 하지 않고, 의회는 치졸한 당쟁을 초월하는 건 말할 것도 없거니와 예산안 하나 통과시키는 것도 쩔쩔매는 형편이니 당장 교육에 10억 달러가 투자되거나 그들의 동네에 마술 같은 변화가 찾아오는 일은 없었다. 뉴타운 참극 이후에도, 의회는 위험한 사람들 손에 총이 들어가지 않게끔 하는 조치를 무엇 하나 승인해주지 않기로 작심한 듯했다. 의원들은 아이들을 보호하는 일보다 전국총기협회로부터 받는 정치자금을 더 중요시하는 듯했다. 정치는 엉망이라고, 나는 학생들에게 말했다. 그 측면에서는 내가 딱히 고무적이거나 격려가 되는 말을 해줄 게 없었다.

하지만 나는 뒤이어 앞과는 다른 말, 이번에는 내 사우스사이드 자아에서 우러나온 말을 건넸다. "학교를 활용하세요."

나는 학생들에게 말했다. 방금 한 시간 동안 그들이 내게 들려준 이야기는 분명 비극적이고 심란해지는 것이었다. 하지만 그 이야기야말로 그들에게 끈기와 자립심과 시련을 극복하는 능력이 있음을 보여주는 증거였다. 그들에게는 성공에 필요한 조건이 이미 갖춰져 있었다. 그들이 지금 앉아 있는 이 학교가 무료로 교육을 제공해주고 있고, 학교에는 그들을 중요한 존재로 여기며 헌신적으로 살피고 염려하는 어른이 많다, 나는 이런 사실들을 상기시켰다. 그리고 그로부터 약 6주 뒤, 시카고 기업가들의 후원으로 한 무리의 하퍼 고등학교 학생들이 백악관으로 와서 나와 버락을 만났다. 학생들은 또 하워드 대학을 방문하여, 대학이 어떤 곳인지 배웠다. 아이들이 자신이 그곳에 진학하는 모습을 상상할 수 있기를 바랐다.

나는 퍼스트레이디의 말 한마디나 포옹 한 번이 누군가의 인생을 바꿔놓을 수 있다는 착각은 요만큼도 하지 않는다. 하퍼 고등학교 학생들이 겪는 것과 같은 힘든 문제들을 손쉽게 헤쳐나갈 방법이 있다고 착각하지도 않는다. 세상일은 그렇게 간단하지 않다. 그날 도서관에 함께 앉아 있던 모두가 그 사실을 똑똑히 알았다. 하지만 그럼에도 내가 그곳에 간 것은 미국 도시의 흑인 아이들에 대한 구태의연하고 비관적인 이야기, 실패를 예견하고 그럼으로써 실패를 앞당기는 이야기를 물리치기 위해서였다. 아이들에게 자신들이 지닌 힘을 알려줄 수 있다면, 그리고 앞으로 나아갈 길을 조금이라도 보여줄 수 있다면, 나는 언제라도 주저 없이 그렇게 할 터였다. 그것은 작은 차이에 불과하겠지만, 내가 만들어낼 수 있는 차이였다.

24

2015년 봄, 말리아가 자신도 좀 좋아하는 남자아이에게 고등학교 졸업 무도회 초대를 받았다고 알렸다. 말리아는 열여섯 살이었고 시드웰에서 곧 3학년을 마칠 터였다. 우리에게 말리아는 언제나처럼 다리가 길쭉하고 혈기왕성한 꼬마였지만, 하루하루 지날수록 조금씩 어른이 되어가는 것 같았다. 말리아는 이제 거의 나만큼 컸고, 슬슬 대학 진학을 생각했다. 호기심이 많고 침착하며 제 아빠처럼 정보 수집을 즐기는 좋은 학생이었다. 영화 제작에 특히 관심이 커져, 지난여름 스티븐 스필버그가 백악관 저녁 파티에 왔을 때는 먼저 다가가 질문을 쏟아냈다. 스필버그가 자신이 제작 중인 TV 시리즈에서 인턴으로 일해보지 않겠느냐고 제안할 정도였다. 우리 딸은 자신만의 길을 찾아가고 있었다.

말리아와 사샤는 보안상 이유 때문에 평소에는 남의 차에 타는 게 허락되지 않았다. 말리아는 이제 임시 면허증이 있었고, 늘 요원들이 다른 차로 뒤따르기는 해도 스스로 운전해서 시내를 돌아다닐 수 있었다. 하지만 워싱턴에서 버스나 지하철을 타본 적은 한 번도 없었고, 비밀경호국 사람이 아닌 다른 사람이 모는 차를 타본 적도 없었다. 하지만 우리는 무도회 날은 예외로 해주기로 했다.

약속한 날 저녁, 말리아의 데이트 상대가 자기 차로 말리아를 데리러 왔다. 그는 백악관 동남쪽 출구에서 보안 검색을 통과한 뒤 남쪽 잔디 광장을 빙 둘러서 올라오는 길, 보통 국가원수나 여타 귀빈이 도착할 때 오는 길로 백악관에 도착했다. 그러고는 까만 정장 차림으로 씩씩하게—용감하게—외교접견실로 들어왔다.

"그냥 침착하게 행동하세요, 알겠죠?" 말리아는 나와 버락에게 미리 당부해두었다. 함께 엘리베이터를 타고 내려갈 때부터 말리아는 안절부절못하는 기색이 역력했다. 나는 맨발이었고, 버락은 플립플롭을 신고 있었다. 말리아는 길고 까만 치마와 어깨를 드러낸 우아한 상의를 입었다. 아름다웠고 스물세 살은 되어 보였다.

내 생각에는 우리가 그럭저럭 침착하게 해낸 것 같은데, 말리아는 요즘도 그때를 떠올리면서 좀 괴로웠다고 깔깔 웃는다. 버락과 나는 청년과 악수하고 함께 사진을 몇 장 찍은 뒤, 딸을 꼭 안아주고 둘을 보냈다. 말리아의 경호 요원이 청년의 차 꽁무니에 거의 붙듯이 뒤쫓아서 둘이 무도회에 가기 전에 들를 식당까지 따라갈 테고 이후에도 계속 조용히 임무를 수행할 것이라는 사실이, 솔직히 좀 치사하기는 하지만, 버락과 내게는 위안이었다.

부모의 관점에서는 사실 이런 방식으로 10대 아이를 키우는 게 나쁘지 않았다. 아이를 유심히 지켜보는 어른들이 24시간 따라다니면서 혹시라도 위급 상황이 발생하면 구해주리란 걸 알았으니까. 하지만 10대의 관점에서는 당연히 너무나 짜증스러운 일이었다. 백악관에서의 삶이 많은 면에서 그랬듯이, 이 문제도 우리 가족이 알아서 판단해야 할 일이었다. 어디쯤 어떻게 선을 그을지, 대통령에게 필요한 환경과 차츰 독자적으로 성숙해가는 두 아이의 요구 사이에서 어떻게 균형을 잡을지.

아이들이 고등학생이 되자, 우리는 통금 시간을 정했다. 처음에는 밤

11시였고 나중에는 자정으로 미뤘다. 그러고는—말리아와 사샤의 주장 인데—여느 친구들의 부모보다 더 엄격하게 시행했다. 사실 아이들의 안전이나 소재가 궁금하다면 언제든 경호 요원에게 확인해볼 수 있었지만, 그러지는 않으려고 했다. 아이들이 자신들을 맡은 요원을 신뢰할 수 있어야 할 것 같아서였다. 그 대신 나는 아마도 많은 부모들이 택할 듯한 방법, 즉 다른 부모들과 정보를 공유하는 방법을 썼다. 부모들끼리 아이들이 어디로 가고 있고 책임지는 어른이 있는가 하는 정보를 아는 대로 나눴다. 물론 우리 딸들은 아빠가 아빠이다 보니 추가의 책임감도 지고 있었다. 자신들이 무슨 실수라도 저질렀다가는 뉴스에 대문짝만 하게 난다는 걸 알았다. 버락도 나도 이것이 불공평한 상황이란 걸 알았 다. 우리 둘 다 10대 때 자신의 한계를 시험해보았고 바보짓도 저질러봤 으니까. 운 좋게도 온 나라의 시선을 받지 않는 상황에서.

시카고에서 버락이 어린 말리아의 침대에 앉아 자신이 대통령에 출 마해도 괜찮겠냐고 물었을 때, 말리아는 여덟 살이었다. 지금에서야 하 는 생각이지만, 그때 말리아가 뭘 알았겠는가. 우리 중 누구도 제대로 몰랐다. 백악관에서 어린아이로 사는 것도 쉽지 않겠지만, 백악관에서 성인이 된다는 건 또 다른 일이다. 말리아는 자신이 언젠가 고등학교 졸 업 무도회에 갈 때 총 든 남자들이 뒤따르리라는 걸 상상이나 했을까? 자기가 몰래 담배 피우는 모습을 길 가던 사람들이 사진으로 찍어서 가 십성 웹사이트에 팔 거라는 건?

우리 아이들은 상당히 특별한 시절에 성인이 되어가는 중이었다. 애 플이 아이폰을 판매하기 시작한 것은 버락이 대선 출마를 선언한 지 약 녁 달 뒤인 2007년 6월이었다. 아이폰은 출시 후 석 달도 안 되어 100만 대가 팔렸고, 버락의 두 번째 임기가 끝날 무렵에는 총 10억 대가 팔렸 다. 버락은 프라이버시에 관한 종래의 표준들이 붕괴하고 해체되는 시대, 셀카와 데이터 해킹과 스냅챗과 카다시안의 시대에 들어서서 처음 대통령이 된 사람이었다. 딸들은 우리보다 그 속에 더 깊이 파묻혔는데, 소셜 미디어가 10대의 삶을 지배하는 세태라는 것이 한 이유였지만 딸들은 우리보다 대중과 더 가깝게 접촉할 기회가 많다는 것도 이유였다. 말리아나 사샤가 친구들과 함께 방과 후나 주말에 시내를 돌아다니면, 낯선 사람들이 심심찮게 휴대전화를 아이에게 들이대곤 했다. 혹은 다큰 어른들이 아이들에게 함께 사진을 찍자고 청했다. 심지어 요구하듯이 말하는 사람도 있었다. 그러면 말리아는 가끔 "제가 아직 어린아이인 거 아시죠?" 하고 말하면서 거절했다.

버락과 나는 딸들을 너무 많이 노출시키지 않으려고 최선을 다했다. 모든 언론 취재를 거절했고, 아이들의 일상은 대체로 사람들 눈에 띄지 않게 하려고 애썼다. 경호 요원들도 공공장소에서 아이들을 따라다닐 때는 덜 눈에 띄는 차림을 함으로써 우리를 도와주었다. 요원들은 10대들이 즐겨 찾는 장소에 잘 녹아들기 위해서 정장 대신 반바지와 티셔츠를 입었고, 눈에 잘 띄는 이어폰과 손목에 차는 마이크 대신 마이크가 장착된 헤드폰을 썼다. 우리는 공식 행사와 관계된 것이 아닌 한 아이들 사진이 매체에 실리는 걸 강하게 반대했고, 백악관 공보실은 이 원칙을 언론에 똑똑히 주지시켰다. 아이들 사진이 가십성 웹사이트에 뜨면, 나 대신 멀리사나 내 팀의 직원들이 집요하게 전화를 걸어서 사진을 내릴 때까지 괴롭혔다.

아이들의 프라이버시를 지키기 위해서는 우리 가족에 대한 대중의 호기심을 만족시킬 다른 방법을 찾아야 했다. 버락의 두 번째 임기 초, 우리는 새 강아지 서니를 가족으로 맞아들였다. 서니는 실내 생활에 길들 의향이 전혀 없는 자유로운 영혼이었는데, 서니의 새집이란 것이 워낙 넓었으니 그럴 만도 했다. 개들은 매사를 더 즐겁게 만들어주었다.

백악관도 집이라는 걸 보여주는 증거, 그것도 살아서 어슬렁거리는 증거였다. 백악관 홍보팀은 말리아와 사샤에게는 기본적으로 접근 금지라는 걸 알기에 공식 행사에 개들을 출연시켜달라고 요청했다. 저녁에 브리핑 자료를 펼치면 그 속에 "보와 서니 참석 요망" 같은 메모가 포함되어 있었는데, 기자들이나 백악관 견학을 하러 오는 아이들 틈에 개들을 풀어달라는 뜻이었다. 그래서 우리 개들은 미국의 통상 및 수출에 관한 중요한 이야기를 들으러 온 기자들 틈에 파견되었고, 버락이 메릭 갈런드를 연방대법관으로 지명하면서 천거 발언을 하는 것도 현장에서 들었다. 보는 부활절 계란 굴리기 행사를 홍보하는 동영상에도 출연했다. 내가 사람들에게 의료보험에 가입하도록 촉구하는 온라인 캠페인용 사진을 찍을 때도 보와 서니가 함께 포즈를 취했다. 개들은 남들의 비판에 아랑곳 않고 자신의 명성도 인지하지 못하는 훌륭한 홍보 대사였다.

★   ★   ★

모든 아이처럼, 사샤와 말리아도 시간이 흐르자 어린 티를 벗었다. 아이들은 버락의 취임 첫해부터 매년 가을마다 그가 대통령으로서 치르는 가장 우스꽝스러운 의례에 참석해왔다. 추수감사절에 앞서 살아 있는 칠면조를 사면해주는 행사 말이다. 첫 5년 동안은 아빠의 썰렁한 농담에 씩 웃거나 키득거렸다. 하지만 열세 살과 열여섯 살이 된 여섯 번째 해에는 재미있어하는 시늉도 하기 힘들 만큼 자랐다. 행사를 치른 지 몇 시간 만에, 두 아이가 짜증 난 표정으로—사샤는 무표정했고, 말리아는 팔짱을 끼고 있었다—대통령과 연단과 아무것도 모르는 칠면조 옆에 서 있는 사진이 인터넷에 돌았다. 《USA 투데이》의 기사 제목은 상황을 제법 잘 묘사했다. "말리아와 사샤 오바마, 아빠의 칠면조 사면에 질리다."

칠면조 사면 행사뿐 아니라 거의 모든 백악관 행사에 아이들이 참석할 것인가는 전적으로 자신들의 선택에 따랐다. 두 아이는 행복하고 건강한 10대였고, 따라서 부모와는 무관한 자신만의 활동과 사교 생활로 바빴다. 게다가 부모의 통제에는 한계가 있는 법이다. 아이들은 저마다의 관심사가 있었고, 그렇기에 백악관 생활 중에서도 썩 재미난 부분에조차 흥미 없을 때가 있었다.

"오늘 밤에 아래층으로 내려와서 폴 매카트니 공연 들을래?"

"엄마, 제발요. 됐어요."

말리아의 방에서는 자주 음악 소리가 시끄럽게 뿜어져 나왔다. 사샤와 친구들은 케이블방송의 요리 프로그램에 푹 빠져서, 가끔 관저 주방을 점령하여 자기들끼리 쿠키를 장식하거나 복잡한 코스 요리를 만들어 내거나 했다. 둘 다 학교에서 가는 여행이나 친구네 가족을 따라가는 휴가 여행에서는 (요원들이 늘 따라다니긴 했지만) 비교적 익명성을 누릴 수 있다는 점을 좋아했다. 사샤는 덜레스 국제공항에서 만원 비행기에 오르기 전에 직접 간식을 고르는 걸 세상에서 제일 좋아했는데, 우리가 평소 대통령 가족으로서 이동할 때 앤드루스 공군 기지에서 거치는 번잡한 절차와는 전혀 다르다는 단순한 이유 때문이었다.

물론 우리와 함께 다니는 데는 이점이 있었다. 버락의 임기 중에 아이들은 쿠바의 아바나에서 야구 경기를 관람했고, 중국의 만리장성을 걸었고, 안개 낀 어둠이 마술처럼 내리덮인 저녁에 리우데자네이루의 구세주 그리스도 상을 보았다. 하지만 우리와 함께 다니는 게 성가실 때도 있었다. 특히 대통령과 무관한 일을 처리할 때 그랬다. 예를 들면, 말리아가 3학년이 되었을 때 둘이서 대학을 돌아보러 뉴욕에 간 적이 있었다. 우리는 뉴욕 대학과 컬럼비아 대학을 견학하기로 약속을 잡아두었다. 한동안은 괜찮았다. 우리는 뉴욕 대학 캠퍼스를 씩씩하게 돌아다녔다. 이른 오전이라서 아직 하루를 시작한 학생들이 많지 않았다. 우리는 강의실을 구경했고, 기숙사 방에 고개를 디밀어보았고, 학장과 이야기 나누었다. 그다음에 시내로 나갔다. 이른 점심을 먹은 뒤 다음 학교로 갈 예정이었다.

문제는 퍼스트레이디의 차량 행렬은 숨길 수 없다는 것, 특히 주중의 맨해튼에서는 더욱 그렇다는 것이었다. 우리가 식사를 마칠 즈음, 식당 앞 보도에 100여 명의 사람이 모여 있었다. 그 수선스러운 모습이 더 많은 사람을 모았다. 우리가 밖으로 나섰더니 휴대전화 수십 대가 우리 쪽을 향했고, 사람들의 환성이 우리를 집어삼켰다. 그 관심은—사람들은 "컬럼비아 대학으로 와요, 말리아" 하고 외쳤다—친절한 것이었지만, 조용히 자신의 미래를 궁리하려는 아이에게는 그다지 유용하지 않았다.

나는 내가 어떻게 해야 하는지 깨달았다. 나는 물러나 있고, 말리아에게 나 대신 내 비서 크리스틴 존스만 딸려서 다음 캠퍼스로 보내는 것이었다. 내가 없으면 말리아가 눈에 띌 확률도 줄었다. 더 적은 수의 요원들과 더 잽싸게 다닐 수 있으니까. 내가 없으면, 말리아는 그냥 교정을 거니는 여느 아이처럼 보일 수도 있었다. 적어도 시도는 해보게 해줘야 했다.

캘리포니아 출신인 20대 후반의 크리스틴은 우리 두 딸에게 큰언니나 마찬가지였다. 젊은 인턴으로 내 사무실에서 일하기 시작했던 크리스틴은 최근까지 내 일정 관리자였던 크리스틴 자비스와 더불어 우리 가족에게 꼭 필요한 존재였고, 우리 일정의 빡빡함과 명성의 거치적거리는 속성 탓에 발생하는 이런 희한한 빈틈을 더러 메워주었다. 우리가 '두 크리스틴'이라고 불렀던 그들은 자주 버락과 나를 대신했다. 우리와 학교 사이의 연락책이 되어서, 버락과 내가 여의치 않을 때 선생님, 코치, 다른 부모들과 약속을 잡고 소통해주었다. 두 크리스틴은 우리 딸들을 보호하고 사랑했으며, 아이들이 보기에는 나보다 훨씬 더 세련된 보호자일 게 분명했다. 말리아와 사샤는 두 크리스틴을 무조건 믿었고, 옷차림이나 소셜 미디어나 자신들 곁에 점점 더 늘어나는 남자아이들 문제까지 모든 일에서 그들의 조언을 구했다.

오후에 말리아가 컬럼비아 대학을 견학하는 동안, 나는 비밀경호국이 지정해준 안전한 장소에서 대기했다. 캠퍼스 안에 있는 한 건물 지하실이었다. 언제까지 기다려야 하는지도 모르는 채 혼자 기다렸다. 이럴 줄 알았으면 책이라도 가져올걸 하고 후회하면서. 솔직히 마음이 좀 아팠다. 약간 외로웠다. 창문도 없는 지하실에서 혼자 시간을 죽여야 한다는 사실 때문이라기보다는, 좋든 싫든 미래가 오고 있으며, 우리의 큰아이가 이제 곧 다 자라서 우리를 떠날 것이라는 사실 때문이었다.

★　　★　　★

우리는 아직 끝에 이르지 않았지만, 나는 벌써 지난 시간을 돌아보기 시작했다. 득실을 헤아려보았다. 우리가 무엇을 희생했고 어떤 발전을 이뤘는지를 따져보았다. 나라 차원에서도, 가족 차원에서도. 우리는 할 수 있는 일을 다 했을까? 이 일이 다 끝났을 때도 우리 가족은 무사할까?

모든 걸 통제하려 드는 사람답게 예측 가능한 미래를 꿈꾸었던 내가, 안정된 월급과 평생 살 집과 매일이 똑같은 일상을 꿈꾸었던 내가, 결정적으로 어느 순간에 그 꿈에서 벗어났는지를 더듬어보았다. 나는 정확히 어느 순간에 그 꿈을 포기하고 혼돈을 삶에 받아들였을까? 아이스크림을 먹다가 버락에게 몸을 기울여 처음으로 키스했던 여름밤이었을까? 가지런한 서류들과 파트너 변호사가 되겠다는 야망을 등지고 그보다 더 보람찬 일을 찾을 수 있을 거라며 회사를 걸어 나왔던 순간이었을까?

그런 생각을 하다 보면, 내 마음은 시카고 파사우스사이드의 로즐랜드에 있던 교회 지하실로 돌아갔다. 25년 전 자기 동네의 무기력하고 무관심한 분위기를 바꿔보려는 주민들과 이야기하기 위해 버락이 그곳을 찾아갔을 때 나도 따라갔었다. 그날 저녁에 그들의 대화를 들으면서, 나 자신도 익숙한 어떤 생각이 새로운 방식으로 이야기되고 있다는 느낌을 받았다. 그것은 우리가 두 가지 차원에서 동시에 살 수 있다는 생각이었다. 즉, 우리는 현실에 단단히 발붙이되, 그러면서도 발전을 추구할 수 있다. 내가 유클리드가에서 살 때 겪었고, 우리 가족이―그리고 일반적으로 사회에서 주변화된 사람들이―늘 그래온 일이었다. 설령 처음에는 상상 속에서만 가능할지라도 직접 더 나은 현실을 만듦으로써 결국 그곳에 도달하는 일 말이다. 혹은 버락의 그날 밤 표현을 빌리자면, 우리는 지금 이대로의 세상에서 살면서도 마땅히 와야 할 세상을 창조하고자 노력할 수 있다.

그때 나는 버락을 겨우 두어 달 안 사이였지만, 바로 그 순간이 전환점이었다. 말은 필요 없었다. 나는 그와 함께하는 평생을 선택했다. 이런 삶을 선택했다.

어느새 시간이 이렇게 흘러서 돌아보니, 우리가 이룬 발전이 흐뭇했다. 나는 2015년에도 계속 월터 리드 육군병원을 찾아갔는데, 갈 때마다 부상자 수가 점점 주는 듯했다. 해외의 위험한 지역에 파견된 미군 수가 줄었고, 치료가 필요한 부상도 줄었고, 가슴이 찢어지는 어머니들도 줄었다. 내게는 그것이 발전이었다.

또 아동 비만율의 증가세가 잡혔으며 특히 2~5세 사이 유아들이 좋아지고 있다는 질병통제예방센터의 발표도 발전이었다. 디트로이트의 고등학생 2000명이 나와 함께 '대학 진학의 날College Signing Day'을 축하하는 자리에 나서준 것도 발전이었다. 우리는 '리치 하이어' 사업의 일환으로, 매년 젊은이들의 대학 진학 결정을 축하하는 그날을 좀 더 대대적으로 알리는 데 힘썼다. 그리고 연방대법원이 새로운 의료보험법의 핵심 조항에 대한 도전을 기각함으로써 버락의 대표적인 국내 업적이—모든 미국인이 의료보험 혜택을 받을 수 있도록 확대한 것—그가 물러난 뒤에도 아마 훼손되지 않고 지켜지리라는 것도 발전이었다. 버락이 백악관에 들어왔을 때 매달 일자리가 80만 개씩 사라지던 경제가 이제 연속 5년 가까이 일자리 증가세를 기록해왔다는 것도 발전이었다.

나는 이 모든 사실을 미국은 더 나은 현실을 만들어낼 역량이 있다는 증거로 받아들였다. 물론 우리가 사는 세상은 여전히 현재의 세상이었다.

뉴타운 참극으로부터 1년 반이 지났는데도, 의회는 총기 규제 조치를 단 한 건도 통과시키지 않았다. 빈라덴은 죽었지만, IS가 대두했다. 시카고의 살인율은 떨어지기는커녕 다시 오르기 시작했다. 미주리주 퍼거슨에서 마이클 브라운이라는 흑인 10대가 경찰의 총에 맞았다. 그의 시체는 길 한복판에 몇 시간이나 방치되어 있었다. 라콴 맥도널드라는 흑인 10대는 시카고에서 경찰이 쏜 총에 열여섯 발이나 맞았는데, 그중 아홉 발은 등에 맞았다. 태미어 라이스라는 흑인 소년은 클리블랜드에서 장난감 총을 가지고 놀던 중 경찰의 총에 맞아 죽었다. 프레디 그레이라는 흑인 남성은 볼티모어에서 경찰서에 구류되어 있던 중 경찰의 방치로 사망했다. 에릭 가너라는 흑인 남성은 스태튼아일랜드에서 경찰에게 체포되던 중 목조르기를 당해 사망했다. 이런 사건들은 미국에 해롭거니와 좀처럼 변하지 않는 속성이 있다는 증거였다. 버락이 처음 당선됐을 때, 여러 논자들은 순진하게도 미국이 피부색 따위는 더 이상 개의치 않는

'탈인종' 시대에 접어들었다고 선언했다. 하지만 그들이 틀렸다는 증거가 넘쳐났다. 많은 미국인이 그동안 테러 위협에만 집착한 나머지 이 나라를 갈기갈기 찢어놓고 있는 인종주의와 패거리주의를 간과했다.

2015년 6월 말, 버락과 나는 사우스캐롤라이나주 찰스턴으로 가서 또 한 번 애도하는 공동체와 함께했다. 월초에 벌어진 인종주의 총기 난사 사고에서 사망한 아홉 희생자 중 클레멘타 핑크니 목사의 장례식에 참석하기 위해서였다. 사건은 '마더 이매뉴얼'이라고 불리는 아프리카 감리교회에서 벌어졌다. 모두 흑인이었던 피해자들은 성경 공부 모임에 찾아온 무직의 스물한 살 백인 청년을—다들 모르는 사람이었지만—환영하여 맞아들였다. 남자는 한참 그들과 함께 앉아 있다가, 사람들이 기도를 읊으려고 고개를 숙이자 자리에서 일어나서 총을 쏘기 시작했다. 그러는 와중에 이렇게 말했다고 한다. "너희들이 우리 여자들을 강간하고 우리 나라를 빼앗으니까 어쩔 수 없어."

버락은 핑크니 목사를 기리고 우리가 이 순간 겪고 있는 비극의 심각성을 인정하는 발언을 한 뒤, 갑자기 좌중을 놀라게 만들었다. 감정이 깃든 목소리로 느리게 찬송가 '어메이징 그레이스'를 선창하기 시작한 것이었다. 그것은 희망을 불러내는 단순한 몸짓, 끈질기게 이어나가자는 호소였다. 방 안의 모두가 따라 부르는 것 같았다. 버락과 나는 6년 넘게 우리 존재가 일종의 도발이라는 사실을 인식하면서 살아왔다. 온 나라에서 점점 더 많은 소수자가 정치, 사업, 엔터테인먼트 분야에서 중요한 역할을 맡는 시대에, 우리 가족은 그중에서도 가장 두드러진 사례였다. 많은 미국인이 우리가 백악관에 있다는 사실을 기쁘게 여겼지만, 또 어떤 사람들에게는 그 사실이 역행적인 두려움과 분노를 부추기는 자극으로 작용했다. 혐오는 오래되고 뿌리 깊었으며 여전히 위험했다.

우리는 가족으로서 그런 현실을 겪었고, 국가 차원으로도 겪었다. 그리고 계속 우리 일을 해나갔다. 그것도 가급적 우아하게.

★　　★　　★

찰스턴에서 장례식이 열린 2015년 6월 26일, 연방대법원이 기념비적인 판결을 내렸다. 미국 50개 주 모두에서 동성 커플이 법적으로 결혼할 수 있는 권리를 인정한 판결이었다. 그것은 수십 년 동안 많은 사람이 여러 주와 여러 법정에서 차례차례 체계적으로 법적 싸움을 벌여온 결과였으며, 모든 인권운동이 그렇듯이 많은 사람의 끈기와 용기가 필요했던 일이었다. 그날 나는 다른 일을 하면서도 간간이 미국인들이 그 소식에 기뻐한다는 뉴스를 접했다. 환희에 찬 군중이 연방대법원 앞 계단에서 "사랑이 이겼다!"라고 외쳤다. 동성 커플들이 전국의 시청과 지방법원에 밀려들어서 이제 헌법이 인정하는 권리를 행사했다. 게이 바들은 일찍부터 문을 열었다. 전국의 길거리에서 무지개색 프라이드 깃발들이 펄럭였다.

이 일은 같은 날 사우스캐롤라이나에서 슬픔을 겪었던 버락과 나를 조금은 기운 내게 해주었다. 백악관으로 돌아온 뒤, 우리는 장례식 복장을 벗고 아이들과 얼른 저녁을 먹었다. 그 후 버락은 ESPN을 켜놓고 밀린 일을 처리하기 위해서 트리티룸으로 사라졌다. 나는 드레스룸으로 가다가, 관저의 북면 창문들 중 하나가 보라색으로 빛나는 걸 보았다. 그제야 우리 직원들이 백악관 전면에 프라이드 깃발의 무지갯빛 조명을 쏘겠다는 계획을 세웠던 일이 기억났다.

창밖을 보니, 펜실베이니아가의 출입구 너머에 많은 사람이 모여서 여름밤의 어둠 속에서 빛나는 조명을 감상하고 있었다. 북쪽 진입로는 백악관 건물이 '평등 결혼marriage equality'을 축하하는 깃발로 변신한 모습을 구경하려고 늦게까지 남았던 직원들로 가득했다. 그 결정이 그렇게 많은 사람에게 감동을 안겼던 것이다. 내가 있는 곳에서도 사람들이 얼마나 기뻐하는지 느껴졌지만, 소리는 전혀 들리지 않았다. 그것 또한 우리의 이상한 현실이었다. 백악관은 괴괴하게 밀폐된 요새나 다름없다. 두꺼운 창과 벽이 거의 모든 소음을 차단한다. 대통령 전용 헬리콥터가 백악관 바로 옆 착륙장에 내리면 그 날개가 강풍을 일으키며 나뭇가지들을 때렸지만, 관저 안에서는 아무 소리도 들리지 않았다. 나는 버락이 돌아왔다는 사실을 헬리콥터 소리가 아니라 희미한 연료 냄새로 알아차리곤 했다. 어째서인지 냄새만큼은 조금 스며들었다.

나는 긴 하루를 마치고 관저의 아늑한 고요로 물러날 수 있는 것이 기쁠 때가 많았다. 하지만 그날 밤은 달랐다. 그리고 그 사실이 미국이라는 나라만큼이나 역설적으로 느껴졌다. 나는 찰스턴에서 애도하는 하루를 보낸 뒤, 이제 창밖에서 성대한 파티가 시작되는 걸 보고 있었다. 수백 명이 우리 집을 쳐다보고 있었다. 나도 그들이 보는 것을 보고 싶었다. 갑자기 축하하는 군중에 합류하고 싶다는 생각이 절실하게 밀려왔다.

나는 트리티룸에 고개를 디밀고 버락에게 물었다. "나가서 조명 구경할래? 바깥에 사람들이 수억 있어."

버락은 웃었다. "알잖아, 나는 수억은 감당 못 해."

사샤는 방에서 아이패드에 빠져 있었다. "엄마랑 같이 나가서 무지개 조명 구경할래?" 내가 물었다.

"됐어요."

남은 건 말리아였다. 놀랍게도 말리아는 당장 따라나섰다. 나는 동지를 얻었다. 우리는 모험을 나설 것이었다. 바깥으로, 사람들이 모인 곳으로. 게다가 누구의 허락도 받지 않고.

통상적인 절차에 따르자면, 관저를 나가고 싶을 때는 우선 엘리베이터 옆에 대기한 비밀경호국 요원들에게 알려야 했다. 아래층 극장으로 내려가서 영화를 보고 싶을 때도, 밖에서 개들을 산책시키고 싶을 때도. 하지만 이날 밤은 아니었다. 말리아와 나는 근무 중인 요원들을 휙 지나쳤다. 눈도 마주치지 않았다. 엘리베이터를 지나친 뒤, 잽싸게 비좁은 계단을 내려갔다. 요원들이 우리를 따라잡으려고 급하게 뒤쫓아오는 구두소리가 들렸다. 말리아가 나를 보며 짓궂게 히죽 웃었다. 말리아는 내가 규칙을 어기는 모습을 여간해서는 보지 못했다.

1층으로 내려온 뒤, 우리는 북쪽 현관으로 나갈 수 있는 키 큰 문들쪽으로 갔다. 그때 누군가의 목소리가 들렸다.

"여사님, 안녕하세요! 제가 뭘 도와드릴까요?" 그날 밤 당직 안내원인 클레어 포크너였다. 상냥하고 부드러운 말투의 그녀는 우리를 뒤따라온 요원들이 손목에 찬 마이크로 귀띔해준 당부를 들은 것 같았다.

나는 발걸음을 늦추지 않으면서 어깨 너머로 그녀에게 말했다. "아, 그냥 밖에 좀 나가려고요. 조명을 보려고요."

클레어가 눈썹을 치켰다. 우리는 그래도 신경 쓰지 않았다. 나는 문 앞에 다다라서, 두꺼운 금색 손잡이를 쥐고 잡아당겼다. 하지만 꿈쩍도 하지 않았다. 아홉 달 전, 웬 칼을 든 침입자가 어떻게 했는지는 몰라도 담장을 넘어서 바로 이 문으로 들어온 뒤 2층을 헤집고 돌아다니다가 요원들에게 제압당한 일이 있었다. 그 뒤로 경비 부서는 이 문을 잠가두었다.

나는 뒤돌아서서 모여든 사람들을 보았다. 흰 셔츠와 까만 넥타이 차림의 경호국 제복 요원도 한 명 나타나서 인원이 불어 있었다. 그들 중딱히 누구에게랄 것 없이 물었다. "이 문 어떻게 열죠? 열쇠가 있겠죠."

"여사님." 클레어가 말했다. "그 문으로 나가시는 게 좋을지 잘 모르겠습니다. 지금 모든 방송국이 몰려와서 백악관 북면을 촬영하고 있습니다만."

클레어의 말이 옳았다. 나는 산발이었고, 플립플롭에 반바지에 티셔츠 차림이었다. 대중 앞에 나서기에 딱히 알맞은 차림은 못 되었다.

"그렇네요." 내가 말했다. "하지만 들키지 않고 나갈 방법이 없을까요?"

말리아와 나는 결연했다. 우리의 목표를 포기하지 않을 터였다. 반드시 밖으로 나갈 작정이었다.

누군가 1층 구석에 있는 물품 하역장이 어떠냐고 제안했다. 배달 트럭들이 와서 식료품이나 사무용품을 전달해주는 문이었다. 우리는 그쪽으로 이동하기 시작했다. 말리아가 내 팔짱을 꼈다. 현기증이 났다.

"우리는 나간다!" 내가 말했다.

"옳소, 우리는 나간다!" 말리아가 말했다.

우리는 대리석 계단을 내려갔고, 붉은 카펫을 가로질러서 조지 워싱턴과 벤저민 프랭클린의 흉상을 지난 뒤, 주방을 지났다. 그러자 갑자기 바깥이었다. 습한 여름 공기가 얼굴을 때렸다. 잔디밭에서 반딧불이들이 깜박거렸다. 그리고 거기에, 사람들의 웅성거림이 있었다. 철문 밖에 모여서 와아 함성을 올리며 축하하는 사람들이 있었다. 우리는 집 밖으로 나오는 데 15분이나 걸렸지만, 아무튼 나왔다. 사람들 눈에 띄지 않게 잔디밭 한구석에 서서, 백악관이 '자랑스럽게' 밝혀진 아름다운 모습을 정면으로 볼 수 있었다.

말리아와 나는 서로에게 기댔다. 기어코 밖으로 나올 방법을 찾아낸 걸 기쁘게 여기면서.

★　　★　　★

정치가 늘 그렇듯이, 벌써 새로운 바람이 일기 시작했다. 2015년 가을이 되자 모두가 다음 대통령 선거에 뛰어들었다. 공화당 쪽은 후보가 많았다. 존 케이식과 크리스 크리스티 같은 주지사들도 있었고, 테드 크루즈와 마코 루비오 같은 상원의원들도 있었고, 그 밖에도 열두어 명이 더 있었다. 민주당은 금세 범위가 좁혀져서, 결국 힐러리 클린턴이냐 버몬트의 진보적이고 독립적인* 상원의원 버니 샌더스냐 양자택일이 되었다.

도널드 트럼프는 여름에 진작 출마를 선언했다. 맨해튼의 트럼프타워에서, 멕시코 이민자들을 비하하고―그들을 "강간범들"이라고 표현했다―현재 나라를 운영하는 "패배자들"을 비난하면서 자신이 나서겠다고 말했다. 나는 그가 그냥 허세를 떠는 거라고 여겼다. 언론의 관심을 받고 싶어서 그런다고, 그냥 그럴 수 있으니까 그런다고 여겼다. 그의 태도에서 국가 통치를 진지하게 여긴다는 기색은 찾아볼 수 없었다.

나는 선거운동 과정을 계속 주시했지만, 예전처럼 열심히 보지는 않았다. 그 대신 퍼스트레이디로서 펼치는 네 번째 활동에 몰두했다. 봄에 버락과 나는 '렛 걸스 런Let Girls Learn'이라는 사업을 공동으로 출범시켰다. 전 세계 여자아이들이 더 나은 교육을 받도록 돕는 활동으로, 범정부 차원에서 야심 차게 나섰다. 나는 퍼스트레이디로 7년 가까이 일하면서 전 세계 젊은 여성들의 잠재력뿐 아니라 취약함에도 거듭 감동과 충격을 받았다. 엘리자베스 개릿 앤더슨 중학교에서 만난 이민자 여학생들로부터도 그랬고, 탈레반에게 잔인하게 공격당했던 파키스탄 10대 소녀 말랄라 유사프자이로부터도 그랬다. 말랄라는 백악관을 방문해서

---

*　버니 샌더스는 버몬트주의 연방상원의원으로 오랫동안 무소속이었으나, 2016년 대선에서는 민주당 후보로 예비선거에 뛰어들었다.

나와 버락과 말리아와 함께 여자아이들의 교육을 지원해야 한다는 이야기를 나눈 적 있었다. 말랄라가 다녀간 지 약 6개월 뒤에는 나이지리아 여학생 276명이 극단주의 단체 보코 하람에게 납치당하는 끔찍한 사건이 발생했다. 나이지리아 부모들을 겁주어 딸들을 학교에 보내지 않도록 하려는 의도가 담긴 짓이었다. 그 사건 직후, 버락의 임기 중 처음이자 마지막으로 내가 그를 대신해 주례 연설을 했다. 그 자리에서 나는 우리가 전 세계 여자아이들을 보호하고 격려하는 일에 더 활발히 나서야 한다고 역설했다.

그런 일은 남의 일이 아니었다. 교육은 내 삶을 바꿔준 가장 중요한 도구였으며 내가 세상으로 진출하도록 해준 발판이었다. 너무도 많은 여자아이들이 교육을 받지 못한다는 사실을 알고―유네스코 통계에 따르면 세계적으로 9800만 명이 넘는다―나는 경악했다. 어떤 아이들은 가족의 생계를 위해 일해야 해서, 가장 가까운 학교라고 해도 너무 멀거나 너무 비싸서, 통학하는 동안 공격당할 위험이 너무 커서 학교에 가지 못했다. 갑갑한 성차별적 규범과 경제적 문제가 결합하여 여자아이들의 교육을 가로막았고, 그리하여 사실상 미래의 기회마저도 빼앗았다. 심지어―세계의 일부 지역에서는 놀랍도록 흔한 생각인데―여자아이는 공부시켜봐야 소용없다는 통념마저 있었다. 여성에게 교육을 제공하고 그들을 노동인구로 받아들이면 국가의 GDP(국내총생산)가 상승한다는 사실을 보여주는 조사 결과가 지속적으로 발표되어왔는데도 말이다.

버락과 나는 젊은 여성의 가치에 대한 사회의 편견을 바꾸는 일에 뛰어들었다. 그는 범정부 차원에서 수억 달러의 자원을 융통했다. 미국국제개발처나 평화봉사단에서 주로 모았지만 국무부, 노동부, 농무부에서도 모았다. 우리 둘은 다른 나라 정부들에도 로비를 벌여서 여자아이들의 교육을 후원하는 활동에 자금을 대도록 했고, 사기업들과 싱크 탱크들도 함께하도록 설득했다.

이즈음 나는 대의를 위해 약간의 소음을 내는 방법을 터득하고 있었다. 미국인들이 먼 나라 사람들의 고충을 남의 일로 느끼는 건 어쩌면 자연스러웠다. 그래서 그 문제를 가깝게 느끼도록 만들려고 애썼다. 스티븐 콜베어 같은 유명 인사들에게 각종 행사와 소셜 미디어에서 스타로서의 영향력을 발휘해달라고 부탁했다. 저넬 모네이, 젠데이아, 켈리 클라크슨, 그 밖의 재능 있는 사람들의 도움을 빌려서 다이앤 워런이 작곡한 '내 딸들을 위한 노래This Is for My Girls'를 녹음하고 발표했다. 음원 수익은 전 세계 여자아이들의 교육을 후원하는 일에 쓰기로 했다.

마지막으로는 좀 겁나는 시도를 감행했다. 심야 토크쇼 진행자 제임스 코든의 '카풀 가라오케' 코너에 출연하여 그와 함께 까만 SUV를 타고 백악관 남쪽 잔디 광장을 빙글빙글 돌면서 노래를 부르는 것이었다. 우리는 스티비 원더의 '결정됐어, 나는 당신의 것Signed, Sealed, Delivered, I'm Yours', 비욘세의 '싱글 레이디스Single Ladies' 등을 열창했고 마지막으로—내가 그 코너에 출연한 이유였다—'내 딸들을 위한 노래'를 함께 불렀다. 그때 찬조 출연한 미시 엘리엇이 뒷좌석에 쑥 들어와 앉아서 랩을 해주었다. 나는 사전에 몇 주 동안 노래들을 철저히 외우면서 성실하게 연습했다. 재미있고 가벼운 일처럼 보이려는 게 목표였지만, 늘 그렇듯이 그 이면에는 사람들이 그 문제를 가깝게 느끼도록 만든다는 더 큰 목표와 활동이 있었다. 내가 제임스 코든의 쇼에 출연한 장면은 유튜브에서 첫 석 달 동안 4500만 조회수를 기록했다. 노력을 들일 가치가 충분했다.

$$\star \quad\quad \star \quad\quad \star$$

2015년 말, 우리 가족은 매년 그랬듯이 하와이로 날아가서 크리스마스를 보냈다. 바다가 내다보이는 창 넓은 집을 빌려서, 여느 때도 자주 함께하는 친구들과 묵었다. 지난 6년 동안 늘 그랬듯이, 이번에도 크리스마스 당일에는 근처 해병대 기지로 가서 군인 가족들과 함께했다. 그리고 역시 늘 그랬듯이, 버락에게 그 휴가는 부분적인 휴가였다. 가까스로 휴가라고 불러줄 수 있을 뿐이었다. 그는 전화로 일들을 처리했고, 매일 브리핑을 받았고, 가까운 호텔에 묵고 있는 최소한의 고문, 보좌관, 연설 작성자 들과 함께 회의했다. 나는 마침내 때가 왔을 때 그가 다시 긴장을 완벽하게 푸는 법을 떠올릴 수 있을지, 마침내 모든 게 끝났을 때 우리가 일을 내려놓을 수 있을지 궁금했다. 핵풋볼을 든 사람을 대동하지 않고서도 어디든 갈 수 있게 되었을 때, 과연 기분이 어떨까?

조금씩 꿈을 꿔보기 시작했지만, 아직은 끝이 어떨지 전혀 예상할 수 없었다.

워싱턴으로 돌아와서 백악관에서의 마지막 해를 시작할 때, 우리는 시계가 빠르게 재깍거리기 시작했다는 걸 깨달았다. 나는 기나긴 '마지막' 행사들을 치르기 시작했다. 마지막 주지사 부부 초청 무도회, 마지막 부활절 계란 굴리기 행사, 마지막 백악관 출입 기자단 만찬. 또 버락과 함께 마지막으로 국빈으로서 영국을 방문했고, 간 김에 이제 우리 친구가 된 여왕님도 뵀다.

버락은 엘리자베스 여왕을 각별히 좋아했다. 늘 그분의 모습에서 허식이라고는 모르던 자신의 외할머니가 떠오른다고 말했다. 나는 특히 여왕의 효율적인 태도에 감명받았는데, 그것은 대중의 눈앞에서 평생을 살아오면서 필요에 의해 익힌 기술임에 분명했다. 몇 년 전, 버락과 내가 엘리자베스 여왕과 필립 공과 나란히 서서 손님들을 맞이할 일이 있었다. 그때 나는 여왕이 친근하기는 하지만 후속 대화의 여지를 일절 허락하지 않는 경제적인 인사말만 나누면서 줄지어 선 사람들을 획획 넘기는 모습을 넋 놓고 바라보았다. 반면 버락은 상냥해 보이기는 해도 거의 잡담을 끌어내려는 듯 지나치게 태평한 태도로 한 명 한 명을 맞았고, 모든 질문에 장황하게 대답했다. 그래서 버락 앞에서 사람들의 흐름이 막혀버렸다. 나는 세월이 이렇게나 많이 흐른 뒤에도 여전히 그에게 빨리빨리 좀 하라고 재촉해야 했다.

2016년 4월 어느 날 오후, 버락과 나는 런던의 미국 대사관저에서 헬리콥터를 타고 시 서쪽 외곽에 있는 윈저궁으로 갔다. 우리 행사 진행팀 직원들이 알려준바, 여왕과 필립 공이 헬리콥터 착륙지까지 나와서 기다리고 있다가 몸소 모는 차로 우리를 궁으로 데려가서 함께 점심을 먹게 될 거라고 했다. 늘 그렇듯이, 의전에 관한 당부도 들었다. 우리는 여왕 부부의 차에 타서 짧은 드라이브를 즐기기 전에 먼저 격식을 차려서 그분들에게 인사해야 했다. 그다음으로 나는 운전대를 잡을 아흔네 살의 필립 공 옆자리에 앉아야 하고 버락은 여왕과 함께 뒷좌석에 앉아야 한다고 했다.

버락과 내가 비밀경호국 요원이 아닌 다른 사람이 모는 차에 타는 것도, 요원들 없이 우리 둘만 차에 타고 가는 것도 8년여 만에 처음이었다. 행사 진행팀에게 의전이 중대한 문제이고 따라서 쉼 없이 안달복달하며 우리의 동작을 걱정하고 사소한 것 하나까지 적절하고 매끄럽게 진행되도록 애쓰는 것처럼, 저 사실은 우리 경호팀에게 중대한 문제인 것 같았다.

우리는 왕궁 근처의 착륙지에 내렸고, 여왕 부부를 만나서 인사를 나눴다. 그런데 그다음 순간, 여왕이 계획을 어그러뜨렸다. 내게 자신과 함께 레인지로버의 뒷좌석에 앉자고 손짓한 것이었다. 나는 얼어붙었다. 이런 시나리오에 대비한 당부도 있었는지 떠올리려고 애썼다. 여왕의 청에 따라 함께 앉는 게 정중한 행동인지 정해진 대로 버럭이 여왕 옆에 앉도록 하는 게 정중한 행동인지 알 수 없었다.

여왕은 내 망설임을 금세 알아차렸다. 그리고 그런 문제에는 신경도 쓰지 않았다.

"사람들이 어떻게 하라고 규칙을 알려주던가요?" 여왕은 손짓 하나로 법석을 물리치며 말했다. "다 헛소리예요. 어디든 편한 데 앉아요."

★　　　★　　　★

내게 졸업식 축사는 봄마다 치르는 중요하고 성스러운 연례행사였다. 매년 여러 학교에서 축사를 했는데, 고등학교와 대학을 섞어서 골랐고 평소에는 유명 인사를 초청하지 못하는 학교들을 위주로 골랐다. (프린스턴과 하버드한테는 미안하지만, 당신들은 내가 없어도 괜찮잖아요.) 2015년에는 시카고 사우스사이드로 가서 킹 고등학교 졸업식에서 연설했다. 하디야 펜들턴이 살아 있었다면 참석했을 자리였다. 하디야의 정신은 졸업식장에 마련된 빈 의자에 살아 있었다. 친구들은 해바라기와 보라색 천으로 그 자리를 장식해두었다.

퍼스트레이디로서 마지막 해의 졸업식 연설은 미시시피주의 잭슨 주립대학에서 했다. 유서 깊은 흑인 대학인 그곳에서, 나는 학생들에게 늘 탁월함을 추구하라고 당부했다. 뉴욕 시립대학에서도 축사를 했는데, 그 자리에서는 다양성과 이민의 중요성을 강조했다. 그리고 도널드 트럼프가 공화당 대통령 후보자로 지명된 5월 26일, 나는 뉴멕시코주에서 졸업식 축사를 하는 중이었다. 내 앞에는 작은 기숙 고등학교를 졸업하는 아메리카 원주민 학생들이 있었는데, 거의 전원이 대학에 진학하는 아이들이었다. 나는 퍼스트레이디로서 경험이 쌓일수록 점점 더 대담해져서, 인종과 성별로 인한 차별 문제를 점점 더 솔직하고 직접적으로 언급했다. 젊은이들에게 뉴스와 정치 담론에서 부상하고 있는 혐오의 맥락을 설명해주고 싶었고, 그러면서도 그들에게 희망을 품을 이유를 안겨주고 싶었다.

나는 나 자신과 내가 세상 속에서 점한 위치에 관해서 진실로 의미가 있다고 느끼는 단 하나의 메시지를 그들에게 전달하고 싶었다. 그것은 바로 내가 비가시성이 무엇인지 안다는 점이었다. 나는 비가시성을 직접 겪으면서 살았다. 내 선조들의 역사는 비가시성의 역사였다. 나는 내 4대조 할아버지가 짐 로빈슨이라는 이름의 노예였다는 사실, 그분은 아마 지금 사우스캐롤라이나의 어느 농장에 있는 이름 모를 무덤에 묻혀 있을 거라는 사실을 자주 언급했다. 그리고 이제 자신의 미래를 구상하는 학생들 앞에 서서, 비가시성을 비록 일부나마 극복하는 것이 충분히 가능하다는 사실을 증언해주었다.

그해 봄에 마지막으로 참석한 졸업식은 개인적인 자리였다. 6월의 어느 포근한 날, 말리아가 시드웰 프렌즈를 졸업했다. 우리의 친한 친구로 버락의 첫 취임식 때 헌시를 써주기도 했던 시인 엘리자베스 알렉산더가 축사를 했는데, 그것은 곧 버락과 나는 청중석에 앉아서 편하게 즐기면 된다는 뜻이었다. 나는 말리아가 자랑스러웠다. 말리아는 곧 친구들과 함께 몇 주간 유럽 여행을 떠날 계획이었고, 1년 동안 쉰 뒤에 하버드 대학에 등록할 예정이었다. 사샤도 자랑스러웠다. 바로 그날 열다섯 살이 된 사샤는 몇 시간 뒤에 생일 파티 대신 가기로 한 비욘세 콘서트만 기다리고 있었다. 사샤는 여름 동안 주로 마서스비니어드에서 머물면서 버락과 내가 휴가로 합류할 때까지 우리 집안 친구들과 함께 지낼 예정이었다. 새 친구들도 사귀고 처음으로 일도 해볼 터였는데, 스낵바 아르바이트였다. 나는 까만 원피스와 하이힐 차림으로 근처에서 햇볕을 받으며 앉아 계신 어머니도 자랑스러웠다. 어머니는 백악관에서 임기 끝까지 우리와 함께 지내며 전 세계를 여행하면서도 어머니 본연의 모습을 전혀, 조금도 잃지 않았다.

나는 우리가 자랑스러웠다. 우리가 할 일을 거의 다 끝낸 것이 자랑스러웠다.

버락은 내 옆의 접이식 의자에 앉아 있었다. 말리아가 무대에 올라가서 졸업장을 받을 때, 선글라스에 가려진 버락의 눈에 눈물이 차올랐다. 나는 그가 지쳤다는 걸 알았다. 사흘 전, 그는 법대 동창이었고 이후 백악관에서 그를 위해 일했던 친구의 추도사를 낭독했다. 그로부터 이틀 뒤에는 플로리다주 올랜도의 한 게이 나이트클럽에서 웬 극단주의자가 총기를 난사하여 49명이 죽었고 추가로 53명이 다쳤다. 버락이 짊어진 일의 무게는 한시도 가벼워지지 않았다.

버락은 좋은 아빠였다. 자신의 아버지와는 달리 늘 아이들 곁을 지켰고, 아이들 일에 흥미를 보였다. 하지만 그가 희생해야만 했던 일들도 있었다. 그는 정치인이 된 뒤에 아빠가 되었다. 유권자들과 그들의 요구는 늘 우리 가족과 함께했다.

버락이 이제 더 많은 자유와 시간을 가질 날이 멀지 않았는데 딸들은 우리를 떠나기 시작했으니, 틀림없이 마음이 쓰라릴 터였다.

하지만 우리는 아이들을 놓아주어야 했다. 미래는 그들의 것이었다. 마땅히 그래야 했다.

7월 말, 나는 격렬한 폭풍우를 만났다. 마지막으로 민주당 전당대회에서 연설하려고 필라델피아로 가던 중, 비행기가 폭풍우에 휩싸여서 아주 심하게 흔들렸다. 내가 평생 겪은 난기류 중에서도 최악이었다. 내 홍보 책임자로 마침 임신한 상태였던 캐럴라인 애들러 모랄레스는 스트레스 때문에 진통이 오면 어쩌나 걱정했고, 여느 때도 겁 많은 승객인 멀리사는 좌석에서 내내 비명을 질러댔다. 하지만 내 머릿속에는 한 가지 생각 뿐이었다. **제발 연설 연습할 시간이 있게만 내려줘.** 큰 무대에 익숙해진 지 오래였지만, 그래도 여전히 연습은 큰 위안이었다.

2008년 첫 대선 때는 전당대회 연설을 앞두고 얼마나 철저히 연습을 했던지 꿈에서도 연설문에 쉼표를 찍을 정도였다. 생방송으로 중계되는 자리에서 연설하는 게 처음이기도 했지만, 그 연설은 나 개인에게도 결정적 순간이 될 터였다. 나는 조국을 사랑하지 않는 '성난 흑인 여성'으로 한껏 악마화되어 있었고, 그 이미지로 무대에 올라야 했다. 그날 밤 연설은 내가 스스로를 다시 인간으로 돌려놓을 기회, 내 목소리로 실제의 나를 설명할 기회, 내게 씌워진 캐리커처와 고정관념을 내 말로써 부숴버릴 기회였다. 4년 뒤 노스캐롤라이나주 샬럿에서 열린 전당대회에서는 첫 임기 동안의 버락을 지켜보면서 했던 생각을 청중에게 진솔하게 전했다. 그는 처음 만났을 때와 다름없이 지금도 원칙을 따르는 사람이라고, "대통령이 된다고 해서 사람의 본성이 바뀌진 않으며 오히려 사람의 본성이 더 잘 드러날 뿐"임을 깨달았다고 말했다.

하지만 이번에는 힐러리 클린턴을 위해 연설하는 자리였다. 클린턴은 혹독했던 2008년 예비선거 때 버락의 맞수였지만, 이후 그의 충성스럽고 유능한 국무장관이 되어주었다. 나는 남편이 아닌 다른 후보자에 대해서 말할 때는 그만큼 열렬한 감정이 들진 않았고, 그래서 가끔 유세하기가 힘들 때도 있었다. 하지만 늘 철석같이 지킨 규칙이 있었으니, 정치계에서 어떤 주제나 사람에 관하여 공개적으로 발언할 때는 반드시 내가 절대적으로 믿고 진심으로 느끼는 내용만 말한다는 것이었다.

우리는 필라델피아에 내리자마자 컨벤션센터로 서둘러 갔다. 옷을 갈아입고 연설을 두 번 연습할 시간을 겨우 확보할 수 있었다. 이윽고 나는 무대로 올라서 진심을 말했다. 처음에는 백악관에서 딸들을 키우는 게 어떨지 불안했지만 이제 총명한 젊은 여성으로 자란 아이들이 자랑스럽다고. 나는 힐러리 클린턴을 신뢰하며, 그것은 그녀가 대통령의 책무가 얼마나 중한지 아는 데다가 나라를 이끌 기질도 갖추었으며 역사상 어떤 후보자보다도 넘치는 자격을 갖추었기 때문이라고. 그리고 이제 미국 앞에 놓인 선택이 얼마나 중대한 것인지 생각해보자고.

어릴 때부터 나는 친구들을 괴롭히는 아이에게 단호히 맞서야 하지만 그러느라고 나까지 그 아이의 수준으로 떨어져서는 안 된다고 믿었다. 그리고 분명한 사실인즉, 우리는 이제 그런 사람을 상대하고 있었다. 약자를 비하하고 전쟁 포로를 조롱하는 사람, 내뱉는 거의 모든 말이 국가의 품위를 해치는 사람. 나는 미국인들이 말의 중요성을 이해해주기를 바랐다. TV에서 들리는 혐오의 언어가 미국의 진정한 정신을 반영하는 것은 아니며 우리는 그에 반대하여 투표해야 한다는 사실을 깨달아주기를 바랐다. 내가 사람들에게 간절히 부탁하고 싶은 것은 품위였다. 품위는 내 가족이 여러 세대 동안 버틸 수 있게 해준 힘이었고, 우리가 나라 전체로도 그 중요한 가치에 의지할 수 있다고 말하고 싶었다. 품위는 늘 우리를 버티게 해주었다. 그것은 선택이고, 늘 쉽지만은 않은 선택이지만, 내가 살면서 만난 존경하는 사람들은 모두 매일매일 몇 번이고 그런 선택을 내렸다. 그 문제에 관해서 버락과 내가 지키려고 애쓰는 모토가 있었는데, 그 말을 나는 그날 밤 무대에서 들려주었다. **상대가 수준 낮게 굴더라도, 우리는 품위 있게 갑시다.**

그로부터 두 달 뒤이고 선거일로부터 불과 몇 주 전, 도널드 트럼프가 2005년에 어느 TV 프로그램 진행자와 무대 뒤에서 대화하던 중 자신이 여성들을 성추행해온 일을 자랑스레 떠벌리는 영상이 공개되었다. 그가 쓴 단어들은 너무 외설적이고 저질이어서, 매체들은 어떻게 하면 그의 말을 인용하면서도 언론의 체면을 유지할 수 있을까 하는 딜레마에 빠졌다. 그러다 결국에는 그냥 기준을 낮춰버렸다. 대통령 후보자의 목소리를 고스란히 실어주기 위해서.

그 발언을 들었을 때, 나는 귀를 의심했다. 하지만 그 영상에 담긴 위협과 남자들끼리의 농담에는 내게도 고통스러우리만치 익숙한 메시지가 담겨 있었다. **나는 너를 해치고도 얼마든지 무마할 수 있어.** 그런 혐오 표현은 점잖은 공론의 장에서는 대체로 사라진 상태였지만, 문명화되었다고들 하는 우리 사회에도 골수에는 아직 남아 있었다. 도널드 트럼프 같은 자가 그런 표현을 태연하게 내뱉고도 무사할 만큼, 생생하게 살아 있고 널리 받아들여졌다. 내가 아는 모든 여성은 그게 무엇인지 알았다. '타자'로 치부되어본 사람이라면 누구나 알았다. 우리가 아이들만은 결코 겪지 않았으면 하고 바라지만, 아이들도 아마 겪을 것이었다. 지배력을 행사하는 것은, 나아가 그러겠다는 암시조차도, 상대를 인간으로 취급하지 않는 태도다. 그것은 가장 추악한 형태의 힘이다.

온몸이 분노로 떨렸다. 다가오는 주에 예정된 힐러리 클린턴을 위한 유세 연설에서는 평이하게 그녀의 능력을 알리는 데 그칠 게 아니라 트럼프의 말에 직접적으로 대응해야겠다는 생각이 들었다. 내 목소리로 그의 목소리에 반격하고 싶었다.

어머니가 허리 수술을 받느라 입원한 월터 리드 육군병원의 병실에 앉아서 어떻게 말하면 좋을지 궁리해보았다. 여러 생각이 스쳐갔다. 나는 그동안 수많은 조롱과 위협을 받아보았다. 흑인이고 여성이고 목소리를 낸다는 이유로 비하되기도 했다. 그래서 트럼프의 조롱은 내 몸을, 말 그대로 내가 세상에서 차지하고 있는 공간을 직접 겨냥한 것처럼 느껴졌다. 토론회 도중 트럼프는 힐러리 클린턴을 뒤쫓는 사람처럼 곁에서 어슬렁거렸다. 그녀가 말할 때 주변을 맴돌았고, 너무 가까이 다가섰고, 자신의 존재로 그녀의 존재를 축소하려고 했다. **나는 너를 해치고도 얼마든지 무마할 수 있어.** 여성들은 평생 그런 모욕을 겪는다. 길거리에서 듣는 성희롱, 더듬는 손길, 성폭력, 억압 행위를 통해서. 그런 일들은 우리를 상처 입힌다. 우리의 힘을 앗아간다. 어떤 상처는 간신히 눈에 보일 만큼 사소하다. 반면 어떤 상처는 거대하게 쩍 벌어져 있고, 평생 아물지 않을 흉터를 남긴다. 어느 쪽이든 상처는 누적된다. 여성들은 학교나 직장을 오갈 때도, 집에서 아이들을 기를 때도, 종교 활동을 하러 갈 때도, 한 발 전진하려고 애쓰는 모든 순간에 그런 상처를 품고 다닌다.

내게 트럼프의 발언은 또 한 번의 일격이었다. 그의 메시지가 이기도록 가만 놔둘 수는 없었다. 나는 2008년부터 함께 일해온 유능한 연설문 작성자 세라 허위츠와 함께 내 분노를 말로 바꿔냈고, 곧이어―어머니가 수술에서 회복한 뒤―10월 어느 날 뉴햄프셔주 맨체스터에서 그 말을 청중에게 들려주었다. 한껏 고조된 청중 앞에서 내 감정을 똑똑히 밝혔다. "이것은 정상이 아닙니다. 이것은 정상적인 정치가 아닙니다. 이것은 수치스러운 일입니다. 참아줄 수 없는 일입니다." 내가 느끼는 분노와 두려움을 전했고, 미국인들이 자신에게 주어진 두 선택지의 본질을 잘 알고 있음을 이번 선거가 보여줄 거라 믿는다고 말했다. 나는 그 연설에 내 모든 진심을 담았다.

그리고 워싱턴으로 돌아왔다. 내 목소리가 사람들에게 들렸기를 기도하면서.

★   ★   ★

가을 동안, 버락과 나는 1월에 새집으로 이사갈 준비를 시작했다. 우리는 사샤가 시드웰에서 고등학교를 마칠 수 있도록 워싱턴에 남기로 결정했다. 하버드 진학을 1년간 보류한 말리아는 남미를 여행하며 격렬한 정치 상황으로부터 최대한 멀리 떨어져 자유를 만끽하고 있었다. 나는 이스트윙 직원들에게 끝까지 잘 마무리하자고 호소했다. 새 직장을 알아보게 될지도 모르고, 날이 갈수록 클린턴과 트럼프의 싸움이 격렬해지고 있으니, 신경이 쓰이는 것도 당연했다.

선거일 전날이었던 2016년 11월 7일, 버락과 나는 필라델피아로 가서 힐러리 클린턴과 그 가족에 합류해 인디펜던스몰에 모인 수많은 군중 앞에서 최종 유세를 펼쳤다. 분위기는 긍정적이었고, 기대감이 어려 있었다. 나는 힐러리 클린턴이 그날 밤 보여준 낙관주의에 힘을 얻었고, 그녀가 너끈하게 앞서는 여론조사 결과들에 힘을 얻었다. 미국인들이 지도자의 어떤 측면은 용인하겠지만 어떤 측면은 결코 용인하지 않으리라는 내 판단을 믿었다. 아무것도 예단하지 않았지만, 이길 가능성이 높은 것 같았다.

버락과 나는 몇 년 만에 처음으로 선거일 밤에 아무런 할 일이 없었다. 우리가 대기하도록 예약된 호텔 스위트룸은 없었고, 카나페가 차려진 쟁반도 없었고, 방 한구석에서 시끄럽게 울리는 TV도 없었다. 머리부터 발끝까지 단장할 필요가 없었고, 아이들을 준비시킬 필요도 없었고, 밤늦게 해야 할 연설을 준비할 필요도 없었다. 할 일이 전혀 없다는 사실이 짜릿했다. 우리는 이윽고 물러나기 시작한 것이었다. 앞으로의 시간을 살짝 맛보는 셈이었다. 선거 결과는 우리에게도 물론 대단히 중요했지만, 앞으로의 시간은 우리의 것이 아니었다. 우리의 역할은 그저 지켜보는 것이었다. 결과가 나오려면 한참 걸릴 테니 우리와 함께 백악관 극장에서 영화나 보자고 밸러리를 불렀다.

그날 밤 본 영화는 아무것도 기억나지 않는다. 제목도, 심지어 장르도. 우리는 그저 어둠 속에서 시간을 때우고 있었다. 나는 버락의 대통령 임기가 거의 끝나간다는 데 자꾸 생각이 팔렸다. 당장 우리를 기다리는 것은 작별이었다. 우리가 몹시 사랑하고 고맙게 여겼던 직원들이 백악관을 떠나기 시작함에 따라, 수십 번의 작별을 해야 했고 매번 울컥했다. 우리의 목표는 조지와 로라 부시 부부가 해주었던 것처럼 정권 이양 과정을 최대한 매끄럽게 해주는 것이었다. 우리 팀은 벌써 후임을 위해서 브리핑 자료와 연락처 목록을 작성하기 시작했다. 많은 이스트윙 직원이 떠나기 전 자기 책상에 손으로 쓴 쪽지를 남겨서, 뒤에 올 사람에게 따뜻한 환영 인사를 전하고 이후에도 도울 일이 있으면 연락하라고 당부했다.

우리는 아직 매일 처리할 업무가 많았지만, 그래도 슬슬 앞으로 올 시간을 계획하기 시작했다. 버락과 나는 워싱턴에 남는 게 좋았다. 하지만 시카고 사우스사이드에도 작은 유산을 남기기로 했다. 그곳에 오바마 대통령 기념관을 지을 계획이었다. 새로운 재단도 만들 생각이었다. 미래 세대의 지도자들을 육성하고 지원하는 재단이었다. 둘 다 향후 계획이 한두 가지가 아니었지만, 그중에서도 가장 큰 꿈은 젊은이들이 활약할 공간을 넓혀주고 그들의 생각을 지원해주자는 것이었다. 우리에게는 휴식도 필요했다. 나는 새 대통령이 취임한 직후에 1월 중으로 우리가 며칠간 긴장을 풀러 갈 수 있는 조용한 장소를 찾아보기 시작했다.

우리에게 필요한 것은 이제 새 대통령뿐이었다.

영화가 끝나고 불이 켜졌을 때, 버락의 휴대전화가 울렸다. 그는 전화기를 흘끗 보더니, 이맛살을 아주 약간 찌푸리면서 다시 한 번 들여다보았다.

"흠." 그가 말했다. "플로리다 결과가 좀 희한하네."

그의 목소리에 걱정하는 기색은 없었다. 그저 아주 작은 경각심의 씨앗뿐이었다. 풀밭에서 갑자기 깜부기불이 피어오른 정도였달까. 전화가 다시 울렸다. 나는 심장이 두근거리기 시작했다. 그에게 소식을 업데이트해주는 사람은 웨스트윙에서 개표 결과를 보고 있는 정치 고문 데이비드 시마스였다. 시마스는 카운티별 득표 결과가 전국 지형도에서 어떤 의미를 띠는지를 정확히 아는 사람이었다. 만약 뭔가 이변이 벌어진다면, 누구보다도 먼저 그 사실을 눈치챌 사람이 그였다.

나는 남편의 얼굴을 유심히 살폈다. 하지만 그가 해줄 말을 들을 준비는 된 것 같지 않았다. 어떤 말인지 몰라도 좋은 말은 아닌 것 같았다. 그 순간, 마음속에 뭔가 묵직한 것이 맺혔다. 불안이 단단한 두려움으로 굳었다. 버락과 밸러리가 초반 결과를 이야기하기 시작하자, 나는 위층으로 올라가겠다고 말했다. 엘리베이터로 가면서 내가 바란 것은 오직 하나, 모든 걸 차단하고 자고 싶었다. 지금 어떤 일이 벌어지고 있는지 알 것 같았지만, 현실을 직면할 준비가 되지 않았다.

내가 자는 동안, 확실한 뉴스가 들어왔다. 미국 유권자들은 버락을 이을 차기 대통령으로 도널드 트럼프를 선택했다.

가능하다면 최대한 오래 그 사실을 모르고 싶었다.

이튿날, 깨어보니 축축하고 음산한 아침이었다. 도시 위로 회색 하늘이 걸려 있었다. 어쩔 수 없이 장례식이 연상되었다. 시간이 기어가는 듯했다. 사샤는 믿을 수 없다는 심정을 삭이면서 학교로 갔다. 말리아는 볼리비아에서 전화를 걸어왔는데, 몹시 동요한 목소리였다. 나는 딸들에게 사랑한다고, 다 괜찮을 거라고 말해주었다. 그리고 나 자신에게도 같은 말을 계속 들려주었다.

힐러리 클린턴은 총득표에서 상대보다 300만 표 가까이 더 얻었지만, 총 8만도 안 되는 표 차로 펜실베이니아와 위스콘신과 미시간 주에서 지는 바람에 선거인단 득표에서 트럼프가 앞섰다.* 나는 정치적인 인간이 아니므로, 이 결과에 대한 분석을 시도하지는 않겠다. 누구의 책임이고 어떤 점이 부당했는가에 대한 의견을 내지도 않겠다. 그저 그날 더 많은 사람이 투표했으면 좋았을 거라고 생각할 뿐이다. 그리고 왜 그토록 많은 사람이, 특히 여성들이 유례없이 자격이 출중한 여성 후보자를 놔두고 여성 혐오자를 대통령으로 선택했을까 하는 의아함을 평생 간직할 것이다. 하지만 이제 결과는 나왔고, 우리는 그것을 감당하고 살아가야 했다.

버락은 그날 밤을 거의 꼬박 새우면서 개표 결과를 추적했다. 그리고 이전에도 무수히 그랬듯이, 국가가 충격에 흔들리지 않도록 굳건함의 상징으로서 사람들 앞에 나서야 했다. 나는 그가 전혀 부럽지 않았다. 그는 아침에 집무실에서 직원들을 격려한 뒤, 정오쯤 장미 정원으로 나가서 엄숙하지만 안심시켜주는 내용의 대국민 담화를 발표했다. 그는 늘 그랬듯이 단합과 품위를 호소했고, 이 나라의 민주주의가 갖춰온 제도를 존중할 뿐 아니라 서로를 존중하자고 말했다.

그날 오후, 나는 이스트윙의 내 사무실에 전 직원을 불러 모았다. 방에 있는 소파들과 딴 방에서 끌어온 의자들에 모두가 빼곡하게 모여 앉

• 미국 대선은 유권자가 (이미 특정 후보 지지를 서약한) 선거인단에 투표하는 간접선거 방식으로, 전국의 선거인단은 총 538명이다. 선거는 주별로 치러지는데, 과반수를 득표한 후보자가 그 주의 선거인단 표를 모두 갖는 '승자 독식' 제도를 채택하는 주가 대부분이다. 펜실베이니아, 위스콘신, 미시간 주는 선거인단 표가 각 20, 10, 16으로 많은 편이고, 전통적으로 민주당이 우세했던 지역이라 타격이 더 컸다. 힐러리는 선거인단 득표에서 겨우 7표 차로 낙선했다.

았다. 우리 팀 직원들은 대개 여성이거나 소수 인종이었고, 이민자 가정 출신도 여러 명 있었다. 많은 이가 자신의 취약함이 무방비로 노출되리라는 생각에 눈물을 보였다. 그들은 그동안 자신이 추구하는 대의를 굳게 믿었기에 온몸을 바쳐서 일해왔다. 나는 기회 있을 때마다 그들에게 스스로를 자랑스럽게 여겨야 한다고, 그들의 일은 중요하며, 한 번의 선거가 8년의 변화를 삽시간에 쓸어낼 수는 없을 거라고 말해주었다.

모든 게 사라지진 않았다는 것. 우리는 그 메시지를 계속 내보여야 했다. 그리고 나는 진심으로 그렇게 믿었다. 지금 이대로의 세상, 그것은 이상적이지는 않아도 우리가 가진 현실이었다. 우리는 이제 마음을 단단히 먹고, 계속 발전하는 방향으로 발을 내디뎌야 했다.

*   *   *

우리는 이제 정말로 끝에 다다랐다. 나는 과거를 돌아보았다가 미래를 내다보았다가를 반복하며, 그 와중에도 특히 한 가지 질문을 곱씹었다. 무엇이 남을까?

우리는 마흔네 번째 대통령 가족이었고, 두 번의 임기를 백악관에서 끝까지 채운 가족으로 따지자면 열한 번째였다. 그리고 우리는 앞으로도 언제까지나 최초의 흑인 대통령 가족일 것이다. 버락이 상원의원이었을 때 내가 말리아와 사샤를 데리고 구경 왔던 것처럼, 미래에 부모들이 아이들을 데리고 백악관에 왔을 때 우리가 이곳에 머물렀던 흔적을 가리켜 보일 수 있기를 바랐다. 우리가 이곳의 역사에 존재감을 남겨두어야 할 것 같았다.

그래서 이전의 모든 대통령이 공식 도자기 세트를 제작한 건 아니었지만 나는 제작을 의뢰했다. 버락의 두 번째 임기 중에는 국빈 만찬장 바로 옆방인 옛 가족 식당을 재단장하기로 하고, 현대적으로 바뀐 인테리어를 처음으로 대중에게 공개했다. 그 방의 북쪽 벽에는 강렬한 노랑, 빨강, 파랑이 돋보이는 앨마 토머스의 추상화 '부활Resurrection'을 걸어두었다. 그럼으로써 그 그림은 흑인 여성 작가의 작품으로는 최초로 백악관 영구 소장품에 포함되었다.

하지만 가장 영구적인 흔적은 밖에 있었다. 텃밭은 7년 반 동안 잘 유지되어 이제 연간 약 900킬로그램의 먹거리를 생산할 수 있었다. 폭설과 폭우와 우박을 견뎠다. 몇 년 전에 강풍으로 높이 12.8미터의 백악관 크리스마스 트리가 꺾였을 때도 텃밭은 쌩쌩했다. 나는 백악관을 떠나기 전에 텃밭에 영구성을 좀 더 부여하고 싶었다. 그래서 원래 면적의 두 배가 넘는 260제곱미터로 넓혔다. 돌을 깐 산책로와 나무 벤치를 더했고, 제퍼슨 대통령과 매디슨 대통령과 먼로 대통령의 사적지에서 구해 온 나무와 마틴 루서 킹 목사의 어린 시절 집에서 가져온 나무를 써서 당장 그 아래를 걸어보고 싶을 만큼 아늑한 나무 시렁을 설치했다. 그러고는 어느 가을날 오후, 텃밭을 후대에 바치는 공식 행사에 참석하기 위해서 남쪽 잔디 광장을 가로질러 그곳으로 갔다.

그날 자리에는 내가 그동안 펼친 영양 및 아동 건강 관련 활동을 도와준 지지자들이 함께했다. 처음 텃밭을 일굴 때 도와주었던 당시 밴크로프트 초등학교 5학년 학생들 중 두 명도 와주었는데, 이제 거의 어른이 되어 있었다. 내 직원들도 대부분 모였고, 2014년에 백악관을 떠났지만 행사를 위해서 와준 샘 카스도 있었다.

텃밭에 모인 사람들을 보니, 감정이 북받쳤다. 우리 팀 모두에게 고마웠다. 그들은 사람들이 보내온 편지들을 읽고, 내 연설문의 내용이 틀리지 않았는지 확인하고, 행사 준비차 비행기로 전국을 누비는 등 우리 활동에 헌신해주었다. 나는 많은 직원이 차츰 더 큰 책임을 맡으면서 직업적으로나 개인적으로나 활짝 피어나는 모습을 보아왔다. 게다가 그들은 대중의 따가운 시선을 의식하면서 일해야 했다. '최초'라는 이름표의 무게는 우리 가족만 짊어진 게 아니었다. 이 낙천적인 젊은이들이─더불어 소수의 노련한 프로들이─8년 동안 우리 뒤를 받쳐주었다. 내가 거의 10년 전에 맨 처음 고용한 직원인 멀리사는 이제 내가 평생 친구로 의지할 사람이 되었고, 임기 말까지 이스트윙에서 함께해주었다. 내 놀라운 수석 보좌관 티나도 마찬가지였다. 크리스틴 자비스가 떠난 자리에는 차이나 클레이턴이 와주었는데, 마이애미 출신의 젊고 근면한 일꾼인 그녀는 금세 우리 딸들의 큰언니로, 내 생활이 매끄럽게 굴러가도록 해주는 긴요한 존재로 자리매김했다.

나는 그들 모두를, 현재와 과거의 직원 모두를 가족으로 여겼다. 그리고 우리가 함께 해낸 일들이 자랑스러웠다.

순식간에 인터넷에 퍼졌던 내 동영상들로─나는 지미 팰런과 함께 '엄마 댄스'를 추었고, 르브론 제임스와 함께 덩크슛을 했고, 제이 패로어와 함께 대학 진학을 권하는 랩을 했다─우리 팀이 노린 것은 트위터에서 몇 시간 인기 검색어가 되고 마는 것이 아니었다. 그보다 더 큰 목표가 있었다. 그리고 우리는 결과를 얻었다. 이제 4500만 명의 아이들이 아침과 점심으로 몸에 더 좋은 음식을 먹었다. 1100만 명의 학생들이 '레츠 무브!'의 액티브 스쿨 프로그램을 통해서 매일 한 시간씩 몸을 움직이는 활동을 했다. 미국 아이들은 전반적으로 더 많은 통곡물과 신선 농산물을 먹게 되었다. 특대 사이즈 패스트푸드의 시대는 끝나갔다.

질 바이든과 함께한 '조이닝 포시스' 활동은 기업들을 설득해 150만 명 이상의 참전 군인과 군인의 배우자를 고용하거나 훈련시키도록 했다. 선거운동에 나섰을 때 맨 처음 귀 기울였던 고민을 잊지 않고, 미국의 50개 주 모두가 직업 자격증 협약을 맺도록 주선했다. 군인의 배우자들이 주를 옮겨서 이사할 때마다 경력이 끊기는 걸 막아줄 조치였다.

교육 면에서는, 버락과 함께 수십억 달러를 끌어들여서 전 세계 여자 아이들이 합당한 교육을 받도록 돕는 활동에 투자했다. 이제 2800명이 넘는 평화봉사단 단원들이 전 세계에서 여자아이들을 위한 프로그램을 수행하는 데 필요한 훈련을 받았다. 또한 나와 우리 팀은 국내에서 더 많은 젊은이가 연방 학자금을 지원받도록 힘썼고, 학교의 진학 상담사들을 지원했고, '대학 진학의 날'을 전국적인 행사로 확대했다.

한편 버락은 대공황 이후 최악의 경제 위기에서 벗어나는 과업을 해냈다. 또 기후변화에 관한 파리협정이 타결되도록 힘썼고, 이라크와 아프가니스탄에 파견되어 있던 미군 수만 명을 귀국시켰고, 이란의 핵무기 개발 프로그램을 사실상 중단시키는 합의를 이끌어냈다. 이제 예전보다 2000만 명이 추가로 의료보험 혜택을 누렸다. 그리고 우리는 큰 스캔들 하나 없이 두 번의 임기를 치러냈다. 우리 자신뿐 아니라 우리와 함께 일하는 사람들에게도 윤리와 품위 측면에서 최고로 높은 기준을 요구했으며, 그 원칙을 끝까지 이어갔다.

어떤 변화는 측정하기가 좀 더 어려웠지만 그래도 못지않게 중요하게 느껴졌다. 텃밭 헌정식으로부터 6개월 뒤, 우리가 임기 초반에 백악관 예술 행사에서 만났던 젊은 작곡가 린마누엘 미란다가 백악관을 다시 찾았다. 알렉산더 해밀턴을 소재로 한 그의 힙합 곡은 브로드웨이에서 대성황을 이룬 뮤지컬로 발전했고, 그도 세계적인 스타가 되어 있었다. 뮤지컬 〈해밀턴〉은 미국의 역사와 다양성을 칭송하는 작품으로, 미국 역사에서 소수자들이 맡았던 역할에 관해서 우리가 기존에 알던 내용을 바로잡고 오랫동안 유력한 남성들에게 가려졌던 여성들을 재조명한다. 나는 그 작품이 먼저 오프브로드웨이에 걸렸을 때 가서 봤는데, 너무 좋았기 때문에 나중에 더 큰 무대에 올랐을 때도 또 가서 봤다. 그 작품은 귀에 쏙 꽂히면서도 재미있었고, 마음을 들뜨게 하면서도 아프게 했다. 형식을 불문하고 내가 접한 모든 예술 작품들 가운데 최고로 꼽을 만했다.

린마누엘은 자신의 뮤지컬 출연자들을 거의 다 데리고 워싱턴으로 왔다. 여러 인종으로 구성된, 하나같이 재능이 출중한 배우들이었다. 배우들은 근처 고등학교에서 온 학생들과 오후를 함께 보냈다. 햇병아리 극작가, 무용수, 래퍼 들이 자신들의 우상과 함께 백악관 여기저기에서 가사를 쓰거나 랩을 했다. 그러고는 초저녁이 되자, 모두 이스트룸에 모여서 공연을 벌였다. 버락과 나는 맨 앞줄에 앉았다. 다양한 인종과 배경의 젊은이들이 우리를 둘러싸고 있었다. 크리스토퍼 잭슨과 린마누엘이 공연을 끝맺으면서 뮤지컬에 나오는 곡 '마지막으로 한 번만 더One Last Time'를 부를 때, 버락과 나는 감동에 휩싸였다. 여기, 흑인 청년과 푸에르토리코 출신의 청년 예술가가, 115년 된 샹들리에 밑에서, 천장까지 우뚝 솟은 조지 워싱턴과 마사 워싱턴의 초상화를 양옆에 두고, "우리가 만든 이 나라에서" 안식을 느낀다는 것을 노래하고 있었다. 그 힘차고 진실되었던 순간은 아직까지 내 가슴에 남아 있다.

내가 〈해밀턴〉에 감동한 것은 그것이 내가 직접 겪은 역사를 반영한 이야기라서였다. 그 뮤지컬은 다양성을 받아들이는 미국을 노래했다. 나는 나중에 이런 생각을 했다. 자신의 진실이 세상이 정해놓은 어떤 이상에 부합하지 않는 것에 창피함이나 두려움을 느낀 나머지 자신의 이야기를 숨기고 살아가는 사람이 너무 많다고. 우리는 올바른 미국인이 되는 방법은 하나밖에 없다고 주장하는 메시지들을 접하면서 자란다. 그 메시지들은 만약 우리의 피부가 검거나 엉덩이가 크다면, 만약 우리가 사랑을 하나의 정해진 방식으로 경험하지 않는다면, 만약 우리가 다른 언어를 말하거나 다른 나라에서 왔다면, 그렇다면 우리는 이 나라에

속하지 않는다고 말한다. 하지만 그러다가 누군가 대담하게 나서서 그 이야기를 다른 방식으로 들려주기 시작하고, 그러면 모든 게 달라진다.

나는 쇠락하기 시작한 동네에 있는 너무 작은 집에서 장애가 있는 아버지와 함께 그다지 풍족하지 않은 형편에서 자랐다. 동시에 나는 교육으로 많은 것을 이룰 수 있는 나라에서, 그중에서도 다양성이 풍부한 도시에서 사랑과 음악에 둘러싸여 자랐다. 내게는 아무것도 없었고, 혹은 모든 게 다 있었다. 결국 내가 어떤 이야기를 들려주기를 바라느냐에 달린 문제다.

버락의 임기가 끝나갈 무렵, 나는 미국에 대해서도 그런 식으로 생각하게 되었다. 나는 이 나라가 무수히 다양한 방식으로 이야기될 수 있는 나라라서, 그래서 사랑했다. 나는 10년 가까이 이 나라의 고무적인 모순과 쓰디쓴 갈등을 경험하고, 이 나라가 겪는 고통과 영원한 이상주의를 경험하고, 무엇보다도 이 나라의 회복력을 경험하는 특권을 누렸다. 어쩌면 내 시점이 조금은 특별했을지도 모르지만, 그래도 나는 그동안 내가 겪었던 것을 다른 많은 사람도 겪었을 것이라고 생각한다. 우리가 발전하고 있다는 느낌을, 타인에 대한 온정이 주는 위안을, 지금껏 알려지지 않았던 사람들이 조금이나마 세상에 제 모습을 드러내는 걸 지켜볼 때의 기쁨을. 우리는 마땅히 와야 할 세상을 희미하게나마 목격했다. 그리고 이로써 우리는 영원히 지속될 무언가를 남겼다. 어떤 세상이 가능한지를 깨달았고, 심지어 그 이상이 가능하다는 사실까지 알게 된 우리의 미래 세대들이 남았다. 우리 뒤에 무엇이 오더라도, 이것만은 우리가 영원히 소유할 수 있는 이야기였다.

BECOMING

에필로그

버락과 나는 2017년 1월 20일에 백악관을 마지막으로 걸어 나왔다. 도널드 트럼프와 멜라니아 트럼프 부부와 함께 취임식 행사장으로 가는 길이었다. 그날, 모든 감정이 동시에 느껴졌다. 피로함, 자랑스러움, 괴로움, 간절함. 하지만 대체로는 그냥 침착하려고 애썼다. 방송국 카메라들이 우리의 움직임 하나하나를 쫓고 있었기 때문이다. 버락과 나는 인수인계 과정을 깔끔하고 품위 있게 해내기로 다짐했다. 우리의 이상과 평정을 온전히 지킨 채 백악관에서의 8년을 마무리하기로 다짐했다. 그리고 이제 우리에게는 마지막 시간만이 남았다.

그날 아침, 버락은 마지막으로 집무실에 가서 후임자를 위한 쪽지를 남겼다. 우리는 또 백악관의 상임 직원들과 2층에 모여서 작별 인사를 나눴다. 집사들, 안내원들, 요리사들, 가사 관리인들, 플로리스트들, 그밖에도 우리를 우정과 투철한 직업의식으로 돌봐주었고 이제 그 한결같은 호의를 그날 오후에 이사해 들어올 새 가족에게도 베풀 이들이었다. 사샤와 말리아는 이 작별을 특히 힘들어했다. 그들은 두 아이가 인생의 절반 동안 거의 매일 만난 사람들이었기 때문이다. 나는 모두와 포옹을 나누었다. 그리고 그들이 두 장의 성조기를 작별 선물로 건넸을 때는 울지 않으려고 애썼다. 버락이 대통령이 된 첫날 게양되었던 국기와 마지막 날 게양된 국기였다. 우리 가족이 겪었던 시간의 시작과 끝을 상징하는 셈이었다.

의사당 앞에 마련된 취임식 무대에 세 번째로 앉았을 때, 나는 울컥하는 감정을 다스려야 했다. 이전 두 취임식에서 보았던 역동적인 다양성은 싹 사라지고 없었다. 그 대신 의기소침해질 정도로 획일적인 장면, 압도적으로 백인과 남성만으로 구성된 장면이 있었다. 나는 그런 장면을 살면서 자주 접했다. 특히 좀 더 특권적인 공간들에서, 내가 유년기의 집을 떠난 뒤 어쩌다 보니 진출하게 된 여러 권력의 장들에서 늘상 접했다. 그런데 내가 직업인의 세계에서—시들리 앤드 오스틴에서 새 변호사를 충원하거나 백악관에서 직원을 고용하면서—배운 바는, 획일성은 더 많은 획일성을 낳을 뿐이라는 것이다. 우리가 그 상황에 대응하려고 애써 노력하지 않는 한.

그날 아침에 신임 대통령의 초대로 단상에 앉은 300여 명의 귀빈을 보니, 새 백악관은 그런 노력을 하지 않을 게 분명하다는 생각이 들었다. 버락의 행정부에 있었던 사람이라면 아마 그 장면을 보고는 '그림이 나쁘다'고 말할 것 같았다. 대중이 보는 장면이 대통령의 현실이나 이상을 제대로 반영하지 못한다는 뜻이었다. 하지만 이 경우에는 어쩌면 제대로 반영한 결과일 수도 있었다. 그 사실을 깨닫고, 나 자신의 그림을 재조정했다. 나는 억지로라도 웃으려던 노력을 그만두었다.

★   ★   ★

이양이란 곧 새로운 단계로 넘어간다는 뜻이다. 성경에 손이 올라가고, 선서가 복창된다. 한 대통령의 가구가 실려 나오고, 다른 대통령의 가구가 들어간다. 옷장이 비워지고, 새로 채워진다. 그렇게 간단히, 이제 새 베개에 새 머리가 눕는다. 새 성품과 새 꿈이 눕는다. 그리고 임기가 끝나는 마지막 날 백악관을 떠난 사람은 여러 가지로 스스로를 처음부터 새롭게 만들어내야 하는 처지에 놓인다.

나는 이제 인생의 새로운 단계가 시작되는 시점에 섰다. 정말로 오랜만에, 정치인 배우자로서의 의무에서 자유롭고 사람들의 기대에도 얽매이지 않는 상황에 있다. 거의 다 자란 두 딸에게는 내 손길이 예전만큼 필요하지 않다. 남편은 더 이상 국가의 무게를 짊어지고 다니지 않는다. 내가 느꼈던 책임감이—사샤와 말리아와 버락에게, 내 경력과 나라에 느꼈던 책임감이—살짝 달라지니, 미래를 바라보는 시각도 살짝 달라졌다. 이제 생각할 시간이 더 많고, 자연스러운 나 자신으로 있을 시간이 더 많다. 쉰네 살인 나는 아직도 발전하는 중이다. 바라건대 앞으로도 늘 그러면 좋겠다.

내게 무언가가 된다는 것은 어딘가에 다다르거나 어떤 목표를 달성하는 것을 뜻하지 않는다. 대신 그것은 앞으로 나아가는 움직임, 진화하는 방법, 더 나은 자신을 끊임없이 추구하는 과정이다. 그 여정에는 끝이 없다. 나는 엄마가 되었지만, 아직도 아이들로부터 배울 것이 많고 줄 것도 많다. 나는 아내가 되었지만, 아직도 다른 사람을 진심으로 사랑하고 인생을 함께하는 일에 적응하려고 애쓰는 중이며 때로 그 어려움 앞에서 겸허해진다. 나는 어떻게 보면 권력을 가진 사람이 되었지만, 아직도 때때로 불안하고 내 목소리가 전달되지 않는다고 느낀다.

무언가가 된다는 것은 하나의 과정이고, 하나의 길을 걸어가는 발걸음이다. 인내와 수고가 둘 다 필요하다. 무언가가 된다는 것은 앞으로도 더 성장할 여지가 있다는 생각을 언제까지나 버리지 않는 것이다.

사람들이 종종 내게 묻기에, 이 자리에서 확실히 대답해두겠다. 나는 공직에 출마할 의향이 없다. 전혀 없다. 나는 애초에 정치를 그다지 좋아하지 않았고, 지난 10년의 경험으로도 그 생각이 별로 달라지지 않았다. 나는 정치의 불쾌한 측면을 아무래도 좋아할 수가 없다. 공화당과 민주당으로 편을 가르는 것, 우리가 양자택일을 한 뒤 무슨 일이 있어도 거기에 충성해야 한다는 생각, 상대방의 말을 들을 줄도 타협할 줄도 모르는 것, 심지어는 교양 있게 행동할 줄도 모르는 것. 물론 정치가 최선의 상태일 때 긍정적인 변화의 수단이 된다고 믿지만, 그저 그곳이 내 세계가 아닐 뿐이다.

그렇다고 해서 내가 우리 나라의 미래를 염려하지 않는다는 뜻은 아니다. 버락이 물러난 뒤로, 나는 속이 뒤집히는 뉴스를 너무 많이 접했다. 지금 벌어지는 일들을 떠올리면 분통이 터져서 밤에도 잠을 못 이루곤 한다. 현 대통령의 행동과 정치적 의제 때문에 많은 미국인이 자신을 의심하고 나아가 서로를 의심하고 두려워하는 모습을 지켜보기가 너무 괴로웠다. 약자에 대한 배려를 담아 세심하게 설계된 정책들이 역행하는 모습, 미국이 가까운 우방들과 멀어지는 모습, 사회에서 가장 취약한 구성원들이 무방비로 노출되고 비인간적인 대접을 받는 모습, 그런 것들을 지켜보기도 괴로웠다. 가끔은 대체 바닥이 어디인지 모르겠다는 생각도 든다.

그런 와중에도 스스로에게 결코 허락하지 않는 것이 바로 냉소다. 너무 걱정되는 순간이면, 심호흡을 하면서 내가 평생 만나온 많은 사람이 보여준 품위와 우리가 이미 극복해낸 많은 장애물들을 떠올리려고 애쓴다. 그리고 다른 이들도 나처럼 하기를 바란다. 우리 모두에게는 민주주의 세상에서 각자 해야 할 역할이 있다. 우리는 모든 표가 중요하다는 사실을 기억해야 한다. 한편으로 나는 어느 한 번의 선거, 한 명의 지도자, 한 건의 뉴스보다 더 크고 강한 힘을 붙들고 있으려고 애쓴다. 그 힘은 바로 낙관주의다. 내게 낙관주의는 일종의 신념이자 두려움에 대한 해독제다. 낙관주의는 우리 가족이 살던 유클리드가의 작은 집을 지배했다. 나는 아버지에게서 그것을 보았다. 아버지가 몸에 아무 이상이 없는 것처럼 활동하는 모습에서, 언젠가 자신의 목숨을 앗아갈 질병이 마치 존재하지 않는 것처럼 여기는 모습에서. 나는 어머니에게서도 그것을 보았다. 우리 동네에 대한 어머니의 굳은 믿음에서, 많은 이웃이 두려움 때문에 이사 나가는 와중에도 꿋꿋이 남기로 결정하는 모습에서. 낙관주의는 버락이 희망찬 미소를 띠고 내 변호사 사무실에 처음 나타났을 때 그에게 끌린 이유였다. 그리고 더 나중에는 의심과 나약함을 극복하도록 도와주었다. 우리 가족이 공인으로서 모든 것이 공개된 삶을 살게 되더라도 어떻게든 안전과 행복을 둘 다 지킬 수 있을 거라는 믿음을 품게 해주었다.

낙관주의는 지금도 나를 도와준다. 퍼스트레이디였을 때 나는 뜻밖의 장소들에서 낙관주의를 만났다. 이를테면 월터 리드 육군병원의 병실 문에 동정을 사양한다는 글을 붙여둠으로써 자신이 지닌 강인함과 희망을 모두에게 상기시켰던 상이군인에게서 보았다. 딸을 잃은 슬픔을 총기 규제 법안을 지지하는 활동에 쏟아부은 클리오패트라 카울리펜들턴에게서 보았다. 복도에서 학생들을 지나칠 때마다 애정 어린 칭찬을 큰 소리로 외치던 하퍼 고등학교의 사회복지사에게서 보았다. 그리고 낙관주의는 모든 아이의 마음에 늘 깃들어 있다. 아이들은 매일 아침 세상의 선함과 가능성의 마법을 믿으면서 깨어난다. 아이들은 냉소적이지 않다. 뼛속까지 신념에 차 있다. 우리는 아이들을 위해서라도 강하게 버티면서 좀 더 공정하고 인간적인 세상을 만들려는 노력을 이어가야 한다. 아이들을 위해서라도 강인함과 희망을 둘 다 간직해야 하고, 우리가 아직도 더 성장할 수 있다는 사실을 믿어야 한다.

워싱턴 D.C.의 국립초상화미술관에는 이제 버락과 나의 초상화가 걸려 있다. 우리 둘 모두에게 크나큰 영광이다. 누군가 우리 둘의 어린 시절과 환경만 놓고 보았다면, 언젠가 우리 초상화가 그곳에 걸리리라고는 예측하지 못했을 것이다. 두 초상화는 아름답다. 하지만 그보다는 이제 젊은이들이 그것을 볼 수 있다는 점이 더 중요하다. 미국 역사에 기록되기 위해서는 어떤 특정한 모습이어야 한다는 인식을 무너뜨리는 데 우리 둘의 얼굴이 기여할 것이다. 우리가 그곳에 속할 수 있다면, 다른 많은 사람도 당연히 그럴 수 있다.

나는 어쩌다 그만 평범하지 않은 여정을 밟게 된 평범한 여성이다. 그런 내가 내 이야기를 들려주면서 바라는 바는 이로써 다른 이야기와 다른 목소리가 들릴 공간이 더 넓어졌으면, 그리하여 더 많은 사람이 이 세상에서 자신의 자리를 찾게 되었으면 하는 것이다. 나는 운 좋게도 대리석 궁전과 도시의 교실과 아이오와의 부엌을 모두 다녀보았다. 그러면서도 늘 나 자신을 잃지 않으려고 애썼고, 사람들과 이어지려고 애썼다. 내 눈앞에 문이 하나 열릴 때마다 나도 남들에게 문을 열어주려고 애썼다. 그리고 내가 마지막으로 하고 싶은 말은 이것이다. 우리 모두 서로를 초대하여 받아들이자는 것. 그러면 아마 우리는 덜 두려워할 수 있을 테고, 덜 속단할 수 있을 테고, 쓸데없이 우리를 갈라놓는 편견과 고정관념을 버릴 수 있을 것이다. 그리고 우리가 어떤 면에서는 모두 똑같은 사람들이라는 사실을 더 잘 이해할 수 있을 것이다. 우리가 완벽해져야 한다는 말이 아니다. 어떤 목표를 정해두고 그곳에 다다라야만 한다는 밀도 아니다. 우리가 자신을 남들에게 알리고 들려주는 것, 자신만의 이야기를 가지는 것, 자신만의 목소리로 말하는 것은 그 자체로 힘이 된다. 그리고 기꺼이 남들을 알고 이야기를 듣고자 하는 것은 고귀한 일이다. 내게는 이것이야말로 우리가 무언가가 되는 일이다.

감사의 말

내 인생의 모든 것이 그렇듯이, 이 회고록은 많은 사람의 애정과 지지가 없었다면 쓰일 수 없었다.

어머니 메리언 실즈 로빈슨의 한결같고 무조건적인 사랑이 없었다면, 지금의 나는 없었을 것이다. 어머니는 늘 내 반석이었고, 내가 타고난 나 자신일 수 있도록 자유를 허락하면서도 현실에서 너무 멀어지지 않도록 붙잡아주었다. 어머니가 내 딸들을 한없이 사랑해주고 기꺼이 자신의 일보다 우리의 일을 먼저 봐주었기 때문에, 나는 아이들이 집에서 안전하게 사랑받고 있다는 걸 믿고서 편하고 든든한 기분으로 세상에 나갈 수 있었다.

남편 버락은 내 사랑이자 25년을 함께한 단짝이고, 딸들을 흠뻑 아끼는 아빠다. 그는 꿈에서나 바랄 수 있을 만큼 훌륭한 인생 파트너였다. 우리의 이야기는 아직 진행 중이고, 앞으로도 많은 모험을 함께하기를 고대한다. 버락, 이 책을 쓰는 걸 도와주어서 고마워. 원고 전체를 꼼꼼하고 끈기 있게 읽어준 것도, 정확한 순간에 꼭 필요한 제안을 살짝 건네준 것도 고마워.

그리고 크레이그 오빠. 무엇부터 말해야 할까? 오빠는 내가 태어난 순간부터 나를 보호해주었어. 세상에서 가장 많이 나를 웃게 해준 사람이지. 오빠는 여동생이 바랄 수 있는 최고의 오빠일 뿐 아니라, 애정과 배려가 가득한 아들이자 남편이자 아버지야. 내 팀과 함께 우리 유년기의 추억을 들춰내는 일에 시간을 내주어서 고마워. 이 책을 쓰면서 제일 좋았던 일은 오빠와 엄마와 내가 식탁에 둘러앉아서 옛날이야기들을 죄다시 꺼내본 시간이었어.

엄청나게 유능한 재주꾼들이 나를 도와주지 않았다면, 나는 평생이 걸려도 집필을 끝마치지 못했을 것이다. 나는 그들을 그저 흠모할 따름이다. 1년쯤 전 세라 코빗을 처음 만났을 때, 내가 세라에 대해서 아는 바는 내 담당 편집자가 엄청나게 높이 사는 인물이지만 정치에는 깜깜이라는 점뿐이었다. 이제 나는 내 인생을 맡길 수 있을 만큼 세라를 신뢰한다. 그녀가 탁월하고 호기심 많은 정신의 소유자일 뿐 아니라 기본적으로 너무나도 친절하고 너그러운 사람이기 때문이다. 이것이 우리의 긴 우정의 시작이기를 바란다.

타일러 렉턴버그는 오바마 세계에서 10년 넘게 귀중한 멤버였다. 그는 수백 명의 젊고 희망찬 아이오와 현장 진행 요원 중 한 명으로 우리 삶에 들어온 뒤, 지금까지 믿음직한 조언자로 남아주었다. 나는 그가 엄청나게 밝은 미래를 가진 뛰어난 작가로 성장하는 모습을 지켜봐왔다.

그리고 내 담당 편집자 몰리 스턴, 그녀의 활기와 에너지와 열정은 대번에 나를 사로잡았다. 몰리는 이 책에 대한 내 의견을 굳게 믿어줌으로써 나를 한껏 북돋아주었다. 몰리와 크라운출판사 팀 모두에게 감사한다. 마야 마브시, 티나 콘스터블, 네이비드 드레이크, 에마 베리, 크리스 브랜드는 이 책을 시작부터 뒷받침해주었다. 어맨다 다시어노, 랜스 피츠제럴드, 샐리 프랭클린, 커리사 헤이스, 리네아 놀뮬러, 매슈 마틴, 도나 패서넌트, 엘리자베스 렌드플라이셔, 앤크 스타이네크, 크리스틴 타

559

니가와, 댄 지트는 모두 이 책이 있게 해준 사람들이다.

펭귄랜덤하우스의 자원을 이 책에 쏟아준 마커스 돌 대표에게도 감사한다.

만약 내 팀이 없다면 나는 이 세상에서 엄마로서, 아내로서, 친구로서, 직업인으로서 어느 역할 하나도 제대로 해내지 못할 것이다. 나를 아는 사람은 누구나 멀리사 윈터가 내 뇌의 반쪽이라는 사실을 안다. 멜, 이 모든 과정에서 내 곁을 지켜주어서 고마워요. 그리고 무엇보다도 나와 우리 아이들을 열렬히 사랑해주어서 고마워요. 멜이 없으면 나도 없어요.

멀리사는 내 개인 팀의 수석 보좌관 격이다. 명석하고 부지런한 여성들로 구성된 작지만 강력한 이 팀은 내가 일을 그르치는 일이 없도록 해준다. 캐럴라인 애들러 모랄레스, 차이나 클레이턴, 매켄지 스미스, 서맨사 터브먼, 앨릭스 메이 실리에게 고맙다.

윌리엄스 앤드 코널리 법률 회사의 밥 바넷과 데닌 하월은 출판에 관해서 귀중한 지침을 주었다. 그들의 조언과 지원에 감사한다.

이 책에 다양한 방식으로 활기를 더해준 사람들에게 특별한 감사를 전한다. 피트 수자, 척 케네디, 로런스 잭슨, 어맨다 루시던, 서맨사 애플턴, 크리스틴 존스, 크리스 하우, 에리얼 바바서, 미셸 노리스, 엘리자베스 알렉산더가 그들이다.

그리고 놀라운 능력으로 철저하게 자료 조사를 해준 애슐리 울히터와 꼼꼼하게 사실 확인을 해준 질리언 브라실에게 고맙다. 예전에 함께 일했던 직원들도 중요한 세부 사항이나 날짜 확인을 도와주었다. 그런 사람들이 너무 많아서 이름을 다 적지 못하지만, 모두에게 고맙다.

늘 나를 북돋워준 내 인생의 멋진 여자들에게 고맙다. 일일이 말하지 않아도 다들 알죠. 당신들이 내게 얼마나 중요한 존재인지도 알 거라고 믿어요. 내 여자 친구들, 여자 멘토들, '또 다른 딸들'. 마마 카예에게는 특별한 감사를 전한다. 여러분 모두는 이 책을 쓰는 과정에서도 나를 지원해주었을 뿐 아니라 내가 더 나은 여성이 될 수 있게 도와주었어요.

퍼스트레이디의 생활은 눈코 뜰 새 없도록 바빴기 때문에, 전통적인 방식의 일지를 작성할 여유가 없었다. 현재 신시내티 법대에서 임시 학장 겸 니퍼트 법학 교수로 있는 소중한 친구 버나 윌리엄스에게 고마운 것이 그 때문이다. 우리가 백악관에서 함께 지낸 시기에 매년 두 차례 나눴던 대화를 녹취록으로 풀었더니 1100쪽쯤 나왔는데, 나는 그 기록에 크게 의지했다.

나는 우리가 이스트윙에서 해냈던 모든 일이 더없이 자랑스럽다. 나라를 위한 일에 삶을 바쳤던 많은 사람들, 퍼스트레이디 사무실의 정책, 일정 관리, 행정, 홍보, 연설문 작성, 사교 행사 담당, 서신 담당 팀에서 일했던 사람들에게 감사를 전한다. 또한 내가 벌였던 활동들을—'레츠 무브!' '리치 하이어' '렛 걸스 런' 그리고 물론 '조이닝 포시스'—조직하고 실행하는 일을 맡아주었던 직원들, 백악관 펠로들, 정부 기관 담당자들에게 고맙다.

'조이닝 포시스'는 내 마음에서 늘 특별한 위치를 차지할 것이다. 덕분에 내가 우리 나라의 훌륭한 군인 공동체가 지닌 힘과 회복력을 접하는 귀한 경험을 할 수 있었기 때문이다. 현직에 있거나 퇴역한 군인들과 그 가족들에게, 우리 모두가 사랑하는 조국을 위하여 노력과 희생을 바쳐준 것에 대하여 감사한다. 질 바이든과 그녀의 팀에게도 고맙다. 여러분과 함께 그 중요한 활동을 펼칠 수 있었던 것은 진정 축복이자 즐거움이었습니다.

아이들의 영양과 교육을 책임지고 있는 모든 활동가들과 지지자들에게 고맙다. 모든 아이가 각자의 꿈을 달성하는 데 필요한 사랑, 응원, 자원을 받을 수 있도록 아무도 알아주지 않아도 매일같이 애쓰는 그들의 노고에 감사한다.

비밀경호국 요원들 모두에게 고맙다. 그들이 일을 잘 해낼 수 있도록 매일같이 희생하는 그 가족들에게도 고맙다. 특히 과거에 우리 가족을 맡아주었거나 지금 맡아주고 있는 요원들에게, 그들의 헌신과 프로다운 직업의식을 영원히 고맙게 여길 것이다.

미국의 가장 귀한 기념물 중 하나인 백악관을 집으로 삼는 특권을 누리는 가족들이 그곳을 집처럼 느낄 수 있도록 매일 애써주는 수백 명의 직원에게 고맙다. 안내원부터 요리사, 집사, 플로리스트, 부지 관리자, 가사 관리자, 전기 기사 들까지. 그들 모두가 언제까지나 우리 가족의 중요한 일부일 것이다.

마지막으로, 내가 퍼스트레이디 시절에 만났던 모든 아이들과 젊은이들에게 고맙다. 창창한 미래를 지닌 젊은 영혼들이 내 마음을 따스하게 해주었다. 나와 함께 텃밭을 가꿨던 아이들, 나와 함께 춤추고 노래하고 요리하고 식사했던 아이들, 내가 전한 애정과 조언을 열린 마음으로 받아주었던 젊은이들, 따스하고 기분 좋은 포옹을 수없이 해주었던 아이들. 그들의 포옹은 나를 기운차게 해주었고, 가장 힘든 시기도 견딜 수 있게 해주었다. 내게 희망을 품을 이유를 안겨준 그들에게 고맙다.

사진 출처

옮 긴 이 KAIST 화학과를 졸업하고 서울대 환경대학원에서 환경 정책을 공부했다. 인터넷 서점 알라딘
김 명 남 편집팀장을 지냈고, 지금은 전문 번역가로 활동하고 있다. 『우리 본성의 신한 천사』로 한국 출판
문화상 번역 부문을 수상했다. 이 밖에 옮긴 책으로 『지상 최대의 쇼』『남자들은 자꾸 나를 가르
치려 든다』『틀리지 않는 법』『면역에 관하여』등이 있다.

비커밍

초판 1쇄 발행 2018년 11월 14일
초판 16쇄 발행 2021년 1월 25일
양장판 3쇄 발행 2023년 6월 22일

지은이 미셸 오바마 **옮긴이** 김명남

발행인 이재진 **단행본사업본부장** 신동해
책임편집 김경림 **편집** 이민경 **디자인** 김은정
마케팅 최혜진 **홍보** 반여진 허지호 정지연
국제업무 김은정 **제작** 정석훈

표지 디자인 Christopher Brand **표지 사진** Miller Mobley
한국어판 표지 디자인 도움 |★|규

브랜드 웅진지식하우스 **주소** 경기도 파주시 회동길 20
문의전화 031-956-7429(편집) 031-956-7567(마케팅)
홈페이지 www.wjbooks.co.kr
인스타그램 www.instagram.com/woongjin_readers
페이스북 www.facebook.com/woongjinreaders
블로그 blog.naver.com/wj_booking

발행처 ㈜웅진씽크빅 **출판신고** 1980년 3월 29일 제406-2007-000046호

한국어판 출판권 © ㈜웅진씽크빅 2018
ISBN 978-89-01-25187-5 03300